Algoritmos e Proteção de Dados Pessoais

Algoritmos e Proteção de Dados Pessoais

TUTELA DE DIREITOS NA ERA DOS PERFIS

2023

Diego Machado

ALMEDINA

ALGORITMOS E PROTEÇÃO DE DADOS PESSOAIS
TUTELA DE DIREITOS NA ERA DOS PERFIS

AUTOR: Diego Machado

DIRETOR ALMEDINA BRASIL: Rodrigo Mentz
EDITORA JURÍDICA: Manuella Santos de Castro
EDITOR DE DESENVOLVIMENTO: Aurélio Cesar Nogueira
ASSISTENTES EDITORIAIS: Larissa Nogueira e Rafael Fulanetti
ESTAGIÁRIA DE PRODUÇÃO: Laura Roberti

DIAGRAMAÇÃO: Almedina
DESIGN DE CAPA: Roberta Bassanetto

ISBN: 9786556279602
Outubro, 2023

Dados Internacionais de Catalogação na Publicação (CIP)
(Câmara Brasileira do Livro, SP, Brasil)

Machado, Diego
Algoritmos e proteção de dados pessoais : tutela de direitos na era dos perfis / Diego Machado. – São Paulo : Almedina, 2023.

ISBN 978-65-5627-960-2

1. Algoritmos 2. Proteção de dados - Direito - Brasil 3. Proteção de dados - Leis e legislação 4. Proteção de dados pessoais I. Título.

23-168052 CDU-342.721(81)

Índices para catálogo sistemático:

1. Brasil : Proteção de dados pessoais : Direito
342.721(81)

Eliane de Freitas Leite - Bibliotecária - CRB 8/8415

Este livro segue as regras do novo Acordo Ortográfico da Língua Portuguesa (1990).

EDITORA: Almedina Brasil
Rua José Maria Lisboa, 860, Conj.131 e 132, Jardim Paulista | 01423-001 São Paulo | Brasil
www.almedina.com.br

"Deveria também ser mais reservado ao falar; quase tudo o que disse antes poderia ter sido deduzido do seu comportamento, ainda que tivesse dito apenas algumas palavras; além disso, não foi nada de extremamente favorável ao senhor".

– Franz Kafka.

Em memória de Danilo Doneda, mentor e amigo.

AGRADECIMENTOS

Este livro é fruto da minha tese de doutorado defendida em 29 de março de 2022, perante a banca examinadora composta por professores e professoras que muito admiro: Caitlin Mulholland, Laura Schertel Mendes, Carlos Nelson Konder, Rodrigo Brandão, bem como Carlos Affonso Souza e Danilo Doneda, sendo estes dois, respectivamente, orientador e coorientador. Algumas partes do texto que ora vem a público foram acrescentadas após a defesa da tese, tendo em vista as provocações e reflexões suscitadas por cada um dos professores e professoras que me arguiram na sessão pública, um dia que guardo com muito carinho na memória. A lembrança fica bem guardada não apenas pela aprovação com louvor e profícuo diálogo com os examinadores e examinadoras, mas pelo fato de esse momento especial de minha trajetória acadêmica ter sido compartilhado com o professor Danilo Doneda, que, infelizmente, não pode mais receber este meu agradecimento.

A comunidade acadêmica e profissional a quem esse livro visa mais diretamente alcançar bem sabe que no triste 04 de dezembro de 2022, Danilo nos deixou. É muito difícil – senão impossível – dimensionar em alguma ordem de grandeza a relevância do Danilo para a comunidade brasileira, latino-americana e global, em especial para a legião de alunos e alunas por ele influenciados a perseguir o ideal político e jurídico de proteção dos direitos fundamentais da pessoa humana diante dos impactos sociotécnicos das novas tecnologias na contemporaneidade. Sou um entre esses tantos alunos para quem ele teve uma importância enorme. Para tentar resumir o que o Danilo representa e o papel que ele desempenhou na minha caminhada, vou parafrasear Eduardo Galeano, em especial a fala de Diego, a criança do conto "*A função da arte (1)*": ele me ajudou a olhar, antes, durante e após percorrer caminhos sinuosos e difíceis nos anos do doutorado[1].

Tenho imenso sentimento de gratidão a meu orientador, professor Carlos Affonso de Souza. A admiração e a influência já existiam antes mesmo do ingresso no doutorado. Porém, logo depois das aulas introdutórias da primeira disciplina cursada, "*Regulação da Internet – Leituras*", e ao longo dos semestres seguintes e da relação orientando-orientador, ambas só se intensificaram e se expandiram para além da sala de aula e do campo de atuação profissional. Muito obrigado pelas lições entremeadas do mais fino e sagaz humor, a atenção e disponibilidade em cada conversa, a amizade, assim como pelas gentis oportunidades de trabalho conjunto.

Todo destaque e gratidão à minha esposa, Isabela Rezende, arrisca ainda não ser o suficiente. Ela foi quem me apoiou e me apoia incondicionalmente, me motiva e inspira como ninguém, seja nos dias bons ou nos maus: juntos somos mais e melhores, com toda certeza. Muito obrigado por tudo! A meus pais, Derly e Ednilza, e a meus irmãos, Cristiane e Gustavo, agradeço o suporte genuíno e presença sempre acolhedora. Com a ampliação da família nos últimos anos, ganhei igualmente maravilhosos apoiadores: Leonardo, Camila, Renê, Miriam, Renato e Renê Márcio. Agradeço ao inestimável companheirismo, carinho e cuidado do Fábio Baião e da Amanda Rezende, tão presentes durante cada etapa da jornada do doutorado e especialmente essenciais nos dias mais duros da pandemia.

Sou grato à CAPES e ao programa CAPES PrInt pela oportunidade realizar o sonho de fazer uma visita de pesquisa, com bolsa de estudos, no *Centre for Law, Technology and Society – CLTS* da Universidade de Ottawa, no Canadá. Apesar de interrompida pela então recém declarada pandemia, a visita foi muitíssimo proveitosa e importante para o desenvolvimento da minha pesquisa de doutorado. Registro meu muito obrigado ao professor Florian Martin-Bariteau, Diretor do CLTS, que tão gentilmente me recebeu em terras canadenses e com tanta competência me orientou durante todo o período da visita num dos grandes centros de excelência em direito e tecnologia da atualidade.

[1] Agradeço a outro Diego, o amigo Diego Canabarro, por recomendar esse lindo conto.

Uma das coisas mais valiosas que a escrita deste livro me proporcionou ao longo de um processo que começou com os estudos de doutoramento foi a oportunidade de criar diálogos e estabelecer laços com interlocutores que trilham semelhante caminho, seja em razão dos desafios da pós-graduação como da profissão, que, tratando-se da área de proteção de dados pessoais e da interseção entre direito e tecnologia, não são poucos. Nesse sentido, sou grato aos professores Carlos Konder, Gustavo Tepedino, Aline Miranda Valverde, Carlos Edison do Rêgo Monteiro Filho, e Maurício Mota, pelas aulas ministradas e pelo profundo conhecimento compartilhado durante o doutorado no Programa de Pós-graduação em Direito da UERJ. Recordo com muito apreço dos amigos e colegas Jordan Oliveira, Chiara De Teffé, Micaela Fernandes, Rodrigo Gomes, Rodrigo da Guia, Elora Fernandes, Maria Regina Korkmaz, Leonardo Cunha e Filipe Medon. Não poderia, de forma alguma, deixar de igualmente registrar meu agradecimento a Laura Vargas, Lori Anne Heckbert, Éliane Boucher, Kun Hui, Suzie Dunn e Chelsea Cox, membros do *writing group* de doutorandos em Direito pela Universidade de Ottawa, que tão calorosa e gentilmente me receberam em cada reunião semanal, em que mais compartilhávamos dos desafios e lutas do doutorado do que propriamente dicas e conselhos sobre a escrita da tese.

Nesse período também conheci muitas pessoas incríveis na rica comunidade brasileira que tem se debruçado sobre os temas mais relevantes ao país no que toca à regulação da internet e das tecnologias digitais. Por meio de diversos debates multissetoriais tive a oportunidade de aprender e dialogar com pessoas como Diego Canabarro, Lucas Costa dos Anjos, Davi Teófilo, Bruno Bioni, Rafael Zanatta, Ramon Costa e Paulo Rená. Ao Zanatta registro meu agradecimento pela leitura do trabalho e pelos pertinentes pitacos sobre o título do livro.

Em 2020, tive a alegria de ingressar como pesquisador do Centro de Estudos em Direito, Internet e Sociedade (CEDIS-IDP). Desde então tem sido um privilégio participar das iniciativas e discussões tão proveitosas com amigos e amigas queridos, os quais não citarei nominalmente para não correr o risco de esquecer de mencionar alguém que já esteve conosco. O CEDIS, além de ser um ambiente de reencontro com o Danilo até sua precoce partida, foi e é um ambiente de preciosos encontros. Sou especialmente grato à Laura Schertel Mendes, pela acolhida, generosidade, e incentivo intelectual e acadêmico.

Agradeço, ainda, ao Departamento de Direito da Universidade Federal de Viçosa (UFV), à Autoridade Nacional de Proteção de Dados (ANPD), e a todos colegas de trabalho pelo colaborativo ambiente proporcionado.

Por fim, gostaria de expressar minha gratidão à Editora Almedina, na pessoa da Manuella Castro, por ter acreditado neste trabalho e, ao publicá-lo, dar maior alcance às ideias nele sustentadas.

Belo Horizonte, 24 de julho de 2023.

APRESENTAÇÃO

A sociedade contemporânea gera e armazena uma quantidade de dados de forma nunca antes vista. Com o avanço da tecnologia e a proliferação de dispositivos conectados, como smartphones, sensores, dispositivos IoT (internet das coisas) e plataformas online, estamos constantemente gerando e compartilhando dados.

As empresas, em geral plataformas de serviços digitais, tornaram-se essenciais para a maioria dos cidadãos, e acumulam enormes quantidades de dados pessoais dos usuários, como suas preferências, histórico de compras, localização, interações sociais e muito mais. Essas informações são utilizadas para criar perfis detalhados dos usuários, permitindo que as empresas ofereçam anúncios altamente direcionados e personalizados, além de influenciar o comportamento dos indivíduos. O episódio do Cambridge Analytica foi um alerta sobre os riscos que a coleta e o uso desregulado podem acarretar não só para o indivíduo, mas também para a sociedade e para a democracia.

Nesta obra, Diego Machado debruça-se de forma primorosa sobre o cerne dessa complexa discussão, analisando o impacto normativo que as infraestruturas tecnológicas provocam no comportamento humano no "mundo onlife". A obra está voltada especificamente para a investigação das tecnologias de perfilamento, que são utilizadas para viabilizar a predição do comportamento humano. Sabe-se que a técnica de construção de perfis viabiliza a tomada de decisões a respeito dos consumidores, trabalhadores e cidadãos em geral, afetando diretamente suas vidas e influenciando seu acesso a oportunidades sociais.[1]

O autor elabora uma importante doutrina consistente na adoção da proteção de dados desde a concepção para as tecnologias de perfilamento automatizado, de forma a possibilitar a sua contestabilidade, além da realização de avaliação de impacto e do estabelecimento deveres de registro e documentação, que estão previstos na legislação brasileira de proteção de dados e são fundamentais para uma prestação de contas efetiva.

Nesse contexto, a obra de Diego Machado – Bacharel em Direito pela Universidade Federal de Viçosa, Mestre e Doutor em Direito Civil pela Universidade do Estado do Rio de Janeiro, Professor Adjunto de Direito Civil no Departamento de Direito da Universidade Federal de Viçosa, pesquisador associado do Centro de Estudos em Direito, Internet e Sociedade – CEDIS/IDP e Cyber BRICS Scholar e Especialista em Proteção de Dados na Coordenação-Geral de Tecnologia e Pesquisa da Autoridade Nacional de Proteção de Dados – investiga aspecto central, porém ainda pouco explorado na doutrina brasileira com tamanho aprofundamento e qualidade.

O livro é fruto da sua Tese de Doutorado, defendida perante a Universidade do Estado do Rio de Janeiro (UERJ), ao lado da orientação do Prof. Carlos Affonso Pereira de Sousa e coorientação do saudoso Prof. Danilo Doneda – notável jurista e pioneira no tema de proteção de dados no Brasil. Tive a honra de compor sua banca de defesa e constatar a excelência da sua pesquisa acadêmica.

Nesta obra, o leitor encontrará discussões relevantes, como (i) o delineamento teórico da proteção de dados como direito fundamental distinto e autônomo da privacidade, incluindo sua dimensão coletiva, (ii) o funcionamento das tecnologias de perfilamento, incluindo as suas principais etapas, isto é, a formação e aplicação de perfis personalizados e de grupo, (iii) as ameaças e riscos acarretados a direitos e liberdades fundamentais, (iv) a análise da regulação destas tecnologias no Brasil, e (v) algumas propostas hermenêuticas, a exemplo da ampliação do conceito de dado pessoal, da análise da dimensão coletiva da proteção de dados e da definição de parâmetros para implementação do *privacy by design* em sistemas de

[1] MENDES, Laura Schertel. *Privacidade, proteção de dados e defesa do consumidor: linhas gerais de um novo direito fundamental.* São Paulo: Saraiva, 2014.

perfilamento. Tudo isso numa escrita fluida, com arcabouço doutrinário de peso e muitas reflexões que deixo de antecipar, convidando-os à leitura da obra, que certamente será proveitosa e enriquecedora.

Por fim, gostaria de deixar registrado que o livro traz importantes elementos para a aplicação da proteção de dados a decisões e processos automatizados realizados por sistemas de inteligência artificial. A obra de Diego mostra justamente como as normas e princípios da proteção de dados já podem ser aplicados a esses sistemas para a proteção dos indivíduos, sem prejuízo do importante debate acerca de uma regulação específica para os sistemas de inteligência artificial, que está ocorrendo no momento no Congresso Nacional.

Frankfurt, 25 de julho de 2023.
Laura Schertel Mendes[2]

[2] Professora Adjunta de Direito Civil da Universidade de Brasília (UnB) e do Instituto Brasiliense de Direito Público (IDP). Doutora *summa cum laude* em Direito Privado pela Universidade Humboldt de Berlim, tendo publicado sua tese sobre proteção de dados na Alemanha. Mestre e Bacharel em Direito, Estado e Constituição pela Universidade de Brasília (UnB). Compõe o Conselho Nacional da Proteção de Dados (ANPD), o Conselho Diretor da Associação Luso-alemã de Juristas (DLJV-Berlim) e o Instituto Brasileiro de Política e Direito do Consumidor (Brasilcon). É coordenadora do Centro de Direito, Internet e Sociedade (CEDIS) do IDP. É autora do livro "Privacidade, proteção de dados e defesa do consumidor: linhas gerais de um novo direito fundamental" São Paulo: Saraiva, 2014.

PREFÁCIO

Cortázar uma vez disse que o prefácio é aquilo que se escreve depois, o editor publica antes e os leitores não leem nem antes nem depois. A frase, na verdade, é de autoria de Pitigrilli, mas a irreverência cai bem no estilo do escritor argentino, que um dia virou também francês.

Prefácios servem para várias coisas: eles entregam um olhar panorâmico sobre a obra que está por vir, apresentam a trajetória e as qualidades do autor do livro, além de fornecer eventuais explicações sobre o contexto em que a publicação se insere. Este aqui não é diferente, mas seria uma pena se os leitores não parassem por aqui para prestar homenagem a um personagem sem o qual esse livro não existiria, o seu autor não teria seguido a sua jornada de pesquisa e o contexto em que a publicação se insere seria radicalmente diferente.

Esse é o tamanho da importância de Danilo Doneda, com quem tive o prazer de coorientar, no programa de pós-graduação em Direito da Universidade do Estado do Rio de Janeiro (UERJ), a tese de doutorado desenvolvida por Diego Machado, agora publicada em livro. Danilo deu os contornos do tema a ser investigado, o exemplo a ser seguido e, através do seu trabalho incansável pela aprovação de uma Lei Geral de Proteção de Dados Pessoais (LGPD), criou as condições para que Diego e tantos outros pesquisadores pudessem se debruçar sobre a aplicação de um normativo inovador e em contato com as melhores experiências internacionais.

A tese desenvolvida por Diego Machado sabe conciliar profundidade de análise com a indicação clara de suas conclusões. Se sob todas as luzes este parece ser um trabalho com início, meio e fim, não deixa de ser estranho que a ausência de uma apresentação escrita pelo Danilo o faça parecer, em certa medida, incompleto. Danilo nos deixou cedo demais, mas suas lições ecoam neste livro. Do início ao fim.

O olhar que Diego Machado oferece é fundamental para compreender os desafios da proteção dos dados pessoais em um contexto de acelerado desenvolvimento tecnológico. A escolha do tema do perfilamento revela as engrenagens que fazem mover diferentes modelos de negócio, estratégias publicitárias, soluções de design e, finalmente, definições sobre quem é a pessoa - titular dos dados pessoais – que está do outro lado da tela.

O trabalho inicia com uma análise das concepções de privacidade e de proteção de dados pessoais, destacando a distinção entre os dois conceitos na dogmática jurídica. Nesse sentido, o livro descortina como a proteção de dados pessoais ganhou autonomia em relação ao direito à privacidade, assumindo contornos ainda mais relevantes com as demandas pelo reconhecimento de uma dimensão coletiva de tutela.

O autor então se aprofunda na regulação das tecnologias de perfilamento na experiência jurídica brasileira, com foco na Lei Geral de Proteção de Dados Pessoais e no perfilamento automatizado. O texto aponta como a regulação das tecnologias de perfilamento é heterogênea e possui aparentes lacunas, baseando-se na pluralidade de fontes normativas aplicáveis e na carência de uma disciplina legal que alcance todas as etapas e aspectos do processo de perfilamento automatizado.

São apresentadas assim três propostas hermenêuticas para melhor compreender a questão: (i) a ampliação do conceito de dado pessoal; (ii) a afirmação da dimensão coletiva da proteção de dados pessoais, com destaque para a identificação de interesses difusos e de situações jurídicas passíveis de tutela no contexto do perfilamento automatizado; e (iii) a definição de parâmetros baseados no preceito da proteção de dados desde a concepção para o design de sistemas de perfilamento que sejam contestáveis.

Nesse sentido, o autor defende a aplicação direta do direito fundamental à proteção de dados pessoais nas relações com agentes de tratamento públicos ou privados. Ele sugere que a norma constitucional do art. 5º, LXXIX, da Constituição Brasileira, deve ser interpretada de modo a assegurar a eficácia normativa da dimensão coletiva do direito fundamental consagrado, inclusive nas relações entre particulares, onde há uma assimetria de poder informacional.

Sobre a promoção da contestabilidade dos sistemas algorítmicos de perfilamento automatizado desde a sua concepção, Diego aponta como essa abordagem vincula os agentes de tratamento a criar sistemas que sejam visíveis e contestáveis através de uma avaliação contínua dos mecanismos de proteção de dados e dos riscos dos sistemas de tratamento de dados.

Algumas ferramentas e medidas são destacadas para essa finalidade, como a avaliação de impacto à proteção de dados pessoais e o Registro de Impacto à Proteção de Dados Pessoais (RIPDP), além do dever de registro e documentação do desenho metodológico de sistema algorítmico de perfilamento automatizado.

O autor argumenta que a avaliação de impacto à proteção de dados pessoais e o RIPDP são instrumentos que permitem a contestação de sistemas algorítmicos, suas metodologias, inferências, resultados e decisões automatizadas. Essa contestação é possível através do engajamento dos diversos atores do ecossistema de tratamento de dados, incluindo titulares dos dados, agentes de tratamento, desenvolvedores de aplicações de IA, autoridades fiscalizadoras, organizações do terceiro setor, entidades acadêmicas, entre outros.

É possível fazer um curioso paralelo entre a formação de perfis e a publicação de obras póstumas de Julio Cortázar. Depois do falecimento do autor, em 1984, surgiram livros, crônicas e poemas inéditos. Uma parte deles veio dos papéis encontrados em um armário de um metro de comprimento e cheio de gavetas "em que havia bastante de tudo: romances e contos inéditos, contas de luz e anotações como 'era canhota de uma orelha'." Outros vieram de um conjunto de papéis guardados na gaveta de uma cômoda. A reunião de tudo isso serviu para consolidar uma visão ampliada de quem foi o autor.

Ao organizar uma publicação desses materiais, chamada de "Papéis Inesperados", Carlos Álvarez Garriga revelou no prólogo que se viu confrontado com dois tipos de leitores: "os que querem ler até os bilhetes para o padeiro", escritos pelo autor, e aqueles que já têm "uma imagem fixa do escritor."

De certa forma, todos nós, a partir dos mais distintos elementos, formamos nossas opiniões sobre os outros. E mais usualmente do que gostaríamos de reconhecer, criamos perfis dentro dos quais inserimos as pessoas ao nosso redor. Esses perfis funcionam como facilitadores das relações: eles procuram antecipar comportamentos, calibrar expectativas e construir afetos.

Se uma parte dos leitores de Cortázar não está disposta a receber novos dados que podem fazer com que o autor seja reenquadrado em um diferente perfil, o que não falta no contexto digital são mecanismos para que cada pessoa seja constantemente enquadrada e reenquadrada em perfis com as mais distintas consequências.

Empresas e governos criam perfis, cada vez mais automatizados, para gerir as diferentes relações. O trabalho de Diego Machado, nesse sentido, acerta no alvo ao conferir protagonismo às técnicas de perfilamento como uma ferramenta essencial para compreender como dados pessoais são tratados e como uma tutela coletiva pode surgir a partir de situações de violações de direitos.

Entidades públicas e privadas coletam com frequência acelerada dados para a formação de perfis e testam a sua acurácia. Nesses tempos digitais, cada clique, foto ou vídeo vale como um bilhete para o padeiro, que encontra um grupo cada vez maior de ávidos leitores.

Por fim, vale destacar como o talento de Diego Machado para a pesquisa acadêmica se faz evidente neste livro. O autor consegue com brilhantismo apontar os principais caminhos que conduzem o leitor ao entendimento do tema. Com apoio em bibliografia e referências atualizadas, a publicação de sua tese representa uma contribuição relevante para o amadurecimento dos debates sobre proteção de dados e novas tecnologias no Brasil. Sem qualquer irreverência, podemos afirmar que é verdade esse bilhete.

Carlos Affonso Souza
Professor da Faculdade de Direito da UERJ
Diretor do Instituto de Tecnologia e Sociedade (ITS Rio)

LISTA DE ABREVIATURAS E SIGLAS

ADI	Ação Direta de Inconstitucionalidade
ANPD	Autoridade Nacional de Proteção de Dados
art.	Artigo
CDC	Código de Defesa do Consumidor
CDFUE	Carta de Direitos Fundamentais da União Europeia
CEDH	Convenção Europeia de Direitos Humanos
COPPA	*Children's Online Privacy Protection Act*
CRFB	Constituição da República Federativa do Brasil
EDPB	*European Data Protection Board*
EUA	Estados Unidos da América
FIPPs	*Fair Information Practice Principles*
FTC	*Federal Trade Commission*
GPDR	*General Data Protection Regulation*
HIPPA	*Health Insurance Portability and Accountability Act*
IA	Inteligência Artificial
KDD	*Knowledge Discovery in Databases*
LCP	Lei do Cadastro Positivo
LGPD	Lei Geral de Proteção de Dados
MCI	Marco Civil da Internet
OCDE	Organização para a Cooperação e Desenvolvimento Econômico
PL	Projeto de lei
RIPDP	Relatório de Impacto à Proteção de Dados Pessoais
SENACOM	Secretaria Nacional do Consumidor
STF	Supremo Tribunal Federal
STJ	Superior Tribunal de Justiça

TEDH	Tribunal Europeu de Direitos Humanos
TJSP	Tribunal de Justiça do Estado de São Paulo
TFUE	Tratado de Funcionamento da União Europeia
TJUE	Tribunal de Justiça da União Europeia
UE	União Europeia

SUMÁRIO

Introdução 25

1. Elementos para uma concepção teórica da privacidade e da proteção de dados pessoais: construindo o caminho da distinção dos conceitos e da dogmática jurídica 45

1.1. Da privacidade à proteção de dados pessoais 46

1.2. Teorias contemporâneas da privacidade e da proteção de dados pessoais 69

1.2.1. Controle sobre as próprias informações 71

1.2.2. Teorias proprietária e dignitária 78

1.2.3. Teorias constitutivas ou de proteção da identidade 89

1.2.4. Teoria pragmatista 95

1.2.5. Teorias procedimentais 99

1.3. Direito à privacidade e direito à proteção de dados no mundo *onlife*: articulando direitos e possibilidades de ação (*affordances*) 105

1.3.1. Em defesa de uma teoria baseada em direitos 105

1.3.2. Diferentes conceitos, distintos direitos: elementos teórico--dogmáticos para uma conceptualização autônoma da proteção de dados pessoais em relação à privacidade 119

1.3.3. Origem e formação da dimensão coletiva dos direitos à privacidade e à proteção de dados pessoais 138

2. Regulação das tecnologias de perfilamento na experiência jurídica brasileira 149

2.1. Aprendizado de máquina e perfilamento automatizado na sociedade orientada por dados 149

2.2. Tecnologias de perfilamento e a necessidade de regulação jurídica: integração a infraestrutura da informação e da comunicação e ameaças a direitos fundamentais 170
2.3. Regulação das tecnologias de perfilamento no direito brasileiro 186
2.3.1. Lei Geral de Proteção de Dados 186
2.3.1.1. Acesso ao regime de proteção de dados pessoais e o conceito de dado pessoal 187
2.3.1.2. Inferência de modelos e normativa aplicável à formação de perfis 212
2.3.1.3. Aplicação de perfis e tomada de decisão automatizada 238
2.3.2. Código de Defesa do Consumidor e Lei do Cadastro Positivo . 251
2.3.3. Marco Civil da Internet 264

3. Proteção de dados pessoais na unidade do sistema e perfilamento: a proteção jurídica desde a concepção entre o indivíduo e a coletividade 269
3.1. Regulação das tecnologias de perfilamento à luz da unidade do ordenamento jurídico brasileiro e do direito fundamental à proteção de dados pesssoais 269
3.2. Formação de perfis de grupo, dados anonimizados *prima facie* e a ampliação do conceito de dado pessoal 296
3.3. Afirmação da dimensão coletiva da proteção de dados pessoais no direito brasileiro: interesses difusos e situações jurídicas tuteladas no processo de perfilamento automatizado 305
3.4. A proteção de dados desde a concepção no perfilamento automatizado: possibilitando a contestabilidade de tecnologias de perfilamento a partir da avaliação de impacto e deveres de registro e documentação 318
3.4.1. Avaliação de impacto à proteção de dados pessoais e RIPDP .. 323
3.4.2. Deveres de registro e documentação sobre desenho metodológico e outras operações relevantes do sistema de perfilamento automatizado 330

Conclusões 341
Referências 349

INTRODUÇÃO: NORMATIVIDADE TECNOLÓGICA, PERFILAMENTO E TUTELA DE DIREITOS FUNDAMENTAIS

Humankind is a product of technology, just as technology is a product of humankind.
– Peter-Paul Verbeek[1]

É clássica a lição de Norberto Bobbio sobre o aspecto multifário do fenômeno da normatividade. Nas palavras do jusfilósofo italiano, "[a]s normas jurídicas [...] não passam de uma parte da experiência normativa"[2]. Além das normas jurídicas, os livros de teoria do direito comumente destacam a existência de outros tipos de normas como as religiosas, morais, de trato social e costumeiras[3]. Foi apenas a partir das últimas décadas do século passado, porém, que os impactos normativos da tecnologia passaram a ocupar o pensamento de teóricos do direito[4], fruto de discussões travadas a partir

[1] VERBIEEK, Peter-Paul. Subject to technology: on autonomic computing and human autonomy. *In:* HILDEBRANDT, Mireille; ROUVROY, Antoinette. (Coords.). *Law, human agency and autonomic computing:* The philosophy of law meets the philosophy of technology. New York: Routledge, 2011. p. 31.

[2] BOBBIO, Norberto. *Teoria da norma jurídica.* Trad. Fernando P. Batista e Ariani B. Sudatti. Bauru: EdiPRO, 2003. p. 23.

[3] Por todos: REALE, Miguel. *Lições preliminares de direito.* 27. ed. São Paulo: Saraiva, 2002.

[4] Uma das mais prestigiadas obras com esse enfoque é o livro da autoria de Lawrence Lessig, "*Code and other laws of cyberspace*", publicado em 1999, praticamente contemporânea do não menos celebrado artigo de Joel Reidenberg, publicado pouco tempo antes: REIDENBERG, Joel R. *Lex Informatica*: The Formulation of Information Policy Rules through Technology. *Texas Law Review,* v. 76, n. 3, p. 553–594, 1998.

de uma interface de análise cujo objeto de estudo, com marcante diversificação metodológica, se encontra na interseção entre direito e tecnologia[5].

Mireille Hildebrandt, sob uma perspectiva pós-fenomenológica da filosofia da tecnologia[6], entende existir também uma *normatividade tecnológica*[7]. Ao falar sobre a normatividade de artefatos tecnológicos, a autora se refere à "forma como determinado dispositivo ou infraestrutura tecnológica efetivamente limita as ações humanas, convidando ou impondo, inibindo ou proibindo tipos de comportamento"[8]. Ressalte-se que o emprego da noção não implica a avaliação moral se a tecnologia é boa ou não, refere-se a "padrões de ação que são induzidos ou impostos, e inibidos ou excluídos pelo uso de uma específica tecnologia"[9]. Para demonstrar essa forma de normatividade, é válido o uso do ilustre exemplo da "Chave de Berlim" de Bruno Latour[10].

Em texto originalmente publicado na obra "*La clef de Berlin et autres leçons d'un amateur de sciences*", Latour descreve uma chave muito peculiar

[5] Por interface de estudo não se quer significar uma disciplina jurídica dotada de reconhecimento e autonomia. Em outras palavras, direito e tecnologia não constitui ramo do direito. Em sentido diverso: cf. TEPEDINO, Gustavo; GUIA DA SILVA, Rodrigo. Desafios da inteligência artificial em matéria de responsabilidade civil. *Revista Brasileira de Direito Civil*, Belo Horizonte, v. 21, n. 02, p. 61–86, jul./set. 2019, p. 70.

[6] Cf. COHEN, Julie E. Affording Fundamental Rights: A Provocation Inspired by Mireille Hildebrandt. *Critical Analysis of Law*, v. 4, n. 1, p. 78–90, 2017, p. 79 et. seq.; IHDE, Don. *Technology and the lifeworld:* from garden to earth. Bloomington-Indianapolis: Indiana University Press, 1990.

[7] HILDEBRANDT, Mireille. Legal and Technological Normativity. *Techné: Research in Philosophy and Technology*, v. 12, n. 3, p. 169–183, 2008, p. 173. Em semelhante direção, afirma Wolfgang Hoffmann-Riem: "As sociedades humanas conhecem uma multiplicidade de regras, especialmente aquelas que visam influenciar o comportamento. Na atual sociedade da informação e do conhecimento, as regras técnicas contidas nos algoritmos digitais estão se tornando cada vez mais importantes, além das regras legais e sociais. Isso diz respeito ao controle do comportamento humano, mas também em geral à formação da ordem social, ao desenvolvimento econômico e social e muito mais". HOFFMANN-RIEM, Wolfgang. *Teoria geral do direito digital:* transformação digital – desafios para o direito. Trad. Italo Fuhrmann. Rio de Janeiro: Forense, 2021. p. 11.

[8] HILDEBRANDT, Mireille. *Op. cit.*, p. 174. Livre tradução de: "the way a particular technological device or infrastructure actually constrains human actions, inviting or enforcing, inhibiting or prohibiting types of behavior". Cf. HILDEBRANDT, Mireille. *Smart Technologies and The End(s) of Law*. Cheltenham-Northampton: Edward Elgar, 2015. p. 162.

[9] HILDEBRANDT, Mireille. *Smart Technologies and The End(s) of Law*. Cheltenham-Northampton: Edward Elgar, 2015. p. 162. Tradução livre de: "action patterns that are induced or enforced, and inhibited or ruled out by the use of a specific technology".

[10] Cf. LATOUR, Bruno. The Berlin key or how to do words with things. *In:* GRAVES-BROWN, Paul (Ed.) *Matter, Materiality and Modern Culture*. London: Routledge, 2000. p. 10–21.

que, junto de sua fechadura, compõe certo mecanismo de funcionamento. A "Chave de Berlim" como ficou conhecida[11], é uma chave de fechamento forçado (*Schließzwangschlüssel*), que possui configuração simétrica, com dois segredos e sem "cabeça". Uma vez inserida, gira-se a chave a fim de destrancar a fechadura. No entanto, depois de aberta, a porta somente poderá ser fechada pelo outro lado se uma série de ações forem observadas, haja vista a estrutura da fechadura e seu programa de funcionamento. Após girada, a chave deve ser empurrada em direção ao outro lado da porta, atravessando a fechadura. Passando ao outro lado, o usuário deverá girar a chave novamente para trancar a porta; só assim poderá liberar ou retirar a chave, que fica presa à fechadura enquanto a porta estiver aberta[12]. Assim concebido o mecanismo chave-fechadura, o seu criador inscreveu no *hardware* um "programa de ação"[13] que delega à chave, é dizer, à tecnologia, a tarefa de instar ao usuário a fechar ou não fechar a porta[14].

Pode-se verificar também o impacto normativo que dispositivos ou infraestruturas tecnológicas provocam no comportamento humano a partir de exemplo mais corrente. No mundo *onlife*[15] visto sob as lentes da denominada Internet das Coisas (*Internet of Things*), em que objetos físicos integrados por sensores e em redes informáticas são ativos participantes de

[11] Criação do chaveiro berlinês Johann Schweiger e produzida pela Albert Kerfin & Co. a partir de 1912, esse tipo de chave era usada em edifícios de apartamentos para aluguel a fim de evitar que os inquilinos esquecessem a porta aberta ou mesmo sua própria chave na porta. JUNGK, Isabel. Uma chave para a mediação. *Transobjeto*, 2014. Disponível em: https://transobjeto.wordpress.com/2014/05/31/uma-chave-para-a-mediacao/. Acesso em: 10 jun. 2020.

[12] WIKIPEDIA. *Berlin Key*. Disponível em: https://en.wikipedia.org/wiki/Berlin_key. Acesso em: 10 jun. 2020.

[13] LATOUR, Bruno. The Berlin key or how to do words with things. *In:* GRAVES-BROWN, Paul (Ed.) *Matter, Materiality and Modern Culture*. London: Routledge, 2000. p. 17.

[14] LATOUR, Bruno. The Berlin key or how to do words with things. *In:* GRAVES-BROWN, Paul (Ed.) *Matter, Materiality and Modern Culture*. London: Routledge, 2000. p. 18; HILDEBRANDT, Mireille. Legal and Technological Normativity. *Techné: Research in Philosophy and Technology*, v. 12, n. 3, p. 169–183, 2008, p. 173.

[15] A expressão "mundo *onlife*" visa denotar, mais precisamente, como a implementação e a adoção de tecnologias digitais afetam a condição humana. Isso conduziu a quatro grandes transformações: "i. the blurring of the distinction between reality and virtuality; ii. the blurring of the distinctions between human, machine and nature; iii. the reversal from information scarcity to information abundance; and iv. the shift from the primacy of entities to the primacy of interactions". FLORIDI, Luciano. (Coord.). *The Onlife Manifesto: Being Human in a Hyperconnected Era*. London: Springer, 2015. p. 7. O termo foi cunhado por Luciano Floridi em 2007: v. FLORIDI, Luciano. A look into the future impact of ICT on our lives. *Information Society*, v. 23, n. 1, p. 59–64, 2007.

processos empresariais e não empresariais[16], contratos como o de locação de carros conectados faz parte de um cenário possível. Tomando em consideração um negócio dessa natureza firmado, o regramento jurídico-contratual disciplina a conduta das partes e, dada sua eficácia obrigacional, determina os parâmetros sobre o pagamento da prestação que vincula o locatário e as consequências do inadimplemento, podendo eventual conflito ser levado ao Poder Judiciário para se garantir a imposição da norma jurídica aplicável. Contudo, com os carros conectados cria-se a possibilidade do que se tem denominado "interferência remota"[17], ou seja, o locador e provedor da plataforma de Internet das Coisas insere a regra codificada em *software* de que o uso do veículo só será permitido se o locatário estiver adimplente com o aluguel devido. Em outras palavras, pode vir a ocorrer que, vencida a dívida e não paga, o carro seja automaticamente desligado[18]. Não fosse a regra autoexecutável inscrita no programa do artefacto tecnológico, o locatário em mora poderia, ainda assim, dirigir o automóvel.

A considerar tais exemplos, é justificado afirmar que a norma tecnológica não depende da autoridade estatal para ser efetivada, uma vez que é *incorporada* na tecnologia[19]. Nesse ponto, Hildebrandt se vale de analogia com a efetivação de normas jurídicas em sociedades não estatais, que independem da coerção do Estado para ser implementadas. Apesar de não adstrita à sanção estatal, a normatividade tecnológica é dependente dos "arranjos sociotécnicos que constituem ou regulam práticas específicas tais como o consumo de eletricidade, dirigir um carro, etc."[20]. Note-se que

[16] Cf. WEBER, Rolf H.; WEBER, Romana. *Internet of Things:* legal perspectives. Berlim: Springer, 2010. p. 1; MAGRANI, Eduardo. *A internet das coisas.* Rio de Janeiro: FGV Editora, 2018. p. 20-21.

[17] De acordo com Rebecca Crootof, interferência remota "is the act of altering how an IoT device works at a distance, either by pushing through an over-the-air software update or discontinuing a service". CROOTOF, Rebecca. The internet of torts: expanding civil liability standards to address corporate remote interference. *Duke Law Journal*, v. 69, n. 3, p. 583–667, 2019, p. 600.

[18] Cf. CROOTOF, Rebecca. The internet of torts: expanding civil liability standards to address corporate remote interference. *Duke Law Journal*, v. 69, n. 3, p. 583–667, 2019, p. 600.

[19] Cf. DURANTE, Massimo. Law, Normativity, and the Writing. Oracle Night and Human Indeterminacy. *In:* HILDEBRANDT, Mireille; GAAKEER, Jeanne (Coords.). *Human Law and Computer Law:* Comparative Perspectives. Dordrecht: Springer, 2013. p. 164. Também nesta linha pensa Laurence Diver, cunhando o conceito de "*legalismo computacional*": DIVER, Laurence Digisprudence: the design of legitimate code. *Law, Innovation and Technology*, v. 13, n. 2, p. 325–354, 2021, p. 326.

[20] HILDEBRANDT, Mireille. Legal and Technological Normativity. *Techné: Research in Philosophy and Technology*, v. 12, n. 3, p. 169–183, 2008, p. 175. Tradução livre de: "socio-technical arrangements that constitute or regulate specific practices like consuming electricity, driving a car, etc.". A autora

a autora faz uma importante diferenciação entre "arranjos sociotécnicos constitutivos" e "arranjos sociotécnicos regulatórios". Por *arranjos sociotécnicos constitutivos* deve-se entender aqueles que geram práticas e comportamentos que são constituídos por específicos artefactos tecnológicos em razão de impor a observância às normas incorporadas por eles[21]. Já os *arranjos sociotécnicos regulatórios* são aqueles que suscitam práticas e comportamentos regulados por certos artefactos tecnológicos; estes incentivam o cumprimento das normas que incorporam[22].

Um ponto de sensível diferença entre a normatividade jurídica e a tecnológica, para além da estatalidade característica do direito moderno, reside no aspecto da legitimidade constitucional e democrática. Tanto

parte de uma distinção entre normas tecnológicas regulativas e constitutivas, tendo em vista os comportamentos humanos e interações: "As long as the technologies enables us to make our own choices, inducing but not enforcing a change of habit, the technology is regulative of our behavior. To the extent that the technological infrastructure intervenes to rule out non compliance, the technology is constitutive of our behavior: for instance, if we do not comply we cannot continue to operate the dishwasher and have to wash the dishes by hand or wait for the next day". HILDEBRANDT, Mireille. *Op. cit.*, p. 174.

[21] HILDEBRANDT, Mireille. Legal and Technological Normativity. *Techné: Research in Philosophy and Technology*, v. 12, n. 3, p. 169–183, 2008, p. 175. Hildebrandt exemplifica com clareza os impactos normativos do automóvel e porquê forma um arranjo sociotécnico constitutivo: "A car enables one to drive. It does not force one to drive, but once in the car there are things one can do and other things one cannot do. The car is not merely an instrument for driving, because the act of driving is constituted by the car. You cannot drive a horse or a bicycle, though at a higher level of abstraction one could say that horses and bicycles, as well as cars enable one to travel. It would be silly, however, not to acknowledge that driving a car has a different impact than riding a horse or a bicycle on the person who travels, on her relations with family, friends, work and leisure, or on the health of those who drive a car or become the victim of a collision. Technology thus always has a normative impact, because it changes the affordances of the environment of the human person who uses it. Whether this change is for the good or for the bad is a matter of moral evaluation. Before we can perform such evaluation, however, we must first recognize the transformation of action patterns that is afforded". HILDEBRANDT, Mireille. *Smart Technologies and The End(s) of Law*. Cheltenham-Northampton: Edward Elgar, 2015. p. 162-163.

[22] HILDEBRANDT, Mireille. *Op. cit.*, p. 175. Tome-se como exemplo os dispositivos de monitoramento contínuo de glicose usado por pessoas com diabetes. Esses aparelhos são voltados a pacientes que usam insulina para controlar o nível de açúcar no sangue. Atualmente, a integração de sensores a dispositivos móveis como *smartphones* e *wearables*, possibilita o desenvolvimento de programas que monitoram os níveis de glicose e compartilhe os dados com terceiros (familiares, amigos, médicos e até empresas). Aliás, há tecnologias que injetam a insulina automaticamente no usuário – o que poderia transformar o arranjo de regulatório para constitutivo. Cf. BEST, Jo. Diabetes monitoring is having a smartwatch and smartphone revolution. *ZDNet*, 2019. Disponível em: https://www.zdnet.com/article/diabetes-monitoring-is-having-a-smartwatch-and-smartphone-revolution/. Acesso em: 20 jun. 2020.

a elaboração dos preceitos legislativos, como a interpretação e aplicação das normas jurídicas, estão vinculadas aos princípios do Estado Democrático de Direito. De igual forma, a normatividade dos novos dispositivos e infraestruturas tecnológicas que impactam a vida de indivíduos e grupos sociais – como as tecnologias de perfilamento – devem se submeter aos preceitos constitucionais e democráticos[23]. Nas palavras de Mireille Hildebrandt, "se concordarmos com a necessidade de procedimentos democráticos para regular a entrada em vigor da normatividade jurídica, a normatividade tecnológica requer semelhante legitimidade democrática"[24].

A professora da *Vrije Universiteit Brussels* segue com o cotejo entre norma jurídica e norma tecnológica, ou entre "regulação jurídica" e "regulação tecnológica", levando em consideração as características do direito moderno – nascedouro do Estado de Direito – e o papel da infraestrutura da informação e da comunicação que passa a se estabelecer na sociedade orientada por dados[25]. Além da legitimidade da elaboração e promulgação das leis, outros dois aspectos são sublinhados como característicos da normatividade jurídica numa democracia constitucional moderna: (i) a norma pode ser violada[26], e (ii) a violação e suas consequências jurídicas podem

[23] Tal como destaca Stefano Rodotà – em trecho que cita Hildebrandt –, "[l]e 'implicazioni normative delle innovazioni tecnologiche' non possono certo essere trascurate, ma devono essere valutate secondo i principi che fondano il rispetto della persona e i protocolli di um sistema democratico, che non possono essere affidati a un 'crescente governo statistico del reale'". RODOTÀ, Stefano. *Il diritto di avere diritti*. Roma-Bari: Laterza, 2012. p. 340.

[24] HILDEBRANDT, Mireille. Legal and Technological Normativity. *Techné: Research in Philosophy and Technology*, v. 12, n. 3, p. 169–183, 2008, p. 176. Tradução livre de: "if we agree on the need for democratic procedures to regulate the enactment of legal normativity, technological normativity requires similar democratic legitimacy".

[25] "[...] modern law has been contingent upon the information and communication infrastructure of the printing press, explaining how the Rule of Law similarly depends on the affordances of proliferating copies of identical text. Data-driven architectures operate at another level that sublimates rather than externalizes the normativity that directs and coordinates our interactions. The hidden complexity and invisible inferences that increasingly and seamlessly adapt our environment constitute a new – digital – unconscious. We need to urgently come to terms with this, reinventing legal articulations capable of reinstating justice, legal certainty and purposiveness in the upcoming onlife world". HILDEBRANDT, Mireille. *Smart Technologies and The End(s) of Law*. Cheltenham-Northampton: Edward Elgar, 2015. p. xiii.

[26] Norberto Bobbio leciona que "[...] uma sociedade na qual, no limite, qualquer forma de desvio é derrotada antes que possa ser realizada é uma sociedade sem direito, ou, pelo menos, sem aquele aparato judicante e repressivo em que fizemos consistir, por longa tradição, a essência mesma do direito". BOBBIO, Norberto. *Da estrutura à função:* novos estudos de teoria do direito. Trad. de Daniela B. Versiani. Barueri: Manole, 2007. p. 36-37.

ser discutidas perante um órgão jurisdicional[27]. Pode-se dizer que as três características fundamentais são corolários da soberania e autonomia, da proteção da liberdade humana e da contestabilidade de atos via provocação de órgão jurisdicional[28].

No entanto, na sociedade orientada por dados, em que ganham a realidade a computação ubíqua e a hiperconectividade[29], o advento da infraestrutura da informação e da comunicação da "computação preemptiva" (*pre-emptive computing*) possibilita normas tecnológicas com características deveras contrastantes às das normas jurídicas numa democracia constitucional – tal como o Brasil, sob o paradigma do Estado Democrático de Direito e da unidade sistemática do ordenamento jurídico em torno da Constituição[30]. Por computação preemptiva deve-se compreender "um tipo de computação que combina análise preditiva com intervenções computacionais destinadas a substituir a ação humana, atendê-la ou anulá-la antes que o humano tenha a chance de formar uma intenção consciente"[31].

A fim de melhor visualizar as repercussões da normatividade tecnológica da infraestrutura da informação e da comunicação em estabelecimento,

[27] HILDEBRANDT, Mireille. *Smart Technologies and The End(s) of Law*. Cheltenham-Northampton: Edward Elgar, 2015. p. 10.

[28] HILDEBRANDT, Mireille. *Op. cit.*, p. 10.

[29] A respeito da noção de hiperconectividade: "Refers to the type of connectivity enabled in a network architecture that enables people, devices and things to connect with the connections of the connections (etc.) of their connections, thus evoking a so-called network effect, meaning that the consequences of sharing behaviours through ever broadening circles of connections of connections are hard to foresee. Connecting with others over large distances in no time, at no cost has consequences for the experience of time, distance and space. This is exacerbated by the scale of connections, the distributed nature of networks and the automation of communication". HILDEBRANDT, Mireille. *Op. cit.*, p. 262.

[30] Sobre a unidade do ordenamento jurídico: BOBBIO, Norberto. *Teoria do ordenamento jurídico*. 6. ed. Trad. Maria Celeste C. L. dos Santos. Brasília: Editora Universidade de Brasília, 1995. p. 48-49; PERLINGIERI, Pietro. *Perfis do direito civil:* introdução ao direito civil constitucional. 2. ed. Trad. Maria Cristina De Cicco. Rio de Janeiro: Renovar, 2002. p. 5; TEPEDINO, Gustavo. Normas constitucionais e direito civil na construção unitária do ordenamento. *In*: SOUZA NETO, Cláudio Pereira de; SARMENTO, Daniel (Coords.). *A constitucionalização do Direito*: fundamentos teóricos e aplicações específicas. Rio de Janeiro: Lumen Juris, 2007. p. 309-320.

[31] HILDEBRANDT, Mireille. *Op. cit.*, p. 263. Tradução livre de: "[a] type of computing that combines predictive analytics with computational interventions that are meant to replace human action, cater to it or overrule it before the human had a chance to even form a conscious intention".

considere o exemplo acima mencionado da locação de veículo conectado. Numa mais ampla cadeia de acontecimentos hipotéticos precedentes à conclusão do contrato, pode se pensar que durante a fase pré-contratual, a locadora de automóveis, tendo acesso, entre outras informações, ao escore de crédito do consumidor/titular dos dados, ofertou-lhe apenas determinadas opções de automóveis para aluguel e condições de pagamento de acordo com a categoria em que se acomodam pessoas com semelhante patamar de pontuação. Esta, por sua vez, foi inferida a partir da aplicação de modelo estatístico, usado em sistema algorítmico de birô de crédito, aos dados pessoais financeiros, de histórico de adimplemento e de crédito coletados, inclusive de terceiros com quem possui parentesco. Aliás, não se sabe ao certo como se deu a inferência computacional, uma vez que o desenho metodológico do sistema algorítmico e os modelos estatísticos usados não são divulgados pelo birô de crédito por serem considerados segredo comercial.

Formado o contrato de locação, desde o início de sua execução a provedora da plataforma de Internet das Coisas, integrante de rede de provedores participantes de iniciativa de cidade inteligente da municipalidade, coletou dados de geolocalização mediante aplicativo de navegação embarcado no veículo. Uma das formas de uso desses dados foi anonimizá-los com técnica de agregação de dados e compartilhá-los como estatística agregada de todos os automóveis conectados em uso, a fim de que essas informações fossem utilizadas em atividades de interesse público como o monitoramento do trânsito e otimização da gestão de mobilidade urbana.

Além disso, a provedora da plataforma de Internet das Coisas se conectou à plataforma da *smart home* do locatário, visto que este solicitara a interconexão entre o carro e a rede de sua casa inteligente – possibilidade garantida devido à interoperabilidade dos sistemas de ambas. Tendo sido de longa duração a locação do veículo, situações houveram que o dispositivo de assistente virtual da casa inteligente acessou seus padrões individuais ou perfil de deslocamento para sugerir, logo pela manhã de dia de trabalho, rota diferente que lhe permitisse a prática de atividade física por alguns minutos. A sugestão (ou persuasão) do sistema de IA ou aprendizado de máquina se baseara em inferências resultantes de correlação de dados sobre hábitos de alimentação, sono e o outros dados biométricos captados por sensores e sistema de reconhecimento facial, a riscos graves à saúde, como o de agravamento da diabetes que já dissera possuir e o desenvolvimento de doença cardiovascular. Ademais, esses dados eram continuamente reutilizados para o direcionamento de publicidade de produtos e serviços, planos de saúde inclusive.

Depois, o inesperado. Uma pandemia explodiu mundo afora. Restrições à locomoção, proibição de atividades não essenciais e medidas de isolamento social foram determinadas pelas autoridades de saúde pública, entre elas a da municipalidade de residência do titular dos dados, que passou a tratar os dados agregados de localização para a tomada decisões informadas no enfrentamento do surto da doença infectocontagiosa. Dados de geolocalização de *smartphone* também se tornaram objeto de compartilhamento com tais autoridades para monitoramento individualizado do cumprimento de quarentena. O assistente virtual, inferindo a classificação do usuário em especial grupo de risco em razão das comorbidades apresentadas, passou a recomendar total isolamento, entre outras medidas, produtos e serviços à distância. Como consequência da imposição do *lockdown* para coibir a disseminação da doença veio a implementação do trabalho remoto, mas que pouco durou. As adversidades econômicas deram causa ao seu desligamento do emprego. Sobrevindo as dificuldades financeiras de ordem pessoal, além da vertiginosa queda de seu escore de crédito, ocorreu, então, o não pagamento do aluguel do carro na data do vencimento e a fatídica "intervenção remota".

Pois bem. Do hipotético cenário narrado, não muito distante do recente estado de coisas, é possível notar uma série de impactos normativos das tecnologias sobre o comportamento humano. Com isso, pode-se traçar as principais características da normatividade tecnológica.

Primeiramente, a regulação tecnológica é formada de maneira não ostensiva, visto que não é protagonizada por um legislador democrático e não é objeto de promulgação[32]. A força da normatividade tecnológica

[32] Danielle Citron chama atenção para tal realidade com um enfoque do direito público e da implementação de políticas públicas mediante sistemas automatizados: "Because the policies embedded in code are invisible, administrators cannot detect when the rules in an automated system depart from formal policy. As a result, presidentially or gubernatorially appointed agency heads cannot meaningfully review programmers' actions. Not surprisingly, administrators fail to provide the procedural safeguards that are typically applied to rulemaking. Although administrators are politically accountable due to their relationships with elected officials, administrators cannot meaningfully review or provide political legitimacy to changes in rules that they cannot see and did not propose". CITRON, Danielle Keats. Technological Due Process. *Washington University Law Review*, v. 85, n. 6, p. 1249-1313, 2008, p. 1295.

"depende em como engenheiros, *designers* e organizações empresariais trazem esses artefatos ao mercado e, eventualmente, como consumidores ou usuários finais interagem com eles"[33]. Em segundo lugar, artefatos tecnológicos podem ser construídos de forma a eliminar a possibilidade de violação da norma que incorpora, mesmo que essa incorporação seja um efeito imprevisto[34]. Em terceiro lugar, a objeção ou contestação a padrões tecnológicos que regulam e impactam os comportamentos humanos pode ser impossível dado que normalmente não possuem visibilidade, ou até mesmo pela dificuldade de se determinar a jurisdição competente ao caso[35].

Na presente obra, o foco é direcionado para a investigação das *tecnologias de perfilamento*[36], as quais podem ser entendidas como um conjunto de tecnologias, integrantes da infraestrutura da computação preemptiva, que compartilham traço comum: o uso de técnica para criar, descobrir ou construir conhecimento – expresso por perfis – a partir de grandes volumes de dados, a possibilitar a antecipação (ou predição) do

[33] HILDEBRANDT, Mireille. *Smart Technologies and The End(s) of Law.* Cheltenham-Northampton: Edward Elgar, 2015. p. 11. Tradução livre de: "depends on how engineers, designers and business enterprise bring these artefacts to the market and eventually on how consumers or end-users engage with them".

[34] HILDEBRANDT, Mireille. *Op. cit.*, p. 12. A autora usa o seguinte exemplo: se uma pessoa quiser acessar um sítio eletrônico, mas tal só é possível caso se aceite o uso de *cookies* de monitoramento, a regra tecnológica não admite desobediência. Nessa direção: DIVER, Laurence Digisprudence: the design of legitimate code. *Law, Innovation and Technology*, v. 13, n. 2, p. 325–354, 2021, p. 334-336.

[35] HILDEBRANDT, Mireille. *Op. cit.*, p. 12. Tome-se como exemplo o caso *Cambridge Analytica*, que ensejou o uso de tecnologias de perfilamento e de práticas manipulativas sem que houvesse transparência e conhecimento das populações afetadas. Dado o alcance global das repercussões, o caso também causou incertezas a respeito da jurisdição ou jurisdições competentes para investigar e responsabilizar os envolvidos: cf. CORAGGIO, Giulio. La multa del Garante privacy a Facebook mette le big tech sul chi va là. *Wired.it*, 02 jul. 2019. Disponível: https://www.wired.it/internet/regole/2019/07/02/scandalo-cambridge-analytica-privacy/?refresh_ce=. Acesso em: 16 ago. 2021.

[36] Adotou-se o termo "perfilamento" como tradução do vocábulo "*profiling*" amplamente usado na língua inglesa. Em meio à ausência de harmonização quanto à correspondente tradução na língua portuguesa, optou-se pela que é utilizada pela ONU em recomendação, publicada em 24/11/2020, do Comitê para a Eliminação da Discriminação Racial sobre "perfilamento racial" ("*racial profiling*") por agentes policiais: COMITÊ PARA A ELIMINAÇÃO DA DISCRIMINAÇÃO RACIAL. *Recomendação geral nº 36. Prevenção e combate ao perfilamento racial por agentes policiais.* Disponível em: https://acnudh.org/load/2020/12/CERD_C_GC_36_PORT_REV.pdf. Acesso em: 02 set. 2021.

comportamento humano[37]. A técnica que move e permeia tais tecnologias é o *perfilamento automatizado*, cujo funcionamento – a ser oportunamente abordado de maneira mais detalhada – envolve tratamento de dados referentes não só a indivíduos, mas em grande parte também a entes coletivos. Em termos conceituais pode ser definido como técnica de tratamento (parcialmente) automatizado de dados pessoais e/ou não-pessoais, que visa a produção de conhecimento por meio da inferência de correlações de dados na forma de perfis (etapa de criação de perfis) que podem ser posteriormente aplicados como base para a tomada de decisão (etapa de aplicação de perfis)[38].

A regulação tecnológica dotada de déficit de legitimação democrática, auto-executoriedade e invisibilidade, que se mostra emergir da nova infraestrutura da informação e da comunicação, gera sensíveis ameaças e riscos a direitos e liberdades fundamentais, dentre os quais sublinha-se o direito à proteção de dados pessoais. O destaque que se dá à proteção de dados neste cenário é justificado e se baseia em pelo menos uma peculiaridade que o direito possui: a responsividade, desde suas origens na década de 1970, ao desenvolvimento das tecnologias computacionais e à importância que o tratamento de dados pessoais crescentemente adquiriu na sociedade contemporânea[39]. Em outras palavras, o direito à proteção de dados pessoais e sua normativa consubstancia natural parâmetro de análise dos impactos normativos da infraestrutura informacional cuja precípua característica é a antecipação do comportamento humano por meio de intensivo tratamento de dados. Além disso, existe outra singularidade que não pode ser deixada de lado: a proteção de dados é histórica

[37] HILDEBRANDT, Mireille. Defining Profiling: A New Type of Knowledge? *In*: GUTWIRTH, Serge; HILDEBRANDT, Mireille (Orgs.). *Profiling the European Citizen:* Cross-Disciplinary Perspectives. New York: Springer, 2008. p. 17. Vide, ainda: CUSTERS, Bart. *The Power of Knowledge:* Ethical, Legal and Technological Aspects of Data Mininig and Group Profiling in Epidemiology. Nijmegen: Wolf Legal Publishers, 2004; BAROCAS, Solon; NISSENBAUM, Helen. Big data's end run around anonymity and consent. *In*: LANE, Julia et al. (Orgs.). *Privacy, Big Data, and the Public Good*: Frameworks for Engagement. Cambridge: Cambridge University Press, 2014. p. 46.

[38] BOSCO, Francesca et. al. Profiling technologies and fundamental rights: an introduction. *In*: CREEMERS, Niklas et. al. *Profiling Technologies in Practice:* Applications and Impact on Fundamental Rights and Values. Oisterwijk: Wolf Legal Publishers, 2017. p. 9.

[39] CORTE, Lorenzo Dalla. A Right to a Rule: On the Substance and Essence of the Fundamental Right to Personal Data Protection. *In*: HALLINAN, D. et al. (Orgs.). *Data Protection and Privacy: Data Protection and Democracy*. Oxford: Hart Publishing, 2020. p. 36.

e logicamente conectada à privacidade[40] – eis por que esta também constitui parâmetro jurídico-dogmático das considerações a ser feitas neste trabalho, em especial para o delineamento dos contornos de uma teoria da proteção de dados pessoais.

Tendo em vista que os impactos normativos das tecnologias de perfilamento são essencialmente alinhados àqueles da infraestrutura de que faz parte, observa-se da implementação de tais tecnologias o surgimento de (im)possibilidades de comportamento ("*affordances*"[41/42]) incompatíveis ou

[40] CORTE, Lorenzo Dalla. A Right to a Rule: On the Substance and Essence of the Fundamental Right to Personal Data Protection. *In*: HALLINAN, D. et al. (Orgs.). *Data Protection and Privacy: Data Protection and Democracy*. Oxford: Hart Publishing, 2020. p. 36.

[41] Emprega-se o mesmo sentido de "*affordances*" usado por Mireille Hildebrandt, a saber: "The types of behaviours that a specific environment makes possible for an organism. In this book: the types of behaviours that a specific socio-technical infrastructure (STI) 'affords', i.e. makes possible or impossible for the agents that employ it". HILDEBRANDT, Mireille. *Smart Technologies and The End(s) of Law*. Cheltenham-Northampton: Edward Elgar, 2015. p. 260. Em semelhante direção: COHEN, Julie E. Affording Fundamental Rights: A Provocation Inspired by Mireille Hildebrandt. *Critical Analysis of Law*, v. 4, n. 1, p. 78–90, 2017, p. 85-86.

[42] O conceito de *affordance* e sua teorização remonta ao trabalho seminal de James J. Gibson, intitulado "*The Ecological Approach to Visual Perception*". A *theory of affordances* de Gibson foi pensada no âmbito da psicologia ecológica. A concepção, porém, foi difundida na década de 1980 por Donald A. Norman no livro "*The psychology of evereday things*", reimpresso anos depois sob o título "*The design of evereday things*". Atualmente, a teoria é utilizada como referencial metodológico em pesquisas e aplicações na área da inteligência artificial, de onde, aliás, retira-se didática definição e exemplificação: "An affordance is an action possibility formed by the relationship between an agent and its environment. For example, the affordance of "throwing" exists when the grasping and pushing capabilities of an agent are well matched to the size and weight of an object. This capacity for throwing is not a property of either the agent or the object but is instead a relationship between them. This relationship-oriented view of the potential for action has a growing following in the applied sciences, as it presents advantages for functionality and design over traditional AI techniques" (NYE, Benjamin. D.; SILVERMAN, Barry G. Affordances in AI. *In*: SEEL, N. M. (Org.). *Encyclopedia of the Sciences of Learning*. New York: Springer, 2012. p. 183). No campo do direito e da tecnologia, cresce o número de teóricos que têm se inclinado a aplicar ou desenvolver uma teoria jurídica fundada na noção de *affordance*: v. DURANTE, Massimo. Law, Normativity, and the Writing. Oracle Night and Human Indeterminacy. *In:* HILDEBRANDT, Mireille; GAAKEER, Jeanne (Coords.). *Human Law and Computer Law:* Comparative Perspectives. Dordrecht: Springer, 2013. p. 159-179; DIVER, Laurence. Law as a User: Design, Affordance, and the Technological Mediation of Norms. *SCRIPT-ed*, v. 15, n. 1, p. 4–41, 2018; GRABER, Christoph B. Artificial Intelligence, Affordances and Fundamental Rights. In: O'HARA, Kieron; HILDEBRANDT, Mireille (Coords.). *Life and the Law in the Era of Data-Driven Agency*. Cheltenham-Northampton: Edward Elgar, 2020. p. 194–213; HILDEBRANDT, Mireille. Law As an Affordance: The Devil Is in the Vanishing Point(s). *Critical Analysis of Law*, v. 4, n. 1, p. 116–128, 2017; COHEN, Julie E. Affording Fundamental Rights: A Provocation Inspired by Mireille Hildebrandt. *Critical Analysis of Law*, v. 4, n. 1, p. 78–90, 2017; COHEN, Julie E. Turning Privacy Inside Out. *Theoretical Inquiries in Law*,

que conflitam com o ordenamento jurídico brasileiro, podendo enfraquecer a força normativa dos direitos e liberdades da pessoa humana ao ponto de torná-los meros "dragões de papel"[43]. Assim sendo, a fim de assegurar a unidade do sistema, o Estado Democrático de Direito e a concretização de direitos fundamentais, notadamente o direito à proteção de dados pessoais, necessário se faz *articular* normas jurídicas e preceitos jusfundamentais a tais tecnologias e infraestrutura[44] – é o que orienta a abordagem teórica da "proteção jurídica desde a concepção" (*legal protection by design*).

Tal perspectiva parte da seguinte premissa: na medida em que a infraestrutura da informação e da comunicação interfere na tutela jurídica e concretização de direitos, o sistema jurídico também se propõe a reestabelecer relevante proteção na infraestrutura tecnológica[45]. A articulação e incorporação de preceitos jurídicos na arquitetura, algoritmos, protocolos, padrões, configuração de *hardware* e de *software* etc., converge para a criação de possibilidades de ação (*affordances*) em sintonia com a legalidade constitucional e a realização de direitos fundamentais da titularidade de indivíduos e grupos.

v. 20, n. 1, p. 1–32, 2019; CALO, Ryan. Can Americans resist surveillance? *University of Chicago Law Review*, v. 83, n. 1, p. 23–43, 2016; CALO, Ryan. Technology, Law, and Affordance: A Review of Smart Technologies and the End(s) of Law. *Critical Analysis of Law*, v. 4, n. 1, p. 72–77, 2017; CALO, Ryan. Privacy, Vulnerability, and Affordance. *The Cambridge Handbook of Consumer Privacy*, v. 159, p. 198–206, 2018: DIVER, Laurence Digisprudence: the design of legitimate code. *Law, Innovation and Technology*, v. 13, n. 2, p. 325–354, 2021.

[43] O alerta vem novamente de Hildebrandt: "Moreover, the affordances of new technologies may interfere with existing legal norms, turning legal rights into paper dragons because it becomes increasingly difficult to exercise them. For instance, the data protection directive D 95/46/EC provides a right of access to the logic of processing (Article 12) in the case of automated decisions. Since it is technically impossible to provide such access in a way that is comprehensible for ordinary citizens, the normativity that is inherent in the computational infrastructure overrules the normativity of the written law. Ambient Law suggests that to count as an effective remedy this legal norm will have to be inscribed at the level of the infrastructure, designing it in a way that provides adequate transparency in an intuitive way". HILDEBRANDT, Mireille. Legal Protection by Design: Objections and Refutations. *Legisprudence*, v. 5, n. 2, p. 223–248, 2011, p. 235-236.

[44] HILDEBRANDT, Mireille. Legal and Technological Normativity. *Techné: Research in Philosophy and Technology*, v. 12, n. 3, p. 169–183, 2008, p. 177. Em outra oportunidade, afirmou a autora: "[...] proactive environments transform our capability to enjoy rights and liberties such as privacy, non-discrimination and due process. [...] At some point legal remedies must be wired into the technical infrastructure of Ambient Intelligence to be effective". HILDEBRANDT, Mireille. Legal Protection by Design: Objections and Refutations. *Legisprudence*, v. 5, n. 2, p. 223–248, 2011, p. 225.

[45] HILDEBRANDT, Mireille. Legal Protection by Design: Objections and Refutations. *Legisprudence*, v. 5, n. 2, p. 223–248, 2011, p. 246-247.

Isso, na verdade, condiz com a afirmação da força normativa das normas constitucionais de direitos fundamentais. Segundo Konrad Hesse, essa força normativa se vê em parte condicionada à *"possibilidade de realização* dos conteúdos da Constituição"[46]. O autor alemão afirma que as normas jurídico-constitucionais perdem sua imprescindível força vital "[q]uando a Constituição ignora o estado de desenvolvimento espiritual, social, político ou econômico de seu tempo"[47], ao que poderia ser acrescido, porém, o estado tecnológico e seus impactos normativos[48]. Revela-se aí a existência de uma implicação correspectiva entre direito e tecnologia para a realização da pretensão de eficácia da norma jurídica[49].

[46] HESSE, Konrad. *Escritos de Derecho Constitucional.* Madrid: Centro de Estudios Constitucionales, 1983. p. 27. Tradução livre de: "[...] *posibilidad de realización* de los contenidos de la Constitución".

[47] HESSE, Konrad. *Escritos de Derecho Constitucional.* Madrid: Centro de Estudios Constitucionales, 1983. p. 27. Tradução livre de: "Cuando la Constitución ignora el estado de desarrollo espiritual, social, político o económico de su tempo [...]".

[48] Assim escreve o constitucionalista: "Así pues, y desde la perspectiva de las condiciones de realización del Derecho constitucional, Constituición y "realidad" no pueden quedar aisladas la una de la otra. Lo mismo se diga respecto del proceso de realización mismo. El contenido de una norma constitucional no puede por lo regular realizarse sobre la sola base de las pretensiones contenidas en la norma (sobre todo expresadas en forma de un texto lingüístico), y ello tanto menos cuanto más general, incompleto e indeterminado se halle redactado el texto de la norma. Por eso, a fin de poder dirigir la conducta humana en cada una de las situaciones, la norma en mayor o menor medida fragmentaria necesita "concretización". La cual sólo será posible cuanto se tomen en consideración en dicho proceso, junto al contexto normativo, las singularidades e las relaciones vitales concretas sobre las que la norma pretende incidir. La operación de realización de la norma constitucional no puede prescindir de estas singularidades, so pena de fracasar ante los problemas planteados por las situaciones que la Constitución está llamada a resolver."

"Así, por ejemplo, el contenido y alcance de la garantía jurídico-constitucional de la propiedad sólo puede ser determinado teniendo en cuenta la función social y económica de la propiedad en el moderno Estado social. La regulación constitucional de la libertad de expresión por medio de la radiodifusión sólo puede ser llevada a cabo tomando en consideración los acelerados cambios producidos en la radiodifusión en especial por lo que hace a sus posibilidades técnicas, razón por la cual la conformación y garantía de esta libertad tienen que ser distintas de las de, por ejemplo, la libertad de expresión por medio d e la prensa, donde los condicionamientos técnicos y económicos son diferentes". HESSE, Konrad. *Escritos de Derecho Constitucional.* Madrid: Centro de Estudios Constitucionales, 1983. p. 28-29.

[49] "A norma constitucional não tem existência autônoma em face da realidade. A sua essência reside na sua *vigência,* ou seja, a situação por ela regulada pretende ser concretizada na realidade. Essa pretensão de eficácia *(Geltungsanspruch)* não pode ser separada das condições históricas de sua realização, que estão, de diferentes formas, numa relação de interdependência, criando regras próprias que não podem ser desconsideradas. Devem ser contempladas aqui as condições naturais, técnicas, econômicas, e sociais. A pretensão de eficácia da norma jurídica somente será realizada se levar em conta essas condições. Há de ser, igualmente, contemplado o substrato espiritual que

Dito isso, mostra-se necessário se ter em mente o "modo de existência" relacional do direito e da tecnologia e a interação de *co-constituição* de ambos. Parte-se da perspectiva filosófica de Don Idhe, que concebe a existência humana como "tecida tecnologicamente"[50] – visão pós-fenomenológica em que sujeito e objeto se constituem mutuamente[51] –, entendendo-se por tecnologias "como aqueles artefatos de cultura material que usamos de várias maneiras em nosso ambiente"[52]. Neste sentido, é deixado de lado tanto o instrumentalismo como a neutralidade com que alguns apreendem a interação humano-tecnologia[53/54], para se preocupar com os efetivos usos das tecnologias, como essas são adotadas e utilizadas concretamente por indivíduos e sociedades no mundo da cultura.

Isso abre portas à compreensão de que, na medida em que o tecido social é articulado mediante particulares tecnologias, é dizer, infraestruturas da informação e da comunicação, o modo de existência do direito é co-dependente de tais infraestruturas que constituem a sociedade que visa regular[55]. Assim, a visão relacional é capaz apreender o direito como constituído e constituinte da infraestrutura tecnológica prevalente e suas características, indicando elementar porosidade da normatividade

se consubstancia num determinado povo, isto é, as concepções sociais concretas e o baldrame axiológico que influenciam decisivamente a conformação, o entendimento e a autoridade das proposições normativas". HESSE, Konrad. *A força normativa da Constituição.* Porto Alegre: Sergio Antonio Fabris Editor, 1991. p. 14-15.

[50] IHDE, Don. *Technology and the lifeworld:* from garden to earth. Bloomington-Indianapolis: Indiana University Press, 1990. p. 1.

[51] Cf. VERBEEK, Peter-Paul. Don Ihde: The Technological Lifeworld. *In*: ACHTERHUIS, H. J. (Ed.). *American Philosophy of Technology:* The Empirical Turn. Bloomington: Indiana University Press, 2001. p. 120–123.

[52] IHDE, Don. *Op. cit.*, p. 1. Tradução livre de: "as those artifacts of material culture that we use in various ways within our environment".

[53] IHDE, Don. *Op. cit.*, passim; VERBEEK, Peter-Paul. Don Ihde: The Technological Lifeworld. *In*: ACHTERHUIS, H. J. (Ed.). *American Philosophy of Technology:* The Empirical Turn. Bloomington: Indiana University Press, 2001. p. 119–146.

[54] Sobre o instrumentalismo e a concepção da interação Direito e tecnologia como *tecno-regulação:* LEENES, Ronald. Framing Techno-Regulation: An Exploration of State and Non-State Regulation by Technology. *Legisprudence*, v. 5, n. 2, p. 143–169, 2011; HILDEBRANDT, Mireille. *Smart Technologies and The End(s) of Law.* Cheltenham-Northampton: Edward Elgar, 2015. p. 165, 184-185. Na doutrina nacional: ALVES, Marco Antônio Sousa; OLIVEIRA, Samuel Rodrigues de. Regras, pra que te quero? A relevância do Direito na regulação de novas tecnologias. *Teoria Jurídica Contemporânea*, v. 6, p. 1–25, 2021.

[55] HILDEBRANDT, Mireille. *Smart Technologies and The End(s) of Law.* Cheltenham-Northampton: Edward Elgar, 2015. p. 172.

tecnológica à normatividade jurídica que viceja no Estado Democrático de Direito, a fim de que ensejo tenha a criação de possibilidades de ação (*affordances*) à pessoa humana alinhadas à concretização de valores e direitos fundamentais, isto é, a articulação da força normativa da Constituição e a tutela dos direitos fundamentais com a nova infraestrutura da informação e da comunicação e seus impactos normativos[56].

Feitas essas considerações, fica esclarecido o marco teórico adotado neste trabalho, ou seja, as lentes com as quais o problema de pesquisa e demais aspectos metodológicos hão de ser lidos e enfrentados. Acima já foi apontado que o objeto de análise é composto pelo que se denomina tecnologias de perfilamento, as quais envolvem o tratamento de dados relativos a indivíduos e a coletividades, porquanto os sistemas programados com algoritmos computacionais de reconhecimento de padrões em bases de dados que dão alicerce criam perfis individualizados e de grupos. É mediante as chamadas técnicas de perfilamento de grupo (*group profiling*) que se formam propriamente os perfis de grupo – por exemplo, pessoas com bicicletas vermelhas têm 70% de chance de se interessar por produtos de cereais[57] – que hão de ser aplicados na tomada de decisão em diversas áreas da vida humana.

A alta relevância do perfilamento de grupo no contexto de uso das tecnologias de perfilamento suscita incerteza quanto a aplicabilidade do direito à proteção de dados pessoais e seu regime jurídico, visto que, tradicionalmente, estes se desenvolveram a partir de perspectiva centrada no indivíduo. A mais eloquente expressão desse paradigma encontra-se no conceito jurídico de dado pessoal, inobstante sua significativa amplitude, e na função que este desempenha como porta de acesso ao regime de proteção de dados. Por esse motivo, parte da doutrina tem afirmado que o direito à proteção de dados pessoais e leis gerais como a LGPD, no Brasil, e o GDPR, na UE, não regulam juridicamente as tecnologias de perfilamento, principalmente no que tange aos perfis de grupo[58], ou não

[56] Afinal, como lembrado por Luciano Floridi: "Digital ICTs do not necessarily erode informational privacy; they can also enhance and protect it". FLORIDI, Luciano. The ontological interpretation of informational privacy. *Ethics and Information Technology*, v. 7, n. 4, p. 185-200, 2005, p. 190.

[57] O exemplo é de Bart van der Sloot: VAN DER SLOOT, Bart. Do data protection rules protect the individual and should they? An assessment of the proposed General Data Protection Regulation. *International Data Privacy Law*, v. 4, n. 4, p. 307-325, 2014, p. 322.

[58] Em sua análise crítica sobre a então reforma do direito europeu de proteção de dados pessoais, anotou Bert Jaap Koops sobre o âmbito de aplicação do projeto que, aprovado, ulteriormente se tornou o GDPR: "The key feature of profiles is that they do not necessarily relate to individuals,

oferecem tutela jurídica adequada às ameaças e riscos gerados pelos sistemas algorítmicos de perfilamento automatizado[59/60]. Muito embora a doutrina brasileira tenha tangenciado a temática sob a ótica do direito pátrio, ainda são incipientes e pontuais as reflexões[61], devido, em grande parte, ao processo de amadurecimento e edificação de corpo doutrinário ainda em curso no país, que se dá em torno de sua primeira lei geral de proteção de

but often to groups ('someone with characteristics x, y, and z'), which makes them non-personal data (until they are applied to identi- fied individuals) and hence the creation and much of the processing of profiles traditionally falls outside of data protection law". [...] Given its self-declared scope, the GDPR cannot cover the creation and application of group profiles in general, but only the creation and use of individual profiles. This will create similar demarcation problems (when is a profile related to an identifiable individual?) as online identifiers". KOOPS, Bert Jaap. The trouble with European data protection law. *International Data Privacy Law*, v. 4, n. 4, p. 250–261, 2014, p. 257-258.

[59] Cf. MANN, Monique; MATZNER, Tobias. Challenging algorithmic profiling: The limits of data protection and anti-discrimination in responding to emergent discrimination. *Big Data and Society*, v. 6, n. 2, p. 1-11, jul./dez. 2019, p. 2.

[60] Van der Sloot destaca a problemática pretensão de leis de proteção de dados buscarem promover um direito individual de controle sobre as próprias informações, sendo que as atuais práticas de intensivo tratamento de dados retiram o foco do indivíduo: "[...] it is questionable whether this approach tackles the problems that citizens and consumers are currently facing. In Big Data processes, companies and governments gather large amounts of personal data by means of cameras, telephone taps, GPS-systems, cookies, and internet monitoring, which are stored in large databases and analysed by computer algorithms. These data are then aggregated, used to create group profiles and analysed on the basis of statistical relationships and mathematical patterns. The essential characteristic of this process is thus that the individual is not central to the process. Data collection and processing do not start after a particular ground or reason has arisen, but the value and use of the information will only become apparent at a later stage. In these processes, no reasonable suspicion is needed to individualize someone. Even a 1 per cent chance that someone will buy an expensive luxury product or will engage in terrorist activities may provide sufficient grounds to do so. The point here is not that this or that specific person has been subjected to data processing, but rather that everyone is or might be". VAN DER SLOOT, Bart. Do data protection rules protect the individual and should they? An assessment of the proposed General Data Protection Regulation. *International Data Privacy Law*, v. 4, n. 4, p. 307–325, 2014, p. 323.

[61] Cf. ZANATTA, Rafael A. F. Perfilização, Discriminação e Direitos: do Código de Defesa do Consumidor à Lei Geral de Proteção de Dados Pessoais. *Researchgate*, 2019. Disponível em: https://www.researchgate.net/publication/331287708. Acesso em: 02 set. 2021; MACHADO, Diego Carvalho; MENDES, Laura Schertel. Tecnologias de perfilamento e dados agregados de geolocalização no combate à COVID-19 no Brasil: uma análise dos riscos individuais e coletivos à luz da LGPD. *Direitos Fundamentais & Justiça*, Belo Horizonte, ano 14, p. 105-148, nov. 2020. Número especial. Em seu artigo, Rafael Zanatta conclui que: "Uma teoria dogmática da perfilização precisa avançar nas múltiplas formas de perfilização e na diferenciação dos elementos constitutivos da perfilização direta e indireta, bem como a perfilização individual ou por grupos". ZANATTA, Rafael A. F. *Op. cit.*, p. 24.

dados. Portanto, mostra-se oportuna a investigação sobre as tecnologias de perfilamento e sua regulação em trabalho de maior fôlego e profundidade, estabelecendo diálogo com a discussão norte-atlântica travada nas últimas décadas.

A fim de que se possa suprir tal lacuna, articulando a normatividade jurídica do ordenamento brasileiro com a infraestrutura da informação e da comunicação que vai se tornando prevalente e as possibilidades de ação (*affordances*) conectas às tecnologias de perfilamento, é imprescindível a investigação sobre a regulação jurídica destas tecnologias pelo direito à proteção de dados pessoais e sua normativa no direito brasileiro. Desta sorte, propõe-se neste trabalho responder ao seguinte questionamento: *em relação às tecnologias de perfilamento, à técnica de perfilamento automatizado e suas etapas de construção e aplicação de perfis, em especial os de grupo, pode-se afirmar que são regulados juridicamente pelo direito à proteção de dados pessoais e sua normativa no sistema jurídico brasileiro?*

No que concerne à metodologia empregada, optou-se por desenvolver uma pesquisa teórica de vertente jurídico-dogmática, orientada de acordo com os tipos metodológicos (i) histórico-jurídico, (ii) jurídico-comparativo e (iii) jurídico-compreensivo[62]. Para a análise das tecnologias de perfilamento no sistema jurídico brasileiro e a construção de proposta interpretativa em articulação com o direito à proteção de dados pessoais na perspectiva da proteção jurídica desde a concepção, foi realizado levantamento bibliográfico de textos, nacionais e internacionais, de teor jurídico, filosófico e de outras áreas como a Ciência da Computação, na medida em que relacionados ao perfilamento automatizado e seus fundamentos técnicos. Cumpre ressaltar que a literatura estrangeira (autores da América do Norte e da Europa, principalmente) foi amplamente utilizada devido ao surgimento no contexto norte-atlântico do debate em torno das questões sobre privacidade e proteção de dados suscitadas pelas tecnologias computacionais, além da consciência dos desafios da aplicabilidade da normativa de proteção de dados às tecnologias de perfilamento. Ademais, para a melhor compreensão da regulação jurídica dos sistemas algorítmicos de perfilamento automatizado na experiência brasileira procedeu-se à coleta de leis e jurisprudência pertinentes, principalmente de tribunais superiores.

[62] GUSTIN, Miracy B. S.; DIAS, Maria Tereza Fonseca; NICÁCIO, Camila Silva. *(Re)pensando a pesquisa jurídica:* teoria e prática. 5. ed. rev., amp. e atual. São Paulo: Almedina, 2020. p. 80-85.

A obra segue estruturada em quatro capítulos. O primeiro capítulo consiste no delineamento de uma concepção teórica que compreende a proteção de dados pessoais como categoria e direito fundamental distinto e autônomo da privacidade e sua tutela jurídica. Apesar de historicamente conexas desde a origem e de gozarem de confluências e pontos de interseção, esta se desenvolve como instrumento de opacidade, enquanto aquela ergue sua autonomia conceitual e dogmática como instrumento de transparência; uma de natureza substantiva, a outra de caráter eminentemente procedimental. Trata-se de formulação teórica em sintonia com a perspectiva da proteção jurídica desde a concepção e que, para tanto, toma o aporte da teoria das *affordances*, que enriquece a gramática da teoria dos direitos fundamentais com a tutela e promoção das condições materiais e/ou técnicas para a realização de direitos no mundo *onlife*. As linhas que dão traço à concepção desenvolvida também observam abordagem relacional da pessoa humana, que se constrói e é construída na vida em comunidade, o que enseja o reconhecimento não só da assimetria de poder entre titular dos dados e agentes de tratamento, como também da dimensão coletiva dos direitos à privacidade e à proteção de dados.

O capítulo 2, por sua vez, explicita os elementos e noções técnicas que alicerçam o funcionamento das tecnologias de perfilamento, especialmente as etapas conformadoras do processo de perfilamento automatizado, a saber, a formação e a aplicação de perfis personalizados (ou específicos) e de grupo (ou abstratos). A partir da compreensão dos sistemas algorítmicos movidos a perfilamento automatizado fica evidenciado a invisibilidade e opacidade que os caracteriza. Tais aspectos se manifestam nas razões que justificam a necessidade de regulação das tecnologias de perfilamento: a integração à infraestrutura da informação e da comunicação da computação preemptiva e as ameaças e riscos acarretados a direitos e liberdades fundamentais. Este capítulo ocupa-se, de conseguinte, da regulação de tais tecnologias no direito brasileiro, notadamente por meio da disciplina jurídica presente na Lei Geral de Proteção de Dados (LGPD), nos estatutos consumeristas da lei de proteção e defesa do consumidor (CDC) e da Lei do Cadastro Positivo (LCP), e no Marco Civil da Internet (MCI).

Já o capítulo 3 passa em revista as feições da regulação das tecnologias de perfilamento objeto de exame do segundo capítulo. Verificou-se que a invisibilidade e opacidade das práticas de perfilamento automatizado deu azo à incontestabilidade das referidas tecnologias, ao passo que sua disciplina legislativa se revelou heterogênea e (aparentemente) lacunosa, além de elaborada de ponto de vista prevalentemente centrado no indivíduo. Desenvolve-se a partir de então uma leitura da regulação das tecnologias de perfilamento em sincronia com a unidade sistemática do ordenamento jurídico brasileiro e com a dimensão coletiva do direito fundamental à proteção de dados pessoais, e, ainda, numa articulação da normatividade jurídica deste direito com a promoção da contestabilidade dos sistemas algorítmicos de perfilamento automatizado. Três são as propostas hermenêuticas ao cabo sustentadas: (i) a ampliação do conceito de dado pessoal; (ii) a afirmação da dimensão coletiva da proteção de dados pessoais e consequente individuação de interesses difusos e correspondentes situações jurídicas passíveis de tutela no âmbito do perfilamento automatizado; e (iii) o delineamento de parâmetros baseados no preceito da proteção de dados desde a concepção para o *design* de sistemas de perfilamento contestáveis. Por fim, o quarto e derradeiro capítulo, consolida de forma sintética as notas finais e conclusões a que se chegou com a investigação empreendida ao longo do livro.

1
ELEMENTOS PARA UMA CONCEPÇÃO TEÓRICA DA PRIVACIDADE E DA PROTEÇÃO DE DADOS PESSOAIS: CONSTRUINDO O CAMINHO DA DISTINÇÃO DOS CONCEITOS E DA DOGMÁTICA JURÍDICA

Mudam-se os tempos, mudam-se as vontades,
Muda-se o ser, muda-se a confiança;
Todo o mundo é composto de mudança,
Tomando sempre novas qualidades.
— Luís Vaz de Camões

Privacidade e proteção de dados pessoais consistem em categorias jurídicas cujo desenvolvimento revela a existência de intensa inter-relação. Compreender tal conexão é importante para delimitar os conceitos e os principais contornos dogmáticos dos direitos à privacidade e à proteção de dados pessoais no mundo *onlife*, em que a aplicação de tecnologias de perfilamento se dá em toda parte. Dessa forma, o estudo da diacronia e sincronia desse desenvolvimento justifica-se como necessário passo a ser dado antes da análise teórica mais aprofundada, o que será feito nas linhas iniciais deste capítulo.

O vínculo e aperfeiçoamento das noções de privacidade e proteção de dados pessoais, notadamente nos países ocidentais ao longo do século XX, é uma das mais fortes razões da existência de concepções teóricas que sequer diferenciam as duas ideias. No Brasil, aliás, não raro se encontra na doutrina a alusão a "privacidade e proteção de dados pessoais" como uma díade[1], do que não se sabe ao certo se está a compor uma sorte de grupo conceitual cujos significantes possuem o mesmo significado, ou a denotar uma relação de gênero e espécie, ou, ainda, se se refere a distintas noções jurídicas.

Além da relevância jurídico-dogmática da apreensão das categorias jurídicas e seus respectivos lineamentos, a busca por uma abordagem teórica adequada ao problema objeto de análise e investigação científica também justifica o estudo das teorias da privacidade e da proteção de dados pessoais. Entretanto, há que se ressaltar que o que será apresentado neste capítulo não se trata de um estudo que esgota as inúmeras concepções possíveis sobre o tema, mas sim o exame analítico de algumas importantes correntes que podem ser reputadas normativas e fundadas na tutela de direitos. Por fim, serão apresentados e propostos, num esforço argumentativo, os lineamentos de uma construção teórica alinhada à perspectiva da proteção jurídica desde a concepção (*legal protection by design*) e apta a lidar com as questões e desafios impostos pelas tecnologias de perfilamento. Nessa trajetória intelectual, um dos pontos de passagem é a distinção entre os dois conceitos e os dois direitos – direito à privacidade e direito à proteção de dados pessoais, que ganha autonomia –, para, enfim, introduzir a discussão sobre dimensão coletiva de tutela.

1.1. Da privacidade à proteção de dados pessoais

A noção de privacidade é fruto de uma construção moderna. Mais do que apenas expressão da modernidade no Direito, é categoria jurídica que nasceu ataviada aos interesses de uma burguesia industrial do século XIX[2]. Com antecedentes culturais e socioeconômicos bem marcados, respectivamente, de valorização da solitude e materialização do exercício desta em ambientes reservados, o direito à privacidade foi inicialmente compreendido como o "direito de ser deixado só" (*right to be let alone*), na expressão

[1] Cf. SOMBRA, Thiago Luís Santos. *Fundamentos da regulação da privacidade e proteção de dados pessoais*: pluralismo jurídico e transparência em perspectiva. São Paulo: Revista dos Tribunais, 2019. passim; PERRONE, Christian; STRASSBURGER, Sabrina. Privacy and data protection: from Europe to Brazil. *Panorama of Brazilian Law*, v. 6, n. 9-10, p. 82-100, 2018.

[2] Cf. RODOTÀ, Stefano. *Tecnologie e diritti*. Bolonha: Il Mulino, 1995. p. 21-25.

de autoria de Thomas Cooley[3]. Do seminal artigo publicado em 1890 por Samuel Warren e Louis Brandeis na *Harvard Law Review* sobre o *right to privacy* no ordenamento jurídico norte-americano, percebe-se a tônica subjetivista de um direito individual e o caráter negativo, ou de não intervenção, de sua tutela. Nas palavras dos autores, os avanços civilizatórios do mundo de então impuseram a necessidade de certo recolhimento e criaram ao homem moderno o anseio à solitude, "mas o empreendimento e a invenção modernos, por meio de invasões à sua privacidade, o submeteram a sofrimentos mentais e angústia, muito maiores do que poderiam ser infligidos por mera lesão corporal" [4].

Preocupados especialmente com a propagação de matérias e colunas sociais de cunho sensacionalista veiculadas na imprensa[5], e com as máquinas de fotografia instantâneas portáteis carregadas pelos jornalistas[6], Warren e Brandeis se pautaram numa série de precedentes judiciais (do direito inglês, inclusive) e em analogia com doutrinas de proteção à propriedade intelectual[7] e de direito contratual[8], para sustentar o amparo da *common law* a um direito ao segredo sobre informações de caráter privado[9]. A garantia de ação de responsabilidade civil (*tort*) por danos decorrentes da invasão ao direito de privacidade foi o remédio então proposto[10].

[3] SOLOVE, Daniel J. *Understanding privacy*. Cambridge: Harvard University Press, 2008, p. 16; COOLEY, Thomas McIntyre. *The elements of torts*. Chicago: Callaghan & Co., 1895. p. 98.

[4] WARREN, Samuel; BRANDEIS, Louis. The right to privacy. *Harvard Law Review*, v. 4, n. 5, p. 193-220, 1890 p. 196. Tradução livre de: "but modern enterprise and invention have, through invasions upon *his privacy, subjected him to mental pain and distress, far greater than could be inflicted by mere bodily injury"*.

[5] Esse tipo de jornalismo foi descrito por William Prosser como *"yellow journalism"*: cf. PROSSER, William L. Privacy [a legal analysis]. *In:* SCHOEMAN, Ferdinand D. (Org.). *Philosophical Dimensions of Privacy:* An Anthology. Cambridge: Cambridge University Press, 1984. p. 104.

[6] SOLOVE, Daniel J. A Brief History of Information Privacy Law. *GWU Law School Public Law Research Paper*, n. 215, 2016, p. 11.

[7] WARREN, Samuel; BRANDEIS, Louis. The right to privacy. *Harvard Law Review*, v. 4, n. 5, p. 193-220, 1890 p. 198-206. Em determinado trecho concluem: "These considerations lead to the conclusion that the protection afforded to thoughts, sentiments, and emotions, expressed through the medium of writing or of the arts, so far as it consists in preventing publication, is merely an instance of the enforcement of the more general right of the individual to be let alone". WARREN, Samuel; BRANDEIS, Louis. *Op. cit.*, p. 205.

[8] WARREN, Samuel; BRANDEIS, Louis. *Op. cit.*, p. 207 et seq.

[9] WARREN, Samuel; BRANDEIS, Louis. *Op. cit.*, p. 200, 214-215.

[10] Asseveram os autores: "An action of tort for damages in all cases". WARREN, Samuel; BRANDEIS, Louis. *Op. cit.*, p. 219.

Apesar do prestígio do artigo[11], o *privacy tort* de Warren e Brandeis inicialmente não gozou de igual recepção pelas cortes dos EUA. Em 1902, no caso *Roberson v. Rochester Folding Box Co.*, a Corte de Apelação de Nova Iorque se manifestou sobre a matéria. A autora, Abigail Roberson, propôs ação judicial de reparação de danos pelos ataques à sua reputação e sofrimentos físicos e mentais causados pela divulgação não consentida de sua litografia em peça publicitária. Na ocasião, o tribunal não reconheceu haver *cause of action*[12] na invasão à privacidade, visto que não possuía precedentes que lhe dessem suporte[13]. Nos anos posteriores, entretanto, por obra tanto de cortes de justiça como de órgãos legislativos, foram criados *privacy torts* à semelhança das recomendações de Warren e Brandeis[14]. Somente na década de 1960, por meio do trabalho de William Prosser, a matéria recebeu consistente sistematização no direito norte-americano[15].

Do outro lado do Atlântico, não obstante as diferenças e particularidades dogmáticas entre o direito dos EUA e dos países europeus de tradição de *civil law*, a tutela jurídica da privacidade assumia características semelhantes, eis que dirigida a situação jurídica subjetiva de índole negativa, cuja tutela remedial do direito de danos, articulada em defesa da reserva

[11] Já se disse que esse seria *"the most influential law review article of all"*. KALVEN JR, Harry. Privacy in Tort Law—Were Warren and Brandeis Wrong? *Law and Contemporary Problems*, v. 31, p. 326-341, 1966, p. 327.

[12] De acordo com o *Legal Information Institute*, da *Cornell Law School*, *"cause of action"* significa: "A set of predefined factual elements that allow for a legal remedy. The factual elements needed for a specific cause of action can come from a constitution, statute, judicial precedent, or administrative regulation". LEGAL INFORMATION INSTITUTE. Cause of action. *Cornell Law School*. Disponível em: https://www.law.cornell.edu/wex/cause_of_action. Acesso em: 18 ago. 2021.

[13] SOLOVE, Daniel J. A Brief History of Information Privacy Law. *GWU Law School Public Law Research Paper*, n. 215, 2016, p. 12.

[14] SOLOVE, Daniel J. *The digital person:* technology and privacy in the information age. 1. ed. Nova Iorque: New York University Press, 2004. p. 58.

[15] Resumidamente, assim define William Prosser os quatro *privacy torts:* "1. Intrusion upon the plaintiff's seclusion or solitude, or into his private affairs."
"2. Public disclosure of embarrassing private facts about the plaintiff".
"3. Publicity which places the plaintiff in a false light in the public eye".
"4. Appropriation, for the defendant's advantage, of the plaintiff's name or likeness". PROSSER, William L. Privacy [a legal analysis]. *In:* SCHOEMAN, Ferdinand D. (Org.). *Philosophical Dimensions of Privacy:* An Anthology. Cambridge: Cambridge University Press, 1984. p. 107. Conforme o *Restatement of the Law*, essas são justamente as quatro ações de responsabilidade civil (*torts*) que tutelam a privacidade*:* (i) *intrusion upon seclusion*; (ii) *public disclosure of private facts*; (iii) *false light*; e (iv) *appropriation*.

de informações da vida privada de figuras públicas e celebridades, mais parecia endereçada a certo estrato social[16]. Após a metade do século XX, entretanto, mudanças de maior impacto sobrevieram à tutela da privacidade e seu debate.

Se a criação e sedimentação do direito à privacidade se deram notadamente num contexto de desenvolvimento e expansão dos meios de comunicação de massa[17], o advento do computador e das tecnologias informáticas, e a forma de coleta e tratamento de dados pessoais, fomentou uma série de discussões acadêmicas e institucionais que repercutiram nas transformações que tiveram lugar a partir das décadas de 1960 e 1970[18]. Por essa época, computadores e processadores eletrônicos já eram largamente empregados na formação de bancos de dados de grande utilidade para o *Welfare State* e à execução de políticas públicas[19], e expandia-se o uso no

[16] DONEDA, Danilo. *Da privacidade à proteção de dados pessoais*. 2. ed. São Paulo: Revista dos Tribunais, 2020. p. 32. Para uma interessante comparação entre o desenvolvimento da proteção da privacidade nos sistemas norte-americano e alemão, vide: SIMITIS, Spiros. Privacy – An endless debate? *California Law Review*, v. 98, n. 6, p. 1989–2006, 2010, p. 1989-1992.

[17] SIMITIS, Spiros. Privacy – An endless debate? *California Law Review*, v. 98, n. 6, p. 1989–2006, 2010, p. 1990.

[18] No período começou o que se pode chamar de "*computers and privacy issue*": Cf. FUSTER, Gloria González. *The Emergence of Personal Data Protection as a Fundamental Right of the EU*. Londres: Springer, 2014. p. 28 *et seq*. Entre os que escreveram sobre a temática à época: WESTIN, Alan F. *Privacy and Freedom*. New York: Atheneum, 1967. p. 158-168; GRENIER, Edward J. Computers and privacy: A proposal for self-regulation. *Proceedings of the first ACM symposium on Problems in the optimization of data communications systems*. New York: Association for Computing Machinery, 1969. p. 231–269; MILLER, Arthur R. Personal Privacy in the Computer Age: The Challenge of a New Technology in an Information-Oriented Society. *Michigan Law Review*, v. 67, n. 6, p. 1089–1246, 1969; SIEGHART, Paul. Computers, Information, Privacy and the Law. *Journal of the Royal Society of Arts*, v. 125, n. 5252, p. 456–472, 1977.

[19] "Em primeiro lugar, foi o Estado que por primeiro se encontrou na posição de utilizar largamente informações pessoais. Os motivos são razoavelmente claros: um pressuposto para uma administração pública eficiente é o conheci- mento tão acurado quanto possível da população (não por acaso, à formação do *welfare state* seguiu-se um período de voraz demanda por informação pessoal por parte do Estado), o que implica, por exemplo, a realização de censos e pesquisas e o estabelecimento de regras para tornar compulsória a comunicação de determinadas informações pessoais à administração pública. Em relação ao controle, basta acenar às várias formas de controle social que podem ser desempenhadas pelo Estado e que seriam potencializadas com a maior disponibilidade de informações sobre os cidadãos, aumentando seu poder sobre os indivíduos – não é por outro motivo que um forte controle da informação é característica comum aos regimes totalitários". DONEDA, Danilo. *Da privacidade à proteção de dados pessoais*. 2. ed. São Paulo: Revista dos Tribunais, 2020. p. 34.

setor privado pelos fornecedores do mercado de consumo e outros atores como os birôs de crédito[20].

As preocupações geradas em torno do tema "computadores e privacidade" tiveram origem no aprofundamento da assimetria informacional nas relações entre cidadão-Estado e consumidor-fornecedor[21]. Com isso, identificou-se relevante risco de ações discriminatórias e de ofensa a direitos e liberdades fundamentais da pessoa, como bem retratado nos episódios dos projetos do *National Data Center* (EUA), de 1965[22], do *Système Automatisé pour les Fichiers Administratifs et le Répertoire des Individus* (França), datado do início da década de 1970[23], e da decisão do Tribunal Constitucional Federal sobre a Lei de Recenseamento de 1983 (Alemanha)[24]. Nos três casos, viu-se a administração pública arquitetando o uso de sistemas informacionais com o objetivo de criar bancos de dados (pessoais ou não pessoais) centralizados com propósitos estatísticos e no interesse da eficiência burocrática[25].

Uma série de debates, estudos e relatórios foram realizados entre o fim dos anos 1960 e início dos 1970. Um destes, aliás, foi desdobramento do caso *National Data Center*. As audiências e discussões que se deram no

[20] V. RODOTÀ, Stefano. *Elaboratori elettronici e controllo sociale*. 1. ed. Bologna: Il Mulino, 1973, p. 9 et seq. Especificamente a respeito do setor privado no contexto dos Estados Unidos da América: cf. SOLOVE, Daniel J. *The digital person:* technology and privacy in the information age. New York-London, 2004, p. 16 et seq.; MILLER, Arthur R. *The Assault on Privacy*: Computers, Data Banks, and Dossiers. Ann Arbor: The University of Michigan Press, 1971. p. 67-90.

[21] Cf. MANTELERO, Alessandro. Privacy. *Contratto e Impresa – Dialoghi con la giurisprudenza civile e commerciale*, Milão, v. XXIV, n. 3, p. 757–779, 2008, p. 773-774.

[22] V. KRAUS, Rebecca S. *Statistical Déjà Vu:* The National Data Center Proposal of 1965 and Its Descendants. Disponível em: https://www.census.gov/history/pdf/kraus-natdatacenter.pdf. Acesso em: 16 ago. 2021.

[23] Em meio ao intenso debate instalado na França, em março de 1974, o jornal *Le Monde* publicou artigo que chamava atenção aos perigos decorrentes da proposta centralização de dados dos cidadãos. BOUCHER, Philippe. "Safari" ou la chasse aux Français. *Le Monde*, 21 mar. 1974. Disponível em: https://www.cnil.fr/sites/default/files/atoms/files/le_monde_0.pdf. Acesso em: 16 ago. 2021.

[24] SCHWABE, Jürgen. *Cinqüenta de Jurisprudência do Tribunal Constitucional Federal Alemão*. Trad. B. Hennig, L. Martins, M. B. de Carvalho, T. M. de Castro, V. G. Ferreira. Montevidéu: Fundación Konrad Adenauer, 2005. p. 233 *et seq.*; EICHENHOFER, Johannes; GUSY, Christoph. Courts, privacy and data protection in Germany: Informational self-determination in the digital environment. *In*: BRKAN, Maja; PSYCHOGIOPOULOU, E vangelia (Orgs.). *Courts, Privacy and Data Protection in the Digital Environment*. Cheltenham: Edward Elgar, 2017. p. 103-105.

[25] DONEDA, Danilo. *Da privacidade à proteção de dados pessoais*. 2. ed. São Paulo: Revista dos Tribunais, 2020. p. 161-165.

Congresso dos EUA em torno do projeto, vertidas no documento *"The Computer and Invasion of Privacy"*[26], acabaram por elucidar que o sistema descentralizado então existente no âmbito do governo federal estadunidense, caracterizado de forma detrimentosa por alguns como ineficiente, funcionava, na verdade, como uma espécie de salvaguarda contra a compilação por entes governamentais de extensivos dossiês sobre cada cidadão[27]. Dentre os relatórios de maior relevo publicados no período, há que se mencionar o *Younger Report*[28] (1972) e o *Lindop Report*[29] (1978), ambos do Reino

[26] ESTADOS UNIDOS DA AMÉRICA. House of Representatives. *The Computer and invasion of privacy*: hearings before a subcommittee of the Committee on government operations. Washington: U.S. Government Printing Office, 1966. Disponível em: https://archive.org/details/U.S.House-1966TheComputerAndInvasionOfPrivacy/mode/2up. Acesso em: 16 ago. 2021. Sobre os eventos desse período, anota Priscilla Regan: "In 1965 a new problem was placed on the congressional agenda by subcommittee chairs in both the House and the Senate. The problem was defined as the invasion of privacy by computers and evoked images of 1984, the "Computerized Man," and a dossier society. Press interest was high, public concern was generated and resulted in numerous letters being sent to members of Congress, and almost thirty days of congressional hearings were held in the late 1960 and early 1970". REGAN, Priscilla M. *Legislating Privacy:* Technology, Social Values, and Public Policy. Chapel Hill: University of North Carolina Press, 1995. p. 82.

[27] MILLER, Arthur R. *The Assault on Privacy*: Computers, Data Banks, and Dossiers. Ann Arbor: The University of Michigan Press, 1971. p. 58.

[28] REINO UNIDO. *Privacy (Younger Report)*. Disponível em: https://api.parliament.uk/historic-hansard/commons/1973/jul/13/privacy-younger-report. Acesso em: 17 ago. 2021. Confeccionado sob a batuta do Sir Kenneth Younger, o relatório não reconheceu um direito de privacidade no ordenamento inglês, mas, haja vista as ameaças decorrentes do tratamento computacional automatizado de dados, recomendou-se a estipulação de mecanismo de salvaguardas e proteção. Daí se originam os chamados *"Younger Principles"*: "(i) The purpose of holding data should be specified. (ii) There should only be authorized access to data. (iii) There should be minimum holdings of data for specified purposes. (iv) Persons in statistical surveys should not be identified. (v) Subject access to data should be given. (vi) There should be security precautions for data. (vii) There should be security procedures for personal data. (viii) Data should only be held for limited relevant periods. (ix) Data should be accurate and up to date. (x) Any value judgements should be coded". WARREN, Adam; DEARNLEY, James. Data protection legislation in the United Kingdom: From development to statute 1969-84. *Information Communication and Society*, v. 8, n. 2, p. 238–263, 2005, p. 242.

[29] WARREN, Adam; DEARNLEY, James. Data protection legislation in the United Kingdom: From development to statute 1969-84. *Information Communication and Society*, v. 8, n. 2, p. 238–263, 2005, p. 244-247. O relatório, que leva o nome do Sir Norman Lindop, usa o termo *"data protection"*. Entre suas conclusões, encontra-se a seguinte: "[...] concerning the relationship between privacy and data protection, the Committee found that the function of data protection law should be different from that of privacy law. Rather than establishing rights, it should provide a framework for finding a balance between the interests of the individual, the data user (the processor of personal data) and the community at large". WARREN, Adam; DEARNLEY, James. *Op. cit.*, p. 245.

Unido, e o relatório *Records, Computers and the Rights of Citizens*[30] (1973), elaborado pelo *Advisory Committee on Automated Personal Data Systems*, instituído pelo Departamento de Saúde, Educação e Bem-estar dos EUA.

Deste último documento se extrai o influente *Code of Fair Information Practices*, que, fundamentado em cinco princípios básicos (transparência, acesso, finalidade, qualidade dos dados e segurança), deu vida ao conjunto dos *Fair Information Practice Principles* (FIPPs), os quais inspiraram diversas legislações e instrumentos regulatórios nos anos e décadas seguintes[31]. Ao tecer os fundamentos para tal código de conduta, o relatório observa que, muito embora exista distintas visões sobre o conceito de privacidade frente às novas técnicas computacionais de registro e processamento de dados, havia certo consenso entre as formulações teóricas de "(1) que haverá alguma *divulgação* de dados, e (2) que *o titular dos dados deveria decidir* a natureza e medida de tal divulgação" [32]. O documento, porém, aponta que o problema dessas concepções é que pressupõem a unilateralidade da função do titular dos dados na tomada de decisão quanto ao acesso, divulgação e tratamento de seus dados. Os autores do relatório justificam a necessidade de se adotar abordagem diversa, porquanto "os registros de dados pessoais geralmente refletem e mediam relacionamentos nos quais indivíduos e instituições têm interesse e normalmente são realizados para propósitos compartilhados por instituições e indivíduos"[33]. Assim, lan-

[30] U.S. DEPARTMENT OF HEALTH, EDUCATION & WELFARE. *Records, Computers and the Rights of Citizens*. Washington: U.S. Government Printing Office, 1973. Também conhecido como *HEW Report*.

[31] Os ditos princípios foram assim descritos: "1. There must be no personal data record-keeping systems whose very existence is secret. 2. There must be a way for a person to find out what information about the person is in a record and how it is used. 3. There must be a way for a person to prevent information about the person that was obtained for one purpose from being used or made available for other purposes without the person's consent. 4.There must be a way for a person to correct or amend a record of identifiable information about the person. 5. Any organization creating, maintaining, using, or disseminating records of identifiable personal data must assure the reliability of the data for their intended use and must take precautions to prevent misuses of the data". U.S. DEPARTMENT OF HEALTH, EDUCATION & WELFARE. *Records, Computers and the Rights of Citizens*. Washington: U.S. Government Printing Office, 1973. p. XX-XI, 41.

[32] U.S. DEPARTMENT OF HEALTH, EDUCATION & WELFARE. *Records, Computers and the Rights of Citizens*. Washington: U.S. Government Printing Office, 1973. p. 39-40. Tradução livre de: "(1) that there will be some *disclosure* of data, and (2) that *the data subject should decide* the nature and extent of such disclosure". Grifos no original.

[33] Tradução livre de: "[...] records of personal data usually reflect and mediate relationships in which both individuals and institutions have an interest, and are usually made for purposes that are shared

çam mão da noção de *mutualidade* para cuidar dos direitos dos titulares dos dados de participar da tomada de decisão sobre dados que lhe dizem respeito, das responsabilidades dos agentes de tratamento, e dos procedimentos adequados para tanto. Daí a seguinte assertiva:

> A privacidade pessoal de um indivíduo é diretamente afetada pelo tipo de divulgação e uso de informações identificáveis sobre ele em um arquivo. Um arquivo contendo informações sobre um indivíduo em forma identificável deve, portanto, ser regido por procedimentos que lhe conferem o direito de participar na decisão de qual será o conteúdo do arquivo, e que divulgação e uso será feito destas informações identificáveis. Qualquer registro, divulgação e uso de informações pessoais identificáveis não regidos por tais procedimentos deve ser proscrito como um uso injusto de informação, a menos que tal registro, divulgação ou uso seja especificamente autorizado por lei[34].

Alicerçado na mutualidade e na determinação de procedimentos que possibilitam o direito de participação individual na decisão sobre o conteúdo dos dados pessoais objeto de tratamento por bancos de dados[35],

by institutions and individuals". Anota-se, ainda, no relatório: "Each of the above formulations, however, speaks of the data subject as having a unilateral role in deciding the nature and extent of his self-disclosure. None accommodates the observation that records of personal data usually reflect and mediate relationships in which both individuals and institutions have an interest, and are usually made for purposes that are shared by institutions and individuals. In fact, it would be inconsistent with this essential characteristic of mutuality to assign the individual record subject a unilateral role in making decisions about the nature and use of his record. To the extent that people want or need to have dealings with record-keeping organizations, they must expect to share rather than monopolize control over the content and use of the records made about them". U.S. DEPARTMENT OF HEALTH, EDUCATION & WELFARE. *Op. cit.*, p. 40.

[34] U.S. DEPARTMENT OF HEALTH, EDUCATION & WELFARE. *Op. cit.*, p. 40-41. Tradução livre de: "An individual's personal privacy is directly affected by the kind of disclosure and use made of identifiable information about him in a record. A record containing information about an individual in identifiable form must, therefore, be governed by procedures that afford the individual a right to participate in deciding what the content of the record will be, and what disclosure and use will be made of the identifiable information in it. Any recording, disclosure, and use of identifiable personal information not governed by such procedures must be proscribed as an unfair information practice unless such recording, disclosure or use is specifically authorized by law".

[35] Escrevem a respeito da abordagem procedimental e da influência da ideia de devido processo no relatório HEW: KAMINSKI, Margot E.; URBAN, Jennifer. M. The right to contest AI. *Columbia Law Review*, New York, v. 121, n. 7, p. 1957–2048, 2021, p. 1994 et seq.

o referido *Code of Fair Information Practices* foi sintetizado e recebido na Europa como "proteção de dados" (*datenschutz*, tal qual surge na Alemanha), enquanto no sistema jurídico dos EUA ficou conhecido como forma de "proteção da privacidade"[36]. Eis a razão pela qual, em termos de política legislativa e regulatória, o discurso e os debates se consolidaram em torno dos conceitos de "privacidade informacional" (*information privacy*) e "proteção de dados" (*data protection*), como escrevem Colin Bennett e Charles Raab[37].

A partir de 1970, surgiram as primeiras leis locais e nacionais que versaram sobre a matéria no contexto norte-atlântico. Os *länd* alemães de Hesse e de Rheinland-Pfalz publicaram suas leis de proteção de dados, respectivamente, em 1970 e 1974[38]. A primeira lei nacional entre os países europeus foi o estatuto aplicável aos bancos de dados da Suécia, o *Data Legen 289* ou *Datalag*, seguida de outras legislações como a *Bundesdatenschutzgesetz*, lei federal da República Federal da Alemanha (1977), a *Datenschutzgsetz* – DSG da Áustria (1978), a Lei nº 78-17 "*relative à l'informatique, aux fichiers et aux libertés*" da França (1978), o *Data Register Act* da Noruega (1978), e o *Data Protection Act* do Reino Unido (1984).

Nos EUA, o *Fair Credit Reporting Act* foi aprovado em 1970. O estatuto regula os birôs de crédito e as práticas de tratamento de dados financeiros e de histórico crédito de consumidores. Mas foi a partir de 1973 que se passou a encontrar leis de proteção à privacidade informacional alinhadas, em alguma medida, às recomendações do relatório do Departamento de Saúde, Educação e Bem-estar. Neste sentido, podem ser citados, a título de exemplo, o *Privacy Act* (1974), o *Right to Financial Privacy Act* (1978), o *Cable*

[36] AGRE, Philip E. Introduction. *In*: AGRE, Philip E.; ROTENBERG, Marc (Orgs.). *Technology and Privacy*: The New Landscape. London-Cambridge: The MIT Press, 1997. p. 2.

[37] BENNETT, Colin J.; RAAB, Charles D. *The Governance of Privacy*: Policy Instruments in Global Perspective. 1. ed. London-New York: Routledge, 2003. p. 16. A própria linguagem utilizada por alguns escritores é reveladora dessa realidade, como pode se ver em trecho de um *paper* de Pamela Samuelson, doutrinadora norte-americana, em que se refere à normativa europeia e sua fundamentação no direito à "privacidade informacional": "One of the strengths of the EU Directive is that the regulatory regime it embodies is consistent with its underlying conception of information privacy as a fundamental human right". SAMUELSON, Pamela. Privacy As Intellectual Property? *Stanford Law Review*, v. 52, p. 1125-1173, 2000, p. 1171.

[38] MAYER-SCHÖNBERGER, Viktor. Generational Development of Data Protection in Europe. *In*: AGRE, Philip E.; ROTENBERG, Marc (Orgs.). *Technology and Privacy*: The New Landscape. London-Cambridge: The MIT Press, 1997. p. 221. Em ambas as leis já se previa a criação de autoridade com competências fiscalizatórias do cumprimento da lei.

Communications Policy Act (1984), o *Electronic Communications Privacy Act* (1986), o *Video Privacy Protection Act* (1988), o *Health Insurance Portability and Accountability Act – HIPPA* (1996) e o *Children's Online Privacy Protection Act – COPPA* (1998).

A legislação emergente tanto no cenário norte-americano como no europeu conforma importante parte dos desenvolvimentos que se sucederam no campo da privacidade informacional (EUA) e da proteção de dados pessoais (Europa). Não obstante a identificação de certa convergência em termos de política pública entre países norte-atlânticos – como demostrou Colin Bennett no início dos anos 1990[39], pode-se dizer que esses desenvolvimentos também marcaram com maior nitidez a consolidação de dois modelos: o norte-americano e o europeu[40].

O modelo formado na cultura jurídica estadunidense é fragmentário e constituído por um complexo conjunto de precedentes judiciais e atos legislativos de diferentes níveis na estrutura federativa do país. O direito à privacidade é protegido (i) mediante instrumentos jurídicos criados no âmbito da *common law*, (ii) pelos estatutos e leis promulgadas a fim de regular certos setores da atividade pública ou privada (*statutory law*), (iii) bem como via direitos constitucionais reconhecidos por precedentes vinculantes da Suprema Corte (*constitutional privacy*)[41]. Desde o *privacy tort* de Warren e Brandeis, entre os instrumentos da *common law* merece destaque as ações de responsabilidade civil (*torts*). Não obstante a ordenação e classificação feita em 1960 por William Prosser dos *privacy torts* e sua consolidação no *Restatement of the Law (Second, Torts, § 652*[42]), a privacidade informacional também é tutelada pelos remédios da *breach of confidentility*, que resguarda a confidencialidade de dados fornecidos por pacientes e/ou clientes a profissionais tais como médicos, psicólogos e advogados,

[39] BENNETT, Colin J. *Regulating Privacy*: Data Protection and Public Policy in Europe and the United States. Ithaca: Cornell University Press, 1992. p. 95 *et seq.*

[40] Neste sentido: DONEDA, Danilo. *Da privacidade à proteção de dados pessoais*. 2. ed. São Paulo: Revista dos Tribunais, 2020. p. 185-186.

[41] Cf. SOLOVE, Daniel J.; SCHWARTZ, Paul. *Information Privacy Law*. 7. ed. [S.l.]: Wolters Kluwer, 2020. E-book.

[42] THE AMERICAN LAW INSTITUTE. *Restatement of the Law, Second, Torts, § 652*. Disponível em: https://cyber.harvard.edu/privacy/Privacy_R2d_Torts_Sections.htm. Acesso em: 24 ago. 2021. Como já indicado, são quatro os *privacy torts*: (i) *intrusion upon seclusion*; (ii) *public disclosure of private facts*; (iii) *false light*; e (iv) *appropriation*.

e das ações de *libel* e *slander*, que amparam a reputação da pessoa vítima de falsas afirmações[43].

No campo do *statutory law*, o modelo norte-americano segue política setorial, especialmente na legislação federal, de modo a editar leis de proteção da privacidade informacional especificamente para determinados setores nos quais se identifique algum problema ou questão a ser tocada[44], a exemplo de estatutos como o HIPPA e o COPPA, já mencionados acima. Em nível estadual, porém, tem se formado uma recente tendência de elaboração de leis de cunho geral, aplicáveis a todos segmentos da indústria e a todas tecnologias, sendo o *California Consumer Privacy Act* (CCPA), de 2018, o principal paradigma e já considerado por alguns como o catalizador regulatório da mudança em curso nos EUA[45]. Fala-se, inclusive, de um *"California Effect"* a respeito da influência do modelo do CCPA de proteção da privacidade informacional sobre demais jurisdições, servindo de paradigma regulatório a ser adotado, à semelhança do que se viu ocorrer com legislação de natureza ambiental nos EUA, notadamente a regulação de emissão de poluentes por automóveis[46].

Também na esfera constitucional não são poucas as complexidades. Já se disse que a construção da privacidade constitucional (*constitutional privacy*) a partir da jurisprudência da Suprema Corte é "confusa e desarticulada"[47]. Na visão de Fred H. Cate e Beth E. Cate, a hermenêutica constitucional do referido tribunal aponta para pelo menos três distintos sentidos do *right to privacy*. O primeiro, diz respeito ao "direito à privacidade pessoal" (*right of personal privacy*) ou "áreas ou zonas de privacidade" (*areas or zones of privacy*), aplicado em casos como *Griswold v. Connecticut* (1965) e *Roe v.*

[43] SOLOVE, Daniel J.; SCHWARTZ, Paul. *Information Privacy Law.* 7. ed. [S.l.]: Wolters Kluwer, 2020. E-book.

[44] SOLOVE, Daniel J. *The digital person:* technology and privacy in the information age. 1. ed. Nova Iorque: New York University Press, 2004. p. 67; CHANDER, Anupam; KAMINSKI, Margot E.; MCGEVERAN, William. Catalyzing Privacy Law. *Minnesota Law Review*, v. 105, p. 1733–1802, 2021, p. 1747.

[45] CHANDER, Anupam; KAMINSKI, Margot E.; MCGEVERAN, William. Catalyzing Privacy Law. *Minnesota Law Review*, v. 105, p. 1733–1802, 2021, p. 1781 et seq.

[46] CHANDER, Anupam; KAMINSKI, Margot E.; MCGEVERAN, William. Catalyzing Privacy Law. *Minnesota Law Review*, v. 105, p. 1733–1802, 2021, p. 1764, 1784.

[47] CATE, Fred H.; CATE, Beth E. The Supreme Court and information privacy. *International Data Privacy Law*, v. 2, n. 4, p. 255–267, 2012, p. 266.

Wade (1973)[48]. Amparada na cláusula do devido processo, a tutela constitucional garantida ao indivíduo abrange a autonomia e independência para a realização de importantes decisões, como as relativas à vida sexual[49] – estas devem ficar à salvo da ingerência estatal. O direito à privacidade tomado nesta acepção, também chamada de "*decisional privacy*", não envolve questões de privacidade informacional, com exceção de certas situações em contextos limitados que envolvem deveres de informar e ser informado(a)[50].

O segundo sentido toca à jurisprudência sobre a Quarta Emenda e foi elaborado em casos como *Katz v. United States* (1967) e *United States v. Miller* (1976). Protege-se o interesse de manter algo privado, ainda que em área publicamente acessível, desde que haja uma expectativa subjetiva de privacidade e esta expectativa seja socialmente reconhecida como razoável – isto é, emprega-se o *"reasonable expectation of privacy test"*. À vista das limitações arrazoadas pela corte a essa proteção, sedimentou-se o entendimento de que "privado" se considera apenas dados não compartilhados com terceiro[51], e a tutela constitucional estendia-se tão somente à *coleta* dos dados, deixando desguarnecido o seu uso[52] (ou qualquer outra forma de tratamento ulterior à coleta). Há, porém, que se fazer uma ressalva nesse ponto. À luz da recente decisão no caso *Carpenter v. United States*, a Suprema Corte parece ter alterado significativamente sua jurisprudência da Quarta

[48] Em 24 de junho de 2022, a Suprema Corte dos EUA proferiu uma polêmica decisão no caso *Dobbs v. Jackson*, deflagrando repercussões de grande impacto no direito estadunidense. Por maioria de 6 a 3, os juízes da corte decidiram pela superação (*overrule*) do precedente judicial estabelecido em *Roe v. Wade*, retrocedendo, de forma inédita, na tutela constitucional da *"decisional privacy"*: "We hold that Roe and Casey must be overruled. The Constitution makes no reference to abortion, and no such right is implicitly protected by any constitutional provision, including the one on which the defenders of Roe and Casey now chiefly rely—the Due Process Clause of the Fourteenth Amendment. That provision has been held to guarantee some rights that are not mentioned in the Constitution, but any such right must be "deeply rooted in this Nation's history and tradition" and "implicit in the concept of ordered liberty". Washington v. Glucksberg, 521 U.S. 702, 721 (1997)". THE NEW YORK TIMES. The Dobbs v. Jackson Decision, Annotated. *The New York Times*, 2022. Disponível em: https://www.nytimes.com/interactive/2022/06/24/us/politics/supreme-court-dobbs-jackson-analysis-roe-wade.html. Acesso em: 19 jul. 2022.

[49] CATE, Fred H.; CATE, Beth E. *Op. cit.*, p. 257-258.

[50] CATE, Fred H.; CATE, Beth E. *Op. cit.*, p. 266.

[51] Esse entendimento constitui a denominada *third party doctrine.*

[52] CATE, Fred H.; CATE, Beth E. *Op. cit.*, p. 266.

Emenda[53] e a teoria do mosaico (*"mosaic theory"*) sustentada no precedente *United States v. Jones*[54]. A fim de melhor adequá-la à realidade das tecnologias digitais, depreende-se dos fundamentos da decisão que a corte elaborou um novo teste (*"Carpenter test"*) que alarga a proteção constitucional à situação em que há bases de dados operadas por terceiros[55].

O terceiro e último sentido, encontrado em *Whalen v. Roe* (1977), diz respeito ao interesse individual na não divulgação de assuntos pessoais (*"personal matters"*) por entes governamentais[56], e, tal qual a *decisional privacy*, está embasado na cláusula do devido processo. Conforme Daniel Solove e Paul Schwartz, essa manifestação do *right to privacy* ficou conhecida como direito constitucional à privacidade informacional[57].

[53] Paul Ohm escreve a respeito deste recente precedente da Corte Suprema: "*Carpenter* heralds a new mode of Constitutional analysis because the Court finds an REP [reasonable expectation of privacy] based largely on an analysis of the information divorced from the actions of the police, database owner, or surveillance target. The most important holding — which commanded the votes of five justices — is that "individuals have a reasonable expectation of privacy in the whole of their physical movements." The Court explains that a database full of CSLI [cell-site location information] meets this standard using an analysis focused exclusively on the nature of the data in the database and the target's role in its initial collection."
"Next, with *Carpenter*, the third-party doctrine appears to be nearly dead. The majority opinion "decline[d] to extend" the third-party doctrine to the FBI's collection of seven days of CSLI from cell phone service providers. "Given the unique nature of cell phone location information, the fact that the Government obtained the information from a third party does not overcome Carpenter's claim to Fourth Amendment protection"". OHM, Paul. The Many Revolutions of Carpenter. *Harvard Journal of Law & Technology*, v. 32, n. 2, p. 357–416, 2019, p. 363.

[54] A respeito da teoria do mosaico na jurisprudência da Suprema Corte dos EUA: cf. KERR, Orin S. The Mosaic Theory of the Fourth Amendment. *Michigan Law Review*, v. 111, n. 3, p. 311-354, 2012.

[55] Conforme sintetiza Paul Ohm: "To summarize, *Carpenter* promulgates a new three-factor test that should be applied not necessarily to the specific facts of a case but rather to the category of information being sought. In conducting the test, a court should ask whether a given category of information (1) has a deeply revealing nature; (2) possesses depth, breadth, and comprehensive reach; and (3) results from an inescapable and automatic form of data collection". OHM, Paul. The Many Revolutions of Carpenter. *Harvard Journal of Law & Technology*, v. 32, n. 2, p. 357–416, 2019, p. 378.

[56] CATE, Fred H.; CATE, Beth E. The Supreme Court and information privacy. *International Data Privacy Law*, v. 2, n. 4, p. 255–267, 2012, p. 266.

[57] SOLOVE, Daniel J.; SCHWARTZ, Paul. *Information Privacy Law*. 7. ed. [S.l.]: Wolters Kluwer, 2020. E-book. Há autores que não enxergam a estatura consituticional da *information privacy*, ou a veem fragilizada. Aziz Huc faz referência, por exemplo, à "fraqueza do direito constitucional da privacidade informacional". HUQ, Aziz Z. Constitutional Rights in the Machine Learning State. *Cornell Law Review*, v. 105, p. 1875–1954, 2020, p. 1928. Tradução livre de: "[...] weakness of the constitutional law of information privacy [...]".

Ainda no tocante ao perfil da tutela constitucional do *right to privacy*, e a medida em que a privacidade informacional é nela abarcada, é importante enfatizar duas características gerais dos direitos fundamentais no direito constitucional estadunidense: (i) são direitos que vinculam apenas entes e agentes públicos – conforme a *state action doctrine*[58] –, e (ii) são direitos negativos, é dizer, não impõe nenhum fazer ao Estado, mas determinam que este se abstenha de intervir sobre o âmbito de proteção do direito. Essas características gerais são, consequentemente, observadas na camada constitucional do direito à privacidade.

O modelo europeu, por sua vez, embora dotado da sistematicidade que o norte-americano não tem, possui complexidade que não se pode ignorar[59], seja quanto a seu processo formativo ou de sua atual aplicação como direito primário e secundário da UE[60]. Antes de estabilizados os atuais contornos, o modelo e regime europeus tiveram uma formação marcada pela contribuição de importantes eventos e vicissitudes que merecem expressa indicação. Em nível internacional, de grande relevância foi o desenvolvimento praticamente simultâneo[61] das *Guidelines on the Protection of Privacy and Transborder Flows of Personal Data*, adotado em 23 de setembro de 1980 pela OCDE, e da Convenção 108 do Conselho da Europa para a Proteção das Pessoas relativamente ao Tratamento Automatizado de Dados Pessoais (*Convention for the Protection of Individuals with regard to Automatic Processing of Personal Data*), de 28 de janeiro de 1981.

As *Guidelines* da OCDE, ainda que destituídas de qualquer efeito juridicamente vinculante aos países membros da organização internacional, exerceram significativa influência como paradigma para a regulação da

[58] Cf. SARMENTO, Daniel. *Direitos fundamentais e relações privadas*. 2. ed. Rio de Janeiro: Lumen Juris, 2006. p. 187-197; GARDBAUM, Stephen. The "horizontal effect" of constitutional rights. *Michigan Law Review*, v. 102, n. 3, p. 387–459, 2003, p. 412-414.

[59] DONEDA, Danilo. *Da privacidade à proteção de dados pessoais*. 2. ed. São Paulo: Revista dos Tribunais, 2020. p. 187-188.

[60] O sistema jurídico da UE é composto por instrumentos e normas jurídicas de direito primário e de direito secundário. "The treaties, namely the Treaty on European Union (TEU) and the Treaty on the Functioning of the European Union (TFEU), have been ratified by all EU Member States; they form 'primary EU law'. The regulations, directives and decisions of the EU have been adopted by the EU institutions that have been given such authority under the treaties; they constitute 'secondary EU law'". COUNCIL OF EUROPE. *Handbook on European data protection law*. Bruxelas: Publications Office of the EU, 2018. p. 27.

[61] Cf. FUSTER, Gloria González. *The Emergence of Personal Data Protection as a Fundamental Right of the EU*. Londres: Springer, 2014. p. 86-87.

atividade de tratamento de dados pessoais. As diretrizes e princípios estabelecidos seguem a tradição dos FIPPs, havendo os incorporado em seu texto[62]. O documento, revisado em 2013, tinha como objetivos a proteção da "privacidade e das liberdades individuais" e a promoção da livre circulação transfronteiriça de dados pessoais, que poderia ser de algum modo comprometida em havendo disparidades entre as legislações nacionais[63].

A Convenção 108, do Conselho da Europa, por sua vez, foi elaborada com o primordial escopo de garantir a proteção de dados, não obstante também cuidar do fluxo internacional de dados pessoais, na medida em que embarga aos signatários a proibição, sob o argumento exclusivo da tutela da privacidade, de transferência internacional de dados para outro país-membro[64]. Em 01 de outubro de 1985, o tratado passou a ter eficácia vinculante, obrigando os Estados-membros a editar suas respectivas legislações. De acordo com Gloria González Fuster, a Convenção 108 constituiu um fundamental passo na edificação regulatória da proteção de dados por três motivos: (i) introduziu a terminologia inglesa "*data protection*" num instrumento normativo internacional vinculante, dilatando o seu uso para além da tradição jurídica germânica em que nasceu; (ii) reconheceu formalmente que a proteção de dados pessoais se relaciona à salvaguarda e tutela de direitos e liberdades fundamentais em geral; e (iii) articulou uma especial conexão entre a proteção de dados e o direito à privacidade[65],

[62] ROTENBERG, Marc. Fair Information Practices and the Architecture of Privacy (What Larry Doesn't Get). *Stanford Technology Law Review*, v. 1, p. 1–34, 2001, p. 6-7.

[63] Além de tais objetivos estarem expressamente enunciados no prefácio das *Guidelines*, se lê no referido documento que o Conselho da OCDE recomenda: "that Member countries take into account in their domestic legislation the principles concerning the protection of privacy and individual liberties set forth in the Guidelines contained in the Annex to this Recommendation which is an integral part thereof; that Member countries endeavour to remove or avoid creating, in the name of privacy protection, unjustified obstacles to transborder flows of personal data [...]". ORGANIZATION FOR ECONOMIC COOPERATION AND DEVELOPMENT. *OECD Guidelines on the Protection of Privacy and Transborder Flows of Personal Data*. Disponível em: https://www.oecd.org/sti/ieconomy/oecdguidelinesontheprotectionofprivacyandtransborderflowsofpersonaldata.htm. Acesso em: 30 ago. 2021.

[64] "Article 12 – Transborder flows of personal data and domestic law. [...] 2. A Party shall not, for the sole purpose of the protection of privacy, prohibit or subject to special authorisation transborder flows of personal data going to the territory of another Party". CONSELHO DA EUROPA. *Convention for the Protection of Individuals with regard to Automatic Processing of Personal Data*. Disponível em: https://rm.coe.int/1680078b37. Acesso em: 12 set. 2021.

[65] FUSTER, Gloria González. *The Emergence of Personal Data Protection as a Fundamental Right of the EU*. Londres: Springer, 2014. p. 88-89.

de sorte que "do seu ponto de vista, [...] pode-se sustentar que há, para os fins da Convenção 108, algo chamado 'proteção de dados' que é implementado para preservar algo designado como 'privacidade'"[66].

Outro fator que merece destaque no processo de formação do modelo europeu é a jurisprudência do Tribunal Europeu de Direitos Humanos (TEDH) em torno do art. 8º da CEDH, que protege a vida privada da pessoa humana[67/68]. Na década de 1980, a corte europeia julgou o *leading case Leander v. Sweden*[69]. O caso dizia respeito a um carpinteiro sueco que temporariamente assumiu posto de trabalho num museu naval adjacente a instalação militar de acesso restrito, e foi demitido após procedimento de controle de pessoal feito com o uso, inclusive, de informações e arquivos secretos das autoridades estatais. Não obstante o TEDH decidir pela inexistência de interferência ilícita na reserva da vida privada, entendeu-se que o armazenamento de "informação relativa à vida privada" de indivíduos pode importar numa restrição ao art. 8º da CEDH.

A partir do caso *Leander*, o tribunal desenvolveu tal entendimento em outros precedentes, como o *S. and Marper v. the United Kingdom*, em que se lê nos fundamentos do acórdão que "[o] mero armazenamento de dados relativos à vida privada de um indivíduo constitui uma ingerência na acepção do artigo 8º [da Convenção Europeia dos Direitos Humanos]"[70].

[66] FUSTER, Gloria González. *Op. cit.*, p. 89. Tradução livre de: "[f]rom its perspective, [...] it can be supported that there exists, for the purposes of Convention 108, something called 'data protection' which is implemented to preserve something designated as 'privacy'".

[67] "Artigo 8º. Direito ao respeito pela vida privada e familiar 1. Qualquer pessoa tem direito ao respeito da sua vida privada e familiar, do seu domicílio e da sua correspondência. 2. Não pode haver ingerência da autoridade pública no exercício deste direito senão quando esta ingerência estiver prevista na lei e constituir uma providência que, numa sociedade democrática, seja necessária para a segurança nacional, para a segurança pública, para o bem-estar económico do país, a defesa da ordem e a prevenção das infracções penais, a protecção da saúde ou da moral, ou a protecção dos direitos e das liberdades de terceiros". CONSELHO DA EUROPA. *Convenção Europeia dos Direitos do Homem*. Disponível em: https://www.echr.coe.int/documents/convention_por.pdf. Acesso em: 19 abr. 2022.

[68] Nesse sentido, entre outros: FUSTER, Gloria González. *The Emergence of Personal Data Protection as a Fundamental Right of the EU*. Londres: Springer, 2014. p. 94 et seq.; GELLERT, Raphaël; GUTWIRTH, Serge. The legal construction of privacy and data protection. *Computer Law and Security Review*, v. 29, n. 5, p. 522–530, 2013, p. 524.

[69] EUROPA. Tribunal Europeu de Direitos Humanos. *Case of Leander v. Sweden*. Estrasburgo, 26/03/1987. Disponível em: http://hudoc.echr.coe.int/eng?i=001-57519. Acesso em: 13 set. 2021.

[70] EUROPA. Tribunal Europeu de Direitos Humanos. *Case of S. and Marper v. the United Kingdom*. Estrasburgo, 04/12/2008. Disponível em: http://hudoc.echr.coe.int/eng?i=001-90051. Acesso

Gradativamente, e com alusão ao termo "proteção de dados" e especificamente à Convenção 108[71], a jurisprudência relativa ao direito à proteção da vida privada (art. 8º, da CEDH) ampliou seu âmbito de proteção para conferir ao titular direitos que são próprios do regime de proteção de dados pessoais[72], a exemplo do direito de acesso.

Todos os antecedentes acima repercutiram no regime jurídico de contornos definidos a partir dos anos 1990, especialmente pela Diretiva 95/46/CE do Parlamento Europeu e do Conselho, de 24 de outubro de 1995; a Carta de Direitos Fundamentais da União Europeia (CDFUE), de 2000, cujo art. 8º consagra o direito fundamental à proteção de dados pessoais[73], reafirmado, por seu turno, no art. 16 do Tratado de Lisboa (TFUE), de 2007; e a reforma da legislação secundária realizada pelo Regulamento (UE) 2016/679 do Parlamento Europeu e do Conselho,

em: 13 set. 2021. Tradução livre de: *"[t]he mere storing of data relating to the private life of an individual amounts to an interference within the meaning of Article 8 [of the European Convention on Human Rights]"*.

[71] EUROPA. Tribunal Europeu de Direitos Humanos. *Case of Z. v. Finland*. Estrasburgo, 25/02/1997. Disponível em: http://hudoc.echr.coe.int/eng?i=001-58033. Acesso em: 14 set. 2021

[72] LYNSKEY, Orla. Deconstructing data protection: The "added-value" of a right to data protection in the eu legal order. *International and Comparative Law Quarterly*, v. 63, n. 3, p. 569–597, 2014, p. 586-587; CORTE, Lorenzo Dalla. A Right to a Rule: On the Substance and Essence of the Fundamental Right to Personal Data Protection. *In:* HALLINAN, D. et al. (Coords.). *Data Protection and Privacy:* Data Protection and Democracy. Oxford: Hart Publishing, 2020. p. 31. Ainda: "The right to personal data protection forms part of the rights protected under Article 8 of the ECHR, which guarantees the right to respect for private and family life, home and correspondence, and lays down the conditions under which restrictions of this right are permitted". COUNCIL OF EUROPE. *Handbook on European data protection law*. Bruxelas: Publications Office of the EU, 2018. p. 23.

[73] A CEDH e a jurisprudência do TEDH exerceram influência significativa no trabalho de identificação de direitos fundamentais no contexto da UE (cf. FUSTER, Gloria González. *The Emergence of Personal Data Protection as a Fundamental Right of the EU*. Londres: Springer, 2014. p. 163 et seq). O Grupo de Trabalho do Artigo 29, na Recomendação 4/99, considerando os trabalhos então em curso para a elaboração de uma carta de direitos fundamentais para a UE, afirmou: "In their decisions and judgments, the European Commission and the European Court of Human Rights have developed and defined a fundamental right based on various human rights which relate to the protection of personal data" (ARTICLE 29 WORKING PARTY. *Recommendation 4/99, on the inclusion of the fundamental right to data protection in the European catalogue of fundamental rights,* 07 set. 1999. Disponível em: https://ec.europa.eu/justice/article-29/documentation/opinion-recommendation/files/1999/wp26_en.pdf. Acesso em: 15 set. 2021). Ademais, a própria CDFUE estatui a relevância hermenêutica da CEDH, conforme o art. 52, 3: "Na medida em que a presente Carta contenha direitos correspondentes aos direitos garantidos pela Convenção Europeia para a Proteção dos Direitos do Homem e das Liberdades Fundamentais, o sentido e o âmbito desses direitos são iguais aos conferidos por essa Convenção. Esta disposição não obsta a que o direito da União confira uma proteção mais ampla".

de 27 de abril de 2016, diploma este denominado *General Data Protection Regulation* (GDPR).

Entre as principais características do modelo que se formou no cenário europeu, aponta-se três: (i) regulação geral ou *omnibus*, (ii) regime legitimador e (iii) baseado em direitos. Tanto a Diretiva 95/46/CE como o GDPR são instrumentos normativos que instituíram um regime geral ou *omnibus* da atividade de tratamento de dados pessoais, isto é, um regime jurídico aplicável a qualquer tipo de tratamento de dado pessoal[74]. Na lição de Orla Lynskey, há que se adicionar que esse tipo de regulação traz consigo três corolários: a aplicação dos princípios e regras de proteção de dados pessoais a ambos os setores público e privado, a neutralidade setorial da normativa, e o *enforcement* das normas aplicáveis por autoridade independente[75].

É também característico do modelo europeu o fato de que toda operação de tratamento de dado pessoal deve possuir uma base normativa que lhe confira legitimidade. A demonstração de que a operação de tratamento está ancorada em hipótese legal – encontradas nos arts. 7º e 8º, da Diretiva, ou nos arts. 6º e 9º do GDPR –, e nos princípios de proteção de dados pessoais[76], aponta para sua licitude. Há que se salientar que o elenco de

[74] SIMITIS, Spiros. Privacy – An endless debate? *California Law Review*, v. 98, n. 6, p. 1989–2006, 2010, p. 1996; LYNSKEY, Orla. *The Foundations of EU Data Protection Law*. Oxford: Oxford Univesity Press, 2015. p. 15.

[75] LYNSKEY, Orla. *Op. cit.*, p. 16 et seq. A autora, entretanto, após detida análise crítica do sistema de proteção de dados da UE, conclui: "In conclusion, while on paper the EU data protection framework is a paradigmatic example of an omnibus data protection regime, upon closer inspection the reality is more nuanced. While data protection continues to be subject to completely independent oversight, it is inaccurate to suggest that the EU regime is sector-neutral and applies equally to public and private actors. Therefore, despite the fact that the EU regime is less fragmented than other regimes, in particular that of the US, it is misleading to categorize it as an omnibus regime". LYNSKEY, Orla. *The Foundations of EU Data Protection Law*. Oxford: Oxford Univesity Press, 2015. p. 30.

[76] À luz da contemporânea teoria dos princípios, como a concebida por Robert Alexy, em que princípios consistem em "mandados de otimização" (ALEXY, Robert. *Teoria dos direitos fundamentais*. 2. ed. 4. tir. Trad. Virgílio Afonso da Silva. São Paulo: Malheiros, 2015. p. 90), ou a de Ronald Dworkin, para quem os princípios operam numa dimensão de peso (DWORKIN, Ronald. *Taking rights seriously*. Cambridge: Harvard University Press, 1978. p. 22 et seq.), existe a necessidade de se investigar a conformação normativa dos mencionados "princípios de proteção de dados pessoais", notadamente no direito brasileiro. Um caminho possível é o de tais princípios serem *princípios setoriais* aplicáveis à seara da proteção de dados. Como bem explicita Anderson Schreiber, "os princípios não consistem necessariamente em mandamentos nucleares de todo o sistema jurídico, admitindo-se a existência de princípios *setoriais*, destinados à realização de valores constitucionais em áreas específicas. Os princípios setoriais encontram amparo em outros de maior generalidade,

hipóteses legais a legitimar o tratamento de dados pessoais conforma rol taxativo[77] – compreendendo o consentimento do titular dos dados, a execução de contrato ou procedimentos preliminares, o cumprimento de obrigação jurídica pelo agente de tratamento, etc. O consentimento do titular dos dados, ou qualquer outra base legal, não possui precedência ou preponderância frente às demais, porquanto inexiste qualquer grau hierárquico ou preferência entre elas[78].

Por fim, trata-se de modelo baseado em direitos por (i) possuir estrutura normativa de "caráter de direitos fundamentais", e (ii) assegurar um plexo de posições jurídicas ativas aos titulares de dados[79]. O pri-

que se conectam de modo mais imediato ao valor que exprimem" (SCHREIBER, Anderson. *Equilíbrio contratual e dever de renegociar.* 1. ed. 2. tir. São Paulo: Saraiva, 2018. p. 42). Vide sobre o tema: WIMMER, Miriam. A LGPD e o balé dos princípios: tensões e convergências na aplicação dos princípios de proteção de dados pessoais ao setor público. *In:* FRANCOSKI, Denise de Souza L.; TASSO, Fernando Antonio (Coord.). *A Lei Geral de Proteção de Dados Pessoais LGPD:* aspectos práticos e teóricos relevantes no setor público e privado. São Paulo: Revista dos Tribunais, 2021. p. 163-186.

[77] KUNER, Christopher; BYGRAVE, Lee A.; DOCKSEY, Christopher. *The EU General Data Protection Regulation:* A Commentary. 1. ed. Oxford: Oxford University Press, 2020. p. 329.

[78] KUNER, Christopher; BYGRAVE, Lee A.; DOCKSEY, Christopher. *Op. cit.,* p. 329. Esta é, inclusive, uma das razões pelas quais o GDPR e o modelo europeu não podem ser considerados alinhados a modelo regulatório baseado na abordagem tipo "notificação e consentimento" (*notice-and-consent*). Cf. ZANFIR-FORTUNA, Gabriela. 10 Reasons Why the GDPR is the Opposite of a 'Notice-and-Consent' Type of Law. *Future of Privacy Forum,* 13 set. 2019. Disponível em: https://fpf.org/blog/10-reasons-why-the-gdpr-is-the-opposite-of-a-notice-and-consent-type-of-law/. Acesso em: 21 set. 2021.

[79] Apesar de se ter consciência a respeito de discussão entre doutrinadores europeus a respeito de pretensa colisão entre modelos ou abordagens de regulação baseada em direitos (*rights-based approach*) e baseada na análise de risco (*risk-based approach*), são várias as vozes que firmam posição no sentido de que o aporte do abordagem baseada na análise de risco no GDPR e no direito europeu de proteção de dados pessoais não pode significar a renúncia à aplicação, como ponto de partida, de princípios e direitos do regime de proteção de dados, mesmo em cenários de baixo risco da atividade de tratamento de dados pessoais. Sobre o tema, leciona Perter Hustinx: "This problem is now addressed in the context of the 'risk-based approach'. This should be carefully distinguished from the notion of 'risk' as a threshold condition for any protection to apply, and even more from an approach in which protection would only apply to the most risky processing operations. Indeed, it should be taken into account that risk is inherent to any data processing. A 'progressive' risk-based approach would suggest instead that more detailed obligations should apply where the risk is higher and less burdensome obligations where it is lower. This approach has two important advantages: first, it means that compliance efforts should be primarily directed at areas where this is most needed, having regard, for example, to the sensitivity of the data or the risk involved in a specific processing operation, rather than at a 'box-ticking' exercise to satisfy bureaucratic requirements. Second, it means that areas of minimal risk could be addressed in a more 'light touch' fashion. It should be emphasized, however, that general provisions in the current

meiro aspecto se manifesta não apenas em razão de o direito à proteção de dados pessoais receber consagração expressa e autônoma na CDFUE (art. 8º) e no TFUE (art. 16), mas por se constituir num regime que visa proteger e promover direitos e liberdades fundamentais em geral[80], de modo que sua interpretação e aplicação há de ser, necessariamente, orientada na linha de sua realização[81]. Já quanto ao segundo aspecto, o tratamento de dados pessoais implica, como regra, o surgimento (e outras vicissitudes mais) de uma série situações subjetivas na esfera jurídica do titular dos dados ao longo do ciclo de vida da informação pessoal. Além de prever alguns já tradicionais direitos como os direitos de acesso, retificação e oposição, na reforma da normativa europeia levada a efeito pelo GDPR procurou-se reforçar a tutela da pessoa frente aos avanços das tecnologias digitais, notadamente as que se fundamentam em sistemas algorítmicos e de tomada de decisão automatizada. Tome-se o exemplo do direito de receber e acessar "informações úteis relativas à lógica subjacente [de decisões automatizadas], bem como a importância e as consequências previstas de tal tratamento para o titular dos dados" (GDPR, arts. 13, 2, *f*, 14, 2, *g*, 15, 1, *h*)[82].

and future frameworks are inherently scalable and should therefore always be respected. The specific rights of the data subject should also be available regardless of the risk involved". HUSTINX, Peter. EU Data Protection Law: The Review of Directive 95/46/EC and the General Data Protection Regulation. *In*: CREMONA, Marise (Coord.). *New Technologies and EU Law*. Oxford: Oxford Univesity Press, 2017. p. 159-160. Vide, ainda, sobre a importante temática: LYNSKEY, Orla. *The Foundations of EU Data Protection Law*. Oxford: Oxford Univesity Press, 2015. p. 84-87; GELLERT, Raphaël. We Have Always Managed Risks in Data Protection Law: *European Data Protection Law Review*, v. 2, n. 4, p. 481–492, 2017.

[80] No texto da Diretiva 95/46/CE, havia certa primazia dada ao direito à privacidade como direito a ser promovido mediante as normas de proteção de dados pessoais. Esse uso do texto legislativo foi, porém, alterado no GDPR, de maneira que tal destaque foi eliminado. Nessa direção: FUSTER, Gloria González. *The Emergence of Personal Data Protection as a Fundamental Right of the EU*. Londres: Springer, 2014. p. 244; DOCKSEY, Christopher; ZANFIR-FORTUNA, Gabriela. Article 16 [Protection of personal data]. *In:* BLANKE, Hermann-Josef; MANGIAMELI, Stelio (Orgs.). *Treaty on the Functioning of the European Union – A* Commentary. Cham: Springer, 2021. v. I. p. 414.

[81] LYNSKEY, Orla. *Op. cit.*, p. 39.

[82] UNIÃO EUROPEIA. Regulamento (UE) nº 2016/679 do Parlamento Europeu e do Conselho, de 23 de abril de 2016, relativo à proteção das pessoas singulares no que diz respeito ao tratamento de dados pessoais e à livre circulação desses dados e que revoga a Diretiva 95/46/CE (Regulamento Geral sobre a Proteção de Dados). *Jornal Oficial da União Europeia*, Estrasburgo, 04/05/2016. Disponível em: https://eur-lex.europa.eu/legal-content/PT/TXT/?uri=celex%3A32016R0679. Acesso em: 15 set. 2021.

O Brasil, tal como outros países do Sul Global situados na América Latina, de certo modo pode se dizer pertencente a um modelo latino-americano de proteção de dados pessoais, ainda que não goze de semelhante pujança e estabilização dos modelos jurídicos europeu e norte-americano. Em sua tese de doutoramento, Danilo Doneda utiliza o termo "modelo" latino-americano com muita parcimônia e cautela, a fim de pôr em evidência um particularismo de sistemas constitucionais e experiências jurídicas da região na disciplina (ainda que parcial) da atividade de tratamento de dados pessoais: a ação de *habeas data*[83]. O instituto, concebido originalmente com tal *nomen iuris* pelo constituinte brasileiro de 1987-1988, gozou, apesar da diversidade de características assumidas entre os países, de certa circulação entre as constituições e legislações da América Latina, notadamente em países à época em processo de redemocratização, eis que recém egressos de ditaduras militares[84], portanto com demandas jurídicas, sociais, e culturais peculiares.

A bem da verdade, não deve causar espécie ou surpresa a defesa de um modelo latino-americano de proteção de dados, pois que seria este mais um caso a confirmar a vocação comparatista praticamente intrínseca dos juristas da região e da própria formação dos direitos internos na América Latina[85]. Contudo, em matéria de regulação da atividade de tratamento de dados pessoais, a asserção desse modelo à vista do particularismo do

[83] DONEDA, Danilo. *Da privacidade à proteção de dados pessoais*. 2. ed. São Paulo: Revista dos Tribunais, 2020. p. 267 et seq.

[84] DONEDA, Danilo. *Op. cit.*, p. 267-268. Vide, ainda: PUCCINELLI, Oscar R. Evolución histórica y análisis de las diversas especies, subespecies, tipos y subtipos de habeas data en América Latina: Un intento clasificador con fines didácticos. *Vniversitas*, [S. l.], v. 53, n. 107, p. 471-501, 2004.

[85] Dita vocação é especialmente presente no âmbito do direito privado: "O grande desafio dessa fase histórica foi a elaboração de legislações que atentassem para as tradições e as necessidades locais e, ao mesmo tempo, considerassem as experiências estrangeiras mais exitosas. Para alcançar esse objetivo, os juristas latino-americanos valeram-se de forma pujante do Direito Comparado, voltado não apenas para os modelos jurídicos europeus, mas, também, para os desenvolvimentos dos próprios vizinhos continentais. Esse método complexo, que se tornaria um traço característico dos Códigos da América Latina, foi concretizado com maestria pelo trabalho de três codificadores em especial: Andrés Bello (no Chile), Augusto Teixeira de Freitas (no Brasil) e Dalmacio Vélez Sarsfield (na Argentina). Juntos, eles compõem o "triunvirato dos mais importantes juristas sul-americanos do século XIX, que maior influência exerceram no direito do nosso continente, na sua época". PEREIRA, Fabio Queiroz; ANDRADE, Daniel de Pádua; COLOMBI, Henry. Direito comparado e direito privado: a tradição brasileira no contexto latino-americano. *In*: ANDRADE, Daniel de Pádua; PEREIRA, Fabio Queiroz; ROBERTO, Giordano Bruno S. (Orgs.). *Estudos de direito civil comparado*: Brasil e Argentina. Belo Horizonte: Arraes Editores, 2019. p. 10.

habeas data deve ser feita com devida ressalva, apontada com precisão por Danilo Doneda:

> A propensão dos ordenamentos latino-americanos a uma espécie de *habeas data* corresponderia, na verdade, a uma modalidade localizada do fenômeno da convergência, descrito por Colin Bennett, pelo qual se pode encarar a proteção de dados para além das idiossincrasias nacionais, para vê-la como um processo de coordenação entre regras no âmbito transnacional, no qual vários países podem estar em diferentes estágios de desenvolvimento, porém referenciados por uma mesma tendência comum[86].

Nos dias atuais, em diversos países da região a inspiração europeia[87] se faz sentir com intensidade na construção ou reforma de sistemas de proteção de dados pessoais. Tome-se o exemplo de Argentina, Uruguai, Brasil e México. Além de se identificar certos contornos do regime europeu nas respectivas legislações nacionais (regulação jurídica *omnibus*, regime legitimador e baseado em direitos)[88], a proximidade também se revela no fato de que Argentina, Uruguai e México são signatários da Convenção 108; o Brasil, conquanto ainda não ter aderido ao tratado internacional, figura como país observador que institucionalmente dá passos para integrá-lo[89].

No ordenamento jurídico brasileiro, a vigência da LGPD dá mostras bastante eloquentes da influência do modelo europeu[90]. Mesmo que a primeira lei geral de proteção de dados pessoais do Brasil possua facetas que reflitam uma sociedade com seus próprios desafios e a culminação de um

[86] DONEDA, Danilo. *Da privacidade à proteção de dados pessoais.* 2. ed. São Paulo: Revista dos Tribunais, 2020. p. 286.

[87] Cf. NOUGRÈRES, Ana Brian. Data Protection and Enforcement in Latin America and in Uruguay. *In*: Wright David; DE HERT, Paul (Orgs.). *Enforcing Privacy*: Regulatory, Legal and Technological Approaches. Cham: Springer, 2016. p. 146, 148.

[88] Cf. ASOCIACIÓN POR LOS DERECHOS CIVILES. *El sistema de protección de datos personales em América Latina:* Oportunidades y desafíos para los derechos humanos. [S.l.]: ADC por Los Derechos Civiles, 2016. Disponível em: https://www.internetlab.org.br/wp-content/uploads/2017/03/Sistema-proteccion-datos-personales-LatAm.pdf. Acesso em: 15 set. 2021.

[89] ANPD participa da 41ª Reunião Plenária da Convenção 108. *Autoridade Nacional de Proteção de Dados,* 01 jul. 2021. Disponível em: https://www.gov.br/anpd/pt-br/assuntos/noticias/anpd-participa-da-41a-reuniao-plenaria-da-convencao-108. Acesso em: 20 set. 2021.

[90] DONEDA, Danilo; MENDES, Laura Schertel. Um perfil da nova Lei Geral de Proteção de Dados brasileira. *In*: BELLI, Luca; CAVALLI, Olga (Orgs.). *Governança e Regulações da Internet na América Latina.* Rio de Janeiro: FGV Direito Rio, 2018. p. 310.

longo processo de formação e consolidação de uma coesa sistemática de proteção de dados pessoais[91], ela se estrutura como (i) regulação geral ou *omnibus*, e (ii) institui regime jurídico legitimador do tratamento de dados pessoais e (iii) baseado em direitos conferidos aos titulares dos dados. Sobre esta última característica, aliás, também toma forma no sistema jurídico brasileiro o mencionado "caráter de direitos fundamentais" da normativa, seja pelo fato de se prestar à tutela de outros tantos direitos e liberdades fundamentais[92], ou em razão de o direito à proteção de dados pessoais e seu caráter de direito fundamental autônomo haver passado por processo de sedimentação no cenário jurídico-institucional[93].

Da privacidade à proteção de dados pessoais, as transformações que ocorreram entre o final do século XIX e os dias atuais deram impulso à construção de regimes jurídicos que se mostraram, de fato, sensíveis e responsivos ao progresso tecnológico[94]. Apesar de legislações como o GDPR, na UE, e a LGPD, no Brasil, terem sido elaboradas no intuito de lidar com os problemas advindos das aplicações de tecnologias de tratamento intensivo de dados, os desafios atuais e futuros à proteção de dados pessoais postos por sistemas algorítmicos e tecnologias de perfilamento são muito

[91] DONEDA, Danilo. A LGPD como elemento estruturante do modelo brasileiro de proteção de dados. *In:* CUEVA, Ricardo Villas Bôas; DONEDA, Danilo; MENDES, Laura Schertel. *Lei Geral de Proteção de Dados (Lei nº 13.709/2018)*. São Paulo: Revista dos Tribunais, 2020. *E-book*; MENDES, Laura Schertel. A Lei Geral de Proteção de Dados: um modelo de aplicação em três níveis. *Caderno Especial – Lei Geral de Proteção de Dados*, São Paulo, v. 1, n. 81, p. 35–56, nov. 2019, p. 43-45.

[92] A LGPD prevê logo em seu art. 1º, que consistir em lei que "dispõe sobre o tratamento de dados pessoais, inclusive nos meios digitais, por pessoa natural ou por pessoa jurídica de direito público ou privado, *com o objetivo de proteger os direitos fundamentais de liberdade e de privacidade e o livre desenvolvimento da personalidade da pessoa natural*" (grifou-se).

[93] Nesse processo conflui tanto manifestações doutrinárias, jurisprudenciais e legislativas. Antes da reforma constitucional de 2022, entre os escritores grassava o entendimento de que no ordenamento jurídico brasileiro a proteção de dados pessoais configurava direito fundamental implícito (v. por todos, SARLET, Ingo Wolfgang. Fundamentos constitucionais: o direito fundamental à proteção de dados. *In*: DONEDA, Danilo et. al. (Coord.). *Tratado de proteção de dados pessoais*. Rio de Janeiro: Forense, 2021. p. 21-60). Na jurisprudência, a Suprema Corte proferiu decisão paradigmática no bojo das Ações Diretas de Inconstitucionalidade n. 6387, 6388, 6389, 6390 e 6393, em face da Medida Provisória 954/2020, que aponta para o reconhecimento da autonomia do direito fundamental. Em termos legislativos, após aprovação no Congresso Nacional do Projeto de Emenda Constitucional n. 17/2019, a inclusão como norma constitucional expressa se deu por ato do poder constituinte reformador com a Emenda Constitucional n. 115/2022.

[94] V. CORTE, Lorenzo Dalla. A Right to a Rule: On the Substance and Essence of the Fundamental Right to Personal Data Protection. *In:* HALLINAN, D. et al. (Coords.). *Data Protection and Privacy:* Data Protection and Democracy. Oxford: Hart Publishing, 2020. p. 36.

significativos[95]. A tarefa de dar conta de tais desafios e promover os preceitos democráticos e direitos fundamentais da pessoa humana também exige do intérprete a articulação de configurações teóricas adequadas às interações de imersão (e de fusão) entre o ser humano e a tecnologia[96]. É o que se passa a fazer.

1.2. Teorias contemporâneas da privacidade e da proteção de dados pessoais

Para o estudo que ora se propõe sobre as concepções teóricas da privacidade e da proteção de dados pessoais na contemporaneidade, é essencial traçar alguns recortes metodológicos, bem como clarificar os limites da contribuição pretendida com a discussão a ser desenvolvida. O primeiro e provavelmente mais convincente motivo para tanto se encontra na complexidade e confusão que permeiam o objeto de análise, constatação esta que parece gozar de uma convergência quase unânime, tal como afirma Helen Nissenbaum[97]. Nesse sentido, aliás, há quem lance dúvidas até mesmo sobre a utilidade de se enfrentar o tema da privacidade – e a noção de proteção de dados pode ser incluída –, tamanho é o grau de complexidade ensejado[98].

Em segundo lugar, a consequente multiplicidade de perspectivas e teorizações sobre a privacidade e a proteção de dados pessoais exige tomada de posição com vistas à pertinência e adequação às questões investigadas a respeito das tecnologias de perfilamento e a tutela dos direitos à privacidade e à proteção dos dados pessoais. Isso significa dizer que o estudo analítico não é movido pela busca ao exaurimento das possíveis configurações teóricas aplicáveis, mas ao referencial teórico de maior pertinência. Dois são os critérios basicamente empregados para delimitar as correntes a ser

[95] Por todos: KOOPS, Bert Jaap. The trouble with European data protection law. *International Data Privacy Law*, v. 4, n. 4, p. 250–261, 2014.

[96] Cf. VERBEEK, Peter-Paul. Subject to technology: on autonomic computing and human autonomy. *In*: HILDEBRANDT, Mireille; ROUVROY, Antoinette (Orgs.). *Law, human agency and autonomic computing*. Nova Iorque: Routledge, 2011. p. 28 *et seq*.

[97] NISSENBAUM, Helen. *Privacy in Context:* Technology, Policy, and the Integrity of Social Life. Stanford: Stanford University Press, 2010. p. 67. Vide, também, SOLOVE, Daniel J. *Understanding Privacy*. Cambridge: Harvard University Press, 2008. p. 1-2.

[98] Assim se manifestou Robert Post: "Privacy is a value so complex, so entangled in competing and contradictory dimensions, so engorged with various and distinct meanings, that I sometimes despair whether it can be usefully addressed at all". POST, Robert C. Three Concepts of Privacy. *Georgetown Law Journal*, v. 89, n. 6, p. 2087-2098, 2001, p. 2087.

apreciadas: (i) a concepção há de ser entendida como normativa, e (ii) as teorias devem adotar abordagem baseada em direitos.

Diferente de estudiosos como Ruth Gavison, que defendem a *concepção neutra ou descritiva* para a explicitação teórica da privacidade e, então, posterior estruturação de sua formulação moral ou jurídica[99], entende-se que mais apropriado é partir de uma *concepção normativa*. Isto significa dizer que, diversamente do que faz a primeira corrente, toma-se como ponto de partida a visão de que a privacidade e a proteção de dados pessoais são valiosas, eis que fundamentadas em importantes valores como autonomia, dignidade da pessoa humana e, portanto, merecem ser protegidas[100]. A ideia de neutralidade descritiva nas considerações sobre a privacidade e a proteção de dados parece remontar-se aos pressupostos e pretensão característica de um superado positivismo científico de outrora, que visava afastar as considerações valorativas de cunho político, social ou econômico da atividade do jurista ao construir e aplicar os conceitos jurídicos[101]. Entretanto, é pertinente notar que, tal como Helen Nissenbaum chama atenção, existe certa carga descritiva mesmo para atividade dos adeptos da concepção normativa, visto que seus proponentes "ainda devem definir e teorizar sobre o que conta como respeito ou violação à privacidade"[102].

É igualmente uma premissa metodológica a análise de teorias que concebem a proteção da privacidade e a proteção de dados pessoais sob a lógica da tutela de direitos. Cumpre ressaltar, no entanto, que a adoção de uma visão normativa não implica, necessariamente, perfilhar tese que compreenda a privacidade e a proteção de dados pessoais a partir de lentes jurídicas que enxerga a ambos primordialmente como direitos. A visão

[99] GAVISON, Ruth. Privacy and the limits of law. *In*: SCHOEMAN, Ferdinand D. (Ed.). *Philosophical Dimensions of Privacy:* An Anthology. Cambridge: Cambridge University Press, 1984. p. 349 et. seq. Em semelhante direção: TAVANI, Herman T. Philosophical theories of privacy: Implications for an adequate online privacy policy. *Metaphilosophy*, v. 38, n. 1, p. 1–22, 2007.

[100] Nissenbaum destaca com clareza a diferença entre as concepções descritiva e normativa: "To provide a neutral conception is to state what privacy is without incorporating into its meaning that privacy is a good thing worth having, and deserving moral and legal protection. A normative conception of privacy, by contrast, incorporates a presumption that privacy is something worthwhile, valuable, and deserving of protection". NISSENBAUM, Helen. *Privacy in Context: Technology, Policy, and the Integrity of Social Life.* Stanford: Stanford University Press, 2010, p. 68.

[101] Cf. WIEAKCER, Franz. *História do direito privado moderno.* 2. ed. Tradução de A. M. Botelho Hespanha. Lisboa, Fundação Calouste Gulbenkian, 2004. p. 501.

[102] NISSENBAUM, Helen. *Op. cit.*, p. 69. Tradução livre de: "must still define and theorize what counts as respect for or a violation of privacy".

normativa parte de um ângulo moral e os apreende como bens valiosos que devem ser protegidos. Isso, por certo, consiste em premissa para uma teoria baseada em direitos, mas também pode fundamentar teorias com perspectivas diferentes.

Ari Ezra Waldman, em sua tese sociológica ou social da privacidade, estruturada sobre a noção de confiança, afirma que a abordagem baseada em direitos e centrada no indivíduo é inadequada para enfrentar a realidade dos complexos fluxos informacionais que se dão nos contextos sociais da atualidade[103]. O professor da *Northeastern University* sustenta que suas conclusões conduzem a duas opções possíveis: abrir-se mão da proteção da privacidade, ou reconhecer o exaurimento da retórica e da substância da concepção fundada em direitos[104]. O autor segue esta última opção, numa vertente de pensamento que decerto é normativa. Por ora, no entanto, cumpre apenas dar a notícia da existência de entendimento contraposto à premissa adotada neste trabalho. A análise das críticas e defesa da abordagem baseada em direitos será feita oportunamente mais adiante.

1.2.1 Controle sobre as próprias informações

Certamente entre as mais consagradas concepções a respeito tanto da privacidade como da proteção de dados pessoais, a teoria do controle sobre as próprias informações foi esposada por diversos autores. De acordo com Arthur Miller, "o atributo básico de um efetivo direito à privacidade é a capacidade do indivíduo de controlar a circulação de informações relacionadas a ele – um poder que muitas vezes é essencial para manter as relações sociais e a liberdade pessoal[105]. Charles Fried, por seu turno, escreveu

[103] Cumpre salientar que, além de sua própria concepção, Waldman entende a concepção de privacidade contextual (*contextual privacy*) de Helen Nissenbaum entre as teorias sociológicas, portanto, não baseada em direitos. Uma teoria sociológica tem por foco o fluxo de informações entre atores sociais, é dizer, "*that privacy must account for information exchange among social actors*", nas palavras de Waldman (WALDMAN, Ari. Ezra. Privacy as Trust: Sharing Personal Information in a Networked World. *University of Miami Law Review*, v. 69, n. 3, p. 559-630, 2015, p. 595). Na presente tese, adere-se a esse argumento, de sorte que a teoria da privacidade contextual, apesar do brilhantismo de sua autora, não será objeto de análise.

[104] WALDMAN, Ari. Ezra. Privacy as Trust: Sharing Personal Information in a Networked World. *University of Miami Law Review*, v. 69, n. 3, p. 559-630, 2015, p. 588-589.

[105] MILLER, Arthur R. *The Assault on Privacy*: Computers, Data Banks, and Dossiers. Ann Arbor: The University of Michigan Press, 1971. p. 25. Tradução livre de:"the basic attribute of an effective right of privacy is the individual's ability to control the circulation of information relating to him – a power that often is essential to maintaining social relationships and personal freedom".

que "privacidade não é simplesmente a ausência de informações sobre nós na mente dos outros; antes, é o controle que temos sobre as informações a nosso respeito"[106].

Alan Westin é um dos pensadores mais proeminentes a defender esta ideia. Em seu consagrado livro *"Privacy and Freedom"*, a privacidade é definida como "a pretensão de indivíduos, grupos ou instituições para determinar por si mesmos quando, como e em que medida as informações a seu respeito são comunicadas a outros"[107]. É importante notar que a construção teórica de Westin é alicerçada na filosofia política liberal[108]. Ele sustenta que o direito à privacidade surge quando uma pretensão de privacidade é reconhecida como tal por lei ou convenção social. Isso significa que o direito do indivíduo "de determinar qual informação a seu respeito deveria ser conhecida por outros"[109] depende de contratos ou convenções sociais que estabelecem uma linha entre o que é privado e o que é público[110]; o que está dentro de sua esfera privada, portanto, sujeito à sua liberdade de escolha, e o que é considerado de interesse público, é dizer, sujeito a pretensões e interesses sociais e governamentais[111].

[106] FRIED, Charles. Privacy [a moral analysis]. *In*: SCHOEMAN, Ferdinand D. (Ed.). *Philosophical Dimensions of Privacy:* An Anthology. Cambridge: Cambridge University Press, 1984. p. 209. Tradução livre de: "[p]rivacy is not simply an absence of information about us in the minds of others; rather it is the control we have over information about ourselves".

[107] WESTIN, Alan F. *Privacy and Freedom*. New York: Atheneum, 1967. p. 7. Tradução livre de: "the claim of individuals, groups, or institutions to determine for themselves when, how, and to what extent information about them is communicated to others".

[108] Cf. WESTIN, Alan F. *Privacy and Freedom*. New York: Atheneum, 1967. p. 23-26. Vide também: COHEN, Julie E. What privacy is for. *Harvard Law Review*, v. 126, n. 7, p. 1904–1933, 2013, p. 1906-1907.

[109] WESTIN, Alan F. Social and Political Dimensions of Privacy. *Journal of Social Issues*, v. 59, n. 2, p. 431–453, 2003, p. 431. Tradução livre de: "to determine what information about himself or herself should be known to others".

[110] WESTIN, Alan F. Social and Political Dimensions of Privacy. *Journal of Social Issues*, v. 59, n. 2, p. 431–453, 2003, p. 432.

[111] Nos dizeres de Westin: "[...] When a society considers a given mode of personal behavior to be socially acceptable — whether it is hairstyle, dress, sexual orientation, political or religious belief, having an abortion, or other lifestyle choice — it labels such conduct as a private rather than a public matter. This generally means that such matters should not be inquired into for the purpose of denying someone access to the benefits, rights, and opportunities controlled by government or private organizations."

"When society does not accept certain personal conduct, it is saying this is not a matter of private choice and does not allow a claim of privacy. [...]". WESTIN, Alan F. Social and Political Dimensions of Privacy. *Journal of Social Issues*, v. 59, n. 2, p. 431–453, 2003, p. 433.

O autor vai além, afirmando que para entender como as normas de privacidade operam em qualquer sociedade, é imperativo levar em consideração três configurações ou níveis diferentes – político, sociocultural e pessoal. Ao nível político, a dicotomia público/privado e o equilíbrio entre as duas esferas de uma sociedade são a base do direito à privacidade. Nas democracias modernas, este direito de determinar como as informações pessoais circulam entra em conflito com a necessidade social de divulgar informações aos cidadãos a fim de promover "a condução racional e responsável dos negócios públicos e respaldar a negociação justa nas atividades empresariais"[112]. Ademais, para preservar a civilidade, os agentes incumbidos da atividade de polícia devem se envolver em atividades de vigilância para identificar e reprimir os comportamentos ilícitos.

Em relação à dimensão sociocultural, como diz Westin, a privacidade é função do poder de um indivíduo e também de seu estado social. Fatores de ambiente social e riqueza são tão relevantes na vida moderna a ponto de condicionar as oportunidades reais de transmitir ou não informações pessoais. Por exemplo, pessoas mais ricas podem se afastar ou retirar do convívio social quando assim quiserem, enquanto para grande parcela dos trabalhadores e/ou classes mais baixas isso não é uma possibilidade[113].

Há também um nível pessoal de privacidade que "reflete as particulares necessidades e desejos de cada indivíduo e mudará constantemente em termos de progresso do ciclo de vida e de situações conjunturais"[114]. Nesse sentido, a privacidade é exercida de acordo com a composição psicológica de uma pessoa e é constituída por quatro estados psicológicos – solidão, intimidade, anonimato e reserva[115]. Numa perspectiva focada no indivíduo,

[112] WESTIN, Alan F. Social and Political Dimensions of Privacy. *Journal of Social Issues*, v. 59, n. 2, p. 431–453, 2003, p. 432. Tradução livre de: "rational and responsible conduct of public affairs and to support fair dealing in business affairs".

[113] WESTIN, Alan F. Social and Political Dimensions of Privacy. *Journal of Social Issues*, v. 59, n. 2, p. 431–453, 2003, p. 432.

[114] WESTIN, Alan F. Social and Political Dimensions of Privacy. *Journal of Social Issues*, v. 59, n. 2, p. 431–453, 2003, p. 433. Tradução livre de: "reflects each individual's particular needs and desires and will shift constantly in terms of life-cycle progress and situational events".

[115] Assim afirma o autor: "The basic point is that each individual must, within the larger context of his culture, his status, and his personal situation, make a continuous adjustment between his needs for solitude and companionship; for intimacy and general social intercourse; for anonymity and responsible participation in society; for reserve and disclosure. A free society leaves this choice to the individual, for this is the core of the "right of individual privacy" - the right of the individual to decide for himself, with only extraordinary exceptions in the interests of society, when and

a estrutura analítica de múltiplos níveis de Alan Westin define os limites contextuais dentro dos quais uma pessoa pode decidir livremente quando e em que termos suas informações pessoais serão publicadas, exceto em casos específicos em que o acesso e a divulgação de informações há de ser determinado no interesse público.

Apesar de ter ganhado grande expressão tanto entre os especialistas como em legislações sobre privacidade e proteção de dados pessoais em todo o mundo[116/117], a concepção do controle sobre as informações pessoais

on what terms his acts should be revealed to the general public". WESTIN, Alan F. *Privacy and Freedom*. New York: Atheneum, 1967. p. 42.

[116] Cf. HARTZOG, Woodrow. Opinions – The Case Against Idealising Control. *European Data Protection Law Review*, v. 4, n. 4, p. 423–432, 2018, p. 423-424. Daniel J. Solove faz menção a uma abordagem regulatória que denomina *privacy "self-management"*: "Policymakers have proposed and passed significant new regulation in the United States and abroad, yet the basic approach to protecting privacy has remained largely unchanged since the 1970s. Under the current approach, the law provides people with a set of rights to enable them to make decisions about how to manage their data. These rights consist primarily of rights to notice, access, and consent regarding the collection, use, and disclosure of personal data. The goal of this bundle of rights is to provide people with control over their personal data, and through this control people can decide for themselves how to weigh the costs and benefits of the collection, use, or disclosure of their information. I will refer to this approach to privacy regulation as "privacy self-management". SOLOVE, Daniel J. Introduction: Privacy Self-Management and the Consent Dilemma. *Harvard Law Review*, v. 126, n. 7, p. 1880–1903, 2013, p. 1880. Vide, ainda: BENNETT, Colin J.; RAAB, Charles D. *The Governance of Privacy:* Policy Instruments in Global Perspective. 1. ed. London-New York: Routledge, 2018. p. 16.

[117] Entre os exemplos que podem ser citados, seguem alguns. Sobre o texto do regulamento europeu de proteção de dados (GDPR), quando de sua aprovação em 2016, afirmou Jan Philipp Albrecht: "The introduction of several provisions for more transparency and simple information policies is paramount in order to give back control to consumers and make their consent meaningful again". ALBRECHT, Jan Philipp. How the GDPR Will Change the World. *European Data Protection Law Review*, v. 3, p. 287–289, 2016, p. 288. Antes de haver o texto final da GDPR aprovado, a então Vice-Presidente da Comissão Europeia, Viviane Reding, num discurso proferido em 22 de janeiro de 2012 sobre a reforma da normativa de proteção de dados da UE, salientou a importância da proteção de dados dos indivíduos fazendo referência à noção de *controle*, além de direitos dos titulares de acesso, portabilidade e o "direito a ser esquecido": "[...] the reform will give individuals *better control* over their own data. I will include *easier access* to one's own data in the new rules. People must be able to easily take their data to another provider or have it deleted if they no longer want it to be used". "The new rules will provide for *data portability*. Another important way to give people control over their data: the *right to be forgotten*. I want to explicitly clarify that people shall have the right – and not only the 'possibility' – to withdraw their consent to the processing of the personal data they have given out themselves" (grifos no original). UNIÃO EUROPEIA. Vice-Presidente da Comissão Europeia (2010-2014: Viviane Reding). *The EU Data Protection Reform 2012: Making Europe the Standard Setter for Modern Data Protection Rules in the Digital Age*. Munique, 22 jan. 2012. 6 f. Disponível em: https://ec.europa.eu/commission/presscorner/detail/en/SPEECH_12_26. Acesso em: 12 mar. 2021. Ao olhar para o cenário brasileiro e para a LGPD, importa considerar a influência

enfrenta críticas significativas. Para Ferdinand Schoeman, essa linha de pensamento pressupõe que "privacidade é algo a ser protegido de acordo com o arbítrio de quem a informação se refere"[118]. Da mesma forma, Daniel Solove argumenta que a explicação da privacidade como um direito de controle tem em vista todas as informações que os indivíduos querem manter sob seu poder de controle, "mas a privacidade não é simplesmente um assunto subjetivo de prerrogativa individual; é também uma questão sobre o que a sociedade considera apropriado proteger"[119].

O caráter eminentemente individualista é, portanto, um dos apontamentos críticos feitos à teoria do controle. Christophe Lazaro e Daniel Le Métayer ressaltam, por exemplo, a existência de um sentido individualista incutido na ideia de controle, eis que fundamentada no reconhecimento da aptidão de autogoverno que o sujeito racionalmente exerce por livre decisão[120] quanto a circulação das informações que lhe dizem respeito. Julie Cohen alinha-se a este pensamento ao sustentar que essa forma de

recebida do modelo europeu de proteção de dados e da própria GDPR. Nesse sentido, encontra-se no art. 55-J, VIII, da lei brasileira menção expressa à noção de controle ao arrolar as competências atribuídas à ANPD, cabendo a esta "estimular a adoção de padrões para serviços e produtos que facilitem o *exercício de controle dos titulares sobre seus dados pessoais*" (grifou-se). Além disso, na doutrina nacional há autores que associam a concepção do controle à teleologia da LGPD: entre outros, cf. DE TEFFÉ, Chiara Spadaccini; VIOLA, Mario. Tratamento de dados pessoais na LGPD: estudo sobre as bases legais. *Civilistica.com*, v. 7, n. 1, p. 1–38, 2020, p. 5; SOUZA, Carlos. Affonso P. de; VIOLA, Mario; PADRÃO, Vinícius. Considerações Iniciais sobre os Interesses Legítimos do Controlador na Lei Geral de Proteção de Dados Pessoais. *Revista Direito Público*, Porto Alegre, v. 16, n. 90, p. 109–131, nov./dez. 2019, p. 111; MULHOLLAND, Caitlin Sampaio. Dados pessoais sensíveis e a tutela de direitos fundamentais: uma análise à luz da lei geral de proteção de dados (Lei 13.709/18). *Revista de Direitos e Garantias Fundamentais*, v. 19, n. 3, p. 159–180, 2018, p. 171-173.

[118] SCHOEMAN, Ferdinand D. Privacy: philosophical dimensions of the literature. *In*: SCHOEMAN, Ferdinand D. (Ed.). *Philosophical Dimensions of Privacy*: An Anthology. Cambridge: Cambridge University Press, 1984. p. 3. Tradução livre de: "privacy is something to be protected at the discretion of the individual to whom the information relates".

[119] SOLOVE, Daniel J. *Understanding Privacy*. Cambridge; London: Harvard University Press, 2008. p. 25. Tradução livre de: "but privacy is not simply a subjective matter of individual prerogative; it is also an issue of what society deems appropriate to protect".

[120] Aduzem os escritores: "The sense of control that the liberal picture relies on is, first, individualist, in the sense that it emphasizes individual choice, self-governance and, overall, self-direction of one's life. In that regard the concept of control seems to confer to the data subject an extraordinary kind of sovereignty. It permits each individual to define, unilaterally and independently, their relationships with others. Moreover, in this view, privacy is conceived of as the separation of the self from others and society at large". LAZARO, Chistophe; MÉTAYER, Daniel Le. Control over Personal Data: True Remedy or Fairy Tale? *SCRIPT-ed*, v. 12, n. 1, p. 3-34, 2015, p. 9.

conceber a privacidade está ancorada no individualismo liberal e, por conseguinte, num modelo liberal de sujeito desenraizado e apartado da sociedade. Nos dizeres da autora: "Em sua forma ideal, o *self* liberal possui tanto abstratos direitos de liberdade quanto a capacidade de deliberação e escolha racionais, e é apto a exercer suas capacidades de maneira não influenciada pelo contexto cultural"[121].

Esses argumentos, no entanto, concentram-se em grande medida no debate jurídico e filosófico dos Estados Unidos da América sobre privacidade e proteção de dados. São considerações críticas que, contudo, parecem não levar em conta a repercussão da teoria do controle sobre as próprias informações em outros sistemas jurídicos, como os da tradição romano-germânica (*civil law*). Na década de 1970, o professor italiano Stefano Rodotà juntou-se à discussão sobre a conceituação do direito à privacidade no contexto de ascensão das tecnologias informáticas e dos processadores eletrônicos. Àquele tempo, aderindo à ideia de Alan Westin sobre a privacidade como controle sobre as próprias informações, Rodotà assumiu uma perspectiva diferente, não centrada no indivíduo (abstrato) e distanciada da concepção de propriedade sobre os dados pessoais[122]. A obra do civilista italiano, que no período indicado passou a se ocupar das questões postas pelos avanços tecnológicos, é marcada por sua preocupação com a pessoa concreta e real, e não com o sujeito abstrato da dogmática tradicional[123]. Esta visão do

[121] COHEN, Julie E. What privacy is for. *Harvard Law Review*, v. 126, n. 7, p. 1904–1933, 2013, p. 1907. Tradução livre de: "In its ideal form, the liberal self possesses both abstract liberty rights and the capacity for rational deliberation and choice and is capable of exercising its capacities in ways uninfluenced by cultural context".

[122] RODOTÀ, Stefano. *Elaboratori eletronici e controlo sociale*. Bologna: Il Mulino, 1973. p. 132-139. Há que se levar em consideração trabalho mais recente do autor, em que se mostra plausível sustentar ter havido uma mudança de posicionamento, eis que determinou-se uma distinção entre o direito à privacidade e o direito à proteção de dados pessoais: v. RODOTÀ, Stefano. Data Protection as a Fundamental Right. *In:* GUTWIRTH, Serge et. al. (Eds.). *Reinventing Data Protection?* Dordrecht: Springer, 2009. p. 91-108.

[123] "A singularidade e a originalidade de Rodotà decorrem do fato de que sempre esteve interessado no sujeito concreto real, e não no sujeito abstrato da dogmática. Rodotà começou a constitucionalizar o direito privado não pelo direito do trabalho (ainda hoje parte integrante do direito privado na Itália), como seria fácil esperar, mas por meio dos principais institutos do direito civil: primeiro a propriedade, depois a responsabilidade civil e, em seguida, o contrato". MORAES, Maria Celina Bodin de. Stefano Rodotà: passado , presente e futuro. *Civilistica.com*, v. 4, n. 2, p. 1–4, 2015, p. 3. Vide, ainda, RODOTÀ, Stefano. Entrevista à RTDC. *Revista Trimestral de Direito Civil*, Rio de Janeiro, v. 3, n. 11, p. 225-308, jul./set. 2002.

autor, cumpre ressaltar, foi formada a partir dos influxos das ideias de pensadores como Karl Marx[124].

Abordando a privacidade de um ponto de vista que considera a assimetria de poder nas relações[125], tais como governo-cidadão ou empregador-empregado, Rodotà concebe duas dimensões da privacidade: a individual e a coletiva[126]. A dimensão individual pressupõe o direito à privacidade como um direito individual, embora não seja exercido de acordo com os desejos e discricionariedade de alguém como se fosse um direito absoluto. Deve ser equilibrado, entretanto, com outros valores e direitos. A última dimensão, isto é, a coletiva, é apreendida como resultado do cenário socioeconômico e tecnológico orientado por dados e a criação de novas situações de poder entre os agentes que tratam dados de indivíduos ou grupos, especialmente as minorias[127].

Outra importante consideração crítica endereçada à teoria do controle sobre os próprios dados, é sua falha em esclarecer o que se entende por *controle* e o que ele realmente proporciona[128]. Em sendo uma concepção apreendida como "teorias de gerenciamento da informação em que o controle é obtido por meio da gestão subjetiva e da expressão de preferências pessoais"[129], poder-se-ia associar a noção de controle a um poder

[124] MORAES, Maria Celina Bodin de. *Op. cit.*, p. 2-3. Importante ressaltar esse aspecto da obra de Rodotà para que se tenha consciência de que, dado seu diferente marco teórico, ele propõe, na verdade, uma leitura do conceito de Alan Westin com nuances significativas.

[125] Como já dito, na obra do autor italiano sempre houve a preocupação com o sujeito concreto e real, e as relações sociais que integram sua vida. Cf. RODOTÀ, Stefano. *A vida na sociedade da vigilância:* a privacidade hoje. Org. Maria Celina Bodin de Moraes. Trad. Danilo Doneda e Luciana Cabral Doneda. Rio de Janeiro: 2008. p. 3. Desse modo, as desigualdades materiais e assimetrias de poder existentes na realidade social não escaparam da atenção de Rodotà. Apesar de a privacidade originar-se como um privilégio da classe burguesa no século XIX, é transformada de tal modo que "*diventa um modo di promuovere la parità di trattamento tra i cittadini, per realizzare l'egualianza e non per custodire il privilegio, spezzando il suo nesso di identificazione con la classe borghese*". RODOTÀ, Stefano. *Tecnologie e diritti.* Bologna: Il Mulino, 1995. p. 26.

[126] Cf. RODOTÀ, Stefano. *Tecnologie e diritti.* Bologna: Il Mulino, 1995. p. 28.

[127] RODOTÀ, Stefano. *Tecnologie e diritti.* Bologna: Il Mulino, 1995. p. 26-27.

[128] SOLOVE, D. J. *Understanding Privacy.* Cambridge; London: Harvard University Press, 2008. p. 25-26; LAZARO, Chistophe; MÉTAYER, Daniel Le. Control over Personal Data: True Remedy or Fairy Tale? *SCRIPT-ed*, v. 12, n. 1, p. 3-34, 2015, p. 4-5. Vide também: WALDMAN, Ari E. Privacy as Trust: Sharing Personal Information in a Networked World. *University of Miami Law Review*, v. 69, n. 3, p. 559-630, 2015, p. 585, 587.

[129] LAZARO, Chistophe; MÉTAYER, Daniel Le. Control over Personal Data: True Remedy or Fairy Tale? *SCRIPT-ed*, v. 12, n. 1, p. 3-34, 2015, p. 7-8. Tradução livre de: "information management

de gestão sobre as informações pessoais instrumentalizadas por um feixe de direitos[130]. No entanto, se confrontadas com outras definições teóricas, a exemplo das teorias do acesso restrito, do segredo ou da intimidade, todas implicam algum tipo ou grau de controle[131].

Além disso, à luz da contribuição de Stefano Rodotà sobre a dimensão coletiva da proteção de dados pessoais, os desafios em torno desse conceito e como delineá-lo dogmaticamente também devem ser considerados em termos coletivos. Apesar de colocá-lo de forma aberta, o autor italiano apontou a capital necessidade de abordar a questão teoricamente[132].

1.2.2 Teorias proprietária e dignitária

Com certa frequência, diz-se que a ideia de controle é a base para algum tipo de propriedade ou apropriação de informações pessoais[133]. Esta é, aliás, a posição sustentada por Alan Westin[134]. Significa isso dizer que, por esta perspectiva, sendo o indivíduo titular de direito de propriedade sobre suas informações pessoais, teria ele o poder de determinar efetivamente se, quando e em que medida alguém tem acesso a seus dados e conhece informações a ele relativas.

theories where control is achieved through the subjective management and expression of personal preferences".

[130] Por exemplo, direito de acesso, direito de objeção e direito de retificação. Cf. RODOTÀ, Stefano. *Tecnologie e diritti*. Bologna: Il Mulino, 1995. p. 34; SOLOVE, Daniel J. Introduction: Privacy Self-Management and the Consent Dilemma. *Harvard Law Review*, v. 126, n. 7, p. 1880–1903, 2013, p. 1880.

[131] LAZARO, Chistophe; MÉTAYER, Daniel Le. Control over Personal Data: True Remedy or Fairy Tale? *SCRIPT-ed*, v. 12, n. 1, p. 3-34, 2015, p. 14-15.

[132] RODOTÀ, Stefano. *Tecnologie e diritti*. Bologna: Il Mulino, 1995. p. 36.

[133] SOLOVE, Daniel J. *Understanding Privacy*. Cambridge; London: Harvard University Press, 2008. p. 26. Vide também: MURPHY, Richard S. Property Rights in Personal Information: An Economic Defense of Privacy. *Georgetown Law Journal*, v. 84, n. 7, p. 2381-2417, 1996, p. 2381, 2384; PURTOVA, Nadezhda. Property rights in personal data: Learning from the American discourse. *Computer Law and Security Review*, v. 25, n. 6, p. 507–521, 2009, p. 508. A este respeito afirma Julie Cohen: "In our jurisprudence, things that aren't owned by someone are presumptively accessible to all, and frequently there for the taking by others. Data privacy advocates seek, instead, to guarantee individuals control over their personal data. We lack a word for describing control over things without legal or beneficial ownership of them—a word that signifies that the thing described is both not common and not owned". COHEN, Julie E. Examined Lives: Informational Privacy and the Subject as Object. *Stanford Law Review*, v. 52, p. 1373–1437, 2000, p. 1379.

[134] WESTIN, Alan F. *Privacy and Freedom*. New York: Atheneum, 1967. p. 324.

A teoria do controle sobre os próprios dados, a bem da verdade, coloca em evidência certo embate teórico mais aprofundado a respeito da natureza jurídica da titularidade dos dados pessoais, porquanto há aqueles que, a exemplo de Stefano Rodotà, expressamente se afastam do modelo do direito de propriedade para se amparar na dignidade da pessoa humana e em suas liberdades fundamentais[135]. Não obstante se fazer sentir mais presente entre os cultores da referida corrente de pensamento, a discussão entre *teoria proprietária* e *teoria dignitária* tem alcance mais amplo[136], dela participando autores que adotam diferentes concepções.

Não há dúvida relevante de que a cultura jurídica norte-americana é o berço da teoria que busca explicar a relação do indivíduo (ou titular dos dados) e os seus dados pessoais sob o signo do direito de propriedade. Desde o fim da década de 1960 até o início dos anos 2000, a produção científica sobre o tema afeito à *information privacy* foi especialmente intensa nos EUA[137], muito embora posteriormente tenha influenciado escritores de

[135] Cf. RODOTÀ, Stefano. *Elaboratori eletronici e controlo sociale*. Bologna: Il Mulino, 1973. p. 132-139. Tecendo considerações a alteração da função sócio-política da privacidade e da alteração de sua definição, o autor afirma: "Così cambia profondamente la funzione socio-politica della privacy, che si proietta ben al di là della sfera privata, per divenire elemento costitutivo della cittadinanza. E la sua definizione, per lungo tempo legata unicamente al "diritto d'essere lasciato solo", si dilata e si volge verso l'idea d'una tutela globale delle scelte di vita contro ogni forma di controllo pubblico e di stigmatizzazione sociale, in un quadro caratterizzato dalla libertà delle scelte esistenziali e politiche". RODOTÀ, Stefano. *Repertorio di fine secolo*. 2. ed. Roma-Bari: Laterza, 1999. p. 216-217.

[136] Sobre o uso desses termos e a caraterização da divergência de abordagens à luz do paradigma do "capitalismo informacional", cf. VILJOEN, Salomé. Data as property? *Phenomenal World*, 16 out. 2020. Disponível em: https://phenomenalworld.org/analysis/data-as-property#fn:smartcity. Acesso em: 04 mai. 2021.

[137] Neste sentido, vide trabalho de fôlego de Purtova: PURTOVA, Nadezhda. Property rights in personal data: Learning from the American discourse. *Computer Law and Security Review*, v. 25, n. 6, p. 507–521, 2009. Dentre a numerosa quantidade de trabalhos publicados a respeito do direito de propriedade sobre dados pessoais, pode-se indicar: WESTIN, Alan F. *Privacy and Freedom*. New York: Atheneum, 1967; MILLER, Arthur R. *The Assault on Privacy*: Computers, Data Banks, and Dossiers. Ann Arbor: The University of Michigan Press, 1971. p. 211-216; POSNER, Richard A. Privacy, Secrecy, and Reputation. *Buffalo Law Review*, v. 28, p. 1–54, 1979; POSNER, Richard A. *The Economics of Justice*. Cambridge: Harvard University Press, 1981. p. 242-245; MURPHY, Richard S. Property Rights in Personal Information: An Economic Defense of Privacy. *Georgetown Law Journal*, v. 84, n. 7, p. 2381, 1996; SAMUELSON, Pamela. Privacy As Intellectual Property? *Stanford Law Review*, v. 52, p. 1125-1173, 2000; LITMAN, Jessica. Information Privacy/Information Property. *Stanford Law Review*, v. 52, p. 1283–1313, 2000; LESSIG, Lawrence. Privacy as Property. *Social Research*, v. 69, n. 1, p. 247–269, 2002.

sistemas de *civil law*[138]. O assunto ganhou, a propósito, certo interesse com a reforma do direito europeu de proteção de dados pessoais levada a cabo pelo GDPR[139]. O reconhecimento dessa origem das ideias que preconizam a apropriação (*propertization*) dos dados pessoais tem grande importância, pois é forte indicador de que aglutina-se a tal tese certos elementos próprios do direito norte-americano e característicos da proteção que confere à privacidade informacional na sociedade orientada por dados.

A considerar a tutela constitucional da privacidade (*constitutional privacy*) – notadamente antes de 2018 e da decisão da Suprema Corte no caso *Carpenter v. United States*[140] –, os *privacy torts*[141] e o *statutory law* em âmbito federal e estadual, a proteção à privacidade informacional no ordenamento jurídico dos EUA, dados os seus limites e setorização, tem enfrentado grandes desafios diante dos avanços das tecnologias digitais. De acordo com Nadezhda Purtova, as três principais propostas pensadas para atacar as dificuldades encontradas frente as tecnologias emergentes são: (i) a reforma

[138] Pode-se citar, por exemplo: PRINS, Corien. Property and Privacy: European Perspectives and the Commodification of our Identity. In: GUIBAULT, L.; HUGENHOLTZ, P. B. (Eds.). *The Future of the Public Domain: Identifying the Commons in Information Law.* Zuidpoolsingel: Kluwer Law International, 2006. p. 223–257; PURTOVA, Nadezhda. *Property Rights in Personal Data:* a European Perspective. Alphen aan den Rijn: Kluwer Law International, 2012. PURTOVA, Nadezhda. The illusion of personal data as no one's property. *Law, Innovation and Technology*, v. 7, n. 1, p. 83–111, 2015. No cenário jurídico brasileiro: MAIA, Roberta Mauro M. A natureza jurídica da titularidade dos dados pessoais. *In:* MULHOLLAND, Caitlin (Org.). *A LGPD e o novo marco normativo no Brasil.* Porto Alegre: Arquipélago, 2020. p. 179-193.

[139] Cf. VICTOR, Jacob M. The EU general data protection regulation: Toward a property regime for protecting data privacy. *Yale Law Journal*, v. 123, n. 2, p. 513–528, 2013; TRAKMAN, Leon; WALTERS, Robert; ZELLER, Bruno. Is Privacy and Personal Data Set to Become the New Intellectual Property? *IIC International Review of Intellectual Property and Competition Law*, v. 50, n. 8, p. 937–970, 2019.

[140] A respeito, vide: OHM, Paul. The Many Revolutions of Carpenter. *Harvard Journal of Law & Technology*, v. 32, n. 2, p. 357–416, 2019.

[141] Quatro são as ações de responsabilidade civil (*torts*) que tutelam a privacidade conforme o *Restatement of the Law:* (i) *intrusion upon seclusion*; (ii) *public disclosure of private facts*; (iii) *false light*; e (iv) *appropriation*. As quatro *privacy torts* se originam da influente obra de William Prosser. Vide: PROSSER, William L. Privacy. *California Law Review*, v. 48, n. 3, p. 383-423, ago. 1960. É muito significativa a diferença entre a proteção constitucional do direito à privacidade e aquela conferida pelo *tort law* no direito estadunidense: "In tort law, the right of privacy, as we will see, has something of this meaning. But the constitutional right of privacy is quite different. On the surface, it seems to have only a dim point of contact with privacy in its common-sense meaning". FRIEDMAN, Lawrence M. *American law in the 20th century.* New Haven-London: Yale University Press, 2002. p. 326-327.

da sistemática das *privacy torts*, (ii) a intensificação da regulação jurídica, e (iii) a introdução de direito de propriedade (ou direitos reais) sobre dados pessoais[142]. Esta última gozou de certo destaque para devolver ao titular dos dados "controle"[143] sobre suas informações, visto que as outras estratégias possuem relevantes obstáculos: de um lado, as características do *tort law*, construído essencialmente pela jurisprudência e os precedentes judiciais[144], e de outro, a força lobista das grandes corporações privadas para impedir a aprovação de leis e imposições regulatórias via poder legislativo.

O movimento em defesa da inserção de direito de propriedade (ou direitos reais) sobre dados pessoais no sistema jurídico norte-americano é melhor compreendido a partir do fracionamento do tema em três questões que interpelam os propositores da teoria proprietária. A primeira versa sobre a possibilidade de dado pessoal ser objeto de direito de propriedade. Em sendo positiva a resposta, há que se indagar se o direito pertence ao indivíduo (titular dos dados) ou ao agente que coleta e processa o dado de caráter pessoal. Por fim, uma vez reconhecido o direito de propriedade, a terceira questão diz com quais regras contratuais dispositivas ou por padrão (*default rules*) deve-se governar sua transferência[145].

Um olhar atento aos adeptos da apropriação (*propertization*) dos dados pessoais, mostra que a perspectiva pragmatista e da análise econômica do direito parece predominar entre os autores[146], de sorte que não apenas há

[142] PURTOVA, Nadezhda. Property rights in personal data: Learning from the American discourse. *Computer Law and Security Review*, v. 25, n. 6, p. 507–521, 2009, p. 514.

[143] PURTOVA, Nadezhda. *Op. cit.*, p. 514.

[144] Não obstante, o século XX foi palco de uma "explosão da responsabilidade" (*liability explosion*), tão dramáticas foram, segundo Lawrence Friedman, as alterações no *common law of torts*: "In essence, nineteenth-century tort law was a law of limitation: a law that set boundaries to the liability of enterprise; a law that made it diffcult (especially for workers) to collect for personal injury. In the twentieth century,the old tort system was completely dismantled; the courts and the legislatures limited or removed the obstacles that stood in the way of plaintiVs; and a new body of law developed, law which favored the plaintiVs—to the point where people spoke about a liability "explosion." Some of the changes were slow and incremental; some were dramatic. Some were inventions of judges; some were embodied in complicated statutes". FRIEDMAN, Lawrence M. *American law in the 20th century*. New Haven-London: Yale University Press, 2002. p. 349-350.

[145] PURTOVA, Nadezhda. Property rights in personal data: Learning from the American discourse. *Computer Law and Security Review*, v. 25, n. 6, p. 507–521, 2009, p. 514.

[146] Cf. PURTOVA, Nadezhda. Property rights in personal data: Learning from the American discourse. *Computer Law and Security Review*, v. 25, n. 6, p. 507–521, 2009, p. 515; MURPHY, Richard S. Property Rights in Personal Information: An Economic Defense of Privacy. *Georgetown Law Journal*, v. 84, n. 7, p. 2381-2417, 1996; LAUDON, Kenneth C. Market and Privacy. *Communications*

adesão à admissibilidade de dado pessoal ser objeto de direito de propriedade, como também há quem parta do pressuposto de que dado pessoal, "tal como toda informação, é propriedade"[147]. Já quanto a titularidade do direito de propriedade sobre os dados, encontra-se tanto aqueles que se opõem a um forte regime de proteção de dados, sustentando que a propriedade deve ser reconhecida aos agentes de tratamento que investem para coletar e minerar dados com seus sistemas algorítmicos, como aqueles que afirmam que a propriedade deve ser alocada aos indivíduos[148]. No sentido desta última vertente, aliás, em 2019 foi proposto no Congresso dos EUA projeto de lei que, caso fosse aprovado, introduziria no ordenamento jurídico do país o *Own Your Own Data Act*. O texto do projeto previa expressamente o direito de propriedade sobre os dados gerados pelos usuários na internet[149].

A terceira indagação a ser respondida enseja uma multiplicidade de posicionamentos de matiz instrumentalista. Defende-se desde a completa ausência de intervenção e regulação estatal, haja vista o nível ótimo de funcionamento do mercado informacional[150], passando-se à elaboração de argumentos a favor da *eficiência* de regras protetivas da privacidade

of the ACM, v. 39, n. 9, p. 92-104, set. 1996, p. 94; LESSIG, Lawrence. Privacy as Property. *Social Research*, v. 69, n. 1, p. 247–269, 2002. Lessig afirma: "Property talk would give privacy rhetoric added support within American culture. If you could get people (in America, at this point in history) to see a certain resource as property, then you are 90 percent to your protective goal". LESSIG, Lawrence. *Op. cit.*, p. 255.

147 MURPHY, Richard S. *Op. cit.*, p. 2383-2384. Tradução livre de: "like all information, is property".

148 A este respeito escreve Julie Cohen: "Opponents of strengthened privacy protection think of collections of personally-identified data as "their" property; as evidence, they point to their investment in compiling the databases and developing algorithms to "mine" them for various purposes. Nor is property talk the exclusive province of privacy opponents. Some privacy advocates argue for "tradable privacy rights"— entitlements that would vest initially in individuals, but then could be freely exchanged for money, preferential service, or other perceived benefits. Others contend, in effect, that individuals already enjoy such rights, and that the data privacy problem can be solved by adopting informed consent procedures that enable individuals to weigh privacy costs accurately when deciding whether and how to surrender "their" information to others". COHEN, J. E. Examined Lives: Informational Privacy and the Subject as Object. *Stanford Law Review*, v. 52, n. 5, p. 1373–1437, 2000, p. 1378.

149 Lê-se na proposta legislativa: "Each individual owns and has an exclusive property right in the data that an individual generates on the internet". S. 806 — 116th Congress: Own Your Own Data Act. *GovTrack.us*, 2019. Disponível em: https://www.govtrack.us/congress/bills/116/s806/text. Acesso em: 26 mai. 2021.

150 PURTOVA, Nadezhda. Property rights in personal data: Learning from the American discourse. *Computer Law and Security Review*, v. 25, n. 6, p. 507–521, 2009, p. 515.

tais como regras de confidencialidade ou não divulgação (*non-disclosure rules*[151]), a preferência à atribuição de direito de propriedade ao regime de responsabilidade civil (*tort law*)[152] e a tutela proprietária dos indivíduos a quem os dados se referem como incentivo aos agentes de tratamento de dados e provedores de serviço de internet a empregar *privacy-enhancing technologies* (PETs)[153].

Importantes críticas são dirigidas à teoria proprietária. Já foi apontada a relação desta tese a certas especificidades da cultura jurídica norte-americana, o que, de fato, se confirma e dificulta a exportação de tal modelo jurídico a sistemas de *civil law*, tal como o brasileiro. Danilo Doneda entende ser inadequado tratar os dados pessoais como objeto de propriedade. O autor argumenta que a multiplicidade de situações e interesses

[151] Nesse sentido, afirma Richard Murphy: "Thus, an initial model of informational privacy could be to permit disclosure if and only if: 1. the value of the information when disclosed exceeds the value of the pure privacy preference of the individual; and 2. permitting disclosure will not distort or eliminate the information in future transactions."

"The trick is determining when privacy is a strongly held preference, and when a disclosure rule will distort or eliminate information and behavior". MURPHY, Richard S. Property Rights in Personal Information: An Economic Defense of Privacy. *Georgetown Law Journal*, v. 84, n. 7, p. 2381-2417, 1996, p. 2387.

[152] Baseada na teoria de Calabresi e Melamed, Vera Bergeslton explica com clareza seu argumento: "On a more abstract level, the choice between the tort regime and the property regime for the protection of personal information means the choice between property rules and liability rules as defined in the seminal article authored by Calabresi and Melamed. According to their theory, an "entitlement is protected by a property rule to the extent that someone who wishes to remove the entitlement from its holder must buy it from him in a voluntary transaction in which the value of the entitlement is agreed upon by the seller." The liability rule protects an entitlement in the sense that holders must be compensated whenever the entitlement is taken away from them without their consent, the value of the entitlement being "determined by some organ of the state rather than by the parties themselves".

"A society chooses which rule to employ in relation to a particular entitlement based on a variety of considerations. For Calabresi and Melamed, the main reason to choose one rule over another is efficiency, although the authors recognize that other reasons, such as distributional goals and avoiding moral harm to the individual or the society at large, are also valid considerations. The property rule requires the least amount of state intervention since the value of an entitlement is determined by two willing participants in a voluntary transaction. Therefore, unless there are special circumstances, the property rule is the most efficient". BERGELSON, Vera. It's Personal, but Is It Mine? Toward Property Rights in Personal Information. *University of California Davis Law Review*, v. 37, p. 379–452, 2003, p. 417.

[153] Cf. LESSIG, Lawrence. Privacy as Property. *Social Research*, v. 69, n. 1, p. 247–269, 2002, p. 263; PURTOVA, Nadezhda. Property in Personal Data: a European Perspective on the Instrumentalist Theory of Propertisation. *European Journal of Legal Studies*, v. 2, n. 3, 2010, p. 5.

existentes em torno dos dados pessoais, não limitados a vetores de ordem patrimonial, "seriam irremediavelmente prejudicados se considerados apenas – ou majoritariamente – a partir de seu valor econômico"[154]. Colin Bennett e Charles Raab também ressaltam a inadequação do direito de propriedade – logo, do direito das coisas – para a tutela da privacidade informacional. Os defensores da propriedade sobre dados pessoais partem da premissa de que consumidores possuem poder de barganha no mercado frente a atores do setor privado, contudo desconsideram sua completa ausência quando indivíduos são confrontados com a autoridade estatal e sua capacidade de, no exercício da função pública, lançar mão de técnicas intrusivas[155].

Mesmo sob uma ótica da economia a *comodificação* dos dados pessoais é problemática. Tornar informação pessoal objeto de propriedade é legitimá-la, em termos econômicos, como uma *commodity*, portanto um recurso primário passível de negociação e precificação pelo mercado[156]. Todavia, a teoria da economia informacional impõe desafios a tal ideia ao afirmar a não escassez e o caráter não-rival do dado pessoal[157]. Este possui, deveras,

[154] DONEDA, Danilo. *Da privacidade à proteção de dados pessoais*. 2. ed. São Paulo: Revista dos Tribunais, 2020. p. 146.

[155] "Consumers may have some bargaining power with a direct marketing firm that wants to trade lists of named individuals; citizens, however, have no bargaining power when faced with a warrant or any other potentially privacy-invasive technique backed up by the sanctions of the state. Let us recall that, at the outset of the privacy debate, it was the power of government agencies that were considered to pose the most significant challenges. It was therefore hard to resist the conclusion that the imbalance could only be set right by regulatory intervention. Consequently, information privacy was generally defined as a problem for public policy, rather than as an issue for private choice". BENNETT, Colin J.; RAAB, Charles D. *The Governance of Privacy:* Policy Instruments in Global Perspective. 1. ed. London-New York: Routledge, 2018. p. 17.

[156] Cf. TZANOU, Maria. *The Fundamental Right to Data Protection:* Normative Value in the Context of Counter-Terrorism Surveillance. Oxford: Hart Publishing, 2017. p. 25; RICHARDSON, Janice. *Law and the Philosophy of Privacy*. New York: Routledge, 2016. p. 15.

[157] Joseph Stiglitz assevera a respeito: "The fundamental breakthrough in the economics of information was the recognition that information was fundamentally different from other 'commodities.' It possesses many of the properties of a public good – its consumption is nonrivalrous, and so, even if it is possible to exclude others from enjoying the benefits of some piece of knowledge, it is socially inefficient to do so; and it is often difficult to exclude individuals from enjoying the benefit". STIGLITZ, Joseph E. The Contributions of the Economics of Information to Twentieth Century Economics. *Quarterly Journal of Economics*, v. 115, n. 4, p. 1441-1478, nov. 2000, p. 1448. Numa explicação em termos mais comezinhos, afirma Floridi: "Information is not like a pizza: contrary to other things that one owns, one's personal information is not lost when acquired by someone else". FLORIDI, Luciano. Group Privacy: A Defence and an Interpretation. *In*: TAYLOR,

baixíssimo custo de replicação e é resultante da própria existência de toda pessoa humana[158]. Sobre características do dado pessoal, Daniel Solove acrescenta ainda que "informação pessoal é frequentemente formada em relacionamentos com outros", de modo que todos envolvidos teriam algum interesse sobre o dado/informação[159], dando azo a um tipo de copropriedade ou condomínio.

O maior antagonismo à tese proprietária partiu, muito provavelmente, de juristas da tradição romano-germânica. Desde os idos da década de 1980 formou-se, com mais solidez, corrente de pensamento refratário à ideia de que o dado de caráter pessoal pode ser objeto de direito de propriedade – seja no campo dos direitos reais ou da propriedade intelectual –, eis que o fundamento do regime de proteção de dados pessoais estaria arvorado na dignidade humana e na sua tutela como liberdade ou direito fundamental[160]. A esta se denomina *teoria dignitária*.

Lynnet; FLORIDI, Luciano; SLOOT, Bart Van Der (Orgs.). *Group Privacy*: New Challenges of Data Technologies. Dordrecht: Springer, 2017. p. 93.

[158] Cf. PURTOVA, Nadezhda. Property rights in personal data: Learning from the American discourse. *Computer Law and Security Review*, v. 25, n. 6, p. 507–521, 2009, p. 519; COHEN, Julie E. Examined Lives: Informational Privacy and the Subject as Object. *Stanford Law Review*, v. 52, p. 1373–1437, 2000, p. 1387. Glória Fuster e Serge Gutwirth anotam: "En effet: l'information est éphémère, volatile, immatérielle et incorporelle, et en conséquence elle peut être mise à disposition d'autres personnes sans perte d'usage ou de disponibilité. Elle peut être (ré)utilisée sans perte de substance ou de valeur, et elle ne s'use pas. Plusieurs personnes peuvent s'en servir au même moment sans que cela en diminue, en principe, la valeur d'usage pour chacune d'elles. Aussi, l'information ne se prête pas (ou mal) à la destruction, soustraction ou restitution; une fois qu'elle est partagée entre humains, ce partage est difficilement réversible. D'ailleurs, l'information est extrêmement facile à reproduire et multiplier, et cela, à moindre coût. La nature cumulative de l'information est aussi un facteur important, car l'information d'aujourd'hui est souvent (pour ne pas dire toujours) la résultante d'une production accumulative qui émane de personnes différentes et d'actions et éléments géographiquement et historiquement dispersés. Bref, on peut en déduire que l'information est, en tant que telle (de par sa « nature »), récalcitrante au droit des biens, quoiqu'en soit le contenu. Et c'est bien pourquoi il n'est pas étonnant de constater que le droit lui a toujours prévu des dispositifs adaptés et spécifiques, bien différents du droit des biens". GUTWIRTH, Serge; FUSTER, Gloria González. L'éternel retour de la propriété des données: de l'insistance d'un mot d'ordre. *In*: DUSSOLIER, S. et al. (Orgs.). *Law, norms and freedoms in cyberspace. Droit, normes et libertés dans le cybermonde. Liber amicorum Yves Poullet*. Brussels: Larcier, 2018. p. 129.

[159] SOLOVE, Daniel J. *Understanding Privacy*. Cambridge; London: Harvard University Press, 2008. p. 27. Tradução livre de: "[p]ersonal information is often formed in relationships with others".

[160] Cf. TZANOU, Maria. *The Fundamental Right to Data Protection:* Normative Value in the Context of Counter-Terrorism Surveillance. Oxford: Hart Publishing, 2017. p. 29-30, 31; SARLET, Ingo W.; SAAVEDRA, Giovani A. Fundamentos Jusfilosóficos e Âmbito de Proteção do Direito Fundamental à Proteção de Dados Pessoais. *Revista de Direito Público*, Brasília, v. 17, n. 93, p. 33–57, mai./jun. 2020,

Inspirado nas lições de François Rigaux a respeito da tutela jurídica da vida privada[161], Yves Poullet defende que liberdade e dignidade humana consistem no fundamento último das leis de proteção de dados[162]. Segundo o professor da *Université de Namur*, a proteção da privacidade é tema diretamente conecto à liberdade individual e que "qualquer confusão ou comparação com os direitos subjetivos patrimoniais clássicos serve apenas para obscurecer a questão"[163]; afirma, ainda, que tal alicerce justifica a consagração de certos direitos – como o direito de acesso – que dê ao indivíduo os instrumentos minimamente necessários à realização do direito à autodeterminação frente aos perigos decorrentes do tratamento de dados pessoais[164].

p. 43. Não se deve considerar, porém, a divergência teórica em questão é mais um reflexo da diferença de valores entre europeus e norte-americanos em torno da proteção da privacidade, tal como afirma James Whitman: "On the one hand, a European interest in personal dignity, threatened primarily by the mass media; on the other hand, an American interest in liberty, threatened primarily by the government" (WHITMAN, James Q. The Two Western Cultures of Privacy: Dignity Versus Liberty. *Yale Law Journal*, v. 113, p. 1151–1221, 2004, p. 1219). Muito pelo contrário, mostra que tal contraposição é frágil. Este é o entendimento de Spiros Simitis: "As evident as the constitutionalization process within the European Union is, it does not justify a perception of privacy where, as in James Whitman's view, dignity concerns are weightier in Europe while liberty interests predominate in the United States. The German Courts, as already mentioned, made a conscious choice to ground privacy in both concepts. Besides, precisely because of the importance of both dignity and liberty, the European Union and its Member States are obliged to protect privacy in both their internal regulations and external agreements" (SIMITIS, Spiros. Privacy – An endless debate? *California Law Review*, v. 98, n. 6, p. 1989–2006, 2010, p. 1993). Nesta direção, com semelhante agudeza: RODOTÀ, Stefano. Privacy, libertà, dignità. *Garante per la Protezione dei Dati Personali*, 13 set. 2004. Disponível em: https://www.garanteprivacy.it/home/docweb/-/docweb-display/docweb/1049293. Acesso em: 01 jun. 2021; RODOTÀ, Stefano. *Il diritto di avere diritti*. Roma-Bari: Laterza, 2012. p. 193-194.

161 RIGAUX, François. La liberté de la vie privée. *Revue internationale de droit comparé*, v. 43, n. 3, p. 539-563, jul./set.e 1991.

162 POULLET, Yves. Data Protection between Property and Liberties: A Civil Law Approach. *In*: KASPERSEN, H. (Coord.). *Amongst friends in computers and law. A collection of essays in remembrance of Guy Vandenberghe*. Deventer: Kluwer, 1989. p. 170. Vide, ainda, ROVROY, Antoinette; POULLET, Yves. The Right to Informational Self-Determination and the Value of Self-Development: Reassessing the Importance of Privacy for Democracy. *In:* GUTWIRTH, Serge et al. (Orgs.). *Reinventing Data Protection?* [s.l.] Springer, 2009. p. 45-76. Em 1980, René Ariel Dotti já classificara o direito à privacidade como uma liberdade pública e entre os direitos da personalidade: DOTTI, René Ariel. *Proteção da vida privada e liberdade de informação:* possibilidades e limites. São Paulo: Revista dos Tribunais, 1980. p. 69, 98-99.

163 POULLET, Yves. *Op. cit.*, p. 169. Tradução livre de: "any confusion or comparison with classic subjective patrimonial rights only serves to obscure the issue".

164 POULLET, Yves. Data Protection between Property and Liberties: A Civil Law Approach. *In*: KASPERSEN, H. (Coord.). *Amongst friends in computers and law. A collection of essays in remembrance of Guy Vandenberghe*. Deventer: Kluwer, 1989. p. 170.

Igualmente antagônico à pertinência dos tradicionais instrumentos de tutela patrimonial da propriedade[165], Stefano Rodotà compreende a privacidade (*privacy*) e seu desenvolvimento à luz de aportes históricos e dos influxos sociotécnicos dos avanços das tecnologias da informação para o surgimento de novas situações de poder baseadas no tratamento de dados por governos e empresas[166]. O autor italiano assevera que, após ligada por longo período à noção de "direito a ser deixado só", a privacidade "se dilata e se volta para a ideia de uma tutela global das escolhas de vida contra qualquer forma de controle público e estigmatização social, em um quadro caracterizado pela liberdade das escolhas existenciais e políticas"[167].

Em contribuição mais recente, Luciano Floridi explicitou que a relação entre proteção da privacidade e proteção da dignidade humana deve ser imediata, no sentido de que aquela deve ser diretamente baseada nesta, não adotando via indireta por meio de outros direitos como de propriedade e a liberdade de expressão, por exemplo[168]. Em outras palavras, afirma o filósofo e professor da *University of Oxford*, "a privacidade deve ser enxertada como um ramo de primeira ordem no tronco da dignidade humana, não em algum de seus ramos, como se fosse um direito de segunda ordem"[169]. Ainda de acordo com o autor, a dignidade humana só pode se justificar na identificação da excepcionalidade do ser humano, o que ele faz a partir de

[165] Cf. RODOTÀ, Stefano. *Elaboratori eletronici e controlo sociale*. Bologna: Il Mulino, 1973. p. 132-139.

[166] Cf. RODOTÀ, Stefano. *Tecnologie e diritti*. Bologna: Il Mulino, 1995. P. 33-34.

[167] RODOTÀ, Stefano. *Repertorio di fine secolo*. 2. ed. Roma-Bari: Laterza, 1999. p. 216-217. Tradução livre de: "si dilata e si volge verso l'idea d'una tutela globale delle scelte di vita contro ogni forma di controllo pubblico e di stigmatizzazione sociale, in un quadro caratterizzato dalla libertà delle scelte esistenziali e politiche". Na mesma linha de pensamento, leciona Danilo Doneda: "A privacidade assume, então, um caráter relacional, que deve determinar o nível de relação da própria personalidade com as outras pessoas e com o mundo exterior – pela qual a pessoa determina sua inserção e de exposição; esse processo tem como resultado o fortalecimento de uma esfera privada do indivíduo – esfera que não é a de Hubman, mas uma que torne possível a construção da individualidade e o livre desenvolvimento da personalidade sem a pressão de mecanismos de controle social" . DONEDA, Danilo. *Da privacidade à proteção de dados pessoais*. 1. ed. Rio de Janeiro: Renovar, 2006. p. 146.

[168] FLORIDI, Luciano. On Human Dignity as a Foundation for the Right to Privacy. *Philosophy and Technology*, v. 29, n. 4, p. 307–312, 2016, p. 308.

[169] FLORIDI, Luciano. On Human Dignity as a Foundation for the Right to Privacy. *Philosophy and Technology*, v. 29, n. 4, p. 307–312, 2016, p. 308. Tradução livre de: "privacy should be grafted as a first-order branch to the trunk of human dignity, not to some of its branches, as if it were a second-order right".

uma perspectiva *"antropo-excêntrica"*[170]. O que singulariza a pessoa humana não é um *plus* mas um *minus*: a incompletude do ser humano que se constrói ao longo da vida[171]. Conforme tal perspectiva, afirma-se:

> Como viajantes, estamos nas mãos de nossos anfitriões: os outros, a natureza, o mundo físico, mas também a sociedade, a cultura, o mundo que construímos, não apenas o mundo que encontramos. Nenhum de nós está no centro, viajamos interminavelmente de um centro a outro. E assim devemos gozar do direito à proteção e hospitalidade que acolhe os hóspedes. Cada um de nós, como bela falha, é uma entidade frágil e muito maleável, cuja vida é essencialmente feita de informação. Nossa dignidade reside em podermos ser os mestres de nossas próprias jornadas e manter abertas nossas identidades e escolhas. Qualquer tecnologia ou política que tenda a consertar e moldar essa abertura corre o risco de nos desumanizar, não muito diferente dos convidados de Circe, que são impedidos de deixar sua ilha. Assim, a dignidade humana, entendida em termos de politropia, fornece a base antropo-excêntrica para o direito à privacidade e ao controle individual sobre nossas próprias informaç*ões* constitutivas. A maior parte de nossas identidades, entendidas como narrativas, são escritas por outros autores, o que cabe a cada um de nós contribuir deve ser cuidadosamente protegido e fomentado[172].

[170] FLORIDI, Luciano. *Op. cit.*, p. 309.

[171] Nos dizeres do jusfilósofo: "We are the incomplete species that wants, that misses, that asks questions, that has doubts, that worries or rejoices about the future and regrets or feels nostalgia or saudade about the past, that can see the other side of the coin, that is in charge of its life, at least partially, that does not live here and now, like all other animals, but detached, in semantic spaces that it designs for its own consumption, in order to give meaning to reality (hopes and fears, passions, memories and expectations, gossip, customs and laws, languages, traditions, religions, social structures, scientific knowledge, and so forth), and yet not too detached, for it is not insane". FLORIDI, Luciano. *Op. cit.*, p. 309.

[172] FLORIDI, Luciano. *Op. cit.*, p. 310-311. Tradução livre de: "As travellers, we are in the hands of our hosts: the others, nature, the physical world, but also society, culture, the world we build, not just the world we find. None of us is ever at the centre, we endlessly travel from centre to centre. And so we should enjoy the right to protection and hospitality that welcomes guests. Each of us, as a beautiful glitch, is a fragile and very pliable entity, whose life is essentially made of information. Our dignity rests in being able to be the masters of our own journeys, and keep our identities and our choices open. Any technology or policy that tends to fix and mould such openness risks dehumanising us, not unlike Circe's guests, who are prevented from leaving her island. Thus, human dignity, understood in terms of polytropy, provides the anthropo-eccentric ground for the right to privacy and individual control over our own constitutive information. Most of our selves,

Não obstante seus muitos cultores entre juristas de países de *civil law*, há pensadores de sistemas de *common law* que também fundamentam na dignidade humana a tutela da privacidade e a proteção de dados pessoais. Edward Bloustein entende que a dignidade humana é o valor comum que está à base não apenas dos *privacy torts* no ordenamento jurídico dos EUA – os quais, aliás, sugere reduzir-se a um único – como também de outros institutos e legislação infraconstitucional e constitucional[173]. Teresa Scassa defende, por sua vez, a adoção de uma abordagem da privacidade como direito humano e pilar da legislação de proteção de dados no sistema jurídico canadense[174].

1.2.3. Teorias constitutivas ou de proteção da identidade

Outra linha de pensamento que possui expressiva acolhida entre teóricos e filósofos do direito é a que associa a privacidade (e a proteção de dados pessoais)[175] e sua tutela jurídica à identidade pessoal. Concebe-se a privacidade como crucial elemento para o processo de construção do *self*. Luciano Floridi, por exemplo, em sua sofisticada obra que versa,

understood as narratives, are written by other authors, what is left to the each of us to contribute must be carefully protected and fostered".

[173] Em resposta a William Prosser e sua construção das *privacy torts*, Edward Bloustein argumenta: "I believe to the contrary that the tort cases involving privacy are of one piece and involve a single tort. Furthermore, I believe that a common thread of principle runs through the tort cases, the criminal cases involving the rule of exclusion under the fourth amendment, criminal statutes prohibiting peeping toms, wiretapping, eavesdropping, the possession of wiretapping and eavesdropping equipment, and criminal statutes or administrative regulations prohibiting the disclosure of confidential information obtained by government agencies". [...]

"The identification of the social value which underlies the privacy cases will also help to determine the character of the development of new legal remedies for threats posed by some of the aspects of modern technology. Criminal statutes which are intended to curb the contemporary sophisticated electronic forms of eavesdropping and evidentiary rules which forbid the disclosure of the fruits of such eavesdropping can only be assimilated to the common law forms of protection against intrusion upon privacy if the social interest served by the common law is conceived of as the preservation of individual dignity". BLOUSTEIN, Edward J. *Individual and Group Privacy*. New York: Routledge, 2017. p. 39-40, 44-45. Vide, ainda, citando fartamente Edward Bloustein: TURKINGTON, Richard. Legacy of the Warren and Brandeis Article: The Emerging Unencumbered Constitutional Right to Informational Privacy. *Northern Illinois University Law Review*, v. 10, p. 479–520, 1990.

[174] SCASSA, Teresa. A Human Rights-Based Approach to Data Protection in Canada. *In*: DUBOIS, Elizabeth; MARTIN-BARITEAU, Florian (Coords.). *Citizenship in a Connected Canada A Research and Policy Agenda*. Ottawa: University of Ottawa Press, 2020. p. 185.

[175] Dentre as diferentes concepções teóricas existentes entre os escritores com essa orientação, há quem aparta as noções de privacidade e proteção de dados pessoais (*v. g.*, Mireille Hildebrandt) e outros que não o fazem (*v. g.*, Luciano Floridi).

em geral, sobre a ética da informação, constrói a vertente que ele próprio denomina "interpretação ontológica da privacidade" a partir de sua defesa da natureza informacional da identidade pessoal[176]. Para o filósofo italiano, a caracterização ou constituição do *self*, ou seja, sua individualização (*synchronic individualisation*), se dá mediante o processamento de informações[177]. Em sendo a pessoa constituída por suas informações pessoais, entende o autor que a contemporânea interpretação da privacidade informacional (*informational privacy*) há de levar tal natureza em consideração, de sorte que conclui: a violação da privacidade informacional de alguém é uma forma de agressão à sua identidade[178].

Philip Agre é outro autor que propugna uma teoria constitutiva, pois entende a privacidade e a proteção de dados como algo de todo elementar à construção da identidade pessoal e sua projeção social. Nas palavras de Agre, essa perspectiva lhe dá lastro a dizer que: "controle sobre informações pessoais é controle sobre um aspecto da identidade que se projeta para o mundo, e o direito à privacidade é a liberdade de restrições irrazoáveis na construção de sua própria identidade"[179].

Já Mireille Hildebrandt lança mão, a seu turno, do conceito de Philip Agre sobre o direito à privacidade – liberdade de restrições irrazoáveis à construção da própria identidade – a fim de edificar uma robusta teorização sobre o tema[180]. Nessa conceituação, dá-se intencionalmente uma textura aberta e fluida à privacidade. A autora rejeita a afirmação de que existe a necessidade de se definir estritamente o que é privacidade, ideia esta que se alicerça no método cartesiano proposto por estudiosos que, tal como David Archard, aludem que "uma definição deve ser capaz de

[176] A respeito, vide RICHARDSON, Janice. *Law and the Philosophy of Privacy*. New York: Routledge, 2016. p. 145-147.

[177] FLORIDI, Luciano. The informational nature of personal identity. *Minds and Machines*, v. 21, n. 4, p. 549–566, 2011, p. 554 et. seq.

[178] FLORIDI, Luciano. The ontological interpretation of informational privacy. *Ethics and Information Technology*, v. 7, n. 4, p. 185–200, 2005, p. 194.

[179] AGRE, Philip E. Introduction. *In:* AGRE, Philip E.; ROTENBERG, Marc (Orgs.). *Technology and Privacy*: The New Landscape. London-Cambridge: The MIT Press, 1997. p. 7. Tradução livre de: "control over personal information is control over an aspect of the identity one projects to the world, and the right to privacy is the freedom from unreasonable constraints on the construction of one's own identity".

[180] HILDEBRANDT, Mireille. *Smart Technologies and The End(s) of Law*. Cheltenham-Northampton: Edward Elgar, 2015. p. 80.

aglutinar diferentes pretensões ao direito à privacidade no sentido de que compartilham comum característica relevante e substancial"[181]. Isso significa que para conceituar privacidade não se deve ignorar sua complexidade e a pluralidade de aspectos que lhe são afins. Por isso, autonomia, dignidade, confidencialidade, anonimato e integridade corporal – para listar algumas ideias ou valores relacionados à privacidade – devem ser vistos como facetas desta noção que, em última análise, estão relacionadas entre si possuindo a mesma "semelhança de família"[182].

Além da contribuição de Agre, a abordagem teórica de Irvin Altman desempenha um papel central nesta concepção de privacidade como proteção à identidade pessoal. Em sua obra, o psicólogo também propõe que privacidade e identidade pessoal são noções entrelaçadas, definindo a primeira em termos de "negociação de limites" (*boundary negotiations*) ou "controle seletivo de acesso ao *self* ou a seu grupo"[183]. A identidade pessoal não é uma condição estática ou um determinado estado humano, ela consiste num processo de construção em curso ao longo da vida da pessoa humana marcada por suas interações sociais com o outro – seja este um ente individual ou coletivo. Daí dizer que a privacidade é tida como "um mutante processo dialético"[184]. Neste sentido, aliás, a concepção delineada por Julie Cohen muito se aproxima das ideias de Altman e Hildebrandt. Para a jurista norte-americana, a privacidade consiste numa "condição dinâmica que é melhor descrita como espaço para respirar para sujeitos socialmente situados se engajarem em processos de gerenciamento de limites por meio dos quais eles se definem e redefinem como sujeitos"[185].

[181] HILDEBRANDT, Mireille. Privacy and Identity. *In*: CLAES, E.; DUFF, A.; GUTWIRTH, S. (Coords.). *Privacy and the Criminal Law*. Antwerpen-Oxford: Intersentia, 2006. p. 44. Tradução livre de: "a definition should be able to cohere different claims to the right of privacy in the sense that they share a common significant and substantive feature".

[182] HILDEBRANDT, Mireille. *Op. cit.*, p. 45.

[183] ALTMAN, Irwin. Privacy: A Conceptual Analysis. *Environment and Behavior*, v. 8, n. 1, p. 7–29, 1976, p. 8. Tradução livre de: "selective control of access to the self or to one's group".

[184] ALTMAN, Irwin. *Op. cit.*, p. 12. Em sua visão, "[p]rivacy is a continually changing process which reflexes a momentary ideal level of interpersonal contact, which can range from wanting to be accessible to others, to wanting to be alone". ALTMAN, Irwin. *Op. cit.*, p. 12. Tradução livre de: "a shifting dialectic process".

[185] COHEN, Julie E. Turning Privacy Inside Out. *Theoretical Inquiries in Law*, v. 20, n. 1, p. 1–32, 2019, p. 12-13. Tradução livre de: "dynamic condition that is best described as breathing room for socially situated subjects to engage in processes of boundary management through which they define and redefine themselves as subjects".

Existem dois aspectos da identidade aos quais deve-se atentar: identidade-*idem* ("mesmidade") e identidade-*ipse* ("ipseidade"). Sob o ponto de vista de Paul Ricoeur da *identidade narrativa*, enquanto o primeiro se refere ao senso de permanência no tempo e na semelhança[186], o segundo aspecto trata da mutabilidade e da ideia de alteridade, o núcleo mutável da personalidade[187], que, no entanto, apresenta algum tipo de conservação específica do *self*. Identidade-*idem* e identidade-*ipse* são, na verdade, dois lados diferentes de uma única moeda. A "mesmidade" tem a ver com a criação de um conjunto de atributos capazes de individualizar uma pessoa dentro de uma coletividade, "trata-se de identificação na perspectiva de uma terceira pessoa, supõe objetificação"[188]. O outro lado da moeda, que é a ipseidade, está associado à "construção da própria identidade a partir da perspectiva da primeira pessoa[189] que inevitavelmente ocorre entre outras pessoas. Para sintetizar o que a identidade pessoal significa, a autora postula:

> O *self* vive no elo de dois aspectos da identidade, que nunca se apresentam como algo dado: a identidade do *self* (*ipse*) há de ser reivindicada em relação aos outros, e o *self* deve ser reivindicado como sendo o *mesmo* (*idem*) *ao longo do tempo*. A continuidade desse *self* relacional implica que sua autobiografia seja continuamente reescrita em confronto com o fluxo de novos eventos que moldam a percepção de si mesmo, do mundo e dos outros.[190]

[186] Cf. HILDEBRANDT, Mireille. Privacy as protection of the incomputable self: From agnostic to agonistic machine learning. *Theoretical Inquiries in Law*, v. 20, n. 1, p. 83–121, 2019, p. 87; RICOEUR, Paul. *O si-mesmo como outro*. São Paulo: Martins Fontes, 2014. p. 115-116.

[187] RICOEUR, Paul. *O si-mesmo como outro*. São Paulo: Martins Fontes, 2014. p. XIII.

[188] HILDEBRANDT, Mireille. Privacy and Identity. *In*: CLAES, E.; DUFF, A.; GUTWIRTH, S. (Coords.). *Privacy and the Criminal Law*. Antwerpen-Oxford: Intersentia, 2006. p. 51. Tradução livre de: "[i]t concerns identification from the perspective of a third person, it presumes objectification".

[189] HILDEBRANDT, Mireille. *Op. cit.*, p. 51. Tradução livre de: "the construction of self-identity from the perspective of the first person".

[190] HILDEBRANDT, Mireille. *Op. cit.*, p. 51-52. Vide também: HILDEBRANDT, Mireille. *Smart Technologies and The End(s) of Law*. Cheltenham-Northampton: Edward Elgar, 2015. p. 81-82. Tradução livre de: "The self lives at the nexus of two aspects of identity, that are never given: identity of the self (ipse) has to be claimed versus others, and the self has to be claimed as being the same (idem) over the course of time. The continuity of this relational self implies that the autobiography of the self is continuously re-written in confrontation with the flow of new events that shape one's perception of self, world and others".

Dado o fato de que a identidade pessoal emerge do contínuo processo de autoconstrução pessoal durante a vida – uma vida decerto em sociedade –, é concebível a defesa de que existe um componente de indeterminação que constitui cada indivíduo como pessoa humana[191]. Essa característica do *self*, na verdade, tem um grande impacto sobre como o direito à privacidade deve desempenhar seu papel nas sociedades hoje hiperconectadas e orientadas por dados, ou no chamado mundo *onlife*.

Em um mundo em que se reivindica que tudo é suscetível de ser "datificado" em linguagem de máquina por computação ubíqua e tecnologias digitais baseadas em analítica de dados e sistemas algorítmicos de aprendizado de máquina[192], as infraestruturas de informação e comunicação dependem cada vez mais do que Mireille Hildebrandt denomina "Espaço Big Data", é dizer, o "espaço-tempo heterogêneo, descentralizado e distribuído em que quantidades exponenciais de dados são armazenados e processados, enquanto o acesso é distribuído e a precisão depende de vários fatores em sua maioria invisíveis"[193]. Nesse sentido, as atuais tecnologias ou aplicações tecnológicas que estão sendo desenvolvidas ou utilizadas, como reconhecimento facial, Internet das Coisas, *smart grids*, carros autônomos, assistentes pessoais virtuais e robótica, contam com o referido "Espaço Big Data"[194].

[191] Para explicar essa indeterminação da construção da identidade pessoal, Hildebrandt desenvolve a ideia de *dupla contingência (double contigency)*, vide: HILDEBRANDT, Mireille. Privacy as protection of the incomputable self: From agnostic to agonistic machine learning. *Theoretical Inquiries in Law*, v. 20, n. 1, p. 83–121, 2019, p. 88.

[192] Cf. CUKIER, Kenneth; MAYER-SCHÖNBERGER, Viktor. *Big Data:* A Revolution That Will Transform How We Live, Work, and Think. Boston: Houghton Mifflin Harcourt, 2013. p. 73-97.

[193] HILDEBRANDT, Mireille. *Smart Technologies and The End(s) of Law*. Cheltenham-Northampton: Edward Elgar, 2015. p. 261. Tradução livre de: "heterogeneous, decentred, distributed timespace where exponential amounts of data are stored and processed, while access is distributed and accuracy is contingent upon a number of mostly invisible factors".

[194] Nas palavras da filósofa do direito, o "Espaço Big Data" é o *inconsciente digital* do qual depende a infraestrutura da computação preemptiva da sociedade orientada por dados: "Big Data Space extends our minds with a digital unconscious that is largely beyond the reach of our conscious mind. This digital unconscious is not owned by any one person and cannot be controlled by any one organization. It has been created by individuals, enterprises, governments and machines, and is rapidly becoming the backbone of our education, scientific research, economic ecosystem, government administration and our critical infrastructures. It enables data-driven agency in software, embedded systems and robotics, and will increasingly turn human agency itself into a new hybrid that is partly data-driven. The onlife world that we now inhabit is data-driven and feeds on a distributed, heterogeneous, digital unconscious" (HILDEBRANDT, Mireille. *Op. cit.*,

Para a autora é muito cara a ideia de que uma predominante infraestrutura da informação e comunicação está se estabelecendo e ela se desenvolve na computação preemptiva (*preemptive computing*). Conforme a perspectiva em análise, a proteção da privacidade deve garantir à pessoa humana o papel participativo na codeterminação da maneira como é lida e representada[195], pois que o advento da referida infraestrutura implica que os seres humanos estão sendo perfilados de maneira contínua e inconsciente por sistemas que tomam decisões sobre suas vidas automaticamente com base em conhecimento gerado por inferências e correlações.

Ademais, existem duas outras características muito importantes da privacidade e sua proteção à luz da concepção da proteção da identidade: a privacidade é considerada (i) um bem comum e (ii) uma *affordance*. Reconhecer a privacidade como um bem comum (*public good*) significa que, na realidade, salvaguardá-la é uma condição para o exercício dos direitos e liberdades fundamentais (por exemplo, liberdade de expressão). Em outras palavras, a privacidade é "um valor ou interesse que não pode ser reduzido ao gosto individual ou a preferências agregadas, e destina-se ao benefício do público no sentido da cidadania conjunta"[196].

Hildebrandt descreve *affordance* como "os tipos de comportamentos que uma determinada infraestrutura sociotécnica (IST) 'possibilita', ou seja, torna possível ou impossível para os agentes que a empregam"[197].

p. 45). As principais características do "Big Data Space" são: difusão, hiperconectividade, interface intuitiva, complexidade oculta e adaptação proativa contínua, com base em mecanismos de feedback e conscientização do contexto.

[195] HILDEBRANDT, Mireille. *Smart Technologies and The End(s) of Law*. Cheltenham-Northampton: Edward Elgar, 2015. p. 102-103.

[196] HILDEBRANDT, Mireille. *Op. cit.*, p. 85. Tradução livre de: "a value or interest that cannot be reduced to individual taste or aggregated preferences, and is meant to benefit the public in the sense of the joint citizenry".

[197] HILDEBRANDT, Mireille. *Op. cit.*, p. 260, 47-48. Tradução livre de: "the types of behaviours that a specific socio-technical infrastructure (STI) 'affords', i.e. makes possible or impossible for the agents that employ it". Em outro trabalho acadêmico, a autora afirma: "Privacy is an affordance. An environment either affords us privacy or it does not. This goes for our 'material' environment (tents, houses, walls), for our face-to-face environment (family, friends, colleagues, shopkeepers, teachers), for our institutional environment (education, employment, religion, economics, and the law) and for our technological environment (social networks, search engines, ecommerce, smart energy grids, connected cars, robots and the rest of the upcoming internet of things). Without shelter, without fellow human beings who respect our unwillingness to share private thoughts, and without a legal system that gives us an effective right to ward off intrusions into our private life, we have no privacy. The technological environment, however, permeates and mediates much

A ideia é a de que, ao menos que tenha-se em consideração que as possibilidades de ação geradas pela emergente infraestrutura da informação e da comunicação da computação preemptiva condicionam o exercício dos direitos fundamentais, o intérprete e as instituições democráticas não serão capazes de entender e lidar com as ameaças ao direito à privacidade e à realização de seu valor. Assim sendo, somente a partir de uma interação relacional entre direito e tecnologia será possível criar um ambiente institucional e tecnológico que propicie o exercício efetivo do direito à privacidade.

1.2.4. Teoria pragmatista

Em seu livro *Understanding Privacy*, Daniel Solove propõe uma teoria da privacidade a partir de uma perspectiva pragmatista "que a compreende de uma maneira pluralista de baixo para cima"[198]. Ele se apoia nas lições de John Dewey para edificar sua conceptualização, arrazoando que os estudiosos da privacidade devem se abster de perseguir a definição do núcleo ou essência do que é privacidade[199]. Para Solove, a abordagem por esse ângulo (tradicional) culminou em um debate interminável entre diferentes concepções, que são estritas ou vagas. Essas falhas foram detectadas por meio de um exame de várias teorias da privacidade e da proteção de dados desenvolvidas na tradição jurídica e nas ciências sociais dos EUA[200].

Do ponto de vista pragmatista, para entender o que é privacidade deve-se iniciar a partir dos problemas concretos que precisam ser resolvidos[201]. Essa linha de pensamento certamente deriva do pressuposto de que o pragmatismo valoriza o concreto e não o abstrato para alcançar o conhecimento e a verdade, logo "localiza o ponto de partida para a teorização

of our material, face-to-face, and institutional environments; in a world crowded with automated decision systems, our privacy increasingly depends on the design of these systems". HILDEBRANDT, Mireille. Privacy as protection of the incomputable self: From agnostic to agonistic machine learning. *Theoretical Inquiries in Law*, v. 20, n. 1, p. 83–121, 2019, p. 84.

198 SOLOVE, Daniel J. *Understanding Privacy*. Cambridge; London: Harvard University Press, 2008. p. 40. Tradução livre de: "that understands it in a pluralistic manner from the bottom up".

199 SOLOVE, Daniel J. *Op. cit.*, p. 39.

200 SOLOVE, Daniel J. *Understanding Privacy*. Cambridge; London: Harvard University Press, 2008. p. 14-38.

201 *"[...] the focal point for a theory of privacy should be the problems we want the law to address."*. SOLOVE, Daniel J. *Op. cit.*, p. 75.

em específicos contextos"[202]. Assim, uma vez que o conhecimento tem sua origem na experiência e é obtido por meio da observação, conceituar privacidade é uma questão de perceber e tentar encontrar uma resposta para certos problemas. Nesse sentido, Solove apresenta as seguintes etapas dessa operação racional. Em primeiro lugar, (i) deve ser identificado um *interesse à privacidade* (*privacy interest*) e seu valor. Em seguida, (ii) o interesse à privacidade deve ser *sopesado com o valor de quaisquer interesses conflitantes*. Por último, (iii) se houver dano à privacidade (*privacy harm*), então há que se *estabelecer como a privacidade neste caso particular deve ser protegida*[203].

Um interesse à privacidade surge sempre que "há um problema coligado com o conjunto de problemas que nós enxergamos sob a rubrica da privacidade"[204]. Na verdade, esses problemas emanam da interferência em atividades específicas que encontram seu valor na importância de serem salvaguardadas. Por exemplo, a privacidade é importante para a relação médico-paciente, tanto que a confidencialidade profissional deve ser protegida contra a divulgação indevida – ou seja, interferência – de dados sensíveis de saúde. Com base nisso, Daniel Solove elabora uma taxonomia de problemas de privacidade que são potencialmente danosos – tais como vigilância, agregação de dados e quebra de confidencialidade – e que alcançaram um significativo grau de reconhecimento social. Esses problemas são diferenciados em quatro grupos de atividades nocivas (*harmful activities*): coleta de informações, processamento de informações, disseminação de informações e invasões[205].

Para colocar em prática a etapa de sopesamento é essencial determinar o critério de valoração da privacidade nas circunstâncias em que colide

[202] SOLOVE, Daniel J. *Op. cit.*, p. 76. Vide também: BUTLER, Brian E. Legal Pragmatism: Banal or Beneficial as a Jurisprudential Position? *Essays in Philosophy*, v. 3, n. 2, p. 269-286, jun. 2002, p. 278. Tradução livre de: "locates the starting point for theorizing in specific contexts".

[203] SOLOVE, Daniel J. *Understanding Privacy*. Cambridge; London: Harvard University Press, 2008. p. 76.

[204] SOLOVE, Daniel J. *Op. cit.*, p. 76. Tradução livre de: "there is a problem from the related cluster of problems we view under the rubric of privacy".

[205] Vide SOLOVE, Daniel J. *Op. cit.*, p. 101-170. "Instead of constructing an understanding of privacy from the top down by first seeking to elucidate an overarching conception of privacy, we should develop our understanding from a bottom-up examination of the problems based on analogical reasoning. These problems exist regardless of whether they are labeled "privacy" violations. The term "privacy can be useful as a shorthand to refer to a related cluster of problems, but beyond this use, the term adds little". SOLOVE, Daniel J. *Op. cit.*, p. 77.

com outra atividade ou interesse – por exemplo, divulgação de fatos por veículos de imprensa, microssegmentação de anúncios por empresas de comércio eletrônico. A concepção pragmatista postula que o parâmetro do *benefício social* deve ser aplicado para avaliar se um interesse à privacidade deve prevalecer. Em outras palavras, se as atividades afetadas ou restringidas por problemas de privacidade forem benéficas não apenas para o indivíduo, mas também forem contributivas para a sociedade, significa que, na ocasião, se impõe a necessidade de tutela da privacidade contra a atividade nociva (*harmful activity*)[206]. "Privacidade tutela aspectos da individualidade que possuem alto valor social; protege os indivíduos não apenas em benefício deles mesmos, mas em prol da sociedade"[207].

Muito embora a análise e taxonomia de Solove perpassem a primeira e a segunda etapas sugeridas, o autor não determina quais as formas e mecanismos de tutela da privacidade devem ser colocados em prática para cada um dos grupos de casos ou problemas mencionados. Na verdade, seu propósito ao conceituar a privacidade por meio do agrupamento de problemas e danos conexos entre si "é auxiliar a elaboração de leis e políticas públicas"[208], o que significa que tal arcabouço teórico se pretende útil para profissionais do direito, reguladores e legisladores no enfrentamento dos reais desafios dimanados dos problemas de privacidade e que precisam ser solucionados.

De acordo com a teoria pragmatista, em síntese, privacidade é um termo abrangente ("guarda chuva") que:

> [...] envolve um conjunto de proteções contra um grupo de problemas diferentes, porém relacionados. Tais problemas prejudicam valiosas atividades que a sociedade deseja tutelar, a qual cria, assim, maneiras de lidar com esses problemas. Ao criar ditas proteções, a sociedade torna acessível um particular reino de liberdade que chamamos de "privacidade".[209]

[206] SOLOVE, Daniel J. *Op. cit.*, p. 91-93.

[207] SOLOVE, Daniel J. *Op. cit.*, p. 92. Tradução livre de: "Privacy protects aspects of individuality that have a high social value; it protects individuals not merely for their sake but for the sake of society".

[208] SOLOVE, Daniel J. *Understanding Privacy*. Cambridge; London: Harvard University Press, 2008. p. 102. Tradução livre de: "is to aid the crafting of law and policy".

[209] SOLOVE, Daniel J. *Op. cit.*, p. 174. Tradução livre de: [...] involves a cluster of protections against a group of different but related problems. These problems impede valuable activities that society wants to protect, and therefore society devises ways to address these problems. By creating these protections, society opens up a particular realm of freedom we call "privacy".

Construir instrumentos de tutela da privacidade para resolver problemas reais que os indivíduos e a sociedade em geral enfrentam é fundamental para as sociedades democráticas contemporâneas e para o processo de desenvolvimento pessoal. Apesar desse aspecto positivo da abordagem pragmatista, há, de igual modo, consideráveis críticas. Em primeiro lugar, o método tripartite de raciocínio de Solove implica que ninguém tem direito à privacidade *ex ante*. As pessoas têm direito à proteção da privacidade apenas se um dano ou lesão à privacidade for verificado, isto é, aos indivíduos não se reconhece a titularidade do direito à privacidade na eventualidade de um interesse colidente sobrepujar seu interesse de tutela à privacidade em termos de benefícios sociais ou coletivos. Decerto, essa não é uma narrativa adequada para sistemas jurídicos em que suas normas constitucionais reconhecem à toda pessoa humana o direito fundamental à privacidade[210].

Igualmente problemático na teoria de privacidade do professor da *George Washington University Law School*, enraizada no pragmatismo, é que nem legisladores nem reguladores, mas juízes e tribunais, elaborarão políticas públicas sobre o assunto. Do ângulo de visão do pragmatismo jurídico,

[210] Em semelhante linha argumentativa, Ronald Dworkin critica o pragmatismo como uma teoria cética sobre os direitos: "Segundo nossa apresentação abstrata, "conceitual", da prática jurídica, uma pessoa tem a pretensão juridicamente protegida de ganhar um processo se esse direito decorrer de decisões políticas anteriores. O convencionalismo oferece uma teoria positiva, não cética, dos direitos que as pessoas possuem: elas têm como pretensões juridicamente asseguradas todos os direitos que as convenções jurídicas extraem de decisões políticas tomadas no passado. O direito como completeza é também uma teoria não cética das pretensões juridicamente protegidas: sustenta que as pessoas têm como pretensões juridicamente protegidas todos os direitos que são patrocinados pelos princípios que proporcionam a melhor justificativa da prática jurídica como um todo. O pragmatismo, ao contrário, nega que as pessoas tenham quaisquer direitos; adota o ponto de vista de que elas nunca terão direito àquilo que seria pior para a comunidade apenas porque alguma legislação assim o estabeleceu, ou porque uma longa fileira de juízes decidiu que outras pessoas tinham tal direito". DWORKIN, Ronald. *O império do direito*. Trad. Jefferson Luiz Camargo. São Paulo: Martins Fontes, 1999. p. 186. Ademais, pode-se dizer que, em certa medida, alinha-se a nessa direção o pensamento crítico de Luciano Floridi ao que ele denomina "interpretação reducionista" da privacidade informacional, caracterizada que é pelo consequencialismo que lhe define a partir de indesejáveis efeitos: "The advantage of the ontological interpretation over the reductionist one is then that consequentialist concerns may override respect for informational privacy, whereas the ontological interpretation, by equating its protection to the protection of personal identity, considers it a fundamental and inalienable right, so that, by default, the presumption should always be in favour of its respect. As we shall see, this is not to say that informational privacy is never negotiable in any degree". FLORIDI, Luciano. The ontological interpretation of informational privacy. *Ethics and Information Technology*, v. 7, n. 4, p. 185–200, 2005, p. 195.

quando interferências na privacidade acontecem nas relações sociais, as disposições legislativas não superarão a argumentação judicial dos tribunais, o que de alguma forma infringe a ideia de freios e contrapesos e corrói o princípio da legalidade numa democracia constitucional.

1.2.5. Teorias procedimentais

Entre os teóricos da *information privacy* ou da proteção de dados pessoais, há relevante linha de pensamento que atribui caráter *procedimental* a tal direito e sua disciplina. As bases que nutrem as concepções procedimentais são encontradas, decerto, no próprio teor da legislação e regulação jurídica de proteção de dados. Em profundo estudo comparativo sobre a regulação da privacidade informacional e da proteção de dados em países ocidentais, Colin Bennett e Charles Raab identificaram que, tomando por ponto de partida o valor altamente subjetivo da privacidade[211], as leis e políticas públicas nesse campo empregam parâmetros procedimentais ao invés de substanciais: "isso pode colocar em prática os mecanismos pelos quais os indivíduos podem afirmar seus próprios interesses e pretensões relativos à privacidade, *se assim o desejar*, e pode impor obrigações àqueles que usam dados pessoais"[212].

Norberto Nuno Gomes de Andrade expressamente defende que o direito à proteção de dados pessoais[213] possui natureza procedimental ou processual. O jurista português se fia na tradicional classificação direito material/direito processual, destacando que direitos materiais ou substantivos "são criados para assegurar a proteção e a promoção de interesses que a pessoa humana e a sociedade consideram importante defender

[211] BENNETT, Colin J.; RAAB, Charles D. *The Governance of Privacy*: Policy Instruments in Global Perspective. 1. ed. London-New York: Routledge, 2003. p. 16. Esse é um dos pressupostos do que os autores denominam de "paradigma da privacidade". Sobre dito paradigma, afirmam: "The modern claim to privacy, then, is based on a notion of a boundary between the individual and other individuals, and between the individual and the state. It rests on notions of a distinction between the public and the private. It rests on the pervasive assumption of a civil society comprised of relatively autonomous individuals who need a modicum of privacy in order to be able to fulfil the various roles of the citizen in a liberal democratic state". BENNETT, Colin J.; RAAB, Charles D. *Op. cit.*, p. 14.

[212] BENNETT, Colin J.; RAAB, Charles D. *Op. cit.*, p. 17. Tradução livre de: "[i]t can put in place the mechanisms by which individuals can assert their own privacy interests and claims, if they so wish, and it can impose obligations on those who use personal data".

[213] Este autor, tal como outros que adotam teorias procedimentais, arvora-se neste argumento para distinguir as noções e direitos de privacidade e à proteção de dados pessoais.

e preservar"[214], enquanto os direitos processuais ou procedimentais (*procedural rights*) operam em nível e lógica diversos, "estabelecendo as regras, métodos e condições mediante as quais esses direitos substantivos são efetivamente aplicados e protegidos"[215]. A partir desta dicotomia, afirma que a proteção de dados pessoais não consiste num valor ou interesse *per se*, suas disposições normativas prescrevem procedimentos e métodos norteados à observância de valores consagrados em outros direitos, a exemplo dos direitos à privacidade, identidade, liberdade de informação, segurança e liberdade religiosa[216]. O autor assinala, ainda, o caráter procedimental de garantias como a transparência e acessibilidade aos dados pessoais e sua importância para a realização e coordenação de diferentes direitos e interesses juridicamente relevantes[217].

Aproximam-se desta orientação outros escritores que, analisando os *Fair Information Practice Principles* (FIPPs), vislumbram preponderante aspecto procedimental nesses vetores normativos de tratamento de dados pessoais[218]. Há, porém, que se chamar atenção ao ponto que já traça certa singularização dessa ordem de ideias frente ao raciocínio de Gomes de Andrade acima apontado:

[214] GOMES DE ANDRADE, Norberto N. Oblivion: The Right to Be Different ... from Oneself. Reproposing the Right to Be Forgotten. *In*: GHEZZI, A.; PEREIRA, Â. G.; VESNIĆ-ALUJEVIĆ, L. (Coords.). *The Ethics of Memory in a Digital Age:* Interrogating the Right to Be Forgotten. London: Palgrave Macmillan, 2014. p. 67. Tradução livre de: "are created in order to ensure the protection and promotion of interests that the human individual and society consider it important to defend and uphold".

[215] GOMES DE ANDRADE, Norberto N. *Op. cit.*, p. 67. Tradução livre de: "setting the rules, methods and conditions through which those substantive rights are effectively enforced and protected". Na mesma linha de raciocínio: CORTE, Lorenzo Dalla. A Right to a Rule: On the Substance and Essence of the Fundamental Right to Personal Data Protection. *In*: HALLINAN, D. et al. (Coords.). *Data Protection and Privacy:* Data Protection and Democracy. Oxford: Hart Publishing, 2020. p. 41.

[216] GOMES DE ANDRADE, Norberto N. *Op. cit.*, p. 67.

[217] Gomes de Andrade assevera: "Procedural requirements, such as the ones concerning transparency, accessibility, and proportionality, function as indispensable conditions for articulating and coordinating different interests and rights". GOMES DE ANDRADE, Norberto N. Oblivion: The Right to Be Different ... from Oneself. Reproposing the Right to Be Forgotten. *In*: GHEZZI, A.; PEREIRA, Â. G.; VESNIĆ-ALUJEVIĆ, L. (Coords.). *The Ethics of Memory in a Digital Age:* Interrogating the Right to Be Forgotten. London: Palgrave Macmillan, 2014. p. 67.

[218] AUSTIN, Lisa M. Enough About Me: Why Privacy is About Power, not Consent (or Harm). *In:* SARAT, Austin (Org.). *A world without privacy*: what law can and should do? New York: Cambridge University Press, 2015. 186-187; HAGGERTY, Kevin D. What's Wrong with Privacy Protections? Provocations from a Fifth Columnist. *In:* SARAT, Austin (Org.). *A world without privacy*: what law can and should do? New York: Cambridge University Press, 2015. p. 210.

o procedimentalismo consiste em nota *preponderante*. Isso significa dizer que, porquanto não totalizante o aspecto procedimental, a composição jurídico-normativa da proteção de dados pessoais (ou da privacidade informacional) é, para essa parte da doutrina, também integrada por normas substanciais.

No idos da década de 1990, em artigo sobre a aplicação da legislação de proteção de dados na seara da administração pública, Herbert Burkert já lecionava que as leis de proteção de dados pessoais estabelecem três elementos que incidem sobre a atividade de tratamento de dados pessoais no setor público: "*regras materiais*", "*elementos procedimentais*" e "*institucionalização*"[219]. Para Burkert, as regras materiais consistem em princípios de tratamento de dados. Esses princípios são, mais precisamente, os *Fair Information Practice Principles* – preceitos que, apesar de certa variabilidade no tempo e espaço, são fixados com vistas particularmente à lógica do tratamento de dados eletrônicos[220]. Os elementos procedimentais, por sua vez, são introduzidos pelas leis de proteção de dados por meio de dois tipos de procedimentos: os de consenso (*consensus procedure*) e os de verificação (*verification procedure*)[221]. Os primeiros são implementados em diversos níveis (*macro*, *mezzo* e *micro*) e podem ser referentes a atos passados ou atuais. Nesse sentido, os procedimentos compreendem desde o processo legislativo de elaboração da lei em matéria de proteção de dados, os códigos de conduta, até o processo de fornecimento de consentimento pelo titular dos dados. Já quanto aos procedimentos de verificação, trata-se de mecanismos de averiguação e checagem dos complexos fluxos informacionais impulsionados pelos sistemas informáticos, a exemplo dos instrumentos de direito de acesso dos titulares de dados e obrigações de transparência ativa e passiva de agentes de tratamento[222]. A institucionalização, por fim, versa sobre as funções desempenhadas pelas autoridades de proteção de dados, as quais, além de investidas de poderes(-deveres) de verificação estrutural da atividade de tratamento de dados pessoais, possuem papel importante para a legitimação da circulação de dados pessoais, eis que supre a assimetria de poder existente entre cidadãos e estado (e atores privados)[223].

[219] BURKERT, Herbert. Data-protection legislation and the modernization of public administration. *International Review of Administrative Sciences*, v. 62, n. 4, p. 557–567, 1996, p. 557-558.

[220] BURKERT, Herbert. *Op. cit.*, p. 558.

[221] BURKERT, Herbert. *Op. cit.*, p. 559.

[222] BURKERT, Herbert. *Op. cit.*, p. 561-562.

[223] BURKERT, Herbert. *Op. cit.*, p. 562-564.

No tocante às normas materiais cabe, entretanto, uma observação. Ao analisar princípios como o da finalidade, da segurança e do justo e lícito tratamento, o professor alemão faz a seguinte ressalva: "é apenas o princípio da ‹justiça e licitude› que liga o tratamento de dados ao sistema de valores sociais e políticos"[224]. Em outras palavras, é o princípio da licitude que ao cabo estabelece o que é aceitável ser objeto de tratamento para determinados propósitos, os quais também devem ser legítimos. A bem da verdade, tal assertiva de Burkert importa na indicação de que os demais princípios de proteção de dados possuem contornos procedimentais.

Recente doutrina converge no sentido trilhado por essa corrente de pensamento que enxerga na proteção de dados pessoais elementos materiais e procedimentais, colocando sobre estes alguma preponderância[225]. Nessa linha, Gutwirth e De Hert afirmam que os próprios dizeres dos princípios de proteção de dados – *e.g.*, princípio da transparência, princípio da *accountability*, princípio da participação individual – "sugerem forte dependência em noções de justiça procedimental em vez de justiça normativa (ou material)"[226]. Os mesmos autores destacam também a importância de

[224] BURKERT, Herbert. *Op. cit.*, p. 559. Tradução livre de: "[i]t is the 'fair and lawful' principle only that links data-processing to the social and political value system". Segue anotando o autor: "None of these principles analysed so far directly addresses the material normative issue of what is acceptable to be processed for which purpose. The data security principle makes this obvious. It is formulated as what is known as a 'secondary virtue'. The way it is phrased it could also apply to the processing of data by criminal organizations. It is the 'fair and lawful' principle only that links data-processing to the social and political value system. This leads us to the procedural elements of data-protection legislation".

[225] Pode-se citar, entre outros: GUTWIRTH, Serge; DE HERT, Paul. Data Protection in the Case Law of Strasbourg and Luxemburg: Constitutionalisation in Action. *In:* GUTWIRTH, Serge et al. (Orgs.). *Reinventing Data Protection?* Amsterdam: Springer, 2009. p. 3-44; TZANOU, Maria. Data protection as a fundamental right next to privacy? "Reconstructing" a not so new right. *International Data Privacy Law*, v. 3, n. 2, p. 88–99, 2013; TZANOU, Maria. *The Fundamental Right to Data Protection:* Normative Value in the Context of Counter-Terrorism Surveillance. Oxford: Hart Publishing, 2017. p. 7–44; QUELLE, Carla. Privacy, Proceduralism and Self-Regulation in Data Protection Law. *Teoria Critica Della Regolazione Sociale*, v. 1, n. 14, p. 89–106, 2017; CORTE, Lorenzo Dalla. A Right to a Rule: On the Substance and Essence of the Fundamental Right to Personal Data Protection. *In*: HALLINAN, D. et al. (Orgs.). *Data Protection and Privacy: Data Protection and Democracy.* Oxford: Hart Publishing, 2020. p. 27–58.

[226] DE HERT, Paul; GUTWIRTH, Serge. Privacy, data protection and law enforcement: opacity of the individual and transparency of power. *In:* CLAES, Erik; GUTWIRTH, Serge; DUFF, Antony (Orgs.). *Privacy and the Criminal Law.* Antwerpen-Oxford: Intersentia, 2006. p. 78. Tradução livre de: "suggest heavy reliance on notions of procedural justice rather than normative (or substantive) justice".

não se olvidar do vínculo estreito que se estabelece entre proteção de dados pessoais e outros valores substanciais expressos em direitos fundamentais nas democracias constitucionais contemporâneas[227], – igualdade e não discriminação, autodeterminação e identidade, por exemplo. Pensada a proteção de dados pessoais a partir dessa ótica e à vista de seu desenvolvimento rente às tecnologias computacionais, a complexidade normativa entre elementos procedimentais e substanciais reflete uma vontade coletiva de regular juridicamente a atividade de tratamento, via tecnologias digitais, de dados de caráter pessoal; configura um "direito a uma regra", nas palavras de Lorenzo Dalla Corte, que atualmente, à vista de seu traçado procedimental prevalente, mais se aproxima da noção de devido processo legal[228].

Todavia, não há que se confundir esta corrente teórica com a concepção que visa fundamentar a criação de mecanismos de proteção da privacidade informacional[229] na cláusula do devido processo, especificando-se no conceito de *"data due process"*[230] ou de *"technological due process"*[231]. Para Kate Crawford e Jason Schultz, com o advento das grandes bases de dados e o uso de técnicas de análise preditiva e tratamento intensivo de dados – como o perfilamento automatizado – surgem riscos de dano à privacidade tais que os tradicionais FIPPs e a legislação na área da privacidade informacional não conseguem adequadamente lidar[232].

Os "*predictive privacy harms*" aludidos pelos autores estão relacionados, notadamente no cenário norte-americano[233], a riscos de violação à

[227] GUTWIRTH, Serge; DE HERT, Paul. Data Protection in the Case Law of Strasbourg and Luxemburg: Constitutionalisation in Action. *In:* GUTWIRTH, Serge et al. (Orgs.). *Reinventing Data Protection?* Amsterdam: Springer, 2009. p. 44.

[228] CORTE, Lorenzo Dalla. A Right to a Rule: On the Substance and Essence of the Fundamental Right to Personal Data Protection. *In*: HALLINAN, D. et al. (Orgs.). *Data Protection and Privacy: Data Protection and Democracy*. Oxford: Hart Publishing, 2020. p. 48.

[229] Utiliza-se propositalmente o conceito de privacidade informacional (*information privacy*), haja vista a origem da proposta estar ancorada na cláusula do *due process* do ordenamento jurídico dos EUA.

[230] CRAWFORD, Kate; SCHULTZ, Jason. Big Data and Due Process: Toward a Framework to Redress Predictive Privacy Harms. *Boston College Law Review*, v. 55, n. 1, p. 93–128, 2014, p. 109.

[231] CITRON, Danielle Keats. Technological Due Process. *Washington University Law Review*, v. 85, n. 6, p. 1249-1313, 2008.

[232] CRAWFORD, Kate; SCHULTZ, Jason. Big Data and Due Process: Toward a Framework to Redress Predictive Privacy Harms. *Boston College Law Review*, v. 55, n. 1, p. 93–128, 2014, p. p. 106-109.

[233] Em defesa da aplicação de um "devido processo informacional" no Brasil, ou de uma "cláusula geral do devido processo informacional" vide: MARTINS, Pedro; BIONI, Bruno. Devido Processo informacional: um salto teórico-dogmático necessário? *Jota*, 15/07/2020. Disponível em:

legislação setorial de proteção de dados de saúde tratados por fornecedores de serviço nesse âmbito, e de práticas discriminatórias ilícitas nas relações privadas e no setor de investigação e repressão criminal, o qual conta com aplicações de polícia preditiva (*predictive policing*)[234]. Esses riscos, a seu turno, têm origem principalmente na *imprevisibilidade*[235] de sistemas algorítmicos de aprendizado de máquina e inteligência artificial e seus efeitos, que cria obstáculos, por exemplo, tanto à incidência de leis cujo âmbito de aplicação sustenta-se no conceito de informação pessoalmente identificável (*personally identifiable information*), como à aplicação de princípios como o da finalidade ou especificação de propósitos. A solução, entendem os Crawford e Schultz, há que se encontrar na aplicação da garantia constitucional do devido processo procedimental (*procedural due process*) para regular o tratamento de dados realizado por sistemas algorítmicos:

> Em vez de tentar regulamentar a coleta, uso ou divulgação de dados pessoais *ex ante*, o devido processo de dados de caráter procedimental regularia a justiça dos processos analíticos de Big Data em relação a como eles utilizam dados pessoais (ou metadados derivados ou associados a dados pessoais) em qualquer processo adjudicatório, incluindo processos em que Big Data está sendo usado para determinar atributos ou categorias para um indivíduo. Por exemplo, se um provedor de seguro de saúde usasse Big Data para determinar a probabilidade de um cliente ter uma determinada doença e com base nisso, então, lhe negasse cobertura, o cliente teria direito ao devido processo informacional em relação a essa determinação. Da mesma forma, se um empregador em potencial usasse Big

https://www.jota.info/opiniao-e-analise/artigos/devido-processo-informacional-um-salto-teorico-dogmatico-necessario-15072020. Acesso em: 01 nov. 2021; MONTEIRO, Renato Leite; CRUZ, Sinuhe Nascimento e. Desafios à transparência e direito à informação no desenvolvimento de algoritmos de *credit scoring*: uma análise sob a ótica do devido processo informacional. *In:* OMS, Juliana (Org.). *O consumidor na era da pontuação de crédito.* Belo Horizonte: Casa do Direito, 2022. p. 183-187.

[234] CRAWFORD, Kate; SCHULTZ, Jason. *Op. cit.*, p. 109 et seq.

[235] O problema da *imprevisibilidade* no campo de estudos do aprendizado de máquina e da inteligência artificial pode ser assim entendido: "Unpredictability of AI, one of many impossibility results in AI Safety also known as Unknowability or Cognitive Uncontainability, is defined as our inability to precisely and consistently predict what specific actions an intelligent system will take to achieve its objectives, even if we know the terminal goals of the system". YAMPOLSKIY, Roman V. *Journal of Artificial Intelligence and Consciousness*, v. 7, n. 1, p. 109-118, 2020, p. 110.

Data para prever quão honestos podem ser certos candidatos a emprego, estes poderiam exercer seus direitos decorrentes do devido processo informacional[236].

1.3. Direito à privacidade e direito à proteção de dados no mundo *onlife*: articulando direitos e possibilidades de ação (*affordances*)

1.3.1. Em defesa de uma teoria baseada em direitos

Como visto no item 1.2, foram analisadas algumas teorias contemporâneas de orientação normativa e de abordagem baseada em direitos. Ari Waldman é um crítico das teorias baseadas em direitos, as quais reputa, além de conceitualmente falhas, muito simples, porquanto não dão conta das complexidades e nuances da vida social *online* marcada pelo compartilhamento de informações[237]. O autor analisa essas correntes – por exemplo, teoria do controle sobre as próprias informações-chave e, em síntese, aponta que estão estribadas (i) na tradição da filosofia política liberal de Immanuel Kant e John Locke, em que o indivíduo tem primazia sobre a sociedade[238], e (ii) nas noções de inviolabilidade pessoal e direitos individuais, sendo a privacidade vista ora como liberdade negativa (*freedom from*) ora como liberdade positiva (*freedom to*)[239].

Waldman refina em dois os pilares das concepções baseadas em direitos objeto de seus comentários: (i) a dicotomia público-privado e (ii) o

[236] CRAWFORD, Kate; SCHULTZ, Jason. Big Data and Due Process: Toward a Framework to Redress Predictive Privacy Harms. *Boston College Law Review*, v. 55, n. 1, p. 93–128, 2014, p. 109. Tradução livre de: "Rather than attempt regulation of personal data collection, use, or disclosure ex ante, procedural data due process would regulate the fairness of Big Data's analytical processes with regard to how they use personal data (or metadata derived from or associated with personal data) in any adjudicative process, including processes whereby Big Data is being used to determine attributes or categories for an individual. For example, if a health insurance provider used Big Data to determine the likelihood that a customer has a certain disease and thus denied coverage on that basis, the customer would have a data due process right with regard to that determination. Similarly, if a potential employer used Big Data to predict how honest certain job applicants might be, these applicants could then exercise their data due process rights".

[237] WALDMAN, Ari Ezra. Privacy as Trust: Sharing Personal Information in a Networked World. *University of Miami Law Review*, v. 69, n. 3, p. 559-630, 2015, p. 563.

[238] WALDMAN, Ari Ezra. *Op. cit.*, p. 566. Vide, ainda, RICHARDSON, Janice. *Law and the Philosophy of Privacy*. New York: Routledge, 2016. p. 10 et seq.

[239] WALDMAN, Ari Ezra. *Op. cit.*, p. 562, 588.

indivíduo como o *locus* de desígnio e realização da privacidade[240]. Desses dois decorrem, em última análise, uma série de avaliações feitas: a ideia de que a privacidade como liberdade negativa se traduz num "direito à exclusão" de matriz lockeana, de separar-se da sociedade, bem como um direito de propriedade sobre a informação pessoal; as insuficiências do paradigma do segredo frente aos fluxos de dados; a indeterminação de conceitos como intimidade e dignidade; amplitude e subjetivismo das noções baseadas na livre escolha, autonomia e controle sobre os dados pessoais; etc[241].

Parte das considerações críticas do autor norte-americano são, na verdade, partilhadas por defensores de abordagens teóricas fundadas em direitos, seja quanto aos problemas de cunho conceitual[242], seja quanto aos seus pilares jusfilosóficos[243] – o que, deveras, já significa um aceno para a viabilidade de desse tipo de concepção articular configurações teóricas aptas a lidar com as objeções levantadas. Ademais, há que se ressaltar que uma teoria baseada em direitos se alinha adequadamente à perspectiva relacional da interação entre direito e tecnologia e da capacidade da normatividade jurídica participar da constituição de possibilidades de ação (*affordances*) compatíveis com a concretização dos direitos fundamentais à privacidade e à proteção de dados pessoais: lança esteio, portanto, numa *proteção jurídica desde a concepção*[244].

Para o reforço dos contra-argumentos sumariamente direcionados às críticas de Ari Waldman acima, é válido melhor desenvolvê-los para explicitar o advento da ruptura dos ditos pilares da abordagem baseada em direitos atacados pelo escritor estadunidense. Desse modo, com as

[240] WALDMAN, Ari Ezra. Privacy as Trust: Sharing Personal Information in a Networked World. *University of Miami Law Review*, v. 69, n. 3, p. 559-630, 2015, p. 588.

[241] Cf. WALDMAN, Ari Ezra. *Op. cit.*, p. 565-588.

[242] Por todos: SOLOVE, Daniel J. *Understanding Privacy*. Cambridge; London: Harvard University Press, 2008. p. 12-38.

[243] Para Julie Cohen, o indivíduo independente e autônomo que, firmado na tradição liberal de Kant e Locke, é tomado como pressuposto em tradicionais teorias da privacidade e da proteção de dados, simplesmente não existe. COHEN, Julie E. What privacy is for. *Harvard Law Review*, v. 126, n. 7, p. 1904–1933, 2013, p. 1905.

[244] Tal como destacado na Introdução, *legal protection by design* consiste numa proposição téorica em que"[t]he point of departure is the task of articulating compatibility with a legal norm into an architecture, protocol, standard, hardware configuration, operating system, App or grid". HILDEBRANDT, Mireille. *Smart Technologies and The End(s) of Law*. Cheltenham-Northampton: Edward Elgar, 2015. p. 218.

considerações abaixo delineia-se algumas das bases para a concepção teórica postulada no presente trabalho.

Acerca do sustentáculo da dicotomia público-privado, além de já haver robusta e consolidada doutrina a demonstrar o estiolamento da *summa divisio* no direito contemporâneo[245], no âmbito tanto da tutela da privacidade como da proteção de dados pessoais perdeu espaço a fundamentação na tradicional lógica de que apenas informações sobre a intimidade ou dados de caráter privado consubstanciam objeto de tutela jurídica. Não obstante a perene dificuldade encontrada em sistemas jurídicos tais como o dos EUA em vencer essa lógica[246], desde a relevantíssima decisão do Tribunal Constitucional Federal alemão no caso da Lei de Recenseamento de 1983 (*BVerfGE, 65/1*), fixou-se que a proteção da pessoa humana – isto é, o titular dos dados – e de sua "autodeterminação informativa" não pode depender da tipologia dos dados pessoais objeto de tratamento, é dizer, se os dados possuem ou não caráter íntimo ou privado[247], eis que "não existem mais dados "insignificantes" no contexto do processamento eletrônico de dados"[248]. Por esse motivo, aliás, entre suas acuradas reflexões de

[245] Por todos, vide: PERLINGIERI, Pietro. *Il diritto civile nella legalità costituzionale*. 2. ed. rev. ed integrata. Nápoles: Edizioni Scientifiche Italiane, 1991. p. 105-106; MORAES, Maria Celina Bodin de. A caminho de um direito civil-constitucional. *Revista de Direito Civil*, São Paulo, n. 65, p. 21-32, jul./set. 1993, p. 24-29.

[246] Daniel Solove captura esse estado de coisas no direito norte-americano a partir do que ele denomina de "paradigma do segredo" e da "concepção da invasão da privacidade" vigentes. SOLOVE, Daniel J. *The digital person:* technology and privacy in the information age. 1. ed. Nova Iorque: New York University Press, 2004. p. 42-43.

[247] Nessa direção: MENDES, Laura Schertel. Habeas data e autodeterminação informativa: os dois lados da mesma moeda. *Direitos Fundamentais & Justiça*, Belo Horizonte, v. 12, n. 39, p. 185–216, jul./dez. 2018, p. 185.

[248] SCHWABE, Jürgen. *Cinquenta anos de jurisprudência do Tribunal Constitucional Federal Alemão*. Trad. Leonardo Martins et al. Montevideo: Fundación Konrad-Adenauer, 2005. p. 239. "[...] Neste mister não se pode apenas condicionar o tipo de dados [que podem ser levantados, transmitidos etc.]. Decisivos são sua utilidade e possibilidade de uso. Estas dependem, por um lado, da finalidade a que serve a estatística e, por outro lado, das possibilidades de ligação e processamento próprias da tecnologia de informação. Com isso, um dado em si insignificante pode adquirir um novo valor: desse modo, não existem mais dados "insignificantes" no contexto do processamento eletrônico de dados."

"O fato de informações dizerem respeito a processos íntimos não decide por si só se elas são sensíveis ou não. É muito mais necessário o conhecimento do contexto de utilização, para que se constate a importância do dado em termos de direito da personalidade: Só quando existe clareza sobre a finalidade para a qual os dados são solicitados e quais são as possibilidades de uso e ligação [destes com outros] que existem, pode-se saber se a restrição do direito de autodeterminação da

passagem de milênio, Stefano Rodotà notou que a noção de "esfera privada" sofreu sensível mutação, de maneira que o que se diz *privado* passou a significar *pessoal*[249].

O segundo pilar assinalado por Waldman em sua apreciação crítica mostra o indivíduo como o *locus* de desígnio e realização da privacidade. Desde meados do século XX, a doutrina, especialmente a civilística, consciente de que os institutos e categorias jurídico-dogmáticos do direito moderno se assentaram fundamentalmente no paradigma do Estado liberal – inspirados, portanto, pelos ditames da teoria política liberal e seus valores –, tem sustentado o abandono do referencial abstrato do indivíduo, este ente autônomo por excelência, que exerce seus direitos de acordo com sua razão e livre vontade: o *homo economicus*[250]. O direito passou a se ocupar, principalmente a partir das cartas constitucionais do segundo pós-guerra, da pessoa concreta, de carne e osso, o "sujeito de necessidades"[251] historicamente situado e engajado na sociedade[252].

informação (no caso) é admissível. Deve-se distinguir entre dados referentes à pessoa, que são levantados e manipulados de forma individualizada e não anônima, e aqueles que são destinados a fins estatísticos". SCHWABE, Jürgen. *Op. cit.*, p. 239.

249 Assim expressou-se o civilista italiano: "Si amplia [...] l'oggetto del diritto alla riservatezza, per effetto dell'arrichirsi della nozione tecnica de sfera privata, che compreende un numero sempre crescente di situazioni giuridicamente rilevanti. In questa prospettiva, quando si parla di "privato", non si identificano necessariamente aree alle quali viene attribuita una particolare protezione per ragioni di riservatezza. Quella nozione tende a coprire ormai l'insieme delle attività e delle situazioni di una persona che hanno un potenziale di "comunicazione", verbale e non verbale, e che si possono quindi tradurre un informazione. Privato, ormai, vuol dire "personale", senza che questo porti necessariamente con sè esigenze di segretezza". RODOTÀ, Stefano. *Repertorio di fine secolo*. Roma-Bari: Laterza, 1999. p. 205-206.

250 Cf. RODOTÀ, Stefano. *Il diritto di avere diritti*. Bari: Laterza, 2012. p. 140-178; MEIRELLES, Jussara. O ser e o ter na codificação civil brasileira: do sujeito virtual à clausura patrimonial. *In*: FACHIN, Luiz Edson (Coord.). *Repensando os fundamentos do direito civil brasileiro contemporâneo*. Rio de Janeiro: Renovar, 1999. p. 91-92; TEPEDINO, Gustavo. O papel atual da doutrina do Direito Civil entre o sujeito e a pessoa. *In:* TEPEDINO, Gustavo; TEIXEIRA, Ana Carolina B.; ALMEIDA, Vitor (Coords.). *O Direito Civil entre o sujeito e a pessoa:* estudos em homenagem ao professor Stefano Rodotà. Belo Horizonte: Fórum, 2016. p. 17-19. Em estudo empírico, Chris Hoofnagle demonstra a irrealidade de semelhante figura, que segue um modelo teórico proposto por Alan Westin, no cenário jurídico e político dos EUA: HOOFNAGLE, Chris J.; URBAN, Jennifer. Alan Westin's Privacy *Homo Economicus*. *Wake Forest Law Review*, v. 49, n. 2, p. 261–318, 2014.

251 FACHIN, Luiz E.; RUZYK, Carlos Eduardo P. Direitos fundamentais, dignidade da pessoa humana e o novo Código Civil: uma análise crítica. *In*: SARLET, Ingo Wolfgang (Org.). *Constituição, direitos fundamentais e direito privado*. 1. ed. Porto Alegre: Livraria do Advogado, 2003. p. 88

252 Cf. NEGREIROS, Teresa. *Teoria do contrato*: novos paradigmas. 2. ed. Rio de Janeiro: Renovar, 2006. p. 54

Trata-se, então, da pessoa humana não destacada do seio social, mas que, nele inserida, constrói-se e é construída no curso de sua vida em interação com o outro. Este sujeito, titular dos direitos à privacidade e à proteção de dados pessoais, corresponde ao que Julie Cohen denomina "o *self* pós-liberal". Diferentemente daquele indivíduo abstrato e independente, este "sujeito situado"[253] constrói sua identidade relacionando-se em comunidade, num processo que dura por toda a vida[254]. Este é o sujeito que deve integrar as formulações teóricas da privacidade e da proteção de dados pessoais. Nessa linha, Cohen enfatiza:

> Encontrar um caminho viável para a teoria e a política normativa da privacidade exigirá uma abordagem inerentemente pós-liberal e metodologicamente eclética. Ideais liberais de individualidade podem fornecer importantes e ambiciosos guias para essa investigação, mas o acesso à ampla variedade de pensamentos contemporâneos sobre os aspectos sociais e culturais da condição humana é essencial. Conceituar o titular da privacidade requer uma teoria da subjetividade socialmente situada – uma teoria do sujeito que é menos unitária do que a explicação liberal do *self* separado, mas mais robusta do que uma mera posição do sujeito. Além disso, requer um conjunto de recursos disciplinares que perquiram o valor das práticas de tratamento de dados e que situem os correntes processos de formação da identidade nos concretos contextos culturais e materiais habitados por pessoas reais e encarnadas[255].

[253] COHEN, Julie E. *Configuring the Networked Self*: Law, Code, and the Play of Everyday Practice. New Haven: Yale University Press, 2012. p. 128. Em outro trabalho, manifestou-se a jurista: "A synthetic, postliberal approach to the problem of selfhood reveals a subjectivity that emerges gradually, in ways that are substantially constrained but not rigidly determined by social shaping. Emergent subjectivity is a byproduct of the ordinary, everyday behaviors of subjects who are situated within social and cultural landscapes. People are born into networks of relationships, practices, and beliefs, and over time they encounter and experiment with others, engaging in a diverse and ad hoc mix of practices that defies neat theoretical simplification". COHEN, Julie E. What privacy is for. *Harvard Law Review*, v. 126, n. 7, p. 1904–1933, 2013, p. 1910.

[254] Em consonância com essa ordem de ideias, para Paul Ricoeur, a pessoa é entendida como personagem de narrativa, e tal qual a identidade da personagem não é pronta e acabada, mas vai sendo construída no decorrer dos acontecimentos conectados no plano da composição do enredo, assim é a identidade pessoal, não estática, mas sim dinâmica, visto que construída num percurso histórico-temporal. RICOEUR, Paul. *O si-mesmo como outro*. São Paulo: Martins Fontes, 2014. p. 146-159.

[255] COHEN, Julie E. *Configuring the Networked Self*: Law, Code, and the Play of Everyday Practice. New Haven: Yale University Press, 2012. p. 126. Tradução livre de: "Finding a viable way forward

Adotar essa que se pode entender por uma perspectiva *relacional* da subjetividade e, portanto, da identidade[256], possui relevantes repercussões teórico-dogmáticas. Salienta-se duas delas: (i) o reconhecimento das relações e assimetrias de poder no campo da aplicação e exercício dos direitos à privacidade e à proteção de dados pessoais; e (i) o lançamento de alicerces para a consagração de uma dimensão coletiva dos mencionados direitos.

A partir da compreensão de que a pessoa que emerge (e vai emergindo) do processo de construção da identidade é também moldada pelo outro em suas relações, implica considerar qualitativamente as relações sociais com entes privados e públicos com quem se interage e que realizam atividade de tratamento de dados. Dessa forma, a assimetria de poder[257] existente

for privacy theory and policy will require an approach that is temperamentally postliberal and methodologically eclectic. Liberal ideals of selfhood may furnish important aspirational guideposts for that inquiry, but access to the full range of contemporary thinking on the social and cultural aspects of the human condition is essential. Conceptualizing the subject of privacy requires a theory of socially situated subjectivity—a theory of the subject that is less unitary than liberalism's account of the separate self, but more robust than a mere subject position. In addition, it requires a set of disciplinary resources that interrogate the value of information-processing practices and that situate ongoing processes of self-formation in the concrete cultural and material contexts inhabited by real, embodied people.".

[256] Sobre o tema, cf. COHEN, Julie E. What privacy is for. *Harvard Law Review*, v. 126, n. 7, p. 1904–1933, 2013, p. 1908; HILDEBRANDT, Mireille. *Smart Technologies and The End(s) of Law*. Cheltenham-Northampton: Edward Elgar, 2015. p. 82, 114-115; NEDELSKY, Jennifer. *Law's Relations*: a Relational Theory of Self, Autonomy, and Law. New York: Oxford University Press, 2011. p. 19-38.

[257] Importante trazer o aporte analítico de Sandra Braman a respeito da natureza relacional do poder e suas formas (instrumental, estrutural, simbólico e informacional), com especial consideração ao *poder informacional*: "Notions central to the analysis of power that have often been treated as simple are now understood to be complex. Though power is often treated as a characteristic of a country or a person, it is actually a relationship— and precisely because we are immersed in power relations, they can be difficult to perceive. [...]".

"Informational power shapes human behaviors by manipulating the informational bases of instrumental, structural, and symbolic power. Informational power dominates power in other forms, changes how they are exercised, and alters the nature of their effects. Informational power can be described as "genetic," because it appears at the genesis—the informational origins—of the materials, social structures, and symbols that are the stuff of power in its other forms. Today's "smart weapons," which can identify a target and direct themselves to it without human intervention, are examples of the effect of informational power on the exercise of instrumental power. The ability to monitor compliance with intellectual property rights law through surveillance of Internet use is an example of the influence of informational power on the exercise of structural power. The ability to tailor Web-based messages to the individual who is surfing online is an example of the impact of informational power on the exercise of symbolic power. And the ability

no interno dessas relações se torna aspecto elementar para a estrutura e função de direitos, deveres e do próprio regime jurídico aplicável. Trata-se de um ponto de convergência entre autodeterminação e igualdade que, a bem da verdade, se nutre de contribuições doutrinárias que datam desde a década de 1970.

A teoria crítica feminista exerceu influência significativa, pois, de um ponto de vista das relações de poder, permeadas de desigualdade e exclusão que marcam a posição que ocupa a mulher na modernidade, o direito a ser deixado só de Warren e Brandeis, do fim de século XIX, revelou-se ser um lado da moeda, em cujo verso estava a doutrina da imunidade criminal e civil do marido por seus atos de violência doméstica contra a esposa[258]. De lá para cá, apesar da queda gradativa de privilégios iníquos de semelhante natureza, a necessidade de tutela jurídica adequada sob a perspectiva de gênero permanece atual no mundo *onlife*, em que, por

to manipulate the data on the basis of which decisions are made— and to target individuals for special treatment by profiling on the basis of statistical analysis of data gathered from multiple sources—are examples of informational power in its own right. As is the case with other aspects of the information society, the study of informational power is taking place within multiple disciplinary homes". BRAMAN, Sandra. *Change of State:* Information, Policy, and Power. Cambridge; London: The MIT Press, 2006. p. 24, 26-27.

[258] Nesse sentido: RICHARDSON, Janice. The changing meaning of privacy, identity and contemporary feminist philosophy. *Minds and Machines*, v. 21, n. 4, p. 517–532, 2011; DECEW, Judith Wagner. The feminist critique of privacy: Past arguments and new social understandings. *In*: ROESSLER, Beate; MOKROSINSKA, Dorota (Eds.). *Social Dimensions of Privacy*: Interdisciplinary Perspectives. Cambridge: Cambridge University Press, 2015. p. 85-103; THEILEN, Jens T. et al. Feminist data protection: an introduction. *Internet Policy Review*, v. 10, n. 4, 2021, p. 2-3. Janice Richardson escreve sobre a formação de precedentes no *common law* sobre a referida imunidade em meados do século XIX: "The *Rhodes* court judgment, from 1868 cited above, illustrates the role privacy played in the husband's immunity, which included immunity, which included master/apprentice, teacher/pupil, parent/child and husband and wife. As privacy played in the husband's immunity, which included master/apprentice, teacher/pupil, parent/child master/apprentice, teacher/pupil, parent/child and husband and wife. As Siegel's case analysis demonstrates, the historical story is not a straightfor-Siegel's case analysis demonstrates, the historical story is not a straightforward one from status to contract, from wife as akin to a feudal serf later ward one from status to contract, from wife as akin to a feudal serf later transformed into an equal person. As I will discuss further below, the marriage contract did not imply equality or legal (or moral) personhood. After Rhodes, the reliance upon the need for privacy in the family home sets: 'If no permanent injury has been inflicted, nor malice, cruelty nor dangerous violence shown by the husband, it is better to draw the curtain, shut out the public gaze, and leave the parties to forget and forgive. (quoted in Siegel 1996, 2158). State v. Oliver, 70 N.C. 60, 61–62 (1874) (criminal immunity case), quoted in Abbott v. Abbott, 67 Me. 304, 307'". RICHARDSON, Janice. *Law and the Philosophy of Privacy.* New York: Routledge, 2016. p. 35.

exemplo, aplicações de *smart home* podem ser usadas com o objetivo ilícito de assediar mulheres[259].

Em obra de 1973, Stefano Rodotà também apreendeu essa dimensão das relações de poder. Na visão do jurista italiano, se originariamente a privacidade surge como um privilégio de um grupo (burguesia)[260], excluída do horizonte dos operários haja vista a real falta de condições materiais, com os avanços da informática e o advento dos bancos de dados que coletam e processam grande volume de informações, o titular dos dados passou a fazer parte de relações com agentes de tratamento caracterizadas por uma disparidade de poder decorrente da assimetria informacional verificada[261].

Além disso, tendo em vista que os direitos à privacidade e à proteção de dados pessoais se encontram nesse ponto de complexidade em que a identidade pessoal aflora da autoconstrução, advinda da capacidade de autodeterminar-se e agir racionalmente, e da construção pelo outro, à luz de como é representado e reconhecido pela sociedade que também forja o *self*, abre-se para análise um prisma coletivo, além do individual, tradicionalmente empregado nas considerações jurídicas sobre o tema. Há que se ressaltar, no entanto, que uma tal dimensão coletiva também não é de todo uma novidade. Expressão disso se encontra em parcela da doutrina que enxerga a proteção da privacidade como um próprio elemento constitutivo da sociedade democrática[262], sem o qual a participação cidadã

[259] BOWLES, Nellie. Thermostats, Locks and Lights: Digital Tools of Domestic Abuse. *New York Times*, 2018. Disponível em: https://www.nytimes.com/2018/06/23/technology/smart-home-devices-domestic-abuse.html. Acesso em 30 set. 2018. Vide também: DUNN, Suzie. *Technology-Facilitated Gender-Based Violence*: An Overview. Ottawa: Centre for International Governance Innovation, 2020. Disponível em: https://www.cigionline.org/publications/technology-facilitated-gender-based-violence-overview/. Acesso em: 10 mai. 2023.

[260] RODOTÀ, Stefano. *Tecnologie e diritti*. Bologna: Il Mulino, 1995. p. 23.

[261] RODOTÀ, Stefano. *Elaboratori eletronici e controlo sociale*. Bologna: Il Mulino, 1973. p. 50. A mesma perspectiva é encontrada em: RODOTÀ, Stefano. *Il diritto di avere diritti*. Roma-Bari: Laterza, 2012. passim.

[262] SIMITIS, Spiros. Reviewing privacy in an information society. *University of Pennsylvania Law Review*, v. 135, p. 707–746, 1987, p. 731, 746; COHEN, Julie E. Examined Lives: Informational Privacy and the Subject as Object. *Stanford Law Review*, v. 52, n. 5, p. 1373–1437, 2000, 1427-1428; SCHWARTZ, Paul M. Privacy and Democracy in Cyberspace. *Vanderbilt Law Review*, v. 52, p. 1609–1701, 1999, p. 1613; HILDEBRANDT, Mireille. The dawn of a critical transparency right for the profiling era. *In*: BUS, Jacques et al. (Coords.). *Digital Enlightenment Yearbook 2012*. Amsterdam: IOS Press, 2012. p. 46-48; ROVROY, Antoinette; POULLET, Yves. The Right to Informational Self-Determination and the Value of Self-Development: Reassessing the Importance of Privacy for Democracy. *In:* GUTWIRTH, Serge et al. (Orgs.). *Reinventing Data Protection?* Dordrecht:

e exercício da autonomia pública restam abalados – o que abriria portas, então, à institucionalização do autoritarismo. Em influente trabalho publicado em 1995, Priscilla Regan arrola este como um dentre os três valores que, a seu sentir, revelam a importância social da privacidade:

> Sustento que a privacidade não tem valor apenas para a pessoa como indivíduo, mas também para a sociedade em geral, e sugiro três bases para a importância social da privacidade. As duas primeiras são bases normativas que foram identificadas em alguns dos escritos anteriores sobre privacidade, mas foram ofuscadas por uma ênfase na importância da privacidade para o indivíduo. Uma reconsideração dessas bases sociais é especialmente importante à luz das experiências de política normativa resultantes de se focar na relevância da privacidade para o indivíduo. A privacidade é um valor comum, pois todos os indivíduos valorizam algum grau de privacidade e têm algumas percepções comuns a respeito da privacidade. Esta também é um valor público na medida em que tem valor não apenas para o indivíduo como indivíduo ou para todos os indivíduos em comum, mas também para o sistema político democrático. A terceira base para a importância social da privacidade é derivada da literatura teórica em economia. A privacidade está rapidamente se tornando um valor coletivo na medida em que as forças da tecnologia e do mercado estão tornando difícil para qualquer pessoa ter privacidade sem que todas as pessoas tenham um nível mínimo semelhante de privacidade[263].

Springer, 2009. p. 76. Mais sobre o assunto: SLOOT, Bart van der. The individual in the big data era: moving towards an agent-based privacy paradigm. *In:* SLOOT, Bart van der; BROEDERS, Dennis; SCHRIJVERS, Erik (Coords.). *Exploring the Boundaries of Big Data*. Amsterdam: Amsterdam University Press, 2016. p. 185 et. seq.

[263] REGAN, Priscilla M. *Legislating Privacy:* Technology, Social Values, and Public Policy. Chapel Hill: University of North Carolina Press, 1995. p. 213. Tradução livre de: "I argue that privacy is not only of value to the individual as an individual but also to society in general, and I suggest three bases for a social importance of privacy. The first two are normative bases that were identified in some of the earlier writing on privacy but have been overshadowed by an emphasis on the importance of privacy to the individual. A reconsideration of these social bases is especially important in light of the policy experiences that resulted from focusing on the importance of privacy to the individual. Privacy is a common value in that all individuals value some degree of privacy and have some common perceptions about privacy. Privacy is also a public value in that it has value not just to the individual as an individual or to all individuals in common but also to the democratic political system. The third basis for the social importance of privacy is derived from the theoretical literature in economics. Privacy is rapidly becoming a collective value in that

Malgrado o acerto de enxergar o vínculo estreito existente entre democracia e privacidade informacional e proteção de dados pessoais, bem como a argúcia das reflexões suscitadas por esta última autora a respeito da relevância social da privacidade, o ângulo de abordagem relacional da subjetividade e da identidade leva em consideração como a pessoa é representada pelos agentes de tratamento na sociedade orientada por dados. Essa representação envolve, na era das tecnologias de perfilamento, o intensivo processamento de dados e inferência computacional de grupos e categorias que dão impulso à tomada de decisões automatizadas por sistemas algorítmicos, que, ubíquos, fazem parte do ambiente de objetos conectados incorporados por agentes artificiais (*data-driven agents*)[264] em que o ser humano está imerso. Sendo assim, emerge o imperativo de investigar a composição de interesses coletivos merecedores de tutela jurídica no âmbito de proteção do direito à privacidade e do direito à proteção de dados pessoais. É nesse sentido que se está a referir sobre uma dimensão coletiva.

Não obstante as características e complexidades que envolvem as tecnologias digitais orientadas a dados redundar em sérios desafios a algumas concepções teóricas[265], isso não significa que a adoção (e construção) de uma teoria baseada em direitos seja por demais simples e inapta a lidar com problemas complexos. No novo paradigma de imersão da relação humano-tecnologia[266] e de reconhecimento da intrínseca normatividade tecnológica, o aporte da teoria das *affordances* se mostra pertinente e promissor. No Estado Democrático de Direito, a Constituição e os direitos fundamentais

technology and market forces are making it hard for any one person to have privacy without all persons having a similar minimum level of privacy."

[264] Um agente é uma entidade que age, que faz algo. Para que haja *ação* (*agency*), porém, não é necessário que certo ente tenha uma mente. Partindo dessa premissa, reconhece-se a ação de agentes artificiais, tais como aqueles baseados em algoritmos determinísticos, em aprendizado de máquina, e, inclusive, em sistemas multiagentes. Seguindo a contribuição de Hildebrandt, "[t]he crucial and most elementary characteristic of agency is the capability of an entity to sense its environment and to act upon it. The most important step from deterministic to other types of agent is an agent's capability to learn from the combination of action and perception and thus to improve its performance in relation to the goals it aims to reach". HILDEBRANDT, Mireille. *Smart Technologies and The End(s) of Law*. Cheltenham-Northampton: Edward Elgar, 2015. p. 30.

[265] Cf. KOOPS, Bert Jaap. The trouble with European data protection law. *International Data Privacy Law*, v. 4, n. 4, p. 250–261, 2014, p. 251-253.

[266] VERBEEK, Peter-Paul. Subject to technology: on autonomic computing and human autonomy. *In*: HILDEBRANDT, Mireille; ROUVROY, Antoinette (Orgs.). *Law, human agency and autonomic computing*. Nova Iorque: Routledge, 2011. p. 28.

devem exercer sua força normativa sobre a elaboração e estabelecimento das tecnologias de perfilamento e da computação preemptiva, a fim de criar possibilidades de ação (*affordances*) em consonância a tais direitos. Tal como indicado, as tecnologias de perfilamento possibilitam a agentes artificiais anteciparem comportamentos humanos[267] e, à luz desse conhecimento, agir autonomicamente sobre as pessoas conforme perfis comportamentais inferidos. Isso se opera, contudo, de forma invisível e inconsciente, colocando direitos fundamentais em risco.

A pertinência de se tomar o contributo da teoria das *affordances* para uma teoria jurídica de tutela da privacidade e da proteção de dados pessoais se revela, de um lado, por ser perspectiva que, adequada ao paradigma tecnológico da imersão, cuida das possibilidades e restrições de comportamento engendradas pelas tecnologias de perfilamento (e a computação preemptiva) em interação com agentes humanos, e, de outro, por orientar a força normativa dos direitos fundamentais à privacidade e à proteção de dados pessoais a promover e garantir as condições sociotécnicas necessárias à realização desses direitos[268]. Trata-se, na verdade, de uma abordagem que reconhece e introduz na gramática da teoria dos direitos fundamentais as *condições materiais e/ou técnicas* que possibilitam comportamentos que concretizam e implicam o exercício dos referidos direitos e respectivas situações jurídicas num mundo em que vai se estabelecendo uma infraestrutura da informação e da comunicação fortemente integrada por tecnologias de perfilamento[269].

[267] HILDEBRANDT, Mireille. *Smart Technologies and The End(s) of Law*. Cheltenham-Northampton: Edward Elgar, 2015. p. 57.

[268] Apesar de partir de abordagem da sociologia do direito, Christoph Graber faz semelhante raciocínio sobre "*affordances*" e teoria dos direitos fundamentais: "Normative expectations are not limited to the behaviour of human actors or social systems but include affordances of technology. When people interact with technology they themselves develop cognitive and normative expectations about the technology. As we have seen above, this also applies broadly to AI technologies as their affordances are generally co-determined in recursive practices of material design and social interpretation. Accordingly, the social response to material design is an expression of cognitive or normative expectations. If such expectations are normative they imply that a certain interpretation of a technology's functioning would be considered as a must". GRABER, Christoph B. Artificial Intelligence, Affordances and Fundamental Rights. *In*: O'HARA, Kieron; HILDEBRANDT, Mireille (Orgs.). *Life and the Law in the Era of Data-Driven Agency*. Cheltenham-Northampton: Edward Elgar, 2020. p. 206.

[269] COHEN, Julie E. Affording Fundamental Rights: A Provocation Inspired by Mireille Hildebrandt. *Critical Analysis of Law*, v. 4, n. 1, p. 78–90, 2017, p. 87-88.

Considere-se os *smartphones* e a rastreabilidade da localização do usuário. A coleta de dados de geolocalização de telefones celulares e seu uso como *proxy* para analisar a mobilidade dos usuários se tornou bastante difundida, notadamente com o surgimento dos *smartphones* e inúmeros aplicativos móveis[270]. São dados que "contém a localização aproximada de indivíduos e pode ser usada para reconstruir os movimentos das pessoas no espaço e no tempo"[271]. A rastreabilidade e seu nível de precisão dependem de condições técnicas e de infraestrutura na medida em que a coleta e outras operações de tratamento de dados se dá de diversas formas: pelo só tratamento do endereço IP do dispositivo conectado à internet, sabe-se o Estado, Município e região em que se localiza; mediante o sistema de satélites GPS, encontra-se a aproximada posição de latitude e longitude do telefone; torres de celular que emitem sinais que identificam telefones em uso são úteis para, a partir da indicação da posição das torres mais próximas do dispositivo, inferir a localização; a busca por redes de Wi-Fi nas cercanias para acesso à internet também geram identificadores capazes de permitir a inferência da geolocalização[272]. Esses são alguns exemplos e essas são técnicas que podem ser utilizadas de forma combinada, por padrão (*by default*) e automaticamente, em sistemas operacionais de dispositivos móveis tais como iOS e Android.

Da relação entre a infraestrutura da informação e da comunicação e os sistemas algorítmicos embarcados nos *smartphones*, de um lado, e os titulares dos dados, de outra banda, emergem possibilidades (*affordances*) de rastreamento e inferência de padrões de mobilidade que constituem condições materiais e técnicas relevantes para a efetivação de direitos fundamentais, como é o caso do direito à proteção de dados pessoais. Daí a correção das palavras de Julie Cohen: "definir um direito em termos de materialidade é focar nas maneiras como seu

[270] DE MONTJOYE, Yves-Alexandre et al. Unique in the Crowd: The privacy bounds of human mobility. *Scientific Reports*, v. 3, p. 1–5, 2013, p. 1.

[271] DE MONTJOYE, Yves-Alexandre et al. *Op. cit.*, p. 1. Tradução livre de: "contains the approximate whereabouts of individuals and can be used to reconstruct individuals' movements across space and time".

[272] Vide GRAY, Stacey. A Closer Look at Location Data: Privacy and Pandemics. *Future of Privacy Forum*, 2020. Disponível em: https://fpf.org/2020/03/25/a-closer-look-at-location-data-privacy-and-pandemics/. Acesso em: 03 ago. 2021.

gozo é informado pelas tolerâncias e proibições sistêmicas do ambiente construído"[273/274].

Outro exemplo pode ser encontrado nos brinquedos conectados. Destinados principalmente ao público infantil, nos últimos anos surgiu uma nova geração de brinquedos conectados, que formam um mercado em contínuo crescimento. A *Internet of Toys,* ou Internet dos Brinquedos, "consiste em brinquedos físicos conectados à Internet – e, potencialmente, a outros brinquedos – por meio de Bluetooth e Wi-Fi"[275], equipados com sensores e *softwares* de reconhecimento de atividade (imagem e voz) e são – ou podem ser – controlados e programados via aplicativos em dispositivos móveis. Por incorporarem tecnologias e infraestruturas da informação e comunicação, esses brinquedos viabilizam possibilidades (*affordances*) inexistentes aos brinquedos tradicionais ou não conectados, tais como a animação ou vivacidade (*liveliness*). Para Liam Berrimam e Gioanna Mascheroni, criança e brinquedo dão vivacidade e animam-se de forma recíproca mediante suas interações. Assim, enquanto o brinquedo incita ao reconhecimento de sua sociabilidade, possibilita-se à criança testar

[273] COHEN, Julie E. Turning Privacy Inside Out. *Theoretical Inquiries in Law*, v. 20, n. 1, p. 1–32, 2019, p. 18. Tradução livre de: "to define a right in terms of materiality is to focus on the ways that its enjoyment is informed by the built environment's systemic tolerances and prohibitions". Nessa linha, a autora concita sobre a importância e urgência da contribuição da teoria das *affordances* à teoria da privacidade: "But there does not yet seem to be any serious discussion about how to construct a vernacular for rights discourse that would incorporate notions of constraint and affordance as core conceptual building blocks. That omission should prompt reconsideration of prevailing approaches to theorizing fundamental rights generally, but nowhere is that need more urgent than it is for the project of theorizing privacy". COHEN, Julie E. *Op. cit.*, p. 15-16.

[274] Revelações sobre a maneira como o Google gerenciou o *design* e "configurações de privacidade" do sistema operacional Android em relação à coleta de dados de localização, dão conta da imprescindibilidade de se considerar as condições materiais e técnicas para a realização dos direitos fundamentais à privacidade e à proteção de dados pessoais: "Google continued collecting location data even when users turned off various location-sharing settings, made popular privacy settings harder to find, and even pressured LG and other phone makers into hiding settings precisely because users liked them, according to the documents". SONNEMAKER, Tyler. 'Apple is eating our lunch': Google employees admit in lawsuit that the company made it nearly impossible for users to keep their location private. *Insider,* 28 mai. 2021. Disponível em: https://www.businessinsider.com/unredacted-google-lawsuit-docs-detail-efforts-to-collect-user-location-2021-5. Acesso em: 03 ago. 2021.

[275] MARCHERONI, Giovanna; HOLLOWAY, Donell. Introducing the Internet of Toys. In: _____ (Coords.). *The Internet of Toys:* Practices, Affordances and the Political Economy of Children's Smart Play. Cham: Palgrave Macmillan, 2019. p. 2. Tradução livre de: "consist of physical toys that are connected to the Internet—and, potentially, to other toys—through Bluetooth and Wi-Fi".

a vivacidade do objeto através do brincar.[276] À base disso existe complexas operações de tratamento de dados, visto que os brinquedos podem reagir a diversos *inputs* do ambiente em que se encontra (*v. g.*, sons, imagens, toque e movimentos); monitorar o comportamento de crianças e adolescentes gerando métricas com diferentes tipos de dados biométricos; antecipar comportamentos a partir de conhecimento inferido por métodos de análise dos dados coletados sobre a criança e seus familiares[277]; interagir de modo personalizado com crianças, por exemplo, respondendo a perguntas[278].

As qualidades *offline* e físicas dos brinquedos conectados são tão importantes ou significativas quanto suas características e possibilidades de uso *online*[279]. Em sendo a brincadeira com esses objetos uma experiência "híbrida" e "incorporada"[280], em que a linha divisória *online/offline* não é estabelecida ou mesmo conhecida pelas crianças, os brinquedos da *Internet of Toys* devem ser concebidos de forma que a experiência lúdica de brincar não seja dependente da conectividade e possibilidades (*affordances*) digitais movidas por tratamento de dados[281], a fim de se tutelar e promover seu livre desenvolvimento e direito de brincar[282], não exploração econômica, bem como o direito à proteção de dados pessoais.

[276] Nos dizeres dos autores: "Liveliness, then, can be seen as co-realised by child and toy, with each animating and enlivening the other through their interactions. The robot invites, incites and 'encourages' the child to recognise its sociality, often through calls (vocally, but also through gestures) to play. The child in turn engages in play practices that test the robot's liveliness – configured and mediated through the child's own sense of what an animate object can and should be". BERRIMAN, Liam; MASCHERONI, Giovanna. Exploring the affordances of smart toys and connected play in practice. *New Media and Society*, v. 21, n. 4, p. 797–814, 2019, p. 805.

[277] MASCHERONI, Giovanna; HOLLOWAY, Donell. Introducing the Internet of Toys. *In*: _____ (Coords.). *The Internet of Toys:* Practices, Affordances and the Political Economy of Children's Smart Play. Cham: Palgrave Macmillan, 2019. p. 2.

[278] É o caso das bonecas *Hello Barbie* e *My Friend Cayla.*

[279] Cf. HINSKE, Steve; LANGHEINRICH, Marc; LAMPE, Matthias. Towards guidelines for designing augmented toy environments. *Proceedings of the Conference on Designing Interactive Systems: Processes, Practices, Methods, and Techniques, DIS*, p. 78–87, 2008.

[280] MASCHERONI, Giovanna; HOLLOWAY, Donell. *Op. cit.*, p. 7.

[281] MASCHERONI, Giovanna; HOLLOWAY, Donell. *Op. cit.*, p. 8-9.

[282] Para uma visão do brincar como um direito de crianças e adolescentes cuja concretização envolve possibilidades de ação *online* e *offline*, que devem ser pensadas e integradas desde a concepção de brinquedos e jogos, vide o relatório "*Playful by Design: A Vision of Free Play in a Digital World*": LIVINGSTONE, Sonia; POTHONG, Pothong, Kruakae. *Playful by Design:* A Vision of Free Play in a Digital World. London: 5Rights Foundation, 2021. Disponível em: https://digitalfuturescommission.org.uk/wp-content/uploads/2021/11/A-Vision-of-Free-Play-in-a-Digital-World.pdf. Acesso em: 16 mai. 2022.

1.3.2. Diferentes conceitos, distintos direitos: elementos teórico-dogmáticos

Até então, deu-se ênfase na proximidade existente entre as noções de privacidade e proteção de dados pessoais[283], seja em razão da historicidade das categorias jurídicas e do respectivo desenvolvimento, seja devido ao próprio estudo e construções da doutrina em países ocidentais de diferentes tradições jurídicas, que não poucas vezes os trata conjuntamente, sem fazer uma distinção. No Brasil, essa forma de expressão se encontra não apenas entre estudiosos que escrevem sobre o assunto, mas em alguma medida também nas esferas legislativa[284] e jurisprudencial[285], corroborando certa ambivalência[286] e incerteza de significados. A fim de contribuir para a redução dessa equivocidade e desenvolver teoricamente a temática, passa-se a jogar luz sobre a importante e acesa discussão referente à configuração ou não de conceitos jurídicos diversos e da autonomia entre os direitos.

[283] Utilizou-se ainda, além destes, "privacidade informacional" e "proteção de dados".

[284] A LGPD dá lugar a esse tipo de ambiguidade, por exemplo, quando dispõe sobre programas de "*governança em privacidade*" (art. 50, § 2º, I), que deve, no mínimo, demonstrar "o comprometimento do controlador em adotar processos e políticas internas que assegurem o cumprimento, de forma abrangente, de normas e boas práticas relativas à *proteção de dados pessoais*" (grifou-se). Além disso, a lei cria, no âmbito da Autoridade Nacional de Proteção de Dados, o Conselho Nacional *de Proteção de Dados Pessoais e da Privacidade*. BRASIL. Lei n. 13.709, de 14 de agosto de 2018. Lei Geral de Proteção de Dados Pessoais (LGPD). Disponível em: http://www.planalto.gov.br/ccivil_03/_ato2015-2018/2018/lei/L13709.htm. Acesso em: 03 ago. 2021.

[285] No bojo do julgamento das ADIs n. 6387, 6388, 6389, 6390 e 6393, pelo STF, a Ministra Rosa Weber, ao proferir decisão em apreciação de medida liminar, afirmou "[r]eforço, em cumprimento ao dever de justificação decisória, no âmbito de medida liminar, que a adequada tutela do *direito à intimidade, privacidade e proteção de dados pessoais* é estruturada pela característica da inviolabilidade" (grifou-se). Na ocasião do julgamento pelo plenário da corte, a Ministra Cármen Lúcia assim que pronunciou em seu voto: "Minha saudação muito especial à Ministra Rosa Weber, Relatora dessas ações que, como sempre, com a proficiência que lhe é própria, traz um voto tão brilhante sobre um tema tão especial, que é o da *privacidade e proteção de dados*, que garante, ao final, a própria individualidade e o resguardo de cada um do que lhe diz respeito". BRASIL. Supremo Tribunal Federal (Tribunal Pleno). *Ações Diretas de Inconstitucionalidade n. 6387, 6388, 6389, 6390 e 6393/DF.* Relatora: Ministra Rosa Weber, 07 de maio de 2020.

[286] Essa realidade não fugiu à percepção de Danilo Doneda: "[...] No Brasil não é diferente, e, até hoje, observa-se, tanto coloquialmente como até em literatura especializada uma certa ambivalência na utilização dos conceitos de privacidade e proteção de dados". DONEDA, Danilo. A LGPD como elemento estruturante do modelo brasileiro de proteção de dados. *In:* CUEVA, Ricardo Villas Bôas; DONEDA, Danilo; MENDES, Laura Schertel. *Lei Geral de Proteção de Dados (Lei nº 13.709/2018).* São Paulo: Revista dos Tribunais, 2020. *E-book.*

Duas são as concepções principais a respeito dos conceitos de privacidade e de proteção de dados pessoais e os respectivos contornos de sua tutela jurídica[287]. De um lado, há a tese separatista[288], que apreende as noções como *conceitos distintos e direitos autônomos* entre si; de outro lado, se coloca a linha de pensamento que concebe a proteção de dados pessoais como *um meio de promover* ou *uma espécie ou especificação do direito à privacidade*. Esta segunda visão parece se afigurar o ponto de partida da tradição jurídica norte-americana e suas elaborações em torno da privacidade informacional (*information privacy*), que, em última análise, equivale à ideia de proteção de dados (*data protection*)[289]. Há, inclusive, exemplos do uso desta terminologia (*data protection*)[290] ou de outra similar, como "privacidade de dados" (*data privacy*)[291], para designar a proteção jurídica ou conjunto de situações jurídicas estabelecidas à vista do tratamento de dados pessoais.

No entanto, em experiências jurídicas de tradição romano-germânica também se encontram expressões dessa forma de pensamento. No contexto do sistema jurídico multinível da UE[292], não obstante a consagração

[287] HILDEBRANDT, Mireille. *Smart Technologies and The End(s) of Law*. Cheltenham-Northampton: Edward Elgar, 2015. p. 186

[288] Neste ponto, toma-se por empréstimo a nomenclatura utilizada por Maria Tzanou, que se refere a um modelo ou abordagem *separatista* da teoria da proteção de dados pessoais (TZANOU, Maria. Data protection as a fundamental right next to privacy? "Reconstructing" a not so new right. *International Data Privacy Law*, v. 3, n. 2, p. 88–99, 2013, p. 93; TZANOU, Maria. *The Fundamental Right to Data Protection:* Normative Value in the Context of Counter-Terrorism Surveillance. Oxford: Hart Publishing, 2017. p. 25; RICHARDSON, Janice. *Law and the Philosophy of Privacy*. New York: Routledge, 2016. p. 33). A perspectiva no presente trabalho adotada, contudo, é diferente. Enquanto a autora faz alusão especificamente à concepção dos juristas Serge Gutwirth e Paul De Hert, entende-se que separatista é a corrente de pensamento que concebe privacidade e proteção de dados como noções distintas e o direito à proteção de dados pessoais como um direito (fundamental) autônomo.

[289] Segundo Colin Bennett e Charles Raab, em termos de política legislativa e regulatória, as noções de "*information privacy*" e "*data protection*" emergiram quase que simultaneamente nas décadas de 1960 e 1970: "As a policy problem, however, the discourse settled around 'information privacy', a concept that arose in the 1960s and 1970s at about the same time that 'data protection', derived from the German Datenschutz, entered the vocabulary". BENNETT, Colin J.; RAAB, Charles D. *The Governance of Privacy:* Policy Instruments in Global Perspective. 1. ed. London-New York: Routledge, 2003. p. 16.

[290] Cf. CUNNINGHAM, McKay. Complying with International Data Protection Law. *University of Cincinnati Law Review*, v. 84, n. 2, p. 421–450, abr. 2018.

[291] Cf. CHANDER, Anupam; KAMINSKI, Margot E.; MCGEVERAN, William. Catalyzing Privacy Law. *Minnesota Law Review*, v. 105, p. 1733–1802, 2021.

[292] Para considerações sobre o sistema multinível da UE na perspectiva da proteção de dados pessoais, bem como as diferenças em relação ao direito constitucional de múltiplos níveis como

dos direitos à privacidade e à proteção de dados pessoais ter se dado em dispositivos distintos da CDFUE – respectivamente, arts. 7º e 8º –, a jurisprudência do TJUE se orienta no sentido de reputar a proteção de dados pessoais como uma especificação do direito à privacidade, mesmo após 2009 com a entrada em vigor do Tratado de Lisboa[293], quando a CDFUE se tornou direito vinculante. No caso *Schecke and Eifert,* a corte europeia proferiu decisão bastante ilustrativa desse ponto de vista, em que o direito à privacidade, mais abrangente, compreende o âmbito de proteção do direito à proteção de dados pessoais. O processo versava sobre a validade de certas disposições relativas a publicação da informações sobre beneficiários de auxílios agrícolas e a respeito da correspondente interpretação da Diretiva 95/46/EC, vigente à época. O TJUE afirmou que *"o respeito pelo direito à vida privada relativamente ao tratamento de dados pessoais* [...] abrange todas as informações relativas a qualquer pessoa singular identificada ou identificável"[294] (grifou-se). Em decisão mais recente, no caso *Schrems II*, a mesma

o brasileiro, em razão da aplicação da Convenção Americana de Direitos Humanos e do sistema universal de proteção de direitos humanos da ONU, vide: SARLET, Ingo Wolfgang. Fundamentos constitucionais: o direito fundamental à proteção de dados. *In*: DONEDA, Danilo et. al. (Coord.). *Tratado de proteção de dados pessoais*. Rio de Janeiro: Forense, 2021. p. 25-27.

[293] LYNSKEY, Orla. Deconstructing data protection: The "added-value" of a right to data protection in the eu legal order. *International and Comparative Law Quarterly*, v. 63, n. 3, p. 569–597, 2014, p. 576, 578. Em análise do julgamento proferido pelo TJUE no caso *Schecke* (Processos apensos C 92/09 e C 93/09), Maria Tzanou parece seguir a mesma linha de raciocínio ao ressaltar que o tribunal europeu perdeu a oportunidade de se pronunciar mais claramente a respeito da natureza do direito fundamental à proteção de dados pessoais, apesar do ensejo dado pela corte alemã que lhe remetera as questões processuais para apreciação. Afirma Tzanou: "The ECJ, however, did not follow that path. It started by pointing out that the relevant provision on publication of the Regulation should be assessed in the light of the EU Charter of Fundamental Rights, which constituted, at the time of the delivery of the decision, binding EU law. The Court mentioned that Article 8 EUCFR was the relevant Charter provision at this case, but with the necessary clarification that 'that fundamental right is *closely connected* with the right to respect of private life expressed in Article 7 of the Charter'. Having said that, the Court proceeded its analysis analysis on the permissible limitations that can be imposed to the right to data protection by confounding, however, data protection and privacy, in what it called 'the right to respect for private life with regard to the processing of personal data, recognized by Articles 7 and 8 of the Charter'" (grifos no original). TZANOU, Maria. Data protection as a fundamental right next to privacy? "Reconstructing" a not so new right. *International Data Privacy Law*, v. 3, n. 2, p. 88–99, 2013, p. 96.

[294] UNIÃO EUROPEIA. Tribunal de Justiça da União Europeia. Grande Secção. *Processos apensos C92/09 e C93/09, Volker und Markus Schecke GbR (C92/09), Hartmut Eifert* (C93/09) c. *Land Hessen*. Luxemburgo, 09 nov. 2010. Disponível em: https://curia.europa.eu/juris/document/document.jsf?text=&docid=79001&pageIndex=0&doclang=PT&mode=lst&dir=&occ=first&part=1&cid=6158459. Acesso em: 03 ago. 2021. Se encontra também na fundamentação do acórdão em

direção parece ser observada[295]. Ao apreciar a validade do acordo *Privacy Shield* entre EUA e UE e o nível de proteção exigido pelo direito da UE para a transferência internacional de dados pessoais mediante esse mecanismo, a corte assim se pronunciou:

> [...] o acesso a dados pessoais de uma pessoa singular, com vista à sua conservação ou à sua utilização, afeta o direito fundamental dessa pessoa ao respeito pela vida privada, garantido pelo artigo 7.º da Carta, na medida em que este direito diz respeito a todas as informações relativas a uma pessoa singular identificada ou identificável. Os ditos tratamentos de dados estão igualmente abrangidos pelo âmbito de aplicação do artigo 8.º da Carta, uma vez que constituem tratamentos de dados pessoais na aceção deste artigo e devem, por isso, necessariamente, respeitar as exigências de proteção de dados previstas neste artigo [...][296].

Em sede doutrinária, Antoinette Rouvroy e Yves Poullet defendem essa ordem de ideias. Numa revisitação à importante decisão do Tribunal Federal Constitucional alemão que estabeleceu o precedente e a criação do denominado direito à autodeterminação informativa, fundeado nos princípios da dignidade humana e autonomia, os autores analisam criticamente a constitucionalização do direito à proteção de dados pessoais na CDFUE e a interligação deste com a tutela da privacidade. Muito embora

questão o seguinte trecho: "Com efeito, nada indica que o Conselho e a Comissão tenham tomado em consideração, quando da adopção do artigo 44.º-A do Regulamento n.º 1290/2005 e do Regulamento n.º 259/2008, outras formas de publicação de informações relativas aos beneficiários em causa conformes com o objectivo dessa publicação e que fossem ao mesmo tempo menos *lesivas do direito desses beneficiários ao respeito da sua vida privada, em geral, e à protecção dos seus dados pessoais, em particular,* tais como a limitação da publicação de dados nominativos relativos aos referidos beneficiários em função dos períodos em que receberam ajudas, da sua frequência ou ainda do seu tipo ou importância" (grifou-se).

[295] Confirma-se a observação de Marion Albers de que o "Tribunal de Justiça Europeu evita uma diferenciação inequívoca" entre o direito à vida privada e o direito à proteção de dados pessoais. ALBERS, Marion. A complexidade da proteção de dados. *Direitos Fundamentais & Justiça*, Belo Horizonte, v. 10, n. 35, p. 19–45, jul./dez. 2016, p. 33.

[296] UNIÃO EUROPEIA. Tribunal de Justiça da União Europeia. Grande Secção. *Processo C311/18, Data Protection Commissioner* c. *Facebook Ireland Ltd, Maximillian Schrems.* Luxemburgo, 16 jul. 2020. Disponível em: https://curia.europa.eu/juris/document/document.jsf?docid=228677&mode=req&pageIndex=1&dir=&occ=first&part=1&text=&doclang=PT&cid=6158459. Acesso em: 03 ago. 2021.

reconheçam que privacidade e proteção de dados constituem diferentes instrumentos, os juristas franceses possuem o parecer de que ambos não podem ser colocados no mesmo patamar[297]. Isso os leva a questionar o reconhecimento do direito à proteção de dados pessoais como direito fundamental distinto do tradicional direito à privacidade, ao argumento principal de que do contrário acarreta-se o risco de que:

> "[...] a fundamental ancoragem dos regimes de proteção de dados nos valores fundamentais da dignidade e da autonomia será em breve esquecida pelos juristas e que os legisladores em breve esquecerão de fazer referência a esses valores fundamentais para continuamente avaliar as leis de proteção de dados, tendo em conta a evolução da Sociedade da Informação"[298].

A considerar esses argumentos – decerto carregados de conjecturas que ao fim os fragiliza –, os autores concluem que regimes jurídicos da "clássica" privacidade e de proteção de dados pessoais devem ser concebidos conjuntamente como um feixe de proteções jurídicas, e que "garantir o genérico direito à privacidade (ou, digamos, o princípio da privacidade)"[299] é um pressuposto para o exercício relevante dos demais direitos e liberdades

[297] "Privacy and data protection intersect but are also different tools for enabling individual reflexive autonomy and, as a consequence, also collective deliberative democracy. These tools are not to be put on the same footing though. Whereas the concept of privacy refers to the double aspects of the guarantees the State has to provide to the citizens in order to ensure their capabilities of self-development; the concept of data protection appears in a second step, taking fully into account the new risks threatening the two 'aspects' of privacy (the right to seclusion and the right of decisional autonomy), ensuing from the development of the information and communication technologies". ROVROY, Antoinette; POULLET, Yves. The Right to Informational Self-Determination and the Value of Self-Development: Reassessing the Importance of Privacy for Democracy. *In:* GUTWIRTH, Serge et al. (Orgs.). *Reinventing Data Protection?* Dordrecht: Springer, 2009. p. 70.

[298] ROVROY, Antoinette; POULLET, Yves. *Op. cit.*, p. 71. Tradução livre de: "[...] the fundamental anchoring of data protection regimes in the fundamental values of dignity and autonomy will soon be forgotten by lawyers and that legislators will soon forget to refer to these fundamental values in order to continuously assess data protection legislations, taking into account the evolution of the Information Society".

[299] ROVROY, Antoinette; POULLET, Yves. The Right to Informational Self-Determination and the Value of Self-Development: Reassessing the Importance of Privacy for Democracy. *In:* GUTWIRTH, Serge et al. (Orgs.). *Reinventing Data Protection?* Dordrecht: Springer, 2009. p. 76. Tradução livre de: "[g]uaranteeing the generic right to privacy (or the principle of privacy, should we maybe say)".

fundamentais insculpidos na CDFUE [300]. Portanto, salientam a existência de um direito à privacidade genérico que abarca, entre suas especificações, a proteção de dados pessoais.

No Brasil, parcela da doutrina se aproxima desse raciocínio, inserindo a proteção de dados pessoais no interno da tutela jurídica da privacidade[301], o que, em parte, decorre da ausência, até o ano de 2022, com a promulgação da Emenda Constitucional n. 115/2022[302], de previsão constitucional expressa concernente ao direito à proteção de dados pessoais. Todavia, cresce no cenário brasileiro e internacional[303] o número de autores que endossam o pensamento oposto, apartando as noções e sustentando a autonomia dos direitos[304] no que se afirma ser uma nova onda regulatória em

[300] São os dizeres dos escritores franceses: "Thus, 'classical' privacy regimes and data protection should be conceived together as forming the evolving bundle of legal protections of the fundamental individual and social structural value of the autonomic capabilities of individuals in a free and democratic society. Guaranteeing the generic right to privacy (or the principle of privacy, should we maybe say), given the crucial role it plays in enabling the autonomic capabilities of the individual legal subject, is a precondition to any meaningful exercise of all other rights and freedoms acknowledged by the Council of Europe. This is particularly explicit in the case of freedom of expression but is also true regarding all other fundamental rights and freedoms, including, crucially, those social and economic rights that guarantee the full participation of the individual in the social and political fabric of society". ROVROY, Antoinette; POULLET, Yves. The Right to Informational Self-Determination and the Value of Self-Development: Reassessing the Importance of Privacy for Democracy. *In:* GUTWIRTH, Serge et al. (Orgs.). *Reinventing Data Protection?* Dordrecht: Springer, 2009. p. 76

[301] Vide, entre outros: SILVA, José Afonso da. *Curso de Direito Constitucional Positivo.* 37. ed. rev. e atual. São Paulo: Malheiros, 2013. p. 210-212; MULHOLLAND, Caitlin Sampaio. Dados pessoais sensíveis e a tutela de direitos fundamentais: uma análise à luz da lei geral de proteção de dados (Lei 13.709/18). *Revista de Direitos e Garantias Fundamentais,* Vitória, v. 19, n. 3, p. 159–180, 2018, p. 171; LÔBO, Paulo. Direito à privacidade e sua autolimitação. *In:* JÚNIOR, Marcos Ehrhardt; LOBO, Fabíola Albuquerque (Coord.). *Privacidade e sua compreensão no direito brasileiro.* Belo Horizonte: Fórum, 2019. p. 23-24. Nessa linha, afirma Bruno Miragem: "[...] recorde-se que a proteção de dados pessoais se justifica pela proteção à privacidade do titular dos dados". MIRAGEM, Bruno. A Lei Geral de Proteção de Dados (Lei 13.709/2018) e o direito do consumidor. *In:* MARTINS, Guilherme Magalhães; ROSENVALD, Nelson (Coords.). *Responsabilidade civil e novas tecnologias.* Indaiatuba: Editora Foco, 2020. p. 59.

[302] BRASIL. *Emenda Constitucional n° 115 (2022).* Altera a Constituição Federal para incluir a proteção de dados pessoais entre os direitos e garantias fundamentais e para fixar a competência privativa da União para legislar sobre proteção e tratamento de dados pessoais. Disponível em: https://www.in.gov.br/web/dou/-/emenda-constitucional-n-115-379516387. Acesso em: 15 fev. 2022.

[303] No âmbito da UE, esse fenômeno se observa a parir dos anos 2000. FUSTER, Gloria González. *The Emergence of Personal Data Protection as a Fundamental Right of the EU.* Londres: Springer, 2014. p. 214.

[304] Entre outros que se filiam a essa corrente, elenca-se os seguintes: DE HERT, Paul; GUTWIRTH, Serge. Privacy, data protection and law enforcement: opacity of the individual and transparency

que a proteção de dados pessoais se destaca da privacidade, "aumentando a sua autonomia conceptual como uma resposta ao progresso técnico e à importância assumida pelo tratamento de dados (pessoais) ao longo do tempo"[305]. Com efeito, cuida-se de direitos e conceptualizações que não se confundem, possuem características, ou melhor, razões sistemáticas[306]

of power. *In:* CLAES, Erik; GUTWIRTH, Serge; DUFF, Antony (Orgs.). *Privacy and the Criminal Law.* Antwerpen-Oxford: Intersentia, 2006. p. 61-104; GELLERT, Raphaël; GUTWIRTH, Serge. The legal construction of privacy and data protection. *Computer Law and Security Review*, v. 29, n. 5, p. 522–530, 2013; LYNSKEY, Orla. Deconstructing data protection: The "added-value" of a right to data protection in the eu legal order. *International and Comparative Law Quarterly*, v. 63, n. 3, p. 569–597, 2014; TZANOU, Maria. Data protection as a fundamental right next to privacy? "Reconstructing" a not so new right. *International Data Privacy Law*, v. 3, n. 2, p. 88–99, 2013, p. 93; TZANOU, Maria. *The Fundamental Right to Data Protection:* Normative Value in the Context of Counter-Terrorism Surveillance. Oxford: Hart Publishing, 2017; HILDEBRANDT, Mireille. *Smart Technologies and The End(s) of Law.* Cheltenham-Northampton: Edward Elgar, 2015; HUSTINX, Peter. EU Data Protection Law: The Review of Directive 95/46/EC and the General Data Protection Regulation. *In*: CREMONA, Marise (Coord.). *New Technologies and EU Law.* Oxford: Oxford Univesity Press, 2017. p. 123–173; CORTE, Lorenzo Dalla. A Right to a Rule: On the Substance and Essence of the Fundamental Right to Personal Data Protection. *In*: HALLINAN, D. et al. (Orgs.). *Data Protection and Privacy: Data Protection and Democracy.* Oxford: Hart Publishing, 2020. p. 27–58; GRATTON, Éloïse. *Understanding Personal Information: Managing Privacy Risks.* Markham: LexisNexis, 2013, p. 203. No Brasil: DONEDA, Danilo. A autonomia do direito fundamental de proteção de dados. *In*: SOUZA, Carlos Affonso; MAGRANI, Eduardo; SILVA, Priscilla (Coord.). *Caderno Especial: Lei Geral de Proteção de Dados (LGPD).* São Paulo: Revista dos Tribunais, 2019. p. 15-33; BIONI, Bruno R. *Proteção de dados pessoais:* a função e os limites do consentimento. 1. ed. Rio de Janeiro: Forense, 2019. p. 92 et. seq.; SARLET, Ingo W.; SAAVEDRA, Giovani A. Fundamentos Jusfilosóficos e Âmbito de Proteção do Direito Fundamental à Proteção de Dados Pessoais. *Revista de Direito Público*, Brasília, v. 17, n. 93, p. 33–57, mai./jun. 2020; SARLET, Ingo Wolfgang. Fundamentos constitucionais*:* o direito fundamental à proteção de dados. *In*: DONEDA, Danilo et. al. (Coord.). *Tratado de proteção de dados pessoais.* Rio de Janeiro: Forense, 2021. p. 21-60; MACHADO, Diego Carvalho; MENDES, Laura Schertel. Tecnologias de perfilamento e dados agregados de geolocalização no combate à COVID-19 no Brasil: uma análise dos riscos individuais e coletivos à luz da LGPD. *Direitos Fundamentais & Justiça*, Belo Horizonte, ano 14, p. 105-148, nov. 2020. Número especial.

305 CORTE, Lorenzo Dalla. A Right to a Rule: On the Substance and Essence of the Fundamental Right to Personal Data Protection. *In*: HALLINAN, D. et al. (Orgs.). *Data Protection and Privacy: Data Protection and Democracy.* Oxford: Hart Publishing, 2020. p. 36. Tradução livre de: "increasing its conceptual autonomy as a response to technical progress and to the importance that (personal) data processing assumed over time".

306 Sobre as razões sistemáticas de categorias e conceitos jurídicos e a sua importância para a racionalidade e cientificidade do trabalho da doutrina, afirma Davide Messinetti: "Tali rationes sistematiche, dunque, esprimendo una logica determinata, consentivano anche di rappresentare i limiti entro i quali l'evoluzione del mondo reale poteva acquisire rilevanza normativa. L'utilizzazione dei concetti e delle categorie giuridiche in un modo che prescinde dalla comprensione delle specifiche logiche normative, alle quali sono vincolate, e dalla corrispondenza ad esse dei fenomeni

que as diferenciam, ainda que existam pontos de confluência. Uma das mais sofisticadas elaborações que busca explicar os contornos teóricos da distinção entre direito à privacidade e direito à proteção de dados pessoais, vem da pena dos juristas Serge Gutwirth e Paul De Hert, ambos professores da *Vrije Universiteit Brussel*.

No marco do Estado de Direito e no curso do desenvolvimento dos seus modelos orientados à limitação e legitimação do poder, o Estado Democrático de Direito se caracteriza como aquele que se empenha em assegurar aos seus cidadãos o exercício efetivo dos direitos e liberdades fundamentais, independentemente da dimensão ou natureza destes, se civis, políticos, econômicos, sociais ou culturais[307]. Para esse fim, forjou-se nos quadrantes das democracias constitucionais, segundo Gutwirth e De Hert, dois tipos de instrumentos jurídicos que são complementares entre si e funcionalizados pelos mesmos fins de "controle e limitação do poder"[308]: instrumentos de opacidade e instrumentos de transparência.

Em síntese, os instrumentos de opacidade desempenham importante papel na proteção dos indivíduos contra a interferência estatal e de entes privados em sua esfera de liberdade pessoal e autonomia[309]. Já os instrumentos de transparência, por sua vez, consistem em mecanismos que limitam o poder mediante formas de controle exercidas pelos próprios cidadãos, entes coletivos e inclusive outros órgãos estatais; estes instrumentos têm em comum a busca pela garantia de transparência na tomada

da qualificare giuridicamente rende, perciò, non visibili le rationes che presiodono alle qualificazioni e impedisce ogni rappresentazione razionale dei limiti dell'ordinamento". MESSINETTI, Davide. Recenti orientamenti sulla tutela della persona: la moltiplicazioni dei diritti e dei danni. *In*: BARCELLONA, M. et. al. *Lezioni di diritto civile*. Nápoles: Edizioni Scientifiche Italiane, 1990. p. 61.

[307] Cf. MENDES, Gilmar Ferreira; COELHO, Inocêncio Mártires; BRANCO, Paulo Gustavo G. *Curso de direito constitucional*. 3. ed. São Paulo: Saraiva, 2008. p. 149.

[308] DE HERT, Paul; GUTWIRTH, Serge. Privacy, data protection and law enforcement: opacity of the individual and transparency of power. *In*: CLAES, Erik; GUTWIRTH, Serge; DUFF, Antony (Orgs.). *Privacy and the Criminal Law*. Antwerpen-Oxford: Intersentia, 2006. p. 66. Vide também: HERT, Paul De; GUTWIRTH, Serge. Regulating Profiling in a Democratic Constitutional State. *In*: HILDEBRANDT, Mireille; GUTWIRTH, Serge (Eds.). *Profiling the European Citizen:* Cross-disciplinary Perspectives. Dordrecht: Springer, 2008. p. 275 et. seq.

[309] DE HERT, Paul; GUTWIRTH, Serge. Privacy, data protection and law enforcement: opacity of the individual and transparency of power. *In*: CLAES, Erik; GUTWIRTH, Serge; DUFF, Antony (Orgs.). *Privacy and the Criminal Law*. Antwerpen-Oxford: Intersentia, 2006. p. 67-69.

de decisão governamental e de atores privados, um verdadeiro pressuposto para a governança responsável[310]. Defendem os autores que as leis e regulações de proteção de dados pessoais configuram, majoritariamente, instrumentos de transparência, enquanto a tutela da privacidade, de outro lado, pertence aos instrumentos de opacidade[311]. Ou seja, por este ângulo, o direito à proteção de dados pessoais e suas estruturas regulatórias se valem, especialmente, de instrumentos de transparência para controle do exercício de atividade lícita (de tratamento de dados pessoais) que, devido a existência de assimetrias de poder, deve ser fiscalizada pelos próprios titulares dos dados e outras entidades para coibir-se abusos.

De outro lado, também num contexto de relações de poder, o direito à privacidade e sua disciplina se moldam, preponderantemente, como anteparo contra interferências adversas sobre sua liberdade e autonomia ("*freedom from*") e meio que possibilita a construção da identidade pessoal[312] ("*freedom to*"). Cumpre, no entanto, esclarecer que esse modelo teórico não exclui a admissibilidade do emprego de mecanismos proibitivos próprios aos instrumentos de opacidade no campo da proteção de dados pessoais[313],

[310] DE HERT, Paul; GUTWIRTH, Serge. Privacy, data protection and law enforcement: opacity of the individual and transparency of power. *In*: CLAES, Erik; GUTWIRTH, Serge; DUFF, Antony (Orgs.). *Privacy and the Criminal Law*. Antwerpen-Oxford: Intersentia, 2006. p. 69-70. Os autores destacam as diferenças entre os dois tipos de instrumentos: "The tools of opacity are quite different in nature from the tools of transparency. Opacity tools embody normative choices about the limits of power; transparency tools come into play after these normative choices have been made in order still to channel the normatively accepted exercise of power. While the latter are thus directed toward the control and channelling of legitimate uses of power, the former are protecting the citizens against illegitimate and excessive uses of power. The latter do take into account that the temptations of abuse of power are huge, and empower citizens and whatchdogs to have and eye even on the legitimate use of power: they put counter powers into place". HERT, Paul De; GUTWIRTH, Serge. *Op. cit.*, p. 70.

[311] DE HERT, Paul; GUTWIRTH, Serge. Privacy, data protection and law enforcement: opacity of the individual and transparency of power. *In*: CLAES, Erik; GUTWIRTH, Serge; DUFF, Antony (Orgs.). *Privacy and the Criminal Law*. Antwerpen-Oxford: Intersentia, 2006. p. 78.

[312] É importante ressaltar que, na visão dos autores, o direito à privacidade não possui tão somente uma função negativa, como se apenas liberdade negativa fosse; possui também uma função positiva, uma vez que é indispensável para o processo de construção da identidade e participação na vida pública. DE HERT, Paul; GUTWIRTH, Serge. *Op. cit.*, p. 72-73.

[313] Cf. DE HERT, Paul; GUTWIRTH, Serge. *Op. cit.*, p. 72-73. Em sentido contrário: TZANOU, Maria. *The Fundamental Right to Data Protection:* Normative Value in the Context of Counter-Terrorism Surveillance. Oxford: Hart Publishing, 2017. p. 36-37.

haja vista a previsão em leis de proteção de dados de regimes restritivos como o que se refere aos dados sensíveis e dos princípios da finalidade e da adequação, que vedam o tratamento de dados para propósitos não especificados na origem ou com eles incompatíveis.

A distinção acima adota, na verdade, um critério teleológico para estremar privacidade e proteção de dados pessoais[314]. Contudo, além deste, há outro importante critério a ser levado em consideração para traçar a linha distintiva: a natureza ou perfil do direito. Sob essa perspectiva, pode-se dizer que o direito à privacidade possui natureza substantiva e o direito à proteção de dados pessoais tem perfil processual/procedimental. Para esse ponto é muito pertinente o aporte das contribuições das teorias procedimentais analisadas no item 1.2.5 deste capítulo.

Tendo em vista que a proteção de dados pessoais tem por *telos* que a inspira proteger as pessoas contra injustificado e abusivo tratamento de dados e circulação de aspectos de sua personalidade[315], aponta-se ter esse direito um caráter prevalentemente procedimental, em que prescreve-se procedimentos e métodos a ser observados durante todo o ciclo de vida da informação pessoal, suas específicas etapas, mesmo antes de operações de tratamento de dado pessoal (*v. g.*, coleta, processamento, transferência e recepção), numa abordagem que pressupõe inspeção e visão detalhadas dos fluxos de dados[316]. Tais procedimentos e formas, uma vez observados, são, outrossim, instrumentos de promoção de uma série de direitos e liberdades fundamentais, a exemplo do direito à privacidade – que possui caráter

[314] CORTE, Lorenzo Dalla. A Right to a Rule: On the Substance and Essence of the Fundamental Right to Personal Data Protection. *In:* HALLINAN, D. et al. (Coords.). *Data Protection and Privacy:* Data Protection and Democracy. Oxford: Hart Publishing, 2020. p. 41.

[315] ZANFIR, Gabriela. Forgetting About Consent. Why The Focus Should Be On "Suitable Safeguards" in Data Protection Law. *In:* GUTWIRTH, Serge; LEENES, Ronald; DE HERT, Paul (Coords.). *Reloading Data Protection Law:* Multidisciplinary Insights and Contemporary Challenges. London: Springer, 2008. p. 245.

[316] BIRNHACK, Michael. A process-based approach to informational privacy and the case of big medical data. *Theoretical Inquiries in Law*, v. 20, n. 1, p. 257–290, 2019, p. 260-261.

eminentemente substancial[317-318]. Apesar de o fim último do direito fundamental à proteção de dados pessoais ser a tutela da pessoa humana, esse direito visa garantir a operação de mecanismos indispensáveis à efetiva proteção contra o ilegítimo e injustificado tratamento de dados pessoais. Daí Gabriela Zanfir utilizar a inusual expressão "um direito que protege a proteção"[319], para descrever o perfil procedimental do direito à proteção de dados pessoais e seu objeto de tutela. Em semelhante expressão, Dalla Corte define o direito à proteção de dados como um "direito à uma regra" que regula o tratamento de dados pessoais[320].

A este respeito, importa consignar que tanto doutrina como a legislação mais atual em tema de proteção de dados pessoais chamam a atenção para a relevante função que o instituto das *salvaguardas* recebe no sistema de proteção de dados e na tutela de direitos e liberdades fundamentais.

[317] Cf. DE HERT, Paul; GUTWIRTH, Serge. Privacy, data protection and law enforcement: opacity of the individual and transparency of power. In: CLAES, Erik; GUTWIRTH, Serge, DUFF, Antony (Orgs.). *Privacy and the Criminal Law.* Antwerpen-Oxford: Intersentia, 2006. p. 77-78; ZANFIR, Gabriela. *Op. cit.*, p. 245-246; QUELLE, Claudia. Privacy, Proceduralism and Self-Regulation in Data Protection Law. *Teoria Critica Della Regolazione Sociale,* v. 1, n. 14, p. 89–106, 2017; CORTE, Lorenzo Dalla. A Right to a Rule: On the Substance and Essence of the Fundamental Right to Personal Data Protection. In: HALLINAN, Dara et al. (Eds.). *Data Protection and Privacy:* Data Protection and Democracy. Oxford: Hart Publishing, 2020. p. 27-58

[318] Nesse sentido, leis de proteção de dados como o GDPR e a LGPD, que instituem a avaliação de impacto de proteção de dados pessoais se voltam à identificação e minoração de riscos a *direitos e liberdades fundamentais*. Sobre o assunto, assim entendeu o extinto Grupo de Trabalho de Proteção de Dados do Artigo 29: "the reference to "the rights and freedoms" of data subjects primarily concerns the rights to data protection and privacy but may also involve other fundamental rights such as freedom of speech, freedom of thought, freedom of movement, prohibition of discrimination, right to liberty, conscience and religion". ARTICLE 29 DATA PROTECTION WORKING PARTY. *Guidelines on Data Protection Impact Assessment (DPIA) and determining whether processing is "likely to result in a high risk" for the purposes of Regulation 2016/679.* Bruxelas: s.n., 2017. p. 6.

[319] ZANFIR, Gabriela. Forgetting About Consent. Why The Focus Should Be On "Suitable Safeguards" in Data Protection Law. *In:* GUTWIRTH, Serge; LEENES, Ronald; DE HERT, Paul (Coords.). *Reloading Data Protection Law:* Multidisciplinary Insights and Contemporary Challenges. London: Springer, 2008. p. 245.

[320] CORTE, Lorenzo Dalla. A Right to a Rule: On the Substance and Essence of the Fundamental Right to Personal Data Protection. *In:* HALLINAN, D. et al. (Coords.). *Data Protection and Privacy:* Data Protection and Democracy. Oxford: Hart Publishing, 2020. p. 48, 53-54. A definição de Raphaël Gellert e Serge Gutwirth muito se aproxima das ideias de Zanfir-Fortuna e Dalla Corte: "The right to data protection can thus be understood as a set of "fair information practices" or as the regulation and organisation of the conditions under which personal data can be lawfully processed". GELLERT, Raphaël; GUTWIRTH, Serge. The legal construction of privacy and data protection. *Computer Law and Security Review,* v. 29, n. 5, p. 522–530, 2013, p. 525.

A exprimir o perfil procedimental do direito à proteção de dados, pode se definir salvaguardas como "o conjunto de prerrogativas concedidas ao titular dos dados, para que o próprio objeto procedimental de proteção de dados pessoais seja tutelado"[321]. No Regulamento Geral de Proteção de Dados da União Europeia (GDPR)[322] e na Diretiva n. 2016/680 do Parlamento Europeu e do Conselho [323], há expressa previsão a respeito. Também a LGPD, no ordenamento jurídico brasileiro, alude às salvaguardas, ainda que de forma tímida, nos arts. 5º, XVII, 38, parágrafo único, 48, § 2º, 50, § 2º, I, "d"[324].

O papel das salvaguardas para a efetivação do direito fundamental à proteção de dados pessoais encontra suas bases em pelo menos três razões, para além da natureza preponderantemente procedimental do direito. Em primeiro lugar, o direito à proteção de dados pessoais não tem por característica ser proibitivo, isto é, ele não proíbe, por padrão, a circulação de informações pessoais e a atividade de tratamento de dados[325] – o que seria decerto irreal no atual contexto da economia digital. Em segundo lugar, com o ocaso da centralidade do tradicional modelo calcado no consentimento do titular (*notice and consent*) como o pilar da proteção de dados pessoais[326], as salvaguardas apropriadas se tornam, nas palavras de

[321] ZANFIR, Gabriela. *Op. cit.*, p. 246-247. Tradução livre de: "the bundle of prerogatives accorded to the data subject so that the procedural object of protecting personal data is protected itself".

[322] Por exemplo: arts. 6º, 4, "e", 9º, 2, "g" e "i", 22, 2, "b", 3 e 4.

[323] Por exemplo: art. 11, 2. A diretiva em questão é relativa à proteção das pessoas naturais no que diz respeito ao tratamento de dados pessoais pelas autoridades competentes para efeitos de prevenção, investigação, deteção ou repressão de infrações penais ou execução de sanções penais, e à livre circulação desses dados.

[324] O instituto aparece fortemente presente no tema do relatório de impacto à proteção de dados pessoais.

[325] Sobre o assunto: cf. HERT, Paul De; GUTWIRTH, Serge. Privacy, data protection and law enforcement: opacity of the individual and transparency of power. In: CLAES, Erik; GUTWIRTH, Serge; DUFF, Antony (Orgs.). *Privacy and the Criminal Law*. Antwerpen-Oxford: Intersentia, 2006. p. 77-78; GONZÁLEZ FUSTER, Glória; GUTWIRTH, Serge. Opening up personal data protection: A conceptual controversy. *Computer Law and Security Review*, v. 29, n. 5, p. 531–539, 2013.

[326] Entre outros vide: ZANFIR, Gabriela. Forgetting About Consent. Why The Focus Should Be On "Suitable Safeguards" in Data Protection Law. *In*: GUTWIRTH, Serge; LEENES, Ronald; DE HERT, Paul (Coords.). *Reloading Data Protection Law*: Multidisciplinary Insights and Contemporary Challenges. London: Springer, 2008. p. 237-257; MANTELERO, Alessandro. The future of consumer data protection in the E.U. Re-thinking the "notice and consent" paradigm in the new era of predictive analytics. *Computer Law and Security Review*, v. 30, n. 6, p. 643–660, 2014; SCHERMER, Bart W.; CUSTERS, Bart; VAN DER HOF, Simone. The crisis of consent: How

Gabriela Zanfir, a nova "pedra angular"[327] da proteção de dados pessoais. A terceira razão se encontra no fato de a disciplina da proteção de dados, no Brasil inclusive, ser voltada à proteção das pessoas naturais contra riscos a direitos fundamentais gerados pela atividade de tratamento de informação pessoal. Em não podendo se eliminar os riscos graves, medidas adequadas para sua minoração devem ser implementadas.

Quanto a natureza substancial do direito à privacidade, fica evidente sua conexão à noção de identidade pessoal. Com isso, todavia, não se pretende delinear uma definição estrita e fundada no que seria a essência ou denominador comum *do que é privacidade*, essência esta a ser comunicada aos multifários interesses jurídicos que concorrem para a composição do âmbito de proteção e da complexa situação jurídica do direito à privacidade. Além da considerável abertura e indeterminação do conceito de identidade na tradição filosófica e jurídica ocidental, o significado do conceito de privacidade é formado por uma rede de coisas que estão vinculadas por relações, correspondências e similaridades, ou "uma complicada rede de semelhanças que se sobrepõem e se cruzam mutuamente"[328], nos dizeres de Ludwig Wittgenstein. É por possuírem *"semelhanças de família"*[329] que se pode dizer que as noções de segredo, confidencialidade, sigilo, domicílio inviolável, anonimato e autonomia fazem parte do campo semântico de privacidade.

Ainda que de fluida textura, a identidade como vetor integrante da "liberdade de restrições irrazoáveis à construção da própria identidade"[330], é capaz

stronger legal protection may lead to weaker consent in data protection. *Ethics and Information Technology*, v. 16, n. 2, p. 171–182, 2014.

327 ZANFIR, Gabriela. *Op. cit.*, p. 246.

328 WITTGENSTEIN, Ludwig. *Investigações filosóficas* — Edição bilíngue alemão/português. Trad. João José R. L. de Almeida. Campinas: Unicamp, 2017. p. 62.

329 Para explicar o que entende por "semelhanças de família", Wittgenstein usa o exemplo da palavra *jogos* e o que ela designa. Considerados os diferentes tipos de jogos, como jogos de cartas, jogo de xadrez, jogo de tênis, jogos com bola, etc., percebe-se similaridades entre eles, sem que haja, contudo, algo que todos têm em comum. "Eu não poderia caracterizar melhor essas semelhanças do que pela expressão "semelhanças de família"; pois assim se sobrepõem e se cruzam as distintas semelhanças que têm lugar entre os membros de uma família: altura, traços faciais, cor dos olhos, andar, temperamento etc., etc. – E eu direi: os 'jogos' conformam uma família". WITTGENSTEIN, Ludwig. *Investigações filosóficas* — Edição bilíngue alemão/português. Trad. João José R. L. de Almeida. Campinas: Unicamp, 2017. p. 62.

330 AGRE, Philip E. Introduction. *In:* AGRE, Philip E.; ROTENBERG, Marc (Orgs.). *Technology and Privacy*: The New Landscape. London-Cambridge: The MIT Press, 1997. p. 7. Tradução livre de: "freedom from unreasonable constraints on the construction of one's own identity"

de conduzir o intérprete a tecer uma urdidura normativa compreensiva de aspectos que, amarrados pelas similitudes e relações da mesma família, são cobertos no âmbito de proteção do direito fundamental à privacidade. Entre outros exemplos, podem ser citados: (i) a tutela do segredo ou confidencialidade, ou da manutenção do sigilo das comunicações privadas, a resguardar a pessoa de ser devassada e ser quem ela é nas suas interações comunicativas particulares[331]; (ii) a proteção do anonimato rastreável e irrastreável na internet como anteparo ao conformismo e discriminação social, possibilitando a expressão anônima em plataformas geridas por provedores de aplicações de internet, e o uso legítimo de *softwares* e outros meios técnicos para obstar o rastreamento do comportamento *online* do usuário[332]; (iii) o direito de não saber, isto é, o "direito de *excluir* da própria esfera privada uma determinada categoria de informações"[333], especialmente quando a informação em questão seja referente ao próprio corpo e origem genética, num campo de convergência entre privacidade e autonomia corporal[334].

[331] Cf. FERRAZ JÚNIOR, Tércio Sampaio. Sigilo de dados: o direito à privacidade e os limites à função fiscalizadora do Estado. *Revista da Faculdade de Direito da Universidade de São Paulo*, v. 88, n. 0, p. 439-459, 1993, p. 441 et seq.; QUEIROZ, Rafael Mafei Rabelo. Privacidade, criptografia e dever de cumprimento de ordens judiciais por aplicativos de troca de mensagens. *In:* DONEDA, Danilo; MACHADO, Diego (Coords.). *A criptografia no direito brasileiro.* São Paulo: Revista dos Tribunais, 2019. p. 38-40. Com relação a este assunto, cumpre chamar atenção a exemplo da prática jurídico-constitucional brasileira. O Ministro Gilmar Mendes assim se manifestou em sede de julgamento liminar do MS 38.187/DF: "De início, considero que os referidos registros de conexão, dados de acesso e conteúdos de comunicações privadas são claramente albergados por proteção constitucional, seja essa proteção entendida a partir da cláusula de inviolabilidade do sigilo das comunicações (art. 5º, inciso XII, da Constituição Federal), seja tal proteção entendida, de forma mais ampla e consentânea com a evolução jurisprudencial, a partir da cláusula geral de proteção à intimidade (art. 5º, inciso X)."

"[...] No caso em tela, portanto, tenho clareza de que os dados pessoais que são objeto do Requerimento formulado pela CPI são inequivocamente protegidos pelo direito fundamental à privacidade (art. 5º, inciso X, da CF)". BRASIL. Supremo Tribunal Federal. *Medida Cautelar em Mandado de Segurança n. 38.187/DF.* Relator: Ministro Gilmar Mendes, 02/09/2021. Diário de Justiça eletrônico, Brasília, DF, 08/09/2021. Disponível em: http://portal.stf.jus.br/processos/downloadPeca.asp?id=15347670291&ext=.pdf. Acesso em: 01 nov. 2021.

[332] MACHADO, Diego; DONEDA, Danilo. Direito ao anonimato na internet: fundamentos e contornos dogmáticos de sua proteção no direito brasileiro. *Revista de Direito Civil Contemporâneo*, São Paulo, v. 23, ano 7, p. 95-140, abr./jun. 2020, p. 118-119; RODOTÀ, Stefano. *Il mondo nella rete:* quali i diritti, quali i vincoli. Roma-Bari: Laterza, 2014. p. 23.

[333] RODOTÀ, Stefano. *A vida na sociedade da vigilância:* A privacidade hoje. Rio de Janeiro: Renovar, 2008. p. 109.

[334] KONDER, Carlos Nelson. Privacidade e corpo: convergências possíveis. *Pensar*, v. 18, n. 2, p. 354–400, 2013, p. 387-388.

Nas relações entre os autônomos direitos à privacidade e à proteção de dados pessoais, é válido chamar atenção para certa síntese formulada por Gëllert e Gutwirth[335]. Mesmo que havendo sobreposições entre um e outro, o direito à proteção de dados pessoais é a um só tempo mais amplo e mais restrito do que o direito à privacidade. Diz-se mais restrito porque se aplica à atividade de tratamento de dados pessoais, enquanto o direito à privacidade tem alcance mais alargado. É mais amplo, porém, pois se aplica ao tratamento de dados pessoais ainda que tal operação não importe numa violação à privacidade. De outro lado, o direito à privacidade também é mais amplo e restrito: pode se aplicar a atividade de tratamento de dados que não são pessoais, mas que afetam o direito à privacidade de uma pessoa, bem como não se aplica a tratamento de dados de caráter pessoal que não configura lesão à liberdade de restrições irrazoáveis à construção da própria identidade.

Nessa linha de raciocínio, convém ainda assinalar três aspectos oriundos do perfil e da autonomia que o direito à proteção de dados pessoais ganha frente ao direito à privacidade: (i) instrumentalidade da proteção de dados pessoais à tutela de direitos e liberdades fundamentais em geral, (ii) conteúdo ou objeto de tutela que lhe é característico, e (iii) ponderação ou balanceamento em termos próprios quando em colisão com outras normas constitucionais. A proteção de dados pessoais e a tutela de seu objeto procedimental, ainda que conformadoras de direito fundamental autônomo, também possui relevância para a proteção e promoção de outros direitos e liberdades fundamentais da pessoa humana tal como o direito à privacidade. Com efeito, o tratamento de dados que exprimem, em última instância, a personalidade do titular dos dados, se realizado ilícita ou abusivamente pode solapar, por exemplo, o exercício da liberdade de reunião em praça pública para expressar o dissenso político, ou confissão religiosa heterodoxa, eis que paralisantes os efeitos (*"chilling effects"*) de uma institucionalidade de opacidade kafkiana[336]. Assim, o direito à

[335] GELLERT, Raphaël; GUTWIRTH, Serge. The legal construction of privacy and data protection. *Computer Law and Security Review*, v. 29, n. 5, p. 522–530, 2013, p. 526.

[336] Segue nessa linha os fundamentos vertidos pelo Tribunal Constitucional Federal alemão, no famoso *leading case* de 1983: "Quem estiver inseguro sobre se formas de comportamento divergentes são registradas o tempo todo e definitivamente armazenadas, utilizadas ou transmitidas, tentará não chamar a atenção através de tais comportamentos. Quem estiver contando que, por exemplo, a participação em uma assembléia ou em uma iniciativa popular pode ser registrada

proteção de dados tem certa instrumentalidade à tutela da privacidade e demais direitos e liberdades[337].

O segundo aspecto é, decerto, o de mais difícil formulação. Delimitar conteúdo que seja próprio da proteção de dados pessoais, é dizer, seu objeto de tutela, conquanto se constitua um desdobramento lógico-sistemático[338], é tarefa árdua haja vista a complexidade deste direito[339]. Considerável parcela da doutrina europeia tem se dedicado a esse trabalho, notadamente em razão do mandamento do art. 52, 1, da CDFUE, que estatui que toda restrição a direito fundamental deve respeitar o "conteúdo essencial" do direito limitado[340]. A partir da noção prevalentemente procedimental da proteção de dados pessoais – ótica adotada nesta obra – mas sem enveredar nos intrincados meandros da doutrina do conteúdo essencial (ou

pelas autoridades, podendo lhe causar problemas (futuros), possivelmente desistirá de exercer seus respectivos direitos fundamentais (Art. 8, 9 GG). Isso não prejudicaria apenas as chances de desenvolvimento individual do cidadão, mas também o bem comum, porque a autodeterminação é uma condição funcional elementar para uma comunidade democrática e livre, fundada na capacidade de ação e participação de seus cidadãos". SCHWABE, Jürgen. *Cinqüenta de Jurisprudência do Tribunal Constitucional Federal Alemão.* Trad. B. Hennig, L. Martins, M. B. de Carvalho, T. M. de Castro, V. G. Ferreira. Montevidéu: Fundación Konrad Adenauer, 2005. p. 238.

337 Nessa linha: GUTWIRTH, Serge; DE HERT, Paul. Data Protection in the Case Law of Strasbourg and Luxemburg: Constitutionalisation in Action. *In:* GUTWIRTH, Serge et al. (Orgs.). *Reinventing Data Protection?* Amsterdam: Springer, 2009. p. 44; DOCKSEY, Christopher; ZANFIR-FORTUNA, Gabriela. Article 16 [Protection of personal data]. *In:* BLANKE, Hermann-Josef; MANGIAMELI, Stelio (Orgs.). *Treaty on the Functioning of the European Union* – A Commentary. Cham: Springer, 2021. v. I. p. 414.

338 TZANOU, Maria. *The Fundamental Right to Data Protection:* Normative Value in the Context of Counter-Terrorism Surveillance. Oxford: Hart Publishing, 2017. p. 38-39.

339 Escrevendo sobre a complexidade da proteção de dados, num genuíno esforço de releitura do direito e seu objeto de tutela, Marion Albers afirma: "O resultado mostra que a proteção de dados esboça um conjunto complexo de interesses dignos de tutela. A proteção de dados baseia-se em uma compreensão multidimensional de direitos fundamentais e exige descrições inteiramente novas dos interesses protegidos: em vez de bens juridicamente tutelados concebidos de modo individualista, a questão tem a ver com posições jurídicas individuais na socialidade ou, em outras palavras, as posições sociais do indivíduo a serem protegidas por direitos fundamentais. O conjunto de interesses e posições protegidos ainda precisa ser elaborado com maior grau de detalhamento e também terá de ser sempre adaptado dinamicamente a novos perigos". ALBERS, Marion. A complexidade da proteção de dados. *Direitos Fundamentais & Justiça*, Belo Horizonte, v. 10, n. 35, p. 19–45, jul./dez. 2016, p. 38-39.

340 Por todos: CORTE, Lorenzo Dalla. A Right to a Rule: On the Substance and Essence of the Fundamental Right to Personal Data Protection. *In*: HALLINAN, D. et al. (Orgs.). *Data Protection and Privacy: Data Protection and Democracy.* Oxford: Hart Publishing, 2020. p. 49 et seq.

núcleo essencial) dos direitos fundamentais[341], acolhe-se a contribuição de Lorenzo Dalla Corte que concebe o direito à proteção de dados pessoais "como o direito fundamental de ter uma regra (ou conjunto de regras) regulando o tratamento de dados pessoais"[342].

De acordo com essa perspectiva, porosa ao princípio democrático, *o direito garante a regulação da atividade de tratamento de dados pessoais conforme um sistema de freios e contrapesos e a participação dos titulares dos dados em tal atividade de tratamento.* Não assume teor proibitivo, mas sim positivo ou regulatório[343], significando que o tratamento de dados pessoais é autorizado, porém deve respeitar certos requisitos para que a atividade seja legítima – enfim, trata-se de um instrumento de transparência. Como observa Dalla Corte, o direito fundamental à proteção de dados pessoais "incorpora a decisão coletiva de permitir o tratamento de dado pessoal se e na medida em que esteja sujeito a certo conjunto de regras, ao invés de proibi-lo a não ser que requisitos específicos sejam atendidos"[344]. Nessa direção, pode-se sustentar que está contido neste direito a exigência de base normativa para a legitimidade da operação de tratamento, a instituição de um regime de direitos dos titulares[345], a lhes atribuir situações jurídicas perante os agentes de tratamento, e a constituição de uma autoridade de garantia[346].

341 Na doutrina brasileira, versam sobre o assunto: SARLET, Ingo Wolfgang. *A eficácia dos direitos fundamentais:* uma teoria geral dos direitos fundamentais na perspectiva constitucional. 10. ed. rev., atual. e amp. Porto Alegre: Livraria do Advogado, 2009. p. 402 et seq.; SILVA, Virgílio Afonso da. *Direitos fundamentais:* conteúdo essencial, restrições e eficácia. 2. ed. 3. tir. São Paulo: Malheiros, 2014. p. 183-207.

342 CORTE, Lorenzo Dalla. A Right to a Rule: On the Substance and Essence of the Fundamental Right to Personal Data Protection. *In*: HALLINAN, D. et al. (Orgs.). *Data Protection and Privacy: Data Protection and Democracy.* Oxford: Hart Publishing, 2020. p. 47. Tradução livre de: "as the fundamental right to having a (set of) rule(s) regulating the processing of personal data".

343 Cf. FUSTER, Glória González; GUTWIRTH, Serge. Opening up personal data protection: A conceptual controversy. *Computer Law and Security Review*, v. 29, n. 5, p. 531–539, 2013, p. 533.

344 CORTE, Lorenzo Dalla. *Op. cit.*, p. 48. Tradução livre de: "embodies the collective decision of allowing personal data processing if and to the extent that it is subject to a certain set of rules, rather than prohibiting it unless specific requirements are satisfied".

345 Neste sentido: AUSLOOS, Jef; VEALE, Michael; MAHIEU, René. Getting data subject rights right: A submission to the European Data Protection Board from international data rights academics, to inform regulatory guidance. *Journal of Intellectual Property, Information Technology and E-Commerce Law*, v. 10, n. 3, p. 283–309, 2020, p. 284.

346 No tocante às autoridades de garantia e sua função no campo da proteção de dados pessoais: DONEDA, Danilo. A Autoridade Nacional de Proteção de Dados e o Conselho Nacional de Proteção de Dados. *In*: DONEDA, Danilo et. al. (Coord.). *Tratado de proteção de dados pessoais.* Rio de Janeiro: Forense, 2021. p. 459-472.

O terceiro aspecto, por fim, é igualmente um corolário da autonomização do direito fundamental à proteção de dados: uma vez identificada como necessária a técnica da ponderação na atividade de interpretação-aplicação da norma, o direito à proteção de dados pessoais deve ser tratado em seus próprios termos, não com base em razões afetas ao direito à privacidade[347].

No mundo *onlife* e na sociedade em que as tecnologias de perfilamento emergem como infraestrutura, atenção deve se ter com os pontos de encontro e zonas de confluência entre o direito à proteção de dados pessoais e o direito à privacidade, e o correspondente entrelaçamento de situações jurídicas complexas[348] dimanadas. Considere-se, a título de exemplo, o uso em locais públicos – como aeroportos e estações de trem – de *scanners* de corpo integrados com sistemas de inteligência artificial baseados em visão computacional e algoritmos de aprendizado de máquina[349]: o tratamento automatizado de imagens coloca em jogo se não só a intimidade corporal como também dados pessoais sensíveis (dados biométricos e dados de saúde), fazendo surgir um plexo situações subjetivas para titulares de dados compostas por interesses conexos à tutela da privacidade e à proteção de

[347] Maria Tzanou leciona: "Determining disproportionate processing on the basis of the right to privacy and not of the specific data protection principle that this goes against, is not only an unnecessary circumvention of the existing law that renders data protection virtually useless. It is also dangerous, because there could be instances of disproportionate processing of personal data that hardly, however, constitute disproportionate interferences with the right to privacy". TZANOU, Maria. *The Fundamental Right to Data Protection:* Normative Value in the Context of Counter-Terrorism Surveillance. Oxford: Hart Publishing, 2017. p. 41.

[348] Nesse sentido: "A tutela da privacidade é melhor enquadrada dentro do que foi descrito por Pietro Perlingieri como uma situação subjetiva complexa, i.e., uma situação que não se expressa através do exercício arbitrário do poder pelo seu titular, porém em um complexo de interesses, tanto do titular quanto da coletividade, que pode dar origem a poderes bem como a deveres, obrigações, ônus aos envolvidos". DONEDA, Danilo. *Da privacidade à proteção de dados pessoais.* 2. ed. São Paulo: Revista dos Tribunais, 2020. p. 130. Cf., ainda: PERLINGIERI, Pietro. *Il diritto civile nella legalità costituzionale.* 2. ed. rev. ed integrata. Nápoles: Edizioni Scientifiche Italiane, 1991. p. 279; ASCENSÃO, José de Oliveira. *Direito Civil – Teoria Geral.* Coimbra: Coimbra Editora, 2002, v. 3. p. 121 et seq.

[349] Sobre tal tipo de aplicação de inteligência artificial, o *The Guardian* reportou a existência de possíveis testes no setor de transportes em cidades dos EUA: HARRIS, Mark. AI-powered body scanners could soon be inspecting you in public places. *The Guardian*, 27 out. 2016. Disponível em: https://www.theguardian.com/technology/2016/oct/25/airport-body-scanner-artificial-intelligence. Acesso em: 08 out. 2021.

dados pessoais[350]. O direito à "proteção da proteção" visa promover e incorporar na infraestrutura da informação e da comunicação procedimentos, métodos, freios e contrapesos que assegurem, em havendo tratamento de dados pessoais, possibilidades de ação (*affordances*) tais como a acessibilidade a dados e a contestabilidade de tratamentos e decisões automatizados – criando condições materiais, institucionais e técnicas para o exercício de situações subjetivas como o direito de acesso, direito de oposição e direito de revisão. A seu turno, essas possibilidades viabilizam a tutela da privacidade do titular dos dados que, imerso em ambientes com agentes artificiais movidos por aprendizado de máquina e sistemas de inteligência artificial, deve ter a garantia de um papel participativo na codeterminação da maneira como é lida e representada[351].

Tal articulação de normas jurídicas e tecnologias de perfilamento na infraestrutura tecnológica conduz à uma efetiva "proteção jurídica desde a concepção" (*legal protection by design*), é dizer, à compatibilização e incorporação das normas e valores dos direitos fundamentais e do princípio democrático nas tecnologias de perfilamento e infraestrutura da informação e da comunicação, "fundamentando o *design* na participação democrática e na legislação, ao mesmo tempo em que garantindo contestabilidade,

[350] Cf. MIRONENKO, Olga. Body scanners versus privacy and data protection. *Computer Law and Security Review*, v. 27, n. 3, p. 232–244, 2011; GELLERT, Raphaël; GUTWIRTH, Serge. The legal construction of privacy and data protection. *Computer Law and Security Review*, v. 29, n. 5, p. 522–530, 2013, p. 526-527.

[351] HILDEBRANDT, Mireille. *Smart Technologies and The End(s) of Law*. Cheltenham-Northampton: Edward Elgar, 2015. p. 102-103. Em última análise, a lição de Stefano Rodotà sobre a configuração de uma "identidade externa" diante das novas formas de tratamento de dados, se alinha à necessidade de que à pessoa seja garantida coparticipação em como é representada: "Our identity, thus, is more and more the result of an operation prevailingly conducted, processed and controlled by others. And we are not speaking here only of a construction based on the way the others see us and define us: 'le Juif dépend de l'opinion pour sa profession, ses droits et sa vie' (Sartre 1954: 106). Collective representation can determine the way in which we are considered, without necessarily providing the identity constitutive materials, as it happens when personal data are used directly. Furthermore, it is also true that in the one or the other case we have an 'unstable' identity, at the mercy, from time to time, of moods, prejudices or the concrete interest of the entities collecting, storing and disseminating personal data. A circumstance of dependence is thus created that causes the construction of an 'external' identity, and the classification of identity in forms that reduce the identity managing power of the person concerned". RODOTÀ, Stefano. Of machines and men: The road to identity. Scenes for a discussion. *In*: HILDEBRANDT, Mireille; ROUVROY, Antoinette (Orgs.). *Law, human agency and autonomic computing*. Nova Iorque: Routledge, 2011. p. 183. Vide, ainda, RODOTÀ, Stefano. *Il diritto di avere diritti*. Roma-Bari: Laterza, 2012. p. 324-325.

como valores centrais e passíveis de concretização da tutela jurídica"[352]. Assim, a configuração ou *design* das tecnologias de perfilamento e seus agentes artificiais, quando em interação com a pessoa humana (ou agente humano), devem ensejar possibilidades de ação (*affordances*) compatíveis com os direitos fundamentais à privacidade e à proteção de dados pessoais e às situações jurídicas decorrentes. Em relação a este último, ao fim, isso há de se traduzir numa aprofundada noção de *proteção de dados desde a concepção* ("*data protection by design*") prenhe de efeitos jurídicos, como será oportunamente desenvolvido no Capítulo 3.

1.3.3. Origem e formação da dimensão coletiva dos direitos à privacidade e à proteção de dados pessoais

Ao tomar-se em consideração o desenvolvimento das noções de privacidade e proteção de dados pessoais, tal como abordado no item 1.1, há certa facilidade de se notar a existência de uma perspectiva individualista deveras preponderante aplicada seja no "direito a ser deixado só" a animar o *privacy tort* de Warren e Brandeis, seja na concepção dos FIPPs à luz do vetor da mutualidade, que exige, para a coparticipação na tomada de decisão sobre as informações pessoais, a individualização, tanto quanto precisa, da pessoa a quem os dados se referem e do agente responsável pelo tratamento dos dados. Uma das já aludidas críticas de Ari Waldman às concepções baseadas em direitos poderia ser, na verdade, direcionada a essa tradicional perspectiva que, de fato, tende a ver o indivíduo como o *locus* de desígnio e realização da privacidade (e da proteção de dados pessoais) – ainda que postos ancilarmente a proteção de aspectos e interesses da coletividade.

Aliás, este é o sentir de diversos escritores que atualmente salientam as insuficiências do paradigma centrado no indivíduo[353], haja vista o advento

[352] HILDEBRANDT, Mireille. Legal Protection by Design. *In:* COHUBICOL. *Text-driven Normativity*. Disponível em: https://publications.cohubicol.com/working-papers/text-driven-normativity/chapter-2/legal-protection-by-design/. Acesso em: 02 dez. 2021. Tradução livre de: "grounding the design in democratic participation and legislation while ensuring contestability as core and actionable values of legal protection".

[353] Entre outros, podem ser mencionados os seguintes autores e autoras: RODOTÀ, Stefano. *Tecnologie e diritti*. Bolonha: Il Mulino, 1995. passim; FLORIDI, Luciano. Open Data, Data Protection, and Group Privacy. *Philosophy and Technology*, v. 27, n. 1, p. 1–3, 2014, p. 1; KOOPS, Bert Jaap. The trouble with European data protection law. *International Data Privacy Law*, v. 4, n. 4, p. 250–261, 2014, p. 257; MANTELERO, Alessandro. Personal data for decisional purposes in the age of analytics:

de ameaças e riscos de ordem coletiva associados ao intensivo tratamento de dados por tecnologias digitais e – acrescente-se – tecnologias biomédicas. Nesta ordem de ideias, duas aplicações tecnológicas podem servir de exemplo a respeito dos riscos causados em nível de grupo: (i) testes e *screening* genético preditivo, e (ii) sistemas de reconhecimento de padrões de mobilidade de grupos e elaboração de modelos computacionais preditivos de futuros focos de surto de doenças infectocontagiosas.

O desenvolvimento científico e tecnológico das últimas duas décadas não só impulsionou a maior acessibilidade e popularização dos exames de DNA[354], como também imbricou tecnologias biomédicas a avançadas técnicas computacionais[355], dando azo a importantes questões ético-jurídicas. Nesse contexto, os denominados testes de rastreio genético usualmente são realizados para a detecção de doenças ou riscos não conhecidos[356], oportunizando-se, por exemplo, o aconselhamento genético à vista da chance de desenvolvimento futuro de doenças e a adoção de precoce tratamento médico, ou a prevenção de riscos de transmissão de enfermidades genéticas antes do nascimento[357].

From an individual to a collective dimension of data protection. *Computer Law and Security Review*, v. 32, n. 2, p. 238–255, 2016, p. 241; TAYLOR, Linnet. Safety in Numbers? Group Privacy and Big Data Analytics in the Developing World. *In*: TAYLOR, Linnet; FLORIDI, Luciano; SLOOT, Bart van der (Orgs.). *Group Privacy:* New Challenges of Data Technologies. Dordrecht: Springer, 2017. passim; MANTELERO, Alessandro. From Group Privacy to Collective Privacy: Towards a New Dimension of Privacy and Data Protection in the Big Data Era. *In*: TAYLOR, Linnet; FLORIDI, Luciano; SLOOT, Bart van der (Orgs.). *Group Privacy:* New Challenges of Data Technologies. Dordrecht: Springer, 2017. p. 141; SUH, Jennifer J. et al. Distinguishing Group Privacy From Personal Privacy. *Proceedings of the ACM on Human-Computer Interaction*, v. 2, n. CSCW, p. 1–22, nov. 2018, p. 1-3; ZANATTA, Rafael A. F.; SOUZA, Michel R. O. A tutela coletiva em proteção de dados pessoais: tendências e desafios. *ResearchGate*, out. 2019, p. 3 et seq.; HOFFMANN-RIEM, Wolfgang. *Teoria geral do direito digital:* transformação digital – desafios para o direito. Trad. Italo Fuhrmann. Rio de Janeiro: Forense, 2021. p. 85.

354 TEIXEIRA JR., Sérgio. Testes de DNA se popularizam, mas vale a pena fazer um? *Infomoney*, 06 set. 2020. Disponível em: https://www.infomoney.com.br/negocios/testes-de-dna-se-popularizam-mas-vale-a-pena-fazer-um/. Acesso em: 12 out. 2021.

355 Técnicas de perfilamento também são utilizadas no campo da “medicina genômica” para a análise de dados genéticos e clínicos: cf. HE, Karen Y.; GE, Dongliang; HE, Max M. Big data analytics for genomic medicine. *International Journal of Molecular Sciences*, v. 18, n. 2, p. 1–18, 2017.

356 BURKE, Wylie et al. Genetic Screening. *Epidemiologic Reviews*, Oxford, v. 33, n. 1, p. 148–164, jul. 2011, p. 148.

357 Cf. LOCH, Fernanda de Azambuja. Testes genéticos preditivos: uma reflexão bioético jurídica. *Revista de Bioética y Derecho*, n. 30, p. 92–108, 2014, p. 94-95.

É indubitável que os dados genéticos, isto é, as "informações relativas às características hereditárias dos indivíduos, obtidas pela análise de ácidos nucleicos ou por outras análises científicas"[358], funcionam como identificadores do titular dos dados: o genoma de cada pessoa humana é único[359]. De acordo com Stefano Rodotà, a noção de dados genéticos abrange dois tipos de informação genética: primária e secundária. Em síntese, a informação genética primária consiste na própria molécula de DNA, já a informação genética secundária é o resultado da análise e interpretação a respeito do código genético[360]. No entanto, independente da tipologia, é imperativo ressaltar que os dados genéticos são dados em alguma medida "*estruturalmente* compartilhados"[361] com outras pessoas, devido ao liame biológico

[358] Tradução livre de: "Information about heritable characteristics of individuals obtained by analysis of nucleic acids or by other scientific analysis". Este é o conceito de *dados genéticos humanos*, conforme disposto no art. 2º, *"i"*, da Declaração Internacional sobre Dados Genéticos Humanos. UNESCO. *International Declaration on Human Genetic Data*. Disponível em: http://portal.unesco.org/en/ev.php-URL_ID=17720&URL_DO=DO_TOPIC&URL_SECTION=201.html. Acesso em: 12 out. 2021.

[359] Vide HALLINAN, Dara; DE HERT, Paul. Genetic Classes and Genetic Categories: Protecting Genetic Groups Through Data Protection Law. *In*: TAYLOR, Linnet; FLORIDI, Luciano; SLOOT, Bart van der (Orgs.). *Group Privacy:* New Challenges of Data Technologies. Dordrecht: Springer, 2017. p. 178; MORAES, Maria Celina Bodin de. Recusa à realização do exame de DNA e direitos da personalidade. *In:* _____. *Na medida da pessoa humana:* estudos de direito civil-constitucional. Rio de Janeiro: Renovar, 2010. p. 174.

[360] RODOTÀ, Stefano. *La vita e le regole:* tra diritto e non diritto. Milão: Feltrinelli, 2006. p. 190. Em direção semelhante, Hallinan e De Hert afirmam: "Genetic data is information which relates to this genetic code. Generally speaking, there are two types of genetic data, each of which can be read from the other. First, there is information about what a specific genetic code is (the genetic code for eye colour – genotype). Second, there is information as to what a specific architecture signifies (the resulting eye colour – phenotype). Each of these types of information can be known on an abstract level – for example, it is known that a mutation on the HEXA gene plays a role in Tay-Sachs disease. They can also be applied to produce information on an individual level – for example, if it is known that John's genome displays a mutation in the HEXA gene, it is known that John possesses the genetic architecture corresponding to Tay-Sachs disease". HALLINAN, Dara; DE HERT, Paul. Genetic Classes and Genetic Categories: Protecting Genetic Groups Through Data Protection Law. *In*: TAYLOR, Linnet; FLORIDI, Luciano; SLOOT, Bart van der (Orgs.). *Group Privacy:* New Challenges of Data Technologies. Dordrecht: Springer, 2017. p. 178.

[361] RODOTÀ, Stefano. *La vita e le regole:* tra diritto e non diritto. Milão: Feltrinelli, 2006. p. 178; RODOTÀ, Stefano. Tra diritto e società. Informazioni genetiche e tecniche di tutela. *Rivista Critica del Diritto Privato*, Nápoles, ano XVIII, n. 4, p. 571-604, dez. 2000, p. 584. São os dizeres do civilista italiano: "I dati genetici, quindi, definiscono allo stesso tempo la specificità della persona e la sua appartenenza a um gruppo, fornendo così uma sua classificazione insieme individuale e sociale. In essi si manifestano l'unicità e il legame biologico". RODOTÀ, Stefano. *Op. cit.*, p. 178.

entre pessoas da mesma linhagem (*v. g.*, familiares consanguíneos), ou por haver em comum algum aspecto do código ou "arquitetura genética"[362] (*v. g.*, pessoas com doença de Huntington sem relação de consaguinidade, mas com a mesma mutação genética).

Sendo assim, os dados genéticos, além do evidente aspecto individual, também possuem um prisma coletivo ou de grupo[363]. Com isso, pode-se dizer que, a partir de informações derivadas de testes e rastreio genéticos e identificação de genótipo e/ou fenótipo compartilhado, ocorre a formação "grupos genéticos" (classes ou categorias[364]) que podem se tornar alvo de discriminação ilícita ou abusiva por motivos de ordem genética no âmbito laboral ou securitário, por exemplo[365].

A outra aplicação tecnológica citada foi utilizada em vários países durante a pandemia do novo coronavírus. Uma vez constatado que a

[362] HALLINAN, Dara; DE HERT, Paul. *Op. cit.*, p. 179.

[363] Rodotà defende o surgimento de novo grupo social juridicamente relevante: "il gruppo biologico, il gruppo dei consaguinei, distinto dalla famiglia in senso tecnico". RODOTÀ, Stefano. *Op. cit.*, p. 184.

[364] A diferenciação entre *classes genéticas* e *categorias genéticas* é proposta por Dara Hallinan e Paul De Hert. "Genetic classes map to easily recognised social groups. For example, ethnic groups or groups of sufferers of certain diseases – for example, sufferers of Down Syndrome. Indeed, many genetic classes which may now be perceived through a genetic lens would claim to have existed long before advances in genetics allowed their genetic characterisation. These genetic classes will thus share the characteristics associated with other types of social, or even political, group. Members of such classes are likely to be aware of their status as a member of the class. [...]".

"Genetic categories, however, have no independent social existence – although this may change with time as the significance of certain types of genetic architecture comes into clearer focus. For example, certain individuals may possess genetic architecture associated with predispositions – for example to disease or types of behaviour. Genetic categories have much in common with the algorithmic groups discussed elsewhere in this volume. Members of genetic categories may have no idea that they possess the relevant architecture placing them in a genetic category. They will unlikely be aware of other category members – not least as these other members may themselves be unaware of their category membership. In turn, category members may not have felt any impacts from their possession of the architecture in question. They may therefore have no sense of the consequence of their membership of the category. Without the ability to understand one's own category membership and the significance of this membership, and without the ability to share this experience with others, the genetic category will lack collective personality, identity or opinion. Such categories will lack organisational, decision making or communications structures". HALLINAN, Dara; DE HERT, Paul. Genetic Classes and Genetic Categories: Protecting Genetic Groups Through Data Protection Law. *In*: TAYLOR, Linnet; FLORIDI, Luciano; SLOOT, Bart van der (Orgs.). *Group Privacy:* New Challenges of Data Technologies. Dordrecht: Springer, 2017. p. 179-180.

[365] Cf. GALLARDO, Mercedes V. Riesgo genético y discriminación. *Revista de derecho y genoma humano*, n. 33, p. 127–167, jul./dez. 2010, p. 136 et seq.

COVID-19 se trata de doença de contágio rápido e direto entre pessoas[366], especialistas passaram a recomendar o emprego de dados sobre a localização de dispositivos de telefonia móvel para conhecer padrões de mobilidade de indivíduos e grupos[367]. Nesse sentido, atenção se deu a modelos computacionais inferidos com tratamento de dados de localização agregados, isto é, modelos de mobilidade baseados em estatísticas agregadas[368] como relevante recurso a auxiliar a tomada de decisão de autoridades sanitárias e execução de políticas de controle epidemiológico. No Brasil, as principais tecnologias de dados utilizadas pelas autoridades públicas e sanitárias basearam-se em técnicas de perfilamento e tratamento de dados de mobilidade. Desse modo, para a mensuração de cumprimento de políticas de isolamento/distanciamento social, provedores de telefonia celular criaram mapas de calor e índice de isolamento social a fim de auxiliar governos municipais, estaduais e federal na estruturação de suas estratégias[369]

Os referidos modelos computacionais constituem verdadeiros agrupamentos (ou categorias) que se originam da extração, por algoritmos de mineração de dados, de perfis de grupo com seus padrões de deslocamento. Considerando a ulterior oportunidade de tomada de decisão, a antijurídica discriminação com base na identificação de grupo e a intervenção direta são resultados possíveis com graves consequências, porquanto desnecessária a individualização de um titular de dados nesse contexto para que se possa implementar ações sobre os agrupamentos à luz do conhecimento extraído da base de dados.

No genocídio de Ruanda, em 1994, o extermínio de minorias étnicas de forma sistemática e organizada teve suporte na informação sobre grupo

[366] WORLD HEALTH ORGANIZATION. *Q & A: How is COVID-19 transmitted?* Disponível em: https://www.who.int/news-room/q-a-detail/q-a-how-is-covid-19-transmitted. Acesso em: 25 jul. 2020.

[367] Por todos: OLIVER, Nuria et al. Mobile phone data for informing public health actions across the COVID-19 pandemic life cycle. *Science Advances*, v. 6, n. 23, p. 1–7, 2020.

[368] Pesquisa na área da ciência da computação aponta para a viabilidade e eficiência desses modelos: PYRGELIS, A.; DE CRISTOFARO, E.; ROSS, G. J. Privacy-friendly mobility analytics using aggregate location data. *GIS: Proceedings of the ACM International Symposium on Advances in Geographic Information Systems*, n. 1, 2016. Disponível em: https://arxiv.org/pdf/1609.06582.pdf. Acesso em: 27 jul. 2020.

[369] CONVERGÊNCIA DIGITAL. *Dispara número de estados e municípios que usam dados celulares na Covid-19.* Disponível em: https://www.convergenciadigital.com.br/cgi/cgilua.exe/sys/start.htm?UserActiveTemplate=site&infoid=53617&sid=8. Acesso em: 29 jul. 2020.

étnico das pessoas. Isso foi viabilizado pela decisão do governo pós-colonial de incluir a classificação de grupo étnico nos documentos de identidade[370]. Em 1941, durante a Segunda Guerra Mundial, o Departamento de Justiça dos EUA queria identificar todos os residentes de origem japonesa na Costa Oeste do país, mas o *Census Bureau*, em defesa da confidencialidade estatística, se recusou a fornecer nomes e endereços de pessoas específicas. Ao invés disso, o órgão informou ao Departamento de Justiça o número de nipo-americanos que vivam em cada condado da Califórnia – ou seja, dados agregados – que culminou na facilitação da identificação precisa e internação de pessoas desse grupo em casas de detenção[371]. Muito embora modelos analíticos já tenham sido usados de forma benéfica em cenários emergenciais e de desastre humanitário para orientar política de combate epidemiológico — como no Haiti, após o terremoto de 2010[372] —, de outro lado, considera-se a ameaça de danos e lesão a direitos de grupos vulneráveis da população pelo uso de informações demográficas por tais tecnologias[373].

Não obstante a preocupação com grupos e entes coletivos no campo da teoria da privacidade já se fazer presente desde o fim da década de 1960, é no advento do mundo *onlife*, em que a exponencial proliferação de sistemas algorítmicos e agentes artificiais autônomos está formando nova infraestrutura da informação e da comunicação, que a questão passa a ser

[370] RAHMAN, Zara. Dangerous Data: The Role of Data Collection in Genocides. *The Engine Room*, 2016. Disponível em: https://www.theengineroom.org/dangerous-data-the-role-of-data-collection-in-genocides/. Acesso em: 22 jul. 2020.

[371] FLAHERTY, David H. Cumulative data are not always anonymous. *Privacy Journal*, Washington, p. 3, 6, jul. 1985, p. 3.

[372] Pesquisadores utilizaram dados de localização de dispositivos móveis para monitorar o deslocamento populacional da capital e, assim, ajudar na tomada de medidas de contenção do surto de cólera: BENGTSSON, L. et al. Improved response to disasters and outbreaks by tracking population movements with mobile phone network data: A post-earthquake geospatial study in Haiti. *PLoS Medicine*, v. 8, n. 8, p. 1–7, 2011.

[373] SANDVIK, Kristin; RAYMOND, Nathaniel. Beyond the Protective Effect: Towards a Theory of Harm for Information Communication Technologies in Mass Atrocity Response. *Genocide Studies and Prevention*, v. 11, n. 1, p. 9–24, 2017, p. 10. Os autores utilizam o conceito de *informação demograficamente identificável*, que significa "either individual and/or aggregated data points that allow inferences to be drawn that enable the classification, identification, and/or tracking of both named and/or unnamed individuals, groups of individuals, and/or multiple groups of individuals according to ethnicity, economic class, religion, gender, age, health condition, location, occupation, and/or other demographically defining factors". SANDVIK, Kristin; RAYMOND, Nathaniel. *Op. cit.*, p. 10-11.

pensada por abordagem diversa da individualista e sua "ontologia atomística"[374], e ciente das repercussões das técnicas de classificação algorítmica que constituem o funcionamento das tecnologias de perfilamento. Como bem destaca Alessandro Mantelero, duas foram as primeiras concepções teóricas que buscaram explicar o que se deve entender por privacidade de grupos ou entes coletivos.

De acordo com primeira concepção, professada por Edward Bloustein[375], a "privacidade de grupo" (*group privacy*) é uma simples extensão da privacidade individual[376]. O autor declara existir a necessidade de se desenvolver a ideia de privacidade de grupo como o "*right to huddle*"[377] – o direito de se agrupar ou juntar. A justificativa de tal imperativo ele encontra na proteção do interesse das pessoas se ajuntarem, compartilhar informações e sentimentos, fazer planos e agir em conjunto para alcançar seus objetivos, o que, por sua vez, exige de cada um que "revelem-se uns aos outros — violem sua privacidade individual — e confiem naqueles com quem se associam para manter dentro do grupo o que foi revelado" [378]. Entre os casos em que se aplicaria a tutela privacidade de grupo, Bloustein cita o segredo das comunicações mantidas em associações confidenciais (*v. g.*, informações compartilhadas em reuniões de grupos de ajuda mútua) e nas relações conjugais, e as várias situações de sigilo profissional (*v. g.*, sigilo confessional, sigilo da relação médico-paciente).

Já Alan Westin, em *Privacy and Freedom*, adota concepção que se difere em alguns aspectos. Trata-se de abordagem que entende que os interesses jurídicos tutelados pela privacidade de grupo não se confundem com os interesses e direitos individuais dos respectivos membros em conjunto[379].

[374] A expressão é de Luciano Floridi, utilizada para explicar a perspectiva prevalente no direito europeu de proteção de dados. Segundo o autor, a ontologia atomística implica reconhecer que "take care of each member separately and the group will automatically be fine too". FLORIDI, Luciano. Open Data, Data Protection, and Group Privacy. *Philosophy and Technology*, v. 27, n. 1, p. 1–3, 2014, p. 2.

[375] BLOUSTEIN, Edward J. Group Privacy: The Right to Huddle. *In:* _____. *Individual and Group Privacy.* New York: Routledge, 2017. p. 124-125. O livro foi originalmente publicado em 1978.

[376] BLOUSTEIN, Edward J. *Op. cit.*, p. 125.

[377] BLOUSTEIN, Edward J. *Op. cit.*, p. 123.

[378] BLOUSTEIN, Edward J. *Op. cit.*, p. 125. Tradução livre de: "reveal themselves to one another — breach their individual privacy — and rely on those with whom they associate to keep within the group what was revealed".

[379] WESTIN, Alan F. *Privacy and Freedom.* New York: Atheneum, 1967. p. 42.

A "privacidade organizacional" (*organizational privacy*) deve ser garantida a entes coletivos e pessoas jurídicas, independentemente se de natureza pública ou privada (*v. g.*, agências governamentais, partidos políticos, associações civis, sindicatos, organizações religiosas), pois que – aduz o jurista norte-americano – "tal como acontece com os indivíduos, e sujeitas ao mesmo processo de limitação social, as organizações necessitam do direito de decidir quando e em que medida seus atos e decisões devem ser publicizados"[380]. A motivar tal proteção jurídica, Westin reconhece a necessidade de que, em sociedades democráticas, grupos tenham autonomia e atuem como agentes responsáveis e independentes[381], daí vislumbrar que "a ausência de privacidade para certos segredos cruciais podem ameaçar a independência ou vida autônoma de uma organização tanto quanto o faz em relação a um indivíduo"[382].

A principal distinção entre as proposições de Edward Bloustein e Alan Westin diz respeito ao significado que se empresta à noção de grupo[383]. Enquanto o primeiro segue teoria individualista (agregativa, ou atomística), que considera os interesses individuais de cada membro agrupado[384], o segundo observa a teoria orgânica (natural, ou organicista),

[380] WESTIN, Alan F. *Privacy and Freedom*. New York: Atheneum, 1967. p. 42. Tradução livre de: "[j]ust as with individuals, and subject to the same process of social limitation, organizations need the right to decide when and to what extent their acts and decisions should be made public".

[381] "Organizational privacy is needed if groups are to play the role of independent and responsible agents that is assigned to them in democratic societies. Among these are the satisfaction of needs for affiliation in large-scale society; the expression of basic interests felt by sub-groups in the community; the operation of civic enterprises by private rather than government management; criticism of government policies; and measurement of public sentiment on issues and policies between elections". WESTIN, Alan F. *Op. cit.*, 1967. p. 42.

[382] WESTIN, Alan F. *Op. cit.*, p. 43. Tradução livre de: "[t]he lack of privacy for certain core secrets can threaten the independence or autonomous life of an organization much as it does that of an individual".

[383] Lee Bygrave foi quem apontou essa diferença: cf. BYGRAVE, Lee A. *Data Protection Law:* Approaching Its Rationale, Logic and Limits. The Hague: Kluwer Law International, 2002. p. 241-256. Vide também: MANTELERO, Alessandro. Personal data for decisional purposes in the age of analytics: From an individual to a collective dimension of data protection. *Computer Law and Security Review*, v. 32, n. 2, p. 238–255, 2016, p. 241-245.

[384] Nas palavras de Edward Bloustein: ""Group privacy" is an attribute of individuals in association with one another within a group, rather than an attribute of the group itself". BLOUSTEIN, Edward J. Group Privacy: The Right to Huddle. *In:* _____. *Individual and Group Privacy*. New York: Routledge, 2017. p. 124.

em que se toma em conta o grupo no seu todo como uma entidade autônoma[385].

Ambas as concepções da privacidade de grupo possuem significativos problemas. Primeiramente, as abordagens reduzem-se conceitualmente às ideias de segredo e confidencialidade. Em segundo lugar, bem pensadas as coisas, tanto uma como outra são expressão ou desdobramento da tutela do direito à privacidade do indivíduo[386], aquele abstrato sujeito de direito da tradição política liberal, o *homo economicus* que, transitando entre o público e o privado, age e toma decisões de forma consciente e racional. De um lado, a visão atomística concebe a tutela à *group privacy* ancorada na soma dos interesses e direitos individualmente considerados, de outro, o modelo individual serve de paradigma à "privacidade organizacional", que protege a confidencialidade de informações sobre entes coletivos para garantir-lhes a autonomia e independência decisória.

Por fim, as duas vertentes teóricas pressupõem que os grupos, que são alcançados pela tutela jurídica da privacidade informacional e proteção de dados, são caracterizados pela preexistente consciência de pertencimento de seus integrantes e por sua dimensão social enquanto uma rede de relações estabelecidas entre seus membros[387]. Tal pressuposição, porém, mostra a incompatibilidade da abordagem tradicional aos dilemas suscitados pelas novas tecnologias, como bem pode se ver dos exemplos de aplicações tecnológicas mencionados anteriormente: os riscos coletivos e de violação de direitos fundamentais prescindem de uma noção que supõe a consciência de que se faz parte de um grupo, possuidor de certa estabilidade e constituído por relações mútuas de seus membros.

Uma terceira perspectiva foi desenvolvida, nos idos dos anos 2000, por Lee Bygrave em tese que analisa e avalia a aplicação a entes coletivos das leis de proteção de dados e seus respectivos regimes e salvaguardas. O professor do *Norwegian Research Center for Computers and Law*, da Universidade de Oslo, aduz não haver intrínseco contraste entre os interesses e valores tutelados

[385] WESTIN, Alan F. *Privacy and Freedom*. New York: Atheneum, 1967. 1967. p. 42.

[386] HELM, Paula. Group Privacy in Times of Big Data. A Literature Review. *Digital Culture & Society*, v. 2, n. 2, p. 137–152, 2016, p. 138.

[387] MANTELERO, Alessandro. From Group Privacy to Collective Privacy: Towards a New Dimension of Privacy and Data Protection in the Big Data Era. *In*: TAYLOR, Linnet; FLORIDI, Luciano; SLOOT, Bart van der (Orgs.). *Group Privacy:* New Challenges of Data Technologies. Dordrecht: Springer, 2017. p. 144.

pelas leis de proteção de dados (*v. g.*, privacidade, autonomia, dignidade, interesses relacionados à qualidade dos dados, entre outros), os direitos e salvaguardas, e a possibilidade de sua incidência na esfera de entes coletivos organizados e não organizados[388]. Na verdade, entre suas observações conclusivas estatui que os argumentos favoráveis à atribuição de direitos dos titulares para tais entidades são mais fortes do que os contrários[389].

O autor entende por entes coletivos organizados aqueles "constituídos com base na união dos membros individuais da entidade para criar e mantê-la por meio de uma série de medidas mais ou menos sistemáticas e formalizadas"[390] – o conceito compreende tanto os entes com personalidade jurídica e os despersonalizados. Nesta seara, Bygrave propõe uma teoria mista que, admitindo a proteção da privacidade a entidades coletivas, concebe-as como, a um só tempo, uma constelação de indivíduos e entes "independentes de, e mais do que, os indivíduos que os constituem"[391].

Os entes coletivos não organizados, a seu turno, são aqueles "constituídos principalmente a partir de conjuntos de pessoas que se considera compartilhar determinadas características"[392]. Trata-se de noção que abrange agrupamentos que comungam características como gênero, idade, origem étnica, genótipo ou fenótipo etc. Não obstante a ausência de organização e estruturação desses grupos – decorrente da ausência de consciência de seus membros de sua própria constituição – o autor sustenta a admissibilidade da aplicação de preceitos e salvaguardas da legislação de proteção de dados pessoais[393]. Cumpre ressaltar que desta aplicação sucede *proteção*

[388] BYGRAVE, Lee A. *Data Protection Law:* Approaching Its Rationale, Logic and Limits. The Hague: Kluwer Law International, 2002. p. 296-298.

[389] BYGRAVE, Lee A. *Op. cit.*, p. 297.

[390] BYGRAVE, Lee A. *Op. cit.*, p. 173. Tradução livre de: "constituted on the basis of the individual members of the entity coming together to set up and maintain the entity through a series of more or less systematic, formalized measures".

[391] BYGRAVE, Lee A. *Op. cit.*, p. 256. Tradução livre de: "*independent of, and more than, the individuals who constitute them*".

[392] BYGRAVE, Lee A. *Op. cit.*, p. 283. Tradução livre de: "constituted primarily on the basis of sets of persons being regarded as sharing certain characteristics".

[393] Cf. BYGRAVE, Lee A. *Op. cit.*, p. 291-295. "Nevertheless, to legally operationalize data protection rights for non-organised collective entities is difficult precisely because of the lack of organization. This difficulty notwithstanding, extending express protection to group data would probably not be legally impracticable, especially if the protection were operationalized primarily as a set of requirements for data controllers or a type of control competence for data protection authorities. Further, extending such protection would probably not be legally redundant, at least with respect

jurídica indireta ou direta aos mencionados grupos. A tutela por via mediata é o que Lee Bygrave verifica já existir em algumas leis de proteção de dados, a exemplo do regime jurídico mais restritivo para tratamento de dados sensíveis. São regras que, em verdade, indiretamente resguardam coletividades que estão à base desse tipo de dado pessoal (por exemplo, grupos étnicos e religiosos, grupos genéticos, sindicatos e organizações políticas), contra tratamento discriminatório antijurídico. Já a tutela direta, embora quase inexistente para o autor, mostra-se viável e adequada a partir de aplicação a dados relativos a grupos de princípios de proteção de dados (*v. g.*, especificação de propósitos, justiça, segurança), de deveres aos controladores (*v. g.*, obrigação de análise de impacto), e competências administrativas às autoridades de proteção de dados[394]. Por fim, observa-se que uma das razões que fundamentam essa interpretação é a identificação de *interesses juridicamente relevantes* de tais entes que guardam pertinência lógico-jurídica com a normativa[395].

Tomando-se em consideração o uso e funcionamento das tecnologias de perfilamento e os riscos desencadeados (de ordem individual e coletiva) – tema objeto de análise do capítulo 2 – a abordagem de Lee Bygrave estabelece importantes parâmetros a serem observados, notadamente quanto ao que denomina "entes coletivos não organizados" e a proteção a que fazem jus. Há, contudo, de acomodar-se dentro das fronteiras teóricas delineadas nos itens 1.3.1 e 1.3.2. Isto é, acolhe-se o contributo de Bygrave a respeito dos grupos não organizados no contexto das tecnologias de perfilamento e seus impactos sociotécnicos, adequando-o à perspectiva relacional do *self*, bem como à chave de leitura da perspectiva da proteção jurídica desde a concepção e da teoria das *affordances*, que concitam à articulação da normatividade das tecnologias de perfilamento precipuamente com o direito fundamental à proteção de dados pessoais. Isso será feito especialmente no capítulo 3. No capítulo seguinte elucidar-se-á o funcionamento da técnica de perfilamento, as repercussões sociotécnicas de seu emprego em sistemas algorítmicos, a regulação jurídica no ordenamento brasileiro e suas insuficiências frente aos desafios do mundo *onlife* e da sociedade atual.

to control of the quality of group data". BYGRAVE, Lee A. *Data Protection Law: Approaching Its Rationale, Logic and Limits*. The Hague: Kluwer Law International, 2002. p. 294-295.

394 BYGRAVE, Lee A. *Op. cit.*, p. 295.

395 BYGRAVE, Lee A. *Op. cit.*, p. 290-291.

2
REGULAÇÃO DAS TECNOLOGIAS DE PERFILAMENTO NA EXPERIÊNCIA JURÍDICA BRASILEIRA

Deveria isto bastar, dizer de alguém
como se chama e esperar o resto da vida
para saber quem é, se alguma vez
o saberemos, pois ser não é ter sido,
ter sido não é será [...]
— José Saramago[1]

2.1. Aprendizado de máquina e perfilamento automatizado na sociedade orientada por dados

Em 2019, a jovem inglesa Jessica Johnson foi a vencedora da edição anual do *The Orwell Youth Prize*, com a crônica *"A Band Apart"*[2]. Com o espírito de denúncia da desigualdade existente no sistema educacional do Reino Unido, o texto ganhador descreve um futuro distópico em que estudantes são avaliados por um sistema automatizado que, a fim de identificar os mais aptos a ocupar as principais funções e postos de trabalho, os classifica em

[1] SARAMAGO, José. *Memorial do Convento.* 37ª ed. Rio de Janeiro: Bertrand Brasil, 2009. p. 100.
[2] THE Orwell Youth Prize. A Band Apart – Jessica Johnson. Disponível em: https://www.orwellfoundation.com/the-orwell-youth-prize/2018-youth-prize/previous-winners-youth/2019-winners/a-band-apart-jessica-johnson/?fbclid=IwAR3S4bkiN-dRLSqGHE5qXU1IzO_S4VjxPn8cJyEZDeGIpfac4awt2nnRaqQ. Acesso em: 06 nov. 2020.

classes ou estratos segundo critérios não transparentes. Em pouco tempo, porém, e para seu assombro, a jovem experimentou pessoalmente a transformação da ficção em realidade. No mês de agosto de 2020, sua nota no *A-level*[3], conforme divulgada oficialmente, foi rebaixada, o que a fez perder a vaga que desejava ocupar na *University of St Andrews*. Seu avaliador foi, em última análise, um sistema algorítmico[4].

Devido às medidas restritivas de locomoção e de distanciamento social em vigor à época no Reino Unido para combater o novo coronavírus, os alunos candidatos a ingressar no ensino superior, ensino profissionalizante, entre outros, pelos exames *GCSE, AS, A-level, Extended Project Qualification and Advanced Extension Award*, foram avaliados pelo *Office of Qualifications and Examinations Regulation* (*Ofqual*) de acordo com um método diferente, dada a suspensão das aulas e a impossibilidade de realização de provas presenciais. Primeiramente, os professores escolares foram incumbidos de (i) atribuir a cada estudante, por cada disciplina, a provável nota que obteria caso as aulas tivessem continuado e a prova realizada, e (ii) estabelecer um *ranking* comparativo com os demais alunos da mesma escola que obtiveram igual nota[5]. Esses dados foram, então, tratados por sistema algorítmico cujo modelo matemático também processava os resultados agregados da respectiva escola, em cada matéria, nos três anos anteriores. Isto é, a autoridade reguladora britânica partiu do entendimento de que as notas do ano de 2020 seriam consistentes com a performance das escolas nos anos precedentes[6].

Com o anúncio dos resultados veio a constatação que despertou a desconfiança e reação de muitos outros além de Jessica Johnson: aproximadamente 40% das notas foram reduzidas pelo sistema algorítmico

[3] Sistema equivalente ao Exame Nacional do Ensino Médio brasileiro, determinante para o ingresso nas universidades do país.

[4] MURRAY, Jessica. Student who wrote story about biased algorithm has results downgraded. *The Guardian*, [s.l.], 18 ago. 2020. Disponível em: https://www.theguardian.com/education/2020/aug/18/ashton-a-level-student-predicted-results-fiasco-in-prize-winning-story-jessica-johnson-ashton. Acesso em: 06 nov. 2020.

[5] OFQUAL. *Executive Summary – Awarding GCSE, AS, A level, advanced extension awards and extended project qualifications in summer 2020:* interim report. Londres: [s. n.], 13 ago. 2020. Disponível em: https://assets.publishing.service.gov.uk/government/uploads/system/uploads/attachment_data/file/909035/6656-2_-_Executive_summary.pdf. Acesso em: 10 nov. 2020.

[6] A-LEVELS and GCSEs: How did the exam algorithm work? *BBC*, [s.l.], 20 ago. 2020. Disponível em: https://www.bbc.com/news/explainers-53807730. Acesso em: 06 nov. 2020.

em comparação à avaliação feita pelos professores. Mais: comparando com o desempenho de 2019, as escolas privadas foram as que alcançaram maior aumento percentual no número de notas "A". Consequentemente, a mudança resultante da aplicação do sistema algorítmico afetou mais significativa e negativamente os candidatos provenientes de escolas públicas[7].

A onda de protestos protagonizada por jovens estudantes e professores contra a autoridade reguladora e o uso do sistema algorítmico[8] desembocou na reconsideração dos resultados sem a aplicação do modelo matemático pelo governo britânico. O caso é emblemático de como o emprego desse tipo de sistema, concebido para a tomada de decisão automatizada[9], e suas funcionalidades preditivas[10] possui penetração nas instituições e na

[7] A-LEVELS and GCSEs: How did the exam algorithm work? *BBC,* [s.l.], 20 ago. 2020. Disponível em: https://www.bbc.com/news/explainers-53807730. Acesso em: 06 nov. 2020.

[8] "Fuck the algorithm" era a palavra de ordem do movimento de resistência: cf. BENJAMIN, Garfield. #FuckTheAlgorithm: algorithmic imaginaries and political resistance. 2022 ACM Conference on Fairness, Accountability, and Transparency. *Anais*... New York: Association for Computing Machinery, 2022.

[9] A respeito da noção de decisão automatizada, é válido fazer alguns esclarecimentos. A atividade de tratamento automatizado de dados, tenham estes caráter pessoal ou não, *pode* desaguar em efetiva tomada de decisão automatizada, não se trata de desdobramento necessário, entretanto (cf. KAMARINOU, Dimitra; MILLARD, Christopher; SINGH, Jatinder. Machine Learning with Personal Data. *In:* LEENES, Ronald et. al. *Data Protection and Privacy:* The Age of the Intelligent Machines. Oxford: Hart Publishing, 2017, p. 95). A tomada de decisão automatizada ocorre em áreas, por exemplo, como análise de risco de crédito, *high-frequency trading* no mercado financeiro, e análise para identificação de fraude fiscal. Em termos conceituais, tomada de decisão automatizada pode ser entendida como aquela realizada sem intervenção humana (BRKAN, Maja. Do algorithms rule the world? Algorithmic decision-making and data protection in the framework of the GDPR and beyond. *International Journal of Law and Information Technology*, v. 27, n. 2, p. 91–121, 2019, p. 93), ou, ainda, "a habilidade de realizar decisões por meios tecnológicos sem o envolvimento humano" (ARTICLE 29 WORKING PARTY. *Guidelines on automated individual decision-making and profiling for the purposes of Regulation 2016/679.* Brussels: [s.n.], p. 8).

[10] No relatório publicado pelo Ofqual, o órgão assim se manifestou sobre o modelo algorítmico utilizado para calcular as notas dos estudantes: "Our preferred model – known as the Direct Centre Performance model (DCP) – works by predicting the distribution of grades for each individual school or college. That prediction is based on the historical performance of the school or college in that subject taking into account any changes in the prior attainment of candidates entering this year compared to previous years. This was fine-tuned to take account of known issues such as centres with small cohorts of students, small-entry subjects, and tiered subjects. Decisions were also made on the number of years of historical data included in the model". OFQUAL. *Executive Summary – Awarding GCSE, AS, A level, advanced extension awards and extended project qualifications in summer 2020:* interim report. Londres: [s. n.], 13 ago. 2020. p. 4. Disponível em: https://assets.publishing.service.gov.uk/government/uploads/system/uploads/attachment_data/file/909035/6656-2_-_Executive_summary.pdf. Acesso em: 10 nov. 2020.

vida em sociedade. Além da área da educação, sistemas algorítmicos são implementados em diversos outros campos, tanto do setor público como do privado, a exemplo dos sistemas de *credit scoring* usados como parâmetro para concessão de crédito a consumidores[11], aplicações integradas em casas inteligentes[12], mecanismos para identificação de fraude fiscal[13] ou a benefícios sociais[14], e aplicações para gestão das políticas de controle alfandegário e de imigração[15].

Essas são expressões do que se diz ser uma sociedade orientada por dados (*data-driven society*), ou, ainda, uma sociedade automatizada (*automated society*), tão comum e alastrado se tornou a implementação e uso de sistemas de tomada de decisão automatizada[16]. A expressão está diretamente

[11] INSTITUTO DE TECNOLOGIA & SOCIEDADE DO RIO. *Transparência e Governança nos algoritmos: um estudo de caso sobre o setor de birôs de crédito.* [s.l: s.n.]. Disponível em: https://itsrio.org/wp-content/uploads/2017/05/algorithm-transparency-and-governance-pt-br.pdf. Acesso em: 15 jan. 2022.

[12] No Brasil, cresce o número de casas integradas com sistemas automatizados por aplicações de inteligência artificial: Cf. LOURENÇO, Ana. Casas inteligentes: como funcionam e quanto custa para transformar a sua? *Estadão,* 30 out. 2020. Disponível em: https://emais.estadao.com.br/noticias/casa-e-decoracao,casas-inteligentes-como-funcionam-e-quanto-custa-para-transformar-a-sua,70003494270. Acesso em: 27 out. 2021.

[13] Há anos que tanto a Receita Federal como o Banco Central usam ferramentas de análise de dados (*data analytcs*) para auxiliar no combate a fraudes. INSTITUTO DE TECNOLOGIA & SOCIEDADE DO RIO. *Big Data no projeto Sul Global*: relatório sobre estudo de casos. Rio de Janeiro: ITS, 2016. p. 20 et. seq. Disponível em: https://itsrio.org/wp-content/uploads/2016/03/ITS_Relatorio_Big-Data_PT-BR_v2.pdf. Acesso em: 13 nov. 2020.

[14] Entre outros diversos casos ocorridos mundo afora na última década, vide o sistema de perfilamento de risco de fraude, baseado em aprendizado de máquina, adotado pela municipalidade holandesa de Rotterdam: JUSTIN-BRAUN, Casimir et al. Suspiction Machines Methodology. *Lighthouse Reports*. Disponível em: https://www.lighthousereports.com/suspicion-machines-methodology/. Acesso em: 01 abr. 2023.

[15] Nesta direção, podem ser citados os exemplos da experiência brasileira e da experiência canadense, respectivamente: REIS, Carolina et al. *Relatório sobre o uso de tecnologias de reconhecimento facial e câmeras de vigilância pela administração pública no Brasil.* Brasília: Laboratório de Políticas Públicas e Internet, 2021. Disponível em: https://lapin.org.br/2022/07/08/vigilancia-automatizada-uso-de-reconhecimento-facial-pela-administracao-publica-no-brasil-2/. Acesso em: 20 jul. 2022; MOLNAR, Petra; GILL, Lex. *Bots at the Gate:* a human rights analysis of automated decision-making in Canada's immigration and refugee system. Toronto: International Human Rights Program & Citizen Lab, 2018. Disponível em: https://citizenlab.ca/wp-content/uploads/2018/09/IHRP-Automated-Systems-Report-Web-V2.pdf. Acesso em: 15 jun. 2023.

[16] ALGORITHMWATCH. *Automating Society 2020.* Berlim: [s.n.], 2020. p. 6. Disponível em: https://automatingsociety.algorithmwatch.org/wp-content/uploads/2020/10/Automating-Society-Report-2020.pdf. Acesso em: 10 nov. 2020.

conectada à difusão das tecnologias digitais de tratamento intensivo de dados no tecido das interações e relações sociais e seu papel na orientação das instituições sociais e da própria construção do conhecimento. Contudo, a expressão assume carga semântica distinta a considerar a abordagem ou perspectiva teórica em que tratada. Alex Pentland, por exemplo, parte de uma visão otimista de uma sociedade que, por ser compreensível por meio de caracteres e padrões matemáticos vertidos em *data points*, pode ter seus principais problemas sociais e questões institucionais solucionados pelo "poder do *big data*" e pela superação do método científico tradicional, tornando-se, então, uma sociedade orientada por dados[17]. De outro lado, a partir da perspectiva dos estudos de vigilância (*surveillance studies*), vê-se as sociedades sendo capturadas pela expansão das "*big data technologies*", que formam infraestruturas de vigilância a dar sustentáculo a sistemas como os de escore de crédito e de crédito social[18]. Vale ressaltar que a visão otimista, tal como a de Pentland, muito se aproxima do que Evgeny Morozov denomina de "solucionismo tecnológico"[19]. No presente trabalho, porém, adota-se um ângulo descritivo para olhar a(s) sociedade(s) orientada(s) por dados no contexto em que se emerge a infraestrutura da informação e comunicação baseada em técnicas e tecnologias de tratamento intensivo de dados.

Neste cenário, diversos atores sociais passaram a se pautar no conhecimento produzido a partir das tecnologias e técnicas[20] de processamento intensivo de dados ancoradas na correlação[21] e reconhecimento

[17] PENTLAND, Alex. The data-driven society. *Scientific American*, v. 309, n. 4, p. 78–83, 2013, p. 80-83.

[18] LIANG, Fan et al. Constructing a Data-Driven Society: China's Social Credit System as a State Surveillance Infrastructure. *Policy and Internet*, v. 10, n. 4, p. 415–453, 2018.

[19] MOROZOV, Evgeny. *To Save Everything, Click Here:* The Folly of Technological Solutionism. New York: PublicAffairs, 2013. p. 5-6.

[20] Observa-se a seguinte diferenciação entre *tecnologia* e *técnica*: "[...] 'technologies' refers to instruments that have a material component, whereas 'techniques' is reserved for methods used to achieve a goal. Techniques will often involve technologies, while technologies assume consolidated techniques to handle them". HILDEBRANDT, Mireille. *Smart Technologies and The End(s) of Law*. Cheltenham-Northampton: Edward Elgar, 2015. p. 160). Vide, ainda: IHDE, Don. *Technology and the lifeworld:* from garden to earth. Bloomington-Indianapolis: Indiana University Press, 1990. p. 26; COHEN, Julie E. Examined Lives: Informational Privacy and the Subject as Object. *Stanford Law Review*, v. 52, n. 5, p. 1373-1437, 2000, p. 1404.

[21] Nas palavras de Mayer-Schönberger e Cukier, "a correlation quantifies the statistical relationship between two data values. A strong correlation means that when one of the data values changes, the

de padrões em bases de dados (pessoais ou não pessoais). Aliás, a comunidade acadêmica na área de ciência da computação cunhou o termo "descobrimento de conhecimento em bases de dados" (*knowledge discovery in databases – KDD*)[22] a designar o processo iterativo constituído por várias atividades para se extrair sentido de grandes bases de dados. Ao centro do KDD está a aplicação de métodos de mineração de dados (*data mining*) para o descobrimento de padrões ou modelos a partir da análise de dados[23]. Por exemplo, pode-se empregar métodos e algoritmos de mineração de dados no tratamento de informações de saúde (*e. g.*, prontuário médico, exames de imagem de lesão de pele etc.) a fim de se encontrar possíveis causas de doenças desconhecidas, diagnosticar

other is highly likely to change as well" (CUKIER, Kenneth; MAYER-SCHÖNBERGER, Viktor. *Big Data:* A Revolution That Will Transform How We Live, Work, and Think. Boston: Houghton Mifflin Harcourt, 2013. p. 52-53). Foi exatamente isso o que ocorreu no famoso caso do *Google Flu Trends*: quanto maior o volume de buscas sobre "gripe" no motor de busca *Google Search*, mais fortemente se associou a presença do vírus da gripe na localidade. Afirmam os autores supracitados que, "[c]orrelations let us analyze a phenomenon not by shedding light on its inner workings but by identifying a useful proxy for it" (Id., ibid., p. 53). Daí decorre duas constatações sobre a correlação e seu uso como método: (i) trata-se de, ao fim, uma questão de selecionar um bom e adequado *proxy* e (ii) de obter probabilidades, não certeza.

[22] Em artigo de 1996 sobre o tema, os autores Fayyad, Piatetsky-Shapiro e Smyth afirmam: "There is an urgent need for a new generation of computational techniques and tools to assist humans in extracting useful information (knowledge) from the rapidly growing volumes of data, These techniques and tools are the subject of the emerging field of knowledge discovery in databases (KDD)". FAYYAD, Usama; PIATETSKY-SHAPIRO, Gregory; SMYTH, Padhraic. Knowledge Discovery and Data Mining: Towards a Unifying Framework. *KDD-96 Proceedings*, p. 82-88, 1997, p. 82. Os autores definem KDD como "the non-trivial process of identifying valid, novel, potentially useful, and ultimately understandable patterns in data". FAYYAD, Usama; PIATETSKY-SHAPIRO, Gregory; SMYTH, Padhraic. *Op. cit.*, p. 83.

[23] FAYYAD, Usama; PIATETSKY-SHAPIRO, Gregory; SMYTH, Padhraic. *Op. cit.*, p. 82. Pode-se entender a mineração de dados como "a step in the KDD process consisting of applying data analysis and discovery algorithms that, under acceptable computational efficiency limitations, produce a particular enumeration of patterns over the data". Ademais, os autores explicam o que entendem por "*dado*", "*padrão*" e "*modelo*": "Here *data* is a set of facts (e.g., cases in a database) and *pattern* is an expression in some language describing a subset of the data or a model applicable to that subset. Hence, in our usage here, extracting a *pattern* also designates fitting a model to data, finding structure from data, or in general any high-level description of a set of data". FAYYAD, Usama; PIATETSKY-SHAPIRO, Gregory; SMYTH, Padhraic. *Op. cit.*, p. 82.

patologias ou também buscar prever quais seriam os pacientes de maior risco em certo contexto hospitalar[24/25].

Um dos objetivos mais comuns que orientam processos de KDD é o de predição[26]. Isto é, o sistema com tal objetivo visa antecipar comportamentos (de indivíduos ou grupos) e eventos com base em correlações e padrões identificados em dados ditos históricos – isto é, em termos gerais, dados sobre eventos já ocorridos no passado[27]. Segundo a literatura especializada, trata-se de finalidade crucial para o que muitos denominam *big data*[28], bem como para os desenvolvimentos da inteligência artificial, mais

[24] TEKIEH, Mohammad Hossein; RAAHEMI, Bijan. Importance of data mining in healthcare: A survey. *Proceedings of the 2015 IEEE/ACM International Conference on Advances in Social Networks Analysis and Mining, ASONAM 2015*, p. 1057–1062, 2015, p. 1059; YADAV, Pranjul et al. Mining Electronic Health Records (EHRs): A Survey. *ACM Computing Surveys*, v. 50, n. 6, jan. 2018.

[25] Cf. NYU SCHOOL OF MEDICINE. Experimental AI tool predicts which COVID-19 patients develop respiratory disease. *Science Daily*, 30 mar. 2020. Disponível em: www.sciencedaily.com/releases/2020/03/200330152135.htm. Acesso em: 16 nov. 2020. Vide, ainda, BIRNHACK, Michael. A process-based approach to informational privacy and the case of big medical data. *Theoretical Inquiries in Law*, v. 20, n. 1, p. 257–290, 2019, p. 275-276; ALMADA, Marco; MARANHÃO, Juliano. Voice-based diagnosis of covid-19: ethical and legal challenges. *International Data Privacy Law*, v. 11, n. 1, p. 63–75, 2021, p. 64-65.

[26] Cf. FAYYAD, Usama; PIATETSKY-SHAPIRO, Gregory; SMYTH, Padhraic. *Op. cit.*, p. 85.

[27] É impossível minerar dados futuros. Aliás, "dados futuros" é uma contradição nos termos.

[28] CUKIER, Kenneth; MAYER-SCHÖNBERGER, Viktor. *Big Data:* A Revolution That Will Transform How We Live, Work, and Think. Boston: Houghton Mifflin Harcourt, 2013. p. 55, 58. De acordo com Francis Diebold, *big data* é um *fenômeno* de grande significado na contemporaneidade, além de um *termo* e uma *disciplina* em construção (DIEBOLD, Francis X. A Personal Perspective on the Origin(s) and Development of "Big Data": The Phenomenon, the Term, and the Discipline, Second Version. *SSRN Electronic Journal*, 2013). Quanto ao fenômeno, este comumente aparece relacionado à gestão de dados e implementação de técnicas e tecnologias de dados com três características principais: (i) grande *volume*, (ii) alta *variabilidade* e (iii) *velocidade*. Em síntese, é dizer, respectivamente, a magnitude dos dados e sua imensa quantidade, a heterogeneidade estrutural das bases de dados, e celeridade com que os dados são gerados, analisados e usados para tomada de decisão (GANDOMI, Amir; HAIDER, Murtaza. Beyond the hype: Big data concepts, methods, and analytics. *International Journal of Information Management*, v. 35, n. 2, p. 137–144, 2015, p. 138). Já sobre o termo, suas origens não estão ligadas apenas à academia: "The term "Big Data," which spans computer science and statistics/econometrics, probably originated in lunch-table conversations at Silicon Graphics Inc. (SGI) in the mid 1990s, in which John Mashey figured prominently. The first significant academic references are arguably Weiss and Indurkhya (1998) in computer science and Diebold (2000) in statistics/econometrics. An unpublished 2001 research note by Douglas Laney at Gartner enriched the concept significantly. Hence the term "Big Data" appears reasonably attributed to Massey, Weiss and Indurkhya, Diebold, and Laney. Big Data the phenomenon continues unabated, and Big Data the discipline is emerging" (DIEBOLD, Francis X. *Op. cit.*, p. 5).

especificamente o aprendizado de máquina (*machine learning*)[29]. Há que se ressaltar que este – o aprendizado de máquina – é o subcampo da inteligência artificial que maior avanço experimentou nos últimos decênios, seja em termos científicos para a ciência da computação, como também em termos de alcance e aplicação prática[30].

Na mesma linha sustentada por Martijn van Otterlo, entende-se por aprendizado de máquina qualquer "metodologia ou conjunto de técnicas que encontra novos padrões e conhecimento em dados, e gera modelos (*e.g.*, perfis) que podem ser utilizados para eficazes predições sobre os dados"[31]. Trata-se, decerto, de parte constitutiva das tecnologias de perfilamento. O referido autor chama atenção para alguns elementos que se deve considerar numa abordagem técnica sobre o perfilamento a partir da perspectiva do aprendizado de máquina. Primeiramente, dentro do universo mais amplo em que se considera *dado* toda e qualquer informação em base de dados eletrônica, o perfilamento direciona seu foco ao tratamento de *dados dos usuários* e *dados comportamentais*[32]. Em segundo

[29] DOMINGOS, Pedro. *The Master Algorithm:* How the Quest for the Ultimate Learning Machine Will Remake Our World. New York: Basic Books, 2015. p. XV. Em trecho de seu livro, Pedro Domingos afirma que aprendizado de máquina, descobrimento de conhecimento (KDD) e reconhecimento de padrões, por exemplo, são noções que se confundem: "Machine learning takes many different forms and goes by many different names: pattern recognition, statistical modeling, data mining, knowledge discovery, predictive analytics, data science, adaptive systems, self-organizing systems, and more. Each of these is used by different communities and has different associations. Some have a long half-life, some less so. In this book I use the term machine learning to refer broadly to all of them". DOMINGOS, Pedro. *Op. cit.*, p. 8. Vide também, com algumas nuances: VAN OTTERLO, Martijn van. A Machine Learning View on Profiling. *In:* HILDEBRANDT, Mireille; DE VRIES, Katja (Orgs.). *Privacy, Due Process and the Computational Turn.* New York: Routledge, 2013. p. 42; MITCHELL, Tom M. Machine learning and data mining. *Communications of the ACM*, v. 42, n. 11, p. 30–36, nov. 1999.

[30] JORDAN, M. I.; MITCHELL, T. M. Machine learning: trends, perspectives, and prospects. *Science*, v. 349, n. 6245, p. 255–260, jul. 2015, p. 255; DE CRISTOFARO, Emiliano. An Overview of Privacy in Machine Learning. *arXiv.org*, 18 mai. 2020. Disponível em: https://arxiv.org/abs/2005.08679#. Acesso em: 20 set. 2020.

[31] VAN OTTERLO, Martijn van. A Machine Learning View on Profiling. *In:* HILDEBRANDT, Mireille; DE VRIES, Katja (Orgs.). *Privacy, Due Process and the Computational Turn.* New York: Routledge, 2013. p. 46. Tradução livre de: "methodology and set of techniques that finds novel patterns and knowledge in data, and generates models (eg profiles) that can be used for effective predictions about the data".

[32] Enquanto *dados dos usuários* diz respeito a qualquer conjunto de informações que pode ser atribuído a uma mesma entidade (individual ou coletiva), *dados comportamentais* são qualquer conjunto de informações que envolvem algum tipo de *ação* que pode ser atribuída a uma mesma entidade

lugar, verifica-se uma dicotomia entre dados em *nível individual* e dados em *nível agregado*, sendo os primeiros referentes a pessoas individualizadas e normalmente obtidos pela observação[33], enquanto os do segundo nível são relativos ao modelo estatístico inferido das correlações e padrões encontrados nos dados dos indivíduos[34] – fruto da aplicação da abordagem de categorização *ex post*[35] e com algoritmos de aprendizagem supervisionada ou não-supervisionada[36]. Em terceiro lugar, por fim, com o exponencial aumento de sensores integrados a sistemas de coleta de dados e monitoramento comportamental (câmeras de CCTV, etiquetas de identificação por radiofrequência, *smartphones* e sinais de localização etc.), o perfilamento automatizado se apoia nos avanços do *reconhecimento de atividade* – área de pesquisa cujos objetivos são "interpretar as leituras feitas por sensores a respeito de humanos (ou coisas em movimento)

(individual ou coletiva). "User data are any set of information pieces that can be attributed to the same entity, eg network account details or some facts filled in on a web page. User behaviour is defined similarly, but now the pieces of information are actions, for example the path walked in front of a surveillance camera or click behaviour on a web page". VAN OTTERLO, Martijn van. A Machine Learning View on Profiling. *In:* HILDEBRANDT, Mireille; DE VRIES, Katja (Orgs.). *Privacy, Due Process and the Computational Turn*. New York: Routledge, 2013. p. 43.

[33] Sobre dados observados, ver item 2.3.1.1.

[34] VAN OTTERLO, Martijn van. *Op. cit.*, p. 43-44.

[35] "The *ex post* categorisation approaches are more aimed at finding corresponding (behavioural) patterns among users, finding interesting new knowledge and clusters of people who share certain features". VAN OTTERLO, Martijn van. *Op. cit.*, p. 45.

[36] Sobre a diferenciação entre aprendizado de máquina supervisionado e não-supervisionado: Cf. DOMINGOS, Pedro. *The Master Algorithm:* How the Quest for the Ultimate Learning Machine Will Remake Our World. New York: Basic Books, 2015. p. 205 *et. seq.*; DE VRIES, Katja. Privacy, due process and the computational turn: A parable and a first analysis. *In:* HILDEBRANDT, Mireille; DE VRIES, Katja (Orgs.). *Privacy, Due Process and the Computational Turn*. New York: Routledge, 2013. p. 26-27. O *Information Commissioner's Office*, do Reino Unido, define de forma didática: "Broadly speaking, machine learning can be separated into two types of learning: supervised and unsupervised. In supervised learning, algorithms are developed based on labelled datasets. In this sense, the algorithms have been trained how to map from input to output by the provision of data with 'correct' values already assigned to them. This initial 'training' phase creates models of the world on which predictions can then be made in the second 'prediction' phase. Conversely, in unsupervised learning the algorithms are not trained and are instead left to find regularities in input data without any instructions as to what to look for. In both cases, it's the ability of the algorithms to change their output based on experience [i.e., dados] that gives machine learning its power". INFORMATION COMMISSIONER'S OFFICE. *Big data, artificial intelligence, machine learning and data protection*. Disponível em: https://ico.org.uk/media/for-organisations/documents/2013559/big-data-ai-ml-and-data-protection.pdf. Acesso em: 09 nov. 2021.

e nos dizer, em alto nível e em termos humanamente compreensíveis, o que está acontecendo"[37].

Sistemas algorítmicos, KDD, mineração de dados, aprendizado de máquina, inferência e aplicação de modelos: essas são as principais noções e características que alicerçam a *técnica de perfilamento* que, por sua vez, é incorporada no que se denomina *tecnologias de perfilamento*. Estas podem ser compreendidas como um conjunto de tecnologias que compartilham um traço comum: o uso de técnica para criar, descobrir ou construir conhecimento – expresso por perfis – a partir de grandes volumes de dados[38].

O conhecimento produzido a partir de bases de dados pelo perfilamento automatizado observa práticas indutivas a que pode se adicionar também procedimentos do método dedutivo. A partir dos processos de mineração de dados infere-se *correlações* que constituem verdadeiras *hipóteses* (e. g., homens ruivos de olhos claros têm maior chance de desenvolver câncer de intestino). Isso, na verdade, significa dizer que estas são desenvolvidas não necessariamente com lastro em marcos teóricos estabelecidos e causas definidas, mas na *probabilidade* de que as inferências derivadas do tratamento de dados também hão de se confirmar no futuro[39]. Daí dizer, portanto, que perfis podem ser tidos como hipóteses[40]. Da indução segue-

[37] VAN OTTERLO, Martijn van. *Op. cit.*, p. 44. Tradução livre de: "interpret the sensor readings of humans (or moving things) and tell us in high-level, human understandable terms what is going on".

[38] HILDEBRANDT, Mireille. Defining Profiling: A New Type of Knowledge? *In*: GUTWIRTH, Serge; HILDEBRANDT, Mireille (Orgs.). *Profiling the European Citizen:* Cross-Disciplinary Perspectives. New York: Springer, 2008. p. 17. Vide, ainda: CUSTERS, Bart. *The Power of Knowledge:* Ethical, Legal and Technological Aspects of Data Mininig and Group Profiling in Epidemiology. Nijmegen: Wolf Legal Publishers, 2004; BAROCAS, Solon; NISSENBAUM, Helen. Big data's end run around anonymity and consent. *In*: LANE, Julia et al. (Orgs.). *Privacy, Big Data, and the Public Good*: Frameworks for Engagement. Cambridge: Cambridge University Press, 2014. p. 46.

[39] De acordo com Mayer-Schönberger e Cukier, "[w]ith correlations, there is no certainty, only probability". CUKIER, Kenneth; MAYER-SCHÖNBERGER, Viktor. *Big Data:* A Revolution That Will Transform How We Live, Work, and Think. Boston: Houghton Mifflin Harcourt, 2013. p. 53. Vide também: BYGRAVE, Lee A. *Data Protection Law:* Approaching Its Rationale, Logic and Limits. The Hague: Kluwer Law International, 2002. p. 309.

[40] "Another way to articulate the particular kind of knowledge produced by profiling is to see profiles as hypotheses. Interestingly, these hypotheses are not necessarily developed within the framework of a theory or on the basis of a common sense expectation. Instead, the hypothesis often emerges in the process of data mining, a change in perspective that is sometimes referred to as a discovery-driven approach, as opposed to the more traditional assumption-driven approach". HILDEBRANDT, Mireille. Defining Profiling: A New Type of Knowledge? *In*: GUTWIRTH, Serge; HILDEBRANDT, Mireille (Orgs.). *Profiling the European Citizen*. New York: Springer, 2008. p. 18-19.

-se um processo dedutivo de aplicação e testagem da hipótese/perfil em novos dados[41], por exemplo, na identificação e representação dos indivíduos que, numa certa base de dados, pertencem à categoria dos homens ruivos de olhos claros, que apresentam, conforme as operações matemáticas computadas de acordo com o modelo computacional, maior chance de desenvolver câncer de pele. Aferida a precisão e qualidade dos resultados a partir da abordagem dedutiva, modificações podem ser feitas no modelo para adequá-lo[42]. Ademais, importante ressaltar também que a aplicação da hipótese/perfil pode culminar numa tomada de decisão, principalmente por meios automatizados – é dizer, sem intervenção humana relevante[43].

O raciocínio acima converge com a concepção das fases e subdivisões operadas no processo de KDD, que observam, segundo a doutrina, a seguinte organização: (i) coleta e limpeza de dados; (ii) agregação; (iii) mineração de dados; e (iv) interpretação[44]. Em sistemas algorítmicos com

Martijn van Otterlo aborda o tema sob a perspectiva do campo do aprendizado de maquina: Cf. VAN OTTERLO, Martijn van. A Machine Learning View on Profiling. *In:* HILDEBRANDT, Mireille; DE VRIES, Katja (Orgs.). *Privacy, Due Process and the Computational Turn.* New York: Routledge, 2013. p. 52-53.

[41] Sobre o emprego de abordagem metodológica dedutiva na técnica de perfilamento comportamental, aduzem Ana Canhoto e James Backhouse: "Alternatively, profiling may follow a deductive logic that looks for confirmation, or refutation, of accepted patterns or models of behaviour. In this case, profiling is performed in order to test hypotheses, fit models to a dataset or to identify behaviours that depart from the norm: while the inductive approach aims to identify behaviour of the data subjects, the deductive approach aims to monitor behaviour". CANHOTO, Ana; BACKHOUSE, James. General Description of the Process of Behavioural Profiling. *In*: GUTWIRTH, Serge; HILDEBRANDT, Mireille (Orgs.). *Profiling the European Citizen.* New York: Springer, 2008. p. 49.

[42] A interrelação entre as abordagens indutiva e dedutiva é também exemplificada por Canhoto e Backhouse: "In practice, the two goals are often interrelated and it is very common that following a deductive approach, in which the analyst identifies an outlier of an existing model of expected behaviour, an inductive process will take place in order to refine the model and eventually, inform future deductive profiling efforts. For example, an economist using a model to predict the risk of corporate bankruptcy vis a vis certain environmental factors, may realise that the accuracy of the model declines significantly in periods of sustained economic recession. Such a finding, in turn, may prompt the analyst to develop a new profile to be applied specifically under economic crisis conditions". CANHOTO, Ana; BACKHOUSE, James. General Description of the Process of Behavioural Profiling. *In*: GUTWIRTH, Serge; HILDEBRANDT, Mireille (Orgs.). *Profiling the European Citizen.* New York: Springer, 2008. p. 49.

[43] Cf. BRKAN, Maja. Do algorithms rule the world? Algorithmic decision-making and data protection in the framework of the GDPR and beyond. *International Journal of Law and Information Technology*, v. 27, n. 2, p. 91–121, 2019, p. 97.

[44] Cf. FAYYAD, Usama; PIATETSKY-SHAPIRO, Gregory; SMYTH, Padhraic. Knowledge Discovery and Data Mining: Towards a Unifying Framework. *KDD-96 Proceedings*, p. 82-88, 1997, p. 84;

aprendizado de máquina, há uma quinta e final etapa ainda mais crucial, que é a de (v) ação com base no conhecimento que foi produzido[45]. Se no sistema em questão as decisões forem tomadas automaticamente por agentes artificiais, as fases *iv* e *v* hão de ser integradas entre si.

Melhor refletindo e consolidando, enfim, o processo de perfilamento, pode-se dizer que duas são as principais etapas de operação da técnica que move as tecnologias de perfilamento: (i) formação e (ii) aplicação do perfil. Em síntese, a primeira consiste processo de inferência do perfil (ou modelo[46]), a partir do reconhecimento de padrões no grande volume de dados processados, enquanto a segunda conforma o processo de identificação e representação de indivíduos ou agrupamentos como pertencentes a certo perfil (ou modelo), seguido de tomada de decisão[47/48].

CUSTERS, Bart. Datamining and Group Profiling on the Internet. *SSRN Electronic Journal*, 2001, p. 3; HILDEBRANDT, Mireille. *Smart Technologies and The End(s) of Law*. Cheltenham-Northampton: Edward Elgar, 2015. p. 31-32.

[45] HILDEBRANDT, Mireille. *Op. cit.*, p. 32.

[46] As noções de perfil e modelo se aproximam na ótica da ciência da computação, porquanto perfis e modelos, na verdade, são expressos em padrões extraídos dos dados: "Here data is a set of facts (e.g., cases in a database) and pattern is an expression in some language describing a subset of the data or a model applicable to that subset. Hence, in our usage here, extracting a pattern also designates fitting a model to data, finding structure from data, or in general any high-level description of a set of data". FAYYAD, Usama; PIATETSKY-SHAPIRO, Gregory; SMYTH, Padhraic. *Op. cit.*, p. 83.

[47] Nas palavras de Lee Bygrave, "the profiling process has two main components:(i) profile generation – the process of inferring a profile; (ii) profile application – the process of treating persons/ entities in light of this pro- file". BYGRAVE, Lee A. Automated profiling – Minding the machine: Article 15 of the EC data protection directive and automated profiling. *Computer Law and Security Review*, v. 17, n. 1, p. 17–24, 2001, p. 17; KUNER, Christopher; BYGRAVE, Lee A.; DOCKSEY, Christopher. *The EU General Data Protection Regulation:* A Commentary. 1. ed. Oxford: Oxford University Press, 2020. p. 130. Vide, ainda: KAMARINOU, Dimitra; MILLARD, Christopher; SINGH, Jatinder. Machine Learning with Personal Data. *In:* LEENES, Ronald et. al. *Data Protection and Privacy:* The Age of the Intelligent Machines. Oxford: Hart Publishing, 2017. p. 94

[48] É importante salientar que esta é uma visão que compreende o processo de perfilamento automatizado em sua inteireza, havendo, porém, junto ao didatismo, certa simplificação das complexas configurações e atores relacionados às tecnologias de perfilamento na prática decorrente de uma diversificada cadeia produtiva que envolve o desenvolvimento, comercialização e uso de sistemas algorítmicos. Nesse sentido, tendo em vista especialmente a aplicação de perfis, Michael Veale e Reuben Binns empregam o termo *"multi-stage profiling process"*, ou processo de perfilamento de múltiplas etapas para designar sistemas com diferentes níveis e momentos de intervenção humana e automatização, a exemplo de situações concretas que envolvem sistemas de suporte, triagem e automática sumarização. A noção é relevante, apesar de não coincidir totalmente com o conceito e pressupostos do perfilamento automatizado adotado nesta obra. Cf. BINNS, Reuben; VEALE,

A elaboração computacional de perfis mediante a mineração de padrões e correlações de dados não diz respeito apenas a indivíduos, mas também a tipos ou características comportamentais referentes a grupos. Denomina-se *perfis personalizados*, ou *perfis específicos*, aqueles em que há mineração de dados de sujeito individualizado[49] – na linguagem da LGPD, pessoa natural identificada ou identificável[50]. Para Lee Bygrave, perfis específicos também podem ser derivados a partir de dados de entes coletivos organizados (*v. g.*, dados sobre as iniciativas e atuação social de organização não governamental de defesa do meio ambiente)[51]. Pensando, porém, em seu direcionamento apenas à pessoa humana, essa modalidade de perfilamento é operada nos sistemas de assistentes pessoais virtuais, a exemplo de Alexa (Amazon), Siri (Apple) e Cortana (Microsoft). Tais assistentes são *softwares* que realizam tarefas ou serviços para uma pessoa a partir de comandos ou interações de voz[52]; são programas que, movidos por algoritmos de aprendizado de máquina, se aperfeiçoam na execução das tarefas e se adaptam às preferências do usuário/titular dos dados quanto mais informações processam[53]. Esse tipo de aplicação de aprendizado de máquina – bem como o perfilamento personalizado levado a efeito – é, na verdade, parte importante da concretização da Internet das Coisas, como se vê em carros (semi)autônomos e *smart homes*.

No que concerne exclusivamente a grupos[54], o *perfilamento de grupo* (*group profiling*) é um crucial método de classificação algorítmica presente

Michael. Is that your final decision? Multi-stage profiling, selective effects, and Article 22 of the GDPR. *International Data Privacy Law*, v. 11, n. 4, p. 319–332, 2021, p. 321-324.

49 HILDEBRANDT, Mireille. Defining Profiling: A New Type of Knowledge? *In*: GUTWIRTH, Serge; HILDEBRANDT, Mireille (Orgs.). *Profiling the European Citizen*. New York: Springer, 2008. p. 22; BYGRAVE, Lee A. *Data Protection Law:* Approaching Its Rationale, Logic and Limits. The Hague: Kluwer Law International, 2002. p. 303-304.

50 O art. 5º, I, da LGPD.

51 BYGRAVE, Lee A. *Data Protection Law:* Approaching Its Rationale, Logic and Limits. The Hague: Kluwer Law International, 2002. p. 303. Sobre entes coletivos organizados e não organizados, vide item 1.3.3.

52 WIKIPEDIA. *Virtual Assistant*. Disponível em: https://en.wikipedia.org/wiki/Virtual_assistant. Acesso em: 10 dez. 2020.

53 EUROPEAN COMMISSION. *The rise of Virtual Personal Assistants*. Disponível em: https://ec.europa.eu/growth/tools-databases/dem/monitor/sites/default/files/Virtual%20personal%20assistants_v1.pdf. Acesso em: 10 dez. 2020.

54 Mantelero chama atenção para a importância de se considerar os grupos e coletividades na sociedade orientada por dados: "Nella società algoritmica, infatti, non sono più i singoli a essere l'obiettivo principale dell'indagine realizzata dai detentori dei dati, bensì quest'ultima guarda

no perfilamento automatizado[55] a inferir *perfis abstratos*[56], que podem versar sobre *comunidades* ou *categorias*. As primeiras são grupos que preexistem ao processo de mineração de dados realizado para traçar as correlações e padrões e, assim, identificar características comuns aos membros do grupo (*v. g.*, determinado grupo étnico, trabalhadores de uma sociedade empresária). As categorias, de outro lado, são constituídas uma vez estabelecidas as correlações por algoritmos de mineração de dados que identificam atributos comuns (*v. g.*, pessoas que gostam de certo alimento e possuem QI mais elevado): "a categoria é usualmente chamada de grupo e o conjunto de atributos se denomina perfil do grupo"[57].

Isso significa que tecnologias que usam e aplicam técnicas de perfilamento regularmente realizam incontáveis operações de tratamento de dados identificadores de grupos ou coletividades, e não propriamente de pessoas individualizadas. É o que se dá, por exemplo, em aplicações que visam segmentar grupo de consumidores por certas preferências de consumo para fornecer publicidade direcionada[58]; discriminar preços com base em zona geográfica[59/60]; monitorar em tempo real o deslocamento de

principalmente ai comportamenti collettivi di gruppi a geometria variabile, plasmati e rimodellati in continuo dagli algoritmi". MANTELERO, Alessandro. Responsabilità e rischio nel Reg. UE 2016/679. *Le Nuove Leggi Civili Commentate*, v. XL, n. 1, p. 144–164, 2017, p. 146.

[55] Entre outros: FIDIS. *Descriptive analysis and inventory of profiling practices*. Disponível em: http://www.fidis.net/resources/fidis-deliverables/profiling/int-d72000/doc/4/. Acesso em: 16 jul. 2020; HILDEBRANDT, Mireille. Defining Profiling: A New Type of Knowledge? *In*: GUTWIRTH, Serge; HILDEBRANDT, Mireille (Orgs.). *Profiling the European Citizen:* Cross-Disciplinary Perspectives. New York: Springer, 2008. p. 20; CUSTERS, Bart. *The power of knowledge*: Ethical, Legal and Technological Aspects of Data Mininig and Group Profiling in Epidemiology. Nijmegen: Wolf Legal Publishers, 2004. p. 55 et seq.

[56] A nomenclatura é empregada por Lee Bygrave: v. BYGRAVE, Lee A. *Data Protection Law:* Approaching Its Rationale, Logic and Limits. The Hague: Kluwer Law International, 2002. p. 303.

[57] HILDEBRANDT, Mireille. *Op. cit.*, p. 20. Tradução livre de: "[t]he category is usually called a group and the set of attributes are called the group's profile".

[58] SPENCER, Shaun B. Privacy and Predictive Analytics in E-Commerce. *New England Law Review*, v. 49, n. January 2015, p. 629-647, jan. 2015, p. 636-637.

[59] MARTINS, Guilherme Magalhães. O *geopricing* e o *geoblocking* e seus efeitos nas relações de consumo. *In:* FRAZÃO, Ana; MULHOLLAND, Caitlin (Coords.). *Inteligência artificial e Direito:* ética, regulação e responsabilidade. 1. ed. São Paulo: Revista dos Tribunais, 2019. p. 636

[60] No Brasil, a prática, que ficou conhecida como *geopricing*, foi um dos motivos que rendeu à Decolar.com uma multa de R$ 7.500.000,00, sanção aplicada pelo Departamento de Proteção e Defesa do Consumidor (MINISTÉRIO DA JUSTIÇA E SEGURANÇA PÚBLICA. *Decolar.com é multada por prática de geopricing e geoblocking*, 18 jun. 2018. Disponível em: https://www.justica.gov.br/news/collective-nitf-content-51. Acesso em: 01 nov. 2021). Conforme noticiado na imprensa

grupos de migrantes ou refugiados mediante dados agregados de localização[61]; ou descobrir, a partir do reconhecimento de padrões de mobilidade de grupos, futuros focos de surto de doenças infecto-contagiosas[62].

Cumpre ressaltar que a criação algorítmica de *categorias*, ou de *grupos ad hoc*[63], é uma novidade trazida pelo perfilamento automatizado ao nível coletivo. Diferentemente das comunidades, grupos previamente existentes à operação de algoritmos no processo de KDD e dos sistemas de aprendizado de máquina, as categorias consistem em agrupamentos fluídos que surgem a partir do processamento e mineração de dados, e se modificam ou remodelam ao longo do processo[64], sendo possível, aliás, que as correlações constitutivas desses grupos levem em consideração características sequer inteligíveis (*v. g*, padrões de pixels ou sinais elétricos)[65]. A caracte-

norte-americana, lojas de *e-commerce* praticam discriminação de preço conforme o *ZIP code* de consumidores (v. VALENTINO-DEVRIES, Jennifer; SINGER-VINE, Jeremy Singer-Vine; SOLTANI, Ashkan. Websites Vary Prices, Deals Based on Users' Information. *The Wall Street Journal*. Disponível em: https://www.wsj.com/articles/SB10001424127887323777204578189391813881534. Acesso em: 10 dez. 2020; HOWE, Neil. A Special Price Just For You. *Forbes*. Disponível em: https://www.forbes.com/sites/neilhowe/2017/11/17/a-special-price-just-for-you/#11e3c39290b3. Acesso em: 10 dez. 2020).

[61] TAYLOR, Linnet. Safety in Numbers? Group Privacy and Big Data Analytics in the Developing World. *In*: TAYLOR, Linnet; FLORIDI, Luciano; SLOOT, Bart van der (Eds.). *Group Privacy:* New Challenges of Data Technologies. Dordrecht: Springer, 2017. p. 22.

[62] TAYLOR, Linnet. *Op. cit.*. p. 22. Igualmente nessa linha, vide MACHADO, Diego Carvalho; MENDES, Laura Schertel. Tecnologias de perfilamento e dados agregados de geolocalização no combate à COVID-19 no Brasil: uma análise dos riscos individuais e coletivos à luz da LGPD. *Direitos Fundamentais & Justiça*, Belo Horizonte, ano 14, p. 105-148, nov. 2020. Número especial.

[63] Cf. MITTELSTADT, Brent. From Individual to Group Privacy in Big Data Analytics. *Philosophy and Technology*, v. 30, n. 4, p. 475–494, 2017, p. 479-480; WACHTER, Sandra. Affinity Profiling and Discrimination by Association in Online Behavioural Advertising. *Berkeley Technology Law Journal*, v. 35, n. 2, p. 367-430, 2020, p. 56-57.

[64] "The automatic processing occurs after the collection and may vary: a typical characteristic of automated profiles is that they are adjusted in real time and that new knowledge will constantly be added after the moment of collection". SCHREURS, Wim et. al. *Cogitas Ergo Sum:* The Role of Data Protection Law and Non-discrimination Law in Group Profiling in the Private Sector. *In*: GUTWIRTH, Serge; HILDEBRANDT, Mireille (Orgs.). *Profiling the European Citizen:* Cross-Disciplinary Perspectives. New York: Springer, 2008. p. 253. No mesmo sentido: ZARSKY, Tal Z. Transparent predictions. *University of Illinois Law Review*, v. 2013, n. 4, p. 1503–1569, 2013, p. 1559.

[65] Para Sandra Wachter, entre os chamados "grupos algorítmicos", há aqueles que ela chama de *incompreensíveis*, isto é, "groups created via algorithmic classification and defined by characteristics and/or definition rules that are not human comprehensible". WACHTER, Sandra. The Theory of Artificial Immutability: Protecting Algorithmic groups under Anti-Discrimination Law. *Tulane Law Journal*, v., 97, n. 2, 2022, p. 6.

rística central desse tipo de grupo é ser "definido remotamente mediante tratamento de dados, de modo que os membros do grupo não são necessariamente conscientes de pertencerem a ele"[66/67].

Outro aspecto do perfilamento de grupo que merece atenção para compreender seu funcionamento e repercussão, é a distinção entre *perfil distributivo* e *perfil não-distributivo*. O primeiro identifica um grupo dentro do qual todos os membros compartilham a totalidade dos atributos do perfil[68]. Um exemplo de perfil distributivo (ou de generalização universal), um tanto tautológico, é o da classe dos solteiros, em que todos os membros comungam da característica de não ser casados[69]. Já o perfil não-distributivo (ou generalização não-universal) identifica um grupo em que os membros não compartilham todos os atributos do perfil coletivo[70], que é enquadrado em termos de probabilidades, médias, medianas ou desvios significativos em relação a outros grupos[71]. De uma perspectiva epistemológica,

[66] TAYLOR, Linnet. *Op. cit.*, p. 15. Tradução livre de: "defined remotely by processing data, so that the group's members are not necessarily aware that they belong to it".

[67] Reportagem do *The Intercept Brasil* revela exemplo de grupo *ad hoc* criado por análise de dados agregados (localização, faixa etária, gênero, entre outros), dos quais as pessoas compreendidas na classificação — algumas identificadas pela jornalista — não tinham consciência. Em processamento realizado a partir de dados comercializados pela Vivo, provedora de telefonia móvel, criou-se um certo perfil de pessoas categorizado como "famílias populares": "Na planilha vendida em 2017 ao governo do Espírito Santo, Rocha não é exatamente Rocha. É um indivíduo não identificado, homem, idade entre 50 e 59 anos, que vive em Domingos Martins, cidade de 33 mil habitantes, e vai esporadicamente a Santa Maria de Jetibá, que tem 40 mil. Pertence à classe B e é classificado como integrante de "famílias populares", uma categoria criada pelo estudo para definir a típica família brasileira de classe média."

"Esses dados são "anonimizados", jura a empresa, e organizados nos chamados "clusters comportamentais", que agrupam as pessoas segundo suas características sociodemográficas – onde vivem, quanto ganham e como consomem". DIAS, Tatiane. Vigiar e lucrar. *The Intercept Brasil*, 13 abr. 2020. Disponível em: https://theintercept.com/2020/04/13/vivo-venda-localizacao-anonima/. Acesso em: 26 jul. 2020.

[68] "A distributive profile identifies a group of which all members share all the attributes of the group's profile". HILDEBRANDT, Mireille. Defining Profiling: A New Type of Knowledge? *In*: GUTWIRTH, Serge; HILDEBRANDT, Mireille (Eds.). *Profiling the European Citizen:* Cross-Disciplinary Perspectives. New York: Springer, 2008. p. 21.

[69] HILDEBRANDT, Mireille. *Op. cit.*, p. 21; SCHAUER, Frederick F. *Profiles, Probabilities and Stereotypes*. Cambridge: Harvard University Press, 2006. p. 8.

[70] HILDEBRANDT, Mireille. *Op. cit.*, p. 21; SCHAUER, Frederick F. *Op. cit.*, p. 8.

[71] VEDDER, Anton. KDD: The challenge to individualism. *Ethics and Information Technology*, v. 1, n. 4, p. 275–281, 1999, p. 277. O autor explicitou, originalmente, a diferenciação entre perfis distributivos e não-distributivos: "Distributive generalizations and profiles are put in the form of down-to-earth, matter-of-fact statements. Nondistributive generalizations and profiles, however,

o perfil não-distributivo é uma generalização não-universal. Tome-se o exemplo de perfil baseado em renda e região geográfica, em que um residente de bairro ou vizinhança considerado de alta renda, possui, na verdade, baixos ganhos e mora em imóvel emprestado por familiar – é o que pode ocorrer, em exemplo já aludido, nas práticas de discriminação algorítmica de preço. É importante ressaltar que os não-distributivos são os perfis de grupo mais usuais[72].

Patrick Allo captura a diferença entre esses dois tipos de perfis de grupo e, com precisão, as notas peculiares dos perfis não-distributivos, quais sejam: são (i) derivados por processo inferencial; (ii) possuem natureza probabilística; e (iii) comportam exceções. Nas palavras do autor:

> O contraste entre perfis distributivos e não-distributivos (e generalizações) destaca várias características dos perfis não-distributivos: eles são derivados, probabilísticos e podem possuir exceções. Usando uma terminologia diferente, poderíamos dizer que eles são obtidos mediante de um processo inferencial que é ampliativo, no sentido de que vai além do que é realmente conhecido (ou pode ser conclusivamente inferido) sobre cada indivíduo. Perfis não-distributivos são, portanto, inevitavelmente derrotáveis e podem incluir erros passíveis de descobrimento apenas por meio de dados adicionais[73].

are framed in terms of probabilities and averages and medians, or significant deviances from other groups. They are based on comparisons of members of the group with each other and/or on comparisons of one particular group with other groups. Nondistributive generalizations and profiles are, therefore, significantly different from distributive generalizations and profiles. The properties in nondistributive generalizations and profiles apply to individuals as members of the reference group, whereas these individuals taken as such need not in reality exhibit these properties". VEDDER, Anton. *Op. cit.*, p. 277. Vide, ainda: VEDDER, Anton. Why data protection and transparency are not enough when facing social problems of machine learning in a big data context. *In*: BAYAMLIOGLU, Emre et al. (Orgs.). *Being profiled: Cogitas, ergo sum*. Amsterdam: Amsterdam University Press, 2018. p. 43.

[72] Assim o é com as generalizações não-universais. SCHAUER, Frederick F. *Profiles, Probabilities and Stereotypes*. Cambridge: Harvard University Press, 2006., p. 9.

[73] ALLO, Patrick. The Epistemology of Non-distributive Profiles. *Philosophy & Technology*, v. 33, p. 379–409, 2020, p. 382-383. Tradução livre de: "The contrast between distributive and non-distributive profiles (and generalisations) highlights several features of non-distributive profiles: they are derived, probabilistic and may have exceptions. Using a different terminology, we could say they are obtained through an inferential process that is ampliative in the sense that it goes beyond what is actually known (or can conclusively be inferred) about each individual. Non-distributive profiles are therefore unavoidably defeasible and may include mistakes that can only be uncovered by means of additional data".

Levando em consideração que as técnicas de perfilamento automatizado inferem, eminentemente, perfis não-distributivos de grupos, percebe-se que decisões tomadas de forma automatizada com base nesses dados derivados podem resultar de representação equivocada de membros pertencentes aos grupos, bem como impactar de modo díspar (e injusto) pessoas neles compreendidas. O caso da avaliação e atribuição de notas dos estudantes britânicos efetuada pelo sistema algorítmico criado pela *Ofqual* revela esse potencial de produção de desfecho discriminatório. O sistema aplicado foi treinado para predizer a distribuição de notas para cada escola ou instituição de ensino[74]. Pautado num perfil não-distributivo, referente aos discentes de cada escola, o sistema de tomada de decisão automatizada, conforme mencionado acima, terminou por gerar resultados que privilegiaram estudantes de instituições privadas.

Outros casos que se tornaram conhecidos pela inquietação social a respeito das implicações do uso de técnicas de perfilamento automatizado, com a formação e aplicação de perfis não-distributivos, envolveram órgãos públicos de serviço social da Polônia e da Áustria. Num contexto de crise – ou ocaso – do Estado de bem-estar social, as pressões orçamentárias e o avanço tecnológico impeliram autoridades de ambos os governos, polonês e austríaco, a ver em sistemas algorítmicos a melhor solução custo-benefício para racionalização de destinação de recursos e auxílio a cidadãos desempregados. Primeiro na Polônia[75] (2014), depois na Áustria[76] (2020), nos dois países europeus foram implementados modelos estatísticos para classificar em diferentes categorias os cidadãos em busca de programas governamentais para se reinserir no mercado de trabalho. Em resumo, a decisão dos órgãos sobre quais recursos investir num candidato (*v. g.*, tipo

[74] OFQUAL. *Executive Summary – Awarding GCSE, AS, A level, advanced extension awards and extended project qualifications in summer 2020:* interim report. Londres: [s. n.], 13 ago. 2020. p. 4. Disponível em: https://assets.publishing.service.gov.uk/government/uploads/system/uploads/attachment_data/file/909035/6656-2_-_Executive_summary.pdf. Acesso em: 10 nov. 2020. Lê-se no relatório: "*Our preferred model – known as the Direct Centre Performance model (DCP) – works by predicting the distribution of grades for each individual school or college*".

[75] Para detalhes e análise crítica da iniciativa polonesa: NIKLAS, Jędrzej; SZTANDAR-SZTANDERSKA, Karolina; SZYMIELEWICZ, Katarzyna. *Profiling the Unemployed in Poland:* Social and Political Implications of Algorithmic Decision Making. Warsaw: Fundacja Panoptikon, 2015.

[76] Profunda análise do caso foi feita por grupo interdisciplinar de pesquisadores: ALLHUTTER, Doris et al. Algorithmic Profiling of Job Seekers in Austria: How Austerity Politics Are Made Effective. *Frontiers in Big Data*, v. 3, , p. 1–17, fev. 2020.

de programa de treinamento) se fundava em escores ou resultados de cálculos probabilísticos sobre capacidade de obtenção de novo posto de trabalho.

Não se deve, contudo, reputar perfis não-distributivos como inferências *per se* racionalmente infundadas e/ou inerentemente conducentes a resultados injustos (ou ilicitamente discriminatórios), sob as perspectivas epistemológica e ético-jurídica, respectivamente. Para uma adequada crítica às práticas de perfilamento baseadas em perfis não-distributivos e suas deficiências epistemológicas, Patrick Allo leciona que também há que se levar em consideração (i) ser inevitável a eventual ocorrência de erros no processo de perfilamento[77/78], e (ii) que é bastante difundido o entendimento de que, num cenário de incertezas, a abordagem atuarial ou probabilística constitui via preferível como modo de usar as informações disponíveis e fazer avaliações para a tomada de decisão[79]. Quanto a este último aspecto,

[77] Nesta mesma linha, afirma Lee Bygrave: "[...] profiles are essentialy assumptions based on probability equations. The mere fact that they are the outcomes of probability equations means they tend to contain some margin of error". BYGRAVE, Lee A. *Data Protection Law:* Approaching Its Rationale, Logic and Limits. The Hague: Kluwer Law International, 2002. p. 309. Ainda: MITTELSTADT, Brent D. et al. The ethics of algorithms: Mapping the debate. *Big Data & Society*, v. 3, n. 2, p. 1–21, 2016, p. 4.

[78] Aludindo a exemplo real de banco de dados de saúde usado em determinada unidade de saúde de atendimento a populações indígenas, os autores do *HEW Report* fazem referência à componente estatística do sistema e à equivocidade da aplicação prática de grupos estatisticamente formados, muito embora não utilizem o termo "perfil": "It is characteristic of modern organizations to single out "high risk" categories of people to whom the normal standards and rules do not apply. Often these high risk groups are identified from statistical studies of populations that use the services an organization offers. The consequences for any given individual exhibiting the characteristics of the high risk group may range from total exclusion (uninsurability) to being made eligible for special treatment (remedial education, free medical care). *Although there is nothing intrinsically harmful in such practices, in dealing with human populations it is essential not to assume that any single member of a statistically defined group will necessarily behave in the way predicted for the group as a whole*" (grifou-se). U.S. DEPARTMENT OF HEALTH, EDUCATION & WELFARE. *Records, Computers and the Rights of Citizens*. Washington: U.S. Government Printing Office, 1973. p. 26.

[79] ALLO, Patrick. The Epistemology of Non-distributive Profiles. *Philosophy & Technology*, v. 33, p. 379–409, 2020, p. 384. Frederick Schauer exemplifica como é corriqueiro o emprego de generalizações não-universais com arrimo em estatísticas consistentes: "And generalizations are usually statistically sound when they accurately portray the traits of a majority of the members of the class, as in "Swiss cheese has holes." Moreover, as the example of bulldogs with bad hips demonstrates, generalizations are statistically sound whenever the generalization accurately portrays the members of the class as having a greater prevalence of some trait than has some larger class of which the group is ordinarily taken to be a part, even though the trait appears in less than a majority of the members of both groups. What makes "Bulldogs have bad hips" an example of a statistically sound generalization, despite the fact that a majority of bulldogs do not have bad hips, is that

aliás, não faltam exemplos de utilização de generalizações não-universais com abordagem probabilística – que informam os perfis não-distributivos de grupos – nos ordenamentos jurídicos, aqui e alhures[80]: desde situações mais evidentes, como a autorização do uso de provas estatísticas no processo civil[81], a outras não tão claras, como na adoção pelos códigos civis do critério etário para estabelecer o limiar entre menoridade e maioridade, é dizer, entre incapacidade e capacidade de agir plena, eliminando as incertezas de análises casuísticas em nome da segurança jurídica[82].

Partindo de uma perspectiva *relacional*, Allo chama a atenção a respeito de alguns tipos de assimetrias (de poder) entre os agentes que lançam mão do perfilamento automatizado e do titular dos dados. Cumpre entender dois tipos: a assimetria informacional e a assimetria de perspectiva. A primeira decorre do fato de que, de um lado, quem pratica o perfilamento possui acesso aos dados pessoais ou perfis aplicáveis a todos titulares de dados, enquanto cada um destes tem acesso aos seus próprios dados somente[83]. Já a segunda assimetria significa a existência de "diferentes maneiras de se avaliar o que é justificado e o que conta como informação relevante"[84].

knowing that a dog was a bulldog would improve one's ability to predict hip problems relative to whatever information one had other than the information that the dog was a bulldog. As long as the probability of a dog's having hip problems given that the dog is a bulldog is greater than the probability of a dog's having hip problems given no information about the breed of dog, we can say that the trait of being a bulldog is *relevant,* and we can say that generalizing from that trait meets the minimum threshold of statistical (or actuarial) soundness". SCHAUER, Frederick F. *Profiles, Probabilities and Stereotypes.* Cambridge: Harvard University Press, 2006. p. 11.

[80] Neste sentido: MENDES, Laura Schertel; MATTIUZZO, Marcela. Discriminação algorítmica: conceito, fundamento legal e tipologia. *Revista de Direito Público,* Porto Alegre, v. 16, n. 90, p. 39–64, 2019, p. 49-50.

[81] Cf. ARENHART, Sérgio Cruz. A prova estatística e sua utilidade em litígios complexos. *Revista Direito e Práxis,* Rio de Janeiro, v. 10, n. 1, p. 661-677, 2019.

[82] "Não querendo, todavia, em homenagem à segurança das relações jurídicas, que a averiguação da capacidade ou incapacidade seja feita de modo avulso ou casuístico, para cada momento e para cada acto jurídico, prevê taxativamente várias categorias de incapazes, por maneira que, pertencendo a pessoa a alguma das categorias previstas, será incapaz *de direito,* muito embora o não seja *de facto* (quer em geral quer apenas com referência ao momento e ao acto questionado), e vice-versa (pelo menos até certo ponto)". ANDRADE, Manuel A. Domingues de. *Teoria geral da relação jurídica.* reimp. Coimbra: Almedina, 1992. v. 1, p. 32. Na doutrina brasileira, entre outros: MACHADO, Diego Carvalho. *Capacidade de agir e pessoa humana.* Curitiba: Juruá, 2013. p. 76-78.

[83] ALLO, Patrick. The Epistemology of Non-distributive Profiles. *Philosophy & Technology,* v. 33, p. 379–409, 2020, p. 396.

[84] ALLO, Patrick. *Op. cit.,* p. 396. Tradução livre de: "different ways of assessing what is justified and what counts as relevant information".

Assim sendo, a assimetria informacional redunda na incapacidade do titular dos dados prever ou antecipar *como* será perfilado devido à incerteza ou ignorância sobre os padrões reconhecidos em dados comportamentais e os agrupamentos formados. Por sua vez, a assimetria de perspectiva lida com a inaptidão do titular dos dados aceitar, ou reconhecer como justificada e razoável, decisão baseada em generalizações falíveis.

Diferentemente da postura que se afigura mais neutral do autor acima mencionado, mais apropriado parece conceber – em substituição à assimetria de perspectiva – a existência de uma *assimetria epistemológica* entre os agentes responsáveis por sistemas de aprendizado de máquina que usam perfilamento automatizado e os titulares dos dados. Isto se dá porquanto, de um lado, tem-se aqueles que desenham metodologicamente o sistema de aprendizado de máquina e IA, com as técnicas eleitas, objetivos, bases de dados de treinamento e de validação do modelo computacional, e o aplicam e implementam na prática, enquanto os titulares dos dados não têm acesso ou sequer consciência desses elementos delimitadores da construção de conhecimento que impactam suas vidas, especialmente se o conhecimento é usado para tomada de decisões de forma automatizada. Ademais, essa assimetria é ainda mais aprofundada pela disseminada crença, quase religiosa, na objetividade dos dados, que seriam apenas a "datificação", em dados brutos (*raw data*), da realidade pré-existente, tal como das inferências dos sistemas algorítmicos[85]. A bem da verdade, a expressão "dados brutos" configura um oximoro, porquanto a prévia seleção de quais são as bases de dados relevantes para a criação de conhecimento e modelos de aprendizado de máquina é ato cognitivo de interpretação[86], e é contestável a asser-

[85] Cf. HILDEBRANDT, Mireille. *Smart Technologies and The End(s) of Law*. Cheltenham-Northampton: Edward Elgar, 2015. p. xii. Em sentido que parece acolher essa objetividade: Cf. CUKIER, Kenneth; MAYER-SCHÖNBERGER, Viktor. *Big Data:* A Revolution That Will Transform How We Live, Work, and Think. Boston: Houghton Mifflin Harcourt, 2013. p. 73-97.

[86] CRAWFORD, Kate; BOYD, dana. Critical questions for Big Data: Provocations for a cultural, technological, and scholarly phenomenon. *Information, Communication & Society*, v. 15, n. 5, p. 662–679, 2012, p. 667-668. Nesta direção: "However self-contradicting it may be, the phrase raw data — like jumbo shrimp — has understandable appeal. At first glance data are apparently before the fact: they are the starting point for what we know, who we are, and how we communicate. This shared sense of starting with data often leads to an unnoticed assumption that data are transparent, that information is self-evident, the fundamental stuff of truth itself. If we're not careful, in other words, our zeal for more and more data can become a faith in their neutrality and autonomy, their objectivity. Think of the ways people talk and write about data. Data are familiarly "collected," "entered," "compiled," "stored," "processed," "mined," and "interpreted." Less obvious are the

tiva de que as inferências computacionais refletem uma verdade objetiva[87].

2.2. Tecnologias de perfilamento e a necessidade de regulação jurídica: integração a infraestrutura da informação e da comunicação e ameaças a direitos fundamentais

Nas linhas acima, abordou-se os contornos sociotécnicos elementares em torno do funcionamento do perfilamento automatizado na sociedade orientada por dados e sua instrumentalização nas tecnologias de perfilamento. Na análise da regulação jurídica aplicável no ordenamento brasileiro, porém, importa entender os principais motivos que convergem para justificar o imperativo de regulação jurídica dessas tecnologias, o que também hão de constituir vetores hermenêuticos para a atividade do intérprete. Os argumentos se organizam basicamente em (i) a integração das tecnologias de perfilamento a infraestrutura da informação e da comunicação, e (ii) no ensejo de ameaças relevantes a direitos e liberdades fundamentais da pessoa humana.

Antes, todavia, há que se delimitar com maior clareza as noções de *perfilamento* e *perfil*, haja vista o rigor conceitual e dogmático-jurídico que se julga indispensável para a contribuição pretendida com o livro que ora se tem em mãos. Desta sorte, passa-se, então, a uma breve análise sobre a elaboração dos conceitos.

Uma das primeiras definições propostas na doutrina foi de autoria de Gary T. Marx e Nancy Reichman. Em artigo publicado em 1984, os autores tecem comentários ao perfilamento especialmente no âmbito de atuação das autoridades de investigação penal e do combate a práticas ilícitas. Segundo defendem, trata-se de técnica computacional que segue uma

ways in which the final term in this sequence — interpretation — haunts its predecessors. At a certain level the collection and management of data may be said to presuppose interpretation. "Data [do] not just exist," Lev Manovich explains, they have to be "generated." Data need to be imagined as data to exist and function as such, and the imagination of data entails an interpretive base". GITELMAN, Lisa; JACKSON, Virginia. Introduction. *In:* GITELMAN, Lisa (Org.). *'Raw data' is an oxymoron.* Cambridge; London: The MIT Press, 2013. p. 2-3.

[87] CRAWFORD, Kate; BOYD, dana. Critical questions for Big Data: Provocations for a cultural, technological, and scholarly phenomenon. *Information, Communication & Society,* v. 15, n. 5, p. 662–679, 2012, p. 667; BURRELL, Jenna. How the Machine "Thinks:" Understanding Opacity in Machine Learning Algorithms. *Big Data & Society,* v. 3, n. 1, p. 1–12, jan./jun. 2016, p. 3; HILDEBRANDT, Mireille. Privacy as protection of the incomputable self: From agnostic to agonistic machine learning. *Theoretical Inquiries in Law,* v. 20, n. 1, p. 83–121, 2019, p. 105 et seq.

lógica indutiva "de procurar pistas que aumentarão a probabilidade de descoberta de infrações em relação a buscas aleatórias"[88]. A aplicação do perfilamento, sugerem, "permite que os investigadores correlacionem vários dados distintos a fim de avaliar o quão perto uma pessoa ou evento se apresenta de uma caracterização ou modelo predeterminado de infração"[89].

Com ótica diversa, Roger Clarke se dedicou ao tema notadamente na década de 1990. Em termos gerais, o ex-Comissário de Privacidade da Austrália – que não se limitou ao estudo do perfilamento no campo das investigações criminais – já visualizava as práticas de perfilamento como um *processo* de criação e uso de perfis[90]. Para ele, perfil consiste na "representação esquemática dos interesses de uma pessoa para uso na recuperação [ou busca] de informações"[91], enquanto perfilamento é uma "técnica pela qual um conjunto de características de uma determinada classe de pessoa é inferido a partir de experiências passadas, e então busca-se em bases de dados por indivíduos que melhor se encaixem a esse conjunto de características."[92].

Em leitura crítica ao trabalho de Clarke – e num contexto de maior difusão e desenvolvimento das tecnologias de perfilamento –, Lee Bygrave apontou, por sua vez, que a conceituação do autor australiano parece se voltar tão somente a perfis individuais, passando ao largo da dimensão coletiva das práticas em questão[93]. Na visão de Bygrave, além dos indivíduos, também os entes coletivos (organizados ou não organizados) podem ser perfilados; por isso afirma: "perfilamento é a inferência de um conjunto de

[88] MARX, Gary T.; REICHMAN, Nancy. Routinizing the Discovery of Secrets: Computers as Informants. *The American Behavioral Scientist*, v. 27, n. 4, p. 423–452, 1984, p. 429. Tradução livre de: "It follows an inductive logic in seeking clues that will increase the probability of discovering infractions relative to random searches".

[89] MARX, Gary T.; REICHMAN, Nancy. *Op. cit.*, p. 429. Tradução livre de: "[...] permits investigators to correlate a number of distinct data items in order to assess how close a person or event comes to a predetermined characterization or model of infraction"

[90] CLARKE, Roger. Profiling: A Hidden Challenge to the Regulation of Data Surveillance. *Journal of Law and Information Science*, v. 4, n. 2, p. 403-419, 1993, p. 404.

[91] CLARKE, Roger. *Op. cit.*, p. 405. Tradução livre de: "[the] schematic representation of [a] person's interests for use in information retrieval".

[92] CLARKE, Roger. *Op. cit.*, p. 405. Tradução livre de: "technique whereby a set of characteristics of a particular class of person is inferred from past experience, and data-holdings are then searched for individuals with a close fit to that set of characteristics".

[93] BYGRAVE, Lee A. *Data Protection Law:* Approaching Its Rationale, Logic and Limits. The Hague: Kluwer Law International, 2002. p. 303.

características (perfil) sobre um indivíduo ou entidade coletiva, e o subsequente tratamento dessa pessoa/entidade ou outras pessoas/entidades à luz dessas características"[94].

A muito pertinente abordagem de Bygrave apreende o papel que o *group profiling* desempenha no processo de KDD e os consequentes aspectos de ordem coletiva. Entretanto, a mudança de paradigma desencadeada pelos avanços das técnicas de *big data* e dos sistemas algorítmicos baseados em inteligência artificial foi capturada de maneira mais profunda por Mireille Hildebrandt, Francesca Bosco, Bert-Jaap Koops e outros, que enxergam no perfilamento *automatizado* uma forma de conhecimento resultante da mineração de dados e algoritmos de aprendizado de máquina, que, representando sujeitos individuais e coletivos mediante perfis ou modelos, serve de lastro a tomada de decisão (total ou parcialmente) automatizada. A conceituação elaborada na linha de pensamento desses autores segue os termos abaixo:

> Perfilamento é uma técnica de tratamento (parcialmente) automatizado de dados pessoais e/ou não pessoais, que visa a produção de conhecimento por meio da inferência de correlações de dados na forma de perfis que podem ser posteriormente aplicados como base para a tomada de decisão.
>
> Um perfil é um conjunto de dados correlacionados que representa um sujeito (individual ou coletivo).
>
> A construção de perfis é o processo de descoberta de padrões desconhecidos entre dados em grandes bases de dados que podem ser usados para criar perfis. A aplicação de perfis é o processo de identificação e representação de um indivíduo ou grupo específico como adequado a um perfil, e de tomada de alguma forma de decisão com base nessa identificação ou representação[95].

[94] BYGRAVE, Lee A. *Op. cit.*, p. 301. Tradução livre de: "profiling is the inference of a set of characteristics (profile) about an individual person or collective entity and the subsequent treatment of that person/entity or other persons/entities in the light of these characteristics".

[95] BOSCO, Francesca et. al. Profiling technologies and fundamental rights: an introduction. *In*: CREEMERS, Niklas et. al. *Profiling Technologies in Practice*: Applications and Impact on Fundamental Rights and Values. Oisterwijk: Wolf Legal Publishers, 2017. p. 9. Traduação livre de: "Profiling is a technique of (partly) automated processing of personal and/or non-personal data, aimed at producing knowledge by inferring correlations from data in the form of profiles that can subsequently be applied as a basis for decision-making".

"A profile is a set of correlated data that represents a (individual or collective) subject".

Essa é, com efeito, a definição mais adequada ao paradigma contemporâneo e consistente com os elementos de base da técnica de perfilamento e as etapas de formação e aplicação de perfis inferidos[96]. Os poucos conceitos inscritos em diplomas legislativos ou documentos de cunho oficial que se pode encontrar – no Brasil ainda não há tal definição legal[97] – possuem algum tipo de insuficiência. Após as recentes reformas de sua normativa em matéria de proteção de dados pessoais, o direito da UE passou a contar com expressa definição legal de perfilamento –*"profiling"*, na língua inglesa, ou "definição de perfis", conforme a tradução oficial para o português. É o que se vê nos textos em vigor do GDPR, no art. 4º, 4[98], e da

"Constructing profiles is the process of discovering unknown patterns between data in large data sets that can be used to create profiles. Applying profiles is the process of identifying and representing a specific individual or group as fitting a profile and of taking some form of decision based on this identification or representation". Vide também: HILDEBRANDT, Mireille. Defining Profiling: A New Type of Knowledge? *In*: GUTWIRTH, Serge; HILDEBRANDT, Mireille (Orgs.). *Profiling the European Citizen*. New York: Springer, 2008. p. 17–45.

[96] Na doutrina brasileira, Rafael Zanatta propõe conceptualização semelhante, porém mais restrita: "a LGPD permite a inferência de um certo conceito interpretativo de perfilização enquanto processo automatizado de tratamento de dados que objetiva a análise e predição de comportamentos pessoais, profissionais, de consumo e de crédito". ZANATTA, Rafael A. F. Perfilização, Discriminação e Direitos: do Código de Defesa do Consumidor à Lei Geral de Proteção de Dados Pessoais. *Researchgate,* 2019. p. 7. Disponível em: https://www.researchgate.net/publication/331287708. Acesso em: 02 set. 2021.

[97] O Projeto de Lei n. 2630/2020, alcunhado de "PL das Fake News", que visa instituir a Lei Brasileira de Liberdade, Responsabilidade e Transparência na Internet, define *perfilamento* no art. 5º, VI, como "qualquer forma de tratamento de dados, automatizada ou não, para avaliar aspectos pessoais de uma pessoa natural, objetivando classificá-la em grupos ou perfis, ou para a formação do perfil comportamental ou definição de seu perfil pessoal a que se refere a Lei nº 13.709, de 14 de agosto de 2018". Apesar de uma definição confusa, o conceito compreende tanto a formação como a aplicação de perfis, inclusive por tratamento automatizado de dados. BRASIL. Câmara dos Deputados. *Projeto de Lei nº 2.630, de 2020.* Institui a Lei Brasileira de Liberdade, Responsabilidade e Transparência na Internet. Brasília: Câmara dos Deputados, 2020. Disponível em: https://www.camara.leg.br/proposicoesWeb/prop_mostrarintegra?codteor=2265334&filename=PRLP+1+%3D%3E+PL+2630/2020. Acesso em: 20 mai. 2023.

[98] GDPR, art. 4º, 4. «Definição de perfis», qualquer forma de tratamento automatizado de dados pessoais que consista em utilizar esses dados pessoais para avaliar certos aspetos pessoais de uma pessoa singular, nomeadamente para analisar ou prever aspetos relacionados com o seu desempenho profissional, a sua situação económica, saúde, preferências pessoais, interesses, fiabilidade, comportamento, localização ou deslocações. UNIÃO EUROPEIA. Regulamento (UE) nº 2016/679 do Parlamento Europeu e do Conselho, de 23 de abril de 2016, relativo à proteção das pessoas singulares no que diz respeito ao tratamento de dados pessoais e à livre circulação desses dados e que revoga a Diretiva 95/46/CE (Regulamento Geral sobre a Proteção de Dados). *Jornal Oficial da União Europeia*, Estrasburgo, 04/05/2016. Disponível em: https://eur-lex.europa.eu/legal-content/

Diretiva (UE) 2016/680, art. 3º, 4, de idêntica redação. A leitura da previsão legal em ambos os casos permite concluir que recai, de forma mais imediata, sobre o indivíduo, porquanto no perfilamento opera-se tratamento automatizado de "dados pessoais para avaliar certos aspetos pessoais de uma pessoa singular".

Em direção algo semelhante, em 2010, o Conselho da Europa publicou a Recomendação CM/Rec(2010)13, a respeito da proteção das pessoas em relação ao tratamento automatizado de dados pessoais no contexto de perfilamento, fruto da proposta de Comitê de Ministros da Convenção 108. No ato, entende-se por perfil "um conjunto de dados que caracteriza uma categoria de pessoas que é destinado a ser aplicado a um indivíduo" "(Apêndice, 1, *d*)[99]. Já o vocábulo *"profiling"* é definido como uma técnica de tratamento automatizado de dados "que consiste na aplicação de um "perfil" a um indivíduo, particularmente a fim de tomar decisões a respeito dela ou dele, ou para analisar ou predizer preferências pessoais, comportamentos ou atitudes dela ou dele" (Apêndice, 1, *e*)[100]. Muito embora as recomendações aos países integrantes da Convenção 108 em relação às práticas de perfilamento automatizado terem sido atualizadas em novembro de 2021 com a Recomendação CM/Rec(2021)8, em termos conceituais vários pontos foram mantidos. Na previsão sobre perfilamento o documento revisado incluiu, porém, menção ao uso de sistemas de aprendizado de máquina[101].

PT/TXT/PDF/?uri=CELEX:32016R0679&from=DA. Acesso em: 16 ago. 2021.

[99] CONSELHO DA EUROPA. *The protection of individuals with regard to automatic processing of personal data in the context of profiling*: Recommendation CM/Rec(2010)13 and explanatory memorandum. Estrasburgo: Council of Europe Publishing, 2011. p. 9. Tradução livre de: "a set of data characterising a category of individuals that is intended to be applied to an individual".

[100] CONSELHO DA EUROPA. *Op. cit.*, p. 9. Tradução livre de: "that consists of applying a "profile" to an individual, particularly in order to take decisions concerning her or him or for analysing or predicting her or his personal preferences, behaviours and attitudes".

[101] "Profiling" refers to any form of automated processing of personal data, including use of machine learning systems, consisting in the use of data to evaluate certain personal aspects relating to an individual, in particular to analyse or predict aspects concerning that person's performance at work, economic situation, health, personal preferences, interests, reliability, behaviour, location or movements". COUNCIL OF EUROPE. *Recommendation CM/Rec(2021)8 of the Committee of Ministers to member States on the protection of individuals with regard to automatic processing of personal data in the context of profiling.* Disponível em: https://search.coe.int/cm/pages/result_details.aspx?objectid=0900001680a46147. Acesso em: 12 nov. 2021.

Feitas todas considerações sobre a noção e os contornos da técnica de tratamento automatizado de dados para formação e aplicação de perfis, importante novamente chamar atenção à incorporação de tal técnica nas *tecnologias de perfilamento*, designação que deve ser apreendida à luz do complexo entrelaçamento de aspectos imateriais, métodos e técnicas, a elementos físicos de *hardware* – como um "sistema ciberfísico"[102] –, cujas capacidades permite a criação, descobrimento ou construção de conhecimento – expresso por perfis – a partir de imensos volumes de dados, e a ação de agentes artificiais com base nesse conhecimento. Para ilustrar essa perspectiva teórica basta considerar a *computação ubíqua* e a *Internet das Coisas*, em ambas o ambiente físico também se torna um *hardware* em que funcionam programas com tratamento intensivo e automatizado de dados. A ubiquidade computacional antevista por Mark Weiser, em que computadores integram ambientes físicos invisivelmente, se realiza com a internet dos dias atuais, que não apenas conecta computadores permitindo a comunicação entre pessoas mundo afora, mas compõe um ecossistema que vai se formando por objetos interconectados em rede e estruturados em sistemas algorítmicos, impulsionados por técnicas de análise de grandes dados, aprendizado de máquina e serviços de computação em nuvem, a fim de oferecer utilidades direcionadas (ou personalizadas) e em tempo real ao(s) usuário(s). Segundo Weiser, a computação ubíqua "tem

[102] A ideia de *"cyber-physical systems"* supõe a conjunção ou amálgama entre sistemas computacionais e outros sistemas dotados de fisicalidade: "Cyber–physical systems (CPSs) are physical and engineered systems whose operations are monitored, coordinated, controlled, and integrated by a computing and communication core. This intimate coupling between the cyber and physical spheres will be manifested from the nanoworld to large-scale wide-area systems of systems. The Internet transformed how humans interact and communicate with one another, revolutionized how and where information is accessed, and even changed how people buy and sell products. Similarly, CPSs will transform how humans interact with and control the physical world around us. Examples of CPSs include medical devices and systems, aerospace systems, transportation vehicles and inteligent highways, defense systems, robotic systems, process control, factory automation, building and environmental control, and smart spaces. Since a CPS interacts with the physical world, it must operate dependably, safely, securely, efficiently, and in real time. Applications with enormous societal impact and economic benefit will be created by harnessing these capabilities across both space and time". RAJKUMAR, Ragunathan. A cyber-physical future. *Proceedings of the IEEE*, v. 100, p. 1309–1312, mai. 2012. p. 1309. Cf. HILDEBRANDT, Mireille. Law as Information in the Era of Data-Driven Agency. *Modern Law Review*, v. 79, n. 1, p. 1–30, 2016, p. 4; UNESCO. *Recommendation on the Ethics of Artificial Intelligence*. Paris: UNESCO, 2022. p. 10.

como objetivo a disponibilidade não intrusiva de computadores em todo o ambiente físico, virtualmente, se não efetivamente, invisível ao usuário"[103].

A exata configuração das tecnologias de perfilamento remete a um dos fundamentos que denotam a necessidade de sua regulação jurídica: a integração a infraestrutura da informação e da comunicação. Num mundo em que aos olhos desvanecem a separação entre *online* e *off-line*, e de crença que reivindica a susceptibilidade de tudo ser "datificado" em linguagem de máquina por computação ubíqua e tecnologias digitais baseadas em análise de dados e sistemas algorítmicos de aprendizado de máquina[104], nova infraestrutura da informação e da comunicação está se estabelecendo. A essa infraestrutura da informação denomina-se *computação preemptiva* (*preemptive computing*).

Repisando a formulação de Mireille Hildebrandt, computação preemptiva é "[u]m tipo de computação que combina análise preditiva com intervenções computacionais destinadas a substituir a ação humana, atendê-la ou anulá-la antes que o humano tenha a chance de formar uma intenção consciente"[105]. O advento do novo paradigma só é possível por meio de uso de técnicas e tecnologias de perfilamento, o que significa que estas formam componente básico da criação de conhecimento por meio de análises preditivas e algoritmos de aprendizado de máquina incorporados em *softwares* executados no *hardware* do ambiente físico[106]. Pode-se dizer que da infraestrutura da computação preemptiva decorre que a pessoa humana é continuamente objeto de perfilamento por sistemas algorítmicos que, de forma invisível e inconsciente, tomam decisões sobre sua vida com base em complexo conhecimento inferencial[107].

[103] WEISER, Mark. Ubiquitous computing. *Computer*, [s.l.], v. 26, n. 10, p. 71-72, out. 1993, p. 72. Tradução livre de: "has as its goal the nonintrusive availability of computers throughout the physical environment, virtually, if not effectively, invisible to the user".

[104] Cf. CUKIER, Kenneth; MAYER-SCHÖNBERGER, Viktor. *Big Data:* A Revolution That Will Transform How We Live, Work, and Think. Boston: Houghton Mifflin Harcourt, 2013. p. 73-97.

[105] HILDEBRANDT, Mireille. *Smart Technologies and The End(s) of Law*. Cheltenham-Northampton: Edward Elgar, 2015. p. 263. Tradução livre de: "A type of computing that combines predictive analytics with computa-tional interventions that are meant to replace human action, cater to it or overrule it before the human had a chance to even form a conscious intention".

[106] Cf. HILDEBRANDT, Mireille. *Smart Technologies and The End(s) of Law*. Cheltenham-Northampton: Edward Elgar, 2015. p. 51 *et seq*.

[107] Stefano Rodotà faz alusão às mudanças ensejadas pelas tecnologias digitais e de como, vivendo em "ambientes inteligentes" formados por objetos interconectados, a pessoa humana e a definição de sua identidade são afetadas de forma significativa por decisões automatizadas: "La progressiva

Aliás, toma-se por empréstimo a lição de Ali Sunyaev sobre infraestruturas críticas para esclarecer o que, nesta sede, se entende por infraestrutura da informação e da comunicação e o porquê de sua pertinência. O autor sustenta que constitui crítica infraestrutura da informação "um sistema informacional que, se for interrompido ou tiver consequências indesejadas, pode ter efeitos nocivos em funções vitais da sociedade ou na saúde, segurança ou bem-estar econômico e social das pessoas"[108]. Tendo em vista que estes mesmos sistemas informacionais a que se refere Ali Sunyaev confluem para a realização das interações e processos comunicacionais entre agentes, autoriza-se tomá-los no sentido de sistemas da informação e da comunicação. Logo, daí a alusão a infraestrutura da informação e da comunicação.

Nessa linha de raciocínio, pode-se pensar como expressões elucidativas da nova infraestrutura na sociedade orientada por dados: (i) o caso Cambridge Analytica, que trouxe à luz do dia que, com a formação e aplicação de perfis psicométricos inferidos de dados pessoais extraídos de usuários da rede social Facebook, milhões de pessoas ficaram expostas a práticas manipulativas[109]; e (ii) o incidente cibernético acontecido em 2016 com o *botnet* Mirai, cujas amplas proporções dos massivos ataques de DDoS só foi possível por atingir e tomar proveito de redes de milhares de dispositivos de Internet das Coisas[110]. Nos dois casos as falhas e consequências

immersione in un "ambiente inteligente", popolato da oggetti "intelligenti", produce uno slittamento ulteriore rispetto a quello che ha determinato una progressiva separazione/contrapposizione tra il sé e gli altri per quanto riguarda la costruzione dell'identità. Si va verso una sempre più marcata separazione tra mondo delle persone e mondo delle macchine, per la crescente autonomia di quest'ultimo. Si accentua il trasferimento del potere di definizione della persona e della sua identità dall'ambito della valutazione umana a quello della decisione automatica". RODOTÀ, Stefano. *Il diritto di avere diritti*. Bari: Laterza, 2012. p. 328.

108 SUNYAEV, Ali. Critical Infrastructure Information. *In*: _____. *Internet Computing*: Principles of Distributed Systems and Emerging Internet-Based Technologies. Cham: Springer, 2020. p. 345. Tradução livre de: "[...] an information system that, if it is disrupted or has unintended consequences, can have detrimental effects on vital societal functions or the health, safety, security, or economic and social well-being of people".

109 Referente ao escândalo, vide o dossiê do jornal inglês *The Guardian*: THE Cambridge Analytica Files. *The Guardian*. Disponível em: https://www.theguardian.com/news/series/cambridge-analytica-files. Acesso em: 13 dez. 2020. Confira também: BENNETT, Colin J.; LYON, David. Data-driven elections: Implications and challenges for democratic societies. *Internet Policy Review*, v. 8, n. 4, p. 1–16, 2019.

110 SUNYAEV, Ali. Critical Infrastructure Information. *In*: _____. *Internet Computing*: Principles of Distributed Systems and Emerging Internet-Based Technologies. Cham: Springer, 2020.

adversas repercutiram de forma detrimentosa, respectivamente, em função vital para a democracia constitucional (processo eleitoral) e ao bem-estar social e econômico de muitas pessoas.

Três características da infraestrutura da computação preemptiva merecem aqui ser destacadas por se estenderem às tecnologias de perfilamento. Trata-se de *arranjo sociotécnico*, porquanto sua composição heterodoxa e complexa abrange elementos sociais e de natureza técnica, como a interação humano-máquina, o efetivo uso e implementação da tecnologia e os comportamentos suscitados, estrutura e *design* tecnológico. *Opacidade* é uma marca da infraestrutura, cujas complexas interações entre as diferentes componentes são de difícil compreensão[111], especialmente levando em conta os sistemas algorítmicos baseados em aprendizado de máquina e seu funcionamento.

Seguindo, pois, nessa vertente de análise, três são as formas possíveis de opacidade do sistema[112]: (i) intencional segredo comercial, com o uso de técnicas computacionais para coibir a burla do sistema (em aplicações de recomendação e ranqueamento, por exemplo) e da tutela jurídica do segredo comercial ou industrial para ofuscar o real funcionamento do algoritmo[113]; (ii) complexidade técnica, que faz o conhecimento da operação do sistema acessível apenas para a absoluta minoria da população com

p. 345-346. Vide, ainda: ANTONAKAKIS, Manos et al. Understanding the Mirai Botnet This paper is included in the Proceedings of the Understanding the Mirai Botnet. *USENIX Security*, p. 1093–1110, 2017.

[111] SUNYAEV, Ali. Critical Infrastructure Information. *In*: _____. *Internet Computing*: Principles of Distributed Systems and Emerging Internet-Based Technologies. Cham: Springer, 2020. p. 350-351.

[112] BURRELL, Jenna. How the Machine "Thinks:" Understanding Opacity in Machine Learning Algorithms. *Big Data & Society*, v. 3, n. 1, p. 1–12, 2016, p. 4 et seq. Vide, ainda: MITTELSTADT, B. D. et al. The ethics of algorithms: Mapping the debate. *Big Data & Society*, v. 3, n. 2, p. 1–21, 2016, p. 6-7.

[113] Neste sentido, levando em conta especialmente o Google e seu motor de busca, cf. PASQUALE, Frank. *The Black Box Society*: The Secret Algorithms That Control Money and Information. Cambridge; London: Harvard University Press, 2015. p. 14-15, 83, 93. Afirma o autor: "Few of us understand how our car engines work, but we can judge well enough whether they get us to our destinations safely and comfortably. We cannot so easily assess how well the engines of reputation, search, and finance do their jobs. Trade secrecy, where it prevails, makes it practically impossible to test whether their judgments are valid, honest, or fair. The designation of a person as a bad employment prospect, or a website as irrelevant, or a loan as a bad risk may be motivated by illicit aims, but in most cases we'll never be privy to the information needed to prove that". PASQUALE, Frank. *Op. cit.*, p. 217. Cf. ainda: VAROSANEC, Ida. Silence is golden, or is it? Trade secrets *versus* transparency in AI systems. *The Digital Constitutionalist*, 17 nov. 2022. Disponível em: https://digi-con.org/silence-is-golden-or-is-it/. Acesso em:18 nov. 2022.

expertise ou letramento computacional; e (iii) incompreensibilidade humana, devido ao desalinhamento entre as operações matemáticas de altíssima complexidade por certos algoritmos de aprendizado de máquina e a interpretação feita pelo ser humano[114].

A terceira e última característica é a *invisibilidade* ou *imperceptibilidade*. Inspirada na ubiquidade computacional de Weiser, a computação preemptiva pretende ser invisível no ambiente físico, imperceptíveis que são aos olhos humanos as inúmeras operações de tratamento de dados em tempo real que fazem parte do processo de tomada de decisão automatizada por sistemas algorítmicos, que resultam em intervenções capazes de substituir a ação humana, atendê-la ou anulá-la.

Entendidas essas características e sua presença nas tecnologias de perfilamento, é possível extrapolar para segunda ordem de argumentos em favor da regulação jurídica: as significativas ameaças a direitos e liberdades da pessoa humana sob continuado perfilamento de agentes artificiais. A bem da verdade, as tecnologias da perfilamento constituem arranjos sociotécnicos cujos mais consideráveis problemas são desdobramentos justamente das marcas da opacidade e invisibilidade, que criam ameaças de violação aos direitos fundamentais à proteção de dados pessoais, à privacidade, à igualdade (não discriminação), e a diferentes liberdades pessoais[115]. Arrisca-se erodir, enfim, a tábua axiológica da Constituição e o Estado Democrático de Direito[116].

[114] Vide também: BAYAMLIOĞLU, Emre. The right to contest automated decisions under the General Data Protection Regulation: Beyond the so-called "right to explanation". *Regulation and Governance*, [s.l.s.n.], p. 1-21, 2021, p. 11.

[115] Ressalte-se que não há aí um arrolamento *numerus clausus* das hipóteses de potencial violação a direitos e liberdades fundamentais.

[116] Paul Nemitz ressalta a importância da discussão ético-jurídica que considere seriamente os potenciais negativos das tecnologias de perfilamento em relação ao Estado de Direito e aos direitos fundamentais. Em analogia ao uso de energia nuclear, o autor alude aos "riscos invisíveis" de aplicações de perfilamento automatizado e inteligência artificial que necessitam ser visibilizados: "The politics of invisible risks, whether relating to nuclear power, smoking or digital surveillance, artificial intelligence, profiling and manipulative nudging, consists of a discourse of downplaying risks and overstating benefits, combined with the neo liberal rejection of laws that constrain enterprises, in order to maintain the space for profit as long as possible". NEMITZ, Paul. Profiling the European citizen – Why today's democracy needs to look harder at the negative potential of new technology than at its positive potential. *In*: BAYAMLIOGLU, Emre et al. (Orgs.). *Being profiled: cogitas ergo sum* 10 years of "Profiling the european citizen". Amsterdam: Amsterdam University Press, 2018. p. 8.

Colocando o direito à proteção de dados pessoais em perspectiva, a existência de opacidade e invisibilidade no processo de formação e de aplicação do perfilamento automatizado confronta a própria configuração deste direito fundamental como instrumento de transparência. Os tipos de opacidade pontuados linhas acima – com sentido praticamente oposto àquele inscrito na aludida concepção de "instrumentos de opacidade"[117] – podem criar verdadeiros embaraços ao uso de mecanismos de controle e responsabilização do poder exercido por agentes de tratamento, públicos ou privados, seja pela institucionalização do segredo corporativo a pretexto de repressão da concorrência desleal e tutela da propriedade intelectual, ou pela inescrutabilidade das operações e decisões automatizadas, haja vista o nível de expertise demandado ou mesmo a incompreensibilidade humana[118]. Somada ainda a invisibilidade ou imperceptibilidade das aplicações tecnológicas, cresce o perigo de inviabilizar-se a *contestabilidade* das operações de tratamento e decisões automatizadas como uma possibilidade de ação (*affordance*), ferindo severamente a "proteção da proteção" e seu caráter procedimental ao obstar a participação dos titulares dos dados no processo de tomada de decisão algorítmica.

O direito à privacidade, anteparo contra interferências sobre sua liberdade e autonomia e meio que possibilita a construção da identidade pessoal, também se mostra sob ameaça diante das práticas de perfilamento automatizado e seus "efeitos transformativos"[119]. A espontânea

[117] Vide item 1.3.2, que abordou a noção de *instrumentos de opacidade* ao lado dos *instrumentos de transparência*.

[118] A *opacidade* tal como aqui referida pode ser também entendida no sentido de *"ilegibilidade"* (*ilegibility*) proposto por Gianclaudio Malgieri e Giovanni Comandé. MALGIERI, Gianclaudio; COMANDÉ, Giovanni. Why a right to legibility of automated decision-making exists in the general data protection regulation. *International Data Privacy Law*, v. 7, n. 4, p. 243–265, 2017, p. 245. Vide, ainda: HÄNOLD, Stefanie. Profiling and automated decision-making: Legal implications and shortcomings. *In:* CORRALES, Marcelo; FENWICK, Mark; FORGÓ, Nikolaus. *Robotics, AI and the Future of Law*. Singapore: Springer, 2018. p. 130.

[119] Brent Mittelstadt e outros afirmam que um dos desafios éticos suscitados pelo crescente uso de algoritmos computacionais advém de seus efeitos transformativos de como se vê e age no mundo: "The ethical challenges posed by the spreading use of algorithms cannot always be retraced to clear cases of epistemic or ethical failures, for some of the effects of the reliance on algorithmic data-processing and (semi-) autonomous decision-making can be questionable and yet appear ethically neutral because they do not seem to cause any obvious harm. *This is because algorithms can affect how we conceptualise the world, and modify its social and political organisation* (cf. Floridi, 2014). *Algorithmic activities, like profiling, reontologise the world by understanding and conceptualising it in new, unexpected ways, and triggering and motivating actions based on the insights it generates*" (grifou-se).

"normalização" (*"normalisation"*) é efeito do incessante monitoramento e coleta de dados pessoais por agentes de tratamento, que criam e aplicam perfis (personalizados ou de grupo) de maneiras e com propósitos que os titulares dos dados desconhecem. Como afirma Lessig, os observadores irão afetar os observados[120]: "O sistema observa o que você faz; ele o encaixa em um padrão; o padrão então retorna a você na forma de opções definidas pelo padrão; as opções reforçam o padrão; o ciclo começa novamente"[121]. A pouca ou nenhuma participação na codeterminação da maneira como é lido e representado[122] e das decisões que são tomadas a seu respeito pode gerar nos indivíduos ou grupos o temor de que os dados tratados sejam usados em seu prejuízo, medo que pode modelar o comportamento a ponto conformá-lo a certo arquétipo de conduta social ou padrão[123].

Já a "customização" (*"customisation"*), a seu turno, é engendrada pela publicidade ou propaganda direcionada e fornecimento de produtos e serviços na internet com base em técnicas de segmentação e sistemas algorítmicos que antecipam as preferências e vontades dos consumidores

MITTELSTADT, Brent D. et al. The ethics of algorithms: Mapping the debate. *Big Data & Society*, v. 3, n. 2, p. 1–21, 2016, p. 5.

[120] LESSIG, Lawrence. *Code:* version 2.0. Nova Iorque: Basic Books, 2006. p. 220. Vide, ainda: BAYAMLIOGLU, Emre. Contesting Automated Decisions: A View of Transparency Implications. *European Data Protection Law Review*, v. 4, n. 4, p. 433–446, 2018, p. 436.

[121] LESSIG, Lawrence. *Op. cit.*, p. 220. Tradução livre de: "The system watches what you do; it fits you into a pattern; the pattern is then fed back to you in the form of options set by the pattern; the options reinforce the pattern; the cycle begins again".

[122] HILDEBRANDT, Mireille. *Smart Technologies and The End(s) of Law.* Cheltenham-Northampton: Edward Elgar, 2015. p. 102-103.

[123] Cf. SOLOVE, Daniel J. *The digital person:* technology and privacy in the information age. New York: New York University, 2004. p. 39, 50-51. Com a acurácia que sempre lhe foi peculiar, Stefano Rodotà aborda a questão: "La creazione di questo nuovo ambiente determina modifiche dei comportamenti individuali, che sono state molte volte descritte e che assumono la forma dell'autocensura, di una normalizzazione «spontanea», dell'adozione preventiva di comportamenti conformi. Nella creazione di profili, infatti, si riflette una modellizzazione della società che produce appunto conformità più che normalità, com'era peraltro ben noto a tutti gli studiosi dei modelli culturali, la cui influenza non è funzione di un loro valore formalmente vincolante, ma del fatto che si presentano come un passaggio necessario per l'accettazione sociale ai più diversi livelli. Questo effetto amplifica e si rafforza per effetto del «data mining» e dei profili, poiché il modello viene individualizzato, riferito a singole persone, utilizzato in maniera mirata e selettiva. L'accettazione sociale assume così la forma dell'identità «obbligata»". RODOTÀ, Stefano. *Il diritto di avere diritti.* Bari: Laterza, 2012. p. 328-329.

mediante análises preditivas[124]. Neste caso, entretanto, a pessoa pode agir sem sequer ter certeza de que se conduz de acordo com seus próprios desejos, vontades e predileções[125]. Além disso, mostra-se real o perigo de que o perfilamento deságue em práticas manipulativas[126] ao impor influências ocultas a pessoas, em nível individual e coletivo, de forma a explorar vulnerabilidades na tomada de decisão. Tais práticas incidem, por exemplo, no mercado de consumo, com o uso de *"dark patterns"*[127], e no campo

[124] HILDEBRANDT, Mireille. Profiling and Identity of the European Citizen. In: HILDEBRANDT, Mireille; GUTWIRTH, Serge (Eds.). *Profiling the european citizen:* Cross-Disciplinary Perspectives. New York: Springer, 2008. p. 307.

[125] Sobre esse ponto, anota Lawrence Lessig com relação a questões suscitadas pelas técnicas de *profiling*: "You might be skeptical about the power of television advertising to control people's desires: Television is so obvious, the motives so clear. But what happens when the motive is not so obvious? When options just seem to appear right when you happen to want them? When the system seems to know what you want better and earlier than you do, how can you know where these desires really come from?"

"Whether this possibility is a realistic one, or whether it should be a concern, are hard and open questions. Steven Johnson argues quite effectively that in fact these agents of choice will facilitate a much greater range and diversity — even, in part, chaos — of choice. But there's another possibility as well — profiles will begin to normalize the population from which the norm is drawn. The observing will affect the observed. The system watches what you do; it fits you into a pattern; the pattern is then fed back to you in the form of options set by the pattern; the options reinforce the pattern; the cycle begins again". LESSIG, Lawrence. *Code:* version 2.0. Nova Iorque: Basic Books, 2006. p. 220.

[126] Em artigo publicado na *Georgetown Law Technology Review,* Susser, Roessler e Nissenbaum investigam o alcance e os contornos da manipulação mediante tecnologias da informação, levando em consideração, entre outros aspectos, a ascensão e infortúnios causados pela manipulação *online* no contexto político das democracias constitucionais da atualidade. Os autores definem por "práticas manipulativas *online*" as "aplicações de tecnologia da informação que impõem influências ocultas aos usuários, de forma segmentada e explorando vulnerabilidades na tomada de decisão". SUSSER, Daniel; ROESSLER, Beate; NISSENBAUM, Helen F. Online Manipulation: Hidden Influences in a Digital World. *Georgetown Law Technology Review,* v. 4, n. 1, p. 1–45, 2019, p. 29. Tradução livre de: "applications of information technology that impose hidden influences on users, by targeting and exploiting decision-making vulnerabilities".

[127] De acordo com estudo de pesquisadores Arvind Narayanan e outros, *"dark patterns"* são "user interface design choices that benefit an online service by coercing, steering, or deceiving users into making unintended and potentially harmful decisions" (NARAYANAN, Arvind et al. Dark patterns at scale: Findings from a crawl of 11K shopping websites. *Proceedings of the ACM on Human-Computer Interaction*, v. 3, n. CSCW, 2019, p. 2). Neste mesmo trabalho acadêmico, os autores constataram 1.818 casos de *"dark patterns"* a partir da análise de 53.000 páginas de venda de produtos encontradas em 11.000 sítios de comércio eletrônico. Em outra publicação científica, os autores avaliaram a existência de *"dark patterns"* em 240 aplicativos móveis de grande popularidade e conduziram um experimento com 589 usuários. O resultado do estudo foi que 95% dos aplicativos possuem um ou mais *"dark patterns"* (GERONIMO, Linda et al. UI Dark Patterns and Where to Find

político-eleitoral, com o uso de sistemas algorítmicos alimentados com dados pessoais sensíveis (*v. g.* orientação político-partidária), ou com *proxies* dessas informações[128]; configuram mais propriamente algo como que um *perfilamento manipulativo,* ao invés de "perfilamento persuasivo"[129].

Outro direito fundamental sob ameaça de violação a partir da aplicação de tecnologias de perfilamento é o direito à igualdade ou não discriminação[130], o que, aliás, já se indicou em alguns trechos do presente trabalho[131]. O perigo de discriminação antijurídica impulsionada por sistemas algorítmicos opacos e não perceptíveis que operam perfilamento automatizado decorre de uma série de fatores[132], dentre os quais chama-se atenção para (i) os vieses e preconceitos existentes na origem quando da formação de modelos ou perfis reproduzidos quando da aplicação do perfil; e (ii) resultados injustos da aplicação de perfis não-distributivos a indivíduos e grupos.

A tecnologia não é neutra, já se sabe; forma arranjos sociotécnicos com impactos normativos. A ausência de neutralidade pode se manifestar logo na concepção e etapa de formação do modelo ou perfil, com a comunicação ao sistema algorítmico em construção das inclinações e vieses do programador ao desenhar metodologicamente o algoritmo de aprendizado de máquina, com as técnicas eleitas, objetivos, bases de dados de treinamento e de validação do modelo computacional. Ainda que de forma não

Them: A Study on Mobile Applications and User Perception. *Proceedings of the 2020 ACM Conference on Human Factors in Computing Systems,* 2020). Vide, ainda: LUGURI, Jamie; STRAHILEVITZ, Lior J. Shining a light on dark patterns. *Journal of Legal Analysis,* v. 13, n. 1, p. 43–109, 2021, p. 48; THE NETHERLANDS AUTHORITY FOR CONSUMERS AND MARKETS. *Guidelines on the protection of the online consumer*: Boundaries of online persuasion. The Hague: ACM, 2020. p. 18.

[128] MAVRIKI, Paola; KARYDA, Maria. Automated data-driven profiling: threats for group privacy. *Information and Computer Security,* v. 28, n. 2, p. 183–197, 2020, p. 184, 188.

[129] Cf. CALO, Ryan. Digital Market Manipulation. *The George Washington Law Review,* v. 82, n. 4, p. 995–1051, 2014, p. 1017, 1049-1050.

[130] Cf. COSTA, Ramon; KREMER, Bianca. Inteligência artificial e discriminação: desafios e perspectivas para a proteção de grupos vulneráveis diante das tecnologias de reconhecimento facial. *Direitos Fundamentais & Justiça,* Belo Horizonte, ano 16, p. 145-167, out. 2022, p. 160. Número especial; HUQ, Aziz Z. Constitutional Rights in the Machine Learning State. *Cornell Law Review,* v. 105, p. 1875–1954, 2020, p. 1918 et seq.

[131] Vide item 1.3.3.

[132] Para uma proposta de classificação ou tipologia de *discriminação algorítmica,* vide: MENDES, Laura Schertel; MATTIUZZO, Marcela. Discriminação algorítmica: conceito, fundamento legal e tipologia. *Revista de Direito Público,* Porto Alegre, v. 16, n. 90, p. 39–64, 2019.

intencional, esses vieses aderem ao modelo[133]. Afastadas as inclinações dos programadores, há que se investigar a qualidade dos dados para a inferência do modelo, pois nos próprios dados processados viés e preconceitos de gênero e raça, por exemplo, vão incutidos, reproduzindo desigualdades e discriminação social historicamente existentes[134]. Em todos os casos, as predisposições achadas nos modelos ou perfis criados podem conduzir a discriminação antijurídica.

No item precedente foi demonstrado que os perfis de grupo não-distributivos, além de derivados por processo inferencial, possuem caráter probabilístico e comportam exceções (generalizações não-universais). Significa isso dizer que a representação de uma pessoa por operações estatísticas a partir de perfis de grupo inevitavelmente dará ocasião a equivocadas classificações e, por consequência, decisões condutoras de resultados injustos[135] – *v. g.*, ilícita discriminação de preço. Tanto maior é esse potencial se houver tratamento de dados sensíveis ou de dados que servem de *proxy* para inferir características sensíveis[136] (*v. g.*, CEP ou bairro de residência em relação a raça e origem étnica). Ademais, a representação e aplicação de perfis de grupos *ad hoc* ou categorias (*v. g.*, padrão de deslocamento de migrantes originários de epicentro de surto epidemiológico) a agrupamentos de pessoas a fim de predizer o comportamento para tomada de decisão também pode resultar em discriminação antijurídica[137].

[133] MITTELSTADT, Bret D. et al. The ethics of algorithms: Mapping the debate. *Big Data & Society*, v. 3, n. 2, p. 1–21, 2016, p. 7.

[134] Para estudo de caso com análise de ambos tipos de viés, vide: ALLHUTTER, Doris et al. Algorithmic Profiling of Job Seekers in Austria: How Austerity Politics Are Made Effective. *Frontiers in Big Data*, v. 3, , p. 1–17, fev. 2020, p. 7 *et seq.*

[135] VEDDER, Anton. Why data protection and transparency are not enough when facing social problems of machine learning in a big data context. *In*: BAYAMLIOGLU, Emre et al. (Orgs.). *Being profiled: Cogitas, ergo sum.* Amsterdam: Amsterdam University Press, 2018. p. 43.

[136] WACHTER, Sandra. Affinity Profiling and Discrimination by Association in Online Behavioural Advertising. *Berkeley Technology Law Journal*, v. 35, n. 2, p. 367–430, 2020, p. 382; BOSCO, Francesca et. al. Profiling technologies and fundamental rights: an introduction. *In*: CREEMERS, Niklas et. al. *Profiling Technologies in Practice:* Applications and Impact on Fundamental Rights and Values. Oisterwijk: Wolf Legal Publishers, 2017. p. 14; HÄNOLD, Stefanie. Profiling and automated decision-making: Legal implications and shortcomings. *In:* CORRALES, Marcelo; FENWICK, Mark; FORGÓ, Nikolaus. *Robotics, AI and the Future of Law.* Singapore: Springer, 2018. p. 129-130.

[137] MAVRIKI, Paola; KARYDA, Maria. Automated data-driven profiling: threats for group privacy. *Information and Computer Security*, v. 28, n. 2, p. 183–197, 2020, p. 190-191.

Liberdades pessoais constitucionalmente garantidas como a liberdade de expressão e comunicação, a liberdade religiosa, de associação e de reunião podem sofrer interferências devido aos efeitos paralisantes ou inibidores ao exercício de situações jurídicas – isto é, os *"chilling effects"* – do monitoramento e vigilância mediante perfilamento automatizado[138]. Neste sentido, pode tomar-se por aporte o estudo empírico de John Penney sobre a vigilância estatal, evidenciada pelas revelações de Edward Snowden em 2013, e a teoria dos *chilling effects*[139]. A propósito, na célebre decisão do Tribunal Constitucional Federal alemão a respeito da Lei de Recenseamento de 1983, a corte já alertava:

> Quem não consegue determinar com suficiente segurança quais informações sobre sua pessoa são conhecidas em certas áreas de seu meio social, e quem não consegue avaliar mais ou menos o conhecimento de possíveis parceiros na comunicação, pode ser inibido substancialmente em sua liberdade de planejar ou decidir com autodeterminação. Uma ordem social e uma ordem jurídica que a sustente, nas quais cidadãos não sabem mais quem, o que, quando, e em que ocasião se sabe sobre eles, não seriam mais compatíveis com o direito de autodeterminação na informação. Quem estiver inseguro sobre se formas de comportamento divergentes são registradas o tempo todo e definitivamente armazenadas, utilizadas ou transmitidas, tentará não chamar a atenção através de tais comportamentos. Quem estiver contando que, por exemplo, a participação em uma assembléia ou em uma iniciativa popular pode ser registrada pelas autoridades, podendo lhe causar problemas (futuros), possivelmente desistirá de exercer seus respectivos direitos fundamentais (Art. 8, 9 GG). Isso não prejudicaria apenas as chances de desenvolvimento individual do cidadão, mas também o bem comum, porque a autodeterminação é uma condição funcional elementar para uma comunidade democrática e livre, fundada na capacidade de ação e participação de seus cidadãos[140].

[138] BÜCHI, Moritz et al. The chilling effects of algorithmic profiling: Mapping the issues. *Computer Law and Security Review*, v. 36, p. 1-15, 2020, p. 2 *et seq.*; WACHTER, Sandra; MITTELSTADT, Brent D. A Right to Reasonable Inferences: Re-thinking Data Protection Law in the Age of Big Data and AI. *Columbia Business Law Review*, v. 2019, n. 2, p. 494–620, 2019, p. 512.

[139] PENNEY, Jonathon W. Chilling effects: online surveillance and Wikipedia use. *Berkeley Technology Law Journal*, v. 31, n. 1, p. 117-182, 2016.

[140] SCHWABE, Jürgen. *Cinquenta anos de jurisprudência do Tribunal Constitucional Federal Alemão.* Trad. Leonardo Martins et al. Montevideo: Fundación Konrad-Adenauer, 2005. p. 237-238.

Parece, enfim, arrazoado afirmar, em paráfrase à Laura Schertel Mendes, que o processamento de dados pessoais e o perfilamento automatizado influenciam o sistema de direitos fundamentais na sua totalidade[141], reclamando que o ordenamento jurídico, em sua unidade, lhe estabeleça disciplina adequada aos desafios e riscos colocados no cenário brasileiro, em especial, e alhures.

2.3. Regulação das tecnologias de perfilamento no direito brasileiro

A investigação e análise sobre a regulação jurídica das tecnologias de perfilamento no Brasil, notadamente na legislação infraconstitucional, há de cuidar da normativa aplicável às *etapas de formação e aplicação dos perfis* constitutivas do processo de perfilamento automatizado, tão crucial ao funcionamento destas tecnologias como já demonstrado. No ordenamento jurídico nacional, há legislação que se aplica a uma ou ambas as fases, ora direta e especificamente ora indiretamente. Adiante, passa-se ao exame dos principais diplomas normativos que versam sobre a matéria: Lei Geral de Proteção de Dados (Lei n. 13.709/2018), Código de Defesa do Consumidor (Lei n. 8.078/1990), Lei do Cadastro Positivo (Lei n. 12.414/2011) e Marco Civil da Internet (Lei n. 12.965/2014)

2.3.1. Lei Geral de proteção de dados

Dispondo sobre a atividade de tratamento de dados pessoais, a LGPD é a única lei no sistema jurídico brasileiro a diretamente disciplinar a técnica de perfilamento automatizado com preceitos normativos aplicáveis a ambas as etapas de formação e de aplicação de perfis. Esse é um aspecto deveras relevante, pois, além de significar a existência de vetores normativos a serem obrigatoriamente observados no *design* e construção das tecnologias de perfilamento, reforça certo pendor de instrumentalidade do direito fundamental à proteção de dados pessoais e sua normativa infraconstitucional para a tutela de direitos, liberdades e garantias fundamentais em geral. Noutras palavras, tendo em vista as ameaças e riscos advenientes do perfilamento automatizado a direitos da pessoa humana e ao princípio democrático, tal como abordado no item 2.2, a regulação jurídica da

[141] MENDES, Laura Schertel Ferreira. *Habeas data* e autodeterminação informativa: os dois lados da mesma moeda. *Direitos Fundamentais & Justiça*, Belo Horizonte, ano 12, n. 39, p. 185–216, jul./dez. 2018, p. 205.

LGPD repercute também na proteção e promoção dos direitos e liberdades fundamentais sob risco de lesão.

A análise do regramento aplicável especificamente às etapas do perfilamento automatizado deve ser precedida, entretanto, do estudo sobre o conceito jurídico de dado pessoal no ordenamento brasileiro porquanto é este essencial elemento delimitador do âmbito material de aplicação da LGPD[142]. Ou seja, para a aplicação das normas direcionadas às práticas de perfilamento em sistemas algorítmicos, os dados objeto das operações de tratamento devem ser reputados de caráter pessoal, do contrário, sendo não pessoal, resta prejudicada a aplicabilidade do regime geral da lei.

2.3.1.1. Acesso ao regime de proteção de dados pessoais e o conceito de dado pessoal

O conceito de dado pessoal é, muito provavelmente, um dos objetos de maiores disputas e discussões na comunidade acadêmica e de profissionais que se debruçam sobre a proteção de dados pessoais[143]. De partida, o próprio termo e sua acolhida sofre variação: não obstante a noção de *dado pessoal* ser adotada na legislação de diversos países, encontra-se também os termos *informação pessoal*[144] e *informação pessoalmente identificável* (*"personally identifiable information"*[145]).

A diferença lexical, no entanto, não se traduz necessariamente numa distinção de significado. Da consulta à literatura especializada, percebe-se que os vocábulos "informação" e "dado" não raro se apresentam

[142] Em conformidade com o art. 5º, I, da LGPD, considera-se "dado pessoal: informação relacionada a pessoa natural identificada ou identificável". BRASIL. *Lei n. 13.709, de 14 de agosto de 2018.* Lei Geral de Proteção de Dados Pessoais (LGPD). Disponível em: http://www.planalto.gov.br/ccivil_03/_ato2015-2018/2018/lei/L13709.htm. Acesso em: 03 ago. 2021.

[143] Cf. PURTOVA, Nadezhda. The law of everything. Broad concept of personal data and future of EU data protection law. *Law, Innovation and Technology*, v. 10, n. 1, p. 40–81, 2018, p. 41.

[144] Na legislação pátria encontra-se essa nomenclatura no art. 4º, IV, da Lei n. 12.527/2011. A mesma opção foi feita pela legislação canadense que regula entidades privadas que tratam informações pessoais – *Personal Information Protection and Electronic Documents Act (PIPEDA)* – e a lei do Estado norte-americano da Califórnia, na recente *California Consumer Privacy Act,* de 2018.

[145] Termo utilizado, principalmente, entre estudiosos da privacidade da América do Norte. Por todos: SCHWARTZ, Paul M.; SOLOVE, Daniel J. The PII Problem: Privacy and a New Concept of Personally Identifiable Information. *New York University Law Review*, v. 86, p. 1814–189, dez. 2011; NARAYANAN, Arvind.; SHMATIKOV, Vitaly. Myths and fallacies of personally identifiable information. *Communications of the ACM*, v. 53, n. 6, p. 24–26, 2010.

sobrepostos ou idênticos[146]. Vincenzo Zeno-Zencovich, por exemplo, ao expor o que ele designa de natureza poliédrica da informação, destaca que, numa acepção conteudística, "por informação se entende qualquer dado representativo da realidade que é mantida por um sujeito ou comunicado por um sujeito a outro"[147]. Contudo, essa equivalência tem sido afastada por expressiva parcela dos estudiosos da teoria da informação e suas diversas interfaces[148]. Nesse sentido, já se observou que "o "dado" apresenta conotação um pouco mais primitiva e fragmentada"[149]. Este, para Raymond Wacks, consiste numa informação em estado potencial, antes de ser transmitida; o dado estaria associado a uma espécie de "pré-informação", anterior à interpretação e ao processo de elaboração. A informação, por sua vez, alude a algo além da representação contida no dado, chegando ao limiar da cognição, e mesmo nos efeitos que esta pode apresentar para o seu receptor. Sem aludir ao significado ou conteúdo em si, na informação já se pressupõe uma fase inicial de depuração de seu conteúdo – daí que a informação carrega em si também um sentido instrumental, apontando à redução de um estado de incerteza[150].

No entanto, para fins da análise e delimitação do conceito de dado pessoal que ora se propõe, os termos *dado* e *informação* são considerados sinônimos, como o é, inclusive, na legislação do Brasil[151]. Logo, ambas nomenclaturas *dado pessoal* e *informação pessoal* serão utilizadas de forma intercambiável.

[146] MENDES, Laura Schertel. *Privacidade, proteção de dados e defesa do consumidor:* linhas gerais de um novo direito fundamental. São Paulo: Saraiva, 2014. p. 55.

[147] ZENO-ZENCOVICH, Vincenzo. Informazione (profili civilistici). In: *Digesto* – Sezione Civile. v. IX. Torino: UTET, 1993. p. 3. Tradução livre de: "per informazione si intende qualsiasi dato rappresentativo della realtà che viene conservato da un soggetto oppure comunicato da un soggetto ad un altro".

[148] No campo filosófico, a partir da segunda metade do século XX surgem diversas concepções sobre o que é informação: ADRIAANS, Pieter. Information. *The Stanford Encyclopedia of Philosophy* – Edward N. Zalta (ed.). Disponível em: https://plato.stanford.edu/archives/fall2013/entries/information/. Acesso em: 27 jan. 2020; PURTOVA, Nadezhda. *Op. cit.*, p. 48-53.

[149] DONEDA, Danilo. *Da privacidade à proteção de dados pessoais.* 2. ed. São Paulo: Revista dos Tribunais, 2020. p. 136.

[150] WACKS, Raymond. *Personal Information:* Privacy and the Law. Oxford: Oxford University Press, 1989. p. 25. Vide, também, MENDES, Laura Schertel. *Habeas data* e autodeterminação informativa: os dois lados da mesma moeda. *Direitos Fundamentais & Justiça*, v. 12, n. 39, p. 185–216, 2018, p. 200; ALBERS, Marion. A complexidade da proteção de dados. *Direitos Fundamentais & Justiça*, v. 10, n. 35, p. 19–45, 2016, p. 30-32.

[151] Basta a leitura dos artigos 5º, I, da LGPD, e 4º, IV, da LAI.

A compreensão do conceito juridicamente positivado de dado pessoal é tarefa imprescindível para a interpretação do alcance normativo de diversas leis de proteção de dados. A título de exemplo, o *Children's Online Privacy Protection Act* (COPPA) de 1998, estatuto norte-americano de proteção da infância no uso da internet, é aplicável a todos que coletam informação pessoal de menores de 13 anos, estabelecendo critérios para o legítimo tratamento desses dados[152]. Pode-se citar também o GDPR e a Convenção 108, do Conselho da Europa. Nesses dois textos legislativos do modelo europeu de proteção de dados, o conceito de dado pessoal[153] também é chave para discernir o âmbito material de aplicação do regime inscrito nos instrumentos normativos[154].

Para explicar a importância e função dogmática da noção – e instigar importante reflexão –, Ian Kerr usou como metáfora a figura de um porteiro, extraída da conhecida (e enigmática) parábola "Diante da Lei" contada na prosa de Franz Kafka, no seu romance "O Processo"[155]. Assim como

[152] Conforme previsto na *Section 1303, a, 1,* o COPPA estatui: "(1) IN GENERAL.— It is unlawful for an operator of a website or online service directed to children, or any operator that has actual knowledge that it is collecting personal information from a child, to collect personal information from a child in a manner that violates the regulations prescribed under subsection (b)". ESTADOS UNIDOS. *Children's Online Privacy Protection Act of 1998.* Disponível em: https://www.law.cornell.edu/uscode/text/15/chapter-91. Acesso em: 14 jan. 2021.

[153] Conforme art. 4, 1, do Regulamento n. 2016/679 da UE (GDPR), dado pessoal "means any information relating to an identified or identifiable natural person ('data subject'); an identifiable natural person is one who can be identified, directly or indirectly, in particular by reference to an identifier such as a name, an identification number, location data, an online identifier or to one or more factors specific to the physical, physiological, genetic, mental, economic, cultural or social identity of that natural person". Já a Convenção 108, cujo texto foi modernizado em 2018, define no art. 2, *a*, dado pessoal como "any information relating to an identified or identifiable individual ("data subject")".

[154] HOOFNAGLE, Chris J.; VAN DER SLOOT, Bart; BORGESIUS, Frederik Z. The European Union general data protection regulation: what it is and what it means. *Information & Communications Technology Law*, v. 28, n. 1, p. 65–98, 2019, p. 72.

[155] No trecho inicial da parábola narrada ao personagem Josef K. se lê: "Diante da lei há um porteiro. Um homem do campo dirige-se a este porteiro e pede para entrar na lei. Mas o porteiro diz que agora não pode permitir-lhe a entrada. O homem do campo reflete e depois pergunta se então não pode entrar mais tarde. "É possível", diz o porteiro, "mas agora não." Uma vez que a porta da lei continua como sempre aberta, e o porteiro se põe de lado, o homem se inclina para olhar o interior através da porta. Quando nota isso, o porteiro ri e diz: "Se o atrai tanto, tente entrar apesar da minha proibição. Mas veja bem: eu sou poderoso. Eu sou apenas o último dos porteiros. De sala para sala, porém, existem porteiros cada um mais poderoso do que o outro. Nem mesmo eu posso suportar a visão do terceiro." O homem do campo não esperava tais dificuldades: a lei deve ser acessível a todos e a qualquer hora, pensa ele; agora, no entanto, ao examinar mais de perto o porteiro, com

o porteiro se coloca como guardião da porta de entrada da lei e aparenta ser impenetrável – não se sabe ao certo –, o conceito de dado pessoal e sua interpretação parece ser o canal, de diâmetro algo indeterminado e maleável, pelo qual se acessa o regime de proteção de dados pessoais com os direitos e garantias nele contidos[156].

Na doutrina, duras críticas já foram dirigidas a essa centralidade do conceito de dado pessoal, a exemplo do que faz Paul Ohm, que, considerando problemática a noção "sempre em expansão" de "informação pessoalmente identificável" (PII), sustenta o abandono do conceito como pilar da proteção jurídica da privacidade[157]. Não é essa, obviamente, a perspectiva adotada nesta obra. Muito embora o debate crítico seja essencial, o abandono da formal distinção de dado pessoal e dado não pessoal pelas leis de proteção de dados, possivelmente terá efeito oposto: todo dado será considerado de caráter pessoal[158], alargando sobremaneira a aplicabilidade dos regimes de proteção de dados, de sorte a resultar num processo de agravada erosão de sua efetividade.

Numa primeira aproximação do objeto da conceituação, pode-se depreender a distinção de abordagens de técnica legislativa utilizadas para a construção dos conceitos restrito e amplo, ou que observa, correspondentemente, o que Daniel Solove e Paul Schwartz nomeiam de *perspectivas reducionista* e *expansionista* de política regulatória de proteção de dados[159].

seu casaco de pele, o grande nariz pontudo e a longa barba tártara, rala e preta, ele decide que é melhor aguardar até receber a permissão de entrada. O porteiro lhe dá um banquinho e deixa-o sentar-se ao lado da porta. Ali fica sentado dias e anos. Ele faz muitas tentativas para ser admitido, e cansa o porteiro com os seus pedidos". KAFKA, Franz. *O Processo*. Trad. e posfácio de Modesto Carone. 1. ed. São Paulo: Companhia das Letras, 2005. p. 214.

156 KERR, Ian. Foreword. *In*: GRATTON, Éloïse. *Understanding Personal Information: Managing Privacy Risks*. Markham: LexisNexis, 2013. p. iii.

157 "At the very least, we must abandon the pervasively held idea that we can protect privacy by simply removing personally identifiable information (PII). This is now a discredited approach. Even if we continue to follow it in marginal, special cases, we must chart a new course in general". OHM, Paul. Broken promises of privacy: responding to the surprising failure of anonymization. *UCLA Law Review* , n. 57, p. 1701-1777, 2010, p. 1742.

158 Cf. PURTOVA, Nadezhda. The law of everything. Broad concept of personal data and future of EU data protection law. *Law, Innovation and Technology*, v. 10, n. 1, p. 40–81, 2018, p. 80; WACHTER, Sandra; MITTELSTADT, Brent D. A Right to Reasonable Inferences: Re-thinking Data Protection Law in the Age of Big Data and AI. *Columbia Business Law Review*, v. 2019, n. 2, p. 494--620, 2019, p. 578.

159 SCHWARTZ, Paul M.; SOLOVE, Daniel J. The PII Problem: Privacy and a New Concept of Personally Identifiable Information. *New York University Law Review*, v. 86, p. 1814–189, dez. 2011,

Na *conceitualização restrita*, por dado pessoal entende-se a representação de fatos sobre pessoa identificada, isto é, representação referente a alguém que se conhece e individualiza em meio a certo grupo ou coletividade.

O processo de identificação operado é possível a partir de elementos informativos chamados identificadores, "os quais mantém relação particularmente privilegiada e próxima com certo indivíduo"[160]. Os identificadores podem ser, por sua vez, *diretos* ou *indiretos*. O típico identificador direto de um indivíduo é o seu nome completo. Constituído por prenome e sobrenome, o nome da pessoa humana é o primeiro sinal distintivo da individualidade, forma de identificação social da pessoa entre os demais membros de dada comunidade[161]. Endereço eletrônico e número do CPF também podem ser considerados identificadores diretos. No entanto, um identificador direto pode não ser bastante pois pode se configurar, a título de exemplo, a homonímia, de maneira que identificadores indiretos (ou "quase-identificadores"[162]) como a nacionalidade, a raça, a filiação ou o CEP da residência, e mesmo características fenotípicas, podem ser necessários para se distinguir alguém. A categoria dos identificadores indiretos é, assim, conexa ao "fenômeno das 'combinações únicas'"[163].

p. 1871-1877. A respeito do tema, vide também, BIONI, Bruno. *Xeque-Mate:* o tripé de proteção de dados pessoais no xadrez das iniciativas legislativas no Brasil. São Paulo: GPOPAI, 2015.

160 ARTICLE 29 DATA PROTECTION WORKING PARTY. *Opinion 4/2007 on the concept of personal data*. Bruxelas: [s. n.], 2007, p. 12. Disponível em: http://ec.europa.eu/justice/article-29/documentation/opinion-recommendation/files/2007/wp136_en.pdf. Acesso em: 14 jan. 2021. Tradução livre de: "[...] which hold a particularly privileged and close relationship with the particular individual".

161 O nome atende nesse caso ao que Lara Trucco denomina etapa de atribuição do processo de "identificação pessoal jurídica" (TRUCCO, Lara. *Introduzione allo studio dell'identità individuale nell'ordinamento costituzionale italiano*. Torino: Giappichelli, 2004. p. 4-5). Vide, também, ARTICLE 29 DATA PROTECTION WORKING PARTY. *Op. cit.*, p. 13. Ressalta-se, todavia, que o nome da pessoa humana é aqui tratado tão somente sob o prisma da identificação, não contemplando a profundidade própria da perspectiva da tutela da personalidade.

162 Em linguagem utilizada por áreas como a ciência da computação e segurança da informação, fala-se em *"quasi-identifiers"*: "A *quasi-identifier* is a set of attributes that, in combination, can be linked with external information to reidentify (or reduce uncertainty about) all or some of the respondents to whom information refers". VIMERCATI, Sabrina de C., FORESTI, Sara. Quasi-Identifier. *In*: VAN TILBORG, Henk C. A.; JAJODIA, Sushil (Orgs.). *Encyclopedia of Cryptography and Security*. Springer: Boston, 2011.

163 ARTICLE 29 DATA PROTECTION WORKING PARTY. *Op. cit.*, p. 13. No julgamento do RE 673.707/MG, pelo STF, o Min. Luiz Fux sinalizou em seu voto pela adoção, no campo da aplicação do *habeas data*, de uma noção ampla de dados (pessoais): "Encarta-se, assim, no conceito mais amplo de arquivos, bancos ou registro de dados, que devem ser entendidos em seu sentido mais lato, abrangendo tudo que diga respeito ao interessado, seja de modo direto ou indireto". BRASIL.

Uma vez adotada, essa concepção pode ser implementada *por específica tipificação*[164] em lei de quais identificadores (diretos ou indiretos) são reputados informação pessoal. Isto é, se o dado se enquadrar dentro de uma das categorias-tipo elencadas pelo legislador, ele se torna dado pessoal por obra da lei. Fora da moldura legal não haveria, então, dado pessoal, nem se aplicaria o pertinente regime de proteção de dados pessoais. No ordenamento jurídico dos EUA, o conceito restrito é tipificado em dois importantes diplomas do *statutory law*: o *Privacy Act*, de 1974, e o já mencionado COPPA[165].

De outro lado, o *conceito amplo* estende seu alcance para além da pessoa natural meramente identificada: também é informação de caráter pessoal aquela relativa a pessoa *identificável*. Há dado pessoal não apenas quando houver a presença de identificadores diretos ou indiretos que diferem precisamente um indivíduo. Os dados que *potencialmente* conduzem à individuação da pessoa são igualmente tomados como informação pessoal.

Existem dados ou identificadores que, apesar de não individuarem efetivamente alguém, caso tratados com técnicas que são razoavelmente acessíveis e/ou em conjunto com dados suplementares, podem levar à identificação de seu titular. Ainda que o agente responsável pelo tratamento dos dados não possa identificar com precisão a pessoa natural a quem se referem as informações processadas, com algum esforço ele pode se valer de meios disponíveis para a obtenção dos dados adicionais aptos a fazê-lo. Considere-se como exemplo os dados de geolocalização obtidos de usuários de *smartphones*. O agente de tratamento que, num arco temporal, coleta apenas dados de geolocalização a partir de *software* instalado em dispositivo

Supremo Tribunal Federal (Tribunal Pleno). Recurso Extraordinário n. 673.707/MG. Relator: Min. Luiz Fux. Brasília, 07/02/2017. *Diário de Justiça eletrônico*, Brasília, DF, 30/09/2015.

[164] "In the context of the specific-types approach, if information falls into an enumerated category, it becomes per se PII by operation of the statute". SCHWARTZ, Paul M.; SOLOVE, Daniel J. The PII Problem: Privacy and a New Concept of Personally Identifiable Information. *New York University Law Review*, v. 86, p. 1814–189, dez. 2011, p. 1831-1832.

[165] O *U. S. Code, Title 15, Chapter 9, § 6501 (8)*, determina: "Personal information. The term "personal information" means individually identifiable information about an individual collected online, including — (A) a first and last name; (B) a home or other physical address including street name and name of a city or town; (C) an e-mail address; (D) a telephone number; (E) a Social Security number; (F) any other identifier that the Commission determines permits the physical or online contacting of a specific individual; or (G) information concerning the child or the parents of that child that the website collects online from the child and combines with an identifier described in this paragraph."

móvel, ainda que não trate dados como nome ou outro identificador direto ou indireto, processa informação pessoal. Os pontos de localização registrados no curso do tempo formam um único padrão de deslocamento individual que possibilitam a identificação do usuário sem que isso requeira desmesurados esforços ou complexo recurso a grande quantidade de dados auxiliares[166].

Em dezembro de 2019, jornalistas do *The New York Times* receberam de fonte anônima uma base de dados com aproximadamente 50 bilhões de pontos de localização registrados de telefones celulares, entre vários meses de 2016 e 2017, de mais de 12 milhões de pessoas que rotineiramente trafegavam em cidades como Washington, Nova Iorque, São Francisco e Los Angeles. Com poucas fontes suplementares, os jornalistas conseguiram identificar várias pessoas, entre militares, oficiais de segurança pública e políticos. Participantes de protesto político foram também rastreados em ocasião que se deu nos primeiros dias da posse de Donald Trump na presidência dos EUA em 2017: de uma multidão de aproximadamente 500.000 mil manifestantes que desciam as ruas da capital, foi possível seguir o rastro de pessoas meses antes e depois do protesto, precisando inclusive os locais de trabalho e residência. O conjunto de dados analisados foi originariamente coletado por empresa de dados de geolocalização sem que houvesse a associação desses dados a identificadores como nome e endereço eletrônico[167]. O caso mostra, desse modo, que quem trata dados de geolocalização, ainda que sem processar outros identificadores, processa informação de pessoas identificáveis com razoável esforço próprio[168].

[166] Ao analisar 15 meses de dados anonimizados de telefonia móvel de cerca de 1,5 milhão de usuários, pesquisadores do MIT e da *Universite Catholique de Louvain*, na Bélgica, descobriram que foram necessários poucos dados para identificar exclusivamente 95% dos usuários. Partindo das atualizações horárias da localização de um usuário, rastreadas por *pings* de seu *smartphone* nas torres de celular mais próximas, enquanto se moviam, ou realizavam chamadas e trocavam mensagens de texto, os pesquisadores puderam identificar o indivíduo com apenas quatro tipos de dados (*"data points"*). Usando somente dois tipos de dados, eles conseguiram identificar cerca de 50% dos usuários. DE MONTJOYE, Yves-Alexandre et al. Unique in the Crowd: The privacy bounds of human mobility. *Scientific Reports*, v. 3, p. 1–5, 2013.

[167] THOMPSON, Stuart A.; WARZEL, Charlie. The Privacy Project – Twelve Million Phones, One Dataset, Zero Privacy. *The New York Times*, 19 dez. 2019. Disponível em: https://www.nytimes.com/interactive/2019/12/19/opinion/location-tracking-cell-phone.html. Acesso em: 14 jan. 2020.

[168] Sendo um dos entrevistados para a matéria do *The New York Times*, Paul Ohm afirma que "[r]eally precise, longitudinal geolocation information is absolutely impossible to anonymize". THOMPSON, Stuart A.; WARZEL, Charlie. *Op. cit.* Para uma melhor compreensão os dados

Na concepção ampla de dados pessoais, diferentes abordagens podem ser escolhidas a depender da importância que se atribui à atuação e esforços de terceiros na avaliação da identificabilidade da pessoa humana[169]. Denomina-se *relativa* a orientação que tem em vista apenas os esforços próprios e meios do controlador que trata os dados em questão, ou seja, é abordagem que, na apreciação da identificabilidade, desconsidera a atividade e esforços de outrem[170]. De outra parte, a perspectiva que considera o potencial de identificação não só por esforços e meios do responsável pela operação de tratamento mas também de qualquer outra pessoa ou ente, é chamada de *absoluta* ou *objetiva*.

No caso acima mencionado sobre processamento de dados de geolocalização, ambas abordagens chegam à mesma conclusão: há informação pessoal; com a atividade de terceiros (*v. g.*, jornalistas) ou não, a identidade dos usuários de *smartphones* pode ser obtida[171]. Modifique-se, contudo,

de geolocalização, as formas de coleta e quem os acessa, vide: GRAY, Stacey. A Closer Look at Location Data: Privacy and Pandemics. *Future of Privacy Forum*, 2020. Disponível em: https://fpf.org/2020/03/25/a-closer-look-at-location-data-privacy-and-pandemics/. Acesso em: 03 ago. 2021.

[169] Cf. BORGESIUS, Frederik Zuiderveen. Singling out people without knowing their names – Behavioural targeting, pseudonymous data, and the new Data Protection Regulation. *Computer Law and Security Review*, v. 32, n. 2, p. 256–271, 2016, p. 8-9; SPINDLER, Gerald; SCHMECHEL, Philipp. Personal Data and Encryption in the European General Data Protection Regulation. *Journal of Intellectual Property, Information Technology and Electronic Commerce Law*, v. 7, p. 163-177, 2016, p. 165; PURTOVA, Nadezhda. The law of everything. Broad concept of personal data and future of EU data protection law. *Law, Innovation and Technology*, v. 10, n. 1, p. 40–81, 2018, p. 46, 64; FINCK, Michèle; PALLAS, Frank. They Who Must Not Be Identified – Distinguishing Personal from Non-Personal Data Under the GDPR. *International Data Privacy Law*, v. 10, n. 1, p. 11–36, 2020, p. 17.

[170] Esta parece ter sido a abordagem adotada pelo Comitê de Ministros do Conselho da Europa na Recomendação CM/Rec(2021)8, cujo art. 1. 1, *a*, conceitua dado pessoal da seguinte forma: ""Personal data" means any information relating to an identified or identifiable natural person ("data subject"). An individual is not considered "identifiable" if identification requires unreasonable time, *resources or effort in relation to the means at the disposal of the controller*" (grifou-se). COUNCIL OF EUROPE. *Recommendation CM/Rec(2021)8 of the Committee of Ministers to member States on the protection of individuals with regard to automatic processing of personal data in the context of profiling.* Disponível em: https://search.coe.int/cm/pages/result_details.aspx?objectid=0900001680a46147. Acesso em: 12 nov. 2021.

[171] Sobre dados de geolocalização de dispositivos móveis, o Superior Tribunal de Justiça, no RMS 61.302/RJ, proferiu acórdão reconhecendo sua qualificação como dados pessoais. Na oportunidade, o tribunal apreciou recurso interposto pelo Google contra decisão judicial que ordenou a entrega de "dados estáticos (registros), relacionados à identificação de usuários em determinada localização geográfica que, de alguma forma, possam ter algum ponto em comum com os fatos objeto de investigação por crimes de homicídio" (BRASIL. Superior Tribunal de Justiça (Terceira Seção). Recurso Ordinário em Mandado de Segurança n. 61.302/RJ. Relator: Min. Rogério Schietti Cruz.

o exemplo para o tratamento de registros de endereço IP[172]. O provedor de aplicação de internet que não coleta dados cadastrais[173] dos seus usuários, mas processa dados de tráfego e armazena registros de endereço IP de terminais que acessaram seu sítio eletrônico, não consegue identificá-los de forma imediata. Para fazê-lo, terá de algum modo acessar os registros de conexão e os dados cadastrais armazenados pelos respectivos provedores de conexão à internet. Partindo do ângulo *relativo*, o endereço IP não configura dado pessoal para o provedor de aplicação de internet, já que, por não tratar dados cadastrais, não está apto a identificar os usuários. Mas adotando-se a abordagem *absoluta* ou *objetiva*, o endereço IP é visto como dado pessoal pois há a possibilidade de determinação da identidade junto a provedores de conexão[174] – tendo em consideração os esforços de terceiros, portanto.

Esta última abordagem parece ter inspirado a interpretação empreendida na UE, tanto pelo Grupo de Trabalho de Proteção de Dados do Artigo 29[175] como pelo Tribunal de Justiça da União Europeia (TJUE) nos casos C-70/10, *Scarlet Extended SA v. Société belge des auteurs, compositeurs et* éditeurs

Brasília, 26/08/2020. *Diário de Justiça eletrônico*, Brasília, DF, 04/09/2020). Sobre o caso em questão, vide CASO Marielle: Google deve quebrar sigilo e fornecer dados para investigação. *Migalhas*, 26 ago. 2020. Disponível em: https://migalhas.uol.com.br/quentes/332540/caso-marielle--google--deve-quebrar-sigilo-e-fornecer-dados-para-investigacao. Acesso em: 14 jan. 2021.

[172] O *Internet Protocol* consiste em protocolo essencial para o funcionamento da internet, pois permite o roteamento de pacotes de dados e a comunicação entre dispositivos. Para tanto, necessário é especificar origem e destino desses pacotes de dados mediante mecanismo de endereçamento: o endereço IP. A título ilustrativo, o conjunto de números 400.456.12.789 seria um endereço IP a individuar uma máquina conectada à internet.

[173] De acordo com o art. 10, § 3º, do Marco Civil da Internet (MCI), e o art. 11, § 2º, do Decreto n. 8.771/2016, são considerados *dados cadastrais* (i) a filiação, (ii) o endereço, e (iii) a qualificação pessoal, entendida como nome, prenome, estado civil e profissão do usuário.

[174] Considere, no ordenamento jurídico brasileiro, o que dispõe o art. 22 do MCI: "Art. 22. A parte interessada poderá, com o propósito de formar conjunto probatório em processo judicial cível ou penal, em caráter incidental ou autônomo, requerer ao juiz que ordene ao responsável pela guarda o fornecimento de registros de conexão ou de registros de acesso a aplicações de internet. Parágrafo único. Sem prejuízo dos demais requisitos legais, o requerimento deverá conter, sob pena de inadmissibilidade: I - fundados indícios da ocorrência do ilícito; II - justificativa motivada da utilidade dos registros solicitados para fins de investigação ou instrução probatória; e III - período ao qual se referem os registros."

[175] ARTICLE 29 DATA PROTECTION WORKING PARTY. *Privacy on the Internet – An integrated EU Approach to On-line Data Protection*. Bruxelas: [s. n.], 2000. Disponível em: http://ec.europa.eu/justice/article-29/documentation/opinion-recommendation/files/2000/wp37_en.pdf. Acesso em: 03 dez. 2021.

SCRL (SABAM), e C-582/14, *Patrick Breyer v. Bundesrepublik Deutschland*[176]. No primeiro julgado, a menção à caracterização do endereço IP como dado pessoal é feito em sede de *obiter dictum*, mas no caso *Breyer* compõe de fato as razões de decidir (*ratio decidendi*) do acórdão a qualificação do endereço IP (dinâmico) como informação relativa a pessoa natural identificada ou identificável.[177]

A análise do potencial de identificação de certa informação pelo agente de tratamento ou por outro sujeito – conforme a orientação objetiva – não pode ser feita em abstrato apenas, como se bastasse uma possibilidade puramente hipotética[178]. No direito europeu, desde a Diretiva 95/46/CE vigora o *critério dos meios suscetíveis de ser razoavelmente utilizados*, que busca ser balizado por fatores objetivos como custos e tempo de trabalho exigidos para a identificação, o estado da arte da tecnologia existente no período de duração do tratamento e os riscos de falhas técnicas, por exemplo[179].

[176] Neste caso, o TJUE afirmou nos fundamentos da decisão: "Na medida em que esse considerando [Considerando n. 26 da Direitiva 95/46] faz referência aos meios suscetíveis de serem razoavelmente utilizados quer pelo responsável pelo tratamento quer por «qualquer outra pessoa», a sua redação sugere que, para que um dado possa ser qualificado de «dado pessoal» na aceção do artigo 2.º, alínea a), da referida diretiva, não é necessário que todas as informações que permitem identificar a pessoa em causa tenham de estar na posse de uma única pessoa."

"O facto de as informações suplementares necessárias para identificar o utilizador de um sítio Internet não serem detidas pelo prestador de serviços de meios de comunicação em linha, mas pelo fornecedor de acesso à Internet desse utilizador, não parece, assim, suscetível de excluir que os endereços IP dinâmicos registados pelo prestador de serviços de meios de comunicação em linha constituam, para ele, dados pessoais na aceção do artigo 2.º, alínea a), da Diretiva 95/46".

[177] Sobre a discussão do endereço IP como dado pessoal, vide: BORGESIUS, Frederik Zuiderveen. Singling out people without knowing their names – Behavioural targeting, pseudonymous data, and the new Data Protection Regulation. *Computer Law and Security Review*, v. 32, n. 2, p. 256–271, 2016, p. 7-10; BORGESIUS, Frederik Zuiderveen. The Breyer Case of the Court of Justice of the European Union: IP Addresses and the Personal Data Definition. *European Data Protection Law Review*, v. 3, n. 1, p. 130–137, 2017; MACHADO, Diego C.; SOUZA, Carlos Affonso P. Tutela da privacidade, guarda de registros e portas lógicas no direito brasileiro. *In*: FERRARI, Isabela; BECKER, Daniel (Org.). *Regulação 4.0* – Novas tecnologias sob a perspectiva regulatória. São Paulo: Revista dos Tribunais, 2019. p. 247-277.

[178] ARTICLE 29 DATA PROTECTION WORKING PARTY. *Opinion 4/2007 on the concept of personal data*. Bruxelas: [s. n.], 2007. p. 15.

[179] O Considerando 26 do GDPR estabelece que: "The principles of data protection should apply to any information concerning an identified or identifiable natural person. [...] To determine whether a natural person is identifiable, account should be taken of all the means reasonably likely to be used, such as singling out, either by the controller or by another person to identify the natural person directly or indirectly. To ascertain whether means are reasonably likely to be used to identify the natural person, account should be taken of all objective factors, such as the costs of and the

Trata-se de critério dependente de aspectos contextuais – *v. g.*, estágio de desenvolvimento das tecnologias de rastreamento de comportamento *online* e de algoritmos de aprendizado de máquina – que, em última análise, faz da caracterização como dado pessoal um estado *dinâmico*[180]. Esse caráter maleável do conceito, se de um lado contribui para que uma lei de proteção de dados acompanhe e possa se adaptar às transformações sociotécnicas, por outro pode dar ensejo a insegurança em alguma medida, uma vez que os avanços das tecnologias orientadas por dados (*data-driven technologies*) se desenvolvem em passo acelerado e poderiam conferir caráter pessoal a dado antes considerado anonimizado, devido à disponibilização de novas tecnologias capazes de realizar esta reidentificação[181]. Maiores são os benefícios do que as desvantagens, todavia.

Junto à importância dada ao contexto do tratamento da informação como parâmetro para a interpretação do conceito de dado pessoal, surgem proposições para a leitura desta noção com alicerce em análise de gestão de risco[182]. Na conceptualização formulada por Daniel Solove e Paul Schwartz,

amount of time required for identification, taking into consideration the available technology at the time of the processing and technological developments".

[180] PURTOVA, Nadezhda. The law of everything. Broad concept of personal data and future of EU data protection law. *Law, Innovation and Technology*, v. 10, n. 1, p. 40–81, 2018, p. 47. Cf. ARTICLE 29 DATA PROTECTION WORKING PARTY. ARTICLE 29 DATA PROTECTION WORKING PARTY. *Opinion 4/2007 on the concept of personal data*. Bruxelas: [s. n.], 2007. p. 15; EUROPEAN UNION AGENCY FOR FUNDAMENTAL RIGHTS; COUNCIL OF EUROPE. *Handbook on European Data Protection Law*. Luxembourg: Publications Office of the European Union, 2018. p. 88; FINCK, Michèle; PALLAS, Frank. They Who Must Not Be Identified - Distinguishing Personal from Non-Personal Data Under the GDPR. *International Data Privacy Law*, v. 10, n. 1, p. 11–36, 2020, p. 12.

[181] Sobre esse apontamento crítico, afirma Purtova: "The resulting standard of the reasonable likelihood of identification is quite broad and context-dependent, leading to one major consequence: the status of data as 'personal' is dynamic, ie the same dataset may not obviously be personally identifiable at the start of processing, or from the perspective of the controller, given the tools and data available to him, but become, or appear to have been all along, identifiable from the perspective of another person or once the circumstances change". PURTOVA, Nadezhda. The law of everything. Broad concept of personal data and future of EU data protection law. *Law, Innovation and Technology*, v. 10, n. 1, p. 40–81, 2018, p. 47.

[182] Henry Pearce afirma que, em termos gerais, abordagens regulatórias baseadas na gestão do risco "can be described as regulatory strategies that involve the targeting of enforcement and resources on the basis of assessments of the risks that a particular regulated activity poses to the regulator's objectives. The key components of these assessments will be the evaluations of the risks of noncompliance and calculations pertaining to the impact that said noncompliance may have on the regulatory body's ability to achieve its objectives. In its idealised form, therefore, risk

os autores sugerem um modelo em que se avalia o *risco de identificabilidade*, tendo em consideração os meios suscetíveis de ser razoavelmente utilizados para identificação[183]. Afirmam que o modelo aventado apresenta a informação num *continuum* "que começa com a ausência de risco de identificação em uma extremidade, e termina com pessoas identificadas na outra"[184] – é dizer, segue-se a seguinte divisão: (i) informação não identificável, (ii) informação identificável e (iii) informação identificada. Éloïse Gratton elabora, por sua vez, um esquema hermenêutico com lastro no *risco de dano* que certas operações de tratamento de dados geram[185], desconsiderando como dado pessoal a informação cujo tratamento implica baixo risco.

Apesar da importância dessas abordagens num cenário em que as leis de proteção de dados pessoais cada vez mais lançam mão de instrumentos regulatórios orientados pelo controle dos riscos da atividade de tratamento de informações pessoais (*v. g.*, relatório de impacto à proteção de dados, regime de responsabilidade civil)[186], são grandes os desafios a ser enfrentados para a implementação prática de efetiva gestão de riscos numa sociedade orientada por dados. Dentre os problemas pontuados por Henry Pearce, destaca-se aqueles relacionados à concepção do modelo de avaliação dos possíveis danos decorrentes da atividade de tratamento e a probabilidade de sua ocorrência. São dois os pontos críticos: (i) complexidade de se calcular o nível de risco inerente à sistemas algorítmicos de análise de dados (e que se baseiam em aprendizado de máquina); e (ii) a probabilidade de sua real ocorrência[187]. As concepções acima citadas de

management-based regulation offers an evidence-based means of targeting the use of resources and of prioritising attention to the highest risks in accordance with a transparent, systematic, and defensible framework". PEARCE, Henry. Big data and the reform of the European data protection framework: an overview of potential concerns associated with proposals for risk management-based approaches to the concept of personal data. *Information and Communications Technology Law*, v. 26, n. 3, p. 312–335, 2017, p. 321.

[183] SCHWARTZ, Paul M.; SOLOVE, Daniel J. The PII Problem: Privacy and a New Concept of Personally Identifiable Information. *New York University Law Review*, v. 86, p. 1814–189, dez. 2011, p. 1878.

[184] SCHWARTZ, Paul M.; SOLOVE, Daniel J. *Op. cit.*, p. 1877.

[185] GRATTON, Éloïse. *Understanding Personal Information: Managing Privacy Risks*. Markham: LexisNexis, 2013. p. 223 et seq.

[186] Sobre a disciplina do tratamento de dados pessoais centrada numa abordagem sobre o risco, vide MANTELERO, Alessandro. Responsabilità e rischio nel Reg. UE 2016/679. *Le Nuove Leggi Civili Commentate*, v. XL, n. 1, p. 144-164, 2017, p. 147 et seq.

[187] PEARCE, Henry. Big data and the reform of the European data protection framework: an overview of potential concerns associated with proposals for risk management-based approaches to

Daniel Solove, Paul Schwartz, e Éloïse Gratton, por exemplo, não descem ao detalhe do efetivo cálculo dos riscos sob análise – se é que tal é sequer possível.

A essa altura já se pode afirmar que o direito brasileiro seguiu a orientação consagrada na legislação e jurisprudência aplicadas na UE, adotando a noção ampla de dado pessoal. Como pode se verificar no artigo 5º, I, da LGPD, dado pessoal no sistema brasileiro de proteção de dados é "informação relacionada a pessoa natural identificada ou identificável". Este conceito legal, na verdade, endossa o que a Lei de Acesso à Informação prescreve, desde 2011, no seu artigo 4º, IV, pelo qual a informação pessoal é "aquela relacionada à pessoa natural identificada ou identificável".

Importante observação a se fazer sobre a análise até aqui feita sobre a definição de dado pessoal é a de que apenas um dos seus elementos constitutivos foi objeto de apreciação: a *identificabilidade*. Para um exame pormenorizado, outros elementos devem, porém, ser estudados, o que se passa a fazer segundo a *perspectiva analítica*, que, guardando certa sintonia ao ordenamento jurídico brasileiro, foi empregada pelo extinto Grupo de Trabalho do Artigo 29 em parecer sobre o conceito de dado pessoal datado de 2007. De acordo com o documento opinativo, em referência à então vigente Diretiva 95/46/CE, quatro são os elementos constitutivos da definição: (i) qualquer informação; (ii) relativa a; (iii) pessoa natural; (iv) identificada ou identificável[188]. Trata-se de abordagem que, mesmo não possuindo efeito vinculante na esfera da UE, se tornou influente, direta ou indiretamente, para a atuação de instituições europeias que integram o sistema de proteção de dados pessoais do bloco regional[189]. A jurisprudência do TJUE dá sinais de ter encampado essa mesma perspectiva, ainda que não o reconhecendo expressamente.

Já havendo explorado acima o item *iv*, passa-se, pois, à análise dos elementos *i*, *ii* e *iii*.

the concept of personal data. *Information and Communications Technology Law*, v. 26, n. 3, p. 312–335, 2017, p. 324-325.

188 ARTICLE 29 DATA PROTECTION WORKING PARTY. *Opinion 4/2007 on the concept of personal data*. Bruxelas: [s. n.], 2007. p. 6.

189 PURTOVA, Nadezhda. The law of everything. Broad concept of personal data and future of EU data protection law. *Law, Innovation and Technology*, v. 10, n. 1, p. 40–81, 2018, p. 59 et seq.; KUNER, Christopher; BYGRAVE, Lee A.; DOCKSEY, Christopher. *The EU General Data Protection Regulation:* A Commentary. 1. ed. Oxford: Oxford University Press, 2020. p. 109-111.

Diferentemente do GDPR[190] e da lei de proteção de dados da Colômbia[191], que aludem a *"qualquer informação"*, ou da lei argentina[192], que se refere a "*informação de qualquer tipo*", a redação legal da LGPD faz menção do termo *"informação"* somente. Tal como se faz noutras jurisdições, a interpretação da lei brasileira deve ser a mais abrangente possível, a fim de compreender qualquer informação passível de identificar alguém.

"[O] conceito de dado pessoal inclui qualquer espécie de afirmação sobre uma pessoa"[193], portanto. Neste sentido, a medida em que a informação é acessível ou divulgada ao público[194], é dizer, "pública" ou "privada", não a desnatura como informação pessoal. Aliás, tal se evidencia com clareza na LGPD a partir da expressa disciplina aplicada a operações de tratamento envolvendo dados de acesso público ou publicizados pelo próprio titular[195]. Também não afeta a qualificação da informação pessoal o ser verdadeira ou incorreta[196], até porque em havendo incorreção, o regime de proteção de dados pessoais prevê remédios para a retificação

[190] GDPR, art. 4º, 1.

[191] *Ley Estatutaria 1581/2012*, art. 3º, *c:* "Dato personal: Cualquier información vinculada o que pueda asociarse a una o varias personas naturales determinadas o determinables".

[192] *Ley 25.326/2000*, art. 2º, 1: "Datos personales: Información de cualquier tipo referida a personas físicas o de existencia ideal determinadas o determinables".

[193] ARTICLE 29 DATA PROTECTION WORKING PARTY. *Opinion 4/2007 on the concept of personal data*. Bruxelas: [s. n.], 2007. p. 6. Tradução livre de: "[...] the concept of personal data includes any sort of statements about a person".

[194] A LGPD dispõe no art. 7º, §§ 3º e 4º, sobre o regime protetivo aplicável a informações acessíveis ao público, tais como as informações processuais publicadas em diários oficiais: "Art. 7º [...] § 3º O tratamento de dados pessoais cujo acesso é público deve considerar a finalidade, a boa-fé e o interesse público que justificaram sua disponibilização. § 4º É dispensada a exigência do consentimento previsto no caput deste artigo para os dados tornados manifestamente públicos pelo titular, resguardados os direitos do titular e os princípios previstos nesta Lei." Guardadas as devidas proporções, a assertiva se alinha aos fundamentos do acórdão do STJ no Recurso Especial n. 1.758.799/MG, da relatoria da Min. Nancy Andrighi: "[...] o fato de alguém publicar em rede social uma informação de caráter pessoal não implica o consentimento, aos usuários que acessam o conteúdo, de utilização de seus dados para qualquer outra finalidade, ainda mais com fins lucrativos". BRASIL. Superior Tribunal de Justiça (Terceira Turma). Recurso Especial n. 1.758.799/MG. Relatora: Min. Nancy Andrighi. Brasília, 12/11/2019. *Diário de Justiça eletrônico*, Brasília, DF, 19/11/2019. Sobre a proteção de dados pessoais e sua compatibilização com o princípio da publicidade dos atos processuais no âmbito do Poder Judiciário, vide: CUEVA, Ricardo Villas Bôas. Proteção de dados pessoais no Judiciário. *Revista do Advogado*, São Paulo, n. 144, p. 6–12, nov. 2019.

[195] LGPD, art. 7º, §§ 3º, 4º, 6º e 7º.

[196] ARTICLE 29 DATA PROTECTION WORKING PARTY. *Opinion 4/2007 on the concept of personal data*. Bruxelas: [s. n.], 2007. p. 6.

dos dados[197]. De igual modo, é dado pessoal tanto a informação de ordem subjetiva como a objetiva. Em outras palavras, a informação sobre alguém que se traduz em opinião ou avaliação a seu respeito, bem como a que não possui esse fator subjetivo, configura dado pessoal.

No caso C-434/16, *Peter Nowak v. Data Protection Commissioner*, o TJUE, resolvendo questão processual que lhe foi submetida, se manifestou sobre a qualificação como dado pessoal de respostas escritas formuladas por um candidato em exame profissional e das respectivas anotações lançadas pelo examinador. Na decisão, a corte europeia fundamentou que:

> [...] o emprego da expressão «qualquer informação» no âmbito da definição do conceito de «dado pessoal», constante do artigo 2.o, alínea a), da Diretiva 95/46, reflete o objetivo do legislador da União de atribuir um sentido amplo a esse conceito, que não está limitado às informações sensíveis ou de ordem privada, mas engloba potencialmente qualquer tipo de informações, tanto objetivas como subjetivas sob forma de opiniões ou de apreciações [...][198].

O caso remete, ainda, à abrangência do conceito jurídico frente a diferença de origem dos dados, pois que os dados consubstanciados na avaliação feita por examinador são dados derivados da apreciação crítica das respostas formuladas pelo candidato para aferição do seu nível de conhecimento ou aprendizagem. À luz do critério da origem, os dados podem ser classificados em fornecidos, observados, derivados e inferidos[199].

Dados fornecidos (*individually provided data*) são dados que se originam diretamente de ação, em geral, voluntária e consciente da pessoa humana, o titular dos dados. É o que ocorre, por exemplo, com as fotos publicadas

[197] LGPD, art. 18, II.

[198] UNIÃO EUROPEIA. Tribunal de Justiça da União Europeia. Segunda Seção. *Case C-434/16, Peter Nowak v. Data Protection Commissioner.* Luxemburgo, 20 dez. 2017. O tribunal interpretou a Diretiva 95/46 no caso, mas também fez expressa alusão às disposições do GDPR.

[199] Cf. WACHTER, Sandra; MITTELSTADT, Brendt D. A Right to Reasonable Inferences: Re-thinking Data Protection Law in the Age of Big Data and AI. *Columbia Business Law Review*, v. 2019, n. 2, p. 494–620, 2019, p. 516 et seq.; ARTICLE 29 WORKING PARTY. *Guidelines on automated individual decision-making and profiling for the purposes of Regulation 2016/679.* Brussels: [s.n.], 2018. p. 8.; INFORMATION COMMISSIONER'S OFFICE. *Big data, artificial intelligence, machine learning and data protection.* [s.l: s.n.]. p. 12-13. Disponível em: https://ico.org.uk/media/for-organisations/documents/2013559/big-data-ai-ml-and-data-protection.pdf. Acesso em: 09 nov. 2021.

em conta de rede social, a comunicação do próprio endereço eletrônico, dados cadastrais registrados em formulários de sítios eletrônicos. Dados pessoais de crianças cujo tratamento é fundado no consentimento dos pais ou responsáveis pelo menor, também se enquadram nessa categoria. Já os *dados observados* (*observed data*) consistem em informações objeto da observação por terceiros e capturados em formato digital. Esses dados podem ser registrados no momento de sua criação ou transmitidos para um intermediário após a observação[200]. A coleta de dados observados se dá muito provavelmente sem a consciência do titular dos dados sobre a operação de tratamento; há, de certa forma, o fornecimento indireto ou passivo dos dados pelo titular[201]. Se ajustam a essa categoria os dados do histórico de navegação em *websites*, a caligrafia, dados sobre uso de jogos de videogame, dados obtidos pelo emprego de câmeras CCTV com programas de reconhecimento facial, dados de geolocalização, e dados sobre a temperatura corporal. O aumento exponencial da coleta de dados observados possui relação com a multiplicidade de sensores usados para reconhecimento de atividade, e aplicações de internet e os diversos provedores que atuam como intermediários[202].

Por fim, os *dados derivados ou inferidos* (*derived or inferred data*) são dados resultantes de outros dados pessoais ou não-pessoais, sejam eles fornecidos ou observados, devido a raciocínio ou operações lógico-matemáticas não probabilísticas[203] (*v. g.*, deriva-se o país de residência do indivíduo a partir do seu CEP) ou em razão da aplicação de modelos estatísticos complexos baseados em algoritmos de mineração de dados e sistemas de aprendizado de máquina[204] (*v. g.*, escore de crédito). Compreendido

[200] ORGANISATION FOR ECONOMIC CO-OPERATION AND DEVELOPMENT. *Protecting Privacy in a Data-driven Economy: Taking Stock of Current Thinking* – Summary of the OECD Privacy Expert Roundtable, 2014. p. 5.

[201] WACHTER, Sandra; MITTELSTADT, Brendt D. A Right to Reasonable Inferences: Re-thinking Data Protection Law in the Age of Big Data and AI. *Columbia Business Law Review*, v. 2019, n. 2, p. 494–620, 2019, p. 516

[202] WORLD ECONOMIC FORUM. *Rethinking personal data*: Trust and Context in User-Centred Data Ecosystems. [s.l: s.n.], p. 16.

[203] ORGANISATION FOR ECONOMIC CO-OPERATION AND DEVELOPMENT. *Protecting Privacy in a Data-driven Economy: Taking Stock of Current Thinking* – Summary of the OECD Privacy Expert Roundtable, 2014. p. 5.

[204] De acordo com relatório do Fórum Econômico Mundial, essa categoria de dados surge com os novos sistemas algorítmicos: "Advanced computational analytics and machine learning create a third category of data that is "inferred" and synthesized from an array of different data types

o funcionamento das tecnologias de perfilamento nos itens anteriores, percebe-se que a inferência computacional de dados lhe é absolutamente fundamental, visto que ocorre tanto na etapa de formação como na de aplicação de perfis. Modelos ou perfis são inferidos, e então formados, a partir do reconhecimento de padrões em bases de dados comportamentais fornecidos e/ou observados (*v. g.*, modelo computacional de *credit scoring* para avaliação de risco de inadimplemento). Assim se deu com a criação dos modelos do *Ofqual*, para avaliação de estudantes no Reino Unido, e dos órgãos polonês e austríaco de assistência a desempregados em busca de recolocação no mercado de trabalho. Na efetiva aplicação dos referidos modelos ou perfis aos candidatos, dos dados pessoais tratados na entrada (*input*) e processados pelo sistema, infere-se outros dados, visto que da identificação e representação do titular como adequado a um perfil ou categoria resulta na conclusão de novas informações[205], tais como a medida das competências e habilidades cognitivas do estudante e a capacidade do candidato desempregado de aprender novas competências e ser reabsorvido pelo mercado. Ademais, em decorrência da opacidade e da invisibilidade das práticas de perfilamento

(including data directly related to individuals and data that is not connected to them). Inferred data is generally more of an amalgam of different originating data types and is generally used for predictive purposes." WORLD ECONOMIC FORUM. *Op. cit.*, p. 16-17. De forma mais detalhada, porém, afirma relatório da OCDE: "From a historical perspective, it was pointed out that most of the data categories noted above have been in existence for a long time. "Inferred data", however, was said to have more recent origins, situated in the early 1980s (when companies first began to develop credit risk scores). There has, however, been a remarkable increase in both the volume and variety of available data sets. In particular, there has been substantial growth in the amount of "observed", "derived" and "inferred" data. This development has been attributed to a number of factors. One is the continuous decrease in data storage and communication costs. A second is the Internet, which has led to a significant expansion in the types and amount of data being created since the mid-1990s. Finally, a third important development has been the proliferation, particularly in the 21st century, of new sensor technologies, which allow for detailed observations in both physical and digital environments". ORGANISATION FOR ECONOMIC CO-OPERATION AND DEVELOPMENT. *Op. cit.*, p. 5-6.

[205] De semelhante forma poder-se-ia pensar sobre o escore de crédito atribuído a certo consumidor.

automatizado, esse tipo de dado é gerado (pelo agente de tratamento[206]) sem o envolvimento e consciência do titular dos dados[207].

Apesar de originado da atividade do agente de tratamento, esse aspecto do dado inferido não parece capaz *per se* de desnaturar um dado como informação pessoal. No sistema da UE, isso ficou evidenciado na jurisprudência do TJUE com o caso C-184/20[208], julgado pela corte europeia em 01 de agosto de 2022, que constitui o primeiro precedente judicial obrigatório na Europa a respeito da derivação de dados pessoais sensíveis a partir de informações originalmente não sensíveis.

Na LGPD, o disposto nos arts. 11, § 1º e 13, § 1º, converge no mesmo sentido. De um lado, prescreve-se que o agravado regime protetivo dos dados sensíveis também se aplica a qualquer operação de tratamento de dados pessoais não sensíveis que *revele dados pessoais sensíveis*[209]. Por exemplo, considere-se, a partir do contexto de período de entrada no Brasil e do país de origem, a derivação de informação sobre pertencimento a minoria

[206] Cf. ARTICLE 29 WORKING PARTY. *Guidelines on the right to data portability*. Brussels: [s.n.], 2016. p. 6. Em outro documento, o mesmo órgão aduz: "The process of profiling is often invisible to the data subject. It works by creating derived or inferred data about individuals – 'new' personal data that has not been provided directly by the data subjects themselves". ARTICLE 29 WORKING PARTY. *Guidelines on automated individual decision-making and profiling for the purposes of Regulation 2016/679*. Brussels: [s.n.], 2018. p. 9.

[207] Na mesma linha de pensamento, afirma Bart Custers: "Basic profiling techniques like regression, classification or clustering essentially ascribe attributes to people. This means that new attributes are inferred from available attributes, either from the same person or from other persons. These inferences may be precise (e.g., inferring age from the data of birth) or estimates (e.g., inferring intelligence or happiness from Facebook likes) (Kosinski et al. 2012). In this way, attributes a data subject does not want to disclose or attributes a data subject does not know can be predicted via data analytics and ascribed to that person. The key characteristic of inferred data is that it is data inferred from other data and not data directly or indirectly provided by data subjects". CUSTERS, Bart. Profiling As Inferred Data. Amplifier Effects and Positive Feedback Loops. *In*: BAYAMLIOĞLU, Emre et al. (Orgs.). *Being profiled: cogitas ergo sum 10 years of "Profiling the european citizen"*. Amsterdam: Amsterdam University Press, 2019. p. 112.

[208] UNIÃO EUROPEIA. Tribunal de Justiça da União Europeia. Grande Seção. *Case C-184/20, OT v Vyriausioji tarnybinės etikos komisija*. Luxemburgo, 01 ago. 2022. Sobre o tema, v. MACHADO, Diego; MENDES, Laura Schertel. A proteção dos dados sensíveis inferidos: um comentário ao Caso C-184/20 do Tribunal de Justiça Europeu. *Revista de Direito do Consumidor*, São Paulo, v. 144, a. 31, p. 97-121, nov./dez. 2022.

[209] De acordo com o art. 5º, II, da LGPD, dado pessoal sensível é "dado pessoal sobre origem racial ou étnica, convicção religiosa, opinião política, filiação a sindicato ou a organização de caráter religioso, filosófico ou político, dado referente à saúde ou à vida sexual, dado genético ou biométrico, quando vinculado a uma pessoa natural".

étnica imigrante[210], ou a inferência computacional do estado de gravidez de consumidora a partir de seu histórico de compras[211]. Já o art. 13, § 1º, proíbe a divulgação dos resultados ou de qualquer excerto de estudo ou de pesquisa em saúde pública que *revele dados pessoais*. Numa e noutra disposição normativa, enfim, o objeto versa sobre dados pessoais derivados ou inferidos.

O segundo elemento conceitual (*"relativo a"*) estabelece a necessidade de a informação possuir vínculo com uma pessoa. Esse ponto de ligação existe, a princípio, quando a informação é sobre uma pessoa identificada ou identificável[212]. Isso, no entanto, não significa que dados que remetem imediatamente a objeto ou evento não possam constituir informação pessoal. É possível que, de maneira indireta, esses dados também se relacionem com indivíduos[213]. Por exemplo, a partir do uso da Interface de Programação de Aplicativos (API) *HTML5 Battery Status*, o nível de bateria de um *smartphone* pode ser processado como dado identificador para rastrear usuários *web* em curtos intervalos de tempo[214].

O liame que faz da informação *relativa a* pessoa natural se forma em razão do *conteúdo*, *finalidade* ou *resultado* do tratamento do dado, seja este um nexo direto ou indireto. Não se trata de critérios que devem ser cumulativamente observados, porém; são aspectos passíveis de articulação *alternativa* a se considerar na interpretação das circunstâncias do caso[215].

[210] Cf. INTERNATIONAL COMMITTEE OF THE RED CROSS. *Handbook on Data Protection in Humanitarian Action*. 2. ed. Geneva: ICRC, 2020. p. 71.

[211] DUHIGG, Charles. How Companies Learn Your Secrets. *The New York Times Magazine*, 16 fev. 2012. Disponível em: https://www.nytimes.com/2012/02/19/magazine/shopping-habits.html?pagewanted=1&_r=1&hp. Acesso em: 05 dez. 2020.

[212] *"In general terms, information can be considered to "relate" to an individual when it is about that individual"*. ARTICLE 29 DATA PROTECTION WORKING PARTY. *Opinion 4/2007 on the concept of personal data*. Bruxelas: [s. n.], 2007. p. 9.

[213] ARTICLE 29 DATA PROTECTION WORKING PARTY. *Opinion 4/2007 on the concept of personal data*. Bruxelas: [s. n.], 2007. p. 53-54.

[214] Confira o estudo: OLEJNIK, Lukasz; ACAR, Gunes; CASTELLUCCIA, Claude; DIAZ, Claudia. *The leaking battery A privacy analysis of the HTML5 Battery Status API*. Disponível em: https://eprint.iacr.org/2015/616.pdf. Acesso em: 15 jan. 2020.

[215] Cf. ARTICLE 29 DATA PROTECTION WORKING PARTY. *Opinion 4/2007 on the concept of personal data*. Bruxelas: [s. n.], 2007. p. 10-12; PURTOVA, Nadezhda. The law of everything. Broad concept of personal data and future of EU data protection law. *Law, Innovation and Technology*, v. 10, n. 1, p. 40–81, 2018, p. 54. Dado o caráter não cumulativo e não procedimental, não parece correta a descrição do esquema de análise proposto pelo Grupo de Trabalho do Artigo 29 como um *"three-step model"*, tal como sugere Wachter e Mittelstadt (WACHTER, Sandra; MITTELSTADT,

A informação se relaciona a pessoa a partir do conteúdo quando diz respeito à vida de alguém – *e. g.*, número de registro geral de identidade, características físicas, débitos fiscais, fotografia, histórico escolar. Já o critério da finalidade se realiza quando a informação é usada, ou há probabilidade de ser usada, "com o *propósito* de avaliar, tratar de certa forma ou influenciar o estado ou o comportamento de uma pessoa"[216]. O uso de *cookies*[217] em sede de publicidade comportamental, por exemplo, é feito com o objetivo de monitorar hábitos de navegação dos usuários, ou proporcionar-lhes uma experiência personalizada de navegação em sítios eletrônicos e outras aplicações de internet[218]. Por fim, há informação relativa a alguém se "é provável que seu uso tenha *impacto* nos direitos e interesses de certa pessoa, levando em consideração todas as circunstâncias em torno do caso"[219]. No já citado processo *Peter Nowak v. Data Protection Commissioner*, o TJUE analisou as respostas escritas por candidato de exame profissional a partir do critério do resultado, inclusive, ao que concluiu que o uso dessa informação "é suscetível de ter um efeito sobre os direitos e interesses dele ou dela, na medida em que pode determinar ou influenciar, por exemplo, a chance de ingressar na profissão almejada ou de obter o cargo pretendido"[220]. A interpretação sob as lentes do critério do *resultado* do tratamento sobre direitos e interesses juridicamente protegidos da

Brent D. A Right to Reasonable Inferences: Re-thinking Data Protection Law in the Age of Big Data and AI. *Columbia Business Law Review*, v. 2019, n. 2, p. 494-620, 2019, p. 517-519).

[216] ARTICLE 29 DATA PROTECTION WORKING PARTY. *Op. cit.*, p. 10. Tradução livre de: "*with the purpose to evaluate, treat in a certain way or influence the status or behaviour of an individual*".

[217] *Cookies* são arquivos de texto que, uma vez enviados por *websites* e armazenados nos computadores dos usuários a partir do navegador utilizado, funcionam como identificadores eletrônicos.

[218] Este exemplo, em da verdade, também atende ao critério do conteúdo. Cf. ARTICLE 29 DATA PROTECTION WORKING PARTY. *Opinion 2/2010 on online behavioral advertising*. Bruxelas: [s. n.], 2010. p. 9. Disponível em: https://ec.europa.eu/justice/article-29/documentation/opinion-recommendation/files/2010/wp171_en.pdf. Acesso em: 06 dez. 2021; BORGESIUS, Frederik Zuiderveen. Singling out people without knowing their names – Behavioural targeting, pseudonymous data, and the new Data Protection Regulation. *Computer Law and Security Review*, v. 32, n. 2, p. 256–271, 2016, p. 5-6.

[219] ARTICLE 29 DATA PROTECTION WORKING PARTY. *Opinion 4/2007 on the concept of personal data*. Bruxelas: [s. n.], 2007. p. 11. Tradução livre de: *"their use is likely to have an impact on a certain person's rights and interests, taking into account all the circumstances surrounding the precise case"*.

[220] Tradução livre de: *"is liable to have an effect on his or her rights and interests, in that it may determine or influence, for example, the chance of entering the profession aspired to or of obtaining the post sought"*. UNIÃO EUROPEIA. Tribunal de Justiça da União Europeia. Segunda Seção. *Case C-434/16, Peter Nowak v. Data Protection Commissioner*. Luxemburgo, 20 dez. 2017.

pessoa identificada ou identificável se mostra especialmente relevante em operações que envolvem sistemas algorítmicos e aplicações de aprendizado de máquina[221], inclusive quando houver tomada de decisão automatizada.

No tocante ao elemento do item *iii*, tem-se que, para ter caráter pessoal, as informações devem ser relativas a *pessoa natural*. Este componente do conceito possui laço estreito com a teleologia das leis de proteção de dados pessoais direcionada à tutela e realização de direitos e liberdades fundamentais da pessoa humana[222]. O primeiro desdobramento lógico dessa afirmativa é, obviamente, o afastamento das operações de tratamento de informações sobre pessoas jurídicas (*v. g.*, sociedades empresárias, associações, entidades públicas) e entes não personalizados (*v. g.*, condomínio, massa falida, sociedade de fato) do regime de proteção de dados. Ainda que se levante hipóteses que estariam situadas numa zona gris entre dado referente a pessoa natural e pessoa jurídica, como a do nome empresarial derivado do nome de pessoa humana, ou o do endereço eletrônico corporativo em cuja constituição há nome do empregado[223], há que se concluir pela não configuração de informação pessoal em tais casos, por consistir em dados referentes a pessoas jurídicas.[224]

Na interpretação construtiva da noção jurídica de dado pessoal, é importante se ter em mente que, por consequência, estabelece-se a linha divisória do que é e *não é* informação pessoal, ou seja, entre dado pessoal e dado não pessoal. Se os dados não são relativos a pessoa natural identificada ou

[221] Cf. WACHTER, Sandra; MITTELSTADT, Brent D. A Right to Reasonable Inferences: Re-thinking Data Protection Law in the Age of Big Data and AI. *Columbia Business Law Review*, v. 2019, n. 2, p. 494-620, 2019, p. 518.

[222] De acordo com o art. 1º da LGPD, é objetivo da lei "proteger os direitos fundamentais de liberdade e de privacidade [...] da pessoa natural".

[223] A questão foi levantada em: ARTICLE 29 DATA PROTECTION WORKING PARTY. *Opinion 4/2007 on the concept of personal data*. Bruxelas: [s. n.], 2007. p. 23-24.

[224] Depois de certa jurisprudência vacilante do TJUE, esta é a atual direção tomada no direito europeu. O Considerando n. 14 do GPDR não dá margem a dúvida: "The protection afforded by this Regulation should apply to natural persons, whatever their nationality or place of residence, in relation to the processing of their personal data. This Regulation does not cover the processing of personal data which concerns legal persons and in particular undertakings established as legal persons, including the name and the form of the legal person and the contact details of the legal person". Cf. UNIÃO EUROPEIA. Tribunal de Justiça da União Europeia. Primeira Seção. *Case C620/19, Land Nordrhein-Westfalen v. D.-H. T., acting as insolvency administrator of J & S Service UG*. Luxemburgo, 10 dez. 2020. Na doutrina: PINHEIRO, Alexandre Sousa et. al. *Comentário ao Regulamento Geral de Proteção de Dados*. Coimbra: Almedina, 2018. p. 123-124.

identificável, desde a origem ou após ulterior tratamento, são dados ditos *anônimos* ou que foram *anonimizados*, respectivamente[225]. A título exemplificativo, anônimos são os dados sobre substâncias poluentes coletados por sensores instalados em dispositivos de redes inteligentes (*smart grids*) para predição e monitoramento da qualidade do ar[226]. Anonimizados são, por sua vez, aqueles dados originalmente pessoais que foram objeto de tratamento – com técnicas e padrões vários – de maneira tal a retirar-se-lhe os identificadores diretos e indiretos. Com isso, os dados perdem, a princípio, o caráter pessoal. Tome-se o exemplo dos dados de geolocalização de usuários de telefone celular que, após submetidos a técnicas de anonimização de dados, mais especificamente de agregação[227], foram usados para a criação de mapas de calor e índice de isolamento social durante a pandemia de COVID-19 no Brasil[228].

Se, de um lado, a qualificação do dado objeto de tratamento como *pessoal* tradicionalmente abre a porta de acesso ao regime de direitos e garantias ao titular dos dados, de outro, o dado qualificado como *não pessoal* fica fora do âmbito de aplicação de leis gerais de proteção de dados como a LGPD,

[225] Nos termos do artigo 5º, III, da LGPD, dado anonimizado é o "dado relativo a titular que não possa ser identificado, considerando a utilização de meios técnicos razoáveis e disponíveis na ocasião de seu tratamento".

[226] Para um estudo de caso do que ocorreu na cidade de Melbourne, Austrália, cf. SCHÜRHOLZ, Daniel; KUBLER, Sylvain; ZASLAVSKY, Arkady. Artificial intelligence-enabled context-aware air quality prediction for smart cities. *Journal of Cleaner Production*, v. 271, 2020, p. 10-13.

[227] Define-se agregação de dados, de acordo com o extinto Grupo de Trabalho do Artigo 29, da seguinte maneira: "Aggregation and K-anonymity techniques aim to prevent a data subject from being singled out by grouping them with, at least, k other individuals. To achieve this, the attribute values are generalized to an extent such that each individual shares the same value. For example, by lowering the granularity of a location from a city to a country a higher number of data subjects are included. Individual dates of birth can be generalized into a range of dates, or grouped by month or year. Other numerical attributes (e.g. salaries, weight, height, or the dose of a medicine) can be generalized by interval values (e.g. salary €20,000 – €30,000). These methods may be used when the correlation of punctual values of attributes may create quasi-identifiers". ARTICLE 29 DATA PROTECTION WORKING PARTY. *Opinion 5/2014 on Anonymisation techniques*. Bruxelas: [s. n.], 2014. p. 16.

[228] CONVERGÊNCIA DIGITAL. *Dispara número de estados e municípios que usam dados celulares na Covid-19*. Disponível em: https://www.convergenciadigital.com.br/cgi/cgilua.exe/sys/start.htm?UserActiveTemplate=site&infoid=53617&sid=8. Acesso em: 29 jul. 2020. O tratamento de dados anonimizados com técnicas de agregação tem ampla incidência em aplicações tecnológicas para combater a pandemia de COVID-19 noutras partes do globo: cf. POOM, Age et al. COVID-19 is spatial: Ensuring that mobile Big Data is used for social good. *Big Data and Society*, v. 7, n. 2, p. 1–7, jul./dez. 2020, p. 3; BUDD, Jobie et al. Digital technologies in the public-health response to COVID-19. *Nature Medicine*, v. 26, n. 8, p. 1183–1192, ago. 2020, p. 1184-1187.

o que obsta a aquisição de direitos do titular por indivíduos bem como a atribuição de situações jurídicas passivas (dever, encargos, sujeição etc.) do regime de proteção de dados a agentes de tratamento. A já referida parábola kafkiana é, neste ponto, igualmente ilustrativa do raciocínio: visto que o tratamento de dados não pessoais não passa pelos umbrais da porta da lei (de proteção de dados), deveres, obrigações e encargos de controladores e operadores restam inaplicáveis[229].

Sob o enfoque da investigação deste trabalho, importa tecer comentários adicionais a respeito dos dados anonimizados, porquanto as tecnologias de perfilamento, na complexidade de seu funcionamento, também processam dados que se podem dizer anonimizados. Esse tipo de dado, em conformidade com o texto da LGPD, não pode ter associação com pessoa identificada ou identificável de forma permanente e irreversível[230]. Se o "processo de anonimização ao qual [os dados pessoais] foram submetidos for revertido", seria impróprio falar-se em dados não pessoais.

Nas últimas duas décadas, cumpre observar, a própria ideia de duradoura irreversibilidade da anonimização enfrenta contundentes críticas. Importantes estudos realizados no campo da ciência da computação, tais como as pesquisas de Latanya Sweeney[231], Arvind Narayanan e Vitaly Shmatikov[232],

[229] O Considerando n. 26 do GDPR expressamente aborda esse assunto: "[...] Os princípios da proteção de dados não deverão, pois, aplicar-se às informações anónimas, ou seja, às informações que não digam respeito a uma pessoa singular identificada ou identificável nem a dados pessoais tornados de tal modo anónimos que o seu titular não seja ou já não possa ser identificado. O presente regulamento não diz, por isso, respeito ao tratamento dessas informações anónimas, inclusive para fins estatísticos ou de investigação". UNIÃO EUROPEIA. Regulamento (UE) nº 2016/679 do Parlamento Europeu e do Conselho, de 23 de abril de 2016, relativo à proteção das pessoas singulares no que diz respeito ao tratamento de dados pessoais e à livre circulação desses dados e que revoga a Diretiva 95/46/CE (Regulamento Geral sobre a Proteção de Dados). *Jornal Oficial da União Europeia*, Estrasburgo, 04/05/2016. Disponível em: https://eur-lex.europa.eu/legal-content/PT/TXT/PDF/?uri=CELEX:32016R0679&from=DA. Acesso em: 16 ago. 2021.

[230] A LGPD prescreve no *caput* do art. 12: "Art. 12. Os dados anonimizados não serão considerados dados pessoais para os fins desta Lei, salvo quando o processo de anonimização ao qual foram submetidos for revertido, utilizando exclusivamente meios próprios, ou quando, com esforços razoáveis, puder ser revertido." Vide também: MENDES, Laura Schertel. *Privacidade, proteção de dados e defesa do consumidor:* linhas gerais de um novo direito fundamental. São Paulo: Saraiva, 2014. p. 57-58.

[231] SWEENEY, Latanya. Simple Demographics Often Identify People Uniquely. *Carnegie Mellon University*, Data Privacy Working Paper 3, Pittsburgh, 2000.

[232] NARAYANAN, Arvind; SHMATIKOV, Vitaly. *How to break anonymity of the Netflix Prize dataset.* 2007. p. 3. Disponível em: http://citeseerx.ist.psu.edu/viewdoc/download?doi=10.1.1.100.3581&rep=rep1&type=pdf. Acesso em: 18 dez. 2021.

Gilbert Wondracek e outros[233], Yves De Montjoye e outros[234], revelaram a existência de sérias limitações em práticas de anonimização de dados tidas por confiáveis, principalmente num contexto de incremento das capacidades tecnológicas da análise de dados (*data analytics*). Isso levou a doutrina especializada a romper com o que Paul Ohm chamou de a "suposição da anonimização robusta"[235] (*robust anonymisation assumption*), que vigorava na teoria e prática da proteção de dados – a ideia de que com simples operações de eliminação ou substituição de atributos dos titulares dos dados respeitar-se-ia a privacidade, ao mesmo tempo em que seria reservada a utilidade das informações ao responsável pela base de dados.

Considerados os resultados dos estudos científicos e as pertinentes análises críticas, hoje há o reconhecimento de que sempre haverá fatores de risco de reidentificação de pessoas com o tratamento de dados anonimizados[236], tendo em vista o enorme volume de dados disponibilizados publicamente (via internet) e o desenvolvimento da capacidade de processamento e análise de algoritmos de reidentificação[237]. No exame da robustez e do nível de garantia oferecidos por técnicas e práticas de anonimização de dados, sugere-se que três tipos de riscos principais sejam

[233] WONDRACEK, Gilbert et al. A practical attack to de-anonymize social network users. *Proceedings – IEEE Symposium on Security and Privacy*, p. 223–238, 2010.

[234] DE MONTJOYE, Yves A. et al. Unique in the Crowd: The privacy bounds of human mobility. *Scientific Reports*, v. 3, p. 1–5, 2013.

[235] OHM, Paul. Broken promises of privacy: responding to the surprising failure of anonymization. *UCLA Law Review* , n. 57, p. 1701-1777, 2010, p. 1706.

[236] De acordo com a análise feita pelo Grupo de Trabalho de Proteção de Dados do Artigo 29, no Parecer nº 05/2014 sobre a anonimização de dados no contexto do direito da União Europeia, "à anonimização é inerente a existência de um fator de risco". ARTICLE 29 DATA PROTECTION WORKING PARTY. *Opinion 5/2014 on Anonymisation techniques.* Bruxelas: [s. n.], 2014, p. 6-7. Disponível em: http://ec.europa.eu/justice/article-29/documentation/opinion-recommendation/files/2014/wp216_en.pdf. Acesso em 24 ago. 2019.

[237] Quanto ao desenvolvimento dos algoritmos de reidentificação, Narayanan e Shmatikov asseveram: "Re-identification algorithms are agnostic to the semantics of the data ele- ments. It turns out there is a wide spec- trum of human characteristics that enable re-identification: consumption preferences, commercial transactions, Web browsing, search histories, and so forth. Their two key properties are that (1) they are reasonably stable across time and contexts, and (2) the corresponding data attributes are sufficiently numerous and fine-grained that no two people are similar, except with a small probability". NARAYANAN, Arvind.; SHMATIKOV, Vitaly. Myths and fallacies of personally identifiable information. *Communications of the ACM*, v. 53, n. 6, p. 24–26, 2010, p. 26.

levados em consideração[238]: distinção (*singling out*), possibilidade de ligação e inferência. O primeiro versa sobre a possibilidade de se isolar alguns ou todos os registros que destaca uma pessoa em uma base de dados; o segundo é a capacidade de se estabelecer uma conexão entre pelo menos dois registros relativos ao mesmo indivíduo ou mesmo grupo de pessoas; e o terceiro, por fim, diz com a possibilidade de deduzir, com uma significativa probabilidade, o valor de um atributo a partir dos valores de um conjunto de outros atributos[239].

Bem pensadas as coisas, o intérprete deve considerar o estado da arte quanto a anonimização de dados e técnicas de reidentificação disponíveis, além da constatação da impossibilidade de cenário com risco zero[240]. Nessa direção deve ser compreendido o *critério dos esforços razoáveis* para reverter o(s) procedimento(s) de anonimização empregado(s), à luz do que dispõe no art. 12, *caput*, da LGPD. À semelhança do que fez o direito da UE ao

[238] ARTICLE 29 DATA PROTECTION WORKING PARTY. *Op. cit.*, p. 11-12; CAVOUKIAN, Ann; EMAM, Khaled El. Dispelling the Myths Surrounding Anonymization Remains a Strong Tool for Protecting Privacy. *Information and Privacy Commissioner, Ontario, Canada*, n. June, 2011. Disponível em: https://www.ipc.on.ca/wp-content/uploads/2016/11/anonymization.pdf. Acesso em: 17 dez. 2019.

[239] Para melhor explicar o risco de inferência, considere o uso de dados agregados de geolocalização. A reidentificação dos usuários de dispositivos móveis é um risco que, não obstante minorado pela agregação de dados de localização, não é eliminado. Os cientistas da computação Pyergelis, Troncoso e De Cristofaro apontam que a elaboração de modelos de mobilidade com esse tipo de dado coletado por certo período de tempo é sujeito a ameaça capaz de, *por inferência*, reconhecer a contribuição de uma pessoa na formação de um agregado de geolocalização, possuindo o adversário dados auxiliares. O ataque, denominado *membership inference attack* (MIA), possui significativas implicações, conforme destacam os autores: (i) o só fato de se concluir que os dados de alguém faz parte de um agregado pode constituir informação sensível; e (ii) esse tipo de ataque é um primeiro passo para ulteriores inferências que visam obter informações adicionais sobre indivíduos, tais como seu perfil de mobilidade e/ou suas trajetórias a partir dos dados agregados. PYRGELIS, Apostolos; TRONCOSO, Carmela; DE CRISTOFARO, Emiliano. Measuring Membership Privacy on Aggregate Location Time-Series. *Proceedings of the ACM on Measurement and Analysis of Computing Systems*, v. 2, n. 4, 2020, p. 1.

[240] Cf. CARVALHO, Sérgio M.; FIORINI, Carolina. Dados não pessoais: a retórica da anonimização no enfrentamento à COVID-19 e o *privacywashing*. *Internet & Sociedade*, v. 1, n. 2, p. 126–149, dez. 2020, p. 135-139. Fink e Pallas argumentam que o parecer do antigo Grupo de Trabalho do Artigo 29 sobre técnicas de anonimização incorre em contradição, pois ao mesmo tempo que reconhece a adoção pelo GDPR – à época em debate no Parlamento europeu – de abordagem baseada no risco, parece propor um "teste de risco zero", o que, na prática, significa uma rejeição a tal tipo abordagem regulatória. FINCK, Michèle; PALLAS, Frank. They Who Must Not Be Identified – Distinguishing Personal from Non-Personal Data Under the GDPR. *International Data Privacy Law*, v. 10, n. 1, p. 11–36, 2020, p. 15.

encampar esse critério para avaliação da identificabilidade de dados, deve o direito brasileiro assegurar *análise contextual* dos elementos e fatores de risco de (re)identificabilidade (*v. g.*, estado da arte das tecnologias computacionais, técnicas de reidentificação; custos, tempo e expertise necessárias para reverter a anonimização)[241] criação de padrões ou *standards* para balizar os contornos do que se deve considerar dados não vinculados a pessoa identificada ou identificável de forma "permanente e irreversível".

2.3.1.2 Inferência de modelos e normativa aplicável à formação de perfis

Nas práticas de perfilamento automatizado, a etapa de formação de perfis é marcada, como visto anteriormente, pela inferência de modelos resultantes do processo de KDD. Vale recordar que as tecnologias de perfilamento, a extrair conhecimento de grandes bases de dados, estão ancoradas no tratamento de dados comportamentais – é dizer, em conjunto de informações que envolvem algum tipo de *ação* que pode ser atribuída a uma mesma entidade (individual ou coletiva) – e no reconhecimento de atividade. Por isso, pode se afirmar que perfis são dados inferidos a partir do processamento de dados comportamentais observados e fornecidos. No contexto do comércio eletrônico, por exemplo, pode-se pensar na inferência de perfil de consumidor com base em dados cadastrais fornecidos para abertura de conta em sítio eletrônico (dados fornecidos) e histórico de navegação e de compra de produtos e/ou serviços (dados observados)[242].

Considerado o período pré-formação do perfil ou modelo, em sendo os dados comportamentais relativos a pessoa natural identificada ou identificável, aplica-se o estatuto protetivo da LGPD e os respectivos princípios: a coleta, armazenamento ou, de modo geral, outra operação de tratamento de dado pessoal, há de estar lastreado em hipótese legal a legitimar o tratamento – consentimento do titular, cumprimento de obrigação legal ou regulatória, execução de contrato etc., em conformidade com os arts. 7º e 11º da LGPD –, desde que operações necessárias à realização da(s) finalidade(s) especificada(s) previamente, observados os deveres de transparência, de proativo registro de operações de tratamento (*accountability*).

[241] Ver LGPD, art. 12, § 1º.

[242] Cf. MANOLEA, Bogdan. E-commerce and profiling in Romania: what is going on and who cares about privacy? *In*: CREEMERS, Niklas et. al. *Profiling Technologies in Practice:* Applications and Impact on Fundamental Rights and Values. Oisterwijk: Wolf Legal Publishers, 2017. p. 49.

Saliente-se que, neste caso, o uso de tecnologias de perfilamento é já elemento bastante para impor a especificação do propósito subjacente de criar (e aplicar) perfil e o dever de informar de maneira *clara*, *adequada* e *ostensiva* (LGPD, art. 9º) os titulares a respeito[243].

A LGPD estatui que se deve informar sobre a "forma e duração do tratamento"[244], mas não prevê parâmetros mais específicos sobre o conteúdo da informação quando o tratamento envolver práticas de perfilamento automatizado, diferentemente do que se encontra, por exemplo, no GPDR. O regulamento da UE expressamente prescreve nos arts. 13, 2, *f*, e 14, 2, *g*, a obrigação do controlador de informar o titular dos dados sobre "a existência de decisões automatizadas, incluindo a definição de perfis [...] e [...] *informações úteis relativas à lógica subjacente, bem como a importância e as consequências previstas de tal tratamento para o titular dos dados*"[245] (grifou-se). A norma, que faz parte dos recentes debates sobre o "direito à explicação" no âmbito europeu[246], foi festejada por Mireille Hildebrandt como modo de promover transparência desde a concepção (*transparency by design*) com efetivos instrumentos sociotécnicos a possibilitar os cidadãos anteciparem como serão perfilados e quais serão as potenciais consequências para sua vida[247]. Conquanto a legislação brasileira seja lacônica e exista o limite jurídico da proteção ao segredo comercial ou industrial, existe espaço para diretrizes mais detalhadas em regulamentação da ANPD.

De todo modo, uma vez informado o titular dos dados sobre o perfilamento, abre-se desde logo a oportunidade ao exercício do direito de revogação do consentimento (LGPD, art. 18, IX), ou seu equiparado direito de

[243] Num contexto de vigência da antiga Diretiva 95/46/CE, cf. SCHREURS, Wim et. al. *Cogitas Ergo Sum:* The Role of Data Protection Law and Non-discrimination Law in Group Profiling in the Private Sector. *In*: GUTWIRTH, Serge; HILDEBRANDT, Mireille (Orgs.). *Profiling the European Citizen:* Cross-Disciplinary Perspectives. New York: Springer, 2008. p. 248.

[244] Art. 9º, II.

[245] UNIÃO EUROPEIA. Regulamento (UE) nº 2016/679 do Parlamento Europeu e do Conselho, de 23 de abril de 2016, relativo à proteção das pessoas singulares no que diz respeito ao tratamento de dados pessoais e à livre circulação desses dados e que revoga a Diretiva 95/46/CE (Regulamento Geral sobre a Proteção de Dados). *Jornal Oficial da União Europeia*, Estrasburgo, 04/05/2016. Disponível em: https://eur-lex.europa.eu/legal-content/PT/TXT/PDF/?uri=CELEX:32016R0679&from=DA. Acesso em: 16 ago. 2021.

[246] Por todos: SELBST, Andrew; POWLES, Julia. Meaningful information and the right to explanation. *International Data Privacy Law*, v. 7, n. 4, p. 233–242, 2017.

[247] HILDEBRANDT, Mireille. The dawn of a critical transparency right for the profiling era. *In*: BUS, Jacques et al. (Coords.). *Digital Enlightenment Yearbook 2012*. Amsterdam: IOS Press, 2012. p. 53.

oposição (LGPD, art. 18, § 2º): o primeiro, caso a base legal para o tratamento tenha sido o consentimento, o segundo, se a legitimidade do tratamento do dado pessoal estiver respaldada em qualquer outra hipótese normativa[248].

A respeito do direito de oposição, convém fazer um breve esclarecimento. Não obstante as significativas diferenças da disciplina encontrada no GDPR (art. 21), o direito geral de oposição no sistema brasileiro, mais amplo[249], possui assemelhada função de *contestação* presente na normativa europeia[250]. Na forma do art. 18, § 2º, da LGPD, pode-se entender que o titular dos dados tem a prerrogativa de se opor a tratamento que, apesar de a princípio ser lícito de acordo com a valoração feita pelo controlador, incorre em descumprimento do regime de proteção de dados por circunstâncias atuais ou ulteriormente verificadas. Em outras palavras, a configuração do direito de oposição como posição jurídica subjetiva seria de um direito geral de arguir a falta de razão justificadora a legitimar certo

[248] Tratando o direito de oposição como sinônimo de "direito ao *opt-out*", para Renato Leite Monteiro e Sinuhe Cruz, o exercício desta posição jurídica, na prática, se limitaria a situações em que a base legal para o tratamento do dado pessoal for o legítimo interesse ou a proteção ao crédito: MONTEIRO, Renato Leite; CRUZ, Sinuhe. Direitos dos titulares: fundamentos, limites e aspectos práticos. *In:* FRANCOSKI, Denise de Souza L.; TASSO, Fernando Antonio (Coord.). *A Lei Geral de Proteção de Dados Pessoais LGPD:* aspectos práticos e teóricos relevantes no setor público e privado. São Paulo: Revista dos Tribunais, 2021. p. 273.

[249] O direito de oposição previsto na LGPD possui amplitude significativamente maior do que a do direito previsto no art. 21 do GPDR. Este é aplicável somente nas hipóteses legais de exercício de função de interesse público ou de autoridade pública, e do interesse legítimo, além se estender às situações de usos secundários incompatíveis (inclusive em *profiling*). Adiciona-se, por fim, o direito de se opor a tratamento de dados para publicidade direcionada. Por todos, vide: KUNER, Christopher; BYGRAVE, Lee A.; DOCKSEY, Christopher. *The EU General Data Protection Regulation:* A Commentary. 1. ed. Oxford: Oxford University Press, 2020. p. 509-512.

[250] Essa funcionalidade justifica o direito à oposição desde sua origem no direito francês. A *Loi n° 78-17 du 6 janvier 1978 relative à l'informatique, aux fichiers et aux libertés*, assegurava no art. 26 a toda pessoa natural o direito de se opor, "por razões legítimas", a operações de tratamento que tivessem por objeto seus dados pessoais. Sobre o direito de oposição no âmbito da UE, afirma Gabriela Zanfir-Fortuna em comentários ao GDPR: "The right to object has its origin in the French data protection law of 1978 and was not generally recognised throughout Europe before the adoption of the DPD in 1995. Article 26 of the 1978 French law provided that everyone had the right to object, for legitimate reasons, to personal data concerning him or her being subject to processing. Therefore, from the very beginning, the right to object was linked to the particular situation of the data subject rather than to the lawfulness of the processing" (KUNER, Christopher; BYGRAVE, Lee A.; DOCKSEY, Christopher. *Op. cit.*, p. 510).

tratamento de dados pessoais[251] – *v. g.*, equivocado balanceamento de interesses legítimos do controlador ou de terceiros e direitos fundamentais do titular, violação de deveres oriundos da boa-fé objetiva e usos secundários incompatíveis com a finalidade originalmente informada.

Passando, porém, aos primeiros passos do KDD e da fase de formulação do modelo, a aplicação do regime geral da LGPD encontra significativos desafios. Primeiramente, há que se analisar se, durante essa etapa, ocorre efetivamente o tratamento de dados pessoais ou se estes são dispensados. Em segundo lugar, por conseguinte, torna-se importante responder a questão: o perfil inferido constitui dado pessoal? Por fim, em havendo o processamento de dados pessoais a deflagrar a incidência da LGPD, deve o intérprete individuar os contornos e reveses da aplicação dos princípios e regras de proteção de dados aos sistemas algorítmicos.

A primeira discussão há de se valer da diferenciação já traçada entre dois tipos de perfis, qual seja, perfis *personalizados* ou *específicos* e perfis *de grupo* ou *abstratos*[252]. Para a construção dos perfis ditos personalizados ou específicos exige-se, em alguma medida, o tratamento de dados que possam ser conectados, direta ou indiretamente, a pessoa individualizada (*v. g.*, assistentes virtuais e o tratamento de dados dos respectivos usuários), de sorte que dados de caráter pessoal sob o prisma do art. 5º, I, da LGPD, hão de processados na etapa de criação dos perfis[253], implicando, pois, na aplicabilidade dos preceitos da lei de proteção de dados. Quanto à formação de perfis de grupo ou abstratos, o raciocínio há de ser diverso. Com a execução dos métodos de mineração de dados, como a classificação

[251] A situação jurídica subjetiva mais se aproxima de uma exceção substancial, em cujo exercício o titular dos dados afirma a causa do direito de oposição, isto é, a ilegitimidade do(s) tratamento(s) especificado(s), e pretende a interrupção deste(s). Para uma visão dos direitos do titular como *remédios*, v. SOUZA, Eduardo Nunes de; SILVA, Rodrigo da Guia. Tutela da pessoa humana na lei geral de proteção de dados pessoais: entre a atribuição de direitos e a enunciação de remédios. *Pensar*, Fortaleza, v. 24, n. 3, p. 1-22, jul./set. 2019.

[252] Muito embora na prática do perfilamento automatizado possa ocorrer certa interpolação entre tais tipos, a classificação permanece relevante. Nesse sentido, afirma Lee Bygrave: "The two forms of profiling can be treated to some extent as ideal types in terms of how they relate to each other. In practice, they often overlap: abstract profiles are frequently generated partly on the basis of specific profiling and *vice versa*". BYGRAVE, Lee A. *Data Protection Law:* Approaching Its Rationale, Logic and Limits. The Hague: Kluwer Law International, 2002. p. 303.

[253] Cf. BYGRAVE, Lee A. *Data Protection Law:* Approaching Its Rationale, Logic and Limits. The Hague: Kluwer Law International, 2002. p. 304.

e "clusterização", as informações potencialmente se qualificam como não pessoais[254] por serem relativas a agrupamentos[255]. Além disso, a mineração de dados também pode ser conduzida com processamento de dados anonimizados[256], isso se dá em razão de existirem técnicas de anonimização que preservam propriedades estatísticas em bases de dados de maneira tal que possibilita, mesmo com o tratamento de dados anonimizados, a extração de modelos mediante o processo de KDD, ou seja, de construção de perfis.

Na literatura especializada encontra-se os exemplos das técnicas de agregação e de sintetização de dados[257]. Já mencionada anteriormente, a agregação de dados é conhecida técnica de anonimização[258] que tem se mostrado interessante para o treinamento e elaboração de modelos da IA como aponta estudos sobre a eficácia de modelos preditivos de mobilidade com protocolos seguros de agregação[259] e a respeito da utilidade de bases de dados de características biométricas[260] para a construção de modelos (ou perfis). A sintetização de dados[261], por seu turno, embora seja diferenciada

[254] CUSTERS, Bart. Datamining and Group Profiling on the Internet. *SSRN Electronic Journal*, 2001, p. 4-5. Vide também: HILDEBRANDT, Mireille. The dawn of a critical transparency right for the profiling era. *In*: BUS, Jacques et al. (Coords.). *Digital Enlightenment Yearbook 2012*. Amsterdam: IOS Press, 2012. p. 50.

[255] BYGRAVE, Lee A. *Op. cit.*, p. 304.

[256] SCHREURS, Wim et. al. *Cogitas Ergo Sum:* The Role of Data Protection Law and Non-discrimination Law in Group Profiling in the Private Sector. *In*: GUTWIRTH, Serge; HILDEBRANDT, Mireille (Orgs.). *Profiling the European Citizen:* Cross-Disciplinary Perspectives. New York: Springer, 2008. p. 249; MANN, Monique; MATZNER, Tobias. Challenging algorithmic profiling: The limits of data protection and anti-discrimination in responding to emergent discrimination. *Big Data and Society*, v. 6, n. 2, p. 1-11, jul./dez. 2019, p. 2.

[257] KLÖSGEN, Willi. Anonymization Techniques for Knowledge Discovery in Databases. *KDD-95 Proceedings*, [s. l.], p. 186-191, 1995, p. 189-191. Disponível em: http://dblp.uni-trier.de/db/conf/kdd/kdd95.html#Klosgen95. Acesso em: 10 nov. 2021.

[258] Vide nota de rodapé nº 665.

[259] Cf. PYRGELIS, A.; DE CRISTOFARO, E.; ROSS, G. J. Privacy-friendly mobility analytics using aggregate location data. *GIS: Proceedings of the ACM International Symposium on Advances in Geographic Information Systems*, n. 1, 2016. Disponível em: https://arxiv.org/pdf/1609.06582.pdf. Acesso em: 27 jul. 2020.

[260] STEIL, Julian et al. Privacy-aware eye tracking using differential privacy. *In*: ACM SYMPOSIUM ON EYE TRACKING RESEARCH AND APPLICATION, XI, 2019, Denver. *Proceedings...* New York: Association for Computing Machinery, 2019, p. 8.

[261] "At a conceptual level, synthetic data is not real data, but data that has been generated from real data and that has the same statistical properties as the real data. This means that if an analyst works with a synthetic dataset, they should get analysis results similar to what they would get with real data. The degree to which a synthetic dataset is an accurate proxy for real data is a measure of *utility*. We refer to the process of generating synthetic data as *synthesis*". EMAM, Khaled El;

das técnicas de anonimização pela comunidade de cientistas da computação[262], à luz dos conceitos jurídicos de anonimização e dado anonimizado da LGPD pode ser apreendida como forma de anonimização de dados, visto que os dados sintéticos (ou sintetizados) gerados a partir do processamento de dados "reais" por aplicações de aprendizado de máquina não mais são relativos a pessoa natural identificada ou identificável, é dizer, são dados anonimizados. Essas informações são ulteriormente utilizadas para o treinamento e criação de novos modelos (ou perfis)[263].

Sendo assim, havendo o tratamento de dados considerados não pessoais durante a etapa de formação dos perfis abstratos, levanta-se obstáculo à aplicação da LGPD. No limite, antes de efetivada a anonimização, por consistir esta numa operação de tratamento de dado pessoal (que perderá seus atributos identificadores concluída a implementação da técnica)[264], há preceitos e direitos dos titulares a ser observados: fundamento legal para o tratamento, compatibilidade do uso secundário com a finalidade originária, dever de informação aos titulares sobre a anonimização, e as salvaguardas do direito de revogação ou de oposição, a depender da existência de fornecimento de dados pela base legal do consentimento[265].

O texto da lei brasileira de proteção de dados parece confirmar essa linha de pensamento, a endossar, pois, a aplicação de suas regras e princípios na construção de perfis personalizados ou específicos somente. O art. 12, § 2º, da LGPD, único dispositivo a versar sobre a criação de perfis,

MOSQUERA, Lucy; HOPTROFF, Richard. *Practical Synthetic Data Generation*: Balancing Privacy and the Broad Availability of Data. Sebastopol: O'Reilly, 2020. p. 1.

262 NAZMIYE CEREN, Abay et al. Privacy Preserving Synthetic DataRelease Using Deep Learning. *In*: BERLINGERIO, Michele et al. (Orgs.). *Machine Learning and Knowledge Discovery in Databases*. Cham: Springer, 2019. p. 511.

263 Tome-se por exemplo o caso das faces resultantes da aplicação do modelo de IA de sintetização de imagens desenvolvido pela Nvidia com algoritmo divulgado ao público pelo sítio *https://thispersondoesnotexist.com/*. As faces disponibilizadas pelo sítio eletrônico não são de pessoas reais. O modelo de IA usado para gerar as imagens foi treinado por uma rede neural (*neural network*) com uma enorme base de dados com faces de pessoas reais. Uma vez que os dados sintetizados não são dados pessoais, podem ser usados, por exemplo, para a criação de sistemas de reconhecimento facial.

264 ARTICLE 29 DATA PROTECTION WORKING PARTY. *Opinion 5/2014 on Anonymisation techniques*. Bruxelas: [s. n.], 2014. p. 6.

265 Seguindo a mesma direção: SCHREURS, Wim et. al. *Cogitas Ergo Sum:* The Role of Data Protection Law and Non-discrimination Law in Group Profiling in the Private Sector. *In*: GUTWIRTH, Serge; HILDEBRANDT, Mireille (Orgs.). *Profiling the European Citizen:* Cross-Disciplinary Perspectives. New York: Springer, 2008. p. 251-252.

remete expressamente à *formação de perfil comportamental "de determinada pessoa natural, se identificada"*. Aliás, trata-se de disposição legal que coloca o Brasil entre os poucos países a disciplinar, numa lei geral de proteção de dados pessoais, de forma expressa e direta a criação de perfis[266]. Na Suíça, a Lei federal de proteção de dados (LPD), de 19 de junho de 1992, prevê regras relativas à formação de "perfil da personalidade" (*profilo della personalità*), que é considerado, nos termos no art. 3º, *d*, "uma compilação de dados que permite avaliar características essenciais da personalidade de uma pessoa física"[267]. O diploma suíço prescreve, ademais, deveres de informação aos agentes que coletam "perfis da personalidade", ainda que obtidos de terceiros (art. 14), e possibilita, atendidos certos requisitos, o tratamento automatizado desses perfis e de dados pessoais sensíveis (ou "dignos de particular proteção") numa espécie de *sandbox* regulatório[268] para a experimentação de tecnologias de perfilamento (art. 17a).

A intepretação da lei brasileira, contudo, exige maior atenção com a redação e topologia do art. 12, § 2º. O dispositivo, por ser um dos parágrafos do art. 12, alude a uma particularidade complementar ou exceção à regra enunciada no *caput*[269], que, por sua vez, estatui a inaplicabilidade

[266] BYGRAVE, Lee A. *Data Protection Law:* Approaching Its Rationale, Logic and Limits. The Hague: Kluwer Law International, 2002. p. 320. Tradução livre de: "una compilazione di dati che permette di valutare caratteristiche essenziali della personalità di una persona fisica".

[267] SUÍÇA. *Legge federale sulla protezione dei dati (LPD), del 19 giugno 1992.* Disponível em: https://fedlex.data.admin.ch/eli/cc/1993/1945_1945_1945. Acesso em: 18 dez. 2021.

[268] Sobre a compreensão do que é *sandbox* regulatório, e o nascedouro dessa abordagem no setor financeiro, leciona Hilary Allen: "Regulatory sandboxes offer an environment in which fintech entrepreneurs can conduct limited tests of their innovations with fewer regulatory constraints, real customers, less risk of enforcement action, and ongoing guidance from regulators. This latter expectation of ongoing regulatory engagement is what differentiates the regulatory sandbox from other regulatory waivers and exemptions—this, and the message that implementing a sandbox sends to the entrepreneurial community about a jurisdiction's openness to innovation". ALLEN, Hilary J. Regulatory sandboxes. *George Washington Law Review*, v. 87, n. 3, p. 579–645, 2019, p. 580. Para uma visão mais crítica a respeito do emprego de *sandboxes* regulatórios no contexto de desenvolvimento e regulação de aplicações de IA e aprendizado de máquina, v. RANCHORDAS, Sofia. Experimental Regulations for AI: Sandboxes for Morals and Mores. *Morals & Machines*, v. 1, n. 1, p. 88–102, 2021.

[269] À luz da Lei Complementar n. 95/1998, quanto à ordem lógica com que as disposições legais devem ser redigidas, há que se "expressar por meio dos parágrafos os aspectos complementares à norma enunciada no caput do artigo e as exceções à regra por este estabelecida" (art. 11, III, *c*). BRASIL. *Lei Complementar n. 95, de 26 de fevereiro de 1998.* Dispõe sobre a elaboração, a redação, a alteração e a consolidação das leis, conforme determina o parágrafo único do art. 59 da Constituição Federal, e estabelece normas para a consolidação dos atos normativos que menciona. Disponível em: http://www.planalto.gov.br/ccivil_03/leis/lcp/lcp95.htm. Acesso em: 02 jan. 2021.

da LGPD a dados anonimizados. Dessa forma, entre os sentidos possíveis do texto normativo[270], o primeiro que se pode depreender é o de que dados anonimizados *prima facie*, mas processados para a criação de perfil personalizado, são considerados de caráter pessoal pela lei, autorizando a incidência do seu regime protetivo. Resta saber, porém, se há plausibilidade na inferência de perfil específico – de pessoa natural *determinada* e *identificada*, na forma do texto legal – mediante tratamento de dados anonimizados *prima facie*; afinal, a considerar a definição desse tipo de perfil, a assertiva mais se assemelha a uma contradição nos termos. Entre os escritores, Wim Schreurs e outros afirmam a viabilidade de assim se formar perfil personalizado, mas a assertiva é desacompanhada de ilustração com exemplos concretos[271].

Neste ponto, talvez a visão de Erin Egan pudesse auxiliar, de algum modo, a compreensão da aplicação prática da art. 12, § 2º, da LGPD. O contexto de que se parte é o da complexa rede das *adtechs* na entrega de publicidade direcionada na internet. Em entrevista ao *The Wall Street Journal*, o então *chief privacy officer* do Facebook disse que o provedor de serviço de rede social anonimizava os dados sobre a identidade dos titulares/usuários dos respectivos históricos de navegação processados, e então rematou: "Iremos veicular anúncios para você com base em sua identidade [...], mas isso não significa que você seja identificável"[272]. Segundo a ótica manifesta

[270] De acordo com a lição de Karl Larenz, por meio da interpretação "faz-se falar" o texto normativo, enuncia o sentido normativo do texto com outras palavras, expressado de modo mais claro e preciso, e tornado comunicável. Importante salientar que o intérprete há de iniciar tal atividade a partir do "sentido literal possível" do texto (LARENZ, Karl. *Metodologia da Ciência do Direito*. 3. ed. Trad. José Lamego. Lisboa: Fundação Calouste Gulbenkian, 1997. p. 441-452). Nas linhas do presente trabalho, toma-se alguns dos ensinamentos deste autor no que tange à hermenêutica jurídica, concentradas todas na obra logo acima referenciada cuja primeira edição foi publicada em 1960 na Alemanha. Vale ressaltar que os aportes tomados o foram com cuidado, crítica e consciência histórica. Jamais se deve ocultar que Karl Larenz figurou entre os juristas que apoiaram o nefasto regime nazista de Hitler. A este respeito, vide LA TORRE, Massimo. *La "lotta contro il diritto soggettivo"*: Karl Larenz e la dottrina giuridica nazionalsocialista. Milano Giuffrè, 1988.

[271] Cf. SCHREURS, Wim et. al. *Cogitas Ergo Sum:* The Role of Data Protection Law and Non-discrimination Law in Group Profiling in the Private Sector. *In*: GUTWIRTH, Serge; HILDEBRANDT, Mireille (Orgs.). *Profiling the European Citizen:* Cross-Disciplinary Perspectives. New York: Springer, 2008. p. 249.

[272] VALENTINO-DEVRIES, Jennifer; SINGER-VINE, Jeremy. They Know What You're Shopping For. *The Wall Street Journal*, New York, 07 dez. 2012. Disponível em: https://www.wsj.com/articles/SB10001424127887324784404578143144132736214. Acesso em: 10 nov. 2021. Tradução livre de: "We will serve ads to you based on your identity [...] but that doesn't mean you're identifiable".

na "bizarra"[273] declaração, a não associação de identificadores diretos (*v.g.*, nome e endereço eletrônico) a dados observados (histórico de navegação) implicaria no processamento de dados anonimizados, seguido da elaboração de perfil personalizado e posterior aplicação do perfil com a oferta de publicidade a titulares individualizados. Na verdade, o argumento de Egan em nada ajuda, visto que considera como dado anonimizado *prima facie* o que desde o princípio é dado pessoal: hábitos e histórico de navegação do usuário desatrelados de seu nome ou *email*, tratados com identificadores eletrônicos capazes de distinguir (*single out*) alguém, configuram informação sobre pessoa identificável.

Enfim, a confusão hermenêutica fica ainda a ver solução adequada[274].

A segunda questão que se coloca diz respeito à qualificação jurídica dos perfis inferidos da mineração de dados no processo de KDD: perfis podem ser considerados dados pessoais? Perfil é, de acordo com definição já apresentada, um conjunto de dados correlacionados que representa um sujeito, seja pessoa humana (indivíduo), ou ente coletivo (organizado ou não organizado). Numa abordagem inicial, partindo das considerações feitas sobre o conceito de dado pessoal, pode-se antever que perfis personalizados consubstanciam dados de caráter pessoal, enquanto perfis de grupo são dados não pessoais.

De fato, se pela correlação e reconhecimento de padrões em dados comportamentais se infere perfil de pessoa individualizada, considerar esse conjunto de dados como dados pessoais inferidos é uma conclusão lógica e coerente com a LGPD e o ordenamento jurídico nacional. Já quanto aos perfis de grupo ou abstratos (categorias ou comunidades), entretanto, para além da constatação de que são modelos referentes a grupos, é válido tecer alguns comentários adicionais e o uso do raciocínio analógico para melhor fundamentar a conclusão pela não susceptibilidade desses modelos conformarem dados de caráter pessoal[275].

[273] BAROCAS, Solon; NISSENBAUM, Helen. Big data's end run around anonymity and consent. *In*: LANE, Julia et al. (Orgs.). *Privacy, Big Data, and the Public Good*: Frameworks for Engagement. Cambridge: Cambridge University Press, 2014. p. 54.

[274] Vide item 3.2.

[275] Wachter e Mittelstadt usaram essa estratégia argumentativa originalmente. A que se faz nesta oportunidade, no entanto, possui diferenças relevantes. Cf. WACHTER, Sandra; MITTELSTADT, Brent D. A Right to Reasonable Inferences: Re-thinking Data Protection Law in the Age of Big Data and AI. *Columbia Business Law Review*, v. 2019, n. 2, p. 494-620, 2019, p. 592-599.

No caso *Peter Nowak*, o TJUE apreciou dúvida sobre a possibilidade de informação contida em folha de respostas de um exame profissional constituir dado pessoal à luz da normativa de proteção de dados da UE. A corte entendeu que as respostas do candidato, bem como eventuais anotações do examinador, são dados abrangidos pelo conceito de dado pessoal, deixadas de fora dessa qualificação as perguntas do exame. Aqui é que se revela útil o pensamento analógico. Os questionamentos feitos no exame fazem parte de método de análise e tratamento de dados – isto é, as respostas – e consequente avaliação do conhecimento ou aprendizado dos candidatos. Para que esta seja realizada, formula-se um padrão ou modelo de resposta, o gabarito, a partir de informações e provas pregressas. Assim, o modelo ou perfil de resposta criado (etapa de formação) será aplicado a cada examinando a ser correspondentemente avaliado (etapa de aplicação). Guardadas as devidas proporções, enfim, do mesmo modo que o gabarito ou modelo de resposta, o perfil abstrato não é dado pessoal.

Por derradeiro, averiguada a aplicabilidade da LGPD em virtude do tratamento de dados de caráter pessoal na etapa de formação de perfis levada a efeito por sistemas algorítmicos, deve o intérprete investigar os preceitos de proteção de dados pessoais aplicáveis à criação de perfis – em síntese, legitimidade de atividade de tratamento, princípios de proteção de dados pessoais e direitos dos titulares – e compreender os desafios ensejados pelas tecnologias de perfilamento. É importante atentar-se, porém, ao fato de que, se se parte da concepção tradicionalmente centrada no indivíduo, a deixar de lado abordagem relacional fundante da dimensão coletiva do direito à proteção de dados pessoais, a construção de perfis de grupo ou abstratos pode ficar descoberta de tutela jurídica.

Já se afirmou que para haver legitimidade do tratamento de dados pessoais na fase de construção de perfis o processamento de dados deve estar ancorado em base normativa inscrita nos arts. 7º e 11º da LGPD. Inexistente hipótese legal a apoiar as operações de processamento, o tratamento de dado pessoal é ilícito, devendo ser obstada as operações de tratamento de perfilamento automatizado, e até mesmo ser apagado o dado pessoal.

De acordo com o princípio da finalidade (LGPD, art. 6º, I), o propósito do tratamento de dado pessoal deve ser *legítimo, específico* e *informado* ao titular. Caso o uso com o fim de criação de perfil não tenha sido originariamente especificado e informado aos titulares dos dados, trata-se de uso secundário dos dados pessoais que, imbricado o princípio da adequação (LGPD, art. 6º, II), será admissível somente se o novo propósito for compatível contextualmente com aquele que fora assentado na origem[276]. Há quem possa sustentar que as tecnologias de perfilamento (e a infraestrutura da computação preemptiva), dependente que é dos grandes volumes de dados, são *incompatíveis* com o princípio da finalidade (e outras normas de proteção de dados)[277]. A colisão ocorreria porque se considera que as análises de dados seriam úteis no setor público e confeririam vantagem competitiva no mercado, se os dados coletados puderem ser (re)utilizados posteriormente, com diferentes métodos e fins não antecipados previamente, tanto por agentes de tratamento como por titulares de dados, para extração de novos conhecimentos das bases de dados[278]. Amparando-se em argumentos contrários ao à referido princípio, como o consequente paternalismo da intervenção estatal e o efeito inibidor de concorrência por criar obstáculos a novos entrantes em certo mercado, Tal Zarsky declara: "[...] devemos avançar e reconsiderar a validade desse princípio fundamental na era do Big Data"[279].

Não obstante, a relevância do princípio e seus fundamentos impõem a busca pela efetividade da norma na sociedade orientada por dados[280].

[276] Sobre o princípio da finalidade, leciona Miriam Wimmer: "Tal princípio [...] é, de fato, capaz de estabelecer importantes restrições ao uso secundário de dados pessoais, visto que condiciona a realização do tratamento para propósitos específicos e informados ao titular, sem possibilidade de tratamento posterior de forma incompatível com essas finalidades". WIMMER, Miriam. Limites e possibilidades para o uso secundário de dados pessoais no poder público: lições da pandemia. *Revista Brasileira de Políticas Públicas*, Brasília, v. 11, n. 1, p. 123–143, 2021, p. 134. No direito da UE, a ideia de adequação e compatibilidade de ulterior tratamento já é ínsita ao princípio da finalidade (*purpose limitation*), previsto no art. 5º, 1, *b*, do GDPR. Por todos: BYGRAVE, Lee A. *Data Protection Law:* Approaching Its Rationale, Logic and Limits. The Hague: Kluwer Law International, 2002. p. 338; PINHEIRO, Alexandre Sousa et. al. *Comentário ao Regulamento Geral de Proteção de Dados*. Coimbra: Almedina, 2018. p. 208-209.

[277] Cf. ZARSKY, Tal Z. Incompatible: The GDPR in the Age of Big Data. *Seton Hall Law Review*, v. 47, p. 995–1020, 2017, p. 996.

[278] ZARSKY, Tal Z. Incompatible: The GDPR in the Age of Big Data. *Seton Hall Law Review*, v. 47, p. 995–1020, 2017, p. 1005-1006; FORGÓ, Nikolaus; HÄNOLD, Stefanie; SCHÜTZE, Benjamin. The principle of purpose limitation and big data. *In*: COMPAGNUCCI, Marcelo C.; FENWICK, Mark; FORGÓ, Nikolaus (Orgs.). *New Technology, Big Data and the Law*. Singapore: Springer Singapore, 2017. p. 20.

[279] ZARSKY, Tal Z. Incompatible: The GDPR in the Age of Big Data. *Seton Hall Law Review*, v. 47, p. 995–1020, 2017, p. 1007. Tradução livre de: "[...] we must move forward and reconsider the validity of this key principle in the Big Data age".

[280] Cf. HOFFMANN-RIEM, Wolfgang. *Teoria geral do direito digital:* transformação digital – desafios para o direito. Trad. Italo Fuhrmann. Rio de Janeiro: Forense, 2021. p. 84-85.

Entre os pilares do princípio da finalidade estão a garantia de certa previsibilidade das consequências do tratamento de dados, de maneira que tanto os resultados como a forma de tratamento se conformem às razoáveis expectativas (*reasonable expectations*) dos titulares dos dados[281], haja vista interferirem em sua esfera jurídica e tocar interesses juridicamente protegidos. Em última análise, trata-se de princípio alicerçado no valor da segurança jurídica, essencial ao Estado Democrático de Direito[282], e no princípio mais geral da confiança e da tutela das legítimas expectativas[283], que na LGPD vem endossado pela expressa consagração do princípio da boa-fé.

Nesta direção, tem-se repensado o princípio da finalidade para se estabelecer parâmetros que autorizem usos secundários observado um teste

[281] BYGRAVE, Lee A. *Data Protection Law:* Approaching Its Rationale, Logic and Limits. The Hague: Kluwer Law International, 2002. p. 337; TZANOU, Maria. *The Fundamental Right to Data Protection:* Normative Value in the Context of Counter-Terrorism Surveillance. Oxford: Hart Publishing, 2017. p. 26.

[282] MELO, Lígia Maria Silva de. Segurança jurídica: fundamento do Estado de Direito. *A & C Revista de Direito Administrativo e Constitucional,* Belo Horizonte, ano 6, n. 25, p. 133-144, jul./set. 2006, p. 137-138.

[283] Cf. MAFFINI, Rafael. Princípio da proteção da confiança legítima. *In:* CAMPILONGO, Celso F.s; GONZAGA, Alvaro de Azevedo; FREIRE, André Luiz (Coords.). *Enciclopédia jurídica da PUC-SP.* Tomo: Direito Administrativo e Constitucional. 1. ed. São Paulo: Pontifícia Universidade Católica de São Paulo, 2017. Disponível em: https://enciclopediajuridica.pucsp.br/verbete/120/edicao-1/principio-da-protecao-da-confianca-legitima; Acesso em: 02 jan. 2022; MARTINS-COSTA, Judith. A re-significação do princípio da segurança jurídica na relação entre o Estado e os cidadãos. *Revista CEJ,* Brasília, v. 8, n. 27, p. 110–120, out./dez., 2004, p. 114-116. Assim leciona Judith Martins-Costa: "De tudo resulta, pois, a percepção da existência de um movimento intelectual (também assinalado pelo administrativista espanhol Luciano Parejo Alfonso) no sentido de um apelo cada vez mais freqüente à confiança na relação Estado–cidadão. Porém, trata-se de uma confiança depositada também na atividade estatal, na ação continuadamente voltada à proteção das expectativas legítimas e dos direitos do cidadão, notadamente dos direitos fundamentais instrumentalmente necessários ao livre desenvolvimento da personalidade humana, como o direito à escolarização reconhecido na decisão judicial que justifica estas linhas".

"O apelo freqüente, a nova forma ou sentido de que se reveste o termo "confiança" constituem sintoma da atual insuficiência dos princípios da segurança jurídica e da legalidade para resolverem por si mesmos – por sua tensão recíproca – os problemas hoje enfrentados pelo Estado de Direito. É justamente esse sintoma que foi detectado por Almiro do Couto e Silva ao alertar para a polaridade entre os princípios da legalidade e da segurança, com a prevalência ora de um, ora de outro, para concretizar o valor essencial da justiça. A confiança é, pois, mais que o apelo à segurança da lei, é também mais do que a boa-fé, embora a suponha; é crédito social, é a expectativa, legítima, da ativa proteção da personalidade humana como escopo fundamental do ordenamento". MARTINS-COSTA, Judith. *Op. cit.*, p. 116.

de *compatibilidade* com o propósito delimitado na origem, e sua atuação em sistemas de aprendizado de máquina. Quanto aos critérios para avaliação da compatibilidade do novo propósito de reutilização de dados com o fim inicial, no direito da UE se encontra alguns vetores que servem de guia para a apreciação das circunstâncias do caso concreto. No Parecer 03/2013, o Grupo de Trabalho de Proteção de Dados do Artigo 29 propôs uma série de critérios posteriormente incorporados no art. 6º, 4, do GDPR, são eles: (i) a conexão entre as finalidades para as quais os dados pessoais foram coletados e os novos e ulteriores propósitos; (ii) o contexto em que os dados pessoais foram coletados e as expectativas razoáveis dos titulares dos dados quanto à sua futura utilização; (iii) a natureza dos dados pessoais e o impacto do tratamento posterior nos titulares dos dados; e (iv) as salvaguardas adotadas pelo controlador a fim de assegurar um tratamento leal e evitar qualquer impacto indevido nos titulares[284].

No cenário brasileiro, tais parâmetros não apenas se alinham à LGPD[285], como já aparecem, em parte, no exercício da jurisdição constitucional pelo STF sobre o direito fundamental à proteção de dados pessoais e sua aplicação no setor público. Em voto proferido na ADPF 695, o Ministro Gilmar Mendes destacou que:

> [a] incidência do princípio da finalidade nessas relações não deve se limitar à busca por uma base legal – que no presente caso sequer é existente – mas deve levar em consideração também elementos como (i) as expectativas razoáveis do titular, (ii) a natureza dos dados processados e (iii) os possíveis prejuízos a serem suportados pelo titular[286].

[284] ARTICLE 29 DATA PROTECTION WORKING PARTY. *Opinion 3/2013 on purpose limitation.* Bruxelas: [s. n.], 2013. p. 40.

[285] Na doutrina: BRANCHER, Paulo Marcos R.; KUJAWSKI, Fabio F.; CASTELLANO, Ana Carolina H. C.. Princípios gerais de proteção de dados pessoais: uma análise dos princípios elencados no art. 6º da Lei nº 13.709/2018 (LGPD). *In:* BRANCHER, Paulo Marcos R.; BEPPU, Ana Claudia (Coords.). *Proteção de dados pessoais no Brasil:* uma nova visão a partir da Lei nº 13.709/2018. Belo Horizonte: Fórum, 2019. p. 71.

[286] BRASIL. Supremo Tribunal Federal. *Medida Cautelar em Ação de Descumprimento de Preceito Fundamental/DF.* Relator: Ministro Gilmar Mendes, 24/06/2020. *Diário de Justiça eletrônico,* Brasília, DF, 25/06/2020. Disponível em: http://portal.stf.jus.br/processos/downloadPeca.asp?id=15343579920&ext=.pdf. Acesso em: 01 nov. 2021.

Além disso, em posição diametralmente oposta ao entendimento de Tal Zarsky, Mireille Hildebrandt chama a atenção para certa sincronia entre o princípio em questão e o desenho metodológico de sistemas de aprendizado de máquina. Um dos pontos de partida é a primeira Lei da Informática de van der Lei, que determina que "os dados devem ser utilizados apenas para a finalidade para a qual foram coletados. E a secundária: Se nenhum propósito foi definido antes da coleta de dados, os dados não devem ser usados"[287]. São as palavras da autora sobre a articulação entre o princípio da finalidade e os objetivos e a metodologia de sistemas de *machine learning*:

> Notemos [...] que qualquer operação de aprendizado de máquina requer a determinação de uma tarefa, uma métrica de desempenho e um tipo de experiência. Sem definir uma finalidade para elas, as máquinas não podem aprender. Isso não quer dizer que o conceito de finalidade no direito de proteção de dados seja equivalente ao conceito de uma tarefa no aprendizado de máquina. Mas eles se conectam porque a integridade metodológica do aprendizado de máquina requer especial atenção ao projeto de pesquisa em termos do objetivo do exercício, pois isso deve informar a articulação legível por máquina de tarefa, métrica de desempenho e dados de treinamento, incluindo o design do espaço de hipóteses e a escolha dos dados de teste.[288]

A importância do princípio da especificação dos propósitos para as tecnologias de perfilamento se revela igualmente em sua convergência

[287] VAN DER LEI, J. Use and Abuse of Computer-Stored Medical Records. *Methods of Information in Medicine*, v. 30, p. 79-80, 1991, p. 80. Tradução livre de: "[d]ata shall be used only for the purpose for which they were collected. And the collateral: If no purpose was defined prior to the collection of data, then the data should not be used".

[288] HILDEBRANDT, Mireille. Privacy as protection of the incomputable self: From agnostic to agonistic machine learning. *Theoretical Inquiries in Law*, v. 20, n. 1, p. 83-121, 2019, p. 104. Tradução livre de: "Let us note [...] that any machine learning operation requires the determination of a task, a performance metric and a type of experience. Without defining a purpose for them, machines cannot learn. This is not to suggest that the concept of a purpose in data protection law is equivalent with the concept of a task in machine learning. But they are connected because the methodological integrity of machine learning requires keen attention to the research design in terms of the purpose of the exercise, as this should inform the machine-readable articulation of task, performance metric and training data, including the design of the hypothesis space and the choice of the test data".

com outros dois princípios: da necessidade[289] e da qualidade dos dados. Nas palavras de Roberto D'Orazio, a necessidade do tratamento da informação pessoal consiste em critério normativo cuja aplicação comporta uma valoração preliminar para verificar se a finalidade especificada pode ser realizada com o mínimo emprego de dados de caráter pessoal ou com métodos capazes de reduzir ou eliminar seus elementos identificadores, ou se, eventualmente, tal se possa alcançar sem o tratamento de dado pessoal[290]. De acordo com o art. 6º. III, da LGPD, o liame de necessidade se estabelece pela *pertinência, proporcionalidade* e *não excessividade* em relação aos objetivos do tratamento de dados.

É notório o impacto que o princípio da necessidade exerce sobre as práticas de perfilamento automatizado. Na etapa de criação de perfis, seus efeitos restritivos quanto ao tratamento de dados pessoais recaem em especial sobre os perfis personalizados ou específicos[291]. Cumpre ressaltar, no entanto, que naquelas situações em que houver o uso de dados de grupos ou dados anonimizados no processo de KDD para a formação de perfis abstratos, não haverá – ao menos na perspectiva tradicional – a incidência da normativa de proteção de dados.

Essa repercussão limitativa do princípio da necessidade levou Tal Zarsky a sustentar que, devido à colisão do preceito da *minimização de dados* (*data minimization*) do GDPR com certos incentivos de retenção de dados e potenciais conhecimentos extraíveis futuramente por análises de grandes dados, as exigências do princípio deveriam ser mitigadas ou flexibilizadas para não acarretar o insucesso de iniciativas de aplicação de *big data* na UE[292]. O argumento do professor da Universidade de Haifa deve,

[289] A respeito da interação entre finalidade, adequação e necessidade: WIMMER, Miriam. A LGPD e o balé dos princípios: tensões e convergências na aplicação dos princípios de proteção de dados pessoais ao setor público. *In:* FRANCOSKI, Denise de Souza L.; TASSO, Fernando Antonio (Coord.). *A Lei Geral de Proteção de Dados Pessoais LGPD:* aspectos práticos e teóricos relevantes no setor público e privado. São Paulo: Revista dos Tribunais, 2021. p. 168-169.

[290] D'ORAZIO, Roberto. Il principio di necessità nel trattamento dei dati personali. *In*: CUFFARO, Vincenzo; D'ORAZIO, Roberto; RICCIUTO, Vincenzo (Org.). *Il Codice del trattamento dei dati personali.* Torino: Giappichelli, 2007. p. 21.

[291] BYGRAVE, Lee A. *Data Protection Law:* Approaching Its Rationale, Logic and Limits. The Hague: Kluwer Law International, 2002. p. 341.

[292] ZARSKY, Tal Z. Incompatible: The GDPR in the Age of Big Data. *Seton Hall Law Review*, v. 47, p. 995–1020, 2017, p. 1011. O autor explica o motivo da tensão entre o princípio da necessidade, ou da "*minimização de dados*", e as técnicas de *big data analytics*: "The clash between the data minimization principle and the practices of Big Data analysis is intuitive, and was noted by several commentators

entretanto, ser resistido, seja sob a perspectiva europeia ou numa transposição da proposta para o cenário brasileiro. A imbricação do princípio da necessidade não se dá apenas com o princípio da finalidade, mas também com o princípio da qualidade dos dados, que garante, além da exatidão, clareza e atualização, a *relevância* dos dados pessoais "de acordo com a necessidade e para o cumprimento da finalidade de seu tratamento" (LGPD, art. 6º, V).

No âmbito da proteção de dados pessoais, a qualidade dos dados remonta, desde as primeiras leis e documentos dos idos da década de 1970[293], à noção de *exatidão* (*accuracy*) dos dados objeto de tratamento, de sorte a receber o *nomen iuris* de princípio da exatidão ("*data accuracy principle*"). Importantes normativas como o GDPR seguem empregando esta mesma nomenclatura (GDPR, art. 5º, 1, *c*)[294], a prescrever que os agentes de tratamento devem assegurar com razoável segurança que adotarão as medidas necessárias para tratar dados exatos e atualizados.

Em leitura crítica à tradicional ideia de exatidão concebida no direito da proteção de dados, parte da doutrina tem defendido o desenvolvimento do princípio da *qualidade dos dados* sob um prisma interdisciplinar[295], que recebe os influxos de vasta contribuição da ciência da computação e da filosofia da informação. Neste sentido, articula-se a qualidade de dados

as well. The rush towards Big Data provides firms with a clear incentive to collect and retain as much data as they can for as long as possible (while accounting for the non-trivial costs of data collection and analysis). The ongoing improvements in data science and related fields might generate the belief that tomorrow holds great promise in what we might find while analyzing existing data, and therefore we certainly must not dispose of the data we hold today. In theory, at least, with more data will come greater knowledge and thus greater benefit to the firms and potentially society in general. On the other hand, diligently enforcing the "data minimization" principle will limit the success of "Big Data" initiatives while undermining their utility, with perhaps only limited justification". ZARSKY, Tal Z. *Op. cit.*, p. 1010-1011.

[293] HALLINAN, Dara; ZUIDERVEEN BORGESIUS, Frederik. Opinions can be incorrect (in our opinion)! On data protection law's accuracy principle. *International Data Privacy Law*, v. 10, n. 1, p. 1–10, 2020, p. 2.

[294] PINHEIRO, Alexandre Sousa et. al. *Comentário ao Regulamento Geral de Proteção de Dados*. Coimbra: Almedina, 2018. p. 211.

[295] DIMITROVA, Diana. The Rise of the Personal Data Quality Principle. Is it Legal and Does it Have an Impact on the Right to Rectification? *European Journal of Law and Technology*, v. 12, n. 3, 2021, p. 13 et seq.

de maneira atrelada à finalidade[296] e multidimensional[297], incluída entre a pluralidade de atributos a *relevância* dos dados ante os objetivos do processamento. Para Diana Dimitrova, o princípio da qualidade dos dados vai além da exatidão ou acurácia das informações na entrada (*input*), a qualidade também é dos dados de saída (*output*) e da sistemática da atividade de tratamento de dados pessoais[298]. Assim, a falta de qualidade e erros podem se encontrar não apenas na coleta e armazenamento de dados incompletos durante os primeiros passos do processo de KDD, mas também na metodologia de aprendizado de máquina ou no *design* e estruturação do algoritmo de mineração de dados[299] que repercute em toda fase de criação de perfis do perfilamento automatizado.

Por fim, consagrado na LGPD expressamente como "qualidade dos dados", deve-se reconhecer, à luz do seu conteúdo normativo que sobrepuja

[296] As considerações de J. van der Lei sobre a primeira Lei da Informática anteriormente mencionada se deu num contexto de discussão sobre a qualidade dos dados: cf. VAN DER LEI, J. Use and Abuse of Computer-Stored Medical Records. *Methods of Information in Medicine*, v. 30, p. 79-80, 1991. Vide, ainda, CABITZA, Federico.; CIUCCI, Davide; RASOINI, Raffaele. A giant with feet of clay: On the validity of the data that feed machine learning in medicine. *In*: CABITZA, F.; BATINI, C.; MAGNI, M. (Coords.). *Organizing for the Digital World: IT for Individuals, Communities and Societies*. Cham: Springer, 2019. p. 128.

[297] DIMITROVA, Diana. *Op. cit.*, p. 11.

[298] Nas palavras da autora: "personal data quality should be seen as a legal and technical requirement, especially when it concerns the processing of personal data, starting with the collection thereof. Data accuracy, as a data protection principle, could be seen as the accuracy of the initially collected data, e.g., their correct spelling, and the accurate outcome of the processing in the sense that the output data reflect reality. The paper argues that the accuracy of the input and output data, as well as the quality of the data processing framework, should constitute in total data quality as a legal concept, where accuracy is only one element of *it*". DIMITROVA, Diana. *Op. cit.*, p. 13. Na doutrina brasileira cf. BRANCHER, Paulo Marcos R.; KUJAWSKI, Fabio F.; CASTELLANO, Ana Carolina H. C.. Princípios gerais de proteção de dados pessoais: uma análise dos princípios elencados no art. 6º da Lei nº 13.709/2018 (LGPD). *In:* BRANCHER, Paulo Marcos R.; BEPPU, Ana Claudia (Coords.). *Proteção de dados pessoais no Brasil:* uma nova visão a partir da Lei nº 13.709/2018. Belo Horizonte: Fórum, 2019. p. 77.

[299] Malgieri e Comandé apontam como enviesamentos cognitivos podem acarretar erros na metodologia de coleta e processamento de dados no *design* de algoritmos: "*Cognitive biases* occur when errors in data collection lead to inaccurate depictions of reality due to conventional flaws in data collection like inaccurate methodologies. The difficulty to translate the external reality in objective categories can lead to implicit biased data clustering when designing algorithms. In other terms, these machine biases are due to 'biased inputs' or biased perception of reality of the algorithm designers (eg using categories that are irrelevant in a specific field)". MALGIERI, Gianclaudio; COMANDÉ, Giovanni. Why a right to legibility of automated decision-making exists in the general data protection regulation. *International Data Privacy Law*, v. 7, n. 4, p. 243–265, 2017, p. 249.

a ideia de exatidão, o potencial de reconfiguração do escopo do direito de retificação, em especial, e do direito ao bloqueio no contexto das tecnologias de perfilamento[300]. O titular dos dados pode se valer do direito ao bloqueio para suspender, temporariamente, o tratamento de dados pessoais possivelmente incorretos ou incompletos, por exemplo, tratados para formar perfil, os quais, uma vez confirmada a inexatidão, hão de ser retificados[301]. A potencialidade que se abre é a de que essa forma de contestação[302] possa ser exercida em face das metodologias e modelos inferidos de sistemas algorítmicos. Nada obstante, em todos esses casos, o requerimento para exercício do direito de bloqueio e de retificação deverá ser seguido de justificativa para não adoção imediata da providência (LGPD, art. 18, § 4º, II)[303], especialmente se, por motivo de ordem técnica, a retificação não puder ser atendida, ou se houver interesse juridicamente relevante (*v. g.*, proteção de segredo comercial ou industrial). Essa, aliás, é uma provável linha de defesa, haja vista os complexos problemas oriundos da correção de dados usados para treinar modelos de aprendizado de máquina, tais como o impedimento de usar o modelo ou o seu retreinamento[304].

[300] DIMITROVA, Diana. The Rise of the Personal Data Quality Principle. Is it Legal and Does it Have an Impact on the Right to Rectification? *European Journal of Law and Technology*, v. 12, n. 3, 2021, p. 3.
[301] Em análise sobre o tema conforme a sistemática do GDPR, afirmam Hallinan e Borgesius: "The right to restrict processing permits the data subject to temporarily prevent processing of potentially inaccurate personal data until the data controller can verify the data's accuracy. If personal data are found to be inaccurate, the right to rectification permits the data subject to have the incorrect personal data corrected or updated. In certain complex cases, where correction of personal data would be problematic — either legally or practically — the obligation might be discharged via an explanatory note attached to the personal data in question. For instance, a credit report might say that Alice failed to pay her cell phone bill. If Alice was in a conflict with the cell phone provider at the time because the city where she lived had no cell coverage, that info might have to be added". HALLINAN, Dara; ZUIDERVEEN BORGESIUS, Frederik. Opinions can be incorrect (in our opinion)! On data protection law's accuracy principle. *International Data Privacy Law*, v. 10, n. 1, p. 1–10, 2020, p. 3.
[302] A associação entre retificação e contestação é também feita por Margot Kaminski e Jennifer Urban: KAMINSKI, Margot E.; URBAN, Jennifer. M. The right to contest AI. *Columbia Law Review*, New York, v. 121, n. 7, p. 1957–2048, 2021, p. 2013.
[303] MONTEIRO, Renato Leite; CRUZ, Sinuhe. Direitos dos titulares: fundamentos, limites e aspectos práticos. *In:* FRANCOSKI, Denise de Souza L.; TASSO, Fernando Antonio (Coord.). *A Lei Geral de Proteção de Dados Pessoais LGPD:* aspectos práticos e teóricos relevantes no setor público e privado. São Paulo: Revista dos Tribunais, 2021. p. 271.
[304] Cf. KAMARINOU, Dimitra; MILLARD, Christopher; SINGH, Jatinder. Machine Learning with Personal Data. *In:* LEENES, Ronald et. al. *Data Protection and Privacy:* The Age of the Intelligent Machines. Oxford: Hart Publishing, 2017. p. 109.

Outro princípio inscrito na LGPD aplicável às práticas de perfilamento automatizado na etapa de construção de perfis é o princípio da responsabilização e prestação de contas (LGPD, art. 6º, X). A expressão "responsabilização e prestação de contas" é fruto de tradução aproximada do termo *accountability*, e, muito embora o preceito ainda possua certa imprecisão conceitual, trata-se de formulação "frequentemente associada à ideia de regulação responsiva ou de corregulação, e, ainda, à noção de uma abordagem baseada em riscos (*risk-based approach*)"[305], porquanto exige do próprio agente de tratamento a prospecção de riscos, a adoção de medidas apropriadas e correspondente demonstração de sua efetividade para dar cumprimento às normas de proteção de dados pessoais. Isso significa que o princípio abre espaço, inclusive, para instituição de medidas complementares, não expressamente dispostas na legislação, como salvaguardas de direitos[306].

Duas obrigações aplicáveis no âmbito das tecnologias de perfilamento com esteio no princípio da responsabilização e prestação de contas são: (i) a realização de avaliação de impacto à proteção de dados pessoais e (ii) registro de operações de tratamento (LGPD, art. 37). A LGPD prevê a confecção de relatório de impacto à proteção de dados pessoais[307] (RIPDP) pelo controlador nas hipóteses em que o tratamento de dados pessoais ocasione riscos (mais graves) a direitos e liberdades fundamentais – *v. g.*, sistemas de *credit scoring*, sistemas de vigilância e monitoramento em larga

[305] WIMMER, Miriam. A LGPD e o balé dos princípios: tensões e convergências na aplicação dos princípios de proteção de dados pessoais ao setor público. *In:* FRANCOSKI, Denise de Souza L.; TASSO, Fernando Antonio (Coord.). *A Lei Geral de Proteção de Dados Pessoais LGPD:* aspectos práticos e teóricos relevantes no setor público e privado. São Paulo: Revista dos Tribunais, 2021. p. 179.

[306] "In a nutshell, a statutory accountability principle would explicitly require data controllers to implement appropriate and effective measures to put into effect the principles and obligations of the Directive and demonstrate this on request. In practice this should translate into scalable programs aiming at implementing the existing data protection principles (sometimes referred to as 'compliance programs'). As a complement to the principle, specific additional requirements aiming at putting into effect data protection safeguards or at ensuring their effectiveness could be set up. One example would be a provision requiring the performance of a privacy impact assessment for higher risk data processing operations". ARTICLE 29 DATA PROTECTION WORKING PARTY. *Opinion 3/2010 on the principle of accountability.* Bruxelas: [s. n.], 2010. p. 3-4.

[307] O art. 5º, XVII, da LGPD define relatório de impacto à proteção de dados pessoais como "documentação do controlador que contém a descrição dos processos de tratamento de dados pessoais que podem gerar riscos às liberdades civis e aos direitos fundamentais, bem como medidas, salvaguardas e mecanismos de mitigação de risco".

escala, sistemas de tomada de decisão automatizada. Apesar de a lei não disciplinar todos os requisitos e o regramento do RIPDP, deixando sua regulamentação a cargo da Autoridade Nacional de Proteção de Dados (ANPD)[308], pode-se deduzir do sistema de brasileiro de proteção de dados pessoais que um de seus contornos é o de se constituir ato resultante de procedimento iterativo[309].

O RIPDP deve ser visto como fruto de ato complexo, antecedente à implementação da atividade de tratamento de dados, que reflete o estado da dinâmica avaliação de riscos causados pelo tratamento de dados pessoais sob investigação, apreciadas e estabelecidas as medidas e salvaguardas apropriadas à mitigação dos riscos a direitos e liberdades *em qualquer das etapas do perfilamento automatiazado*. O procedimento do qual o relatório é produto tem caráter *iterativo*[310], ou seja, não se exaure num ato único mas é revisitado múltiplas vezes, enquanto não cessa a própria atividade de tratamento de dados que cria riscos a indivíduos e grupos. Torna-se, assim, instrumento para avaliação de riscos e impactos gerados pelo tratamento de dados pessoais por sistemas algorítmicos.

O dever de manter registros das operações de tratamento que incide na esfera jurídica de controlador e operador também há de ser observado quando se tratar de operações com dados de caráter pessoal para a formação de perfis (e aplicação, igualmente). É obrigação que se instrumentaliza (i) à demonstração de cumprimento da normativa de proteção de

[308] LGPD, art. 55-J, XIII. Cf. BELLI, Luca. Como implementar a LGPD por meio da Avaliação de Impacto sobre Privacidade e Ética de Dados. *In:* DONEDA, Danilo et. al. (Coord.). *Tratado de proteção de dados pessoais*. Rio de Janeiro: Forense, 2021. p. 393-394.

[309] MACHADO, Diego Carvalho; MENDES, Laura Schertel. Tecnologias de perfilamento e dados agregados de geolocalização no combate à COVID-19 no Brasil: uma análise dos riscos individuais e coletivos à luz da LGPD. *Direitos Fundamentais & Justiça*, Belo Horizonte, ano 14, p. 105-148, nov. 2020, p. 138.

[310] Nessa direção, em relação ao direito europeu de proteção de dados pessoais: cf. KAMINSKI, Margot E.; MALGIERI, Giancarlo. Multi-layered explanations from algorithmic impact assessments in the GDPR. *FAT* 2020 – Proceedings of the 2020 Conference on Fairness, Accountability, and Transparency*, p. 68–79, 2020, p. 72; ARTICLE 29 DATA PROTECTION WORKING PARTY. *Guidelines on Data Protection Impact Assessment (DPIA) and determining whether processing is "likely to result in a high risk" for the purposes of Regulation 2016/679*. Bruxelas: [s. n.], 2017. p. 16. Disponível em: https://ec.europa.eu/newsroom/article29/item-detail.cfm?item_id=611236. Acesso em: 28 set. 2021; KLOZA, Dariusz et al. Towards a method for data protection impact assessment: Making sense of GDPR requirements. *d.pia.lab*, Policy Brief n. 1, 2019, p. 2. Disponível em: https://cris.vub.be/files/48091346/dpialab_pb2019_1_final.pdf. Acesso em: 21 set. 2021.

dados perante a ANPD, outras autoridades fiscalizadoras e terceiros (*v. g.*, parceiros contratuais), e (ii) a observância de situação subjetiva passiva decorrente do exercício de direitos pelos titulares (*v. g.*, direito de acesso e direito de retificação)[311].

Com raízes firmemente lançadas no direito fundamental à igualdade, o princípio da não discriminação (já aludido nos itens 1.3.3 e 2.2) veda a "realização do tratamento para fins discriminatórios ilícitos ou abusivos" (LGPD, art. 6º, IX). A norma jurídica não visa proibir a discriminação *tout court*, eis que esta pode ser lícita e promover o direito à diferença ou ao reconhecimento[312]; proscreve-se é a discriminação antijurídica (ilícita ou abusiva) veiculada nas próprias finalidades do tratamento (discriminação direta) ou no seu resultado, apesar da licitude ou neutralidade do propósito (discriminação indireta)[313]. O fim último da norma é obstar o tratamento de dados pessoais que consista na distinção, exclusão, restrição ou preferência que tenha por finalidade ou resultado prejudicar ou anular o exercício, em igualdade de condições, de direitos e liberdades fundamentais da pessoa humana[314].

O risco de discriminação antijurídica por ocasião do uso de tecnologias de perfilamento (isto é, discriminação algorítmica) existe, como já apontado neste capítulo, tanto na etapa de formação como de aplicação de perfis. No que tange à criação do modelo ou perfil, busca-se combater os vieses e preconceitos dos programadores ao delimitar a metodologia,

[311] No mesmo sentido: cf. SILVA, Ricardo B. Ferreira da et al. *Accountability* e responsabilização sobre proteção de dados. *In:* BRANCHER, Paulo Marcos R.; BEPPU, Ana Claudia (Coords.). *Proteção de dados pessoais no Brasil:* uma nova visão a partir da Lei nº 13.709/2018. Belo Horizonte: Fórum, 2019. p. 283.

[312] Cf. PIOVESAN, Flávia. Ações afirmativas no Brasil: desafios e perspectivas. *Revista Estudos Feministas,* Florianópolis, v. 16, n. 3, p. 887-896, set./dez. 2008, p. 888; SARMENTO, Daniel. *Dignidade da pessoa humana:* conteúdo, trajetórias e metodologia. Belo Horizonte: Fórum, 2016. p. 255 et seq.

[313] A respeito da discriminação algorítmica e as formas direta e indireta de discriminação, v. JUNQUEIRA, Thiago. *Tratamento de dados pessoais e discriminação algorítmica nos seguros.* São Paulo: Revista dos Tribunais, 2020. p. 307-363.

[314] PIOVESAN, Flávia. Ações afirmativas no Brasil: desafios e perspectivas. *Revista Estudos Feministas,* Florianópolis, v. 16, n. 3, p. 887-896, set./dez. 2008, p. 889-890. Para a autora, discriminação "significa toda distinção, exclusão, restrição ou preferência que tenha por objeto ou resultado prejudicar ou anular o exercício, em igualdade de condições, dos direitos humanos e liberdades fundamentais, nos campos político, econômico, social, cultural e civil ou em qualquer outro campo. Logo, a discriminação significa sempre desigualdade".

técnicas, objetivos, bases de dados de treinamento e de validação, para que não sejam inscritos no modelo computacional[315].

Ademais, o enviesamento pode estar presente nos próprios dados. Sendo os dados representações capturadas do mundo real em suporte digital, preconceitos e discriminação historicamente existentes podem simplesmente ser reproduzidos ou intensificados no modelo inferido no processo de KDD[316]. Foi o que ocorreu em sistema de IA desenvolvido experimentalmente pela Amazon para automação de recrutamento de pessoal. O sistema de aprendizado de máquina foi treinado com dados históricos de currículos de candidatos de processos seletivos da própria empresa realizados num arco de 10 anos, a fim de criar modelo para prever quais seriam os candidatos preferíveis. O sistema, mesmo programado pelos desenvolvedores para ser neutro quanto ao gênero, por fim, de maneira discriminatória ranqueou mal currículos que tivessem a palavra "*women's*"[317]. Este exemplo de discriminação de gênero produzido por aplicação de IA aponta ao fato de que os maiores desafios não advirão da discriminação algorítmica direta[318].

Nessa direção, à vista da sistemática da LGPD afigura-se possível viabilizar a não discriminação por meio de, pelo menos, dois mecanismos durante a etapa de criação de perfis. Primeiramente, a partir da restrição do tratamento de certas categorias de dados, à semelhança do que estabelece o art. 11, § 5º, que proíbe às operadoras de planos privados de assistência à saúde o tratamento de dados de saúde para a prática de seleção de riscos

[315] Cf. MITTELSTADT, Brent D. et al. The ethics of algorithms: Mapping the debate. *Big Data & Society*, v. 3, n. 2, p. 1–21, 2016, p. 7; BAROCAS, Solon; SELBST, Andrew. Big Data's Disparate Impact. *California Law Review*, v. 104, n. 1, p. 671–729, 2016, p. 678 et seq.; MALGIERI, Gianclaudio; COMANDÉ, Giovanni. Why a right to legibility of automated decision-making exists in the general data protection regulation. *International Data Privacy Law*, v. 7, n. 4, p. 243–265, 2017, p. 249.

[316] BAROCAS, Solon; SELBST, Andrew. Big Data's Disparate Impact. *California Law Review*, v. 104, n. 1, p. 671–729, 2016, p. 691-692.

[317] DASTIN, Jeffrey. Amazon scraps secret AI recruiting tool that showed bias against women. *Reuters*, 10 out. 2018. Disponível em: https://www.reuters.com/article/us-amazon-com-jobs-automation-insight-idUSKCN1MK08G. Acesso em: 21 set. 2021.

[318] Cf. JUNQUEIRA, Thiago. *Tratamento de dados pessoais e discriminação algorítmica nos seguros*. São Paulo: Revista dos Tribunais, 2020. p. 308-309; WACHTER, Sandra. Affinity Profiling and Discrimination by Association in Online Behavioural Advertising. *Berkeley Technology Law Journal*, v. 35, n. 2, p. 367–430, 2020, p. 372-373.

na contratação de qualquer modalidade[319]. Em segundo lugar, mediante instrumentos de fiscalização e garantia da qualidade dos dados, uma vez que, lido de forma ampliativa, este princípio tem nítida convergência com o preceito jurídico da não discriminação.

Por fim, cumpre analisar a aplicação do princípio da transparência e seus corolários na fase de formação de perfil no perfilamento automatizado. Nos termos do art. 6º, VI, da LGPD, a transparência é a "garantia, aos titulares, de informações claras, precisas e facilmente acessíveis sobre a realização do tratamento e os respectivos agentes de tratamento, observados os segredos comercial e industrial". Trata-se de princípio de proteção de dados funcionalmente vinculado às "informações fornecidas ao indivíduo antes do tratamento se iniciar, as informações que devem ser facilmente acessíveis aos titulares dos dados durante o tratamento, mas também as informações fornecidas aos titulares dos dados subsequentemente a um pedido de acesso aos próprios dados"[320].

Quanto ao dever de informar de maneira clara, adequada e ostensiva sobre a finalidade de construção (e aplicação) de perfis, alguns comentários já foram tecidos. Mas o que dizer quanto a informações sobre o *design* metodológico, lógica de funcionamento, algoritmos e os modelos inferidos em sistemas de aprendizado de máquina? Nesse ponto, convém refletir sobre o dever de informar a ser cumprido pelo agente de tratamento em razão do exercício do direito de acesso[321]. Dentre as disposições aplicáveis, há

[319] MENDES, Laura Schertel; MATTIUZZO, Marcela; FUJIMOTO, Mônica Tiemy. Discriminação algorítmica à luz da Lei Geral de Proteção de Dados. *In*: DONEDA, Danilo et. al. (Coord.). *Tratado de proteção de dados pessoais*. Rio de Janeiro: Forense, 2021. p. 435.

[320] COUNCIL OF EUROPE. *Handbook on European Data Protection Law*. Bruxelas: Publications Office of the EU, 2018. p. 120. Tradução livre de: "the information given to the individual before the processing starts, the information that should be readily accessible to data subjects during the processing, but also to the information given to data subjects following a request of access to their own data".

[321] Sob o pano de fundo do direito da UE e alemão, Hoffmann-Riem leciona: "Garantir transparência suficiente é essencial não apenas para a proteção de dados, mas também para a proteção de outros interesses legalmente fundamentados. Nesse contexto, a transparência não deve ser um fim em si mesma, mas deve ser utilizável como base para a possibilidade de identificação de riscos e para a rastreabilidade e controlabilidade e, se necessário, para a possibilidade de revisão. Objetos de uma demanda por transparência adequada não são apenas a coleta e processamento de dados, mas também o projeto tecnológico utilizado e os algoritmos empregados em cada caso, ou melhor: os sistemas algorítmicos, incluindo as disposições para "treinamento" de tais sistemas". HOFFMANN-RIEM, Wolfgang. *Teoria geral do direito digital:* transformação digital – desafios para o direito. Trad. Italo Fuhrmann. Rio de Janeiro: Forense, 2021. p. 110.

que se chamar atenção, novamente, para os arts. 9º, I e II, e 19, II, que, respectivamente, remetem textualmente à *finalidade específica* e à *forma do tratamento*, e a "declaração clara e completa, que indique a origem dos dados, [...] *os critérios utilizados* e a finalidade do tratamento" (grifou-se). Em outras palavras, impõe-se o fornecimento ao titular dos dados de informações *inteligíveis ou compreensíveis* relativamente ao *para quê* ("finalidade específica") e ao *como* ("forma" e "critério do tratamento"): é também dizer, o objetivo do perfilamento e a lógica de funcionamento da técnica de perfilamento.

Muito embora seja admissível, a princípio, a interpretação da lei que assegure o acesso a informações sobre o *design* metodológico, lógica de funcionamento, algoritmos e os modelos inferidos em sistemas de aprendizado de máquina, a LGPD ressalva a proteção do segredo comercial ou industrial tanto nos arts. 9º, II, e 19, II, como no art. 6º, VI. A tensão entre o acesso à informação sobre sistemas algorítmicos, de um lado, e propriedade intelectual e segredo comercial incidente em algoritmos e bases de dados, de outro, se tornou um dos marcos da economia digital, movida por dados, inclusive os de caráter pessoal tratados com fins comerciais[322].

No direito brasileiro, a tutela ao segredo comercial ou de negócio está fundada nos arts. 39, do Acordo sobre TRIPS (Acordo sobre Aspectos dos Direitos de Propriedade Intelectual Relacionados ao Comércio), e 195, XI e XII, da Lei n. 9.279/1996, sob o signo da repressão à concorrência desleal[323]. São os seguintes os requisitos do segredo comercial:

> (i) o conteúdo da informação deve se relacionar ao desenvolvimento de uma atividade empresarial; (ii) a informação deve ser secreta e confidencial,

[322] Sobre o tema: WACHTER, Sandra; MITTELSTADT, Brent D. A Right to Reasonable Inferences: Re-thinking Data Protection Law in the Age of Big Data and AI. *Columbia Business Law Review*, v. 2019, n. 2, p. 494–620, 2019, p. 591 et seq.; BANTERLE, Francesco. The Interface Between Data Protection and IP Law: The Case of Trade Secrets and the Database sui generis Right in Marketing Operations, and the Ownership of Raw Data in Big Data Analysis. In: BAKHOUM, M. et al. (Coords.). *Personal Data in Competition, Consumer Protection and Intellectual Property Law*: Towards a Holistic Approach? Berlin: Springer, 2018. p. 412-443; SOUZA, Allan R.; SCHIRRU, Luca; ALVARENGA, Miguel B. Direitos autorais e mineração de dados e textos no combate à Covid-19 no Brasil. *Liinc em Revista*, Rio de Janeiro, v. 16, n. 2, e5536, dez. 2020.

[323] MIRANDA, Pontes de. *Tratado de direito privado*. São Paulo: Revista dos Tribunais, 2012. t. XVI. p. 654; FEKETE, Elisabeth Kasznar. Segredo de empresa. *In*: CAMPILONGO, Celso F.; GONZAGA, Alvaro de A.; FREIRE, André L. (Coords.). *Enciclopédia jurídica da PUC-SP*. Tomo: Direito Comercial. 1. ed. São Paulo: Pontifícia Universidade Católica de São Paulo, 2017. Disponível em: https://enciclopediajuridica.pucsp.br/verbete/248/edicao-1/segredo-de-empresa. Acesso em: 27 dez. 2021.

> sendo que tal caráter sigiloso não necessariamente deva ser absoluto; (iii) a informação deve possuir valor comercial, propiciando uma vantagem competitiva ao seu detentor. (iv) a informação deve ser objeto de medidas de proteção de maneira a preservar sua confidencialidade[324].

Logo, aos agentes de tratamento que atuam no mercado e utilizam aplicações de aprendizado de máquina para perfilamento automatizado surge a possibilidade de se valer da tutela do segredo de negócio para manter sob sigilo informações relativas ao funcionamento interno do sistema por possuir interesse patrimonial juridicamente relevante na preservação de vantagem competitiva adveniente de processos desenvolvidos e conhecimento resultante de investimentos realizados. Na ocasião do julgamento do Recurso Especial n. 1.419.697/RS pelo STJ, o Ministro Paulo de Tarso Sanseverino defendeu, em seu voto condutor, que "a metodologia em si de cálculo da nota de risco de crédito ("credit scoring") constitui segredo da atividade empresarial, cujas fórmulas matemáticas e modelos estatísticos naturalmente não precisam ser divulgadas"[325].

Se se consolidar tal entendimento em relação à metodologia e modelos computacionais inferidos, resta saber como balancear as normas em conflito, pois não se pode fomentar mais opacidade[326] e transformar o direito de acesso em tábua rasa[327]. Do contrário, poderá configurar-se desproporcional restrição ao direito à proteção de dados pessoais. Não se pode descartar, ainda, que o conflito seja aparente em determinadas circunstâncias. Lendo-se o *como* e a *lógica de funcionamento* do sistema algorítmico na etapa de formação de perfil tal qual uma *explicação* – por exemplo, uma "explicação global" sobre como funciona o sistema[328] – compreensível à pessoa

[324] MIRANDA, Pontes de. *Tratado de direito privado*. São Paulo: Revista dos Tribunais, 2012. t. XVI. p. 654.

[325] BRASIL. Superior Tribunal de Justiça (Segunda Seção). Recurso Especial n. 1.419.697/RS. Relator: Min. Paulo de Tarso Sanseverino. Brasília, 12/11/2014. *Diário de Justiça eletrônico*, Brasília, DF, 17/11/2014.

[326] Cf. PASQUALE, Frank. *The Black Box Society*: The Secret Algorithms That Control Money and Information. Cambridge; London: Harvard University Press, 2015. p. 163, 193; BURRELL, Jenna. How the Machine "Thinks:" Understanding Opacity in Machine Learning Algorithms. *Big Data & Society*, v. 3, n. 1, p. 1–12, 2016, p. 3.

[327] HILDEBRANDT, Mireille. The dawn of a critical transparency right for the profiling era. *In*: BUS, J. et al. (Coords.). *Digital Enlightenment Yearbook 2012*. Amsterdam: IOS Press, 2012. p. 52.

[328] HOFFMAN, Robert R.; KLEIN, Gary; MUELLER, Shane T. Explaining explanation for "explainable AI". *Proceedings of the Human Factors and Ergonomics Society*, v. 1, p. 197–201, out. 2018, p. 198.

humana, há plausibilidade, dentre as diversas abordagens com potencial de adoção[329], de se fornecer explicações que não revelam métodos, modelos ou informações protegidas por segredo comercial[330] e podem ser fornecidas, inclusive, por sistemas de IA[331] (autoexplicáveis, portanto).

Essa proposta interpretativa, que intenta robustecer o direito de acesso no sistema jurídico brasileiro, além de alicerçada no texto normativo da LGPD, leva em consideração aspectos jurídico-dogmáticos e institucionais importantes: (i) o direito de acesso é o primeiro passo lógico e essencial para o exercício de outras posições subjetivas dos titulares dos dados[332] (oposição, bloqueio, retificação etc.); (ii) o direito de acesso possui também

[329] HOFFMAN, Robert R.; KLEIN, Gary; MUELLER, Shane T. *Op. cit.*, 198.

[330] Wachter, Mittelstadt e Russell sustentam ser menos provável que explicações *contrafatuais* violem segredo comercial protegido: WACHTER, Sandra; MITTELSTADT, Brent; RUSSELL, Chris. Counterfactual Explanations Without Opening the Black Box: Automated Decisions and the GDPR. *Harvard Journal of Law & Technology*, v. 31, n. 2, 2018, p. 871. Sobre as explicações contrafatuais: "Counterfactual faithfulness allows us to answer the remaining questions [...]: whether a certain factor determined the outcome, and related, what factor caused a difference in outcomes. For example, if a person was told that their income was the determining factor for their loan denial, and then their income increases, they might reasonably expect that the system would now deem them worthy of getting the loan. Importantly, however, we only expect that counterfactual faithfulness apply for related situations—we would not expect an explanation in a medical malpractice case regarding an elderly, frail patient to apply to a young oncology patient. However, we may expect it to still hold for a similar elderly, less frail patient". DOSHI-VELEZ, Finale; KORTZ, Mason. Accountability of AI under the law: The role of explanation. *Berkman Klein Center Working Group on Explanation and the Law*. [s.l: s.n.]. p. 7. Disponível em: http://nrs.harvard.edu/urn-3:HUL.InstRepos:34372584%0AThis. Acesso em: 01 nov. 2021.

[331] Cresce a importância da área de estudo que visa desenvolver sistemas de IA explicáveis; denomina-se *Explainable Artificial Intelligence* – XAI: "In order to avoid limiting the effectiveness of the current generation of AI systems, eXplainable AI (XAI) proposes creating a suite of ML techniques that 1) produce more explainable models while maintaining a high level of learning performance (e.g., prediction accuracy), and 2) enable humans to understand, appropriately trust, and effectively manage the emerging generation of artificially intelligent partners. XAI draws as well insights from the Social Sciences and considers the psychology of explanation" (BARREDO ARRIETA, Alejandro et al. Explainable Explainable Artificial Intelligence (XAI): Concepts, taxonomies, opportunities and challenges toward responsible AI. *Information Fusion*, v. 58, p. 82–115, out. 2020, p. 83). Entretanto, há de se ter a necessária cautela com áreas em que a explicação pelo próprio sistema algorítmico ainda carece de desenvolvimento para assegurarem efetiva confiabilidade. É o que parte da literatura especializada tem dito, por exemplo, em relação a aplicações de aprendizado de máquina no campo da medicina: v. GHASSEMI, M.; OAKDEN-RAYNER, L.; BEAM, A. L. Viewpoint The false hope of current approaches to explainable artificial intelligence in health care. *The Lancet Digital Health*, v. 3, n. 11, p. 745–750, 2021.

[332] WOLTERS, Pieter T. J. The control by and rights of the data subject under the GDPR. *Journal of Internet Law*, v. 22, n. 1, p. 6–18, 2018, p. 7.

função, complementar à da ANPD, de fiscalização do cumprimento da normativa de proteção de dados, ganhando ainda mais relevância num cenário, como o brasileiro, de forte limitação de recursos humanos e financeiros da autoridade de proteção de dados[333]; (iii) garantir o direito de acesso na etapa de formação de perfis também é importante como instrumento jurídico para fazer frente às mencionadas assimetrias informacional e epistemológica provocadas pelo perfilamento automatizado[334].

2.3.1.3 Aplicação de perfis e tomada de decisão automatizada

Para além dos preceitos gerais – legitimidade de atividade de tratamento, princípios de proteção de dados pessoais e direitos do titular – aplicáveis de semelhante modo ao que se opera na formação de perfis, guardadas certas proporções, a etapa de aplicação de perfis também recebeu específica atenção da lei brasileira de proteção de dados pessoais no art. 20 da LGPD. Cuida-se, todavia, da disciplina de *tipo particular de aplicação de perfil* ensejada no processo de perfilamento automatizado[335]. A fim de subsidiar mais aprofundada análise a respeito da interpretação-aplicação do dispositivo legal em questão, convém classificar as principais formas de possível aplicação de modelos ou perfis inferidos por sistemas algorítmicos[336].

[333] AUSLOOS, Jef; VEALE, Michael; MAHIEU, René. Getting data subject rights right: A submission to the European Data Protection Board from international data rights academics, to inform regulatory guidance. *Journal of Intellectual Property, Information Technology and E-Commerce Law,* v. 10, n. 3, p. 283–309, 2020, p. 285.

[334] Neste sentido: AULOOS, Jef; MAHIEU, René. *Recognising and Enabling the Collective Dimension of the GDPR and the Right of Access.* Disponível em: https://osf.io/preprints/lawarxiv/b5dwm. Acesso em: 03 set. 2020. p. 5-10. Pela pertinência funcional entre transparência e direito de acesso, importante lembrar a assertiva de Hoffmann-Riem: "[...] a transparência não é importante apenas para o tratamento dos dados em si, mas sobretudo no que diz respeito ao uso do conhecimento que pode ser gerado, em particular com a ajuda de *Big Data* e IA em campo de aplicação sensíveis à liberdade [...]". HOFFMANN-RIEM, Wolfgang. *Teoria geral do direito digital:* transformação digital – desafios para o direito. Trad. Italo Fuhrmann. Rio de Janeiro: Forense, 2021. p. 111.

[335] Na mesma direção pontuou Lee Bygrave em comentário a respeito do art. 15, 1, da revogada Diretiva 95/46/CE, que foi uma das fontes inspiradoras do art. 20 da LGPD. BYGRAVE, Lee A. *Data Protection Law:* Approaching Its Rationale, Logic and Limits. The Hague: Kluwer Law International, 2002. p. 319.

[336] Importante chamar atenção ao fato de que se tornou comum que agentes de tratamento utilizem algoritmos ou modelos pré-treinados desenvolvidos por terceiros, tendo em vista as atuais características da cadeia produtiva de sistemas de IA: "[...] various components of the machine learning supply chain, including the algorithms and pre-learned models, may have been designed by one or more third parties. For example, a number of companies now provide cloud-based machine

Dois são os critérios tomados para a diferenciação: (i) tipo de perfil a ser aplicado; e (ii) existência de decisão automatizada.

De acordo com o primeiro critério, dois são os tipos de perfis aplicados: (i) perfil personalizado ou específico, e (ii) perfil de grupo ou abstrato. Se o perfil for personalizado ou específico a aplicação envolve o tratamento de dados pessoais e a inferência de novos dados a partir do modelo em que o indivíduo é representado. Um hipotético exemplo a se considerar seria a situação em que um robô assistente integrado a casa inteligente infere, a partir do timbre de voz, reações faciais e movimentos corporais de pessoa idosa com histórico de doença cardiovascular, a ocorrência de infarto agudo do miocárdio (IAM), com base em que aciona serviço médico de atendimento de urgência de plano de saúde de que o indivíduo é beneficiário.

Se, no entanto, na etapa de aplicação do perfilamento automatizado estiver em jogo perfil de grupo ou abstrato a aplicação envolve *(a)* o tratamento de dados pessoais e a inferência de novos dados (pessoais) a partir da identificação e representação do perfil de grupo (categoria ou comunidade) como adequado ao indivíduo, ou *(b)* o tratamento de dados de agrupamentos (dados não pessoais) e a inferência de novas informações (não pessoais) a partir da identificação e representação do perfil de grupo (categoria ou comunidade) como adequado ao ente coletivo[337].

O *caso SyRI*, como ficou conhecido, exemplifica a situação *a*. Em 2020, o Tribunal Distrital de Haia, na Holanda, analisou a convencionalidade, frente a CEDH, da legislação do *Systeem Risico Indicatie* (SyRI), um sistema

learning services, which data controllers of all enterprise sizes can access and use, often without a requirement for in-house expertise in relation to machine learning". KAMARINOU, Dimitra; MILLARD, Christopher; SINGH, Jatinder. Machine Learning with Personal Data. *In:* LEENES, Ronald et. al. *Data Protection and Privacy:* The Age of the Intelligent Machines. Oxford: Hart Publishing, 2017. p. 109. Sobre a complexa cadeia produtiva de IA e a importância regulatória da análise da taxonomia dos agentes envolvidos, a exemplo do que propõe o *EU AI Act* e o PL n.2.338/2023, respectivamente na UE e no Brasil, cf. ENGLER, Alex C.; RENDA, Andrea. *Reconciling the AI Value Chain with the EU Artificial Intelligence Act.* Bruxelas: CEPS, 2022. Disponível em: https://www.ceps.eu/wp-content/uploads/2022/09/CEPS-In-depth-analysis-2022-03_Reconciling-the-AI-Value--Chain-with-the-EU-Artificial-Intelligence-Act.pdf. Acesso em: 20 mai. 2023.

[337] Neste sentido, afirma Bart Custers: "If inferred data is ascribed to groups or categories, it may not be personal data. However, in micro-targeting inferred data will often be ascribed to an identified or identifiable natural person, yielding personal data". CUSTERS, Bart. Profiling As Inferred Data. Amplifier Effects and Positive Feedback Loops. *In*: BAYAMLIOĞLU, Emre et al. (Orgs.). *Being profiled: cogitas ergo sum 10 years of "Profiling the european citizen"*. Amsterdam: Amsterdam University Press, 2019. p. 114.

criado pela ação colaborativa de órgãos governamentais holandeses, que usou aplicação de perfilamento automatizado baseado em aprendizado de máquina[338] a fim de identificar os cidadãos com maior probabilidade de fraudar benefícios sociais. A aplicação do modelo com perfis de risco se subdividia em duas fases: processamento (fase 1) e análise (fase 2). Na primeira fase, certa entidade (operador) trata os registros e os pseudônimos. Nomes pessoais e nomes de empresas, números de atendimento ao cidadão e endereços eram pseudonimizados, isto é, substituídos por um código (cifragem). O operador executava, então, a primeira fase na seleção de risco aos dados pseudonimizados: os dados eram processados e o modelo de risco aplicado de maneira automatizada. Isso gerava a sinalização de potencial caso, ou seja, inferia-se um alto risco de fraude. Sendo assim, as pessoas naturais, jurídicas ou endereços sinalizados como alto risco, seriam novamente identificados diretamente (decifragem). Todos os dados relativos a pessoas enquadradas como de alto risco de fraude eram então remetidos à segunda fase de análise de risco pela unidade administrativa competente[339].

Quanto à situação *b*, poder-se-ia considerar o exemplo da aplicação de modelos para previsão de novos focos de transmissão do vírus no território nacional a partir do tratamento de dados agregados de geolocalização de telefones celulares[340]. Com base nas inferências do sistema resultantes da aplicação de perfis abstratos, certa autoridade sanitária pode tomar decisão a respeito de quais medidas implementar para o combate à doença epidêmica.

No que tange ao segundo critério de classificação, a etapa de aplicação do perfil pode ocorrer (i) sem decisão automatizada, ainda que haja tratamento automatizado para identificar e representar indivíduo ou

[338] A decisão reconhece que o modelo de análise de risco é compatível com sistemas de aprendizado de máquina.

[339] HOLANDA. Rechtbank Den Haag. *Processo C-09-550982-HA ZA 18-388*. Disponível em: https://uitspraken.rechtspraak.nl/inziendocument?id=ECLI:NL:RBDHA:2020:1878. Acesso em: 22 ago. 2020.

[340] Cf. PEIXOTO, Pedro S. et al. Potential dissemination of epidemics based on Brazilian mobile geolocation data. Part I: Population dynamics and future spreading of infection in the states of São Paulo and Rio de Janeiro during the pandemic of COVID-19. *medRxiv*, Abr. 2020. Disponível em: https://www.medrxiv.org/content/10.1101/2020.04.07.20056739v1.full.pdf. Acesso em: 28 jul. 2020 [artigo não submetido à revisão por pares].

grupo como adequados a um perfil[341]. Em casos assemelhados ao SyRI e aos programas polonês e austríaco de auxílio de cidadãos à reinserção no mercado de trabalho, havendo relevante participação e efetiva decisão de agente humano para a concessão de benefício social ou auxílio, por exemplo, a etapa de aplicação de perfis não envolverá decisão totalmente automatizada[342]. Pode também haver (ii) a aplicação de perfil (específico ou abstrato) com base unicamente em decisão automatizada[343]. Além do exemplo do robô assistente, pode-se verificar a tomada de decisão automatizada em sistemas de IA para recrutamento de pessoal[344], atribuição de corridas a motoristas por sistema algorítmico de plataforma de transporte[345] ou de entrega de alimentos à domicílio[346], sistemas de precificação personalizada[347], entrega de publicidade direcionada ou propaganda eleitoral mediante técnicas de *microtargeting*[348] etc.

Pois bem. Tendo em vista que as duas classificações acima podem se mostrar na prática combinadas em configurações várias, passa-se ao estudo

[341] MARANHÃO, Juliano; CAMPOS, Ricardo R. Proteção de Dados de Crédito na Lei Geral de Proteção de Dados. *Revista Direito Público*, Porto Alegre, v. 16, n. 90, p. 132–154, nov./dez. 2019, p. 148.

[342] Para mais exemplos e situações semelhantes, v. BINNS, Reuben; VEALE, Michael. Is that your final decision? Multi-stage profiling, selective effects, and Article 22 of the GDPR. *International Data Privacy Law*, v. 11, n. 4, p. 319–332, 2021, p. 321-324.

[343] Para semelhante classificação, cf. ARTICLE 29 WORKING PARTY. *Guidelines on automated individual decision-making and profiling for the purposes of Regulation 2016/679.* Brussels: [s.n.], 2018. p. 8-9.

[344] Vide investigação feita por pesquisadores da MIT Technology Review com programas baseados em IA para automatização de entrevistas de emprego: WALL, Sheridan; SCHELLMANN, Hilke. We tested AI interview tools. Here's what we found. *MIT Technology Review*, 07 jul. 2021. Disponível em: https://www.technologyreview.com/2021/07/07/1027916/we-tested-ai-interview-tools/. Acesso em 20 jul. 2021.

[345] LOMAS, Natasha. Drivers in Europe net big data rights win against Uber and Ola. *Techcrunch*, 05 abr. 2023. Disponível em: https://techcrunch.com/2023/04/05/uber-ola-gdpr-worker-data-access-rights-appeal/. Acesso em: 20 mai. 2023. Para uma análise jurídica aprofundada, v. LI, Wenlong; TOH, Jill. Data Subject Rights as a Tool for Platform Worker Resistance: Lessons from the Uber/Ola Judgements. *In:* MATSUMI, Hideyuki et al. (Orgs.). *Data Protection and Privacy:* In Transitional Times. Oxford: Hart, 2023. p. 119-156.

[346] GARANTE PER LA PROTEZIONE DEI DATI PERSONALI. *Rider: Garante privacy, no a discriminazioni basate sugli algoritmi. Sanzione di 2,6 milioni di euro a una piattaforma del gruppo Glovo.* Disponível em: https://www.garanteprivacy.it/home/docweb/-/docweb-display/docweb/9677377. Acesso em: 20 mai. 2023.

[347] ROTT, Peter; STRYCHARZ, Joanna; ALLEWELDT, Frank. *Personalised pricing.* Luxemburgo: European Parliament, 2022. p. 26-27.

[348] Ficou conhecido a pesquisa da Latanya Sweeney sobre a publicidade direcionada do *GoogleAds* e seus resultados discriminatórios: SWEENEY, Latanya. Discrimination in online Ad delivery. *Communications of the ACM*, v. 56, n. 5, p. 44–54, 2013.

dos pressupostos de incidência do art. 20 da LGPD e o expresso regramento da etapa de aplicação do perfilamento automatizado. Da leitura do texto normativo, depreende-se que três são os pressupostos: (i) a decisão deve ser tomada unicamente com base em tratamento automatizado (ii) de dados pessoais (iii) que afetem interesses juridicamente relevantes dos titulares.

Para a compreensão da noção indeterminada de *decisão* no contexto do perfilamento automatizado em sistemas algorítmicos autoriza-se breve analogia com a decisão judicial, mais especificamente a sentença, porquanto tal qual esta, ato jurídico processual que põe termo a procedimento, a decisão a que se refere consiste em ato que fecha uma sucessão de operações de tratamento automatizado de dados. Neste ponto já termina o raciocínio analógico, pois o termo tem sentido bastante amplo. A ideia mais se aproxima de um *resultado* decorrente de operações encadeadas num processo computacional, formal e institucionalizado (*v. g.*, ato ou decisão de autoridade administrativa), ou de outra natureza. Em tese, portanto, pode abranger desde a negativa de concessão de crédito por sistema *credit scoring*, até a recomendação de filmes ou documentários em plataforma de *streaming* de vídeo[349/350].

Que esses resultados ou decisões devem se dar unicamente em decorrência de tratamento automatizado significa dizer que devem ser integradas a processo encadeado de operações de tratamento movido *sem*

[349] Em interpretação do art. 15, 1, da Diretiva 95/46/CE, Lee Bygrave sustentou uma ampla e aberta noção de *decisão*: "[...] the notion of decision in Art 15(1) is undoubtedly to be construed broadly and somewhat loosely in light of the provision's rationale and its otherwise detailed qualification of the type of decision it embraces". BYGRAVE, Lee A. *Data Protection Law:* Approaching Its Rationale, Logic and Limits. The Hague: Kluwer Law International, 2002. p. 321. Semelhante é a posição de Kamarinou, Millard e Singh, quanto à aplicação do art. 22 do GDPR: KAMARINOU, Dimitra; MILLARD, Christopher; SINGH, Jatinder. Machine Learning with Personal Data. *In:* LEENES, Ronald et. al. *Data Protection and Privacy:* The Age of the Intelligent Machines. Oxford: Hart Publishing, 2017. p. 98.

[350] Maja Brkan tem semelhante linha de pensamento: "Automated decision-making seems to encompass a multitude of decision types, ranging from displaying search results, profiling, high-frequency trading, decisions on granting of a loan by a bank, administrative decisions and to a certain extent even judicial decisions. The notion of automated decision-making is not a unitary concept, comprising only a particular type of decisions. Rather, it is broad, multifaceted and prone to be divided into several sub-categories". BRKAN, Maja. Do algorithms rule the world? Algorithmic decision-making and data protection in the framework of the GDPR and beyond. *International Journal of Law and Information Technology*, v. 27, n. 2, p. 91–121, 2019, p. 94.

intervenção humana relevante. Como afirmam Caitlin Mulholland e Isabella Frajhof, trata-se de decisão "tomada sem qualquer interferência humana que seja capaz de alterar seu resultado final"[351]. A noção, decerto, não é de fácil aplicação; ao contrário, enseja uma série de desafios interpretativos dada sua indeterminação.

No direito de proteção de dados da UE, as disposições legais do GDPR e da Diretiva 95/46/CE reguladoras da etapa de aplicação de perfis possuem similaridades nesse aspecto, pois versam, respectivamente, sobre "decisão tomada exclusivamente com base no tratamento automatizado" (GPDR, art. 22, 1), e "decisão [...] tomada exclusivamente com base num tratamento automatizado" (Diretiva 95/46/CE, art. 15, 1). A doutrina tem entendido que deve prevalecer uma noção *relativa* do que significa "exclusivamente", significando dizer que o texto se refere a uma situação em que não há pessoa humana a exercer *ativa* e *real* influência no resultado de certo processo de tomada de decisão[352]. Deste modo, a presença de indivíduo ou

[351] MULHOLLAND, Caitlin; FRAJHOF, Isabella Z. Inteligência artificial e Lei Geral de Proteção de Dados Pessoais: breves anotações sobre o direito à explicação perante a tomada de decisões por meio de *machine learning*. *In:* FRAZÃO, Ana; MULHOLLAND, Caitlin (Coords.). *Inteligência artificial e Direito:* ética, regulação e responsabilidade. 1. ed. São Paulo: Revista dos Tribunais, 2019. p. 275.

[352] BYGRAVE, Lee A. *Data Protection Law:* Approaching Its Rationale, Logic and Limits. The Hague: Kluwer Law International, 2002. p. 324. Na mesma direção: KAMARINOU, Dimitra; MILLARD, Christopher; SINGH, Jatinder. Machine Learning with Personal Data. *In:* LEENES, Ronald et. al. *Data Protection and Privacy:* The Age of the Intelligent Machines. Oxford: Hart Publishing, 2017. p. 98. De forma esclarecedora apontam os autores: "For example, if a company wanted to decide which of its employees should have access to specific internal operations or resources, it could use machine learning to make predictions about different employees' eligibility instead of having humans making such a decision. While this looks like automated decision making, this does not necessarily mean that there would not be any human involvement in any stage of the process. In fact, human actors would probably, in building the machine, provide as input the factors/criteria necessary for an employee to satisfy the eligibility condition and human actors may also be involved in assessing the machine's output before making a final decision. As some human intervention is likely to occur at some point in the automated decision-making process it has been argued that the scope of the protection is broader than only covering wholly automated decision-making. Arguably, human intervention would have to be actual and substantive, i.e. humans would have to exercise 'real influence on the outcome of a particular decision-making process,' in order to lead to the inapplicability of the protection provided in Article 15 of the Data Protection Directive (and in future Article 22 of the GDPR). So, for example, where a human decision depends completely on the belief that the machine and its code are always accurate, reliable, and objective, and where humans do not critically assess the machine's outputs but they, for example, only tick a box on a form, this action is unlikely to amount to the exercise of 'real influence' over a particular decision". KAMARINOU, Dimitra; MILLARD, Christopher; SINGH, Jatinder. *Op. cit.*, p. 97-98.

equipe de "tomadores de decisão" que simplesmente aprovam resultado de processo de perfilamento automatizado, não importa intervenção humana relevante[353], mas sim um mero ato procedimental vazio e desimportante[354].

Além disso, essa real e ativa influência pressupõe, de acordo com o antigo Grupo de Trabalho do Artigo 29 e atual EDPB, que o(s) indivíduo(s) interveniente(s) tenham autoridade e competência para alterar o resultado do tratamento automatizado, e que todos dados pertinentes sejam analisados[355]. Outros critérios específicos têm sido utilizados por cortes de justiça e autoridades de proteção de dados europeias, que têm julgado a matéria em diversos casos concretos[356]. A jurisprudência do TJUE, por sua vez, terá de apreciar o tema em futuro próximo, definindo em precedente vinculante critérios hermenêuticos para delimitar o suporte fático da "decisão tomada exclusivamente com base no tratamento automatizado" para a aplicação do art. 22 do GDPR, objeto do Processo C-634/21[357].

Em síntese: a aplicação de perfil sem tomada de decisão baseada unicamente em tratamento automatizado não é regida pelo art. 20 da LGPD.

O segundo pressuposto insculpido na lei é o de que o tratamento automatizado deve ser de *dados pessoais*. Muito embora a assertiva pareça óbvia,

[353] HÄNOLD, Stefanie. Profiling and automated decision-making: Legal implications and shortcomings. *In:* CORRALES, Marcelo; FENWICK, Mark; FORGÓ, Nikolaus. *Robotics, AI and the Future of Law*. Singapore: Springer, 2018. p. 134.

[354] BRKAN, Maja. Do algorithms rule the world? Algorithmic decision-making and data protection in the framework of the GDPR and beyond. *International Journal of Law and Information Technology*, v. 27, n. 2, p. 91–121, 2019, p. 101. Ainda: ALMADA, Marco. Human intervention in automated decision-making: Toward the construction of contestable systems. *Proceedings of the 17th International Conference on Artificial Intelligence and Law, ICAIL 2019*, p. 2–11, 2019, p. 3-4.

[355] ARTICLE 29 WORKING PARTY. *Guidelines on automated individual decision-making and profiling for the purposes of Regulation 2016/679*. Brussels: [s.n.], 2018. p. 20-21.

[356] VALE, Sebastião B.; ZANFIR-FORTUNA, Gabriela. *Automated Decision-Making Under the GDPR*: Practical Cases from Courts and Data Protection Authorities. Washington: Future of Privacy Forum, 2022. p. 28 *et seq.*

[357] Para resumo e comentários sobre o Processo C-634/21, TJUE, a respeito do sistema de escore de crédito alemão *SCHUFA*, cf. HÄUSELMANN, Andreas. The ECJ's First Landmark Case on Automated Decision-Making – a Report from the Oral Hearing before the First Chamber. *European Law Blog*, 20 fev. 2023. Disponível em: https://europeanlawblog.eu/2023/02/20/the-ecjs-first-landmark-case-on-automated-decision-making-a-report-from-the-oral-hearing-before-the-first-chamber/. Acesso em: 20 mai. 2023; PALMIOTTO, Francesca. Is credit scoring an automated decision? – The opinion of the AG Pikamäe in the Case C-634/21. *The Digital Constitutionalist*, 17 mar. 2023. Disponível em: https://digi-con.org/is-credit-scoring-an-automated-decision-the-opinion-of-the-ag-pikamae-in-the-case-c-634-21/. Acesso em: 20 mai. 2023.

cumpre salientar que em razão de o texto da revogada Diretiva (art. 15, 1) dispor expressamente sobre tratamento automatizado de *dados*, sem adjetivá-los como "pessoais", cogitou-se da pertinência do regramento à aplicação de perfis abstratos[358]. Entretanto, partindo da perspectiva então em vigor, centrada no indivíduo, o dispositivo da LGPD parece não incidir quando há aplicação de perfil de grupo ou abstrato quando se se tratar dados relativos a agrupamentos ou dados não pessoais[359].

O terceiro e último pressuposto legal do art. 20 impõe que a decisão deva afetar interesse juridicamente relevante de titular dos dados. Vale ressaltar que por interesse entende-se o escopo prático, a razão de agir que fundamenta uma situação jurídica subjetiva (direito subjetivo, direito potestativo, poder jurídico, interesse legítimo etc.), eis que situação subjetiva existe se houver a proteção de um interesse[360]. Ao prever expressamente que são "incluídas as decisões destinadas a definir o seu perfil pessoal, profissional, de consumo e de crédito ou os aspectos de sua personalidade" – é dizer, quando houver aplicação de perfil (personalizado ou de grupo) que envolve tratamento de dado pessoal[361] – o legislador elencou um rol exemplificativo de casos em que interesses juridicamente relevantes podem ser individuados a partir da interpretação-aplicação do ordenamento jurídico[362].

Uma vez atendidos cada um desses pressupostos, pode-se então dizer que determinados tipos de aplicação de perfis são expressamente regulados

358 BYGRAVE, Lee A. Automated profiling - Minding the machine: Article 15 of the EC data protection directive and automated profiling. *Computer Law and Security Review*, v. 17, n. 1, p. 17–24, 2001, p. 20.

359 Cf. KAMARINOU, Dimitra; MILLARD, Christopher; SINGH, Jatinder. Machine Learning with Personal Data. *In:* LEENES, Ronald et. al. *Data Protection and Privacy:* The Age of the Intelligent Machines. Oxford: Hart Publishing, 2017. p. 96.

360 PERLINGIERI, Pietro. *Manuale di diritto civile.* Nápoles: Edizioni Scientifiche Italiane, 1997. p. 69.

361 Em direção diversa, Ana Frazão, Angelo Prata e Giovanna Milanez entendem a "formação de perfis" como espécie de categoria mais ampla que denominam "julgamentos totalmente automatizados". FRAZÃO, Ana; CARVALHO, Angelo Prata de; MILANEZ, Giovanna. *Curso de proteção de dados pessoais*: fundamentos da LGPD. 1. ed. Rio de Janeiro: Forense, 2022. p. 335.

362 Neste sentido: MULHOLLAND, Caitlin; FRAJHOF, Isabella Z. Inteligência artificial e Lei Geral de Proteção de Dados Pessoais: breves anotações sobre o direito à explicação perante a tomada de decisões por meio de *machine learning*. *In:* FRAZÃO, Ana; MULHOLLAND, Caitlin (Coords.). *Inteligência artificial e Direito:* ética, regulação e responsabilidade. 1. ed. São Paulo: Revista dos Tribunais, 2019. p. 275.

pela LGPD. Em sendo esse o caso, o *caput* do art. 20 outorga ao titular dos dados o denominado direito à revisão de decisão automatizada, um instrumento de impugnação ou contestação do resultado advindo do tratamento automatizado de dados pessoais. A inspiração da lei brasileira no sistema da UE, tanto no art. 15, 1, da antiga Diretiva, como no art. 22, 1, do GDPR, é reconhecida na doutrina nacional[363], o que, por conseguinte, importa também anuir com a influência do direito francês, fonte do modelo seguido no bloco europeu[364/365].

O fundamento da norma, aqui e no outro lado do Atlântico, foi garantir a participação da pessoa humana nas decisões tomadas por sistemas computacionais que impactam a sua esfera jurídica, conferindo-lhe a oportunidade de influenciar no resultado. Ao tempo dos debates legislativos para a aprovação de normativa em matéria de proteção de dados, no início da década de 1990, a Comissão das Comunidades Europeias consignou:

> Esta disposição se destina a proteger o interesse do titular dos dados em participar na tomada de decisões que lhe são importantes. O uso de abrangentes perfis de indivíduos por poderosas instituições públicas e privadas

[363] VERONESE, Alexandre. Os direitos de explicação e de oposição diante das decisões totalmente automatizadas: comparando o RGPD da União Europeia com a LGPD brasileira. *In:* FRAZÃO, Ana; TEPEDINO, Gustavo; OLIVA, Milena Donato (Coords.). *Lei Geral de Proteção de Dados Pessoais e suas repercussões no direito brasileiro.* 2. ed. São Paulo: Revista dos Tribunais, 2020. *E-book.*

[364] BYGRAVE, Lee A. Automated profiling - Minding the machine: Article 15 of the EC data protection directive and automated profiling. *Computer Law and Security Review*, v. 17, n. 1, p. 17–24, 2001, p. 18. Vide, ainda: POULLET, Yves. Data Protection between Property and Liberties: A Civil Law Approach. *In*: KASPERSEN, H. (Coord.). *Amongst friends in computers and law. A collection of essays in remembrance of Guy Vandenberghe.* Deventer: Kluwer, 1989. p. 178; VALE, Sebastião Barros; ZANFIR-FORTUNA, Gabriela. *Automated Practical Cases from Courts Under the GDPR:* Decision--Making and Data Protection Authorities. [s.l: s.n.].

[365] Assim dispunham os arts. 2º e 3º da lei de proteção de dados francesa: "Article 2. Aucune décision de justice impliquant une appréciation sur un comportement humain ne peut avoir pour fondement un traitement automatisé d'informations donnant une définition du profil ou de la personnalité de l'intéressé."

"Aucune décision administrative ou privée impliquant une appréciation sur un comportement humain ne peut avoir pour seul fondement un traitement automatisé d'informations donnant une définition du profil ou de la personnalité de l'intéressé."

"Article 3. Toute personne a le droit de connaître et de contester les informations et les raisonnements utilisés dans les traitements automatisés dont les résultats lui sont opposés". FRANÇA. *Loi nº 78-17 du 6 janvier 1978 relative à l'informatique, aux fichiers et aux libertés.* Disponível em: https://www.legifrance.gouv.fr/loda/id/LEGIARTI000006528060/1978-07-23/#LEGIARTI000006528060. Acesso em: 07 jan. 2022.

> o despoja da capacidade de influenciar os processos decisórios nessas instituições, caso as decisões sejam tomadas apenas com base em sua "*data shadow*".[366]

A participação que se pretende promover, e que parece guardar relação com a ideia de mutualidade desenvolvida no relatório *Records, Computers and the Rights of the Citizens*[367], é possibilitada pela *contestabilidade* da decisão ou resultado de tratamento automatizado mediante o direito de revisão[368]. Veja-se que este direito, dada a função que desempenha como instrumento de contestação e defesa, pode ser visto como uma espécie de oposição a impor ao controlador revisar criticamente os fatores, inferências e razões conducentes à decisão totalmente automatizada[369/370]. O exercício da situ-

[366] COMMISSION OF THE EUROPEAN COMMUNITIES. *COM(90) 314 final – SYN 287.* Disponível em: https://eur-lex.europa.eu/legal-content/EN/TXT/PDF/?uri=CELEX:51990DC0314&-from=EN. Acesso em: 02 jan. 2022. Tradução livre de: "This provision is designed to protect the interest of the data subject in participating in the making of decisions which are of importance to him. The use of extensive data profiles of individuals by powerful public and private institutions deprives the individual of the capacity to influence decision-making processes within those institutions, should decisions be taken on the sole basis of his 'data shadow'".

[367] Vide item 1.1.

[368] Aliás, no próprio relatório há clara indicação sobre a relevância da possiblidade de se contestar equívoca classificação de um indivíduo num certo grupo estatístico de "alto risco": "Although there is nothing intrinsically harmful in such practices, in dealing with human populations it is essential not to assume that any single member of a statistically defined group will necessarily behave in the way predicted for the group as a whole. *Theoretically, the adverse consequences of "statistical stereotyping" can be avoided by permitting an individual to know that he has been labelled a risk and to contest the label as applied to him.* However, depending on the circumstances-and particularly on the stake that an organization may have in being able to predict the behavior of each individual in its clientele-a lone individual could have considerable difficulty making his case" (grifou-se). U.S. DEPARTMENT OF HEALTH, EDUCATION & WELFARE. *Records, Computers and the Rights of Citizens.* Washington: U.S. Government Printing Office, 1973. p. 26.

[369] De acordo com Bygrave, em interpretação da Diretiva 95/46/CE: "it is important to note that if a data subject successfully exercises his/her right to object pursuant to Art. 15(1), the data controller is simply required to review critically the criteria or factors forming the basis for the fully automated decision. The controller is neither required to change these criteria or factors,nor to supplement them with other criteria/factors. Nevertheless, the review process might well involve these sorts of amendments being made". BYGRAVE, Lee A. Automated profiling – Minding the machine: Article 15 of the EC data protection directive and automated profiling. *Computer Law and Security Review*, v. 17, n. 1, p. 17–24, 2001, p. 20.

[370] Para Carlos Affonso Souza, Christian Perrone e Eduardo Magrani: "Esse direito se refere a uma garantia de que os indivíduos possam se opor a práticas errôneas ou discriminatórias. É também uma oportunidade para o controlador reexaminar o seu sistema e avaliar se não há mesmo um

ação subjetiva, decerto, não significa que, após a análise, o resultado será necessariamente alterado[371], mas significa, no mínimo, que se pretende neutralizar seus efeitos temporariamente enquanto se dá a revisão, e que, efetuada esta, desdobramentos juridicamente relevantes podem sobrevir (*v. g.*, modificações no desenho metodológico e nos dados de treinamento e validação, descarte de dados).

Ganha em importância tal direito e a contestabilidade de decisões automatizadas no mundo *onlife*, em que as tecnologias de perfilamento, ubíquas e movidas por sistemas algorítmicos opacos e invisíveis, capturam e processam dados históricos, é dizer, do passado, e tomam decisões a partir de representação de indivíduos e grupos computada em código binário por circuitos integrados controlados por *software*, mesmo quando o que se pretende representar em dados digitais for, na verdade, incomputável[372]. Para Stefano Rodotà, esta "é uma norma geral sobre a distribuição do poder de decisão no mundo digital"[373], pois, de fato, está a lidar com assimetria de poder procedente das assimetrias informacional e epistemológica que marcam as tecnologias de perfilamento. É justamente nesse ponto que

preconceito implícito ou se o algoritmo pode resultar tendencioso. Usado com parcimônia, pode servir como uma forma de retroalimentação positiva para as empresas interessadas em aprimorar os seus algoritmos". SOUZA, Carlos Affonso; PERRONE, Christian; MAGRANI, Eduardo. O direito à explicação entre a experiência europeia e a sua positivação na LGPD. *In*: DONEDA, Danilo et al. (Coords.). *Tratado de proteção de dados pessoais*. Rio de Janeiro: Forense, 2021. p. 266.

[371] MULHOLLAND, Caitlin; FRAJHOF, Isabella Z. Inteligência artificial e Lei Geral de Proteção de Dados Pessoais: breves anotações sobre o direito à explicação perante a tomada de decisões por meio de *machine learning*. *In:* FRAZÃO, Ana; MULHOLLAND, Caitlin (Coords.). *Inteligência artificial e Direito:* ética, regulação e responsabilidade. 1. ed. São Paulo: Revista dos Tribunais, 2019. p. 272.

[372] Toma-se por empréstimo a expressão "*incomputable self*" de Mireille Hildebrandt em texto já citado diversas vezes neste livro. A incerteza e indeterminação próprias da construção da identidade não são computáveis se dados, por definição, são dados do passado: "identidade de cada indivíduo vai emergindo ao longo da história da sua vida, no decurso da sua existência histórico-temporal, a partir da intersecção dialogada e constante entre a subjectividade e a alteridade, entre a interioridade e o mundo em que se encontra projectada" (FERNANDES, Sara Margarida de Matos R.. Identidade narrativa e identidade pessoal: uma abordagem da filosofia de Paul Ricoeur. *Philosophica*, Lisboa, n. 33, p. 75-94, 2008, p. 78). Cf. HAO, Karen. AI can't predict how a child's life will turn out even with a ton of data. *MIT Technology Review*, 02 abr. 2020. Disponível em: https://www.technologyreview.com/2020/04/02/998478/ai-machine-learning-social-outcome-prediction-study/#Echobox=1585941290. Acesso em: 30 jul. 2020.

[373] RODOTÀ, Stefano. *Il diritto di avere diritti*. Bari: Laterza, 2012. p. 328. Tradução livre de: "è una norma generale sulla distribuzione del potere di decisione nel mondo digitale".

se mostra necessário a discussão a respeito da *transparência e explicação* da decisão automatizada e a previsão do art. 20, § 1º, da LGPD.

Para que um resultado ou decisão de sistema algorítmico seja objetada por meio do direito de revisão, é necessário que, antes, as razões e principais justificativas do resultado sejam informadas de maneira compreensível ao titular dos dados[374]. Isto é, só se pode exercer a situação subjetiva se uma "explicação local" for fornecida sobre a específica decisão automatizada[375]. Por exemplo: sem conhecer e compreender as razões da aplicação de perfil não-distributivo como será possível contestar, via direito de revisão, decisão automatizada por força de incidir discriminação antijurídica?

No direito brasileiro, a reboque de pujante diálogo internacional[376], intensificou-se um debate relativamente à transparência de sistemas algorítmicos, notadamente aqueles baseados em aprendizado de máquina, e a capacidade destes de oferecer elementos informativos bastantes para explicar decisões e resultados, inclusive quando da aplicação de perfis. Neste cenário o art. 20, § 1º, da LGPD, ganhou proeminência como fundamento legal de um "direito à explicação"[377], muito embora disposição similar já houvesse no art. 5º, IV, da Lei 12.414/2011.

[374] SOUZA, Carlos Affonso; PERRONE, Christian; MAGRANI, Eduardo. O direito à explicação entre a experiência europeia e a sua positivação na LGPD. *In*: DONEDA, Danilo et al. (Coords.). *Tratado de proteção de dados pessoais*. Rio de Janeiro: Forense, 2021. p. 263.

[375] Sobre a noção de "explicação local": DOSHI-VELEZ, Finale; KORTZ, Mason. Accountability of AI under the law: The role of explanation. *Berkman Klein Center Working Group on Explanation and the Law*. [s.l: s.n.]. p. 7.

[376] Entre outros trabalhos, indica-se: BAROCAS, Solon et al. Accountable algorithms. *University of Pennsylvania Law Review*, v. 165, n. 633, p. 633–706, 2017; ANANNY, M.; CRAWFORD, Kate. Seeing without knowing: Limitations of the transparency ideal and its application to algorithmic accountability. *New Media and Society*, v. 20, n. 3, p. 973–989, 2018; DE LAAT, Paul B. Algorithmic Decision-Making Based on Machine Learning from Big Data: Can Transparency Restore Accountability? *Philosophy and Technology*, v. 31, n. 4, p. 525–541, 2018; BRKAN, Maja. AI-supported decision-making under the general data protection regulation. *Proceedings of the 16th edition of the International Conference on Articial Intelligence and Law – ICAIL '17*, p. 3–8, 2017.

[377] MULHOLLAND, Caitlin; FRAJHOF, Isabella Z. Inteligência artificial e Lei Geral de Proteção de Dados Pessoais: breves anotações sobre o direito à explicação perante a tomada de decisões por meio de *machine learning*. *In:* FRAZÃO, Ana; MULHOLLAND, Caitlin (Coords.). *Inteligência artificial e Direito:* ética, regulação e responsabilidade. 1. ed. São Paulo: Revista dos Tribunais, 2019. p. 272; MONTEIRO, Renato Leite; CRUZ, Sinuhe. Direitos dos titulares: fundamentos, limites e aspectos práticos. *In:* FRANCOSKI, Denise de Souza L.; TASSO, Fernando Antonio (Coord.). *A Lei Geral de Proteção de Dados Pessoais LGPD:* aspectos práticos e teóricos relevantes no setor público e privado. São Paulo: Revista dos Tribunais, 2021. p. 280; SOUZA, Carlos Affonso; PERRONE, Christian; MAGRANI, Eduardo. O direito à explicação entre a experiência europeia e a sua positivação na

Textualmente, a LGPD prescreve o dever do controlador "fornecer, sempre que solicitadas, *informações claras e adequadas a respeito dos critérios e dos procedimentos utilizados* para a decisão automatizada" (grifou-se). A redação possui uma série de conexões com os arts. 9º, I e II, e 19, II, remetendo à disciplina do direito de acesso e seus contornos. A partir do cotejo, decerto, pode-se também dizer que em processos decisórios automatizados deve haver o fornecimento ao titular dos dados de informações *inteligíveis ou compreensíveis* relativamente ao *para quê* ("finalidade específica") e ao *como* ou *lógica de funcionamento* ("critérios" e "procedimentos utilizados"). Alguns dos principais obstáculos para a explicação da decisão automatizada também estão atrelados a aspectos que tocam a ideia de opacidade presentes na etapa de formação dos perfis: (i) a complexidade técnica e a capacidade de compreensão humana; e (ii) a tutela do segredo comercial ou industrial.

Para problemas semelhantes, soluções semelhantes podem ser pensadas: assim como na etapa de formação de perfil, na etapa de aplicação com decisão automatizada, ao exercício do direito previsto no art. 20, § 1º, deve o controlador responder com explicação/informação compreensível ao titular, e não com transparência que esgota os detalhes dos algoritmos, modelos e métodos do sistema e, em colisão com a tutela do segredo de negócio, compromete sua competitividade no mercado[378]. A Recomendação CM/Rec(2021)8, do Comitê de Ministros do Conselho da Europa, adotou posição nessa linha e, ademais, em reforço à ideia de que deve se estabelecer limites à proteção jurídica do segredo comercial ou industrial e da propriedade intelectual, não admitindo que tal "conduza à privação do titular dos dados ou o grupo afetado da capacidade

LGPD. *In*: DONEDA, Danilo et al. (Coords.). *Tratado de proteção de dados pessoais*. Rio de Janeiro: Forense, 2021. p. 260 et seq.; ZANATTA, Rafael A. F. Perfilização, Discriminação e Direitos: do Código de Defesa do Consumidor à Lei Geral de Proteção de Dados Pessoais. *ResearchGate*, 2019, p. 21; FERRARI, Isabela; BECKER, Daniel. Direito à explicação e decisões automatizadas: reflexões sobre o princípio do contraditório. *In*: NUNES, Dierle; LUCON, Paulo H. S.; WOLKART, Erik N. (Orgs.). *Inteligência artficial e direito processual:* os impactos da virada tecnológica no direito processual. 2. ed. Salvador: JusPodivm, 2021. p. 295.

[378] Guardadas as devidas proporções, cf. BRKAN, Maja. AI-supported decision-making under the general data protection regulation. *Proceedings of the 16th edition of the International Conference on Articial Intelligence and Law – ICAIL '17*, p. 3–8, 2017, p. 4-5.

de compreender as decisões ou propostas de decisão tomadas pelo controlador"[379/380].

Uma solução neste sentido, aliás, além de promover direitos dos titulares, contribui para que não ocorra uma sobrecarga de trabalho para a ANPD auditar sistemas algorítmicos de controladores que alegam, de forma devidamente *justificada*, o não fornecimento de explicação para resguardar segredo comercial ou industrial, consoante o art. 20, § 2º, da LGPD[381].

2.3.2 Código de Defesa do Consumidor e Lei do Cadastro Positivo

As origens da técnica de perfilamento e sua aplicação estão certamente relacionadas à formação de bancos de dados por meio da coleta de dados pessoais de consumidores e o uso de métodos de análise comportamental com propósitos publicitários[382], é dizer, nas palavras de Daniel Solove, é uma história que envolve dinheiro e *marketing*[383]. De forma simétrica, a normativa aplicável ao perfilamento automatizado foi construída de modo

[379] COUNCIL OF EUROPE. *Recommendation CM/Rec(2021)8 of the Committee of Ministers to member States on the protection of individuals with regard to automatic processing of personal data in the context of profiling.* Disponível em: https://search.coe.int/cm/pages/result_details.aspx?objectid=0900001680a46147. Acesso em: 12 nov. 2021.Tradução livre de: "lead to deprive the data subject or the affected group of the capacity to understand the decisions or draft decisions taken by the controller".

[380] Lê-se no item 5.7 da Recomendação CM/Rec(2021)8: "Persons affected by a decision based on profiling should have the right to receive a meaningful explanation of this decision or draft decision to understand the justification for it. Intellectual property or the existence of trade secrets may only be opposed where the information to be given would seriously affect these rights. The invocation of these rights and interests by the controller may not lead to deprive the data subject or the affected group of the capacity to understand the decisions or draft decisions taken by the controller".

[381] Cf. FRAZÃO, Ana; CARVALHO, Angelo Prata de; MILANEZ, Giovanna. *Curso de proteção de dados pessoais*: fundamentos da LGPD. 1. ed. Rio de Janeiro: Forense, 2022. p. 343.

[382] ZANATTA, Rafael A. F. Perfilização, Discriminação e Direitos: do Código de Defesa do Consumidor à Lei Geral de Proteção de Dados Pessoais. *ResearchGate,* 2019, p. 9-15. Para considerações históricas sobre o surgimento dos bancos de dados no setor privado nos EUA e seu vínculo com o tratamento de dados dos consumidores e desenvolvimento das técnicas de *marketing* direto, v. SOLOVE, Daniel J. *The digital person:* technology and privacy in the information age. 1. ed. Nova Iorque: New York University Press, 2004. p. 16-26. Em termos gerais, Solove salienta que: "Today, corporations are desperate for whatever consumer information they can glean, and their quest for information is hardly perceived as democratic. The data collected extends beyond information about consumers' views of the product to information about the con- sumers themselves, often including lifestyle details and even a full-scale psychological profile". SOLOVE, Daniel J. *Op. cit.*, p. 17.

[383] SOLOVE, Daniel J. *Op. cit.*, p. 16.

a regular especificamente os bancos de dados de consumo e as práticas comerciais que, ao buscar aproximar consumidores dos bens e serviços que lhes são disponibilizados[384], submetem os sujeitos vulneráveis a riscos de abuso no mercado.

Atualmente, o direito do consumidor brasileiro, notadamente por meio das Leis n. 8.078/1991 (Código de Defesa do Consumidor) e n. 12.414/2011 (Lei do Cadastro Positivo), regula as tecnologias de perfilamento não de forma direta e específica como a LGPD. Com exceção dos incisos IV e VI do art. 5º, da LCP, o regramento aplicável aos bancos de dados, à publicidade e às práticas comerciais abusivas estabelece preceitos que repercutem nas etapas de formação e aplicação de perfis.

Inspirado no *Fair Credit Reporting Act* (1974) dos EUA, o CDC tratou normativamente sobre os "bancos de dados" e "cadastros de consumo"[385] no art. 43. Especialmente oportuna em relação aos bancos de dados de proteção ao crédito, existentes no Brasil desde a década de 1950[386], a lei prescreveu um conjunto de direitos do consumidor e deveres aos bancos de dados em torno da atividade de tratamento de dados pessoais desempenhada: (i) direito de acesso do consumidor às informações existentes sobre ele, "bem como as respectivas fontes"; (ii) os dados objeto de tratamento devem ser objetivos, claros, verdadeiros e ter "linguagem de fácil compreensão"; (iii) que a abertura dos registros e fichas com dados pessoais e de consumo devem ser informadas ao consumidor, caso ele não tenha solicitado; (iv) direito de retificação de informações inexatas, devendo o arquivista comunicar as alterações "aos eventuais destinatários" no prazo

384 Sobre as práticas comerciais na sociedade do consumo: GRINOVER, Ada Pellegrini et al. *Código Brasileiro de Defesa do Consumidor comentado pelos autores do Anteprojeto*. 10. ed. rev., atual. e reform. Rio de Janeiro: Forense, 2011. v. I. p. 262.

385 Segundo Leonardo Bessa, nos "cadastros de consumo" o próprio consumidor fornece dados pessoais e o objetivo é criar mais facilitada comunicação entre fornecedor e consumidor. "De outro lado, nos bancos de dados de consumo, cuja principal espécie são justamente as entidades de proteção ao crédito, a informação advém, em regra, dos fornecedores (e não mais do consumidor). O destino final da informação, embora ela permaneça armazenada na entidade, é o mercado, ou seja, os fornecedores". BENJAMIN, Antônio Herman V.; MARQUES, Cláudia Lima; BESSA, Leonardo Roscoe. *Manual de direito do consumidor*. 2. ed. rev., atual. e amp. São Paulo: Revista dos Tribunais, 2009. p. 242.

386 BENJAMIN, Antônio Herman V.; MARQUES, Cláudia Lima; BESSA, Leonardo Roscoe. *Manual de direito do consumidor*. 2. ed. rev., atual. e amp. São Paulo: Revista dos Tribunais, 2009. p. 243; GRINOVER, Ada Pellegrini et al. *Código Brasileiro de Defesa do Consumidor comentado pelos autores do Anteprojeto*. 10. ed. rev., atual. e reform. Rio de Janeiro: Forense, 2011. v. I. p. 415.

de cinco dias úteis; (v) as informações negativas sobre consumidores não podem ser tratadas se referentes a período superior a cinco anos.

Considerando a pluralidade de fontes de dados pessoais utilizados por fornecedores para fins comerciais, como otimizar custos, ampliar vendas, atenuar riscos do negócio, o estatuto consumerista consagrou importantes preceitos vinculantes que estabelecem limites a bancos de dados de consumo. Na verdade, há que se reconhecer que tais normas exprimem princípios de proteção de dados, a exemplo da transparência e da exatidão ou qualidade dos dados[387] que, tal como apontado no item anterior, produzem eficácia jurídica sobre as etapas do perfilamento automatizado.

Desde a entrada em vigor do CDC, sua disciplina jurídica alcançou especialmente bancos de dados de proteção ao crédito, que, por sua vez, priorizavam o tratamento de informações negativas – dados sobre dívidas vencidas e não adimplidas[388]. Entretanto, com a guinada do mercado e das tecnologias orientadas por dados em direção à coleta e processamento de informações ditas positivas[389] – isto é, "qualquer dado além das informações necessárias para identificar um débito vencido e não pago"[390] –, o legislador brasileiro editou a Lei 12.414/2011, regramento atinente à "formação e consulta a bancos de dados com informações de adimplemento, de pessoas naturais ou de pessoas jurídicas, para formação de histórico de crédito" (art. 1º)[391], fiado em promessas de melhor avaliação de riscos na concessão de crédito e redução da taxa de juros ao consumidor com bom histórico[392]. Da análise da LCP apreende-se a conformação de um arcabouço normativo sobre o tratamento de dados alinhados a princípios e regras de proteção de dados pessoais e à sistemática do CDC, o

[387] Cf. MENDES, Laura Schertel. *Privacidade, proteção de dados e defesa do consumidor*: linhas gerais de um novo direito fundamental. São Paulo: Saraiva, 2014. p. 214-220.

[388] BENJAMIN, Antônio Herman V.; MARQUES, Cláudia Lima; BESSA, Leonardo Roscoe. *Op. cit.*, p. 245.

[389] BESSA, Leonardo Roscoe. *Cadastro positivo:* comentários à Lei 12.414, de 09 de junho de 2011. São Paulo: Revista dos Tribunais, 2011. p. 38 et seq.

[390] BESSA, Leonardo Roscoe. *Op. cit.*, p. 38

[391] BRASIL. *Lei n. 12.414, de 09 de junho de 2011.* Disciplina a formação e consulta a bancos de dados com informações de adimplemento, de pessoas naturais ou de pessoas jurídicas, para formação de histórico de crédito. Disponível em: http://www.planalto.gov.br/ccivil_03/_ato2011-2014/2011/lei/l12414.htm. Acesso em: 03 ago. 2021.

[392] BESSA, Leonardo Roscoe. *Cadastro positivo:* comentários à Lei 12.414, de 09 de junho de 2011. São Paulo: Revista dos Tribunais, 2011. p. 43, 45.

que corrobora o imperativo de uma leitura sistemática e conjugada com a LGPD, haja vista o disposto nos arts. 2º, VI, 18, § 8º, 45, da lei de proteção de dados brasileira.

Na LCP, o potente princípio da *finalidade* ou *especificação dos propósitos* está firmemente estruturado ao lado dos princípios da *qualidade de dados* e da *necessidade*, colocando em evidência a relação de convergência que possuem (vide item 2.3.1.2). Com enfoque na determinação de que, para a formação do histórico de crédito, os bancos de dados poderão conter dados pessoais de adimplemento (LCP, art. 3º), a lei especificou que os dados poderão ser tratados somente para a "realização de análise de risco de crédito do cadastrado" e para "subsidiar a concessão ou extensão de crédito e a realização de venda a prazo ou outras transações comerciais e empresariais que impliquem risco financeiro ao consulente" (LCP, art. 7º).

Em linha com os propósitos fixados legalmente, os dados pessoais coletados e armazenados devem ser exatos – ou "informações objetivas, claras, verdadeiras e de fácil compreensão" – e *relevantes* para "avaliar a situação econômica do cadastrado" (LCP, art. 3º, § 1º, *in fine*) ou o "risco de crédito ao consumidor" (LCP, art. 3º, § 3º, I)[393]. Dados irrelevantes para tais fins são reputados *excessivos* ou *desnecessários*, proibidos, pois, de ser objeto de tratamento (LCP, art. 3º, § 3º, I), assim como os dados pessoais sensíveis – informações pertinentes à origem social e étnica, à saúde, à constituição genética, à orientação sexual e às convicções políticas, religiosas e filosóficas, são decerto irrelevantes para análise de risco de crédito de consumidor (LCP, art. 3º, § 3º, II). Ademais, há que de se ter especial cuidado com aqueles dados que funcionam como *proxies* de informações sensíveis (*v. g.*, endereço e CEP em relação à origem étnica e racial[394]), eis que processa-

[393] Como bem afirma Leonardo Bessa: "A primeira forma de limitar a qualidade da informação que circula em arquivos de consumo é exigir que ela esteja vinculada ao propósito específico do banco de dados. [...] Se não atenderem a esse pressuposto, a coleta e o tratamento da informação devem ser considerados ilegais, ilegítimos e ofensivos à privacidade (art. 5º, X, da CF)". BESSA, Leonardo Roscoe. *Op. cit.*, p. 94. Na mesma direção: MENDES, Laura Schertel. *Privacidade, proteção de dados e defesa do consumidor*: linhas gerais de um novo direito fundamental. São Paulo: Saraiva, 2014. p. 214.

[394] Num experimento que parece ser um dos primeiros com criação de modelos a partir de bases de dados sobre brasileiros no campo de estudo de sistemas computacionais para escore de crédito baseados em aprendizado de máquina, Ramon Vilarino e Renato Vicente mostram a forte correlação do impacto médio de predições de credibilidade financeira com a composição racial distribuída territorialmente entre os diferentes códigos postais do país. O estudo aponta para o sentido de que, no Brasil, o código postal pode introduzir enviesamentos raciais em modelos de *credit scoring*.

dos de forma a revelar aspectos sensíveis que podem ser, além de irrelevantes, vetores de tratamento discriminatório antijurídico (princípio da não discriminação e art. 8º, VI, da LCP).

Consagrou-se também uma série de direitos ao consumidor (LCP, art. 5º), a exemplo do direito de se opor e retificar dados erroneamente registrados em banco de dados e ter, em até 10 (dez) dias, sua correção ou seu cancelamento em todos os bancos de dados que compartilharam a informação (art. 5º, III). Outros mais, ancorados no *princípio da transparência*, asseguram ao consumidor ser informado previamente sobre a identidade do agente de tratamento, a ocorrência do armazenamento e o objetivo das operações de tratamento dos dados pessoais (art. 5º, II e VII).

No cenário nacional, os parâmetros desse diploma legal se tornaram cruciais para as discussões a respeito da normativa aplicável aos sistemas de *credit scoring* implementados por birôs de crédito[395]. O *"credit score"*, ou escore ou nota de crédito, "é usado para subscrever produtos financeiros ao consumidor — a fim de se decidir sobre quanto oferecer de crédito a um indivíduo e em que termos — e descreve uma única pessoa"[396]. Com o advento das tecnologias de tratamento intensivo de dados, o cálculo ou inferência dessa nota (*v. g.* numa escala de 0 a 1000) passou a se dar mediante a utilização de KDD e métodos de aprendizado de máquina em complexos sistemas que processam vastíssima quantidade e variedade de dados

Razão pela qual os pesquisadores salientaram a importância da explicabilidade desses modelos para a identificação de enviesamentos neles embutidos. Cf. VILARINO, Ramon; VICENTE, Renato. An experiment on the mechanisms of racial bias in ML-based credit scoring in Brazil. *arXiv*, 2020. Disponível em: https://arxiv.org/pdf/2011.09865.pdf. Acesso em: 07 ago. 2022.

395 No direito brasileiro, pode-se mencionar, entre outros trabalhos: GHISI, Silvano; PEZZELA, Maria Christina Cereser. A manipulação de dados pessoais nas relações de consumo e o sistema *"crediscore"*. *Civilistica.com*, Rio de Janeiro, a. 4, n. 1, jan./jun. 2015. Disponível em: http://civilistica.com/a-manipulacao-de-dados-pessoais/. Acesso em: 15 jan. 2022; ZANATTA, Rafael A. F. Perfilização, Discriminação e Direitos: do Código de Defesa do Consumidor à Lei Geral de Proteção de Dados Pessoais. *ResearchGate*, 2019, p. 14-19; MARANHÃO, Juliano; CAMPOS, Ricardo R. Proteção de Dados de Crédito na Lei Geral de Proteção de Dados. *Revista Direito Público*, Porto Alegre, v. 16, n. 90, p. 132–154, nov./dez. 2019, p. 143 et seq.

396 ROBINSON + YU. *Knowing the score:* new data, underwriting, and marketing in the consumer credit marketplace. [s.l: s.n.]. p. 4. Disponível em: https://www.upturn.org/static/files/Knowing_the_Score_Oct_2014_v1_1.pdf. Acesso em: 11 jan. 2022. Tradução livre de: "is used to underwrite consumer financial products — to decide how much credit to offer to an individual, and on what terms — and describes a single individual".

pessoais[397/398] para a construção de modelos (ou perfis)[399] e posterior lançamento no mercado para, aplicando os modelos (ou perfis), prever e quantificar num escore o risco de inadimplemento por parte de consumidores.

Em 2014, o STJ julgou o tema no Recurso Especial n. 1.419.697/RS, com singular atenção ao direito à proteção de dados pessoais do consumidor no regime do CDC e da LCP. Fixou-se no precedente obrigatório que o sistema de pontuação de crédito ou *credit scoring* "não se trata de um cadastro ou banco de dados de consumidores, mas de uma metodologia de cálculo do risco de crédito, utilizando-se de modelos estatísticos e dos dados existentes no mercado acessíveis via "internet""[400]. Sob este fundamento, concluiu-se, à época, pela dispensa de obtenção do consentimento livre e informado do consumidor para a uso de tais sistemas[401]. Contudo, na *ratio decidendi* do precedente judicial expressa ressalva foi feita quanto à obrigatoriedade de se respeitar "os limites traçados pela legislação brasileira, especialmente pelo CDC e pela Lei n. 12.414/2011, no sentido da proteção da privacidade do consumidor consultado e da máxima transparência na avaliação do risco de crédito".

Nessa medida, considerando os contornos do precedente fixado e sua eficácia vinculante[402], dentre os limites e direitos do consumidor de maior

[397] HURLEY, Mikella; ADEBAYO, Julius. Credit scoring in the era of big data. *Yale Journal of Law & Technology*, v. 18, p. 148-216, 2016, p. 151-152.

[398] Ficou conhecida a afirmação de Douglas Merrill em entrevista ao *The New York Times*, retratando uma, hoje, pueril *"big data philosophy"*: "'We feel like all data is credit data, we just don't know how to use it yet," he says. "This is the math we all learned at Google. A page was important for what was on it, but also for how good the grammar was, what the type font was, when it was created or edited. Everything. What Gil is doing at Factual is the same. Data matters. More data is always better'". HARDY, Quentin. Just the Facts. Yes, All of Them. *The New York Times*, 25 mar. 2012. Disponível em: https://archive.nytimes.com/query.nytimes.com/gst/fullpage-9A0CE7DD153C-F936A15750C0A9649D8B63.html. Acesso em: 11 jan. 2022.

[399] Para didática explicação sobre o processo de KDD e o desenvolvimento de modelos de aprendizado de máquina para análise de risco de crédito, vide HURLEY, Mikella; ADEBAYO, Julius. Credit scoring in the era of big data. *Yale Journal of Law & Technology*, v. 18, p. 148-216, 2016, p. 168 et seq.

[400] BRASIL. Superior Tribunal de Justiça (Segunda Seção). Recurso Especial n. 1.419.697/RS. Relator: Min. Paulo de Tarso Sanseverino. Brasília, 12/11/2014. *Diário de Justiça eletrônico*, Brasília, DF, 17/11/2014. O entendimento ficou vertido no Enunciado n. 550 da Súmula do STJ: "A utilização de escore de crédito, método estatístico de avaliação de risco que não constitui banco de dados, dispensa o consentimento do consumidor, que terá o direito de solicitar esclarecimentos sobre as informações pessoais valoradas e as fontes dos dados considerados no respectivo cálculo".

[401] Antes da Lei Complementar n. 166/2019, vigia uma sistemática de *opt-in* na Lei 12.414/2011.

[402] A respeito da identificação da *ratio decidendi* ou *holding* de precedentes judiciais: "Assim, as razões de decidir do precedente é que operam a vinculação: extrai-se da *ratio decidendi*, por *indução*, uma regra geral que pode ser aplicada a outras situações semelhantes. Da solução de um caso concreto

importância na regulação das práticas de perfilamento automatizado dos birôs de crédito estão: (i) a vedação do uso de dados pessoais sensíveis e dados excessivos e irrelevantes para a análise de risco de crédito (LCP, art. 3º, § 3º); (ii) os direitos de revisão de decisão automatizada e de acesso aos principais elementos e critérios considerados para a análise de risco (LCP, art. 5º, VI e IV).

A imposição proibitiva do tratamento de dados sensíveis e dados excessivos, por irrelevantes que são para a finalidade legítima e especificada de avaliação de risco de crédito, toca todo o processo de perfilamento automatizado em ambas as etapas de formação e de aplicação dos perfis de risco. Nesse ponto, aliás, Juliano Maranhão e Ricardo Campos afirmam:

> Como a relevância do dado, no estado tecnológico atual, não pode ser determinada *ex-ante*, mas depende justamente de seu processamento, a princípio, torna-se sem sentido a avaliação independente ou *ex-ante* de "excessividade", prevista no art. 3º, § 3º, I, da LCP, como a identificação daqueles dados "que não estiverem vinculados à análise de risco de crédito". É o resultado do processamento que indica o vínculo e o grau de correlação[403].

A consequência do raciocínio, continuam os autores, "seria que todos os dados indicados pelo processamento computacional como correlacionados à proteção ao crédito podem ser empregados"[404]. Se se tomar por verdade tal assertiva, os princípios da finalidade, necessidade e qualidade dos dados, seriam significativamente erodidos no âmbito dos sistemas algorítmicos de *credit scoring*. Lembrando a Primeira Lei da Informática, "se nenhum propósito foi definido anteriormente à coleta dos dados, então os dados não devem ser utilizados"[405], é dizer, se na construção de modelos

(particular) extrai-se uma regra de direito que pode ser generalizada. Só se pode considerar como *ratio decidendi* a opção hermenêutica que, a despeito de ser feita para um caso concreto, tenha aptidão para ser universalizada". DIDIER JR., Fredie; OLIVEIRA, Rafael Alexandria de; BRAGA, Paula Sarno. *Curso de direito processual civil*. 10. ed. Salvador: JusPodivm, 2015. v. 2. p. 446-447.

403 MARANHÃO, Juliano; CAMPOS, Ricardo R. Proteção de Dados de Crédito na Lei Geral de Proteção de Dados. *Revista Direito Público*, Porto Alegre, v. 16, n. 90, p. 132–154, nov./dez. 2019, p. 143.

404 MARANHÃO, Juliano; CAMPOS, Ricardo R. Proteção de Dados de Crédito na Lei Geral de Proteção de Dados. *Revista Direito Público*, Porto Alegre, v. 16, n. 90, p. 132–154, nov./dez. 2019, p. 143.

405 VAN DER LEI, J. Use and Abuse of Computer-Stored Medical Records. *Methods of Information in Medicine*, v. 30, p. 79-80, 1991, p. 80. Tradução livre de: "[i]f no purpose was defined prior to the collection of data, then the data should not be used".

não houver clareza nos objetivos do *design* metodológico do aprendizado de máquina *antes* da coleta de dados, tais dados sequer devem ser tratados. Ademais, na difícil tarefa que possui o desenvolvedor do algoritmo de aprendizado de máquina de formalizar numa *target function* (ou *target variable*[406]) o que é "credibilidade financeira", tarefa, métricas de performance etc., deve cumprir a norma jurídica que previamente estabeleceu como parâmetro que dados de origem étnica, por exemplo, não se articulam com tal desenho metodológico e não podem fazer parte da sua escolha de dados de treinamento do modelo. A regra jurídica proibitiva incidente na fase de desenvolvimento e formação do modelo também o é na fase de sua aplicação. Enfim, não sendo possível certo controle prévio da relevância, ou qualidade dos dados, como o ordenamento jurídico impõe, corre-se risco de formar e aplicar modelos com "dados ruins" que produzirão resultados também ruins (*garbage in, garbage out* – GIGO), ou seja, injustas ou até discriminatórias inferências de risco de crédito[407].

Com relação aos direitos plasmados nos incisos VI e IV do art. 5º, da LCP, de especial pertinência à etapa de aplicação dos perfis do sistema de pontuação de crédito, garante-se o direito de revisão aos consumidores cuja avaliação e decisão a respeito da concessão de crédito tenham se dado sem intervenção humana relevante – ou seja, aplicação de perfil com decisão automatizada e com tratamento de dados pessoais. A disposição legal pode ser vista como um antecedente do art. 20 da LGPD, com a mesma função contestatória e *ratio*[408]. A similitude também se revela no

[406] Sobre a noção de *target variable*: BAROCAS, Solon; SELBST, Andrew. Big Data's Disparate Impact. *California Law Review*, v. 104, n. 1, p. 671–729, 2016, p. 677.

[407] Nesse ponto, aliás, existe nítida compatibilidade da previsão normativa com certas métricas de "justiça algorítmica" (*algorithmic fairness*) encontradas na literatura, como a que estabelece que o sistema algorítmico deve ser cego a determinados atributos sensíveis: "The simplest and perhaps the most straightforward conception of fairness is fairness through blindness to some sensitive attributes (e.g., race) that could be the basis of unfair treatment of the subject. In the context of machine learning systems, this means that in order to make the results of predictive algorithms fair, we need to make sure that these algorithms have no information about the sensitive attributes of the subject". KASIRZADEH, Atoosa; CLIFFORD, Damian. Fairness and Data Protection Impact Assessments. *In*: AAAI/ACM Conference on AI, Ethics, and Society, 2021, [s.l.]. *Proceedings...* New York: Association for Computing Machinery, 2021, p. 150.

[408] Em comentário ao art. 5º, VI, da LCP afirma Leonardo Bessa: "Se, de um lado, tal forma de contratação oferece agilidade e dinâmica à concessão do empréstimo, de outro o consumidor pode ser julgado e avaliado incorretamente, vez que seu perfil digital não corresponde à realidade ou o computador, em razão do programa que opera, desconsiderou dados relevantes no seu julgamento".

art. 5º, IV, porquanto é necessário que as razões e principais justificativas do resultado sejam informadas de maneira compreensível ao consumidor a fim de que resultado do sistema algorítmico de *scoring* seja contrastado mediante o exercício do direito de revisão.

Note-se que a redação legal – "*principais elementos* e *critérios considerados* para a análise de risco" (grifou-se) – muito se aproxima dos arts. 19, II, e 20, § 1º, da LGPD, indicando haver um mesmo interesse juridicamente relevante a ser tutelado. Vale ressaltar que no precedente do STJ, aludiu-se especificamente ao art. 5º, IV, da LCP. Sem detalhar qual deve ser o *conteúdo da explicação* ("principais elementos e critérios considerados"), a corte superior determinou que essas informações ou esclarecimentos, quando solicitadas, devem ser prestadas ao consumidor avaliado, com a indicação clara e precisa dos bancos de dados utilizados (histórico de crédito).

Apesar de tais direitos estarem apoiados no princípio da transparência, a realidade fática no Brasil evidencia a *opacidade* e *invisibilidade* das práticas de perfilamento automatizado dos birôs de crédito. Explica-se. Em relatório publicado em 2017, o Instituto de Tecnologia e Sociedade do Rio – ITS apresentou estudo de caso dos serviços de dois dos principais *bureaux* de crédito brasileiros: Serasa-Experian e Boa Vista. Com o objetivo de analisar os impactos causados pela atividade de tratamento de dados pessoais desses agentes sobre a esfera jurídica de grupos vulneráveis, foram investigados os mecanismos de acesso de dados oferecidos e os termos de uso do serviço. Entre as conclusões do relatório destaque merece à constatação da falta de instrumentos que possibilitam o efetivo exercício do direito de acesso à informação:

> [...] não há um canal ou outra estratégia de comunicação ou transparência destinada ao esclarecimento aos titulares de dados sobre a utilização de suas informações – em que pese a decisão do STJ no caso do *credit scoring* apontar para a necessidade de *bureaux* de crédito trabalharem no sentido de construírem tais instrumentos. A este respeito, estes vêm trabalhando basicamente em termos de acesso às informações sobre inclusão em cadastro negativo de crédito, no que diz respeito à própria negativação[409].

BESSA, Leonardo Roscoe. *Cadastro positivo:* comentários à Lei 12.414, de 09 de junho de 2011. São Paulo: Revista dos Tribunais, 2011. p. 117.

[409] INSTITUTO DE TECNOLOGIA & SOCIEDADE DO RIO. *Transparência e Governança nos algoritmos: um estudo de caso sobre o setor de birôs de crédito.* [s.l: s.n.]. p. 38. Disponível em: https://itsrio.org/wp-content/uploads/2017/05/algorithm-transparency-and-governance-pt-br.pdf. Acesso em: 15 jan. 2022.

Outra importante consideração conclusiva do relatório é a de que os birôs de crédito exploram atividade de tratamento de dados pessoais para além da análise de risco de crédito. Com a gradativa diversificação de sua atuação para os setores de *marketing*, prospecção de mercado etc., se tornaram verdadeiros *bureaux* de informação, assumindo a atual configuração de *data brokers* ("corretores de dados"): "entidades que procuram extrair para os seus clientes conteúdo e utilidade da gama de informações às quais têm acesso, o que inclui, muitas vezes, transacionar a própria informação"[410]. Usualmente, esses agentes não coletam dados pessoais diretamente dos titulares, de sorte que grande parte dos indivíduos e grupos não têm consciência de que seus dados são tratados e analisados por eles[411].

Nas investigações conduzidas pelo *Federal Trade Commission* nos EUA, identificou-se as principais características de verdadeira indústria explorada pelos *data brokers*: (i) são atores que coletam dados pessoais em numerosas fontes, em sua maior parte sem o conhecimento dos consumidores; (ii) coletam e armazenam bilhões de dados que abrangem praticamente todos consumidores dos EUA; (iii) trata-se de complexa indústria, com múltiplas camadas de *data brokers* fornecendo e compartilhando dados entre si; (iv) pratica-se o cruzamento e a análise de dados pessoais para se inferir conhecimentos sobre os consumidores, inclusive inferindo-se

[410] INSTITUTO DE TECNOLOGIA & SOCIEDADE DO RIO. *Transparência e Governança nos algoritmos: um estudo de caso sobre o setor de birôs de crédito.* [s.l: s.n.]. p. 5.

[411] ALOWAIRDHI, Abdullah, MA, Xiaogang. Data Brokers and Data Services. *In*: SCHINTLER, L.; MCNEELY, C. (Orgs.) *Encyclopedia of Big Data*. Cham: Springer, 2019. p. 1. Ainda sobre os *data brokers* afirmam os autores: "Data brokers acquire and store individuals' data as products in a confidential data infrastructure, which stores, shares, and consumes data through networked technologies. The data will be rented or sold for a profit. The data products contain lists of prospective individuals, who meet certain conditions, including details like names, telephone numbers, addresses, e-mail addresses, as well as data elements such as age, gender, income, presence of children, ethnicity, credit status, credit card ownership, home value, hobbies, purchasing habit, and background status. These derived data products collections, where data brokers have added value through data analysis and data integration methods, are used to target marketing and advertising promotions, socially classify individuals, evaluate credit rating, and tracing services". ALOWAIRDHI, Abdullah, MA, Xiaogang. *Op. cit.*, p. 1-2.

dados potencialmente sensíveis[412]; (v) tanto dados *online* como *off-line* são objeto de tratamento a fim de se alcançar consumidores[413].

Portanto, pode-se compreender que, possuindo tal indústria semelhantes características no contexto brasileiro, os birôs de crédito, enquanto *data brokers*, adicionam *invisibilidade*, à já existente *opacidade*, em suas práticas de perfilamento automatizado. Assim aplicadas, atualmente as tecnologias de perfilamento no mercado de concessão de crédito possibilitam (*afford*) a *incontestabilidade* das inferências e decisões baseadas em perfilamento automatizado[414].

Com o que se viu até então, verifica-se que, a partir da disciplina do direito do consumidor referente aos bancos de dados de consumo, as tecnologias de perfilamento não são reguladas de forma específica, mas a eficácia jurídica de suas normas produz repercussões na etapa de formação dos perfis bem como na etapa de aplicação, nesta, porém, principalmente se houver decisão totalmente automatizada. Além disso, importa fazer menção da outra área em que o direito do consumidor afeta o perfilamento automatizado: as práticas comerciais. Nesse campo, ao proteger o consumidor contra a publicidade antijurídica (sentido amplo) e as práticas abusivas, o CDC estabeleceu preceitos que vedam, notadamente, a aplicação de perfis que resultam na ilicitude da mensagem publicitária ou constituem condutas que, no exercício da liberdade negocial, o fornecedor

412 Quanto aos dados inferidos, muito preocupantes são as constatações: "Data brokers infer consumer interests from the data that they collect. They use those interests, along with other information, to place consumers in categories. Some categories may seem innocuous such as "Dog Owner," "Winter Activity Enthusiast," or "Mail Order Responder." Potentially sensitive categories include those" that primarily focus on ethnicity and income levels, such as "Urban Scramble" and "Mobile Mixers," both of which include a high concentration of Latinos and African Americans with low incomes. Other potentially sensitive categories highlight a consumer's age such as "Rural Everlasting," which includes single men and women over the age of 66 with "low educational attainment and low net worths," while "Married Sophisticates" includes thirty-something couples in the "upper-middle class . . . with no children." Yet other potentially sensitive categories highlight certain health-related topics or conditions, such as "Expectant Parent," "Diabetes Interest," and "Cholesterol Focus." FEDERAL TRADE COMMISSION. *Data brokers:* a call for transparency and accountability. [S.l]: Federal Trade Commission, 2014. p. 47. Disponível em: https://www.ftc.gov/system/files/documents/reports/data-brokers-call-transparency-accountability-report-federal-trade-commission-may-2014/140527databrokerreport.pdf. Acesso em: 15 jan. 2022.

413 FEDERAL TRADE COMMISSION. *Op. cit.*. p. 46-47.

414 Cf. HURLEY, Mikella; ADEBAYO, Julius. Credit scoring in the era of big data. *Yale Journal of Law & Technology*, v. 18, p. 148-216, 2016, p. 190.

exerce sua posição de modo a impor ao consumidor condições negociais desfavoráveis, violando a boa-fé[415] (CDC, arts. 36 a 40).

Dois exemplos podem ser aqui abordados por consubstanciarem práticas comerciais abusivas, proscritas pela normativa consumerista nacional: (i) publicidade comportamental de crianças e adolescentes; (ii) discriminação de preço com base em zona geográfica. A publicidade comportamental (*behavioral advertising*)[416] é hoje conhecido método de abordagem de consumidores no mundo *onlife*, que envolve uma rede de atores e mecanismos de alta complexidade estruturados sobre tecnologias de perfilamento[417]. Parte desse grau de complexidade decorre dos diversos agentes e funções por eles desempenhadas na indústria das *adtechs*, das quais pode-se indicar pelo menos três: (a) provedores de rede de publicidade, distribuidores de publicidade comportamental a partir da intermediação entre provedores de conteúdo e publicitários; (b) publicitários que almejam promover produto ou serviço para certa audiência ou segmento; e (c) provedores de conteúdo que querem auferir receitas mediante a venda de espaço em seu sítio eletrônico ou aplicação de internet[418].

O método é amparado na formação e aplicação de perfis (personalizados ou de grupo) de forma automatizada[419] e tem sido utilizado em jogos

[415] MIRAGEM, Bruno. *Curso de direito do consumidor*. 6. ed. rev., atual. e amp. São Paulo: Revista dos Tribunais, 2016. p. 305-306.

[416] Conforme o Grupo de Trabalho do Artigo 29, publicidade comportamental é "advertising that is based on the observation of the behaviour of individuals over time. Behavioural advertising seeks to study the characteristics of this behaviour through their actions (repeated site visits, interactions, keywords, online content production, etc.) in order to develop a specific profile and thus provide data subjects with advertisements tailored to match their inferred interests". ARTICLE 29 DATA PROTECTION WORKING PARTY. *Opinion 2/2010 on online behavioral advertising*. Bruxelas: [s. n.], 2010. p. 4. Disponível em: https://ec.europa.eu/justice/article-29/documentation/opinion-recommendation/files/2010/wp171_en.pdf. Acesso em: 28 out. 2021.

[417] Trataram da publicidade comportamento no direito brasileiro: DONEDA, Danilo. *A proteção de dados pessoais nas relações de consumo*: para além da informação creditícia. Brasília: SDE/DPDC, 2010; MENDES, Laura Schertel. *Privacidade, proteção de dados e defesa do consumidor*: linhas gerais de um novo direito fundamental. São Paulo: Saraiva, 2014. p. 225-228.

[418] ARTICLE 29 DATA PROTECTION WORKING PARTY. *Opinion 2/2010 on online behavioral advertising*. Bruxelas: [s. n.], 2010. p. 5. Disponível em https://ec.europa.eu/justice/article-29/documentation/opinion-recommendation/files/2010/wp171_en.pdf. Acesso em: 28 out. 2021.

[419] "There are two main approaches to building user profiles: i) *Predictive profiles* are established by inference from observing individual and collective user behaviour over time, particularly by monitoring visited pages and ads viewed or clicked on. ii) *Explicit profiles* are created from personal data that data subjects themselves provide to a web service, such as by registering. Both approaches

destinados ao público infanto-juvenil, quando não até mesmo em brinquedos conectados. São graves os riscos de desencadeamento de processos manipulativos para monetização mediante a exploração de vulnerabilidades e discriminação de crianças e adolescentes[420]. No sistema jurídico brasileiro, tais práticas consistem em publicidade e prática abusivas (CDC, arts. 37, § 2º, 39, IV).

O segundo exemplo se situa na seara da discriminação de preço com a aplicação de tecnologias de perfilamento. Cumpre ressaltar que a discriminação de preço não é ilícita *tout court*, mas, a depender dos critérios empregados, admite-se, sim, que prática abusiva reste configurada. Segundo Bruno Koga, entende-se por discriminação de preço "a cobrança de preços diferentes por um mesmo produto [ou serviço] a pessoas diferentes quando os custos são idênticos para o fornecedor"[421]. O que o autor denomina "precificação personalizada" abrange dois tipos de discriminação de preço: (i) a de primeiro nível, referente à diferenciação de preços entre consumidores individualizados, e (ii) a de terceiro nível, correspondente à diferenciação de preços entre grupos de consumidores por um mesmo produto[422]. Transpondo as duas formas de discriminação de preço em cenário de sua implementação por via de processo de perfilamento automatizado, tem-se, respectivamente, (i) a discriminação de preço com a aplicação de perfil personalizado (ou específico), e (ii) a discriminação de preço com a aplicação de perfil de grupo (ou abstrato).

can be combined. Additionally, predictive profiles may be made explicit at a later time, when a data subject creates login credentials for a website". ARTICLE 29 DATA PROTECTION WORKING PARTY. *Op. cit.*, p. 7.

[420] Enfrentando a temática, lecionam Eva Lievens e outros: "One of the momentous challenges in the digital environment is to protect children from profiling and automated decision-making that might adversely affect them. Children's online behaviour is continuously recorded, often sold, analysed and acted upon (Van der Hof, 2018). Advergames (i.e. games promoting a brand or product to the player), for example, collect personal information from the playing child in order to make the game visually more attractive to him or her, thus making them more susceptible to the underlying product (Verdoodt et al., 2016). Connected toys can record, analyse and remember children's conversations, and may integrate targeted references to products in those conversations (Milkaite and Lievens, 2019)". LIEVENS, Eva et al. The child right to protection against economic exploitation in the digital world. *The International Journal of Children's Rights*, v. 28, n. 4, p. 833-859, 2020, p. 837-838.

[421] KOGA, Bruno Yudi S. *Precificação personalizada*. 1. ed. São Paulo: Almedina, 2021. p. 81.

[422] KOGA, Bruno Yudi S. *Op. cit.*, p. 82.

A prática empresarial e jurídica brasileira possui um exemplo de abusiva discriminação de preço com a aplicação de perfil de grupo. Autoridades competentes do sistema nacional de proteção ao consumidor identificaram que plataforma do setor hoteleiro permitia que hotéis discriminassem preços com base em dados de origem geográfica do consumidor, "indicando nacionalidades que teriam condições melhores de hospedagem em detrimento dos demais"[423]. A medida foi reputada prática comercial abusiva pelo SENACON por "elevar, sem justa causa, o preço de produto ou serviço" (CDC, art. 39, X) e violar outros direitos e deveres básicos de tutela do consumidor, conforme se lê em nota técnica do órgão sancionador[424]. A plataforma foi multada em R$ 7.500.000,00. Com efeito, o *geopricing* – como ficou conhecida a prática – deságua em discriminação antijurídica, visto que o critério adotado implica tratamento de dados pessoais (nacionalidade e origem geográfica) que são *proxy* de dados sensíveis dos titulares (origem racial e étnica).

2.3.3 Marco civil da internet

A Lei n. 12.965/2014, em suas disposições sobre os princípios, garantias, direitos e deveres no uso da internet, não consagrou normas jurídicas que específica e diretamente cuidem das etapas do perfilamento automatizado. Todavia, o MCI estabelece uma série de preceitos jurídicos aplicáveis que, algo semelhante ao que foi visto quanto ao direito do consumidor, decerto reverberam nas tecnologias de perfilamento. Entre os fundamentos que lhe dão sustentação, destaque merece os direitos à privacidade (MCI, art. 3º, II) e à proteção de dados pessoais (MCI, art. 3º, III), além da liberdade de iniciativa, expressa por meio da "liberdade dos modelos de negócios promovidos na internet" (MCI, art. 3º, VIII).

A partir da concordância prática entre tais normas, extrai-se que modelos de negócio que exploram sua atividade com o uso da técnica de perfilamento automatizado merecem tutela jurídica desde que não conflitem com os demais princípios, como a privacidade e a proteção de dados pessoais.

[423] MARTINS, Guilherme Magalhães. O *geopricing* e o *geoblocking* e seus efeitos nas relações de consumo. *In:* FRAZÃO, Ana; MULHOLLAND, Caitlin (Coords.). *Inteligência artificial e Direito:* ética, regulação e responsabilidade. 1. ed. São Paulo: Revista dos Tribunais, 2019. p. 636.

[424] BRASIL. Departamento de Proteção e Defesa do Consumidor da Secretaria Nacional de Relações de Consumo do Ministério da Justiça - DPDC. *Nota Técnica n.º 92/2018/CSA-SENACON/CGCTSA/GAB-DPDC/DPDC/SENACON/MJ*, de 18/06/2018, no Processo nº 08012.002116/2016-21.

Ademais, a respeito deste direito alguns lineamentos foram traçados pela lei, embora reconhecida sua insuficiência para a adequada proteção dos dados pessoais no direito brasileiro[425]. No art. 7º, VIII, previu-se, como garantia a todo usuário da internet o respeito aos princípios de proteção de dados da transparência e da finalidade, já devidamente abordados neste livro: "informações claras e completas" sobre as operações de tratamento de dados pessoais devem ser fornecidas, observando-se, ainda, que os dados pessoais somente poderão ser utilizados para finalidades legítimas e especificadas nos contratos de prestação de serviços ou em termos de uso de aplicações de internet.

Provavelmente uma das regras que maior impacto indireto gerou no sentido de limitar a licitude de práticas de perfilamento é a que está plasmada no art. 14, que impediu a guarda de registros de acesso a aplicações de internet por provedores de conexão. Com efeito, a norma é essencial anteparo para evitar que os provedores de conexão se constituam verdadeiros *gatekeepers* do acesso não apenas à internet, mas também da identificação de todo e qualquer usuário em particular[426]. Como aponta Danilo Doneda, caso provedores de conexão estivessem autorizados a coletar e tratar dados de navegação ou acesso a aplicações de internet – valendo-se de técnicas como o *Deep Packet Inspection* –, esse modelo regulatório daria azo à ampliação da capacidade de monitoramento comportamental dos usuários e, consequentemente, perfilamento[427].

[425] SOUZA, Carlos Affonso; LEMOS, Ronaldo; BOTTINO, Celina. *Marco Civil da Internet:* jurisprudência comentada. São Paulo: Revista dos Tribunais, 2017. p. 19-20; ZANATTA, Rafael A. F. A proteção de dados pessoais entre leis, códigos e programação: os limites do Marco Civil da Internet. *In:* DE LUCCA, Newton; SIMÃO FILHO, Adalberto; LIMA, Cíntia Rosa Pereira de (Coord.). *Direito & Internet III* – Tomo I: Marco Civil da Internet (Lei n. 12.965/2014). São Paulo: Quartier Latin, 2015. p.462-463.

[426] MCINTYRE, J. Joshua. Balancing Expectations of Online Privacy: Why Internet Protocol (IP) Addresses Should Be Protected as Personally Identifiable Information. *DePaul Law Review*, v. 60, n. 3, 895–936, 2011, p. 897.

[427] Didaticamente, explica Danilo Doneda: "O modelo que baseia o monitoramento da navegação da Internet no provedor de acesso apresenta certas peculiaridades que colocam o consumidor em situação ainda menos favorecida e que, hoje, provocam reações por vezes desfavoráveis de reguladores quanto à sua viabilidade e licitude. Ocorre, nestes casos, que o monitoramento se processa em uma camada mais profunda do processo de navegação que é o próprio fornecimento de serviço de acesso à internet, fazendo com que toda a sua navegação esteja potencialmente sujeita à interceptação e escrutínio – e não apenas a navegação em sites determinados ou em serviços do protocolo HTTP. Além disto, neste modelo, qualquer tipo de controle direto pelo usuário ou tentativa de determinar o mecanismo utilizado para o monitoramento é virtualmente impossível

Por fim, tema de grande repercussão atual em que o MCI possui pertinência regulatória com reflexo em usos de perfilamento automatizado diz respeito aos *"dark patterns"*. Apesar de o termo ter sido cunhado em 2010 na comunidade técnica de *design* de interface[428] e difundido para outros campos – inclusive o jurídico –, ainda não há consenso sobre sua definição, apesar de esforços recentes como o da OCDE[429], por exemplo. Neste trabalho, entende-se *"dark patterns"* como "escolhas de design de interface de usuário que beneficiam um serviço online coagindo, orientando ou enganando os usuários para que tomem decisões involuntárias e potencialmente prejudiciais"[430]. Esses padrões são direcionados a interferir no processo de tomada de decisão do usuário da internet de forma a explorar vulnerabilidades e vieses cognitivos, verdadeiras práticas manipulativas que, de forma eficaz[431], fabricam o consentimento para tratamento de dados pessoais. Ocorre, assim, frontal colisão com a previsão do art. 7º, VII e VIII, do MCI, que estabelece, além da necessidade de "consentimento livre, expresso e informado" para o compartilhamento de dados pessoais, obrigações de transparência e especificação dos propósitos do tratamento.

Não obstante a variedade de práticas que podem ser enquadradas como *"dark patterns"*, o conhecimento advindo da formação e aplicação de perfis pode ser empregado como parte da exploração do mecanismo

pelo fato do mecanismo estar instalado diretamente no provedor de acesso e, portanto, fora de sua zona de controle". DONEDA, Danilo. *A proteção de dados pessoais nas relações de consumo*: para além da informação creditícia. Brasília: SDE/DPDC, 2010. p. 66.

428 Harry Brignull foi quem primeiro usou o termo em 2010, quando lançou um sítio eletrônico para expor as práticas e seus responsáveis: https://www.darkpatterns.org/.

429 ORGANIZATION FOR ECONOMIC COOPERATION AND DEVELOPMENT. *Dark commercial patterns* – OECD Digital Economy Papers. Paris: OECD Publishing, 2022. p. 8-9.

430 NARAYANAN, Arvind et al. Dark patterns at scale: Findings from a crawl of 11K shopping websites. *Proceedings of the ACM on Human-Computer Interaction*, v. 3, n. CSCW, 2019, p. 2. Tradução livre de: "user interface design choices that benefit an online service by coercing, steering, or deceiving users into making unintended and potentially harmful decisions".

431 Estudos empíricos já demonstram a efetividade de "*dark patterns*" na mudança do comportamento humano: "[...] dark patterns are strikingly effective in getting consumers to do what they would not do when confronted with more neutral user interfaces". LUGURI, Jamie; STRAHILEVITZ, Lior J. Shining a light on dark patterns. *Journal of Legal Analysis*, v. 13, n. 1, p. 43–109, 2021, p. 46.

manipulativo[432] incorporado nas *arquiteturas de escolha*[433], cujos efeitos não são apenas individuais como também coletivos. Por essas e outras consequências possíveis, órgãos legislativos e agentes reguladores de diversas jurisdições tem se voltado para lidar com o *design* de padrões tecnológicos, invisíveis e opacos, com impactos normativos dessa magnitude.

Entre os recentes exemplos que podem ser mencionados, no âmbito legislativo a UE promulgou o *Digital Services Act*, ou Regulamento dos Serviços Digitais, que diretamente regula práticas dessa ordem, como pode se ver da redação do art. 25[434]. O Regulamento n. 2022/2065 da UE, estabelece uma proibição aos provedores de plataformas *online* de usar *dark patterns* em seus serviços, incorporados na "estrutura, design ou funcionalidades de uma interface digital"[435], para enganar com práticas manipulativas usuários da aplicação de internet a partir da distorção ou prejuízo à autonomia e ao processo de tomada de decisão ou escolha dos usuários do serviço. Trata-se de uma vedação da norma jurídica do sistema da UE

[432] Cf. MULLIGAN, D. K.; REGAN, P. M.; KING, J. The Fertile Dark Matter of Privacy takes on the Dark Patterns of Surveillance. *Journal of Consumer Psychology*, v. 30, n. 4, p. 767–773, 2020, p. 768; MATHUR, A.; KSHIRSAGAR, M.; MAYER, J. What Makes a Dark Pattern... Dark?: Design Attributes, Normative Considerations, and Measurement Methods. *In*: CHI CONFERENCE ON HUMAN FACTORS IN COMPUTING SYSTEMS, 2021, Yokohama. *Proceedings*... New York: Association for Computing Machinery, 2021, p. 11.

[433] Sobre arquiteturas de escolha e sua função em influenciar o comportamento humano, vide THALER, Richard H.; SUNSTEIN, Cass R.; BALZ, John P. Choice architecture. *In:* SHAFIR, Eldar((Org.). *The Behavioral Foundations of Public Policy*. New Jersey: Princeton University Press, 2012. p. 428-439.

[434] "Article 25. *Online interface design and organization*. 1. Providers of online platforms shall not design, organise or operate their online interfaces in a way that deceives or manipulates the recipients of their service or in a way that otherwise materially distorts or impairs the ability of the recipients of their service to make free and informed decisions. 2. The prohibition in paragraph 1 shall not apply to practices covered by Directive 2005/29/EC or Regulation (EU) 2016/679. 3. The Commission may issue guidelines on how paragraph 1 applies to specific practices, notably: (a) giving more prominence to certain choices when asking the recipient of the service for a decision; (b) repeatedly requesting that the recipient of the service make a choice where that choice has already been made, especially by presenting pop-ups that interfere with the user experience; (c) making the procedure for terminating a service more difficult than subscribing to it.". UNIÃO EUROPEIA. Regulation (EU) 2022/2065 of the European Parliament and of the Council of 19 October 2022 on a Single Market for Digital Services and amending Directive 2000/31/EC (Digital Services Act). *Official Journal of the European Union*, Estrasburgo, 27/10/2022. Disponível em: https://eur-lex.europa.eu/legal-content/EN/TXT/?uri=CELEX%3A32022R2065&qid=1685360423930. Acesso em: 25 mai. 2023.

[435] Vide Considerando n. 67 do Regulamento n. 2022/2065 da UE.

a fim de articular a normatividade tecnológica com os direitos e liberdades fundamentais das pessoas. Autoridades públicas regionais e nacionais de fiscalização como o Comitê Europeu de Proteção de Dados (EDPB)[436], a *Norwegian Consumer Council*[437], a *Commission Nationale de l'Informatique et des Libertés*[438], e o *Federal Trade Commission*[439] passaram a tomar medidas mais contundentes de combate aos *"dark patterns"* e responsabilização de agentes de tratamento.

436 EUROPEAN DATA PROTECTION BOARD. *Guidelines 03/2022 on deceptive design patterns in social media platform interfaces*: how to recognise and avoid them. [S.l.]: EDPB, 2023. Disponível em: https://edpb.europa.eu/our-work-tools/our-documents/guidelines/guidelines-032022-deceptive-design-patterns-social-media_en. Acesso em: 15 fev. 2023.

437 Confira a série de relatórios da autoridade norueguesa: NORWEGIAN CONSUMER COUNCIL. *Deceived by design*, 2018. Disponível em: https://fil.forbrukerradet.no/wp-content/uploads/2018/06/2018-06-27-deceived-by-design-final.pdf. Acesso em: 20 jan. 2022; NORWEGIAN CONSUMER COUNCIL. *Every step you take*. Acesso em: 20 jan. 2022.

438 COMMISSION NATIONALE DE L'INFORMATIQUE ET DES LIBERTÉS. *Shaping choices in the digital world*. Paris: CNIL, 2019. Disponível em: https://www.cnil.fr/sites/default/files/atoms/files/cnil_ip_report_06_shaping_choices_in_the_digital_world.pdf. Acesso em: 01 mar. 2023.

439 Uma das ações tomadas pelo FTC para lidar com os desafios dos "*dark patterns*": FEDERAL TRADE COMMISSION. *Bringing Dark Patterns to Light*. [S.l.]: FDC, 2023. Disponível em: https://www.ftc.gov/system/files/ftc_gov/pdf/P214800%20Dark%20Patterns%20Report%209.14.2022%20-%20FINAL.pdf. Acesso em: 01 Mai. 2023.

3
PROTEÇÃO DE DADOS PESSOAIS NA UNIDADE DO SISTEMA E TECNOLOGIAS DE PERFILAMENTO: A PROTEÇÃO JURÍDICA DESDE A CONCEPÇÃO ENTRE O INDIVÍDUO E A COLETIVIDADE

"[...] effective data protection is first and foremost a matter of design".
– Julie Cohen[1]

3.1. Regulação das tecnologias de perfilamento à luz da unidade do ordenamento jurídico brasileiro e do direito fundamental à proteção de dados pesssoais

De toda a análise e considerações tecidas no capítulo precedente a respeito do funcionamento e características observadas das tecnologias de perfilamento, e dos contornos de sua regulação infraconstitucional no direito brasileiro, impõe-se a tomada de algumas notas conclusivas nestes comentários iniciais a fim de pautar metodologicamente a releitura de tal normativa sob as lentes da unidade sistemática do ordenamento jurídico brasileiro e da concepção teórica delineada no Capítulo 1, bem como articular a normatividade jurídica com as possibilidades de ação ligadas às

[1] COHEN, Julie E. Turning Privacy Inside Out. *Theoretical Inquiries in Law*, v. 20, n. 1, p. 1–32, 2019, p. 20

tecnologias de perfilamento sob a ótica da proteção jurídica desde a concepção (*legal protection by design*). Assim, responder-se-á ao final o problema de pesquisa proposto na introdução deste livro.

Primeiramente, do exame empreendido verificou-se a *existência de desuniformidade e aparentes lacunas* na disciplina jurídica infraconstitucional das tecnologias de perfilamento e suas respectivas etapas de formação e aplicação de perfis. A LGPD, principal legislação a regular as etapas do processo de perfilamento automatizado, deixa descoberta de tutela a *formação de perfis de grupo (ou abstratos)* e a *aplicação destes perfis* quando ocorre o tratamento de dados de agrupamentos e a inferência de novas informações a partir da identificação e representação de perfil de grupo (categoria ou comunidade) como adequado a ente coletivo. Além disso, a regra do art. 20 da lei se destina apenas a certas formas de aplicação de perfis (personalizados ou de grupo): em que haja decisão ou resultado baseado exclusivamente em tratamento automatizado de dados pessoais, é dizer, sem relevante participação humana nas operações de tratamento de dados de caráter pessoal durante o processo de decisão algorítmica.

Já as normas de direito do consumidor sobre bancos de dados de consumo produzem efeitos jurídicos na formação de perfis e, em alguma medida, também na etapa de aplicação, notadamente nos cadastros positivos e sistemas de *credit scoring* em que há tratamento de dados pessoais. Constatou-se, ainda, a partir de exemplos de publicidade comportamental abusiva e de antijurídica discriminação de preço, que o regime de proteção contra práticas comerciais abusivas incide na fase de aplicação do perfilamento automatizado. O MCI, por fim, muito embora não discipline diretamente as tecnologias de perfilamento, reafirma a aplicação de normas de proteção de dados pessoais na internet e respalda a livre iniciativa e inovação que se valha dessas tecnologias, desde que em concordância prática com os demais direitos e liberdades fundamentais que lhe dão alicerce.

Em segundo lugar, também se observou que, à vista da relevância da atividade de tratamento de dados pessoais, a regulação possui *perspectiva prevalentemente centrada no indivíduo*. Levando em consideração o conceito de dado pessoal vigente na LGPD e no sistema brasileiro, não obstante sua apreciável amplitude decerto tributária da abordagem expansionista adotada, o que se tem ainda é o indivíduo como paradigma da edificação do regime de tutela de direitos. O surgimento de ameaças e riscos de índole coletiva associados ao intensivo tratamento de dados por tecnologias digitais até o presente não repercutiu de forma mais aprofundada na configuração do regime jurídico de proteção de dados pessoais. Contudo, no mundo *onlife*, revela-se infuciente à tutela da pessoa humana que o ordenamento jurídico faça do indivíduo o *locus* de desígnio e realização da proteção de dados pessoais (e da privacidade)[2].

O terceiro registro a ser feito, por fim, diz respeito às características da *opacidade e invisibilidade* das tecnologias de perfilamento, arranjos sociotécnicos integrantes de infraestrutura da informação e da comunicação. De um lado, se diz opacos ou de parca transparência sistemas algorítmicos de alta complexidade técnica cujas causas dos resultados e impactos de sua aplicação por vezes fogem à compreensibilidade humana, e/ou em que se objetiva preservar a confidencialidade de informações sobre sua lógica e funcionamento[3]. De outro, invisíveis e imperceptíveis no ambiente físico permeado de sensores e *hardware* movidos por programas de IA e aprendizado de máquina, são os sistemas e operações de tratamento de dados em tempo real que fazem parte de processos de tomada de decisão automatizada. A concertada aplicação opaca e invisível de tecnologias de perfilamento, confirmada na prática jurídica brasileira a partir da atuação dos birôs de crédito, dá ensejo ao surgimento de verdadeira *incontestabilidade* das predições e ações de agentes artificiais que formam tais sistemas. Isso quer dizer que os impactos da normatividade tecnológica da infraestrutura informacional em questão têm gerado a impossibilidade de efetiva contestação dos sistemas algorítmicos de perfilamento automatizado e seus resultados, decisões, inferências, metodologias e padrões. Isso se aproxima do que Laurence Diver chama de *"disaffordance"*, isto é, "a escolha consciente e estratégica de um designer para 'impor ou restringir determinado comportamento do usuário"[4].

[2] Nessa direção, Wolfgang Hoffmann-Riem: "Problemas de proteção adequada de interesses legalmente significativos também surgem além da proteção da personalidade. Embora a importância da proteção de dados continue a ser fundamentalmente importante, atualmente ela está cada vez mais recuando atrás das exigências de proteção que não são exclusiva ou principalmente relacionadas ao indivíduo, mas que dizem respeito a interesses coletivos e também a questões éticas". HOFFMANN-RIEM, Wolfgang. *Teoria geral do direito digital:* transformação digital – desafios para o direito. Trad. Italo Fuhrmann. Rio de Janeiro: Forense, 2021. p. 85.

[3] BURRELL, Jenna. How the Machine "Thinks:" Understanding Opacity in Machine Learning Algorithms. *Big Data & Society*, v. 3, n. 1, p. 1–12, 2016, p. 4 et seq.

[4] DIVER, Laurence Digisprudence: the design of legitimate code. *Law, Innovation and Technology*, v. 13, n. 2, p. 325–354, 2021, p. 337. Tradução livre de: "the conscious and strategic choice of a designer to 'enforce or restrict certain user behaviour'".

Sinteticamente: do exame analítico das tecnologias de perfilamento e sua regulação infraconstitucional no Brasil depreende-se que (i) as práticas de perfilamento automatizado na sociedade orientada por dados deu ocasião à sua incontestabilidade, ao passo que (ii) sua disciplina legislativa é heterogênea e (aparentemente) lacunosa, e (iii) elaborada de ponto de vista prevalentemente centrado no indivíduo. Em resposta, porém, a estas constatações, adotada a abordagem relacional entre direito e tecnologia e as premissas da força normativa dos direitos fundamentais e da unidade sistemática do ordenamento jurídico, há de se ler a regulação das tecnologias de perfilamento em interpretação sistemática do ordenamento jurídico brasileiro, alinhada com a dimensão coletiva do direito fundamental à proteção de dados pessoais, a fim de se articular a normatividade jurídica com a possibilidade de contestação – é dizer, *contestabilidade* – dos sistemas algorítmicos de perfilamento automatizado.

A assertiva de que a regulação das tecnologias de perfilamento é heterogênea e possui aparentes lacunas se baseia, de um lado, na pluralidade de fontes normativas aplicáveis, e, de outro, na carência de disciplina legal compreensiva de todas etapas e aspectos do processo de perfilamento automatizado que impulsiona essas tecnologias. Trata-se de conformação que deve compelir o intérprete a exercer sua atividade de interpretação-aplicação à luz da *unidade sistemática* do ordenamento jurídico, isto é, tendo em vista que o ordenamento brasileiro (i) é um todo dotado de complexidade, eis que múltiplas são as fontes normativas[5], (ii) e uma ordenação normativa coerente[6] e aberta a transformações[7]. Ademais, há de se reconhecer que a unidade sistemática do direito brasileiro tem como corolários a centralidade e superioridade hierárquica

[5] BOBBIO, Norberto. *Teoria do ordenamento jurídico*. 6. ed. Trad. Maria Celeste C. L. dos Santos. Brasília: Editora Universidade de Brasília, 1995. p. 48-49; PERLINGIERI, Pietro. *Perfis do direito civil:* introdução ao direito civil constitucional. 2. ed. Trad. Maria Cristina De Cicco. Rio de Janeiro: Renovar, 2002. p. 5.

[6] BOBBIO, Norberto. *Teoria do ordenamento jurídico*. 6. ed. Trad. Maria Celeste C. L. dos Santos. Brasília: Editora Universidade de Brasília, 1995. p. 71-81.

[7] Sobre a noção de sistema aberto: BOBBIO, Norberto. *Da estrutura à função*: novos estudos de teoria do direito. Trad. de Daniela B. Versiani. Barueri: Manole, 2007. p. 38-39; CANARIS, Claus-Wilhelm. *Pensamento sistemático e conceito de sistema na Ciência do Direito*. 3. ed. Lisboa: Calouste Gulbenkian, 2002. p. 103 et seq.

da Constituição da República de 1988 e suas normas[8], que legitimam, enfim, todo o ordenamento jurídico[9].

Uma tal tomada de posição hermenêutica torna necessário que se faça interpretação constitucionalmente adequada da normativa aplicável às tecnologias de perfilamento. Entre os principais parâmetros a ser utilizados, destaca-se pelo menos dois: (i) os direitos fundamentais possuem eficácia irradiante a todo direito infraconstitucional, inclusive com vinculação jurídica direta nas relações privadas; e (ii) a interpretação sistemática de leis setoriais, tais como LGPD, CDC, LCP e MCI, uma vez reconduzidas à Constituição, deve superar a lógica fragmentária que pretende tratá-las como se microssistemas fossem.

Já se tornou assente na doutrina e jurisprudência nacionais que os direitos fundamentais, para além de atribuírem situações jurídicas subjetivas aos sujeitos de direitos, "transformam-se em princípios superiores do ordenamento jurídico-constitucional considerado em seu conjunto, na condição de componentes estruturais básicos da ordem jurídica"[10]. Esta é a denominada perspectiva objetiva dos direitos fundamentais, que os enxerga como valores e bens mais importantes da comunidade política, além de complementar a perspectiva subjetiva conferindo reforçada

[8] Neste sentido: TEPEDINO, Gustavo. Normas constitucionais e direito civil na construção unitária do ordenamento. *In*: SOUZA NETO, Cláudio Pereira de; SARMENTO, Daniel (Coords.). *A constitucionalização do Direito*: fundamentos teóricos e aplicações específicas. Rio de Janeiro: Lumen Juris, 2007. p. 313. Em relação ao tema, leciona Pietro Perlingieri: "A questão da aplicabilidade simultânea de leis inspiradas em valores diversos [...] resolve-se somente tendo consciência de que o ordenamento jurídico é unitário. A solução para cada controvérsia não pode mais ser encontrada levando em conta simplesmente o artigo de lei que parece contê-la e resolvê-la, mas, antes, à luz do inteiro ordenamento jurídico, e, em particular, de seus princípios fundamentais, considerados como opções de base que o caracterizam". PERLINGIERI, Pietro. *Perfis do direito civil:* introdução ao direito civil constitucional. 2. ed. Trad. Maria Cristina De Cicco. Rio de Janeiro: Renovar, 2002. p. 5.

[9] Como bem afirma Luís Roberto Barroso: "[...] a Constituição figura hoje no centro do sistema jurídico, de onde irradia sua força normativa, dotada de supremacia formal e material. Funciona, assim, não apenas como parâmetro de validade para a ordem infraconstitucional, mas também como vetor de interpretação de todas as normas do sistema". BARROSO, Luís Roberto. *Curso de direito constitucional contemporâneo:* os conceitos fundamentais e a construção do novo modelo. São Paulo: Saraiva, 2009. p. 363.

[10] SARLET, Ingo Wolfgang. *A eficácia dos direitos fundamentais:* uma teoria geral dos direitos fundamentais na perspectiva constitucional. 10. ed. rev., atual. e amp. Porto Alegre: Livraria do Advogado, 2009. p. 143.

proteção (mais-valia) a tais direitos[11]. Um dos seus diversos desdobramentos é a *eficácia irradiante* dos direitos fundamentais, os quais, então, enquanto norma ou direito objetivo "fornecem impulsos e diretrizes para a aplicação e interpretação do direito infraconstitucional, o que, além disso, apontaria para a necessidade de uma interpretação conforme aos direitos fundamentais"[12]. Daí se dizer que a eficácia dos direitos fundamentais constitui imperativo de releitura de todo ordenamento jurídico e eixo gravitacional do fenômeno da constitucionalização do direito[13].

Associada à dita eficácia irradiante aparece, também, os efeitos vinculantes dos direitos fundamentais nas relações privadas e sua aplicabilidade direta. Para além da imposição ao intérprete de fazer incidir os valores constitucionais na totalidade do ordenamento jurídico ao interpretar-aplicar o direito infraconstitucional, os direitos fundamentais são direta e imediatamente aplicáveis mesmo nas relações entre particulares[14] – como é o caso das relações entre titulares dos dados e agentes de tratamento do setor privado –, haja vista a expressa determinação da Constituição da República de 1988 concernente à aplicação direta das normas definidoras de direitos e garantias fundamentais (CFRB, art. 5º, § 1º). Muito embora exista farta

[11] SARMENTO, Daniel. *Direitos fundamentais e relações privadas*. 2. ed. Rio de Janeiro: Lumen Juris, 2006. p. 108; SARLET, Ingo Wolfgang. *Op. cit.*, p. 144-145.

[12] SARLET, Ingo Wolfgang. *A eficácia dos direitos fundamentais:* uma teoria geral dos direitos fundamentais na perspectiva constitucional. 10. ed. rev., atual. e amp. Porto Alegre: Livraria do Advogado, 2009. p. 147.

[13] Nas palavras de Luís Roberto Barroso: "A idéia de constitucionalização do Direito aqui explorada está associada a um efeito expansivo das normas constitucionais, cujo conteúdo material e axiológico se irradia, com força normativa, por todo o sistema jurídico. Os valores, os fins públicos e os comportamentos contemplados nos princípios e regras da Constituição passam a condicionar a validade e o sentido de todas as normas do direito infraconstitucional. Como intuitivo, a constitucionalização repercute sobre a atuação dos três Poderes, inclusive e notadamente nas suas relações com os particulares. Porém, mais original ainda: repercute, também, nas relações entre particulares". BARROSO, Luís Roberto. Neoconstitucionalismo e constitucionalização do direito (O triunfo tardio do direito constitucional no Brasil). *In:* SOUZA NETO, Cláudio Pereira de; SARMENTO, Daniel (Coords.). *A constitucionalização do Direito*: fundamentos teóricos e aplicações específicas. Rio de Janeiro: Lumen Juris, 2007. p. 217-218.

[14] Em defesa pioneira, cf. MORAES, Maria Celina Bodin de. A caminho de um direito civil-constitucional. *Revista de Direito Civil*, São Paulo, n. 65, p. 21-32, jul./set. 1993. Vide ainda: SARLET, Ingo Wolfgang. *A eficácia dos direitos fundamentais:* uma teoria geral dos direitos fundamentais na perspectiva constitucional. 10. ed. rev., atual. e amp. Porto Alegre: Livraria do Advogado, 2009. p. 383; SARMENTO, Daniel. *Direitos fundamentais e relações privadas*. 2. ed. Rio de Janeiro: Lumen Juris, 2006. p. 246-271.

doutrina[15] e jurisprudência[16] em torno de questões sobre a eficácia horizontal dos direitos fundamentais, o conflito de direitos de igual estatura e os necessários critérios para balanceamento no caso concreto, destaca-se nesta sede apenas aquele critério que se reputa o de maior peso e ao qual se deve dar preeminência a considerar o objeto do presente estudo: a verificação da assimetria de poder e desigualdade material entre os sujeitos envolvidos[17]. Significa isso dizer que, em havendo desnível de poder entre agente de tratamento do setor privado e titular dos dados, estabelece-se a vinculação daquele a direitos fundamentais deste, cuja força e intensidade normativa será tanto maior quanto mais acentuado for o desequilíbrio.

O segundo parâmetro, por sua vez, fia-se na da unidade do sistema e na centralidade e força unificadora da Constituição, ainda que múltiplas fontes normativas possam ser consideradas aplicáveis. A leitura da LGPD e demais leis que regulam as tecnologias de perfilamento segundo a lógica que as apreende como verdadeiros microssistemas deve ser afastada[18], porquanto representa, se levada a efeito, uma fragmentação do sistema jurídico. Em conhecida crítica à subjacente ideia de que tais leis especiais e estatutos conformariam um polissistema, Gustavo Tepedino salienta o risco de ruptura sistemática que tal proposta encerra, visto que sua *ratio* preconiza a "convivência de universos legislativos isolados, responsáveis

[15] Entre outros: SARMENTO, Daniel. *Direitos fundamentais e relações privadas*. 2. ed. Rio de Janeiro: Lumen Juris, 2006; SILVA, Virgílio Afonso da. *A constitucionalização do direito:* os direitos fundamentais nas relações entre particulares. 1. ed. São Paulo: Malheiros, 2014.

[16] Na jurisprudência do STF, cita-se, a título exemplificativo: BRASIL. Supremo Tribunal Federal (Segunda Turma). *Recurso Extraordinário nº 201.819/RJ*. Relatora: Min.ª Ellen Gracie. Relator para acórdão: Min. Gilmar Mendes. Brasília, 11/10/2005. *Diário de Justiça*, Brasília, DF, 27/10/2006.

[17] Na lição de Daniel Sarmento: "[...] a desigualdade material justifica a ampliação da proteção dos direitos fundamentais na esfera privada, porque se parte da premissa de que a assimetria de poder prejudica o exercício da autonomia privada das partes mais débeis. É assim, enfim, porque se entende que quando o ordenamento jurídico deixa livres o forte e o fraco, esta liberdade só se torna efetiva para o primeiro. O hipossuficiente, no mais das vezes, vai acabar curvando-se diante do arbítrio do mais poderoso, ainda que, do ponto de vista puramente formal, seu comportamento possa parecer decorrente do exercício da sua autonomia privada". SARMENTO, Daniel. *Direitos fundamentais e relações privadas*. 2. ed. Rio de Janeiro: Lumen Juris, 2006. p. 262.

[18] Na doutrina brasileira, pode-se citar entre os escritores que concebem a LGPD como um novo microssistema: ZANATTA, Rafael A. F.; SOUZA, Michel R. O. A tutela coletiva em proteção de dados pessoais: tendências e desafios. *ResearchGate*, out. 2019, p. 34; LIMA, Taisa Maria Macena de; SÁ, Maria de Fátima Freire de. Inteligência artificial e Lei Geral de Proteção de Dados Pessoais: o direito à explicação nas decisões automatizadas. *Revista Brasileira de Direito Civil*, Belo Horizonte, v. 26, p. 227-246, out./dez. 2020, p. 229 et seq.

pela disciplina completa dos diversos setores da economia, sob a égide de princípios e valores díspares, não raro antagônicos e conflitantes"[19]. A interpretação sistemática que, orientada à coerência do ordenamento jurídico, soluciona antinomias e visa evitar a contradição de valores ou de princípios[20], há de ser guiada pela força normativa dos direitos fundamentais e unidade sistemática que tem a Constituição ao centro.

Nesse passo, cumpre trazer à lume o direito fundamental à proteção de dados pessoais no sistema jurídico brasileiro e a sua cardinal importância hermenêutica na regulação jurídica das tecnologias de perfilamento. Não obstante já durar décadas a discussão no cenário nacional em relação à tutela constitucional aplicável ao fluxo de dados pessoais[21], é na mais recente prática jurídico-constitucional que se sedimenta a consagração, com autonomia, da estatura jusfundamental do direito à proteção de dados pessoais. Primeiramente, em maio de 2020, no bojo do julgamento das ADIs n. 6.387, 6.388, 6.389, 6.390 e 6.393, o STF formou precedente que, alterando sua anterior jurisprudência, sinalizou para o reconhecimento da configuração do direito fundamental à proteção de dados pessoais emancipado do direito à privacidade[22]. Em segundo lugar, em outubro de 2021,

[19] TEPEDINO, Gustavo. Premissas metodológicas para a constitucionalização do direito civil. *In*: _____. *Temas de direito civil*. 3. ed. rev. e atual. Rio de Janeiro: Renovar, 2004. p. 12.

[20] Cf. CANARIS, Claus-Wilhelm. *Pensamento Sistemático e Conceito de Sistema na Ciência do Direito*. 3. ed. Lisboa: Calouste Gulbenkian, 2002, p. 207-209.

[21] Em sede doutrinária, destaca-se: DOTTI, René Ariel. *Proteção da vida privada e liberdade de informação:* possibilidades e limites. São Paulo: Revista dos Tribunais, 1980; DONEDA, Danilo. *Da privacidade à proteção de dados pessoais*. 1. ed. Rio de Janeiro: Renovar, 2006; MENDES, Laura Schertel. *Privacidade, proteção de dados e defesa do consumidor*: linhas gerais de um novo direito fundamental. São Paulo: Saraiva, 2014.

[22] Neste sentido: MENDES, Laura Schertel; RODRIGUES JÚNIOR, Otavio Luiz; FONSECA, Gabriel Campo S. O Supremo Tribunal Federal e a proteção constitucional dos dados pessoais: rumo a um direito fundamental autônomo. *In*: DONEDA, Danilo et. al. (Coord.). *Tratado de proteção de dados pessoais*. Rio de Janeiro: Forense, 2021. p. 65. Cumpre ressaltar que do referido precedente da Suprema Corte prolatado em sede de jurisdição constitucional, a distinção entre direito à proteção de dados pessoais e direito à privacidade não restou clara. Da análise do teor dos votos dos ministros percebe-se repetidas vezes o simultâneo uso dos termos "direito à proteção de dados pessoais", "direito à privacidade", "direito à intimidade" e "direito à autodeterminação informacional", endossando, aliás, o que se disse no item 1.1. A título exemplificativo, aponta-se os seguintes trechos: "direito à intimidade, privacidade e proteção de dados pessoais" (Ministra Rosa Weber); "direito à privacidade" (Ministro Luís Roberto Barroso); "A proteção de dados pessoais e a autodeterminação informativa são direitos fundamentais autônomos" (Ministro Luiz Fux); "[...] importância desse tema que diz respeito à proteção de dados, que garante a privacidade, que é um espaço de individualidade de um para que todos sejam igualmente resguardados nesses dados

o Congresso Nacional aprovou a Proposta de Emenda à Constituição n. 17/2019[23], que, formalizada como Emenda Constitucional n. 115/2022, incluiu o inciso LXXIX no art. 5º da CRFB, cujo texto passa a consignar expressamente que "é assegurado, nos termos da lei, o direito à proteção dos dados pessoais, inclusive nos meios digitais"[24].

A pertinência do direito fundamental à proteção de dados como paradigma para a interpretação e aplicação da regulação jurídica das tecnologias de perfilamento em todas as etapas de seu funcionamento, se arvora nas seguintes razões principais: (i) trata-se de direito desde o nascedouro responsivo aos avanços das tecnologias computacionais e à importância do tratamento de dados pessoais na sociedade contemporânea; (ii) garante um sistema de freios e contrapesos e a participação dos titulares dos dados na atividade de tratamento de dados pessoais; (iii) como "direito de proteger a proteção" ou "direito a uma regra" reguladora do tratamento de dados, impõe-se o estabelecimento de salvaguardas em favor dos titulares, entre as quais é essencial que se preveja um feixe ou complexo de direitos; (iv) estabelece "contrapoderes ou contramedidas"[25] ao desempenhar a função

que lhe dizem respeito" (Ministra Cármen Lúcia); "[...] toda discussão referente a essa medida provisória, independentemente de outras normas, aspectos e olhares, são os direitos fundamentais a intimidade, privacidade e sigilo de dados" (Ministro Alexandre de Morais). Os votos que mais claramente se posicionaram sobre da autonomização do direito à proteção de dados pessoais foram da lavra dos Ministros Gilmar Mendes e Luiz Fux. De mais a mais, o que se afigura argumento dos mais persuasivos sobre as razões de decidir do julgado em questão ter se firmado em favor da consagração do direito à proteção de dados pessoais como direito fundamental e autônomo, é a superação do paradigma anteriormente estabelecido na jurisprudência do STF mediante as decisões do Mandado de Segurança 21.729/DF e do Recurso Extraordinário 418.416-8/SC. Em síntese, assegurava-se apenas a tutela constitucional do sigilo a dados em trânsito, em processo comunicacional. Já no julgamento das ADIs n. 6.387, 6.388, 6.389, 6.390 e 6.393, porém, repetidas vezes se mencionou que não há dados pessoais insignificantes em sede de proteção constitucional.

[23] SENADO FEDERAL. *Proposta de Emenda à Constituição n° 17, de 2019 (fase 2)*. Disponível em: https://www25.senado.leg.br/web/atividade/materias/-/materia/149723. Acesso em: 15 jan. 2022.

[24] BRASIL. *Emenda Constitucional n° 115 (2022)*. Altera a Constituição Federal para incluir a proteção de dados pessoais entre os direitos e garantias fundamentais e para fixar a competência privativa da União para legislar sobre proteção e tratamento de dados pessoais. Disponível em: https://www.in.gov.br/web/dou/-/emenda-constitucional-n-115-379516387. Acesso em: 15 fev. 2022.

[25] Como ensinam Gutwirth e De Hert: "[...] transparency tools regulate the exercise of power taking into account that the temptations of abuse of power are huge. The latter empower the citizens and special watchdogs to have an eye on the legitimate use of power: they put 'counter powers' or countermeasures into place". DE HERT, Paul; GUTWIRTH, Serge. Regulating Profiling in a Democratic Constitutional State. *In*: HILDEBRANDT, Mireille; GUTWIRTH, Serge (Eds.). *Profiling the European Citizen:* Cross-disciplinary Perspectives. Dordrecht: Springer, 2008. p. 277.

de instrumento de transparência para o controle do exercício de poder oriundo da assimetria informacional e epistemológica consequentes das práticas de perfilamento; e (iv) por ser direito que possui certa instrumentalidade à tutela dos direitos fundamentais em geral, tais como direito à privacidade e à igualdade, seus mecanismos são aptos em alguma medida a lidar com os riscos a direitos e liberdades provocados pelas tecnologias de perfilamento.

É importante enfatizar esse vínculo de pertinência para evidenciar a conexão entre o objeto de tutela da proteção de dados pessoais e a regulação das tecnologias movidas a perfilamento automatizado. Isso, por conseguinte, irradia eficácia jurídica da norma constitucional e impõe uma interpretação constitucionalmente adequada da legislação infraconstitucional face ao novo direito fundamental no ordenamento jurídico brasileiro, apartando-se qualquer ideia da existência de lacuna ou de que etapas ou aspectos do perfilamento automatizado fariam parte da "esfera do juridicamente irrelevante" ou de "espaço jurídico vazio"[26], nas palavras de Bobbio.

Além dos vetores hermenêuticos acima delineados, no exercício de seu mister deve ainda o intérprete ter em consideração a *dimensão coletiva* do direito à proteção de dados pessoais. A concepção da proteção de dados e seu regime jurídico sob o prisma quase exclusivo do indivíduo se mostrou insuficiente como modelo para fazer frente às demandas e desafios atuais[27]. Desde as primeiras elaborações da privacidade de grupo (*group privacy*), gestadas na segunda metade do século passado, os riscos envolvendo grupos e interesses de coletividades se acentuaram exponencialmente, haja vista a relevância dos sistemas algorítmicos (e tecnologias biomédicas) e o papel assumido pelo perfilamento de grupo como parte de infraestrutura da informação e da comunicação na sociedade orientada por dados. Em defesa da dimensão coletiva do direito à proteção de dados, Alessandro Mantelero afirma:

> A importância desta dimensão coletiva depende do fato de que a abordagem de classificação dos algoritmos modernos não se concentra apenas em indivíduos, mas em grupos ou aglomerados de pessoas com características

[26] BOBBIO, Norberto. *Teoria do ordenamento jurídico*. 6. ed. Trad. Maria Celeste C. L. dos Santos. Brasília: Editora Universidade de Brasília, 1995. p. 129-130.

[27] MANTELERO, Alessandro. Responsabilità e rischio nel Reg. UE 2016/679. *Le Nuove Leggi Civili Commentate*, v. XL, n. 1, p. 144–164, 2017, p. 152.

> comuns (por exemplo, hábitos de clientes, estilo de vida, comportamento *online* e *offline*, etc.). Os agentes que coletam dados estão interessados principalmente em estudar o comportamento dos grupos e prever esse comportamento, em vez de criar perfis de usuários únicos. As decisões orientadas por dados dizem respeito a agrupamento de pessoas e afetam apenas indiretamente os membros desses grupos. Um exemplo disso é a discriminação de preços com base na idade, hábitos ou patrimônio[28].

Uma tal dimensão não se confunde com a visão de Ingo Sarlet ao afirmar que, a partir de sua perspectiva objetiva, os direitos fundamentais "são sempre, também, direitos transindividuais"[29], pois, na verdade, parte-se de perspectiva jurídico-subjetiva que implica o reconhecimento de interesses coletivos (*lato sensu*) merecedores de tutela jurídica expressos em situações jurídicas da titularidade de grupos. Isso, aliás, também distingue a tomada de posição sobre a dimensão coletiva da proposição de Anton Vedder quanto ao que denominou *"categorical privacy"*. Para este autor, a *"categorical privacy"* é uma nova dimensão do direito à privacidade[30], mas que não é correspondente à proteção de direitos e interesses

[28] MANTELERO, Alessandro. Personal data for decisional purposes in the age of analytics: From an individual to a collective dimension of data protection. *Computer Law and Security Review*, v. 32, n. 2, p. 238–255, 2016, p. 246. Tradução livre de: "The importance of this collective dimension depends on the fact that the approach to classification by modern algorithms does not merely focus on individuals, but on groups or clusters of people with common characteristics (e.g. customer habits, lifestyle, online and offline behaviour, etc.). Data gatherers are mainly interested in studying groups' behaviour and predicting this behaviour, rather than in profiling single users. Data-driven decisions concern clusters of individuals and only indirectly affect the members of these clusters. One example of this is price discrimination based on age, habits or wealth".

[29] SARLET, Ingo Wolfgang. *A eficácia dos direitos fundamentais:* uma teoria geral dos direitos fundamentais na perspectiva constitucional. 10. ed. rev., atual. e amp. Porto Alegre: Livraria do Advogado, 2009. p. 146.

[30] VEDDER, Anton. Medical Data, New Information Technologies, and the Need for Normative Principles Other than Privacy Rules. *In*: FREEMAN, Michael; LEWIS, Andrew (Orgs.). *Law and Medicine:* Current Legal Issues Volume 3. Oxford: Oxford Univesity Press, 2000. p. 454-455. Vedder assim define os contornos da *"categorical privacy"*: "This dimension relates to data or information to which the following conditions apply. (1) The information was originally taken from the personal sphere of individuals, and – after aggregation and processing according to statistical methods – is no longer accompanied by identifiers of individual natural persons, but, instead, by identifiers of groups of persons. (2) When attached to identifiers of groups and when disclosed, the information is apt to carry with it the same kind of negative consequences for the members of those groups as it would for an individual natural person if the information were accompanied by identifiers of that individual". VEDDER, Anton. *Op. cit.*, p. 455.

metaindividuais, eis que, em sua visão, tais direitos são incompatíveis com a natureza não organizada e instável dos agrupamentos inferidos (perfis de grupo) pelo uso da técnica de perfilamento automatizado[31].

A defesa de um prisma coletivo do direito fundamental à proteção de dados pessoais no sentido de tutela de interesses juridicamente relevantes de grupos não é estranha à teoria constitucional contemporânea, a começar pela existência de robusta doutrina a defender a fundamentalidade de direitos coletivos e transindividuais[32]. Muito embora a clássica conceptualização de Georg Jellinek dos quatro *status* do indivíduo frente ao Estado e dos direitos subjetivos públicos pressupor a titularidade de direitos fundamentais por sujeitos individualizados apenas[33], ao que se soma os argumentos críticos à categoria dos direitos fundamentais coletivos levantados

[31] Nas próprias palavras do autor: "One might think that perhaps we could be saved by some notion of collective privacy. However, collective privacy will not do the job properly. The notion of collective privacy is too easily associated with the concept of collective rights. The subjects of collective rights are groups or communities. In order to make sense of the idea of collective rights, these subjects are often treated as beings analogous to persons or moral agents, or at least as conglomerates having certain characteristics which cannot ultimately and exhaustively be explained by the input of the individual members Furthermore, they are often thought to be structured or organised in some way so as to be able to exercise their rights or let their rights be advocated by vicarious agents. All these properties do not apply to the reference groups of the profiles we are considering. From the perspective of their members, these groups are mostly randomly defined. Their members do not have any special ties of loyalty among one another. Nor do they have organisational structures. Therefore, they are not able to take decisions or to act as collectivities". VEDDER, Anton. Medical Data, New Information Technologies, and the Need for Normative Principles Other than Privacy Rules. *In*: FREEMAN, Michael; LEWIS, Andrew (Orgs.). *Law and Medicine:* Current Legal Issues Volume 3. Oxford: Oxford Univesity Press, 2000. p. 454.

[32] Atente-se ao fato de não se referir a direitos de exercício coletivo ou de expressão coletiva, tal como as liberdades de reunião e de associação. Cf.: VIEIRA DE ANDRADE, José Carlos. *Os direitos fundamentais na Constituição Portuguesa de 1976*. Coimbra: Livraria Almedina, 1998. p. 174; SARLET, Ingo Wolfgang. *A eficácia dos direitos fundamentais:* uma teoria geral dos direitos fundamentais na perspectiva constitucional. 13. ed. rev., atual. e amp. Porto Alegre: Livraria do Advogado, 2018. p. 177.

[33] É o que decorre da construção teórica do ilustre publicista alemão a respeito do direito subjetivo, para o quem certo bem ou interesse só pode ser juridicamente tutelado se a ordem jurídica reconhecer e proteger o poder da vontade humana. Para Jellinek, o direito subjetivo é "el poder de la voluntad dirigido hacia un bien o interés reconocido y protegido por el orden jurídico" (RÍOS, Fernando de los. Prólogo del traductor. *In*: JELLINEK, Georg. *Teoría general del Estado*. Trad. Fernando de los Ríos. México: FCE, 2000. p. 42). Vide, ainda: DIMOULIS, Dimitri; MARTINS, Leonardo. *Teoria geral dos direitos fundamentais*. 5. ed. rev ed. São Paulo: Atlas, 2014. p. 56.

por parte dos estudiosos[34], os chamados direitos de terceira dimensão e a melhor doutrina apontam para direção contrária[35].

Entre as principais críticas se encontra a que diz respeito à existência de ampla indeterminação dos direitos transindividuais e coletivos: mais do que sobre os titulares e representantes habilitados ao exercício do direito, a incerteza recai sobre o conteúdo das faculdades e deveres correlatos[36]. Isso consistiria, dizem, num óbice ao reconhecimento da natureza jusfundamental dos mencionados direitos. O argumento, todavia, não prospera, porquanto (i) semelhante indeterminação se vê também em direitos individuais e na própria noção de dignidade humana ao centro do sistema de tutela dos direitos fundamentais; e (ii) tem por foco apenas a estrutura da categoria do direito subjetivo, desconsiderando outras configurações de posições ou situações jurídicas admissíveis – tal como será visto no item 3.3.

Ademais, no bojo do movimento que se convencionou chamar de *constitucionalismo digital*[37], tem-se alertado para as deficiências da adoção do

[34] Vieira de Andrade não é francamente refratário aos direitos fundamentais coletivos, mas tem posição deveras restritiva: "[...] os direitos subjectivos fundamentais representação posições jurídicas individuais, embora em alguns casos e em certos aspectos eles possam ser directamente encabeçados por pessoas colectivas privadas – nestes casos estamos perante *direitos subjectivos fundamentais por analogia, que devem ser considerados direitos atípicos*".

"Quanto aos chamados direitos fundamentais colectivos das organizações privadas e públicas, eles não são direitos subjectivos fundamentais, mas, sim, competências no quadro de organização da sociedade política que, se tiverem como objecto principal a defesa da dignidade humana individual, devem ser consideradas como garantias institucionais no campo dos direitos fundamentais". VIEIRA DE ANDRADE, José Carlos. *Os direitos fundamentais na Constituição Portuguesa de 1976*. Coimbra: Livraria Almedina, 1998. p. 183.

[35] Nessa direção: DIMOULIS, Dimitri; MARTINS, Leonardo. *Teoria geral dos direitos fundamentais*. 5. ed. rev ed. São Paulo: Atlas, 2014. p. 83-84; SAMPAIO, José Adércio Leite. *Direitos fundamentais:* retórica e historicidade. 2. ed. Belo Horizonte: Del Rey, 2010. p. 282-290; SARLET, Ingo Wolfgang. *A eficácia dos direitos fundamentais:* uma teoria geral dos direitos fundamentais na perspectiva constitucional. 13. ed. rev., atual. e amp. Porto Alegre: Livraria do Advogado, 2018 p. 177-179, 221-226.

[36] SAMPAIO, José Adércio Leite. *Direitos fundamentais:* retórica e historicidade. 2. ed. Belo Horizonte: Del Rey, 2010. p. 284.

[37] O constitucionalismo digital pretende, resumidamente, oferecer instrumental teórico-metodológico e prático para estabelecer os limites do exercício do poder numa sociedade orientada por dados, respeitando, porém, as diferentes nuances das diferentes experiências constitucionais – o que é notoriamente importante ao constitucionalismo latino-americano e ao direito constitucional brasileiro. Em esclarecedoras palavras, Giovanni De Gregorio explica o sentido e as dimensões da expressão "*constitucionalismo digital*": "The expression 'digital constitutionalism' refers to two dimensions. The first concerns the focus on digital technologies. Therefore, the frame is focused on the analysis of a specific timeframe in the aftermath of the advent of the internet. The second dimension refers to constitutional theory and law, conceiving powers as the exclusive expression

paradigma individualista na teoria da eficácia horizontal dos direitos fundamentais e à necessidade de uma reformulação em atenção à dimensão coletivo-institucional[38]. Pensando bem, visto que se trata de um direito fundamental que serve a garantir um sistema de freios e contrapesos e a participação dos titulares dos dados na atividade de tratamento de dados pessoais, não há qualquer empecilho a que interesses jurídicos metaindividuais deflagrem salvaguardas e mecanismos procedimentais em nível coletivo sobre tratamento de dados (*v. g.*, direito e acesso a explicações globais sobre o sistema, direito de oposição a usos secundários de dados agregados coletados, etc.).

Na linha argumentativa em favor da superação do paradigma individualista, cumpre ainda chamar atenção a um ponto. A abordagem relacional da subjetividade – mencionada no item 1.3.1 sobre a formulação de uma concepção teórica baseada em direitos – implica reconhecer as assimetrias de poder entre titular dos dados e agentes de tratamento, mas também o fato de que a pessoa humana se constrói e é construída em interação com o outro. Somente levando em consideração como é representada que a pessoa consegue articular quem é ("eu sou") numa comunidade; assim como a linguagem só existe numa comunidade linguística[39], "[s]ó se é um

of public authority and rights and freedoms as safeguards against the discretionary exercise of these powers. The mix between the two expressions provides an understanding of how digital technologies and constitutional law affect each other. In this sense, by defining a new theoretical and practical field based on a dynamic dialectic between constitutionalism and technology, digital constitutionalism demonstrates the reactions of constitutionalism to the transformation of power exercised by public and private actors in the digital age. This descriptive goal also leads to a normative approach based on a reframing of the protection of fundamental rights and the exercise of powers in the context of the algorithmic society". DE GREGORIO, Giovanni. Digital constitutionalism across the Atlantic. *Global Constitutionalism*, v. 48, p. 297–324, 2022.

[38] TEUBNER, Gunther. Horizontal Effects of Constitutional Rights in the Internet: A Legal Case on the Digital Constitution. *The Italian Law Journal*, v. 3, n. 1, p. 193–205, 2015, p. 199-200; MENDES, Gilmar F.; FERNANDES, Victor O. Constitucionalismo digital e jurisdição constitucional: uma agenda de pesquisa para o caso brasileiro. *Revista de Direito Brasileiro*, Passo Fundo, v. 16, n. 1, p. 1–33, jan./abr. 2020, p. 12-15. Quanto à vinculação dos particulares aos direitos fundamentais transindividuais, anota Daniel Sarmento: "[...] considerando a moldura axiológica da Constituição de 1988, não vislumbramos nenhuma razão objetiva para excluir a eficácia direta e imediata dos direitos em questão [direitos transindividuais] nas relações privadas. Na nossa opinião, os particulares também estão vinculados a estes direitos, como ocorre tanto com o direito ao meio ambiente ecologicamente preservado (art. 225), como com o direito à proteção e proteção do patrimônio cultural (art. 215)". SARMENTO, Daniel. *Direitos fundamentais e relações privadas*. 2. ed. Rio de Janeiro: Lumen Juris, 2006. p. 319.

[39] Pensando esse aspecto sob uma perspectiva lexical, na língua portuguesa, especificamente, o "Eu" existe somente em comunidade: é primeira pessoa do singular, seguido das pessoas verbais "Tu", "Ele/Ela", "Nós", "Vós", "Eles/Elas".

self em meio de outros"[40], num contexto de interlocução de falantes. Uma vez que a identidade implica interlocução, a interação e participação do outro é, em alguma medida, constitutiva da pessoa humana. Charles Taylor ressalta que isso denota uma característica da natureza humana um tanto negligenciada pela maior parte dos pensadores modernos. A preocupação com o indivíduo que se auto-define num monólogo ensimesmado ("identidade individualizada"[41]) foi tamanha, que não se atentaram ao caráter dialógico da condição humana.[42]

Daí a relevância de como a pessoa humana é representada e dos grupos em que é representada para a subjetividade, inclusive aqueles agrupamentos não dotados de estabilidade e criados pelo reconhecimento de padrões por sistemas algorítmicos e agentes artificiais. Para que não se afigure uma "identidade obrigada"[43], deve se estabelecer mecanismos e salvaguardas de participação individual e coletiva que o direito à proteção de dados pessoais pode assegurar e promover. Supera-se a tradicional centralidade do indivíduo a fim de que se proteja outros interesses juridicamente relevantes.

A terceira e última consideração a respeito das notas conclusivas sobre as práticas de perfilamento automatizado no Brasil se baseia na frontal colisão da força normativa da Constituição e do direito fundamental à proteção de dados pessoais com a severa restrição, gerada pela invisibilidade e opacidade, à possibilidade de se contestar os sistemas algorítmicos de perfilamento e suas etapas de formação e aplicação de perfis – isto é, a *"disaffordance"* da incontestabilidade.

[40] TAYLOR, Charles. *As fontes do self:* a construção da identidade moderna. Trad. A. U. Sobral e D. A. Azevedo. São Paulo: Edições Loyola, 1997. p. 53.

[41] TAYLOR, Charles. The Politics of Recognition. *In:* TAYLOR, Charles et al. *Multiculturalism*: Examining the Politics of Recognition. New Jersey: Princeton University Press, 1994. p. 28.

[42] Nas palavras do filósofo: "This crucial feature of human life is its fundamentally dialogical character. We become full human agents, capable of understanding ourselves, and hence of defining our identity, through our acquisition of rich human languages of expression. For my purposes here, I want to take language in a broad sense, covering not only the words we speak, but also other modes of expression whereby we define ourselves, including the "languages" of art, of gesture, of love, and the like. But we learn these modes of expression through exchanges with others. People do not acquire the languages needed for self-definition on their own. Rather, we are introduced to them through interaction with others who matter to us—what George Herbert Mead called "significant others." The genesis of the human mind is in this sense not monological, not something each person accomplishes on his or her own, but dialogical". TAYLOR, Charles. *Op. cit.*, p. 32.

[43] RODOTÀ, Stefano. *Il diritto di avere diritti.* Roma-Bari: Laterza, 2012. p. 329.

Conforme a análise sobre o funcionamento desses sistemas, é fundada a constatação da falibilidade e equivocidade de suposições que dão sustentáculo às tecnologias de perfilamento, bem como dos resultados de sua aplicação[44], que por vezes deságuam na ilegalidade, como foi demonstrado. Entre outras razões abordadas ao longo do capítulo 2, corroboram a constatação: além dos dados brutos (*raw data*) não revelarem uma realidade objetiva, a própria ideia de datificação da vida humana é objetável, haja vista a dificuldade ou mesmo impossibilidade de se computar e representar a complexidade e indeterminação da pessoa humana e seu ambiente[45/46]; no *design* metodológico e nos dados de treinamento de algoritmos de aprendizado de máquina vieses podem ser encontrados e reproduzidos no modelo computacional; decorre da natureza probabilística de perfis não-distributivos a existência de exceções, que podem se traduzir em discriminação algorítmica antijurídica quando erroneamente representar indivíduo como pertencente a certo grupo, ou quando da aplicação de grupo *ad hoc* (categoria) criado por mineração de dados se inferir dados sensíveis.

Isso posto, já se verifica motivação suficientemente razoável para se possibilitar, em alguma medida ou ao menos por determinados mecanismos, a objeção a decisões automatizadas, algoritmos, métodos, padrões, protocolos, *softwares* etc., implementados por sistemas algorítmicos de

[44] Nas palavras de Reuben Binns: "The kinds of implicit values inherent in automated decision-making systems are contestable on both epistemic and normative grounds". BINNS, Reuben. Algorithmic Accountability and Public Reason. *Philosophy and Technology*, v. 31, n. 4, p. 543–556, 2018, p. 546.

[45] Barocas e Selbst afirmam que dados são, necessariamente, representações reducionistas da complexidade do mundo real: "This problem arises because data are necessarily reductive representations of an infinitely more specific real-world object or phenomenon. These representations may fail to capture enough detail to allow for the discovery of crucial points of contrast. Increasing the resolution and range of the analysis may still fail to capture the mechanisms that account for different outcomes because such mechanisms may not lend themselves to exhaustive or effective representation in the data, if such representations even exist. As Professors Toon Calders and Indrė Žliobaitė explain, "[I]t is often impossible to collect all the attributes of a subject or take all the environmental factors into account with a model." While these limitations lend credence to the argument that a dataset can never fully encompass the full complexity of the individuals it seeks to represent, they do not reveal the inherent inadequacy of representation as such". BAROCAS, Solon; SELBST, Andrew. Big Data's Disparate Impact. *California Law Review*, v. 104, n. 1, p. 671–729, 2016, p. 688.

[46] Cf. HILDEBRANDT, Mireille. Privacy as protection of the incomputable self: From agnostic to agonistic machine learning. *Theoretical Inquiries in Law*, v. 20, n. 1, p. 83-121, 2019, p. 92.

perfilamento automatizado. Mais decisivo, contudo, é o argumento alicerçado diretamente no direito fundamental à proteção de dados pessoais: contestabilidade é condição material e técnica para a promoção do direito à proteção de dados, porquanto sem essa possibilidade de ação (*affordance*) fica prejudicada a própria garantia de um sistema de freios e contrapesos na regulação do tratamento de dados e a participação dos titulares dos dados na atividade de tratamento de dados pessoais. Se um sistema informacional não assegura a possibilidade de contestação, por exemplo, frustra-se de plano a concretização das salvaguardas do direito (geral) de oposição[47] e do direito de revisão de decisões automatizadas, visto que fica impossibilitado o exercício das respectivas situações jurídicas subjetivas.

Mirando mais de perto as noções de *contestabilidade* e *contestação*, decerto salta aos olhos aspectos de ordem procedimental lhes dão certa tônica. Todavia, não se pode aprioristicamente assim conformá-las pura e exclusivamente; elementos substanciais são também passíveis de acomodação[48]. É crescente o interesse sobre o tema frente ao processo de tomada de

[47] Em sentido diverso do que sustentado nesta obra, Erica Bakonyi e Nicolo Zingales entendem que no direito brasileiro não houve a criação de direito à oposição aplicável em sede de decisões automatizadas. BAKONYI, Erica; ZINGALES, Nicolo. Aceitabilidade do *nudging*: a necessidade de uma resposta multidimensional. *Direitos Fundamentais & Justiça*, Belo Horizonte, v. 16, n. Número especial, p. 115–143, jan./jun. 2022, p. 134, 140-14 1.

[48] A partir das noções e técnicas normativas das *"regras de contestação" (contestation rules)* e *"padrões de contestação" ("contestation standards")* – esta última sendo um tipo de conceito indeterminado – , Kaminski e Urban escrevem sobre possíveis arquétipos de direito de contestação de sistemas de IA. Para a conformação de tais arquétipos se leva em consideração a verificação de um foco de direito substantivo ou um foco de direito procedimental. Afirmam as autoras: "The second axis along which contestation varies is how much substantive law it incorporates or relies on. A right to contest can be more purely procedural, focused on the mechanics of contestation—on affording a right to contest, but not the underlying substantive rights. Or contestation can be substantive, establishing not just *how* contestation should occur, but *on what basis* a decision may be contested. Simply put, a right to contest that has a substantive focus incorporates not just the procedural rules of a challenge, but the substantive basis of that challenge. For example, a law could state: "Individuals have a right to contest decisions, which cannot be made on the basis of an erroneous piece of data." An individual invoking this right to contest could then challenge a decision for being based on an erroneous piece of data". KAMINSKI, Margot E.; URBAN, Jennifer. M. The right to contest AI. *Columbia Law Review*, New York, v. 121, n. 7, p. 1957–2048, 2021, p. 2007. Há, ainda, escritores que associam o direito à contestação à proteção da autodeterminação pessoal: PLOUG, Thomas; HOLM, Søren. The Right to Contest AI Profiling Based on Social Media Data. *American Journal of Bioethics*, v. 21, n. 7, p. 21–23, 2021, p. 21; HENIN, Clément; LE MÉTAYER, Daniel. Beyond explainability: justifiability and contestability of algorithmic decision systems. *AI and Society*, v. 37, p. 1397–1410, 2022, p. 1402.

decisão de sistemas algorítmicos baseados em aprendizado de máquina, formando-se corpo doutrinário consistente, apesar de ainda reduzido[49]. Em termos de política legislativa, a concepção de um "direito à contestação" de sistemas de IA e de tomada de decisão automatizada aparece em diploma legislativo e recentes documentos internacionais e nacionais – *v. g.*, diretrizes e guias, declaração de princípios éticos em IA. O GDPR, no âmbito de sua disciplina aplicável a sistemas algorítmicos, prevê a obrigatoriedade da instituição de salvaguardas e medidas apropriadas quando permitida a efetiva adoção de tomada de decisão automatizada, incluído, pelo menos, "o direito de [...] obter intervenção humana por parte do responsável, manifestar o seu ponto de vista e *contestar a decisão*" (grifou-se)[50].

[49] Entre as mais significativas referências sobre o assunto, pode-se citar: HILDEBRANDT, Mireille. *Smart Technologies and The End(s) of Law*. Cheltenham-Northampton: Edward Elgar, 2015. Passim; BAYAMLIOĞLU, Emre. Contesting Automated Decisions: A View of Transparency Implications. *European Data Protection Law Review*, v. 4, n. 4, p. 433–446, 2018; ALMADA, Marco. Human intervention in automated decision-making: Toward the construction of contestable systems. *Proceedings of the 17th International Conference on Artificial Intelligence and Law, ICAIL 2019*, p. 2–11, 2019; BRKAN, Maja. Do algorithms rule the world? Algorithmic decision-making and data protection in the framework of the GDPR and beyond. *International Journal of Law and Information Technology*, v. 27, n. 2, p. 91–121, 2019; BAYAMLIOĞLU, Emre. The right to contest automated decisions under the General Data Protection Regulation: Beyond the so-called "right to explanation". *Regulation and Governance*, [s.l.s.n.], p. 1-21, 2021; HUQ, Aziz Z. Constitutional Rights in the Machine Learning State. *Cornell Law Review*, v. 105, p. 1875–1954, 2020; KAMINSKI, Margot E.; URBAN, Jennifer. M. The right to contest AI. *Columbia Law Review*, New York, v. 121, n. 7, p. 1957–2048, 2021; PLOUG, Thomas; HOLM, Søren. The four dimensions of contestable AI diagnostics – A patient-centric approach to explainable AI. *Artificial Intelligence in Medicine*, v. 107, artigo n. 101901, jan. 2020; LYONS, Henrietta; VELLOSO, Eduardo; MILLER, Tim. Conceptualising Contestability. *Proceedings of the ACM on Human-Computer Interaction*, v. 5, n. CSCW1, p. 1–25, 2021; PLOUG, Thomas; HOLM, Søren. The Right to Contest AI Profiling Based on Social Media Data. *American Journal of Bioethics*, v. 21, n. 7, p. 21–23, 2021. Fora do cenário jurídico também cresce o número de trabalhos científicos com foco na contestabilidade: KLUTTZ, Daniel N.; KOHLI, Nitin; MULLIGAN, Dirdre K. Shaping Our Tools: Contestability as a Means to Promote Responsible Algorithmic Decision Making in the Professions. In: WERBACH, K. (Org.). *After the Digital Tornado: Networks, Algorithms, Humanity*. Cambridge: Cambridge University Press, 2020. P. 137–152; SARRA, Claudio. Put Dialectics into the Machine: Protection against Automatic-decision-making through a Deeper Understanding of Contestability by Design. *Global Jurist*, v. 20, n. 3, P. 1–14, 2020; ALFRINK, K. et al. Contestable AI by Design: Towards a Framework. *Minds and Machines*, [s.n.] ago. 2022. Disponível em: https://doi.org/10.1007/s11023-022-09611-z. Acesso em: 15 jan. 2023; HENIN, Clément; LE MÉTAYER, Daniel. Beyond explainability: justifiability and contestability of algorithmic decision systems. *AI and Society*, v. 37, p. 1397–1410, 2022.

[50] GDPR, art. 22, 3. UNIÃO EUROPEIA. Regulamento (UE) nº 2016/679 do Parlamento Europeu e do Conselho, de 23 de abril de 2016, relativo à proteção das pessoas singulares no que diz respeito ao tratamento de dados pessoais e à livre circulação desses dados e que revoga a Diretiva 95/46/

Na Recomendação do Conselho sobre Inteligência Artificial da OCDE, publicada em 21 de maio de 2019, preconiza-se entre os membros da organização internacional o comprometimento com o uso de sistemas de IA transparentes, que forneçam informações relevantes, contextualmente apropriadas e em consonância com o estado da arte para, entre outros fins, "possibilitar que aqueles afetados negativamente por um sistema de IA contestem seu resultado com base em informações claras e fáceis de entender sobre os fatores e a lógica que serviu de base para a previsão, recomendação ou decisão"[51].

Segue na mesma direção a Recomendação sobre a Ética da Inteligência Artificial da UNESCO, adotada em novembro de 2021. Sob a rubrica dos princípios da "transparência e explicabilidade", o documento ressalta no item 37[52] que a falta de transparência pode prejudicar a possibilidade de efetivamente se desafiar (ou contestar) decisões baseadas nos resultados produzidos pelos sistemas de IA e, assim, violar o direito a um julgamento justo e à tutela jurisdicional eficaz, além de limitar as áreas em que esses sistemas podem ser legalmente utilizados. Para haver a referida possibilidade de contestação, o documento salienta que os indivíduos devem ser capazes de acessar as razões de eventuais decisões que afetem seus direitos e liberdades, tendo, ademais, a opção de requerer a revisão ou correção da decisão por funcionário ou servidor da entidade do setor privado ou do setor público (item 38).

CE (Regulamento Geral sobre a Proteção de Dados). *Jornal Oficial da União Europeia*, Estrasburgo, 04/05/2016. Disponível em: https://eur-lex.europa.eu/legal-content/PT/TXT/PDF/?uri=CELEX:32016R0679&from=DA. Acesso em: 16 ago. 2022.

[51] ORGANISATION FOR ECONOMIC CO-OPERATION AND DEVELOPMENT. *Recommendation of the Council on Artificial Intelligence*. Disponível em: https://legalinstruments.oecd.org/en/instruments/OECD-LEGAL-0449#mainText. Acesso em: 30 jan. 2022. Tradução livre de: "[...] enable those adversely affected by an AI system to challenge its outcome based on plain and easy-to-understand information on the factors, and the logic that served as the basis for the prediction, recommendation or decision".

[52] "The transparency and explainability of AI systems are often essential preconditions to ensure the respect, protection and promotion of human rights, fundamental freedoms and ethical principles. Transparency is necessary for relevant national and international liability regimes to work effectively. A lack of transparency could also undermine the possibility of effectively challenging decisions based on outcomes produced by AI systems and may thereby infringe the right to a fair trial and effective remedy, and limits the areas in which these systems can be legally used". *Recommendation on the Ethics of Artificial Intelligence*. Paris: UNESCO, 2022.

O Conselho da Europa, por sua vez, em documento de 08 de abril de 2020, a *Recommendation CM/Rec(2020)1 of the Committee of Ministers to member States on the human rights impacts of algorithmic system*, visa orientar os países membros em suas estratégias e iniciativas relacionadas ao *design*, desenvolvimento e aplicação de sistemas algorítmicos. Entre as previsões com o escopo de dar efetividade à obrigação de transparência e *accountability* para a proteção e promoção de direitos humanos e liberdades fundamentais, encontra-se a recomendação de que determinações relevantes (*v. g.*, predições) e decisões de sistemas algorítmicos sejam dotados de *contestabilidade* (*"contestability"*), conforme estabelece o item 4.3:

> Deve ser assegurado a indivíduos e grupos afetados meios eficazes para contestar determinações e decisões relevantes. Como pré-condição necessária, a existência, o processo, a lógica, o raciocínio e o possível resultado de sistemas algorítmicos nos níveis individual e coletivo devem ser explicados e esclarecidos de maneira oportuna, imparcial, facilmente legível e acessível a indivíduos cujos direitos ou interesses legítimos possam ser afetados, bem como às autoridades públicas competentes. A contestação deve incluir a oportunidade de ser ouvido, a revisão completa da decisão e a possibilidade de obter uma decisão não automatizada. Este direito não pode ser renunciado e deve ser acessível e facilmente oponível antes, durante e após a implementação [do sistema algorítmico], inclusive por meio do fornecimento de pontos de contato e linhas diretas facilmente acessíveis.[53]

Em outro ato de *soft law*, este versando sobre a proteção de dados pessoais no contexto do perfilamento automatizado – a já referida Recomendação CM/Rec(2021)8 –, o Conselho da Europa dispõe sobre um direito

[53] COUNCIL OF EUROPE. *Recommendation CM/Rec(2020)1 of the Committee of Ministers to member States on the human rights impacts of algorithmic system*. Disponível em: https://search.coe.int/cm/pages/result_details.aspx?objectid=09000016809e1154. Acesso em 31 jan. 2022. Tradução livre de: "Affected individuals and groups should be afforded effective means to contest relevant determinations and decisions. As a necessary precondition, the existence, process, rationale, reasoning and possible outcome of algorithmic systems at individual and collective levels should be explained and clarified in a timely, impartial, easily-readable and accessible manner to individuals whose rights or legitimate interests may be affected, as well as to relevant public authorities. Contestation should include an opportunity to be heard, a thorough review of the decision and the possibility to obtain a non-automated decision. This right may not be waived, and should be affordable and easily enforceable before, during and after deployment, including through the provision of easily accessible contact points and hotlines".

do titular dos dados a impugnar ou contestar ("*right to challenge*") o perfilamento "perante uma pessoa designada pelo controlador, que tem acesso a todas as informações sobre o perfilamento e o seu funcionamento, e está habilitada a modificar ou suprimir a decisão ou proposta de decisão"[54]. Trata-se de procedimento ou salvaguarda garantida por agente de tratamento que não exclui a contestabilidade de resultados de práticas de perfilamento mediante provocação de autoridade fiscalizadora ou órgão jurisdicional competente.

No âmbito do direito interno do Canadá, o *Privacy Commissioner* emitiu um conjunto de recomendações para a futura reforma do *Personal Information Protection and Electronic Documents Act* – PIPEDA, aplicável à atividade de tratamento de informações pessoais no setor privado. Dentre as propostas do comissário há o direito de contestar decisões automatizadas, mecanismo que complementa o "direito à explicação relevante" (*right to meaningful explanation*). Para a autoridade canadense, o direito à contestação se soma aos direitos à revogação do consentimento e de oposição, mas desempenha função diversa destes dois já conhecidos direitos dos titulares: "contestação oferece aos indivíduos um recurso, mesmo quando optam por continuar a participar da atividade para a qual a tomada de decisão automatizada foi empregada"[55].

No Brasil, é válida a referência ao PL 2.338/2023[56], introduzido em março de 2023 no Senado Federal como proposta legislativa para disciplinar sistemas de IA no país. Entre os dispositivos que integram a proposta, encontram-se o "princípio da contestabilidade" (art. 3º, VIII) e o direito de contestar decisões de sistemas de IA (art. 5º, III). Os pressupostos de

[54] COUNCIL OF EUROPE. *Recommendation CM/Rec(2021)8 of the Committee of Ministers to member States on the protection of individuals with regard to automatic processing of personal data in the context of profiling*. Disponível em: https://search.coe.int/cm/pages/result_details.aspx?objectid=0900001680a46147. Acesso em: 12 nov. 2021. Tradução livre de: "before a person nominated by the data controller, who has access to all the information about the profiling and its functioning, and is qualified to modify or delete the decision or draft decision".

[55] OFFICE OF THE PRIVACY COMMISSIONER OF CANADA. *A Regulatory Framework for AI: Recommendations for PIPEDA Reform*. Disponível em: https://www.priv.gc.ca/en/about-the-opc/what-we-do/consultations/completed-consultations/consultation-ai/reg-fw_202011/. Acesso em: 31 jan. 2022. Tradução livre de: "contestation provides individuals with recourse even when they choose to continue to participate in the activity for which automated decision-making was employed".

[56] BRASIL. Senado Federal. *Projeto de Lei nº 2.338, de 2023*. Dispõe sobre o uso da Inteligência Artificial. Brasília: Senado Federal, 2023. Disponível em: https://www25.senado.leg.br/web/atividade/materias/-/materia/157233. Acesso em: 20 mai. 2023.

aplicação e exercício deste direito são desdobrados no art. 9º, que prevê o direito de contestar e de solicitar a revisão de decisões, recomendações ou previsões geradas por sistema de IA que produzam efeitos jurídicos relevantes ou que impactem de maneira significativa os interesses de pessoa natural afetada.

As formulações doutrinárias sobre o sentido de contestabilidade e o que ela deve possibilitar varia entre os autores de acordo com os diversos prismas e conceptualizações possíveis[57]. No campo de estudo da interação humano computador (*human-computer interaction*), por exemplo, contestabilidade é uma *propriedade do sistema* que molda o processo de tomada de decisão. Conforme escrevem Kristen Vaccaro e outros: "Isto torna a contestabilidade uma profunda propriedade do sistema: a capacidade de interrogar, investigar, examinar o sistema durante todo o processo de tomada de decisão conjunta entre o ser humano e o algoritmo. Ela deve trazer à tona as informações para o usuário, mas também apoiar a interação e a co-construção do processo de tomada de decisão"[58].

Partindo da interseção entre direito e tecnologia, Clément Henin e Daniel Le Métayer propugnam que a contestabilidade é um necessário requisito de legitimidade dos sistemas algorítmicos ou das decisões automatizadas baseadas em seus *outputs*[59]. Mireille Hildebrandt e Laurence Diver também enxergam esses sistemas através das lentes da legitimidade e esclarecem o quão central é ao paradigma do Estado de Direito a possibilidade de se contestar a normatividade tecnológica perante uma corte de justiça[60]. Noutras palavras, não se deve afastar da apreciação do Poder

[57] Cf. LYONS, Henrietta; VELLOSO, Eduardo; MILLER, Tim. Conceptualising Contestability. *Proceedings of the ACM on Human-Computer Interaction*, v. 5, n. CSCW1, p. 1–25, 2021, p. 4.

[58] VACCARO, Kristen et al. Contestability in Algorithmic Systems. CSCW'19 Companion. *Anais*... Austin: 2019, p. 524. Tradução livre de: "This makes contestability a deep system property: the ability to interrogate, investigate, scrutinize the system throughout the process of coming to a joint decision between human and algorithm. It must surface information to the user but also support interaction with and co-construction of the decision making process". Também no campo de estudo da interação humano computador, cf. HIRSCH, Tad; ATKINS, David C. Designing Contestability: Interaction Design, Machine Learning, and Mental Health. DIS '17: Designing Interactive Systems Conference. *Anais*...New York: Association for Computing Machinery, 2017.

[59] HENIN, Clément; LE MÉTAYER, Daniel. Beyond explainability: justifiability and contestability of algorithmic decision systems. *AI and Society*, v. 37, p. 1397–1410, 2022, p. 1402.

[60] HILDEBRANDT, Mireille. *Smart Technologies and The End(s) of Law*. Cheltenham-Northampton: Edward Elgar, 2015. passim; DIVER, Laurence Digisprudence: the design of legitimate code. *Law, Innovation and Technology*, v. 13, n. 2, p. 325–354, 2021, p. 349 et seq.

Judiciário os impactos normativos gerados por arranjos sociotécnicos que importam lesão ou risco de lesão a direitos e liberdades[61].

Emre Bayamlıoğlu, Marco Almada, Margot Kaminski e Jennifer Urban, e Thomas Ploug e Søren Holm além de contemplarem a contestabilidade de sistemas algorítmicos perante órgãos jurisdicionais, pensam e propõem modelos cuja estrutura sociotécnica e procedimentalismo viabilizam a contestação por meios extrajudiciais, ou seja, diante dos próprios agentes de tratamento responsáveis pelos sistemas e de autoridades administrativas[62]. Na verdade, um cenário de ampla contestabilidade é o que se afigura mais adequado à realização do direito à proteção de dados pessoais como instrumento de transparência para limitar o exercício de poder (público ou privado) com formas de controle da atividade utilizadas pelos titulares dos dados, entes coletivos e órgãos estatais de garantia e fiscalização.

Quando se analisa o objeto passível de impugnação, situa-se, de um lado, Aziz Huc, para quem a contestação não há de consubstanciar um direito individual a ser exercido *post hoc* decisão específica de sistema de aprendizado de máquina. A contestabilidade para o autor estadunidense deve se direcionar ao sistema algorítmico globalmente considerado, para se garantir um "direito a uma bem calibrada decisão de máquina"[63], precipuamente

[61] "It is crucial also to bear in mind the importance of affording contestability as an overarching concern. This central criterion of legality means it must be possible to question the code, and file a suit against its creator, in a court. The ability to 'return' from the normative order of code to the institutions of law, and especially the courts, is an important part of retaining the role and the rule of law, even within the a-legal normative order of code. If the nature and extent of the code's problematic effects cannot be observed, however, traditional mechanisms of legal redress cannot be meaningfully invoked". DIVER, Laurence Digisprudence: the design of legitimate code. *Law, Innovation and Technology*, v. 13, n. 2, p. 325–354, 2021, p. 349-350.

[62] ALMADA, Marco. Human intervention in automated decision-making: Toward the construction of contestable systems. *Proceedings of the 17th International Conference on Artificial Intelligence and Law, ICAIL 2019*, p. 2–11, 2019; BAYAMLIOĞLU, Emre. The right to contest automated decisions under the General Data Protection Regulation: Beyond the so-called "right to explanation". *Regulation and Governance*, [s.l.s.n.], p. 1-21, 2021; KAMINSKI, Margot E.; URBAN, Jennifer. M. The right to contest AI. *Columbia Law Review*, New York, v. 121, n. 7, p. 1957–2048, 2021; PLOUG, Thomas; HOLM, Søren. The Right to Contest AI Profiling Based on Social Media Data. *American Journal of Bioethics*, v. 21, n. 7, p. 21–23, 2021, p. 22.

[63] Tradução livre de: "right to a well-calibrated machine decision". Em termos conclusivos de sua argumentação refratária à constituição de um direito à intervenção ou revisão humana em processo decisório de sistemas de aprendizado de máquina: "An account of the right to a machine decision would begin with the observation that while machine-learning tools have the capacity to improve on humans' accuracy and neutrality, many of those now implemented by government are highly

via mecanismos regulatórios *ex ante* e ações judiciais coletivas[64]. Uma vez retiradas as falhas sistêmicas, diz o autor, "audiências individualizadas podem ser um empreendimento desnecessariamente caro"[65]. De outro lado, entretanto, se posicionam Emre Bayamlıoğlu, Marco Almada, Margot Kaminski e Jennifer Urban, defendendo que a contestabilidade deve se estender não só ao sistema como um todo, como também a decisões (locais) e operações relevantes e específicas do sistema de IA e aprendizado de máquina[66].

Surge como desdobramento dessa divergência, a discussão sobre a intervenção humana e sua configuração como garantia ao titular dos dados. Apesar de também haver diferentes opiniões nesse ponto, todos admitem, em alguma medida, a intervenção ou envolvimento humano no sistema algorítmico. Aziz Huc rechaça, no ordenamento dos EUA, o direito à uma decisão humana, isto é, com a intervenção de um revisor humano da decisão tomada por meios automatizados: "[a]o menos onde as decisões de máquina são empregadas de forma plausível, não há razão para estabelecer um contraposto direito a uma decisão humana", sustenta[67]. No entanto, para os demais escritores essa visão não deve prevalecer, mesmo no âmbito do direito vigente nos EUA[68].

Com forte inspiração no GDPR, Marco Almada entende que num sistema que possibilita a contestação do titular dos dados, o que ele denomina

flawed. Even if this does not impel a reversion to (equally flawed) human decision making, the legal system should incentivize the correction of such errors. Its dynamic goal should be a machine decision well-calibrated in light of constitutional concerns. Most basically, an algorithmic tool is well-calibrated if it does not rely on flawed training data and otherwise meets common standards of industry performance. More work, however, needs to be done to describe the circumstances in which algorithms are in compliance with due process, privacy, and equality norms". HUQ, Aziz Z. A right to a human decision. *Virginia Law Review*, v. 106, n. 3, p. 611–688, 2020, p. 687.

[64] HUQ, Aziz Z. Constitutional Rights in the Machine Learning State. *Cornell Law Review*, v. 105, p. 1875–1954, 2020, p. 1940.

[65] HUQ, Aziz Z. Constitutional Rights in the Machine Learning State. *Cornell Law Review*, v. 105, p. 1875–1954, 2020, p. 1910. Tradução livre de: "individualized hearings may be an unnecessarily costly enterprise".

[66] Na mesma linha: LYONS, Henrietta; VELLOSO, Eduardo; MILLER, Tim. Conceptualising Contestability. *Proceedings of the ACM on Human-Computer Interaction*, v. 5, n. CSCW1, p. 1–25, 2021, p. 5;

[67] HUQ, Aziz Z. A right to a human decision. *Virginia Law Review*, v. 106, n. 3, p. 611–688, 2020, p. 686. Tradução livre de: "[a]t least where machine decisions are plausibly employed, there is no reason to establish a countervailing right to a human decision".

[68] KAMINSKI, Margot E.; URBAN, Jennifer. M. The right to contest AI. *Columbia Law Review*, New York, v. 121, n. 7, p. 1957–2048, 2021, p. 1998.

"contestável desde a concepção" (*contestable by design*[69]), a intervenção de agente humano no processo computacional decisório constitui instrumento mínimo que deve ser incorporado no arranjo do sistema algorítmico[70]. Como bem destaca Emre Bayamlıoğlu, a contestabilidade pode ser enriquecida com outros mecanismos técnicos e procedimentais[71], a exemplo de escolhas de *design* de menor complexidade, auditorias e escrutínio de sistemas de tomada de decisão automatizada, avaliação de impacto etc.

Uma importante observação a se ter em mente é que adotada uma concepção ampla de contestabilidade, esta não pode ser reduzida à mera possibilidade de reação a decisão automatizada. Logo, a noção de intervenção humana também não pode ser vislumbrada como remédio *post hoc* apenas[72]. Todas as etapas do sistema algorítmico devem ser consideradas na avaliação dos interesses juridicamente relevantes e da possibilidade de compreensão e contestação de operações, resultados e decisões relevantes "mediante concretos requisitos de transparência"[73].

[69] A respeito da noção, v. ALMADA, Marco. Human intervention in automated decision-making: Toward the construction of contestable systems. *Proceedings of the 17th International Conference on Artificial Intelligence and Law, ICAIL 2019*, p. 2–11, 2019, p. 7-8.

[70] São as palavras do autor: "At a bare minimum, a system that is contestable by design should be built in ways that allow users and third parties to effectively seek human intervention in a given automated decision". ALMADA, Marco. Human intervention in automated decision-making: Toward the construction of contestable systems. *Proceedings of the 17th International Conference on Artificial Intelligence and Law, ICAIL 2019*, p. 2–11, 2019, p. 8.

[71] BAYAMLIOĞLU, Emre. The right to contest automated decisions under the General Data Protection Regulation: Beyond the so-called "right to explanation". *Regulation and Governance*, [s.l.s.n.], p. 1-21, 2021, p. 5.

[72] "Yet, there are legal grounds for sustaining that the concept of human intervention should not be understood solely as a reactive measure. In the European Union, GDPR Article 25(1) establishes that the protection of the rights of data subjects — a category that includes the right to human intervention — should be pursued through the adequate technical and organisational means "both at the time of the determination of the means for processing and at the time of the processing itself". Therefore, automated decision-making should not merely seek to provide post hoc remedies, but rather consider at every step the rights and interests of those potentially affected by the resulting decision". ALMADA, Marco. Human intervention in automated decision-making: Toward the construction of contestable systems. *Proceedings of the 17th International Conference on Artificial Intelligence and Law, ICAIL 2019*, p. 2–11, 2019, p. 7.

[73] É a expressa lição de Emre Bayamlıoğlu: "[...] one should not understand contestation as challenging of a certain result but rather as making the entire decision-making process reviewable and interpretable through concrete transparency requirements". BAYAMLIOĞLU, Emre. Contesting Automated Decisions: A View of Transparency Implications. *European Data Protection Law Review*, v. 4, n. 4, p. 433–446, 2018, p. 438. Em semelhante direção: "For citizens, resistance and transparency are concerned with the ability of the user to 'see' and question the code-based norms to which

Retoma-se, enfim, o que se disse acima: contestabilidade é condição material e técnica para a concretização do direito à proteção de dados, porquanto sem essa possibilidade de ação (*affordance*)[74] fica prejudicada a própria garantia de um sistema de freios e contrapesos na regulação do tratamento de dados e a participação dos titulares dos dados na atividade de tratamento de informações pessoais. À luz da unidade sistemática do direito brasileiro e da eficácia vinculante dos direitos fundamentais, o direito à proteção de dados pessoais, alcançando todo regramento de proteção de dados e regulação das tecnologias de perfilamento, expressa sua força normativa ao promover a participação dos titulares dos dados (e grupos de titulares dos dados) mediante a garantia de contestabilidade de tais tecnologias *durante todas as etapas do processo de perfilamento automatizado* que lhe impulsiona. A possibilidade de contestar sistemas algorítmicos, metodologias, inferências, resultados e decisões automatizadas é uma *affordance* ou, ainda, condição material e técnica de realização do próprio direito à proteção de dados pessoais, bem como de outros direitos fundamentais, como o direito à privacidade.

A ideia de promoção de condições materiais e técnicas como elemento constitutivo do âmbito de proteção de direito fundamental não deve ser considerada algo estranho e incompatível à experiência jurídica brasileira. Há prolífica doutrina e jurisprudência a respeito da proteção dos direitos sociais e do mínimo existencial[75/76] no sentido de "garantia de condições

she is subjected, following which she can contest them legally". DIVER, Laurence Digisprudence: the design of legitimate code. *Law, Innovation and Technology*, v. 13, n. 2, p. 325–354, 2021, p. 350.

[74] Vale destacar que a possibilidade de ação (*affordance*) não pode ser entendida como uma propriedade do sistema algorítmico interligado em rede de sensores e computadores que formam o ambiente (no mundo *onlife*,), nem como uma habilidade própria do agente, mas sim como resultado advindo da interação dinâmica entre um e outro.

[75] Na jurisprudência do STF, por exemplo: BRASIL. Supremo Tribunal Federal (Segunda Turma). *Agravo Regimental no Recurso Extraordinário com Agravo n. 745.745/MG*. Relator: Min. Celso de Mello. Brasília, 02/12/2014. *Diário de Justiça eletrônico*, Brasília, DF, 19/12/2014. Disponível em: https://redir.stf.jus.br/paginadorpub/paginador.jsp?docTP=TP&docID=7516923. Acesso em: 01 fev. 2022.

[76] Na doutrina, entre outros trabalhos, pode-se mencionar: SARMENTO, Daniel. *Dignidade da pessoa humana:* conteúdo, trajetórias e metodologia. Belo Horizonte: Fórum, 2016. p. 189 et seq.; TORRES, Ricardo Lobo. *O direito ao mínimo existencial*. Rio de Janeiro: Renovar, 2009; CLÈVE, Clèmerson Merlin. O desafio da efetividade dos direitos fundamentais sociais. *Revista da Academia Brasileira de Direito Constitucional*, Curitiba, v. 3, p. 289-300, 2003; SARLET, Ingo Wolfgang; ROSA, Taís Hemann da. Breves notas sobre a dogmática do mínimo existencial no direito brasileiro. *Revista de Direitos e Garantias Fundamentais*, Vitória, v. 16, n. 1, p. 217-248, jan./jun. 2015.

básicas para a vida digna"[77]. Muito embora exista distintas correntes teóricas relativamente à fundamentação da proteção do mínimo existencial[78], a conexão entre as possibilidades advindas do acesso a condições materiais e a tutela de direitos e liberdades fundamentais fica patente nas linhas de Ricardo Lobo Torres:

> O direito às condições mínimas de existência digna constitui o conteúdo essencial dos direitos da liberdade, ou direitos humanos, ou direitos individuais, ou direitos naturais, formas diferentes de expressar a mesma realidade. [...] O mínimo existencial exibe as características básicas dos direitos da liberdade: é pré-constitucional, posto que inerente à pessoa humana; [...] é negativo, pois exibe o *status negativus* que protege o cidadão contra a constrição do Estado ou de terceiros; cria também o *status positivus libertatis*, que gera a obrigação de entrega de prestações estatais individuais para a garantia da liberdade e das suas condições essenciais; postula garantias institucionais e processuais que provocam custos para o Estado; é plenamente justiciável; independem de complementação legislativa, tendo eficácia imediata[79].

Em última análise, ao se tratar sobre o mínimo existencial, seu conteúdo e outros contornos dogmáticos, está a se falar sobre a garantia de condições materiais e institucionais para a realização de direitos fundamentais sociais e outras liberdades jusfundamentais, isto é, asseguradas tais condições materiais e institucionais, emerge da relação agente humano e ambiente social/institucional possibilidades de ação em consonância com os direitos e liberdades fundamentais e respectivo objeto de tutela. Com a perspectiva da teoria das *affordances* utilizada no presente trabalho, o que se pretende é chamar a atenção para a necessidade de tomada de consciência e de adição de uma camada eminentemente técnica nas considerações da teoria dos direitos fundamentais, a envolver, inclusive, prestações

[77] SARMENTO, Daniel. *Dignidade da pessoa humana:* conteúdo, trajetórias e metodologia. Belo Horizonte: Fórum, 2016. p. 212.

[78] Cf. SARMENTO, Daniel. *Op. cit.*, p. 189 et seq. Pontes de Miranda já se referia em seu livro *"Os fundamentos actuaes do Direito Constuticional"*, de 1932, a um "direito à existência" ou "direito à subsistência" da pessoa concretamente considerada: MIRANDA, Pontes de. *Fundamentos actuaes de Direito Constitucional.* Freitas Bastos: Rio de Janeiro, 1932. p. 385-386.

[79] TORRES, Ricardo Lobo. *O direito ao mínimo existencial.* Rio de Janeiro: Renovar, 2009. p. 39-40.

a ser adimplidas por sujeitos públicos ou privados juridicamente vinculados. As condições técnicas e impactos normativos das tecnologias digitais (*v. g.*, tecnologias de perfilamento) também podem limitar ou promover o gozo de direitos fundamentais, como é o caso do direito fundamental à proteção de dados pessoais[80].

Pois bem. Tendo em vista as considerações feitas acima, procedendo-se a uma leitura da regulação das tecnologias de perfilamento em sincronia com a unidade sistemática do ordenamento jurídico brasileiro e com a dimensão coletiva do direito fundamental à proteção de dados pessoais, e, ainda, numa articulação da normatividade jurídica com a promoção da contestabilidade dos sistemas algorítmicos de perfilamento automatizado, passa-se a três propostas hermenêuticas: (i) a ampliação do conceito de dado pessoal; (ii) a afirmação da dimensão coletiva da proteção de dados pessoais e consequente individuação de interesses difusos e correspondentes situações jurídicas passíveis de tutela no âmbito do perfilamento automatizado; e (iii) o delineamento de parâmetros baseados no preceito da proteção de dados desde a concepção para o *design* de sistemas de perfilamento contestáveis.

3.2 Formação de perfis de grupo, dados anonimizados *prima facie* e a ampliação do conceito de dado pessoal

No item 2.3.1.2 abordou-se discussão sobre a aplicabilidade da LGPD e seu regime jurídico durante a etapa de formação de perfis. A controvérsia se estabelece, como foi destacado, em razão da possibilidade de

[80] Nessa linha, afirma Julie Cohen: "Fundamental rights are made available, or not, partly by the content and institutional structure of the applicable legal regime and partly by patterns of resource distribution that enable people to attain the capabilities to enjoy fundamental freedoms, but also partly by the constraints and affordances of the physical environment. We are learning now that the relevant constraints and affordances include both those directly affecting human behavior in physical space and those governing flows of information". COHEN, Julie E. Affording Fundamental Rights: A Provocation Inspired by Mireille Hildebrandt. *Critical Analysis of Law*, v. 4, n. 1, p. 78–90, 2017, p. 85. Não obstante certa proximidade existente entre tal compreensão e a categoria das *garantias institucionais* da dogmática constitucional, as noções não se confundem. Tratando especificamente sobre o direito fundamental à proteção de dados pessoais, ainda que na tutela deste direito fundamental haja uma imbricação de elementos institucionais conforme a concepção defendida nesta sede, proteção de dados pessoais não constitui uma instituição ou instituto como é, por exemplo, a propriedade. A respeito da categoria das garantias institucionais (e dos institutos) e sua relação com os direitos fundamentais, cf. BONAVIDES, Paulo. *Curso de Direito Constitucional*. 25. ed. atual. São Paulo: Malheiros, 2010. p. 525-554.

construção de perfis ou modelos com o processamento de dados que se qualificam como não pessoais por serem relativos a agrupamentos[81] ou submetidos a técnicas de anonimização[82] que permitem a extração de modelos mediante o processo de KDD. Desta sorte, a formação de perfis abstratos ou de grupo com o tratamento de dados considerados não pessoais, afastaria, pela ótica tradicional centrada no indivíduo, a incidência do regime de proteção de dados, aplicável tão somente à formação de perfis específicos ou personalizados, ou, ainda, abstratos quando há processamento de dados pessoais.

Tomando esse raciocínio como ponto de partida, Wim Schreurs e outros afirmam, então, ser especialmente importante que os princípios e regras de proteção de dados pessoais se apliquem na etapa pré-formação de perfis, isto é, de coleta e processamento de dados pessoais (fornecidos e observados) antes mesmo de preparados para a inferência de modelos ou perfis[83]. Para justificar o enfoque no regime aplicável à atividade de tratamento de dados pessoais realizada previamente à etapa de criação de perfis, aduzem os autores pelo menos quatro motivos. Diferentemente do regime de proteção de dados pessoais, a simples coleta de informação pessoal não é, necessariamente, compreendida no escopo da normativa de tutela da privacidade, leis antidiscriminação e outros diplomas legais aplicáveis a tecnologias digitais. Além disso, o direito de proteção de dados pode ser, arrazoam, o último e mais adequado recurso para impedir a excessiva construção de perfis de grupo, porque "em princípio, nos permite impedir a coleta de dados a partir dos quais perfis podem ser inferidos ou que podem ser usados para nos perfilar como membros de um grupo relevante"[84]. Em terceiro lugar, entende-se que a tutela jurídica ofertada já quando da coleta protege tanto aqueles titulares cujos dados são usados como aqueles a quem os perfis ou modelos inferidos podem futuramente ser aplicados.

[81] BYGRAVE, Lee A. *Data Protection Law:* Approaching Its Rationale, Logic and Limits. The Hague: Kluwer Law International, 2002. p. 304.

[82] SCHREURS, Wim et. al. *Cogitas Ergo Sum:* The Role of Data Protection Law and Non-discrimination Law in Group Profiling in the Private Sector. *In*: GUTWIRTH, Serge; HILDEBRANDT, Mireille (Orgs.). *Profiling the European Citizen:* Cross-Disciplinary Perspectives. New York: Springer, 2008. p. 249.

[83] SCHREURS, Wim et. al. *Op. cit.*, p. 244.

[84] SCHREURS, Wim et. al. *Op. cit.*, p. 245. Tradução livre de: "[i]n principle, it allows us to prevent the collection of data from which profiles can be inferred or which can be used to profile us as members of a relevant group".

Por derradeiro, aduzem que a proteção de dados pessoais constitui instrumento jurídico mais objetivo para tutelar os titulares dos dados[85].

Essa forma de pensar, embora bem-intencionada e com algumas corretas premissas, possui graves falhas que culminam numa solução de insuficiente proteção jurídica. O primeiro aspecto problemático da argumentação se revela na preocupação com o impedimento ou restrição ao perfilamento de grupo. O mais importante não é impedir o que se mencionou ser a excessiva criação de perfis de grupo por sistemas algorítmicos. Para além da difícil tarefa de determinar a linha divisória do que consiste em inferência excessiva de perfis abstratos do que não desborda o limite, o objetivo principal da regulação da atividade de tratamento de dados pessoais é balizar com critérios normativos seguros a legitimidade das operações de tratamento com o propósito específico de perfilamento por sistemas efetivamente contestáveis. Dessa forma, coloca-se à salvo o emprego de tecnologias de perfilamento alicerçadas em desenho metodológico e algoritmos de aprendizado de máquina e generalizações ou estatísticas consistentes.

Outro ponto de fragilidade da argumentação é a redução da realização do direito fundamental à proteção de dados pessoais, bem como a tutela de outros bens fundamentais, especialmente antes da criação de perfis no processo de perfilamento automatizado. Trata-se de pensamento em descompasso com o preponderante caráter procedimental e itinerante do direito à proteção de dados pessoais, que acompanha todo o fluxo informacional assegurando um sistema de freios e contrapesos, bem como a participação dos titulares inclusive em nível coletivo. Ademais, na perspectiva da proteção jurídica desde a concepção (*legal protection by design*) as tecnologias de perfilamento devem possibilitar a realização do direito à proteção de dados pessoais em qualquer das etapas do perfilamento automatizado.

Melhor proposta e que ao máximo promove o direito fundamental à proteção de dados é a *ampliação do conceito de dado pessoal* a partir da interpretação conforme a Constituição[86] do art. 12, § 2º, da LGPD. As incertezas ensejadas pelo texto legal foram introduzidas no capítulo precedente.

[85] SCHREURS, Wim et. al. *Op. cit.*, p. 244-245.

[86] A interpretação conforme à Constituição vai aqui empregada como *técnica de interpretação* que "impõe a juízes e tribunais que interpretem a legislação ordinária de modo a realizar, da maneira mais adequada, os valores e fins constitucionais" (BARROSO, Luís Roberto. *Curso de direito constitucional contemporâneo:* os conceitos fundamentais e a construção do novo modelo. São Paulo:

Um dos possíveis sentidos aventados foi o de que o dispositivo estaria a reputar dado pessoal aqueles dados anonimizados a princípio, mas processados para a criação de perfil personalizado ou específico. Tomadas as anotações feitas no item 2.3.1.2 sobre o tema, esse entendimento não merece acolhimento por sua inadequação, dentro do sentido literal possível e da cadeia do contexto significativo da lei[87], à promoção do direito fundamental à proteção de dados pessoais. Aliás, a falta de suporte na prática poderia fazer "letra morta" do art. 12, § 2º, se assim interpretado[88].

No direito brasileiro, Bruno Bioni lançou mão da referida disposição legislativa para propor um alargamento do espectro da LGPD. Muito embora o autor tenha propósito semelhante ao buscar construir uma exegese do artigo tendo como pano de fundo os desafios postos pelos sistemas algorítmicos movidos por perfilamento automatizado[89], a premissa teórico-metodológica adotada nesta obra é distinta. Para Bioni, há que se fazer uma análise consequencialista do conceito de dado pessoal, pois que a estrutura regulatória da LGPD abre espaço "para uma escolha normativa *consequencialista*"[90]. Isso significa que a noção de dado pessoal abarca todas "as hipóteses nas quais o tratamento de dados pode ocasionar efeitos negativos sobre uma pessoa ou um grupo de pessoas"[91]. A visão consequencialista[92] da conceituação de dado pessoal toma aportes do pragmatismo jurídico, de sorte que sua aplicação pode esbarrar em limitações e insuficiências que aparecem na construção feita por Daniel Solove, como apontadas no item 1.2.4 sobre sua teoria pragmatista da privacidade[93]. Ao partir

Saraiva, 2009. p. 301-302). Cf., ainda, LARENZ, Karl. *Metodologia da Ciência do Direito*. 3. ed. Trad. José Lamego. Lisboa: Fundação Calouste Gulbenkian, 1997. p. 487.

87 LARENZ, Karl. *Op. cit.*, p. 487.

88 Cf. BIONI, Bruno R. *Proteção de dados pessoais:* a função e os limites do consentimento. 1. ed. Rio de Janeiro: Forense, 2019. p. 81; MACHADO, Diego Carvalho; MENDES, Laura Schertel. Tecnologias de perfilamento e dados agregados de geolocalização no combate à COVID-19 no Brasil: uma análise dos riscos individuais e coletivos à luz da LGPD. *Direitos Fundamentais & Justiça*, Belo Horizonte, ano 14, p. 105-148, nov. 2020. Número especial, p. 137.

89 BIONI, Bruno R. *Op. cit.*, p. 79-80.

90 BIONI, Bruno R. *Op. cit.*, p. 78 Grifos no original.

91 BIONI, Bruno R. *Op. cit.*, p. 82.

92 Sobre o consequencialismo, cf. BRANDÃO, Rodrigo; FARAH, André.Consequencialismo no Supremo Tribunal Federal: uma solução pela não surpresa. *Revista de Investigacoes Constitucionais*, Curitiba, v. 7, n. 3, p. 831–858, set./dez. 2020, p. 835 et seq.

93 Vide item 1.2.4.

de um contexto específico (contextualismo[94]) advogando "a primazia das consequências na interpretação"[95], a referida abordagem consequencialista pode gerar, ao contrário do seu intuito original, uma hermenêutica reducionista, nas palavras de Luciano Floridi: bem pensadas as coisas, se se considera dado pessoal o que pode ocasionar efeitos negativos sobre uma pessoa ou um grupo de pessoas, não havendo consequências reputadas socialmente negativas ou indesejáveis[96] do tratamento de dados, não há se falar em interesses juridicamente relevantes a proteger[97], a exemplo do acesso a informação sobre a lógica de funcionamento de sistema de aprendizado de máquina que gera baixo risco a direitos fundamentais. Aqui se dá inconciliável conflito com a unidade sistemática do ordenamento jurídico e a força normativa dos direitos fundamentais, em especial o direito à proteção de dados pessoais.

O caminho ora proposto de ampliação do conceito de dado pessoal no sistema jurídico pátrio parte das duas premissas acima: unidade sistemática e força normativa dos direitos fundamentais. A fim de dar vazão à eficácia irradiante do direito fundamental à proteção de dados pessoais, o § 2º do art. 12, da LGPD, deve ser lido à luz de sua dimensão coletiva. Neste sentido, o que o dispositivo estatui é que dados comportamentais submetidos a procedimentos que retiram a possibilidade de associação direta ou indireta a um indivíduo – independentemente da técnica utilizada, se agregação de dados, sintetização, clusterização etc. – devem ser considerados dados anonimizados *prima facie*, eis que, uma vez processados para

[94] BUTLER, Brian E. Legal Pragmatism: Banal or Beneficial as a Jurisprudential Position? *Essays in Philosophy*, v. 3, n. 2, p. 269-286, jun. 2002, p. 278.

[95] POSNER, Richard A. *Overcoming Law*. Cambridge: Harvard University Press, 1995. p. 252. Tradução livre de: "the primacy of consequences in interpretation".

[96] A teoria pragmatista implica análise das consequências numa perspectiva do que é socialmente desejável: SOLOVE, Daniel J. *Understanding Privacy*. Cambridge; London: Harvard University Press, 2008. p. 92.

[97] Luciano Floridi critica o que ele denomina de "interpretação reducionista" da privacidade informacional por se caracterizar pelo consequencialismo, isto é, que define a privacidade informacional a partir de indesejáveis efeitos: "The advantage of the ontological interpretation over the reductionist one is then that consequentialist concerns may override respect for informational privacy, whereas the ontological interpretation, by equating its protection to the protection of personal identity, considers it a fundamental and inalienable right, so that, by default, the presumption should always be in favour of its respect. As we shall see, this is not to say that informational privacy is never negotiable in any degree". FLORIDI, Luciano. The ontological interpretation of informational privacy. *Ethics and Information Technology*, v. 7, n. 4, p. 185–200, 2005, p. 195.

a formação ou inferência de perfis, notadamente os de grupo ou abstratos, hão de ser tidos como de caráter pessoal pela lei, autorizando a incidência do seu regime protetivo. Com isso, direitos, deveres e salvaguardas amparadas na normativa de proteção de dados poderão ser aplicados se compatíveis e conexos a interesses metaindividuais.

Cuida-se de hermenêutica do todo apropriada a caso como o que foi julgado em 2021, em primeira instância, pela 37ª Vara Cível da Comarca de São Paulo[98]. Na ação civil pública movida pelo Instituto Brasileiro de Defesa do Consumidor e pela Defensoria Pública do Estado de São Paulo em face da ViaQuatro, concessionária responsável pela linha 4-Amarela do Metrô da cidade de São Paulo, discutiu-se a legitimidade da atividade de tratamento de dados realizada com a implantação de sistema de portas interativas com câmeras integradas por sistema algorítmico para capturar e processar imagens e reações dos usuários do transporte público ao visualizarem certos anúncios publicitários[99].

No processo, alegou a ré que não houve coleta ou armazenamento de imagens ou de dados pessoais no sistema utilizado, pois, como afirma, "a tecnologia empregada não se relaciona ao reconhecimento facial, apenas detecção de rostos classificáveis em categorias de expressões, gênero e biótipos"[100]. As operações de tratamento de dados se limitariam à contagem de "pessoas, visualizações, tempo de permanência, tempo de atenção, gênero, faixas etárias, emoções, fator de visão, horas de pico de visualizações e distância de detecção, sem que para isso colete qualquer dado pessoal de pessoa individualizada"[101].

Na fundamentação da sentença de parcial procedência dos pedidos dos demandantes, posteriormente mantida em sua maior parte no julgamento da Apelação Cível n. 1090663-42.2018.8.26.0100 pela 8ª Câmara

[98] Nesta sede, deixa-se de lado qualquer discussão sobre a aplicabilidade da lei no tempo, tal como se deu no caso concreto.

[99] WAKKA, Wagner. Linha 4 do Metrô de SP terá portas com reconhecimento facial e de reações. *Canaltech*, 13 abr. 2018. Disponível em: https://canaltech.com.br/inovacao/linha-4-do-metro-de-s-p-tera-portas-com-reconhecimento-facial-e-de-reacoes-111872/. Acesso em: 10 fev. 2022.

[100] SÃO PAULO (Estado). Tribunal de Justiça do Estado de São Paulo. Sentença. Processo n. 1090663-42.2018.8.26.0100. 37ª Vara Cível do Foro Central da Comarca de São Paulo. Juíza de Direito Patrícia Martins Conceição. Julg. em 07/05/2021.

[101] SÃO PAULO (Estado). Tribunal de Justiça do Estado de São Paulo. Sentença. Processo n. 1090663-42.2018.8.26.0100. 37ª Vara Cível do Foro Central da Comarca de São Paulo. Juíza de Direito Patrícia Martins Conceição. Julg. em 07/05/2021.

de Direito Público do TJSP[102], a magistrada entendeu que ainda que ocorresse apenas a detecção de face (e processamento de dados) sem a possibilidade de identificação concreta do indivíduo, o acesso à imagem, afirmou, "parece já esbarrar no conceito de dado biométrico, legalmente considerado como dado pessoal sensível"[103]. À vista da incerteza do argumento, mais adequado e dogmaticamente consistente, todavia, seria alicerçar o entendimento sobre a natureza dos dados objeto de tratamento e incidência do regime da LGPD no art. 12, § 2º, da Lei 13.709/2018, considerando de caráter pessoal os dados anonimizados *prima facie* para a formação de perfis abstratos.

A mesma linha de argumentação pode ser aplicada em alguns dos mais relevantes casos referidos no capítulo 2: (i) ambos os casos polonês[104] e austríaco[105], cujos órgãos administrativos competentes criaram modelos estatísticos para classificar em três diferentes categorias os cidadãos em busca de reinserção no mercado de trabalho; e (ii) o caso *SyRi*, julgado pelo Tribunal Distrital de Haia, na Holanda. Tivessem ocorrido no Brasil, aplicar-se-ia, no sentido ora proposto, o art. 12, § 2º, da LGPD, e seus desdobramentos haja vista a possibilidade, em todas as situações elencadas, de formação dos perfis de grupo (não-distributivos) a partir do tratamento de dados *prima facie* anonimizados para integrar sistemas algorítmicos de perfilamento.

No contexto europeu, Hoffmann-Riem propugna semelhante redefinição do conceito de dado pessoal:

[102] SÃO PAULO (Estado). Tribunal de Justiça do Estado de São Paulo. Oitava Câmara de Direito Público. *Apelação Cível n. 1090663-42.2018.8.26.0100*. Apelantes: Ministério Público do Estado de São Paulo; Defensoria Pública do Estado de São Paulo. Apelantes/Apelados: IDEC Instituto Brasileiro de Defesa do Consumidor; Concessionária da Linha 4 Metrô de São Paulo. Relator: Min. Antônio Celso Faria, 10 de maio de 2023.

[103] SÃO PAULO (Estado). Tribunal de Justiça do Estado de São Paulo. Sentença. *Processo n. 1090663-42.2018.8.26.0100*. 37ª Vara Cível do Foro Central da Comarca de São Paulo. Juíza de Direito Patrícia Martins Conceição. Julg. em 07/05/2021.

[104] Cf. NIKLAS, Jędrzej; SZTANDAR-SZTANDERSKA, Karolina; SZYMIELEWICZ, Katarzyna. *Profiling the Unemployed in Poland:* Social and Political Implications of Algorithmic Decision Making. Warsaw: Fundacja Panoptikon, 2015.

[105] Cf. ALLHUTTER, Doris et al. Algorithmic Profiling of Job Seekers in Austria: How Austerity Politics Are Made Effective. *Frontiers in Big Data*, v. 3, , p. 1–17, fev. 2020.

> [...] os dados pessoais também teriam que ser classificados como dados que não são coletados de uma pessoa específica, mas que podem ser usados para filtrar indivíduos específicos e submetê-los a certas medidas. [...]
>
> Também não é mais possível manter o fato de que a referência a uma pessoa é sempre eliminada pela anonimização dos dados. A atual expansão do poder das técnicas de desanonimização dá razão para considerar a anonimização inicial por si só insuficiente, na medida em que existem possibilidades de desanonimização, especialmente se ela é ou será utilizada. Portanto, é necessária primeiramente uma extensão do conceito de relação pessoal a dados anonimizados[106].

O que propõe o autor alemão, na verdade, não se limita à etapa de formação de perfis, mas também alcança a etapa de aplicação, porquanto também tem em consideração dados que não identificam ou individualizam pessoa natural, mas podem ser usados para filtrar indivíduos específicos e submetê-los a certas medidas. É isso justamente o que ocorre na aplicação de perfis de grupo ou abstratos: com o tratamento dos dados pelo sistema, alguém ou grupo de pessoas é representado como adequado ao perfil abstrato e medidas ou decisões são tomadas que afetam a coletividade de titulares dos dados. O próprio Hoffmann-Riem usa como exemplo que se adequa à ampliação conceitual proposta a situação em que alguém é "atribuído a um grupo de pessoas (um *cluster*) formado no curso da análise de *Big Data* utilizando métodos estatísticos sem interferir com seus próprios dados pessoais"[107].

Entre as possíveis proposições hermenêuticas para o sistema jurídico brasileiro, pode-se cogitar: (i) de interpretação extensiva do art. 12, § 2º, da LGPD, para entender como dados pessoais aquelas informações e inferências sobre agrupamentos na etapa de aplicação de perfis de grupo; (ii) interpretação conforme à Constituição do art. 12, § 2º, da LGPD, a preencher de sentido a (aparente) lacuna de regulação quanto à etapa de aplicação de perfis de grupo; ou, ainda, (iii) da direta incidência do direito fundamental à proteção de dados devido a sua eficácia plena e imediata, isto é, a desnecessidade de intervenção do legislador infraconstitucional

[106] HOFFMANN-RIEM, Wolfgang. *Teoria geral do direito digital:* transformação digital – desafios para o direito. Trad. Italo Fuhrmann. Rio de Janeiro: Forense, 2021. p. 102-103.

[107] HOFFMANN-RIEM, Wolfgang. *Teoria geral do direito digital:* transformação digital – desafios para o direito. Trad. Italo Fuhrmann. Rio de Janeiro: Forense, 2021. p. 102-103.

(CRFB, art. 5º, § 1º). Os dois últimos caminhos se afiguram de maior solidez dogmática e coerência com a unidade sistemática do ordenamento jurídico e a força normativa dos direitos fundamentais.

A primeira proposta muito provavelmente consistiria numa ampliação ou "extensão teleológica"[108] que, entretanto, carece de plausibilidade haja vista o considerável distanciamento do sentido literal do texto da lei, que se refere expressamente a *formação* de perfis. Em última análise, reputar como dados pessoais as informações e inferências sobre agrupamentos na etapa de *aplicação* de perfis de grupo pode resultar numa operação de analogia de regra de teor excepcional, visto que, assim tomado o sentido da expressão plasmada na particular disposição legislativa, superar-se-ia os limites da "franja marginal"[109] do seu uso linguístico.

Já a segunda proposta se vale da técnica da interpretação conforme à Constituição, lançando mão do *desenvolvimento judicial do direito imanente à lei*[110]. Esta atividade, que essencialmente não se difere em nada da interpretação jurídica, aparece correlacionada à colmatação de lacunas da lei por tribunais e órgãos do Poder Judiciário[111]. Na visão de Karl Larenz, entende-se que a existência ou não de lacunas é aferida "do ponto de vista da própria lei, da intenção reguladora que lhe serve de base, dos fins com ela prosseguidos e do "plano legislativo""[112]. Não se está a falar de algo que se assemelha a um nada, "mas significa a falta de uma regra *determinada*, a esperar segundo o plano da regulação ou o contexto global da lei"[113], anota o teórico germânico. Se é objetivo da lei "proteger os direitos fundamentais de liberdade e de privacidade e o livre desenvolvimento da personalidade da pessoa natural" (art. 1º, *caput*) não faz sentido cuidar a norma em questão apenas de uma das etapas senão de todo o processo de perfilamento automatizado,

[108] LARENZ, Karl. *Metodologia da Ciência do Direito*. 3. ed. Trad. José Lamego. Lisboa: Fundação Calouste Gulbenkian, 1997. p. 564.

[109] LARENZ, Karl. *Op. cit.*, p. 501.

[110] A respeito do emprego da técnica de interpretação conforme à Constituição, suas manifestações na jurisprudência do Supremo Tribunal Federal, e a noção de desenvolvimento judicial do direito de Karl Larenz, cf. BRANDÃO, Rodrigo. *Aplicação direta de princípios constitucionais, ativismo judicial e superação do dogma do "legislador negativo"*, p. 10 et seq. Disponível em: https://rbrandao.adv.br/wp-content/uploads/2017/05/aplicacao-direta-de-princi-pios-constitucionais-pelo-STF-e-a-superacao-do-dogma-do-legislador-negativo.pdf. Acesso em: 06 ago. 2022.

[111] LARENZ, Karl. *Op. cit.*, p. 519-520.

[112] LARENZ, Karl. *Op. cit.*, p. 529-530.

[113] LARENZ, Karl. *Op. cit.*, p. 532.

que concretamente pode resultar em violação e lesão a direitos e aos princípios fundantes da LGPD. Para preencher-se esta que, ao fim, se mostra uma aparente lacuna de regulação, deve o intérprete aplicar as normas e princípios constitucionais, mais especificamente o direito fundamental à proteção de dados pessoais em sua dimensão coletiva, passando a lei, assim, a regrar também a etapa de aplicação de perfis de grupo ou abstratos em havendo tratamento de dados de comunidades ou categorias (grupos *ad hoc*). Seria esta uma interpretação conforme voltada a uma "*reconstrução normativa sistemática*", nas palavras do Ministro Gilmar Mendes em voto condutor no julgamento conjunto da ADI 6649 e da ADPF 695 pelo STF[114].

Resta ainda como via hermenêutica a ser trilhada a direta aplicação do direito fundamental à proteção de dados pessoais nas relações com agentes de tratamento públicos ou privados, se se entender restringir-se à etapa de criação de perfis a incidência do art. 12, § 2º, da LGPD. Neste sentido, a norma constitucional do art. 5º, LXX, não obstante a previsão de que a proteção de dados pessoais se dará "na forma da lei", há de ser interpretada-aplicada de modo a assegurar a eficácia normativa da dimensão coletiva do direito fundamental consagrado, inclusive nas relações entre particulares porquanto presente a assimetria de poder sob os prismas informacional e epistemológico.

3.3 A afirmação da dimensão coletiva da proteção de dados pessoais no direito brasileiro: interesses difusos e situações jurídicas no processo de perfilamento automatizado

Tal como explicitado nos itens 1.3.1 e 3.1 deste trabalho, a dimensão coletiva do direito à proteção de dados pessoais se alicerça numa abordagem relacional da pessoa humana, em se reconhece a premissa teórica de que, na temporalidade e indeterminação da vida, o *self* se constrói e é construído em interação com o outro. Adotada essa perspectiva, torna-se imperativo o reconhecimento da conformação de relações de poder na atividade de tratamento de dados pessoais e a assimetria que as caracteriza: na era das tecnologias de perfilamento, trata-se de desequilíbrio não só informacional, mas também epistemológico. Ao fim do século passado, em sua sempre aguçada e prospectiva visão dos problemas de seu tempo, Stefano Rodotà

[114] BRASIL. Supremo Tribunal Federal. *Ação de Descumprimento de Preceito Fundamental n. 695/DF e Ação Direta de Inconstitucionalidade n. 6649/DF.* Relator: Min. Gilmar Mendes. Brasília, 15/09/2022. *Diário de Justiça eletrônico,* Brasília, DF, 19/06/2023.

exprimiu de certo modo essas ideias ao aperceber-se do alcance para além do prisma individual que o tratamento de dados pessoais ensejava na nova infraestrutura da informação:

> É necessário valorar diretamente a posição e o significado da nova "infraestrutura informativa". [...] Estamos diante de questões que, pela complexidade dos meios empregados e o número de sujeitos interessados, podem ser corretamente colocadas apenas em chave de interesses coletivos.
> [...]
> Se o fim a se alcançar é aquele da realização do melhor uso possível de um dos mais importantes recursos de base da sociedade do futuro, a via a se seguir é aquela que, coerentemente às indicações das análises precedentes, conduz à expansão do poder coletivo[115].

Em paráfrase ao professor italiano, pode-se dizer que as tecnologias de perfilamento e a nova infraestrutura da informação (e comunicação) suscitam questões irredutíveis aos confins tradicionais da proteção de dados e se dilata para a dimensão coletiva[116]. Registre-se, aliás, que não se manifesta aqui qualquer pretensão de se fazer assertiva de franca originalidade nos domínios brasileiros, pois que, em ocasiões distintas, Danilo Doneda e Laura Schertel Mendes levantaram claros acenos para a "coletivização da proteção de dados"[117] em face dos desafios suscitados pelas novas tecnologias de tratamento de dados[118].

[115] RODOTÀ, Stefano. *Tecnologie e diritti.* Bolonha: Il Mulino, 1995. p. 36, 38. Tradução livre de: "È necessario valutare direttamente la posizione e il significato della nuova "infrastruttura informativa". [...] Siamo di fronte a questioni che, per il complesso di mezzi impiegati ed il numero di soggetti interessati, possano esse correttamente impostate soltante in chiave di interessi collettivi. [...]"

"Se il fine da raggiungere e quello di realizzare la miglior utilizzazione possibile di una delle più importanti risorse di base della società del futuro, la via da seguire è quella che, coerentemente alle indicazioni dell'analisi precedenti, conduce all'espansione del potere collettivo".

[116] "La linea di tendenza è chiara: da qualsiasi punto di vista lo si consideri, il problema è irridicibile nei suoi confini tradizionali e si dialata nella dimensione collettiva". RODOTÀ, Stefano. *Op. cit.*, p. 35-36.

[117] A expressão, salvo melhor juízo, saiu da pena de Rafael Zanatta: cf. ZANATTA, Rafael A. F. Tutela coletiva e coletivização da proteção de dados pessoais. *In:* PALHARES, Felipe (Coord.). *Temas atuais de proteção de dados.* São Paulo: Revista dos Tribunais, 2020. *E-book.* p. RB-13.6.

[118] Respectivamente, cf. DONEDA, Danilo. *Da privacidade à proteção de dados pessoais.* 2. ed. São Paulo: Revista dos Tribunais, 2020. p. 46-47; MENDES, Laura Schertel. *Privacidade, proteção de dados e defesa do consumidor*: linhas gerais de um novo direito fundamental. São Paulo: Saraiva, 2014. p. 35-36.

Já foi demonstrado que, tendo em consideração os aspectos sociotécnicos envolvidos nas fases de formação e aplicação de perfis de grupo e a disciplina jurídica incidente no perfilamento automatizado, o paradigma individualista se mostrou insuficiente como modelo jurídico para a realização da força normativa da Constituição no âmbito do direito brasileiro. Na mesma linha de raciocínio, acolhe-se a concepção de Lee Bygrave sobre o prisma coletivo da proteção de dados pessoais, de maneira a se defender no presente trabalho que a interpretação e aplicação do ordenamento jurídico conduz à identificação de *interesses juridicamente relevantes* de grupos ou entes não organizados que guardam pertinência lógico-jurídica com o objeto de tutela do direito fundamental à proteção de dados pessoais e a normativa de proteção de dados[119].

Conforme desenvolveu-se no item 1.3.3 do Capítulo 1, ao introduzir-se a teoria de Bygrave, os entes coletivos não organizados são definidos como aqueles "constituídos principalmente com base em conjuntos de pessoas que se considera compartilhar certas características"[120]. A noção compreende os agrupamentos criados pela inferência de perfis abstratos no processo de KDD, ou seja, as comunidades e as categorias (ou grupos *ad hoc*)[121]. Em relação a estes grupos, os titulares dos dados "não têm conhecimento da identidade dos outros membros do grupo, não têm relação com eles e têm uma percepção limitada de suas questões coletivas"[122]; são também forjados algoritmicamente e de variável geometria ou dimensionamento, de modo que indivíduos podem mudar de um ente coletivo para outro, isto é, ora se enquadrar na representação de um grupo, ora na de outro em razão dos métodos e operações matemáticas que fundamentam o sistema de aprendizado de máquina[123].

[119] Cf. BYGRAVE, Lee A. *Data Protection Law:* Approaching Its Rationale, Logic and Limits. The Hague: Kluwer Law International, 2002. p. 290-291.

[120] BYGRAVE, Lee A. *Data Protection Law:* Approaching Its Rationale, Logic and Limits. The Hague: Kluwer Law International, 2002. p. 283. Tradução livre de: "constituted primarily on the basis of sets of persons being regarded as sharing certain characteristics".

[121] Sobre a caracterização das comunidades e categorias, vide item 2.1.

[122] MANTELERO, Alessandro. Personal data for decisional purposes in the age of analytics: From an individual to a collective dimension of data protection. *Computer Law and Security Review*, v. 32, n. 2, p. 238–255, 2016, p. 251. Tradução livre de: "are not aware of the identity of the other members of the group, have no relationship with them and have a limited perception of their collective issues".

[123] MANTELERO, Alessandro. *Op. cit.*, p. 251. Na mesma linha: "Algorithmically-determined groups thus tend to be more fluid, dynamic, and ad hoc, as opposed to socially-determined groups

Os riscos de discriminação, manipulação, intervenção direta e outros indicados nos capítulos anteriores, bem como o potencial de lesão a direitos e liberdades fundamentais que carregam consigo, despertam a gênese de interesses juridicamente relevantes no sistema jurídico brasileiro. Ainda que não se debruçando sobre a experiência jurídica pátria, vale ressaltar a assertiva de Alessandro Mantelero de que a *ratio* da proteção de dados coletiva se localiza principalmente no potencial lesivo a coletividades causados por intenso e invasivo tratamento de dados[124]. Deve-se ter, no entanto, o cuidado de não se apreender o fenômeno jurídico sob análise e suas vicissitudes apenas pelas lentes do direito de danos, o que seria um equívoco. O reconhecimento de interesses metaindividuais como merecedores de tutela jurídica pela responsabilidade civil decerto possui acolhida no direito civil brasileiro[125], mas esta disciplina constitui, em sua flexibilidade, uma primeira fronteira de admissão de interesses juridicamente relevantes pela consciência social, uma antessala para a depuração legislativa e dogmática de instrumentos de tutela e categorias jurídicas mais amadurecidos[126].

Tome-se em consideração as etapas do perfilamento automatizado: tanto na formação como na aplicação de perfis emergem interesses jurídicos merecedores de tutela em face dos riscos ao direito à proteção de dados pessoais (e outros direitos mais) passíveis de ser veiculados em

which tend to be more stable. Also, while socially-determined groups are usually "self-proclaimed and self-aware", meaning that the group is recognized by society (e.g., Rotary Club, Black Lives Matter, etc.) and that group members know they are members, this may not be true for algorithmically-determined groups. In such groups, people might or might not know that a group exists and/or that they have been classified as a member of the group". SUH, Jennifer J. et al. Distinguishing Group Privacy From Personal Privacy. *Proceedings of the ACM on Human-Computer Interaction*, v. 2, n. CSCW, p. 1–22, nov. 2018, p. 3.

124 MANTELERO, Alessandro. Personal data for decisional purposes in the age of analytics: From an individual to a collective dimension of data protection. *Computer Law and Security Review*, v. 32, n. 2, p. 238–255, 2016, p. 249.

125 Neste sentido, entre outros: SCHREIBER, Anderson. *Novos paradigmas da responsabilidade civil:* da erosão os filtros da reparação à diluição dos danos. 2. ed. São Paulo: Atlas, 2009. p. 84-87; MIRAGEM, Bruno. *Direito civil:* responsabilidade civil. São Paulo: Saraiva, 2015. p. 216-219; AZEVEDO, Antonio Junqueira de. Por uma nova categoria de dano na responsabilidade civil: o dano social. *Revista Trimestral de Direito Civil*, Rio de Janeiro, v. 5, n. 19, p. 211-218, 2004.

126 RODOTÀ, Stefano. Entrevista à RTDC. *Revista Trimestral de Direito Civil*, Rio de Janeiro, v. 3, n. 11, p. 225-308, jul./set. 2002, p. 287-288; MORAES, Maria Celina Bodin de. A constitucionalização do direito civil e seus efeitos sobre a responsabilidade civil. *Revista Direito, Estado e Sociedade*, n. 29, p. 233–258, 2014, p. 238.

instrumentos de proteção de dados. Por exemplo, antes mesmo da aplicação de perfil de grupo, pode-se verificar o interesse de entes coletivos ao acesso a informações como a lógica de funcionamento do sistema algorítmico, é dizer, uma explicação global e inteligível sobre como como funciona o sistema[127], sobre o *design* metodológico e dados de treinamento do sistema de aprendizado de máquina para entender como grupos são perfilados e quais são os possíveis impactos e consequências de eventual aplicação e tomada de decisão baseada em tratamento automatizado[128]. A interpretação sistemática dos arts. 9º, 19, II, e 20, § 1º, da LGPD, e 5º, IV, da LCP, aliada a uma harmonia funcional do direito de acesso enquanto situação jurídica permite a concepção de um robusto instituto cuja aplicabilidade compreende todo o processo de perfilamento automatizado. Nesta esfera, é pertinente acolher no sistema brasileiro a visão de Jef Ausloos e René Mahieu sobre a dimensão coletiva da prática do direito de acesso no âmbito do GDPR:

> Os direitos de acesso são frequentemente usados coletivamente a fim de alcançar objetivos de justiça social que vão além da proteção de dados e da privacidade. À luz de como capacitam os indivíduos a obter informações detalhadas sobre as infraestruturas de dados que os cercam e têm impacto sobre eles, os direitos de acesso podem ser muito valiosos na busca de justiça (social). As informações obtidas a partir dos direitos de acesso podem ser utilizadas para procurar obter inferências, dados e metadados sobre predição *e* dados de treinamento que podem revelar como os sistemas funcionam e afetam os indivíduos/sociedade. Essas informações podem

[127] HOFFMAN, Robert R.; KLEIN, Gary; MUELLER, Shane T. Explaining explanation for "explainable AI". *Proceedings of the Human Factors and Ergonomics Society*, v. 1, p. 197–201, out 2018, p. 198.

[128] Em estudo voltado para o direito da UE, Joanna Mazur afirma: "In order to achieve effective protection against the possible discrimination, it is necessary to shift from the perspective focused on an individual and personal data to the perspective that focuses on a group and the information on how the automated decision-making system works". MAZUR, Joanna. Right to Access Information as a Collective-Based Approach to the GDPR's Right to Explanation in European Law. *Erasmus Law Review*, v. 11, n. 3, p. 178–189, dez. 2018, p. 184. Em linha parecida, mas num cenário jurídico distinto, propõem Martin Tisné e Marietje Schaake entre as medidas do que afirmam ser uma *hard accountability*: "clear transparency about where and when automated decisions take place and their impact on people and groups" e "the right to give meaningful public input and call those in authority to justify their decisions". TISNÉ, Martin; SCHAAKE, Marietje. The data delusion – Protecting individual data isn't enough when the harm is collective. *Standford Cyber Policy Center*, p. 1–12, 2020, p. 7.

> ser compiladas para jogar luz sobre o funcionamento de um modelo, ou ser comparadas entre indivíduos, dados demográficos ou aplicações para revelar possíveis práticas discriminatórias. Os direitos de acesso também podem esclarecer de onde vêm os modelos, quais atores estiveram envolvidos no treinamento e na construção deles e quando. Isso pode ser importante em uma ampla variedade de circunstâncias, principalmente para expor e escrutinar o "potencial manipulativo dos processos algorítmicos", cuja importância foi recentemente confirmada pelo Conselho da Europa[129].

Tal formulação hermenêutica se afasta da corrente que defende a existência de um autônomo "direito à explicação"[130] e se coaduna com um complexo direito de acesso cujos contornos dogmáticos foram traçados no capítulo anterior sobre a sistemática da LGPD aplicável às etapas do perfilamento automatizado, a saber: (i) constitui-se o primeiro passo lógico e essencial para o exercício de outras posições subjetivas dos titulares dos dados[131]; (ii) desempenha função, complementar à da ANPD, de fiscalização do cumprimento da normativa de proteção de dados, que ganha ainda

[129] AULOOS, Jef; MAHIEU, René. *Recognising and Enabling the Collective Dimension of the GDPR and the Right of Access*. p. Disponível em: https://osf.io/preprints/lawarxiv/b5dwm. Acesso em: 03 set. 2020. Tradução livre de: "Access rights are often used collectively to pursue social justice goals that go beyond data protection and privacy. In light of how they empower individuals to obtain fine-grained information about the data infrastructures that surround and have an impact on them, access rights can be very valuable in pursuing (social) justice goals. Information from access rights may be used to seek inferences, data and meta-data about prediction and training data which can reveal how systems function and affect individuals/society. This information may be compiled to shine light on the functioning of a model, or compared across individuals, demographics or applications so as to reveal potential discriminatory practices. Access rights might also be able to shine light on where models come from, which actors were involved in training and building them, and when. This can be important in a wide variety of circumstances, not in the least to lay bare and scrutinise the 'manipulative potential of algorithmic processes', the importance of which has recently been confirmed by the Council of Europe".

[130] Sustentando um autônomo direito à explicação no direito brasileiro: cf. MONTEIRO, Renato Leite; CRUZ, Sinuhe. Direitos dos titulares: fundamentos, limites e aspectos práticos. *In:* FRANCOSKI, Denise de Souza L.; TASSO, Fernando Antonio (Coord.). *A Lei Geral de Proteção de Dados Pessoais LGPD:* aspectos práticos e teóricos relevantes no setor público e privado. São Paulo: Revista dos Tribunais, 2021. passim.

[131] "O direito à explicação é, portanto, no mínimo, um pressuposto para o exercício dos outros direitos, particularmente o de requerer uma revisão". SOUZA, Carlos Affonso; PERRONE, Christian; MAGRANI, Eduardo. O direito à explicação entre a experiência europeia e a sua positivação na LGPD. *In*: DONEDA, Danilo et al. (Coords.). *Tratado de proteção de dados pessoais*. Rio de Janeiro: Forense, 2021. p. 263.

maior relevância no Brasil, haja vista as significativas limitações de recursos humanos e financeiros da autoridade de proteção de dados brasileira; e (iii) serve de instrumento jurídico para lidar com as assimetrias informacional[132] e epistemológica geradas pelas tecnologias de perfilamento.

Quanto à etapa de aplicação de perfis abstratos, além do próprio direito de acesso à informação sobre aspectos globais do sistema algorítmico de perfilamento automatizado, por exemplo, outros interesses jurídicos metaindividuais podem resultar da interpretação-aplicação do ordenamento jurídico nacional amparado na Constituição e na consideração sistemática da regulação das tecnologias de perfilamento. Há, decerto, especial preocupação na doutrina com a tutela da coletividade quando em jogo estiver a implementação de sistemas em que há tomada de decisão automatizada. No cenário europeu, apesar de tal cuidado se apresentar mais intensamente após a promulgação do GDPR[133], já existia antes mesmo da Diretiva 95/46/CE. É o que se conclui das palavras de Yves Poullet, escritas

[132] Cf. SOUZA, Carlos Affonso; PERRONE, Christian; MAGRANI, Eduardo. O direito à explicação entre a experiência europeia e a sua positivação na LGPD. *In*: DONEDA, Danilo et al. (Coords.). *Tratado de proteção de dados pessoais*. Rio de Janeiro: Forense, 2021. p. 263.

[133] Maja Brkan sustenta a aplicabilidade do GDPR em decisões automatizadas em nível coletivo: "Indeed, both the GDPR and the Directive seem to follow the logic that the underlying rationale for data protection of groups of data subjects differs from the rationale for data protection of an individual data subject. An argument that is sometimes put forward in this regard is that a collective decision is not necessarily linked to personal data of a particular individual, but can be easily based on anonymized data which would render EU data protection legislation inapplicable. However, anonymization of data is not sufficient as long as the data subject remains identifiable. With an increasing importance and use of Big Data, re-identification of an individual appertaining to a certain group is significantly facilitated. Classifying data subjects into a specific category (man/woman, low/high income) enables collective decisions pertaining to this group. Moreover, Big Data greatly enables group-related automated decision-making which might repeat or even strengthen the bias favouring a particular non-objective outcome. Excluding collective automated decisions from the scope of application of GDPR would not only create an enormous imbalance in how individual and collective automated decisions are treated, but could also open the door to circumvent the prohibition of individual automated decisions by adopting collective decisions whenever possible. Therefore, in the light of the high level of protection of data subject, it is submitted that collective automated decisions should be covered by the scope of application of Article 22 GDPR and Article 11 of the Directive on Data Protection in Criminal Matters. A possible way to include such decisions into the scope of application of these two legal instruments is to consider the decision regarding a group as a bundle of individual decisions. A purposeful (teleological) interpretation of Article 22 GDPR and Article 11 of the Directive on Data Protection in Criminal Matters, coupled with the need to guarantee the data subject a high level of data protection should lead the Court of Justice of the EU (CJEU) to adopt this interpretative stance". BRKAN, Maja. Do algorithms rule the world? Algorithmic decision-making and data protection in the framework of the GDPR and beyond. *International Journal of Law and Information Technology*, v. 27, n. 2, p. 91–121, 2019, p. 100-101.

no fim da década de 1980 e tendo em conta especialmente o direito então vigente em França e Alemanha:

> O desenvolvimento da inteligência artificial ou dos sistemas especialistas sugere algumas reflexões sobre o princípio da finalidade. Tais sistemas retém uma forma de raciocínio humano em um procedimento automático: assim, um sistema especialista permite avaliar a solvência de quem pede crédito, ou deduzir certas informações complementares sobre um consumidor ou grupo de consumidores de uma base de dados mínima.
>
> *É tradicional recordar, relativamente a tais sistemas, a regra do artigo 2.º da lei francesa, segundo a qual "nenhuma decisão administrativa ou privada que envolva um juízo* sobre o comportamento humano pode ter como única base um tratamento automático de dados que dê uma definição do perfil ou caráter da pessoa em questão". Duas reflexões nos parecem completar esta referência legal. Em primeiro lugar, a utilização de sistemas especialistas para identificar não apenas indivíduos, mas também grupos de indivíduos, justifica a extensão da prescrição para incluir programas de processamento relativos a grupos de indivíduos. Em segundo lugar, seria sensato que a pessoa em causa pudesse ser avisada da existência de tal sistema especialista e do seu uso como ferramenta de apoio à tomada de decisão, e que um controle da qualidade do sistema pudesse ser efetuado *a priori* (sistema de licenciamento), ou quando ordenado por um tribunal[134/135].

[134] POULLET, Yves. Data Protection between Property and Liberties: A Civil Law Approach. *In*: KASPERSEN, H. (Coord.). *Amongst friends in computers and law. A collection of essays in remembrance of Guy Vandenberghe*. Deventer: Kluwer, 1989. p. 178. Tradução livre de: "The development of artificial intelligence or expert systems suggests certain reflections on the principle of finalty. Such systems freeze a form of human reasoning into an automatic procedure: thus, an expert system enables one to evaluate the solvency of someone asking for credit, or to deduce certain complementary information concerning a consumer or a group of consumers from a minimal data base".

"It is traditional to recall, with regard to such systems, the ruling laid down by article 2 of the French law, according to which "no administrative or private decision involving a judgement of human behaviour may have as its sole basis an automatic data process giving a definition of the profile or character of the person concerned." Two reflections would seem to us to complete this legal reference. Firstly, the use of expert systems to identify not only individuals, but also group of individuals, justifies the extention of the prescript to include processing programmes relating to groups of individuals. Secondly, it would be sensible if the person concerned could be warned of the existence of such an expert system, and of its use as a tool to assist decision making, and that a control of the quality of the system could be undertaken a priori (licensing system), or when ordered by a court".

[135] Antes do vertiginoso desenvolvimento do aprendizado de máquina, o campo dos *expert systems* gozou de grande prestígio no âmbito da IA nas décadas de 1970 e 1980. Sobre os sistemas

Entretanto, não se pode limitar a proteção de interesses metaindividuais a casos de aplicação de perfil de grupo em que ocorre decisão automatizada. Em exemplo já referido anteriormente, da aplicação de modelos para previsão de novos focos de transmissão de certa doença infectocontagiosa no território nacional a partir do tratamento de dados agregados de geolocalização de telefones celulares, pode sobrevir decisão não automatizada de autoridade sanitária com base nas inferências do sistema resultantes da aplicação de perfis abstratos. Pode-se cogitar na eventualidade de ao menos duas situações jurídicas serem exercidas: (i) direito de acesso a informações sobre a hipótese normativa legitimadora do tratamento de dados e formação do modelo (*v. g.*, art. 72, § 2º, da Lei Geral de Telecomunicações[136], combinado com art. 7, VII, da LGPD), finalidade especificada e lógica de funcionamento do sistema; (ii) direito de oposição em razão do ulterior tratamento de dados com desvirtuamento da finalidade original de combate a surto epidêmico e defesa da vida e incolumidade física[137].

Cumpre ressaltar que à semelhança do direito de acesso, existem outros direitos dos titulares compatíveis com a dimensão coletiva da proteção de

especialistas afirma Ethem Alpaydin: "An *expert system* is composed of a knowledge base and an inference engine. The knowledge is represented as a set of if-then rules, and the inference engine uses logical inference rules for deduction. The rules are programmed after consultation with domain experts, and they are fixed. This process of converting domain knowledge to if-then rules was difficult and costly". The inference engine was programmed in specialized programming languages such as Lisp and Prolog, which are especially suited for logical inference". A abordagem, porém, não teve muitos avanços de aplicação prática e acabou sendo deixada de lado. Explica Alpaydin: "Despite the research and the wide interest, expert systems never took off. There are basically two reasons for this. First, the knowledge base needed to be created manually through a very laborious process; there was no learning from data. The second reason was the unsuitability of logic to represent the real world. In real life, things are not true or false, but have grades of truth: a person is not either old or not old, but oldness increases gradually with age. The logical rules too may apply with different degrees of certainty: "If X is a bird, X can fly" is mostly true but not always". ALPAYDIN, Ethem. *Machine learning:* the new AI. London: The MIT Press, 2016. p. 50, 51.

[136] O art. 72, § 2º, da Lei n. 9.472, de 16 de julho de 1997, dispõe: "A prestadora poderá divulgar a terceiros informações agregadas sobre o uso de seus serviços, desde que elas não permitam a identificação, direta ou indireta, do usuário, ou a violação de sua intimidade".

[137] Em Singapura, os dados coletados e tratados por aplicação de rastreamento de contato para o combate à pandemia de COVID-19 foram posteriormente reutilizados por autoridades policiais no âmbito de investigações criminais: ILLMER, Andreas. Singapore reveals Covid privacy data available to police. *BBC News,* 05 jan. 2021. Disponível em: https://www.bbc.com/news/world-asia-55541001. Acesso em: 02 fev. 2022; WORLD HEALTH ORGANIZATION. Ethics and governance of artificial intelligence for health: WHO guidance. Geneva: World Health Organization, 2021. p. 37.

dados. O acima citado direito de oposição possui pertinência porquanto desincumbe de função de contestação e tem, no sistema jurídico brasileiro, os contornos de um direito geral de arguir a falta de razão justificadora a legitimar o tratamento de dados. Em outros direitos dos titulares, contudo, dificilmente se verificaria dita compatibilidade, como é o caso dos direitos de revogação do consentimento e à portabilidade de dados, mais bem acomodadas a interesses individuais dos titulares dos dados.

Tais posições jurídicas relativas a grupos não organizados criados no processo de perfilamento automatizado configuram verdadeiras *situações jurídicas complexas*[138] ou *situações atípicas*[139], conforme lição de José de Oliveira Ascensão e Pietro Perlingieri, respectivamente. Isso se dá visto que os interesses juridicamente relevantes dos referidos grupos constituem *interesses difusos*[140]. Os traços dos entes ou grupos não organizados criados a partir do perfilamento de grupo (comunidades e grupos *ad hoc*) se adequam perfeitamente à noção de interesse difuso em vigor no Brasil. Com lastro no art. 81, parágrafo único, I, do CDC, Hugo Nigro Mazzilli esclarece que "[o]s interesses difusos compreendem grupos menos determinados de pessoas (melhor do que pessoas *indeterminadas*, são antes pessoas *indetermináveis*), entre as quais inexiste vínculo jurídico ou fático preciso"[141]. À vista dos exemplos empregados pelo autor – dano ambiental que atinge grupo de moradores da região afetada, e coletividade efetiva ou potencialmente exposta a publicidade enganosa[142] –, confirma-se a nítida aproximação com

[138] ASCENSÃO, José de Oliveira. *Direito Civil – Teoria Geral*. Coimbra: Coimbra Editora, 2002, v. 3. p. 113-116, 137-138.

[139] PERLINGIERI, Pietro. *Manuale di diritto civile*. Nápoles: Edizioni Scientifiche Italiane, 1997. p. 74-75.

[140] Os interesses difusos se constituem, nos dizeres de Luciano Floridi, "*rights that belong only to a group as a group*". FLORIDI, Luciano. Group Privacy: A Defence and an Interpretation. *In*: TAYLOR, Lynnet; FLORIDI, Luciano; SLOOT, Bart Van Der (Orgs.). *Group Privacy*: New Challenges of Data Technologies. Dordrecht: Springer, 2017. p. 90. Vide também: LOI, Michele; CHRISTEN, Markus. Two Concepts of Group Privacy. *Philosophy and Technology*, v. 33, p. 207–224, 2020.

[141] MAZZILLI, Hugo Nigro. *A defesa dos interesses difusos em juízo:* meio ambiente, consumidor, patrimônio cultural, patrimônio público e outros interesses. 28. ed. rev., ampl. e atual. São Paulo: Saraiva, 2015. p. 53.

[142] "Advirta-se, porém, que, embora o CDC se refira a ser uma situação fática o elo comum entre os lesados que compartilhem o mesmo interesse difuso, é evidente que essa relação fática também se subordina a uma relação jurídica (como, de resto, ocorre com quaisquer relações fáticas e jurídicas); entretanto, no caso dos interesses difusos, a lesão ao grupo não decorrerá diretamente da relação jurídica em si, mas sim da situação fática resultante. Assim, p. ex., um dano ambiental que ocorra numa região envolve tanto uma situação fática comum como uma relação jurídica

os grupos criados pelas tecnologias de perfilamento: a princípio, membros da coletividade não têm consciência da identidade de outros integrantes do grupo, não possuem relacionamento entre si e têm limitada percepção de suas demandas ou problemas coletivos.

Pietro Perlingieri usa como parâmetro a tutela da saúde e do meio ambiente no sistema jurídico italiano para desenvolver sua doutrina sobre os interesses difusos. Sustenta o autor que saúde e meio ambiente são valores a serem realizados no máximo grau possível, de sorte que se exprimem em "situações subjetivas típicas" (direito subjetivo, interesse legítimo etc.) e numa "situação atípica", que se qualifica como interesse difuso "quando a) pertençam a uma coletividade indeterminável *a priori* de pessoas; b) tenham por objeto um bem de fruição múltipla; c) o gozo deste bem não está reservado apenas a quem atua para sua proteção"[143]. José de Oliveira Ascensão, por seu turno, escreve sobre os interesses difusos como situações jurídicas complexas caracterizadas pelo fato de a posição dos beneficiários ser inseparável da dos restantes e o interesse ser comum a toda a comunidade[144]. Em seu aprofundado estudo, Oliveira Ascensão argumenta que esse aspecto justifica considerar o interesse difuso manifestação do que ele chama de *titularidade comunitária ou em mão comum*[145]. Nesta hipótese há um único direito que pertence a grupo não personalizado, como explica o jurista lusitano:

> A situação é de difícil configuração dogmática, e escapa aos esquemas jurídicos romanísticos, que são os nossos. Não haveria sequer direitos dos vários titulares a uma quota, ao contrário do que se passa na comunhão

incidente sobre a hipótese; mas o grupo lesado compreende apenas os *moradores da região atingida* – e, no caso, esse será o elo fático que caracterizará o interesse difuso do grupo. Tomemos outro exemplo: uma propaganda enganosa pela televisão relaciona-se, sem dúvida, com questões fáticas e jurídicas; contudo, o que reúne o grupo para fins ele proteção difusa é seu *acesso efetivo ou potencial à propaganda enganosa*". MAZZILLI, Hugo Nigro. *Op. cit.*, p. 53.

[143] PERLINGIERI, Pietro. *Manuale di diritto civile*. Nápoles: Edizioni Scientifiche Italiane, 1997. p. 75. Tradução livre de: "[...] quando a) spettino ad uma collettività indeterminabile a priori di persone; b) abbiano come oggetto un bene a godimento plurimo; c) il godimento di tale bene non sai riservato soltanto a chi agisca per la tutela".

[144] ASCENSÃO, José de Oliveira. *Direito Civil – Teoria Geral*. Coimbra: Coimbra Editora, 2002, v. 3. p. 113.

[145] ASCENSÃO, José de Oliveira. *Op. cit.*, p. 113.

> romana. O direito pertenceria ao grupo. Mas o grupo não seria personalizado, e daí a estranheza desta titularidade comunitária.
>
> Situações explicáveis por este esquema seriam as resultantes dos *baldios,* considerados propriedade comunitária dos moradores dum lugar. [...].
>
> Cada participante acederia automaticamente à titularidade pelo ingresso na posição comunitária; e também automaticamente perderia a posição quando cessasse a pertença a essa comunidade.
>
> Esta figura encontrava-se entre nós em regressão, pela dificuldade de acomodação nos esquemas individualísticos dominantes. [...][146].

O possível argumento contrário à proteção deste tipo de situação complexa e da ideia de titularidade comunitária que pode ser levantado seria a necessidade de existência de sujeito com aptidão à titularidade de direitos a fim de que o ordenamento ofereça tutela a interesse juridicamente relevante, do contrário seria impossível a formação de uma relação jurídica[147]. A linha de pensamento não merece prosperar haja vista a fragilidade de sua sustentação. A proteção de situações jurídicas não depende da atual existência de sujeitos ativo e passivo em certa relação jurídica, ou seja, a proteção de interesse difuso de grupo criado a partir da mineração de dados em processo de perfilamento automatizado em face de agente de tratamento não exige sua contemporânea existência como formal sujeito de direito. Na verdade, basta que haja *centros de interesses* para se estabelecer liame entre situações jurídicas (*v. g.* interesse difuso de acesso à informação de grupo *ad hoc* e dever de transparência de agente de tratamento): "o que é sempre presente é a ligação entre um interesse e um outro, entre uma situação, determinada ou determinável, e uma outra"[148].

[146] ASCENSÃO, José de Oliveira. *Direito Civil – Teoria Geral.* Coimbra: Coimbra Editora, 2002, v. 3. p. 137-138.

[147] Adotam esse pensamento: Cf. KAMMOURIEH, Lanah et al. Group privacy in the age of big data. *In*: TAYLOR, Linnet; FLORIDI, Luciano; SLOOT, Bart van der (Eds.). *Group Privacy:* New Challenges of Data Technologies. Dordrecht: Springer, 2017. p. 37, 63.

[148] PERLINGIERI, Pietro. *Perfis do direito civil:* introdução ao direito civil constitucional. 2. ed. Trad. Maria Cristina De Cicco. Rio de Janeiro: Renovar, 2002. p. 115. Na mesma direção: SCHREIBER, Anderson. *A proibição de comportamento contraditório:* tutela da confiança e *venire contra factum proprium.* 2. ed. rev. e atual. Rio de Janeiro: Renovar, 2007. p. 157-158; TEPEDINO, Gustavo; OLIVA, Milena Donato. *Fundamentos do direito civil:* teoria geral do direito civil. 3. ed. Rio de Janeiro: Forense, 2022. v. 1. p. 101-102.

Talvez um dos maiores desafios em torno da situação jurídica complexa em questão no âmbito da LGPD e do sistema jurídico brasileiro esteja relacionado ao seu exercício. Se se tratar de tutela judicial de direitos, o regramento do direito processual coletivo, fortemente estruturado para a defesa de qualquer interesse difuso ou coletivo (Lei 7.347/1985, art. 1º, IV), prevê regime de legitimação para atuação em juízo (CDC, art. 82; LGPD, art. 22)[149].

Todavia, em relação ao exercício de extrajudicial de direitos, tais como direito de acesso e direito de oposição, em face de agentes de tratamento, a LGPD prevê no art. 18, § 3º, que as os direitos dos titulares serão exercidos "mediante requerimento expresso do titular ou de representante legalmente constituído, a agente de tratamento"[150]. Fica incerta a definição de quem há de representar os entes não organizados perante controladores para o exercício de interesses difusos. Ainda que se firme uma posição de compromisso para a garantia de maior segurança jurídica com a reforma da lei de proteção de dados para cuidar do tema, existe ainda o obstáculo da falta de estabilidade e variabilidade do grupo no tempo e espaço. Uma direção possível para lidar com a questão e identificar entes capazes de representar interesses de grupos de titulares dos dados é sugerida por Alessandro Mantelero: "uma avaliação do impacto social e ético da *analytics* geralmente oferece a oportunidade de descobrir como o tratamento de dados afeta os interesses coletivos e, assim, identificar os possíveis atores interessados"[151].

[149] A respeito do tema, vide: BESSA, Leonardo Roscoe; NUNES, Ana Luisa Tarter. Instrumentos processuais de tutela individual e coletiva: análise do art. 22 da LGPD. *In:* DONEDA, Danilo et. al. (Coord.). *Tratado de proteção de dados pessoais*. Rio de Janeiro: Forense, 2021. p. 665-687. Os autores ressaltam que: "De qualquer modo, a LGPD optou por ser expressa quanto à possibilidade de instru- mentos coletivos para tutela judicial dos titulares de dados: em seu art. 22, de modo didático e para evitar qualquer dúvida ou discussão acerca da matéria, explicita a possibilidade de uso de "instrumentos de tutela coletiva" para conferir eficácia à Lei". BESSA, Leonardo Roscoe; NUNES, Ana Luisa Tarter. *Op. cit.*, p. 673.

[150] Tal configuração se vê expressa na prática institucional da ANPD. É o que se observa nas diretrizes do exercício do direito de petição perante a autoridade: AUTORIDADE NACIONAL DE PROTEÇÃO DE DADOS. *Petição de titular.* Disponível em: https://www.gov.br/anpd/pt-br/canais_atendimento/cidadao-titular-de-dados/peticao-de-titular-contra-controlador-de-dados. Acesso em: 18 abr. 2022.

[151] MANTELERO, Alessandro. Personal data for decisional purposes in the age of analytics: From an individual to a collective dimension of data protection. *Computer Law and Security Review*, v. 32, n. 2, p. 238–255, 2016, p. 251. Tradução livre de: "an assessment of the social and ethical impact of

3.4 A proteção de dados desde a concepção no perfilamento automatizado: possibilitando a contestabilidade de tecnologias de perfilamento a partir da avaliação de impacto e deveres de registro e documentação

Neste trabalho, oportunamente já se manifestou a opção teórico-metodológica pela perspectiva da *proteção jurídica desde a concepção*, a qual compele a uma articulação entre direito e tecnologia de maneira que a tutela jurídica, principalmente aquela garantida por normas de direitos fundamentais, seja integrada à nova infraestrutura da informação e da comunicação e às tecnologias de perfilamento. Na síntese precisa de Mireille Hildebrandt, a noção tem por significado que a substância da proteção jurídica de direitos exige sua integração na infraestrutura da informação e da comunicação do mundo *onlife*[152].

A legislação de proteção de dados pessoais consagra um dos mais relevantes exemplos dessa perspectiva: o preceito que obriga a *proteção de dados desde a concepção (data protection by design)*[153], é dizer, os agentes de tratamento devem adotar e incorporar medidas técnicas e mecanismos de proteção de dados, apropriados aos riscos gerados pelo tratamento de informações pessoais, em todo processo de desenvolvimento tecnológico e/ou de implementação de tecnologias em produtos ou serviços. O conceito remete, de certa forma, ao de *privacidade desde a concepção (privacy by design)*, que surgiu primeiro no debate regulatório e doutrinário, e com o qual possui proximidade. Ann Cavoukian, autora da expressão que se popularizou a partir da

analytics often provides the opportunity to discover how data processing affects collective interests and thus identify the potential stakeholders".

[152] HILDEBRANDT, Mireille. *Smart Technologies and The End(s) of Law*. Cheltenham-Northampton: Edward Elgar, 2015. p. 219. Cumpre chamar atenção, como feito pela própria autora, ao ponto de que essa perspectiva não pode ser lida como se se tratasse de uma expressão da tecnorregulação: "LPbD signifies that the substance of legal protection, for instance privacy or non-discrimination, requires integration into the ICI of the onlife world. The infrastructure will have to be engineered and organized in a way that is conducive to actions and behaviours that are compatible with the law. This is not a matter of nudging people into compliance; it is not a matter of techno-regulation. On the contrary, designing legal protection into an ICI means that mechanisms to steer people into certain behaviours must be made visible and contestable. This is what differentiates the regulatory paradigm from the 'regime of veridiction' of the Rule of Law". HILDEBRANDT, Mireille. *Op. cit.*, p. 219.

[153] HILDEBRANDT, Mireille; TIELEMANS, Laura. Data protection by design and technology neutral law. *Computer Law and Security Review*, v. 29, n. 5, p. 509–521, 2013, p. 516; HILDEBRANDT, Mireille. *Smart Technologies and The End(s) of Law*. Cheltenham-Northampton: Edward Elgar, 2015. p. 219 et seq.; HILDEBRANDT, Mireille. Law As an Affordance: The Devil Is in the Vanishing Point(s). *Critical Analysis of Law*, v. 4, n. 1, p. 116–128, 2017, p. 122-123.

década de 1990, escreve que "*Privacidade desde a concepção* refere-se à filosofia e abordagem de incorporar a privacidade diretamente no design e nas especificações operacionais das tecnologias e sistemas de informação"[154].

Cumpre ressaltar, entretanto, que as noções não se confundem[155]. Dois são os principais motivos determinantes da distinção. Primeiramente, não há sinonímia entre privacidade e proteção de dados pessoais, apesar de existirem confluências entre ambas as ideias e os respectivos direitos – tal como abordado extensivamente no Capítulo 1. Dada a maior objetividade do prevalente caráter procedimental do direito à proteção de dados pessoais em comparação com a fluidez e indeterminação do direito à privacidade, a proteção de dados desde a concepção se mostra um solo mais apropriado e fértil à formulação e observância de regras, obrigações e padrões no processo de *design* de sistema de tratamento de dados[156]. Em segundo lugar, as noções também diferem na eficácia jurídica que lhes é emprestada: enquanto uma é, conforme o regime de proteção de dados pessoais, vinculante para agentes de tratamento, especialmente

[154] CAVOUKIAN, Ann. Privacy by Design: Origins, meaning, and prospects for assuring privacy and trust in the information era. *In*: YEE, George (Org.). *Privacy Protection Measures and Technologies in Business Organizations:* Aspects and Standards. [s.l.] IGI Global, 2011. p. 173. Tradução livre de: "Privacy by Design refers to the philosophy and approach of embedding privacy directly into the design and operating specifications of information technologies and systems".

[155] Cf. BYGRAVE, Lee A. Data Protection by Design and by Default: Deciphering the EU's Legislative Requirements. *Oslo Law Review*, v. 1, n. 02, p. 105–120, 2017, p. 115-116.

[156] No campo do direito da UE, ainda à época em que o GDPR era projeto de lei em discussão, afirmou-se da disposição legislativa sobre *data protection by design*: "Privacy and data protection are different, partly overlapping fundamental rights (cf. art. 7 and 8 of the Charter of Fundamental Rights of the European Union), and the legal protection by design that is imposed in art. 23 targets data protection obligations. This means that it only targets privacy insofar as implied in data protection. This is a wise decision, also because privacy is an open and essentially contested concept, and it would be very difficult to define which design actually protects privacy. This is connected with the fact that privacy is a liberty, which resists definition ex ante. The fundamental right to data protection has been defined in terms of a set of relevant principles and policies, usually referred to as the Fair Information Principles (FIPs), and in the context of the GDPR it should be reasonably clear what re- quirements must be complied with, namely those stipulated in the Regulation". HILDEBRANDT, Mireille; TIELEMANS, Laura. Data protection by design and technology neutral law. *Computer Law and Security Review*, v. 29, n. 5, p. 509–521, 2013, p. 517. Para uma perspectiva que confere o mesmo tratamento a ambas as noções: DANEZIS, George et. al. *Privacy and Data Protection By Design* – From Policy to Engineering. [S.l.]: ENISA, 2015. p. 11. Disponível em: https://www.enisa.europa.eu/publications/privacy-and-data-protection-by-design. Acesso em: 20 mai. 2020.

os controladores, a outra não se reveste da mesma obrigatoriedade, haja vista sua natureza de diretriz ética de política regulatória[157].

No direito positivo brasileiro, a formulação legislativa da proteção de dados desde a concepção[158] não foi tão evidente como aquela insculpida no GDPR, como se vê do seu art. 25[159]. A abertura da LGPD ao preceito em questão se dá a partir (i) da prescrição aos agentes de tratamento do dever de adoção de medidas de segurança, técnicas e administrativas adequadas à proteção de dados desde a fase inicial de projeto e criação do produto ou do serviço até a sua execução[160]; e (ii) pela consagração do princípio da prevenção (LGPD, art. 6º, VIII), que estabelece que o tratamento de dados pessoais deve ser acompanhado de (ou nele incorporado) mecanismos de prevenção de danos, isto é, atenuação de riscos[161].

[157] Essa é a tônica que se percebe dos princípios fundamentais do *privacy by design*: cf. CAVOUKIAN, Ann. Privacy by Design: Origins, meaning, and prospects for assuring privacy and trust in the information era. *In*: YEE, George (Org.). *Privacy Protection Measures and Technologies in Business Organizations:* Aspects and Standards. [s.l.] IGI Global, 2011. p. 171 et seq. No sentido da diferenciação feita: HILDEBRANDT, Mireille. Law As an Affordance: The Devil Is in the Vanishing Point(s). *Critical Analysis of Law*, v. 4, n. 1, p. 116–128, 2017, p. 122.

[158] Na doutrina nacional, a proposição hermenêutica de diferenciação conceitual e dogmática se afigura minoritária. Adotam a noção de *privacy by design*, com base na disciplina jurídica da LGPD, entre outros: BIONI, Bruno R. *Proteção de dados pessoais:* a função e os limites do consentimento. 1. ed. Rio de Janeiro: Forense, 2019. p. 175 et seq.; LEMOS, Ronaldo; BRANCO, Sérgio. *Privacy by design:* conceito, fundamentos e aplicabilidade na LGPD. *In:* DONEDA, Danilo et. al. (Coord.). *Tratado de proteção de dados pessoais.* Rio de Janeiro: Forense, 2021. p. 447-457.

[159] Artigo 25º. *Proteção de dados desde a conceção e por defeito.* 1. Tendo em conta as técnicas mais avançadas, os custos da sua aplicação, e a natureza, o âmbito, o contexto e as finalidades do tratamento dos dados, bem como os riscos decorrentes do tratamento para os direitos e liberdades das pessoas singulares, cuja probabilidade e gravidade podem ser variáveis, o responsável pelo tratamento aplica, tanto no momento de definição dos meios de tratamento como no momento do próprio tratamento, as medidas técnicas e organizativas adequadas, como a pseudonimização, destinadas a aplicar com eficácia os princípios da proteção de dados, tais como a minimização, e a incluir as garantias necessárias no tratamento, de uma forma que este cumpra os requisitos do presente regulamento e proteja os direitos dos titulares dos dados. UNIÃO EUROPEIA. Regulamento (UE) nº 2016/679 do Parlamento Europeu e do Conselho, de 23 de abril de 2016, relativo à proteção das pessoas singulares no que diz respeito ao tratamento de dados pessoais e à livre circulação desses dados e que revoga a Diretiva 95/46/CE (Regulamento Geral sobre a Proteção de Dados). *Jornal Oficial da União Europeia*, Estrasburgo, 04/05/2016. Disponível em: https://eur-lex.europa.eu/legal-content/PT/TXT/PDF/?uri=CELEX:32016R0679&from=DA. Acesso em: 16 ago. 2021.

[160] LGPD, art. 46, *caput* e § 2º.

[161] Neste sentido: DONEDA, Danilo; MENDES, Laura Schertel. Um perfil da nova Lei Geral de Proteção de Dados brasileira. In: BELLI, Luca; CAVALLI, Olga (Orgs.). *Governança e Regulações da Internet na América Latina.* Rio de Janeiro: FGV Direito Rio, 2018. p. 316.

Tendo em vista os dois parâmetros normativos, a lei brasileira se aplica na *fase de desenvolvimento de aplicações tecnológicas ou novos projetos*, em que o projeto de produto ou serviço que envolve sistema de tratamento de dados é avaliado com base no modelo de negócio praticado, estado da arte e técnicas a serem adotadas, fluxos de dados e antecipação dos riscos de violação da normativa de proteção de dados (riscos de *compliance*) e, em especial, de lesão a direitos e liberdades fundamentais[162]. Aplica-se igualmente à *fase de execução e performance de aplicações tecnológicas ou novas iniciativas* que realizam operações de tratamento de dados pessoais, não havendo solução de continuidade da referida atividade de avaliação iniciada na fase de *design* do sistema de tratamento de dados – como é o caso das tecnologias de perfilamento objeto da presente investigação científica. A *dinâmica e contínua atividade*[163] *de avaliação* dos mecanismos de proteção de dados e ris-

[162] A noção de risco adotada neste trabalho, em linha de harmonia aos contornos da LGPD, não se reduz aos ditos riscos de conformidade com a lei, isto é, riscos de *compliance*, ou numa ideia centrada apenas em possíveis danos decorrentes de incidentes de segurança, mas alcança também os riscos de violação e lesão a direitos e liberdades fundamentais. A preocupação da LGPD com tais direitos é expressa e recorrente no seu texto legal – é o que se constata da leitura dos arts. 5º, XVII, 7º, IX, 10, II, 11, II, "g". Cf. MACHADO, Diego Carvalho; MENDES, Laura Schertel. Tecnologias de perfilamento e dados agregados de geolocalização no combate à COVID-19 no Brasil: uma análise dos riscos individuais e coletivos à luz da LGPD. *Direitos Fundamentais & Justiça*, Belo Horizonte, ano 14, p. 105-148, nov. 2020, p. 129-130; GOMES, Maria Cecília Oliveira. Entre o método e a complexidade: compreendendo a noção de risco na LGPD. *In:* PALHARES, Felipe (Coord.). *Temas atuais de proteção de dados*. São Paulo: Revista dos Tribunais, 2020. *E-book*. p. RB-9.5.

[163] De acordo com Fernando Noronha, "[u]ma atividade é sempre caracterizada por uma série (ou conjunto) de atos praticados com continuidade e para a realização de determinado objetivo. Na atividade, o todo é qualitativamente diverso dos atos que a integram. Atividade jurídica é aquela que visa realizar uma finalidade juridicamente relevante e que, por isso, é objeto de tratamento unitário; os atos que a integram vão produzir conseqüências jurídicas diversas das que aconteceriam, se eles não estivessem integrados no conjunto" (NORONHA, Fernando. *Direito das obrigações*. 2. ed. rev. e atual. São Paulo: Saraiva, 2007. v. I, p. 399-400). Há que se ressaltar, ademais, que a organização e estruturação mínima constitutiva da noção de atividade dizem respeito, em última análise, ao próprio âmbito material de aplicação de leis de proteção de dados pessoais a exemplo da LGPD: trata-se de normativa incidente sobre a *atividade de tratamento de dados pessoais*, eis que há a necessidade de que as operações de tratamento de dados sejam realizadas pelo agente de tratamento com certa organização. É o que se pode extrair tanto da hipótese de delimitação negativa do âmbito material de aplicação inscrita no art. 4º, I, da LGPD – isto é, em havendo operação de tratamento realizada por pessoa natural para fins exclusivamente particulares e não econômicos, como da previsão do art. 49 da lei, que pressupõe a *estruturação de sistemas* de tratamento de dados pessoais, ou, ainda, do disposto no art. 42, *caput*, que versa sobre o regime de responsabilidade civil de quem provoca danos "em razão do exercício de atividade de tratamento de dados pessoais".

cos do sistema pelos agentes de tratamento é atitude a que o preceito da proteção de dados desde a concepção torna obrigatória[164].

Adicionando-se, porém, à leitura na perspectiva da proteção jurídica desde a concepção, a interpretação do direito fundamental à proteção de dados pessoais na unidade do sistema e o aporte da teoria das *affordances* nos termos delineados ao longo desta obra, constrói-se a visão da proteção de dados desde a concepção como um *corolário* da norma de direito fundamental e um *princípio jurídico*[165] que impõe a integração à infraestrutura tecnológica, na maior medida possível, de técnicas, mecanismos e procedimentos (medidas técnicas e administrativas) aptos a garantir, continuadamente, o sistema de freios e contrapesos e a participação dos titulares dos dados na atividade de tratamento de dados pessoais, considerados o estado da arte, custos e outros elementos contextuais, e os riscos de lesão a direitos e liberdades[166].

Sendo assim, pode-se afirmar que a proteção de dados desde a concepção tem entre seus conteúdos normativos a vinculação dos agentes de tratamento a criar *sistemas visíveis e contestáveis* mediante a inscrição em sua arquitetura de "concretos requisitos de transparência"[167] compatíveis com a efetivação de direitos dos titulares dos dados[168]. Voltando a atenção para as

[164] HILDEBRANDT, Mireille; TIELEMANS, Laura. Data protection by design and technology neutral law. *Computer Law and Security Review*, v. 29, n. 5, p. 509–521, 2013, p. 517, 518-519.

[165] Para uma interpretação da proteção de dados desde a concepção como norma que faz parte da "*EU's constitutional fabric*", vide: BYGRAVE, Lee A. Data Protection by Design and by Default: Deciphering the EU's Legislative Requirements. *Oslo Law Review*, v. 1, n. 02, p. 105–120, 2017, p. 111-113. Em direção diversa, Bruno Bioni e Thiago Junqueira fazem alusão a *privacy by design* como uma metodologia: cf. BIONI, Bruno R. *Proteção de dados pessoais:* a função e os limites do consentimento. 1. ed. Rio de Janeiro: Forense, 2019. p. 176; JUNQUEIRA, Thiago. *Tratamento de dados pessoais e discriminação algorítmica nos seguros.* São Paulo: Revista dos Tribunais, 2020. p. 324-325.

[166] A respeito da *data protection by design* na UE, afirma Mireille Hildebrandt: "The strength of EU DPbD is indeed that it provides an open norm that invites different ways of achieving compliance and different ways of respecting the fundamental right to data protection". HILDEBRANDT, Mireille. Law As an Affordance: The Devil Is in the Vanishing Point(s). *Critical Analysis of Law*, v. 4, n. 1, p. 116–128, 2017, p. 123.

[167] BAYAMLIOĞLU, Emre. Contesting Automated Decisions: A View of Transparency Implications. *European Data Protection Law Review*, v. 4, n. 4, p. 433–446, 2018, p. 438.

[168] Apesar de voltada ao direito europeu de proteção de dados, a lição de Bayamlıoğlu é aplicável ao direito brasileiro: "A further implication of the DPbD is that the design choices should address the rights and obligations outlined in the GDPR (e.g. right to contest), rather than referring to less definable and general notions such as privacy or accountability [...]. Taking a broad view of "design," Article 25 speaks of "appropriate technical and organizational measures and procedures,"

tecnologias de perfilamento, a norma jurídica estabelece fina sintonia com a garantia de contestabilidade de tais tecnologias durante todas as etapas do processo de perfilamento automatizado, como já propugnado. Na prática, a possibilidade de contestar sistemas algorítmicos, metodologias, inferências, resultados e decisões automatizadas no direito brasileiro podem ser promovidos a partir de instrumentos jurídicos ancorados na normativa de proteção de dados pessoais cuja efetiva aplicação supõe o engajamento e participação dos múltiplos atores do ecossistema de tratamento de dados (titulares dos dados, agentes de tratamento, desenvolvedores de aplicações de IA, ANPD, autoridades fiscalizadoras, organizações não governamentais, etc.). Coloca-se em destaque dois instrumentos legais: (i) avaliação de impacto à proteção de dados pessoais e RIPDP, e o (ii) dever de registro e documentação do desenho metodológico de sistema algorítmico de perfilamento automatizado.

3.4.1 Avaliação de impacto à proteção de dados pessoais e RIPDP

No capítulo anterior (item 2.3.1.2) foi anotado que, muito embora a disciplina da LGPD sobre o RIPDP não ter significativo grau de detalhamento, deixando a cargo da ANPD específica regulamentação da matéria, é possível depreender da normativa de proteção de dados que o documento constitui ato jurídico complexo resultante de procedimento iterativo[169] de avaliação de impacto, cujo termo inicial se dá antes do efetivo tratamento de dados planejado, ou seja, em período antecedente à fase de execução e performance de aplicações tecnológicas que processam informações pessoais, e se prolonga durante toda esta fase[170]. Daí se dizer que o relatório

which may extend as far as the integration of the relevant methodologies into the business models of data controllers". BAYAMLIOĞLU, Emre. The right to contest automated decisions under the General Data Protection Regulation: Beyond the so-called "right to explanation". *Regulation and Governance*, [s.l.s.n.], p. 1-21, 2021, p. 13.

[169] Cf. MACHADO, Diego Carvalho; MENDES, Laura Schertel. Tecnologias de perfilamento e dados agregados de geolocalização no combate à COVID-19 no Brasil: uma análise dos riscos individuais e coletivos à luz da LGPD. *Direitos Fundamentais & Justiça*, Belo Horizonte, ano 14, p. 105-148, nov. 2020, p. 138.

[170] Para Luca Belli, a realização da avaliação de impacto anteriormente à efetuação das operações de tratamento de dados pessoais configura apenas uma boa prática: "[...] a análise do provável impacto do tratamento desejado deveria ser desenvolvida antes de iniciar a operação de tratamento. Tal boa prática, particularmente no âmbito de um país onde a cultura sobre proteção de dados está em uma fase embrionária – ou em muitos contextos é simplesmente inexistente –, permite as organizações interessadas no tratamento de dados a identificação e a mitigação de riscos com

deve ser o reflexo do estado da avaliação dinâmica e iterativa dos impactos e riscos decorrentes dos meios e sistemas de tratamento de dados pessoais sob análise.

É importante, porém, fazer uma observação: não se pode confundir a imperatividade da atividade de avaliação de impacto dos sistemas de meios de tratamento de dados pessoais com a obrigatoriedade de formulação de RIPDP. Nos termos da LGPD, a confecção de tal relatório aparece atrelada (i) à justificada exigência da ANPD em situações de tratamento de dados com base no legítimo interesse do controlador (LGPD, arts. 10, § 3º), e (ii) a determinação em regulamento quando o tratamento representar elevado risco à garantia dos princípios gerais de proteção de dados pessoais (LGPD, arts. 38, 55-J, XIII)[171]. A atividade de avaliação de impacto e do risco (variável) das operações de tratamento de dados pessoais é, por sua vez, imperativo necessário para a observância do próprio princípio da proteção de dados desde a concepção e seu marcante dinamismo[172], bem

antecedência, limitando significativamente a probabilidade de um impacto negativo não somente sobre os indivíduos, mas também na sociedade". BELLI, Luca. Como implementar a LGPD por meio da Avaliação de Impacto sobre Privacidade e Ética de Dados. *In:* DONEDA, Danilo et. al. (Coord.). *Tratado de proteção de dados pessoais.* Rio de Janeiro: Forense, 2021. p. 395.

171 A resolução n. 02, de 27 de janeiro de 2022, exarada pela ANPD, não obstante versar sobre agentes de tratamento de pequeno porte, traz consigo importantes disposições a respeito do que é "tratamento de alto risco". Isso se faz necessário pois, entre as regras de delimitação negativa, o art. 3º, I, afasta a incidência do ato normativo quando os agentes de tratamento de pequeno porte realizarem tratamento de alto risco para os titulares. O ato infralegal se vale de dois tipos de critérios para qualificar como elevado o risco envolvido: *critérios gerais* e *critérios específicos.* Deve-se entender como de alto risco as operações de tratamento que observarem, cumulativamente, pelo menos um critério geral e um critério específico. Segundo os incisos I e II do art. 4º da resolução, são critérios gerais a *(a)* existência de tratamento de dados pessoais em larga escala, e *(b)* o tratamento de dados pessoais que possa afetar significativamente interesses e direitos fundamentais dos titulares. Entre os critérios específicos, por sua vez, são elencados: *(a)* o uso de tecnologias emergentes ou inovadoras; *(b)* a vigilância ou controle de zonas acessíveis ao público; *(c)* decisões tomadas unicamente com base em tratamento automatizado de dados pessoais, inclusive aquelas destinadas a definir o perfil pessoal, profissional, de saúde, de consumo e de crédito ou os aspectos da personalidade do titular; e *(d)* a utilização de dados pessoais sensíveis ou de dados pessoais de crianças, de adolescentes e de idosos. BRASIL. *Resolução CD/ANPD n. 2, de 27 de janeiro de 2022.* Aprova o Regulamento de aplicação da Lei nº 13.709, de 14 de agosto de 2018, Lei Geral de Proteção de Dados Pessoais (LGPD), para agentes de tratamento de pequeno porte. Disponível em: https://www.in.gov.br/en/web/dou/-/resolucao-cd/anpd-n-2-de-27-de-janeiro-de-2022-376562019. Acesso em: 12 de ago. 2022.

172 Cf. HILDEBRANDT, Mireille; TIELEMANS, Laura. Data protection by design and technology neutral law. *Computer Law and Security Review,* v. 29, n. 5, p. 509–521, 2013, p. 518-519.

como para que seja possível a concreta identificação dos tipos de tratamentos que importam "alto risco à garantia dos princípios gerais de proteção de dados pessoais" (LGPD, art. 55-J, XIII)[173].

Com a diferenciação feita não se pretende defender que em todo e qualquer uso de tecnologia de perfilamento *in concreto* deva se proceder, necessariamente, a completo e integral processo de avaliação de impacto à proteção de dados. Aliás, fosse essa a proposta, a própria distinção perderia sua razão de ser, uma vez que a execução do processo de avaliação de impacto em sua totalidade forçosamente culminará na formalização de um RIPDP. Este deve, em respeito ao regime de proteção de dados, de fato ser produzido quando se projetar tratamento de dados pessoais que dê causa a elevado risco[174]. A regular *atividade* de avaliação de impacto, todavia, pode ser ao menos iniciada e seus passos iniciais adotados desde que certos alicerces estejam lançados.

De acordo com Dariusz Kloza e outros, a arquitetura da avaliação de impacto possui três elementos: estrutura, método e um documento-modelo[175]. A estrutura estabelece as linhas mestras e condições básicas da

[173] Em semelhante direção, afirma o Grupo de Trabalho do Artigo 29 no âmbito da regulamentação do GPDR sobre a avaliação de impacto à proteção de dados: "In line with the risk-based approach embodied by the GDPR, carrying out a DPIA is not mandatory for every processing operation. Instead, a DPIA is only required where a type of processing is "likely to result in a high risk to the rights and freedoms of natural persons" (Article 35(1)). The mere fact that the conditions triggering the obligation to carry out DPIA have not been met does not, however, diminish controllers' general obligation to implement measures to appropriately manage risks for the rights and freedoms of data subjects. In practice, this means that controllers must continuously assess the risks created by their processing activities in order to identify when a type of processing is "likely to result in a high risk to the rights and freedoms of natural persons". ARTICLE 29 DATA PROTECTION WORKING PARTY. *Guidelines on Data Protection Impact Assessment (DPIA) and determining whether processing is "likely to result in a high risk" for the purposes of Regulation 2016/679.* Bruxelas: [s. n.], 2017. p. 6. Disponível em: https://ec.europa.eu/newsroom/article29/item-detail.cfm?item_id=611236. Acesso em: 28 set. 2021.

[174] No item 2.2, identificou-se uma série de ameaças e riscos a direitos e liberdades fundamentais decorrentes do uso de tecnologias de perfilamento, o que se fez, porém, em abstrato. Em concreto, admite-se a possibilidade dos riscos criados a direitos e liberdades fundamentais não ser considerados de alto grau. Um exemplo elaborado pelo antigo Grupo de Trabalho de Proteção de Dados do Artigo 29, é o caso de um site de comércio eletrônico que exibe anúncios de peças de carros antigos envolvendo perfis limitados com base em itens visualizados ou comprados em seu próprio site. ARTICLE 29 DATA PROTECTION WORKING PARTY. *Op. cit.*, p. 12.

[175] KLOZA, Dariusz et al. The concept of impact assessment. *In:* KLOZA, Dariusz; BUGRESS, J. Peter (Orgs.). *Border control and new technologies:* addressing integrated impact assessment. Brussel: ASP, 2021. p. 32.

avaliação de impacto[176], enquanto o método configura o procedimento de abordagem da atividade que organiza "a prática de avaliação de impacto e define as consecutivas ou iterativas etapas a ser realizadas para a execução do processo de avaliação"[177]. O documento-modelo (*template*) consiste, por sua vez, num mecanismo de auxílio e suporte prático a quem efetua a avaliação. Quanto ao método, apesar de ser passível de adaptação e ter variações pertinentes ao objeto de análise, a opção por um método genérico a ser aplicado às avaliações de impacto dos sistemas de perfilamento automatizado segue a linha proposta pelos autores acima[178].

Em síntese, trata-se de método composto por dez etapas (seis etapas consecutivas, três etapas executadas ao longo de todo o processo avaliativo e uma etapa posterior), agrupadas em quatro fases[179]. Na primeira fase, de *preparação do processo de avaliação*, se realiza a triagem ou filtragem com base em inicial descrição contextual e técnica do projeto, a fim de se verificar a necessidade da condução de compreensivo processo de avaliação de impacto, tomando-se em conta critérios regulatórios e legalmente vinculantes, de política interna ou mesmo *ad hoc*. Delimita-se, ainda, o âmbito ou alcance da avaliação à luz, por exemplo, dos interesses socialmente relevantes passíveis de afetação, atores de algum modo interessados (*stakeholders*) na iniciativa, técnicas e métodos adequados, planejamento e preparação com a definição dos parâmetros de referência do processo de

[176] Os autores propõem uma estrutura, abrangente e utilizável em diversas áreas, que compreende 16 princípios da avaliação de impacto como processo sistemático, relevantes parâmetros de referência, exigência racional, método apropriado, recomendações, iniciativa de melhores esforços, documentação e transparência, *accountability*, inclusão, entre outros. KLOZA, Dariusz et al. The concept of impact assessment. *In:* KLOZA, Dariusz; BUGRESS, J. Peter (Orgs.). *Border control and new technologies:* addressing integrated impact assessment. Brussel: ASP, 2021. p. 37-39.

[177] KLOZA, Dariusz et al. The concept of impact assessment. *In:* KLOZA, Dariusz; BUGRESS, J. Peter (Orgs.). *Border control and new technologies:* addressing integrated impact assessment. Brussel: ASP, 2021. p. 32. Tradução livre de: "the practice of impact assessment and defines the consecutive or iterative steps to be undertaken in order to carry out the assessment process".

[178] KLOZA, Dariusz et al. The concept of impact assessment. *In:* KLOZA, Dariusz; BUGRESS, J. Peter (Orgs.). *Border control and new technologies:* addressing integrated impact assessment. Brussel: ASP, 2021. p. 39-43. Vide também: KLOZA, Dariusz et al. Towards a method for data protection impact assessment: Making sense of GDPR requirements. *d.pia.lab*, Policy Brief n. 1, 2019đ. Disponível em: https://cris.vub.be/files/48091346/dpialab_pb2019_1_final.pdf. Acesso em: 21 set. 2021.

[179] Cf. KLOZA, Dariusz et al. The concept of impact assessment. *In:* KLOZA, Dariusz; BUGRESS, J. Peter (Orgs.). *Border control and new technologies:* addressing integrated impact assessment. Brussel: ASP, 2021. p. 39 et seq.

avaliação de impacto (*v. g.*, objetivos, critérios de aceitabilidade de impactos negativos do sistema, recursos necessários).

A segunda fase, de *avaliação*, possui como componentes a sistemática e detalhada descrição da iniciativa projetada, bem como a avaliação dos prováveis impactos com base nas técnicas e métodos já anteriormente escolhidos, em especial a análise de risco, testes de proporcionalidade, e a averiguação de conformidade com a normativa de proteção de dados. A fase é concluída com a formulação de recomendações concretas pertinentes – medidas administrativas e salvaguardas, por exemplo – a fim de minorar os impactos adversos. *Revisitação* é a terceira fase, caracterizada pela intermitência e tomada de decisão sobre a execução de nova avaliação de impacto, total ou parcial, à vista de mudanças contextuais, como a adoção de novas tecnologias no desenvolvimento da atividade de tratamento de dados. A quarta e última fase, na verdade, toca todas as demais. Na denominada *fase continuada* se opera o indispensável envolvimento, de variadas formas, e consulta de atores e entes interessados, além da documentação dos atos praticados e controle de qualidade do processo.

O que se quer significar, afinal, é que mesmo aos controladores que intentarem utilizar tecnologias de perfilamento com tipos de tratamento considerados de médio ou baixo risco, há que se lançar as bases fundantes de estrutura, método e documentação da avaliação de impacto por decorrência do regime jurídico aplicável. Assim, a *atividade* de avaliação e antecipação dos impactos gerados deverá ser empreendida, ainda que se limite à primeira fase, com a triagem feita a partir da descrição contextual[180] e técnica[181] suficientemente detalhada para identificar se os tipos de tratamentos de dados pessoais geram alto risco ao direito à proteção de dados pessoais e outros direitos fundamentais.

Note-se que "a descrição dos processos de tratamento de dados pessoais" (LGPD, art. 5º, XVII), imprescindível componente da atividade da

[180] Trata-se de descrição que compreende um panorama da iniciativa e da organização que a promove, o contexto de desenvolvimento da iniciativa e sua a necessidade, possíveis interferências sobre interesses sociais, e os benefícios e desvantagens esperados. KLOZA, Dariusz et al. *Op. cit.*, p. 41.

[181] Ao descrever aspectos técnicos há que se apontar, por exemplo, categorias de dados pessoais e fluxos de tratamento, agentes de tratamento envolvidos na cadeia produtiva, dados de treinamento e dados de validação de modelos de aprendizado de máquina, lógica de funcionamento do sistema algorítmico, entre outras informações.

avaliação de impacto, se conecta funcionalmente ao dever de registro e documentação das operações de tratamento de dados (LGPD, art. 37)[182], ensejando um alinhamento sincrônico e diacrônico das atividades de tratamento e sua iterativa avaliação. Essa atitude permite, com efeito, a análise e contínuo estabelecimento de técnicas, mecanismos e procedimentos (salvaguardas) apropriados à conformidade com princípios e direitos dos titulares e à mitigação dos riscos a direitos e liberdades fundamentais em todo o processo de perfilamento automatizado – por exemplo, mecanismos e procedimentos de contestação por meio de direito de oposição e de revisão.

Aponta-se, enfim, para outra função desempenhada pelo RIPDP e pela avaliação de impacto: proteger e promover direitos dos titulares. No trabalho de análise feito pelo controlador, especialmente nas fases 1 e 2 do processo de avaliação de impacto conforme o método mencionado acima, há que se desincumbir de encargo descritivo e justificativo das operações de tratamento das etapas do perfilamento automatizado, a exemplo do treinamento e validação de modelos de aprendizado de máquina[183]. Deve, também, dar conta da avaliação de impacto propriamente dita, empregando

[182] No cenário europeu, o *European Data Protection Supervisor* oferece a seguinte recomendação sobre a avaliação de impacto à proteção de dados e sua documentação: "*You may want to use existing documentation of the process or its development to generate this documentation. When you do so, re-read this existing documentation through the lens of "how will this affect the people whose data we process?" and adapt where necessary*". EUROPEAN DATA PROTECTION SUPERVISOR. *Accountability on the ground Part II: Data Protection Impact Assessments & Prior Consultation.* [s.l.]: EDPS, 2019. Disponível em: https://edps.europa.eu/sites/edp/files/publication/19-07-17_accountability_on_the_ground_part_ii_en.pdf. Acesso em: 10 fev. 2022. Vide, também: KAMINSKI, Margot E.; MALGIERI, Giancarlo. Multi-layered explanations from algorithmic impact assessments in the GDPR. *FAT* 2020 - Proceedings of the 2020 Conference on Fairness, Accountability, and Transparency,* p. 68–79, 2020, p. 73-74.

[183] Na Recomendação CM/Rec(2021)8 do Conselho da Europa, o item 7.9 dispõe: "For the purposes of the ongoing assessment of both individual and collective risks – and in any event when it comes to high-risk profiling operations – controllers and, where appropriate, processors should document the training of the model and carry out regular impact assessments addressing the specific risks of profiling based on AI systems. To achieve this purpose, they should surround themselves with a multidisciplinary assessment team and consult representatives of the interests involved in the profiling, including the profiled people. Such an evaluation process should be conducted by qualified and knowledgeable professionals able to assess the various impacts, including their legal, social, ethical and technical dimensions". COUNCIL OF EUROPE. *Recommendation CM/Rec(2021)8 of the Committee of Ministers to member States on the protection of individuals with regard to automatic processing of personal data in the context of profiling.* Disponível em: https://search.coe.int/cm/pages/result_details.aspx?objectid=0900001680a46147. Acesso em: 12 nov. 2021

técnica de análise de risco para antecipar as prováveis consequências das práticas de perfilamento para indivíduos e grupos. Todas essas informações produzidas e documentadas poderão servir de base para o cumprimento de direitos dos titulares de ser informados e de acesso à informação, comunicando o controlador, por exemplo, da lógica de funcionamento ou explicação global do sistema, e categorias inferidas do perfilamento de grupo que foram aplicadas em certa decisão automatizada[184].

Nesse ponto, ambas as dimensões individual e coletiva do direito à proteção de dados pessoais encontram expressão[185]. Ao propor um modelo de explicações multi-camadas ou multinível (*multilayered explanations*) a partir da avaliação de impacto à proteção de dados, Margot Kaminski e Gianclaudio Malgieri afirmam que a descrição sistemática da atividade de tratamento de dados de sistema algorítmico a ser feita numa análise de impacto pode se dar em diversos níveis:

> Na verdade, a descrição do tratamento algorítmico de dados, incluindo fundamentos e critérios, pode muito bem ser especificada tanto no nível do grupo quanto no nível individual: a descrição das categorias de dados e sua pertinência, do procedimento de construção do perfil e sua relevância e uso, dos efeitos e salvaguardas, podem ser baseadas em grupos de indivíduos semelhantes afetados por essa decisão automatizada ou mesmo em um único titular de dados específico que está fazendo uma solicitação de explicação[186].

[184] KAMINSKI, Margot E.; MALGIERI, Giancarlo. Multi-layered explanations from algorithmic impact assessments in the GDPR. *FAT* 2020 - Proceedings of the 2020 Conference on Fairness, Accountability, and Transparency,* p. 68–79, 2020, p. 74.

[185] Cf. MANTELERO, Alessandro. From Group Privacy to Collective Privacy: Towards a New Dimension of Privacy and Data Protection in the Big Data Era. *In*: TAYLOR, Linnet; FLORIDI, Luciano; SLOOT, Bart van der (Eds.). *Group Privacy: New Challenges of Data Technologies*. Dordrecht: Springer, 2017. p. 150 et seq.

[186] KAMINSKI, Margot E.; MALGIERI, Giancarlo. Multi-layered explanations from algorithmic impact assessments in the GDPR. *FAT* 2020 - Proceedings of the 2020 Conference on Fairness, Accountability, and Transparency,* p. 68–79, 2020, p. 76-77. Tradução livre de: "Indeed, the description of algorithmic processing, including rationales and criteria, might well be specified on both a group level and on individual level: the description of data categories and their pertinence, of the profile-building procedure and its relevance and use, of effects and safeguards can be based on groups of similar individuals affected by that automated decision or even on a single specific data subject who is making an explanation request".

Cumpre ressaltar que é o acesso a tais informações que possibilita, desde que compreensíveis aos titulares dos dados, a contestação de sistemas algorítmicos de perfilamento automatizado[187], especialmente se se der publicidade aos relatórios elaborados como medida concreta de transparência (ativa)[188]. Neste sentido, o art. 32 da LGPD deve ser lido, à luz dos princípios da transparência e da proteção de dados desde a concepção, com maior intensidade vinculativa à ANPD quando se tratar de controladores do poder público: a publicidade de RIPDP deve ser obrigatória em casos de uso de tecnologias de perfilamento. Ademais, o exercício do direito de acesso, recorde-se, consiste, tanto na dimensão individual como coletiva, o primeiro passo lógico e essencial para o exercício de outras situações jurídicas dos titulares dos dados com o objetivo de contestar sistemas de IA e aprendizado de máquina.

3.4.2. Deveres de registro e documentação sobre desenho metodológico e outras operações relvantes do sistema de perfilamento automatizado

O dever de manter registros e documentação das operações de tratamento incide em ambas as etapas do processo de perfilamento automatizado, o que, vale dizer, alcança os dados anonimizados *prima facie*, consoante a proposta interpretativa de ampliação do conceito de dado pessoal (LGPD, art. 12, § 2º). A obrigação estabelecida legalmente serve, em linhas gerais, aos propósitos de possibilitar aos agentes de tratamento a demonstração de suas práticas estarem em conformidade com a normativa de proteção de dados, e o cumprimento de situação subjetiva passiva decorrente do exercício de direitos pelos titulares.

Além de fundamentado no princípio da responsabilização e prestação de contas, trata-se de dever que também se liga à contestabilidade das tecnologias de perfilamento e a instituição de concretos requisitos de

[187] "Contestability requires an explanation, and ensuring that the decisions and outputs of systems are explainable is a step in the right direction". LYONS, Henrietta; VELLOSO, Eduardo; MILLER, Tim. Conceptualising Contestability. *Proceedings of the ACM on Human-Computer Interaction*, v. 5, n. CSCW1, p. 1–25, 2021, p. 18.

[188] Cf. ARTICLE 29 DATA PROTECTION WORKING PARTY. *Guidelines on Data Protection Impact Assessment (DPIA) and determining whether processing is "likely to result in a high risk" for the purposes of Regulation 2016/679.* Bruxelas: [s. n.], 2017. p. 18. Disponível em: https://ec.europa.eu/newsroom/article29/item-detail.cfm?item_id=611236. Acesso em: 28 set. 2021.

transparência em relação às operações e usos de sistemas algorítmicos[189]. Sem a realização de registros e a correspondente documentação pertinente ao tratamento de dados pessoais conduzidos por tais sistemas, a possibilidade de contestá-los resta sensivelmente limitada (ou impossibilitada) devido à dificuldade de produção de evidências e elementos de prova humanamente compreensíveis para sustentar razões de impugnação a operações de sistema de perfilamento automatizado, inclusive perante órgão jurisdicional ou corte de justiça[190].

A prática jurídica endossa a importância dos registros e documentação. O caso *I v. Finland*[191], julgado pelo TEDH em 2008, é bastante ilustrativo muito embora não relacionado diretamente ao emprego de sistemas algorítmicos. Entre 1989 e 1994, *I.* trabalhou como enfermeira na policlínica de doenças oculares de um hospital público finlandês. Desde 1987, porém, a demandante já fazia consultas médicas regularmente no mesmo hospital, a partir do que recebeu o diagnóstico de ser portadora do vírus HIV. Durante o período em que trabalhou no estabelecimento hospitalar, a demandante começou a suspeitar que colegas de trabalho haviam tomado conhecimento de sua doença, visto que naquela época toda a equipe de profissionais de saúde do hospital tinha livre acesso aos prontuários e registros de pacientes, que continha dados sobre diagnósticos e médicos responsáveis. Havendo confidenciado suas suspeitas ao seu médico, medidas técnicas e administrativas foram então adotadas pelo hospital para limitar o acesso a dados de pacientes apenas ao pessoal da respectiva clínica em que o tratamento estivesse sendo realizado.

[189] Pode-se entender nessa direção o posicionamento de Miles Brundage e demais autores do relatório *Toward Trustworthy AI Development: Mechanisms for Supporting Verifiable Claims:* "Another path toward greater transparency around AI development involves increasing the extent and quality of documentation for AI systems. Such documentation can help foster informed and safe use of AI systems by providing information about AI systems' biases and other attributes". BRUNDAGE, Miles et al. *Toward Trustworthy AI Development:* Mechanisms for Supporting Verifiable Claims. *arXiv*, [s.l: s.n.]. Disponível em: http://arxiv.org/abs/2004.07213. Acesso em: 12 mai. 2022.

[190] Este é o entendimento de Laurence Diver: "The affordance of contestability, then, is necessary not just to enable the citizen to understand code's normativities sufficiently well that she can choose to contest them, but is necessary also to enable legal institutions to grapple with the code from an evidential perspective". DIVER, Laurence Digisprudence: the design of legitimate code. *Law, Innovation and Technology*, v. 13, n. 2, p. 325–354, 2021, p. 350.

[191] EUROPA. Tribunal Europeu de Direitos Humanos. *Case of I. v. Finland*. Estrasburgo, 17/07/2008. Disponível em: https://hudoc.echr.coe.int/eng?i=001-87510. Acesso em: 29 ago. 2022.

Em novembro de 1996, depois de não renovado seu contrato temporário com o hospital, *I.* apresentou requerimento a certa autoridade administrativa competente (*lääninhallitus, länsstyrelsen*) a fim de que fosse informada sobre as pessoas que tiveram acesso ao seu prontuário médico e registros confidenciais. A pedido do órgão administrativo, o responsável pelo arquivo do estabelecimento hospitalar informou não ser possível saber quem, se é que alguém, teve acesso ao prontuário de *I.*, pois no sistema informacional utilizado registrava-se apenas as cinco consultas mais recentes – por unidade ou setor e não de forma individualizada. Além disso, tais dados eram posteriormente apagados.

A ação indenizatória em seguida proposta por *I.* por violação ao direito à privacidade não foi acolhida pelos tribunais finlandeses, sendo um dos principais fundamentos a ausência de prova de que o seu prontuário médico fora ilegalmente acessado. Diverso, todavia, foi o teor a decisão do TEDH. Firme no art. 8º da CEDH, cujo âmbito de proteção cobre normas típicas de proteção de dados pessoais, a corte europeia julgou procedente a demanda, acolhendo a alegação de ter ocorrido no caso "uma violação da obrigação positiva do Estado de garantir o respeito pela sua vida privada por meio de um sistema de regras e salvaguardas de proteção de dados"[192].

Para além do argumento de desconformidade com regras do direito doméstico de proteção de dados pessoais, nos fundamentos da decisão ataca-se também o problema do encargo probatório e o sistema de registros utilizado pelo hospital público: "colocar esse ônus da prova sobre a requerente é ignorar as deficiências reconhecidas na manutenção de registros do hospital [...]. É claro que se o hospital tivesse proporcionado um maior controle sobre o acesso aos registros de saúde, restringindo o acesso aos profissionais de saúde diretamente envolvidos no tratamento da requerente ou mantendo um registro em *log* de todas as pessoas que acessaram o prontuário da requerente, a requerente teria sido colocada numa posição menos desfavorecida perante os tribunais nacionais"[193].

[192] Tradução livre de: "a breach of the State's positive obligation to secure respect for her private life by means of a system of data protection rules and safeguards".

[193] Tradução livre de: "to place such a burden of proof on the applicant is to overlook the acknowledged deficiencies in the hospital's record keeping [...]. It is plain that had the hospital provided a greater control over access to health records by restricting access to health professionals directly involved in the applicant's treatment or by maintaining a log of all persons who had accessed the

Em última análise, a insuficiente rastreabilidade dos registros prejudicou o exercício do direito de acesso a informações como seus dados pessoais sensíveis foram tratados.

Num exemplo mais recente, pode-se citar a ação civil pública movida em março de 2022 pela Defensoria Pública do Estado de São Paulo, em litisconsórcio ativo com a Defensoria Pública da União, Instituto Brasileiro de Defesa do Consumidor, Intervozes – Coletivo Brasil de Comunicação Social, e Artigo 19 Brasil em face da Companhia do Metropolitano de São Paulo. Em outra iniciativa voltada à adoção de sistema de reconhecimento facial no âmbito do metrô paulista, realizou-se licitação pública para a "Concepção do Sistema de Monitoração Eletrônica" por imagem para as linhas 1-Azul, 2-Verde e 3-Vermelha. A contratação administrativa contemplou desde o projeto, o fornecimento, a instalação e os testes de equipamentos de imagem com alta capacidade para o monitoramento de todas as instalações do metrô[194]. O caso despertou a preocupação de instituições públicas e organizações da sociedade civil que, então, enxergaram o surgimento de riscos a grupos vulneráveis e violações a direitos fundamentais (não discriminação, por exemplo), ao regime de proteção de dados brasileiro e a outros preceitos jurídicos. Entre os problemas identificados, apontou-se o emprego de *software* privado, a captura e armazenamento das imagens de todos os usuários do metrô, e a possibilidade de operação integrada com outros sistemas algorítmicos de monitoramento por reconhecimento biométrico da face.

No processo coletivo proposto em face da Companhia do Metropolitano de São Paulo, os demandantes formularam pedido de condenação da ré a se abster do uso de qualquer sistema de captação de dados biométricos para reconhecimento facial dos usuários dos serviços do metrô, além de pagar o montante de R$ 42.798.438,63, a título de dano moral coletivo. Em decisão judicial, a 6ª Vara de Fazenda Pública do Foro Central da Comarca de São Paulo acolheu pedido liminar para impedir o funcionamento de mecanismos de captura e tratamento de dados biométricos dos usuários para

applicant's medical file, the applicant would have been placed in a less disadvantaged position before the domestic courts".

194 GOVERNO DO ESTADO DE SÃO PAULO. *Metrô compra sistema de monitoramento eletrônico com reconhecimento facial*. Disponível em: https://www.metro.sp.gov.br/noticias/28-06-2019-metro-compra-sistema-de-monitoramento-eletronico-com-reconhecimento-facial.fss. Acesso em: 09 fev. 2023.

sua utilização em sistema de reconhecimento facial, admitindo-se apenas a execução da etapa inicial de instalação[195].

Além da assinalada existência de risco de lesão a direitos fundamentais, entre os fundamentos do julgado se encontra a menção à falta, desde a fase de licitação e contratação pública, de registros e documentos que demonstrem os elementos e características técnicas do sistema de reconhecimento facial a ser introduzido e executado no metrô de São Paulo:

> Entretanto, como anotado na inicial, nos documentos do edital, no contrato ou nos questionamentos feitos no âmbito do referido processo licitatório, não foi disponibilizada qualquer informação sobre os critérios, condições, propósitos da implementação do sistema de reconhecimento facial pela Ré Companhia do Metropolitano de São Paulo.

A decisão de interdição do uso da tecnologia, porém, foi reformada pelo TJSP em sede de recurso de agravo de instrumento. Segundo o entendimento vencedor no Agravo de Instrumento n. 2079077-58.2022.8.26.0000, julgado pela 5ª Câmara de Direito Público, a tutela provisória concedida pelo juízo de primeiro grau merecia ser suspensa por razões de direito processual: o pedido recursal do metrô atendia, na forma do vigente Código de Processo Civil, os pressupostos da verossimilhança, urgência e risco de lesão grave ou de difícil reparação ao agravante. Entretanto, como voto vencido, a desembargadora Maria Laura de Assis Moura Tavares construiu uma coesa e analítica divergência, tocando em aspectos como os comprovados riscos advindos da falta de acurácia e enviesamento de sistemas de reconhecimento facial, a falta de legislação federal específica para seu uso destinado à segurança pública, e ausência de salvaguardas e mecanismos de prestação de contas e responsabilização. A falta de registros e documentação pertinentes é novamente denunciada, visto que o metrô "em nenhum momento, forneceu explicações e/ou documentos a respeito das regras, condições, formas, prazos, entre outros, em que se dará o tratamento e,

[195] SÃO PAULO (Estado). Tribunal de Justiça do Estado de São Paulo. Decisão interlocutória. Processo n. 1010667-97.2022.8.26.0053. 6ª Vara de Fazenda Pública do Foro Central da Comarca de São Paulo. Juíza de Direito Cynthia Thomé. Julg. em 22/03/2022.

mais importante, o compartilhamento com outros órgãos, públicos ou privados dos dados biométricos coletados de seus usuários"[196].

Em contexto de aplicação de sistemas algorítmicos – a exemplo de tecnologias de reconhecimento facial –, haja vista a falibilidade e equivocidade de suposições que dão base ao conhecimento inferido a partir das tecnologias de perfilamento e aos resultados de sua aplicação[197], faz-se relevante o registro e documentação do desenho metodológico e outras operações relevantes que direcionaram a criação do sistema de aprendizado de máquina lançado por desenvolvedor de IA (objetivos, métodos, tarefa a ser aprendida, métricas de performance, dados de treinamento, dados de validação etc.)[198]. Mais: a capacidade de guarda de registros do sistema e o fornecimento de parte desses documentos serão essenciais aos agentes de tratamento que não forem os desenvolvedores mas os usuários de sistemas de perfilamento automatizado ao longo da cadeia produtiva[199]. Abrem-se as portas, assim, para que, garantido adequado acesso a tais registros e documentos, a contestação e escrutínio possam ser exercidos por indivíduos, grupos e autoridades em face das metodologias, inferências, decisões etc., de sistemas algorítmicos mediante direitos dos titulares, a exemplo dos

[196] SÃO PAULO (Estado). Tribunal de Justiça do Estado de São Paulo. Quinta Câmara de Direito Público. *Agravo de Instrumento n. 2079077-58.2022.8.26.0000*. Recorrente: Companhia do Metropolitano de São Paulo. Recorrido: Defensoria Pública do Estado de São Paulo. Relatora: Min. Maria Laura Tavares, 10 de outubro de 2022.

[197] Cf. BINNS, Reuben. Algorithmic Accountability and Public Reason. *Philosophy and Technology*, v. 31, n. 4, p. 543–556, 2018, p. 546.

[198] Em direção diversa, escreve Thiago Junqueira: "Embora ainda não haja, no Brasil, a exigência legal, por parte dos agentes de tratamento de dados que utilizem métodos automatizados para fins de *profiling*, de registro de todo o processo envolvendo a coleta de dados, escolha dos atributos, rotulagem e toda a fase de treinamento e calibragem do algoritmo, bem como a manutenção de rígida documentação sobre testes internos para a verificação de *outputs* (em especial, se estão ocasionando alguma discriminação racial), nada impede que ela seja implementada". JUNQUEIRA, Thiago. *Tratamento de dados pessoais e discriminação algorítmica nos seguros*. São Paulo: Revista dos Tribunais, 2020. p. 338.

[199] Em nota conjunta sobre a então proposta de regulamento do *AI Act*, o Comitê Europeu de Proteção de Dados (*European Data Protection Board*) e a Autoridade Europeia de Proteção de Dados (*European Data Protection Supervisor*) ressaltaram que, no mais das vezes, os controladores serão usuários de sistemas de IA. EUROPEAN DATA PROTECTION BOARD; EUROPEAN DATA PROTECTION SUPERVISOR. *Joint Opinion 5/2021on the proposal for a Regulation of the European Parliament and of the Council laying down harmonised rules on artificial intelligence (Artificial Intelligence Act)*. Bruxelas: EDPB, 2021. p. 8.

direitos de oposição, retificação e revisão, auditorias externas[200] e outros mecanismos investigatórios.

A recente regulação europeia de sistemas de IA, conhecida como *EU AI Act*, aprovada pelo Parlamento Europeu, apresenta, na direção apontada no presente trabalho, uma sólida estrutura normativa[201] que estabelece obrigações a provedores de sistemas considerados de alto risco[202]. Nos arts. 11 e 12, o regulamento europeu impõe deveres aos desenvolvedores e provedores de sistemas de IA relacionados à documentação técnica e à guarda de registros. O primeiro obriga tais provedores a confeccionar, antes da disponibilização do serviço ou produto no mercado, documentos técnicos para demonstrar a conformidade do sistema de IA com o regime jurídico aplicável. As informações que esta documentação deve fornecer estão previstas no Anexo IV, compreendendo, entre outras, uma descrição geral do sistema de IA (finalidade prevista, formas de disponibilização no mercado etc.) e a detalhada

[200] Auditorias promovidas por terceiros independentes só podem ser de fato executadas se houver suficientes registros e documentos sobre a atividade em torno do desenvolvimento e aplicação de sistemas de IA. Há uma série de aspectos e riscos desses sistemas que podem ser objeto de auditorias externas e independentes – não somente de autoridades de proteção de dados como de terceiros desinteressados e confiáveis: "Possible aspects of AI systems that could be independently audited include the level of privacy protection guaranteed, the extent to (and methods by) which the AI systems were tested for safety, security or ethical concerns, and the sources of data, labor, and other resources used. Third party auditing could be applicable to a wide range of AI applications, as well. Safety-critical AI systems such as autonomous vehicles and medical AI systems, for example, could be audited for safety and security. Such audits could confirm or refute the accuracy of previous claims made by developers, or compare their efforts against an independent set of standards for safety and security. As another example, search engines and recommendation systems could be independently audited for harmful biases". BRUNDAGE, Miles et al. *Toward Trustworthy AI Development:* Mechanisms for Supporting Verifiable Claims. *arXiv*, [s.l: s.n.]. Disponível em: http://arxiv.org/abs/2004.07213. Acesso em: 12 mai. 2022.

[201] COMISSÃO EUROPEIA. *Proposta de Regulamento do Parlamento Europeu e do Conselho que estabelece regras harmonizadas em matéria de inteligência artificial (Regulamento Inteligência Artificial) e altera determinados atos legislativos da União.* Disponível em: https://eur-lex.europa.eu/legal-content/PT/TXT/?uri=CELEX:52021PC0206. Acesso em: 10 abr. 2023. Na exposição de motivos do projeto de regulamento, expressa alusão se faz a obrigações de registro e documentação: "[...] a proposta completa o direito da União em vigor em matéria de não discriminação com requisitos específicos que visam minimizar o risco de discriminação algorítmica, em particular no que diz respeito à conceção e à qualidade dos conjuntos de dados utilizados no desenvolvimento de sistemas de IA, complementados com obrigações de testagem, gestão de riscos, documentação e supervisão humana ao longo do ciclo de vida dos sistemas de IA".

[202] Os critérios a partir dos quais um sistema de IA é classificado de alto risco para o *EU AI Act*, estão previstos no art. 9º.

descrição dos elementos desse sistema e seu processo de desenvolvimento. Quanto a esta parte, cumpre destacar alguns aspectos, como, por exemplo, a necessidade de informação sobre métodos e etapas realizadas para o desenvolvimento do sistema algorítmico; especificações de *design* do sistema de IA, isto é, sua lógica geral e dos algoritmos; as principais escolhas de *design* incluindo o racional, as suposições existentes, pessoas e grupos de pessoas às quais se pretende aplicar o sistema[203]; bem como fichas de dados (*datasheets*) descrevendo as bases de dados utilizadas para treinamento e métodos empregados[204].

O art. 12, por sua vez, prevê aos sistemas de alto risco o imperativo de incorporar em seu *design* capacidades de guarda automática de registros de eventos (*logs*) durante seu funcionamento. Construir sistemas desde a origem concebidos com a aptidão para a guarda de registros, possibilita rastreabilidade e contestabilidade de decisões e operações relevantes adotadas ao longo do seu ciclo de vida.

No texto proposto pelo PL 2.338/2023, no Brasil, existem disposições legislativas similares incluídas entre as medidas de governança dos sistemas de IA. Os arts. 19, § 2º, e 20, I e II, tratam de deveres de documentação e registro a serem observados por agentes envolvidos com a provedoria de sistemas de IA reputados de alto risco (conforme o art. 17 do PL). O texto não desce a muitos detalhes sobre tais documentos, mas aponta que deverá ter formato adequado ao processo de desenvolvimento e à tecnologia usada, e versar sobre o funcionamento do sistema e das decisões envolvidas em sua construção, implementação e uso, considerando todas as etapas relevantes no ciclo de vida, tais como estágio de *design*, de desenvolvimento, de avaliação, de operação e de descontinuação do sistema. Determina-se, também, "uso de ferramentas de registro automático da operação do sistema", ou seja, a inclusão de capacidades de guarda automática de registros de eventos (*logs*).

Em relação ao desenho metodológico ou de pesquisa que delineou os objetivos, métodos etc., do sistema de perfilamento automatizado,

[203] Importante destacar que pesquisadores já vinham defendendo medidas como a adoção de *model cards*: MITCHELL, Margaret et al. Model cards for model reporting. *FAT* 2019 - Proceedings of the 2019 Conference on Fairness, Accountability, and Transparency*, p. 220–229, 2019.

[204] Neste sentido, vide a relevante contribuição de grupo de pesquisadores que recomendou o uso de *datasheets*: GEBRU, Timnit et al. Datasheets for datasets. *Communications of the ACM*, v. 64, n. 12, p. 86–92, 2021.

não há se falar em contradição da interpretação pela obrigatoriedade de documentação e registro com a atual jurisprudência do STJ. No Recurso Especial n. 1.419.697/RS julgado por este tribunal superior, consignou-se que a metodologia computacional de inferência de nota de risco de crédito "constitui segredo da atividade empresarial, cujas fórmulas matemáticas e modelos estatísticos naturalmente não precisam ser divulgadas"[205]. Não se pode aventar o contraste, porquanto (i) a proteção de segredo comercial não ilide o dever de documentação e registro, há compatibilidade, e (ii) a *ratio decidendi* do precedente se limita a sistemas de *credit scoring*.

Entretanto, quanto a este último aspecto e a afirmação de que a metodologia computacional de sistemas de escore de crédito constitui segredo comercial, cujas fórmulas matemáticas e modelos estatísticos não necessitam ser divulgados, uma observação crítica há que se fazer. O segredo de negócio, como já apontado, pode culminar numa opacidade que limita a contestabilidade ou possibilidade de se contestar sistemas algorítmicos[206]. Ainda que o interesse patrimonial subjacente seja juridicamente relevante, não deve ser interpretado em termos absolutos. Formas de escrutínio e auditoria devem ser garantidas sob pena se acarretar inconstitucionalidade por desproporcional restrição ao direito fundamental à proteção de dados pessoais nas dimensões individual e coletiva, que exige certa participação na atividade de tratamento.[207] Ressalte-se que, nesse contexto,

[205] BRASIL. Superior Tribunal de Justiça (Segunda Seção). Recurso Especial n. 1.419.697/RS. Relator: Min. Paulo de Tarso Sanseverino. Brasília, 12/11/2014. *Diário de Justiça eletrônico*, Brasília, DF, 17/11/2014.

[206] LYONS, Henrietta; VELLOSO, Eduardo; MILLER, Tim. Conceptualising Contestability. *Proceedings of the ACM on Human-Computer Interaction*, v. 5, n. CSCW1, p. 1–25, 2021, p. 8-9.

[207] No parecer apresentado ao TJUE no Processo C-634/21, o Advogado-Geral Priit Pikamäe conclui em linha que muito se aproxima da defendida acima, tendo em vista que o caso envolve demanda por informações ao sistema de escore de crédito alemão SCHUFA, que se arvora na tutela do segredo comercial para recusar o fornecimento de informações sobre o método de cálculo usado em seu sistema. Atenção especial merece os parágrafos 54 a 56 do parecer: "Uma vez que a SCHUFA se recusou a revelar à demandante certas informações relativas ao método de cálculo com o fundamento de que estas constituíam segredos comerciais, afigura-se pertinente precisar o alcance do direito de informação referido no artigo 15.°, n.° 1, alínea h), do RGPD, em particular no que diz respeito à obrigação de fornecer «informações úteis relativas à lógica subjacente». Em meu entender, esta disposição deve ser interpretada no sentido de que, em princípio, abrange igualmente o método de cálculo utilizado por uma sociedade de informações comerciais para estabelecer um score, na condição de que não existam interesses em conflito dignos de proteção. A este respeito, importa referir o considerando 63 do RGPD do qual resulta, designadamente,

um dos caminhos viáveis a ser explorado é o do escrutínio e auditoria em sede judicial – como já previsto no art. 206 da Lei n. 9.279/1996 – ou extrajudicial por partes legitimadas ou entidades que atuem como "terceiros confiáveis" (*trusted thrid parties*).

Ademais, vale ainda ressaltar a existência de proposta que vai além da obrigação de registro e documentação dos agentes de tratamento. Mireille Hildebrandt sugere a estipulação da exigência legal de prévio registro do desenho metodológico para a utilização comercial de sistemas de aprendizado de máquina[208]. Trata-se de interessante proposição que efetivamente pode trazer contribuições relevantes para a contestabilidade das tecnologias

que «o direito de aceder aos dados pessoais [...] não deverá prejudicar os direitos ou as liberdades de terceiros, incluindo *o segredo comercial ou a propriedade intelectual e, particularmente, o direito de autor que protege* o software». 55. Uma série de conclusões pode ser retirada da interpretação do artigo 15.°, n.° 1, alínea h), do RGPD, lido à luz dos considerandos 58 e 63 deste regulamento. Em primeiro lugar, é evidente que o legislador da União estava perfeitamente ciente dos conflitos que poderiam surgir entre, por um lado, o direito à proteção dos dados pessoais, garantido pelo artigo 8.° da Carta e, por outro, o direito à proteção da propriedade intelectual, referido no artigo 17.°, n.° 2, da Carta. Em segundo lugar, é claro que o mesmo não pretendeu sacrificar um direito fundamental em proveito de outro. Pelo contrário, uma análise mais aprofundada das disposições do RGPD permite concluir que este pretendeu assegurar um justo equilíbrio entre os direitos e as responsabilidades. 56. A exortação do legislador da União, no considerando 63 do RGPD, ao indicar que «essas considerações não deverão resultar *na recusa de prestação de todas as informações ao titular dos dados*» significa, em meu entender, que um mínimo de informações deve, em todo o caso, ser fornecido para não comprometer o conteúdo essencial do direito à proteção dos dados pessoais. Por conseguinte, embora a proteção do segredo comercial ou da propriedade intelectual constitua, em princípio, para uma sociedade de informações comerciais, um motivo legítimo de recusa em revelar o algoritmo utilizado para calcular o score da pessoa em causa, não pode, em contrapartida, de modo nenhum justificar uma recusa absoluta de informação. Mais ainda quando existam meios de comunicação adequados que facilitam a compreensão, garantindo ao mesmo tempo um certo grau de confidencialidade". UNIÃO EUROPEIA. *Conclusões do Advogado Geral Priit Pikamäe*. Processo C-634/21, OQ v. Land Hessen, sendo interveniente: SCHUFA Holding AG. Luxemburgo, 16/03/2023.

[208] Nas palavras da autora: "Based on the analysis of ML research design, I propose that whoever puts an ML application on the market should pre-register the research design that was used to develop the application (including subsequent updates). This will contribute to the contestability of claims regarding the safety, security, and reliability of such applications, while also enabling the contestability of decisions based on such applications in terms of potential violations of fundamental rights such as privacy, data protection, freedom of expression, presumption of innocence and non-discrimination". HILDEBRANDT, Mireille. Preregistration of Machine Learning Research Design: Against P-Hacking. *In*: BAYAMLIOĞLU, Emre et al. (Orgs.). *Being profiled: cogitas ergo sum 10 years of "Profiling the european citizen"*. Amsterdam: Amsterdam University Press, 2019. p. 104–105.

de perfilamento. Dada sua abrangência, porém, provavelmente o mais apropriado seja a previsão de uma tal regra num marco normativo de sistemas de IA, algo que se assemelha à obrigação imposta pelo *EU AI Act* a provedores de sistemas de IA de alto risco de efetuar o registro em base de dados da UE antes da disponibilização no mercado europeu (art. 51).

CONCLUSÕES

Un diritto debole e remissivo fa così scomparire
i diritti, e con esse le persone che l'incarnano.
– Stefano Rodotà[1]

Percorrido o itinerário intelectual estruturado ao introduzir este trabalho, é chegado o momento de, enfim, responder ao problema de pesquisa formulado nos seguintes termos: *em relação às tecnologias de perfilamento, à técnica de perfilamento automatizado e suas etapas de construção e aplicação de perfis, em especial os de grupo, pode-se afirmar que são regulados juridicamente pelo direito à proteção de dados pessoais e sua normativa no sistema jurídico brasileiro?* Sim. A partir da premissa da unidade sistemática do direito brasileiro em torno da Constituição, cuja força normativa expande a todo ordenamento, conclui-se que o direito à proteção de dados pessoais, de natureza jusfundamental e autônoma do direito à privacidade, e sua normativa infraconstitucional são aplicáveis a todo o processo de perfilamento automatizado, abrangendo tanto os perfis personalizados (ou específicos) como os perfis de grupo (ou abstratos). Ademais, mediante a perspectiva da proteção jurídica desde a concepção, a normatividade do direito fundamental à proteção de dados pessoais há de ser articulada no funcionamento das tecnologias de perfilamento e da infraestrutura da informação e da comunicação de que faz parte: este é, essencialmente, o imperativo do princípio da proteção de dados desde a concepção.

[1] RODOTÀ, Stefano. *Il diritto di avere diritti.* Roma-Bari: Laterza, 2012. p. 353.

Para melhor organização destas que são as finais considerações, indica-se abaixo, sinteticamente, as propostas e notas conclusivas feitas ao longo do livro:

1. A origem da noção de proteção de dados pessoais é conexa ao conceito de privacidade e sua tutela jurídica. A partir das preocupações e debates travados em torno do tema "computadores e privacidade" nos idos de 1960, consolidou-se o uso dos termos *privacidade informacional* (EUA) e *proteção de dados* (Europa) na política legislativa e regulatória, e, depois, na prática jurídica e constitucional. Dentre os modelos norte-americano e europeu que se ergueram a partir de então, este último exerceu franca influência na circulação de modelos jurídicos nos sistemas latino-americanos. No Brasil, a vigência da LGPD dá mostras eloquentes desta influência, visto que ela se estrutura, à semelhança do vigente direito da UE em matéria de proteção de dados pessoais, como (i) regulação geral ou *omnibus*, e (ii) institui regime jurídico legitimador do tratamento de dados pessoais e (iii) baseado em direitos conferidos aos titulares dos dados.
2. A conceptualização teórica da privacidade e da proteção de dados pessoais deve observar abordagem baseada em direitos, pois consiste em ótica que se mostra mais adequada para, na perspectiva da proteção jurídica desde a concepção, articular a normatividade dos direitos fundamentais à privacidade e à proteção de dados pessoais na nova infraestrutura da informação e da comunicação e nas tecnologias de perfilamento. Para tanto, essencial é o aporte da teoria das *affordances*, que visa reconhecer e introduzir na gramática da teoria dos direitos fundamentais as *condições materiais e/ou técnicas* que possibilitam a proteção e a concretização de direitos e respectivas situações jurídicas no mundo *onlife*, da ubiquidade computacional e hiperconectividade. Igualmente importante para a configuração teórica elaborada é a adoção da visão relacional do *self* ou da pessoa humana, em que deita raízes para o reconhecimento das relações e assimetrias de poder no campo da aplicação e exercício dos direitos à privacidade e à proteção de dados pessoais, e à consagração de uma dimensão coletiva dos mencionados direitos.
3. Os conceitos de privacidade e proteção de dados pessoais se distinguem, assim como configuram objeto de tutela de direitos distintos,

ganhando autonomia dogmática o direito à proteção de dados, ainda que zonas de interseção e confluências entre ambos existam. No ordenamento jurídico brasileiro, o julgamento das ADIs n. 6387, 6388, 6389, 6390 e 6393 pelo STF, e a inserção do inciso LXXIX ao art. 5º da Constituição da República pela Emenda Constitucional n. 115/2022, sedimentaram a consagração da natureza jusfundamental do direito à proteção de dados pessoais.

4. Instrumento de transparência, o direito à proteção de dados pessoais tem caráter preponderantemente procedimental. Já o direito à privacidade, instrumento de opacidade, possui natureza substancial. Nessa linha de raciocínio, o direito à proteção de dados pessoais é *o direito que garante a regulação da atividade de tratamento de dados pessoais conforme um sistema de freios e contrapesos e a participação dos titulares dos dados em tal atividade de tratamento.* Não assume teor proibitivo, mas sim positivo ou regulatório, significando que o tratamento de dados pessoais é autorizado, porém deve respeitar certos requisitos para que a atividade seja legítima. De outro lado, compreende-se o direito à privacidade a partir da identidade como vetor integrante do que se delineou como a "liberdade de restrições irrazoáveis à construção da própria identidade"[2], apto a reunir no âmbito de proteção do direito fundamental à privacidade uma série de aspectos assemelhados como sigilo e confidencialidade das comunicações, direito de não saber etc.

5. Sistemas algorítmicos, KDD, mineração de dados, aprendizado de máquina, inferência e aplicação de modelos: essas são as principais noções e características que alicerçam a *técnica de perfilamento* que, por sua vez, é incorporada nas *tecnologias de perfilamento.* Estas são compreendidas como um conjunto de tecnologias que compartilham a característica de usar de técnica computacional para criar, descobrir ou construir conhecimento – expresso por perfis – a partir de grandes volumes de dados. Os perfis inferidos pela correlação de dados podem ser perfis personalizados (ou específicos) ou perfis de grupo (ou abstratos). São duas as principais etapas de operação da técnica e processo que move as tecnologias de perfilamento: (i) formação e (ii) aplicação do perfil. A primeira consiste processo de inferência

[2] AGRE, Philip E. Introduction. *In:* AGRE, Philip E.; ROTENBERG, Marc (Orgs.). *Technology and Privacy*: The New Landscape. London-Cambridge: The MIT Press, 1997. p. 7.

do perfil, a partir do reconhecimento de padrões em bases de dados tratados, enquanto a segunda conforma o processo de identificação e representação de indivíduos ou agrupamentos como pertencentes a certo perfil, seguido de tomada de decisão, que pode ou não ser automatizada.

6. No tocante ao perfilamento de grupo, dá-se destaque aos perfis não-distributivos. O perfil não-distributivo identifica um grupo em que os membros não compartilham todos os atributos do perfil coletivo, que é enquadrado em termos de probabilidades, médias, medianas ou desvios significativos em relação a outros grupos. De uma perspectiva epistemológica, o perfil não-distributivo é uma generalização não-universal. Há que se chamar atenção para duas assimetrias (de poder) entre os agentes que lançam mão do perfilamento automatizado e do titular dos dados: assimetria informacional e assimetria epistemológica. A primeira redunda na incapacidade do titular dos dados prever ou antecipar como será perfilado devido à incerteza ou ignorância sobre os padrões reconhecidos em dados comportamentais e os agrupamentos formados. A segunda, por seu turno, se origina no fato de que os agentes de tratamento desenham metodologicamente o sistema de aprendizado de máquina e IA, com as técnicas eleitas, objetivos, bases de dados de treinamento e de validação do modelo computacional, e/ou o aplicam e implementam na prática, enquanto os titulares dos dados não têm acesso ou sequer consciência desses elementos delimitadores da construção de conhecimento que impactam suas vidas.

7. A necessidade de regulação das tecnologias de perfilamento está motivada, basicamente, na integração das tecnologias de perfilamento a infraestrutura da informação e da comunicação, e no ensejo de ameaças relevantes a uma série de direitos e liberdades fundamentais da pessoa humana.

8. O exame da experiência jurídica brasileira revelou a ausência de uniformidade e aparentes lacunas na regulação jurídica pela LGPD, CDC, LCP e MCI, das tecnologias de perfilamento e as respectivas etapas de formação e aplicação de perfis. Todavia, tomando-se como paradigma o direito fundamental à proteção de dados pessoais, a interpretação constitucionalmente adequada da normativa infraconstitucional afasta as aparentes lacunas ou espaços jurídicos vazios. O direito aplicável deve ser lido à luz (i) da unidade do sistema e da força centralizadora e unificadora da Constituição, e (ii) da eficácia irradiante do direito fundamental à proteção de dados pessoais.

9. Observou-se que o regramento aplicável aos sistemas algorítmicos de perfilamento automatizado possui, tradicionalmente, certo pendor à centralização do indivíduo. No entanto, no mundo *onlife* deve o intérprete tomar em consideração a dimensão coletiva do direito fundamental à proteção de dados pessoais para, ancorado na abordagem relacional do *self* ou da pessoa humana, proteger interesses metaindividuais juridicamente relevantes de grupos não organizados criados por sistemas algorítmicos.

10. As práticas de perfilamento automatizado por agentes de tratamento no Brasil têm apresentado as marcas da invisibilidade e da opacidade. Com isso, os impactos da normatividade tecnológica das tecnologias de perfilamento e da infraestrutura de que fazem parte têm gerado, em última análise, a incontestabilidade dos sistemas algorítmicos e seus resultados, decisões, inferências, metodologias e padrões. Entretanto, essa *disaffordance* – na linguagem de Laurence Diver – colide com o ordenamento jurídico brasileiro e o direito à um sistema de freios e contrapesos na regulação do tratamento de dados e a participação dos titulares dos dados na atividade de tratamento de dados pessoais. Na unidade sistemática do direito pátrio e à luz da força vinculante dos direitos fundamentais, o direito à proteção de dados pessoais expressa sua força normativa ao promover a participação dos titulares dos dados (e grupos de titulares dos dados) mediante a garantia de *contestatbilidade* de tais tecnologias durante todas as etapas do processo de perfilamento automatizado.

11. O conceito de dado pessoal deve ser (mais) ampliado. A fim de dar vazão à eficácia irradiante do direito fundamental à proteção de dados pessoais, o § 2º do art. 12, da LGPD, deve ser lido em consonância com sua dimensão coletiva. Neste sentido, o que o dispositivo estatui é que dados comportamentais submetidos a procedimentos que retiram a possibilidade de associação direta ou indireta a um indivíduo devem ser considerados dados anonimizados *prima facie*, eis que, uma vez processados para a formação ou inferência de perfis, notadamente os de grupo ou abstratos, hão de ser tidos como de caráter pessoal pela lei, autorizando a incidência do seu regime protetivo. Com isso, direitos, deveres e salvaguardas amparadas na normativa de proteção de dados poderão ser aplicados se compatíveis e conexos a interesses metaindividuais.

12. A interpretação e aplicação do ordenamento jurídico nas etapas do perfilamento automatizado admite a individuação de interesses difusos merecedores de tutela que compõem situações jurídicas complexas (ou situações jurídicas atípicas) cuja titularidade de diz comunitário ou de mão comum. O direito de acesso é um exemplo de posição jurídica que pode assumir tal conformação. A interpretação sistemática dos arts. 9º, 19, II, e 20, § 1º, da LGPD, e 5º, IV, da LCP, aliada à harmonia funcional do direito de acesso, serve de arrimo a concepção de um robusto instituto cuja aplicabilidade compreende todo o processo de perfilamento automatizado.

13. Privacidade desde a concepção (*privacy by design*) e proteção de dados desde a concepção (*data protection by design*) não são sinônimos. Esta se constitui, na verdade, um corolário da do direito fundamental à proteção de dados pessoais e um *princípio jurídico*, que impõe a integração à infraestrutura tecnológica, na maior medida possível, de técnicas, mecanismos e procedimentos (medidas técnicas e administrativas) aptos a garantir, continuadamente, o sistema de freios e contrapesos e a participação dos titulares dos dados na atividade de tratamento de dados pessoais, considerados o estado da arte, custos e outros elementos contextuais, e os riscos de lesão a direitos e liberdades fundamentais. A proteção de dados desde a concepção vincula os agentes de tratamento a criar *sistemas visíveis e contestáveis* mediante a inscrição em sua arquitetura de concretos requisitos de transparência compatíveis com a efetivação de direitos dos titulares dos dados. Isso é possível se efetuada *dinâmica e contínua atividade de avaliação* dos mecanismos de proteção de dados e riscos dos sistemas de tratamento de dados. Dois instrumentos previstos na LGPD atuam nessa direção: a avaliação de impacto à proteção de dados pessoais e o RIPDP, e os deveres de registro e documentação do desenho metodológico e outras operações relevantes que assegurem rastreabilidade do sistema algorítmico de perfilamento automatizado.

Espera-se, por fim, que as reflexões e proposições trazidas nas linhas deste trabalho contribuam, de algum modo, para a tarefa da doutrina de consolidar na experiência jurídica brasileira uma teoria da proteção de dados pessoais e enfrentar os desafios que no mundo *onlife* a normatividade das novas tecnologias impõem à força normativa da Constituição e dos direitos fundamentais. Afinal, "[a] norma constitucional somente logra atuar se procura construir o futuro com base na natureza peculiar do presente"[3]; não um futuro tomado como mero símbolo daquilo que poderia ser, se fosse, mas como uma efetiva e possível realidade[4].

[3] HESSE, Konrad. *A força normativa da Constituição.* Porto Alegre: Sergio Antonio Fabris Editor, 1991. p. 18.

[4] Remete-se aqui a trecho do romance de José Saramago, *Ensaio sobre a lucidez*, em que o presidente de um país às voltas com uma eleição geral em que os votos em branco formaram a maioria, discursa à nação para justificar o injustificável devaneio autoritário da decretação de estado de sítio, no intuito de enfrentar uma situação decorrente do exercício do direito de votar em branco numa eleição democrática: "Todo o vosso sofrimento haverá sido inútil, vã toda a vossa teimosia, e então compreendereis, demasiado tarde, que os direitos só o são integralmente nas palavras com que tenham sido enunciados e no pedaço de papel em que hajam sido consignados, quer ele seja uma constituição, uma lei ou um regulamento qualquer, compreendereis, oxalá convencidos, que a sua aplicação desmedida, inconsiderada, convulsionaria a sociedade mais solidamente estabelecida, compreendereis, enfim, que o simples senso comum ordena que os tomemos como mero símbolo daquilo que poderia ser, se fosse, e nunca como uma efectiva e possível realidade". SARAMAGO, José. *Ensaio sobre a lucidez.* São Paulo: Companhia das Letras, 2004. p. 96-97.

REFERÊCIAS

ADRIAANS, Pieter. Information. *The Stanford Encyclopedia of Philosophy* – Edward N. Zalta (ed.). Disponível em: https://plato.stanford.edu/archives/fall2013/entries/information/. Acesso em: 27 jan. 2020.

AGRE, Philip E.; ROTENBERG, Marc (Orgs.). *Technology and Privacy*: The New Landscape. London-Cambridge: The MIT Press, 1997.

ALBERS, Marion. A complexidade da proteção de dados. *Direitos Fundamentais & Justiça*, Belo Horizonte, v. 10, n. 35, p. 19–45, jul./dez. 2016.

ALEXY, Robert. *Teoria dos direitos fundamentais.* 2. ed. 4. tir. Trad. Virgílio Afonso da Silva. São Paulo: Malheiros, 2015.

ALLEN, Hilary J. Regulatory sandboxes. *George Washington Law Review*, v. 87, n. 3, p. 579–645, 2019.

ALLHUTTER, Doris et al. Algorithmic Profiling of Job Seekers in Austria: How Austerity Politics Are Made Effective. *Frontiers in Big Data*, v. 3, p. 1–17, fev. 2020.

A-LEVELS and GCSEs: How did the exam algorithm work? *BBC*, [s.l.], 20 ago. 2020. Disponível em: https://www.bbc.com/news/explainers-53807730. Acesso em: 06 nov. 2020.

ALFRINK, K. et al. Contestable AI by Design: Towards a Framework. *Minds and Machines*, [s.n.] ago. 2022. Disponível em: https://doi.org/10.1007/s11023-022-09611-z. Acesso em: 15 jan. 2023.

ALGORITHMWATCH. *Automating Society 2020.* Berlin: [s.n.], 2020. Disponível em: https://automatingsociety.algorithmwatch.org/wp-content/uploads/2020/10/Automating-Society-Report-2020.pdf. Acesso em: 10 nov. 2020.

ALLO, Patrick. The Epistemology of Non-distributive Profiles. *Philosophy & Technology*, v. 33, p. 379–409, 2020.

ALMADA, Marco. Human intervention in automated decision-making: Toward the construction of contestable systems. *Proceedings of the 17th International Conference on Artificial Intelligence and Law, ICAIL 2019*, p. 2–11, 2019.

ALMADA, Marco; MARANHÃO, Juliano. Voice-based diagnosis of covid-19: ethical and legal challenges. *International Data Privacy Law*, v. 11, n. 1, p. 63–75, 2021.

ALOWAIRDHI, Abdullah, MA, Xiaogang. Data Brokers and Data Services. *In*: SCHINTLER, L.; MCNEELY, C. (Orgs.) *Encyclopedia of Big Data*. Cham: Springer, 2019.

ALPAYDIN, Ethem. *Machine learning:* the new AI. London: The MIT Press, 2016.

ALTMAN, Irwin. Privacy: A Conceptual Analysis. *Environment and Behavior*, v. 8, n. 1, p. 7–29, 1976.

ALBRECHT, Jan Philipp. How the GDPR Will Change the World. *European Data Protection Law Review*, v. 3, p. 287–289, 2016.

ANDRADE, Manuel A. Domingues de. *Teoria geral da relação jurídica*. reimp. Coimbra: Almedina, 1992. v. 1.

ANPD participa da 41ª Reunião Plenária da Convenção 108. *Autoridade Nacional de Proteção de Dados,* 01 jul. 2021. Disponível em: https://www.gov.br/anpd/pt-br/assuntos/noticias/anpd-participa-da-41a-reuniao-plenaria-da-convencao-108. Acesso em: 20 set. 2021.

ANTONAKAKIS, Manos et al. Understanding the Mirai Botnet This paper is included in the Proceedings of the Understanding the Mirai Botnet. *USENIX Security*, p. 1093–1110, 2017.

ARCHARD, David. The Value of Privacy. *In*: CLAES, E.; DUFF, A.; GUTWIRTH, S. (Coords.). *Privacy and the Criminal Law.* Antwerpen-Oxford: Intersentia, 2006. p. 13-32.

ARTICLE 29 DATA PROTECTION WORKING PARTY. *Privacy on the Internet – An integrated EU Approach to On-line Data Protection*. Bruxelas: [s. n.], 2000. Disponível em: http://ec.europa.eu/justice/article-29/documentation/opinion-recommendation/files/2000/wp37_en.pdf. Acesso em: 03 dez. 2021.

ARTICLE 29 DATA PROTECTION WORKING PARTY. *Opinion 4/2007 on the concept of personal data*. Bruxelas: [s. n.], 2007. Disponível em: http://ec.europa.eu/justice/article-29/documentation/opinion-recommendation/files/2007/wp136_en.pdf. Acesso em: 14 jan. 2021.

ARTICLE 29 DATA PROTECTION WORKING PARTY. *Opinion 2/2010 on online behavioral advertising*. Bruxelas: [s. n.], 2010. p. 5. Disponível em: https://ec.europa.eu/justice/article-29/documentation/opinion-recommendation/files/2010/wp171_en.pdf. Acesso em: 28 out. 2021.

ARTICLE 29 DATA PROTECTION WORKING PARTY. *Opinion 3/2010 on the principle of accountability*. Bruxelas: [s. n.], 2010. Disponível em: https://ec.europa.eu/justice/article-29/documentation/opinion-recommendation/files/2010/wp173_en.pdf. Acesso em 09 ago. 2020.

ARTICLE 29 DATA PROTECTION WORKING PARTY. *Opinion 3/2013 on purpose limitation*. Bruxelas: [s. n.], 2013. Disponível em: https://ec.europa.eu/justice/article-29/documentation/opinion-recommendation/files/2013/wp203_en.pdf. Acesso em: 14 jan. 2021.

ARTICLE 29 DATA PROTECTION WORKING PARTY. *Opinion 5/2014 on Anonymisation techniques*. Bruxelas: [s. n.], 2014. Disponível em: http://ec.europa.eu/justice/article-29/documentation/opinion-recommendation/files/2014/wp216_en.pdf. Acesso em: 28 jul. 2020.

ARTICLE 29 WORKING PARTY. *Guidelines on the right to data portability*. Bruxelas: [s.n.], 2016. Disponível em: https://ec.europa.eu/information_society/newsroom/image/document/2016-51/wp242_en_40852.pdf. Acesso em: 21 jan. 2021.

ARTICLE 29 DATA PROTECTION WORKING PARTY. *Guidelines on Data Protection Impact Assessment (DPIA) and determining whether processing is "likely to result in a high risk" for the purposes of Regulation 2016/679*. Bruxelas: s.n., 2017. Disponível em: https://ec.europa.eu/newsroom/article29/item-detail.cfm?item_id=611236. Acesso em: 28 jul. 2020.

ARTICLE 29 DATA PROTECTION WORKING PARTY. *Recommendation 4/99, on the inclusion of the fundamental right to data protection in the European catalogue of fundamental rights*, 07 set. 1999. Disponível em: https://ec.europa.eu/justice/article-29/documentation/opinion-recommendation/files/1999/wp26_en.pdf. Acesso em: 15 set. 2021.

ARTICLE 29 WORKING PARTY. *Guidelines on automated individual decision-making and profiling for the purposes of Regulation 2016/679*. Brussels: [s.n.], 2018. Disponível em: https://ec.europa.eu/newsroom/article29/item-detail.cfm?item_id=612053. Acesso em: 31 ago. 2020.

ARTICLE 29 DATA PROTECTION WORKING PARTY. *Opinion 2/2010 on online behavioral advertising*. Bruxelas: [s. n.], 2010. Disponível em: https://ec.europa.eu/justice/article-29/documentation/opinion-recommendation/files/2010/wp171_en.pdf. Acesso em: 06 dez. 2021.

ARTICLE 29 DATA PROTECTION WORKING PARTY. *Guidelines on Data Protection Impact Assessment (DPIA) and determining whether processing is "likely to result in a high risk" for the purposes of Regulation 2016/679.* Bruxelas: [s. n.], 2017. Disponível em: https://ec.europa.eu/newsroom/article29/item-detail.cfm?item_id=611236. Acesso em: 28 set. 2021.

ASCENSÃO, José de Oliveira. *Direito Civil – Teoria Geral.* Coimbra: Coimbra Editora, 2002, v. 3.

ASOCIACIÓN POR LOS DERECHOS CIVILES. *El sistema de protección de datos personales en América Latina:* Oportunidades y desafíos para los derechos humanos. [S.l.]: ADC por Los Derechos Civiles, 2016. Disponível em: https://www.internetlab.org.br/wp-content/uploads/2017/03/Sistema-proteccion-datos--personales-LatAm.pdf. Acesso em: 15 set. 2021.

AUSLOOS, Jef; VEALE, Michael; MAHIEU, René. Getting data subject rights right: A submission to the European Data Protection Board from international data rights academics, to inform regulatory guidance. *Journal of Intellectual Property, Information Technology and E-Commerce Law,* v. 10, n. 3, p. 283–309, 2020.

AULOOS, Jef; MAHIEU, René. *Recognising and Enabling the Collective Dimension of the GDPR and the Right of Access.* Disponível em: https://osf.io/preprints/lawarxiv/b5dwm. Acesso em: 03 set. 2020.

AUSTIN, Lisa M. Enough About Me: Why Privacy is About Power, not Consent (or Harm). *In:* SARAT, Austin (Org.). *A world without privacy*: what law can and should do? New York: Cambridge University Press, 2015. 131-189.

AUTORIDADE NACIONAL DE PROTEÇÃO DE DADOS. *Petição de titular.* Disponível em: https://www.gov.br/anpd/pt-br/canais_atendimento/cidadao-titular-de-dados/peticao-de-titular-contra-controlador-de-dados. Acesso em: 18 abr. 2022.

AZEVEDO, Antonio Junqueira de. Por uma nova categoria de dano na responsabilidade civil: o dano social. *Revista Trimestral de Direito Civil,* Rio de Janeiro, v. 5, n. 19, p. 211-218, 2004.

BANTERLE, Francesco. The Interface Between Data Protection and IP Law: The Case of Trade Secrets and the Database sui generis Right in Marketing Operations, and the Ownership of Raw Data in Big Data Analysis. In: BAKHOUM, M. et al. (Coords.). *Personal Data in Competition, Consumer Protection and Intellectual Property Law*: Towards a Holistic Approach? Berlin: Springer, 2018. p. 412-443.

BAKONYI, Erica; ZINGALES, Nicolo. Aceitabilidade do *nudging*: a necessidade de uma resposta multidimensional. *Direitos Fundamentais & Justiça,* Belo Horizonte, v. 16, n. Número especial, p. 115–143, jan./jun. 2022.

BAROCAS, Solon; NISSENBAUM, Helen. Big data's end run around anonymity and consent. *In*: LANE, Julia et al. (Orgs.). *Privacy, Big Data, and the Public Good*: Frameworks for Engagement. Cambridge: Cambridge University Press, 2014. p. 44–75.

BAROCAS, Solon; SELBST, Andrew. Big Data's Disparate Impact. *California Law Review*, v. 104, n. 1, p. 671–729, 2016.

BARREDO ARRIETA, Alejandro et al. Explainable Explainable Artificial Intelligence (XAI): Concepts, taxonomies, opportunities and challenges toward responsible AI. *Information Fusion*, v. 58, p. 82–115, out. 2020.

BARROSO, Luís Roberto. *Curso de direito constitucional contemporâneo:* os conceitos fundamentais e a construção do novo modelo. São Paulo: Saraiva, 2009.

BARROSO, Luís Roberto. Neoconstitucionalismo e constitucionalização do direito (O triunfo tardio do direito constitucional no Brasil). *In:* SOUZA NETO, Cláudio Pereira de; SARMENTO, Daniel (Coords.). *A constitucionalização do Direito*: fundamentos teóricos e aplicações específicas. Rio de Janeiro: Lumen Juris, 2007. p. 203-249.

BAYAMLIOĞLU, Emre. Contesting Automated Decisions: A View of Transparency Implications. *European Data Protection Law Review*, v. 4, n. 4, p. 433–446, 2018.

BAYAMLIOĞLU, Emre. The right to contest automated decisions under the General Data Protection Regulation: Beyond the so-called "right to explanation". *Regulation and Governance*, [s.l.s.n.], p. 1-21, 2021.

BELLI, Luca. Como implementar a LGPD por meio da Avaliação de Impacto sobre Privacidade e Ética de Dados. *In:* DONEDA, Danilo et. al. (Coord.). *Tratado de proteção de dados pessoais*. Rio de Janeiro: Forense, 2021. p. 395-419.

BENGTSSON, L. et al. Improved response to disasters and outbreaks by tracking population movements with mobile phone network data: A post-earthquake geospatial study in Haiti. *PLoS Medicine*, v. 8, n. 8, p. 1–7, 2011.

BENJAMIN, Antônio Herman V.; MARQUES, Cláudia Lima; BESSA, Leonardo Roscoe. *Manual de direito do consumidor.* 2. ed. rev., atual. e amp. São Paulo: Revista dos Tribunais, 2009.

BENNETT, Colin J. *Regulating Privacy*: Data Protection and Public Policy in Europe and the United States. Ithaca: Cornell University Press, 1992.

BENNETT, Colin J.; RAAB, Charles D. *The Governance of Privacy*: Policy Instruments in Global Perspective. 1. ed. London-New York: Routledge, 2018.

BENNETT, Colin J.; LYON, David. Data-driven elections: Implications and challenges for democratic societies. *Internet Policy Review*, v. 8, n. 4, p. 1–16, 2019.

BERGELSON, Vera. It's Personal, but Is It Mine? Toward Property Rights in Personal Information. *University of California Davis Law Review*, v. 37, p. 379–452, 2003.

BERRIMAN, Liam; MASCHERONI, Giovanna. Exploring the affordances of smart toys and connected play in practice. *New Media and Society*, v. 21, n. 4, p. 797–814, 2019.

BESSA, Leonardo Roscoe; NUNES, Ana Luisa Tarter. Instrumentos processuais de tutela individual e coletiva: análise do art. 22 da LGPD. *In:* DONEDA, Danilo et. al. (Coord.). *Tratado de proteção de dados pessoais*. Rio de Janeiro: Forense, 2021. p. 665-687.

BINNS, Reuben. Algorithmic Accountability and Public Reason. *Philosophy and Technology*, v. 31, n. 4, p. 543–556, 2018.

BINNS, Reuben; VEALE, Michael. Is that your final decision? Multi-stage profiling, selective effects, and Article 22 of the GDPR. *International Data Privacy Law*, v. 11, n. 4, p. 319–332, 2021.

BIONI, Bruno R. *Proteção de dados pessoais:* a função e os limites do consentimento. 1. ed. Rio de Janeiro: Forense, 2019.

BIONI, Bruno. *Xeque-Mate:* o tripé de proteção de dados pessoais no xadrez das iniciativas legislativas no Brasil. São Paulo: GPOPAI, 2015.

BIRNHACK, Michael. A process-based approach to informational privacy and the case of big medical data. *Theoretical Inquiries in Law*, v. 20, n. 1, p. 257–290, 2019.

BLOUSTEIN, Edward J. *Individual and Group Privacy*. New York: Routledge, 2017.

BOBBIO, Norberto. *Teoria do ordenamento jurídico*. 6. ed. Trad. Maria Celeste C. L. dos Santos. Brasília: Editora Universidade de Brasília, 1995.

BOBBIO, Norberto. *Da estrutura à função*: novos estudos de teoria do direito. Trad. de Daniela B. Versiani. Barueri: Manole, 2007.

BONAVIDES, Paulo. *Curso de Direito Constitucional*. 25. ed. atual. São Paulo: Malheiros, 2010.

BORGESIUS, Frederik Zuiderveen. Singling out people without knowing their names – Behavioural targeting, pseudonymous data, and the new Data Protection Regulation. *Computer Law and Security Review*, v. 32, n. 2, p. 256–271, 2016.

BORGESIUS, Frederik Zuiderveen. The Breyer Case of the Court of Justice of the European Union: IP Addresses and the Personal Data Definition. *European Data Protection Law Review*, v. 3, n. 1, p. 130–137, 2017.

BOUCHER, Philippe. "Safari" ou la chasse aux Français. *Le Monde*, 21 mar. 1974. Disponível em: https://www.cnil.fr/sites/default/files/atoms/files/le_monde_0.pdf. Acesso em: 16 ago. 2021.

BOWLES, Nellie. Thermostats, Locks and Lights: Digital Tools of Domestic Abuse. *New York Times*, 2018. Disponível em: https://www.nytimes.com/2018/06/23/technology/smart-home-devices-domestic-abuse.html. Acesso em 30 set. 2018.

BRAMAN, Sandra. *Change of State:* Information, Policy, and Power. Cambridge; London: The MIT Press, 2006.

BRANCHER, Paulo Marcos R.; KUJAWSKI, Fabio F.; CASTELLANO, Ana Carolina H. C.. Princípios gerais de proteção de dados pessoais: uma análise dos princípios elencados no art. 6º da Lei nº 13.709/2018 (LGPD). *In:* BRANCHER, Paulo Marcos R.; BEPPU, Ana Claudia (Coords.). *Proteção de dados pessoais no Brasil:* uma nova visão a partir da Lei nº 13.709/2018. Belo Horizonte: Fórum, 2019. p. 63-85.

BRANDÃO, Rodrigo. *Aplicação direta de princípios constitucionais, ativismo judicial e superação do dogma do "legislador negativo"*. Disponível em: https://rbrandao.adv.br/wp-content/uploads/2017/05/aplicacao-direta-de-princi-pios-constitucionais-pelo-STF-e-a-superacao-do-dogma-do-legislador-negativo.pdf. Acesso em: 06 ago. 2022.

BRANDÃO, Rodrigo; FARAH, André. Consequencialismo no Supremo Tribunal Federal: uma solução pela não surpresa. *Revista de Investigacoes Constitucionais*, Curitiba, v. 7, n. 3, p. 831–858, set./dez. 2020.

BRASIL. *Lei n. 12.527, de 18 de novembro de 2011.* Regula o acesso a informações previsto no inciso XXXIII do art. 5º , no inciso II do § 3º do art. 37 e no § 2º do art. 216 da Constituição Federal; altera a Lei nº 8.112, de 11 de dezembro de 1990; revoga a Lei nº 11.111, de 5 de maio de 2005, e dispositivos da Lei nº 8.159, de 8 de janeiro de 1991; e dá outras providências. Disponível em: http://www.planalto.gov.br/ccivil_03/_ato2011-2014/2011/lei/l12527.htm. Acesso em: 03 nov. 2021.

BRASIL. *Lei n. 13.709, de 14 de agosto de 2018.* Lei Geral de Proteção de Dados Pessoais (LGPD). Disponível em: http://www.planalto.gov.br/ccivil_03/_ato2015-2018/2018/lei/L13709.htm. Acesso em: 03 ago. 2021.

BRASIL. *Lei n. 12.414, de 09 de junho de 2011.* Disciplina a formação e consulta a bancos de dados com informações de adimplemento, de pessoas naturais ou de pessoas jurídicas, para formação de histórico de crédito. Disponível em: http://www.planalto.gov.br/ccivil_03/_ato2011-2014/2011/lei/l12414.htm. Acesso em: 03 ago. 2021.

BRASIL. *Lei n. 8.078, de 11 de setembro de 1990.* Dispõe sobre a proteção do consumidor e dá outras providências. Disponível em: http://www.planalto.gov.br/ccivil_03/leis/l8078compilado.htm. Acesso em: 04 jan. 2022.

BRASIL. *Lei Complementar n. 95, de 26 de fevereiro de 1998.* Dispõe sobre a elaboração, a redação, a alteração e a consolidação das leis, conforme determina o parágrafo único do art. 59 da Constituição Federal, e estabelece normas para a consolidação dos atos normativos que menciona. Disponível em: http://www.planalto.gov.br/ccivil_03/leis/lcp/lcp95.htm. Acesso em: 02 jan. 2022.

BRASIL. *Emenda Constitucional n° 115 (2022).* Altera a Constituição Federal para incluir a proteção de dados pessoais entre os direitos e garantias fundamentais e para fixar a competência privativa da União para legislar sobre proteção e tratamento de dados pessoais. Disponível em: https://www.in.gov.br/web/dou/-/emenda-constitucional-n-115-379516387. Acesso em: 15 fev. 2022.

BRASIL. *Resolução CD/ANPD n. 2, de 27 de janeiro de 2022.* Aprova o Regulamento de aplicação da Lei nº 13.709, de 14 de agosto de 2018, Lei Geral de Proteção de Dados Pessoais (LGPD), para agentes de tratamento de pequeno porte. Disponível em: https://www.in.gov.br/en/web/dou/-/resolucao-cd/anpd-n-2-de-27-de-janeiro-de-2022-376562019. Acesso em: 12 de ago. 2022.

BRASIL. Câmara dos Deputados. *Projeto de Lei nº 2.630, de 2020.* Institui a Lei Brasileira de Liberdade, Responsabilidade e Transparência na Internet. Brasília: Câmara dos Deputados, 2020. Disponível em: https://www.camara.leg.br/proposicoesWeb/prop_mostrarintegra?codteor=2265334&filename=PRLP+1+%3D%3E+PL+2630/2020. Acesso em: 20 mai. 2023.

BRASIL. Supremo Tribunal Federal (Tribunal Pleno). *Ações Diretas de Inconstitucionalidade n. 6387, 6388, 6389, 6390 e 6393/DF.* Relatora: Ministra Rosa Weber, 07 de maio de 2020.

BRASIL. Supremo Tribunal Federal. *Medida Cautelar em Ação de Descumprimento de Preceito Fundamental n. 695/DF.* Relator: Ministro Gilmar Mendes, 24/06/2020. *Diário de Justiça eletrônico,* Brasília, DF, 25/06/2020. Disponível em: http://portal.stf.jus.br/processos/downloadPeca.asp?id=15343579920&ext=.pdf. Acesso em: 01 nov. 2021.

BRASIL. Supremo Tribunal Federal. *Medida Cautelar em Mandado de Segurança n. 38.187/DF.* Relator: Ministro Gilmar Mendes, 02/09/2021. Diário de Justiça eletrônico, Brasília, DF, 08/09/2021. Disponível em: http://portal.stf.jus.br/processos/downloadPeca.asp?id=15347670291&ext=.pdf. Acesso em: 01 nov. 2021.

BRASIL. Supremo Tribunal Federal (Tribunal Pleno). Recurso Extraordinário n. 673.707/MG. Relator: Min. Luiz Fux. Brasília, 07/02/2017. *Diário de Justiça eletrônico,* Brasília, DF, 30/09/2015.

BRASIL. Supremo Tribunal Federal (Segunda Turma). *Agravo Regimental no Recurso Extraordinário com Agravo n. 745.745/MG.* Relator: Min. Celso de Mello.

Brasília, 02/12/2014. *Diário de Justiça eletrônico*, Brasília, DF, 19/12/2014. Disponível em: https://redir.stf.jus.br/paginadorpub/paginador.jsp?docTP=TP&docID=7516923. Acesso em: 01 fev. 2022.

BRASIL. Supremo Tribunal Federal. *Ação de Descumprimento de Preceito Fundamental n. 695/DF e Ação Direta de Inconstitucionalidade n. 6649/DF.* Relator: Min. Gilmar Mendes. Brasília, 15/09/2022. *Diário de Justiça eletrônico,* Brasília, DF, 19/06/2023. Disponível em: https://portal.stf.jus.br/processos/downloadPeca.asp?id=15358978491&ext=.pdf. Acesso em: 21 jun. 2023.

BRASIL. Superior Tribunal de Justiça (Segunda Seção). Recurso Especial n. 1.419.697/RS. Relator: Min. Paulo de Tarso Sanseverino. Brasília, 12/11/2014. *Diário de Justiça eletrônico,* Brasília, DF, 17/11/2014.

BRASIL. Superior Tribunal de Justiça (Terceira Seção). Recurso Ordinário em Mandado de Segurança n. 61.302/RJ. Relator: Min. Rogério Schietti Cruz. Brasília, 26/08/2020. *Diário de Justiça eletrônico,* Brasília, DF, 04/09/2020.

BRASIL. Superior Tribunal de Justiça (Terceira Turma). Recurso Especial n. 1.758.799/MG. Relatora: Min. Nancy Andrighi. Brasília, 12/11/2019. *Diário de Justiça eletrônico,* Brasília, DF, 19/11/2019.

BRASIL. Superior Tribunal de Justiça. *Súmula n° 550.* A utilização de escore de crédito, método estatístico de avaliação de risco que não constitui banco de dados, dispensa o consentimento do consumidor, que terá o direito de solicitar esclarecimentos sobre as informações pessoais valoradas e as fontes dos dados considerados no respectivo cálculo. Brasília, DF: Superior Tribunal de Justiça, [2015]. Disponível em: https://scon.stj.jus.br/SCON/sumstj/toc.jsp?livre=sumula.tipo.%20e%20%20550.num.. Acesso em: 03 jan. 2022.

BRKAN, Maja. Do algorithms rule the world? Algorithmic decision-making and data protection in the framework of the GDPR and beyond. *International Journal of Law and Information Technology*, v. 27, n. 2, p. 91–121, 2019.

BRKAN, Maja. AI-supported decision-making under the general data protection regulation. *Proceedings of the 16th edition of the International Conference on Articial Intelligence and Law – ICAIL '17,* p. 3–8, 2017.

BÜCHI, Moritz et al. The chilling effects of algorithmic profiling: Mapping the issues. *Computer Law and Security Review,* v. 36, p. 1-15, 2020.

BUDD, Jobie et al. Digital technologies in the public-health response to COVID-19. *Nature Medicine,* v. 26, n. 8, p. 1183–1192, ago. 2020.

BURKE, Wylie et al. Genetic Screening. *Epidemiologic Reviews,* Oxford, v. 33, n. 1, p. 148–164, jul. 2011.

BURKERT, Herbert. Data-protection legislation and the modernization of public administration. *International Review of Administrative Sciences*, v. 62, n. 4, p. 557–567, 1996.

BURRELL, Jenna. How the Machine "Thinks:" Understanding Opacity in Machine Learning Algorithms. *Big Data & Society*, v. 3, n. 1, p. 1–12, jan./jun. 2016.

BUTLER, Brian E. Legal Pragmatism: Banal or Beneficial as a Jurisprudential Position? *Essays in Philosophy*, v. 3, n. 2, p. 269-286, jun. 2002.

BYGRAVE, Lee A. *Data Protection Law:* Approaching Its Rationale, Logic and Limits. The Hague: Kluwer Law International, 2002.

BYGRAVE, Lee A. Automated profiling – Minding the machine: Article 15 of the EC data protection directive and automated profiling. *Computer Law and Security Review*, v. 17, n. 1, p. 17–24, 2001.

BYGRAVE, Lee A. Data Protection by Design and by Default: Deciphering the EU's Legislative Requirements. *Oslo Law Review*, v. 1, n. 02, p. 105–120, 2017.

CABITZA, Federico.; CIUCCI, Davide; RASOINI, Raffaele. A giant with feet of clay: On the validity of the data that feed machine learning in medicine. *In*: CABITZA, F.; BATINI, C.; MAGNI, M. (Coords.). *Organizing for the Digital World: IT for Individuals, Communities and Societies.* Cham: Springer, 2019. p. 121–136.

CALO, Ryan. Digital Market Manipulation. *The George Washington Law Review*, v. 82, n. 4, p. 995–1051, 2014.

CALO, Ryan. Can Americans resist surveillance? *University of Chicago Law Review*, v. 83, n. 1, p. 23–43, 2016.]

CALO, Ryan. Technology, Law, and Affordance: A Review of Smart Technologies and the End(s) of Law. *Critical Analysis of Law*, v. 4, n. 1, p. 72–77, 2017.

CALO, Ryan. Privacy, Vulnerability, and Affordance. *The Cambridge Handbook of Consumer Privacy*, v. 159, p. 198–206, 2018.

CANARIS, Claus-Wilhelm. *Pensamento sistemático e conceito de sistema na Ciência do Direito.* 3. ed. Lisboa: Calouste Gulbenkian, 2002.

CANHOTO, Ana; BACKHOUSE, James. General Description of the Process of Behavioural Profiling. *In*: GUTWIRTH, Serge; HILDEBRANDT, Mireille (Orgs.). *Profiling the European Citizen.* New York: Springer, 2008. p. 46-63.

CARVALHO, Sérgio M.; FIORINI, Carolina. Dados não pessoais: a retórica da anonimização no enfrentamento à COVID-19 e o *privacywashing. Internet & Sociedade*, v. 1, n. 2, p. 126–149, dez. 2020.

CASO Marielle: Google deve quebrar sigilo e fornecer dados para investigação. *Migalhas*, 26 ago. 2020. Disponível em: https://migalhas.uol.com.br/

quentes/332540/caso-marielle--google-deve-quebrar-sigilo-e-fornecer-dados-para-investigacao. Acesso em: 14 jan. 2021.

CATE, Fred H.; CATE, Beth E. The Supreme Court and information privacy. *International Data Privacy Law*, v. 2, n. 4, p. 255–267, 2012.

CAVOUKIAN, Ann. Privacy by Design: Origins, meaning, and prospects for assuring privacy and trust in the information era. *In*: YEE, George (Org.). *Privacy Protection Measures and Technologies in Business Organizations:* Aspects and Standards. [s.l.] IGI Global, 2011. p. 170–208.

CAVOUKIAN, Ann; EMAM, Khaled El. Dispelling the Myths Surrounding Anonymization Remains a Strong Tool for Protecting Privacy. *Information and Privacy Commissioner, Ontario, Canada*, n. June, 2011. Disponível em: https://www.ipc.on.ca/wp-content/uploads/2016/11/anonymization.pdf. Acesso em: 17 dez. 2019.

CITRON, Danielle Keats. Technological Due Process. *Washington University Law Review*, v. 85, n. 6, p. 1249-1313, 2008.

CHANDER, Anupam; KAMINSKI, Margot E.; MCGEVERAN, William. Catalyzing Privacy Law. *Minnesota Law Review*, v. 105, p. 1733–1802, 2021.

CLARKE, Roger. Profiling: A Hidden Challenge to the Regulation of Data Surveillance. *Journal of Law and Information Science*, v. 4, n. 2, p. 403-419, 1993.

CLÈVE, Clèmerson Merlin. O desafio da efetividade dos direitos fundamentais sociais. *Revista da Academia Brasileira de Direito Constitucional*, Curitiba, v. 3, p. 289-300, 2003.

COHEN, Julie E. *Configuring the Networked Self*: Law, Code, and the Play of Everyday Practice. New Haven: Yale University Press, 2012.

COHEN, Julie E. What privacy is for. *Harvard Law Review*, v. 126, n. 7, p. 1904–1933, 2013.

COHEN, Julie E. Turning Privacy Inside Out. *Theoretical Inquiries in Law*, v. 20, n. 1, p. 1–32, 2019.

COMMISSION OF THE EUROPEAN COMMUNITIES. *COM(90) 314 final – SYN 287.* Disponível em: https://eur-lex.europa.eu/legal-content/EN/TXT/PDF/?uri=CELEX:51990DC0314&from=EN. Acesso em: 02 jan. 2022.

COMISSÃO EUROPEIA. *Proposta de Regulamento do Parlamento Europeu e do Conselho que estabelece regras harmonizadas em matéria de inteligência artificial (Regulamento Inteligência Artificial) e altera determinados atos legislativos da União.* Disponível em: https://eur-lex.europa.eu/legal-content/PT/TXT/?uri=CELEX:52021PC0206. Acesso em: 10 abr. 2023.

CONSELHO DA EUROPA. *Convenção Europeia dos Direitos do Homem*. Disponível em: https://www.echr.coe.int/documents/convention_por.pdf. Acesso em: 19 abr. 2022.

CONSELHO DA EUROPA. *Convention for the Protection of Individuals with regard to Automatic Processing of Personal Data*. Disponível em: https://rm.coe.int/1680078b37. Acesso em: 12 set. 2021.

CONSELHO DA EUROPA. *The protection of individuals with regard to automatic processing of personal data in the context of profiling*: Recommendation CM/Rec(2010)13 and explanatory memorandum. Estrasburgo: Council of Europe Publishing, 2011.

CONVERGÊNCIA DIGITAL. *Dispara número de estados e municípios que usam dados celulares na Covid-19*. Disponível em: https://www.convergenciadigital.com.br/cgi/cgilua.exe/sys/start.htm?UserActiveTemplate=site&infoid=53617&sid=8. Acesso em: 29 jul. 2020.

COOLEY, Thomas McIntyre. *The elements of torts*. Chicago: Callaghan & Co., 1895.

CORAGGIO, Giulio. La multa del Garante privacy a Facebook mette le big tech sul chi va là. *Wired.it*, 02 jul. 2019. Disponível: https://www.wired.it/internet/regole/2019/07/02/scandalo-cambridge-analytica-privacy/?refresh_ce=. Acesso em: 16 ago. 2021.

CORTE, Lorenzo Dalla. A Right to a Rule: On the Substance and Essence of the Fundamental Right to Personal Data Protection. *In*: HALLINAN, D. et al. (Orgs.). *Data Protection and Privacy: Data Protection and Democracy*. Oxford: Hart Publishing, 2020. p. 27–58.

COSTA, Ramon; KREMER, Bianca. Inteligência artificial e discriminação: desafios e perspectivas para a proteção de grupos vulneráveis diante das tecnologias de reconhecimento facial. *Direitos Fundamentais & Justiça*, Belo Horizonte, ano 16, p. 145-167, out. 2022. Número especial.

COUNCIL OF EUROPE. *Handbook on European data protection law*. Bruxelas: Publications Office of the EU, 2018.

COUNCIL OF EUROPE. *Recommendation CM/Rec(2021)8 of the Committee of Ministers to member States on the protection of individuals with regard to automatic processing of personal data in the context of profiling*. Disponível em: https://search.coe.int/cm/pages/result_details.aspx?objectid=0900001680a46147. Acesso em: 12 nov. 2021.

COUNCIL OF EUROPE. *Recommendation CM/Rec(2020)1 of the Committee of Ministers to member States on the human rights impacts of algorithmic system*.

Disponível em: https://search.coe.int/cm/pages/result_details.aspx?objectid=09000016809e1154. Acesso em 31 jan. 2022.

CRAWFORD, Kate; SCHULTZ, Jason. Big Data and Due Process: Toward a Framework to Redress Predictive Privacy Harms. *Boston College Law Review*, v. 55, n. 1, p. 93–128, 2014.

CRAWFORD, Kate; BOYD, dana. Critical questions for Big Data: Provocations for a cultural, technological, and scholarly phenomenon. *Information, Communication & Society*, v. 15, n. 5, p. 662–679, 2012.

CREEMERS, Niklas et. al. *Profiling Technologies in Practice:* Applications and Impact on Fundamental Rights and Values. Oisterwijk: Wolf Legal Publishers, 2017.

CROOTOF, Rebecca. The internet of torts: expanding civil liability standards to address corporate remote interference. *Duke Law Journal*, v. 69, n. 3, p. 583–667, 2019.

CUEVA, Ricardo Villas Bôas. Proteção de dados pessoais no Judiciário. *Revista do Advogado*, São Paulo, n. 144, p. 6–12, nov. 2019.

CUNNINGHAM, McKay. Complying with International Data Protection Law. *University of Cincinnati Law Review*, v. 84, n. 2, p. 421–450, abr. 2018.

CUKIER, Kenneth; MAYER-SCHÖNBERGER, Viktor. *Big Data:* A Revolution That Will Transform How We Live, Work, and Think. Boston: Houghton Mifflin Harcourt, 2013.

CUSTERS, Bart. *The Power of Knowledge:* Ethical, Legal and Technological Aspects of Data Mininig and Group Profiling in Epidemiology. Nijmegen: Wolf Legal Publishers, 2004.

CUSTERS, Bart. Profiling As Inferred Data. Amplifier Effects and Positive Feedback Loops. *In*: BAYAMLIOĞLU, Emre et al. (Orgs.). *Being profiled: cogitas ergo sum 10 years of "Profiling the european citizen"*. Amsterdam: Amsterdam University Press, 2019. p. 112-115.

DANEZIS, George et. al. *Privacy and Data Protection By Design* – From Policy to Engineering. [S.l.]: ENISA, 2015. Disponível em: https://www.enisa.europa.eu/publications/privacy-and-data-protection-by-design. Acesso em: 20 mai. 2020.

DASTIN, Jeffrey. Amazon scraps secret AI recruiting tool that showed bias against women. *Reuters*, 10 out. 2018. Disponível em: https://www.reuters.com/article/us-amazon-com-jobs-automation-insight-idUSKCN1MK08G. Acesso em: 21 set. 2021.

DE CRISTOFARO, Emiliano. An Overview of Privacy in Machine Learning. *arXiv.org*, 18 mai. 2020. Disponível em: https://arxiv.org/abs/2005.08679#. Acesso em: 20 set. 2020.

DE GREGORIO, Giovanni. Digital constitutionalism across the Atlantic. *Global Constitutionalism*, v. 48, p. 297–324, 2022.

DE HERT, Paul; GUTWIRTH, Serge. Privacy, data protection and law enforcement: opacity of the individual and transparency of power. In: CLAES, Erik; GUTWIRTH, Serge; DUFF, Antony (Eds.). *Privacy and the Criminal Law*. Antwerpen-Oxford: Intersentia, 2006. p. 61–104.

DE HERT, Paul; GUTWIRTH, Serge. Regulating Profiling in a Democratic Constitutional State. *In*: HILDEBRANDT, Mireille; GUTWIRTH, Serge (Eds.). *Profiling the European Citizen:* Cross-disciplinary Perspectives. Dordrecht: Springer, 2008. p. 271–293.

DE MONTJOYE, Yves-Alexandre et al. Unique in the Crowd: The privacy bounds of human mobility. *Scientific Reports*, v. 3, p. 1–5, 2013.

DE TEFFÉ, Chiara Spadaccini; VIOLA, Mario. Tratamento de dados pessoais na LGPD: estudo sobre as bases legais. *Civilistica.com*, v. 7, n. 1, p. 1–38, 2020.

DE VRIES, Katja. Privacy, due process and the computational turn: A parable and a first analysis. *In:* HILDEBRANDT, Mireille; DE VRIES, Katja (Orgs.). *Privacy, Due Process and the Computational Turn*. New York: Routledge, 2013. p. 9-38.

DIAS, Tatiane. Vigiar e lucrar. *The Intercept Brasil*, 13 abr. 2020. Disponível em: https://theintercept.com/2020/04/13/vivo-venda-localizacao-anonima/. Acesso em: 26 jul. 2020.

DIDIER JR., Fredie; OLIVEIRA, Rafael Alexandria de; BRAGA, Paula Sarno. *Curso de direito processual civil*. 10. ed. Salvador: JusPodivm, 2015. v. 2.

DIEBOLD, Francis X. A Personal Perspective on the Origin(s) and Development of "Big Data": The Phenomenon, the Term, and the Discipline, Second Version. *SSRN Electronic Journal*, 2013.

DIMITROVA, Diana. The Rise of the Personal Data Quality Principle. Is it Legal and Does it Have an Impact on the Right to Rectification? *European Journal of Law and Technology*, v. 12, n. 3, 2021.

DIMOULIS, Dimitri; MARTINS, Leonardo. *Teoria geral dos direitos fundamentais*. 5. ed. rev ed. São Paulo: Atlas, 2014.

DIVER, Laurence Digisprudence: the design of legitimate code. *Law, Innovation and Technology*, v. 13, n. 2, p. 325–354, 2021.

DOCKSEY, Christopher; ZANFIR-FORTUNA, Gabriela. Article 16 [Protection of personal data]. *In:* BLANKE, Hermann-Josef; MANGIAMELI, Stelio (Orgs.). *Treaty on the Functioning of the European Union* – A Commentary. Cham: Springer, 2021. v. I. p. 401-429.

DOMINGOS, Pedro. *The Master Algorithm:* How the Quest for the Ultimate Learning Machine Will Remake Our World. New York: Basic Books, 2015.

DONEDA, Danilo. *Da privacidade à proteção de dados pessoais.* 1. ed. Rio de Janeiro: Renovar, 2006.

DONEDA, Danilo. *Da privacidade à proteção de dados pessoais.* 2. ed. São Paulo: Revista dos Tribunais, 2020.

DONEDA, Danilo. *A proteção de dados pessoais nas relações de consumo*: para além da informação creditícia. Brasília: SDE/DPDC, 2010.

DONEDA, Danilo. A autonomia do direito fundamental de proteção de dados. *In*: SOUZA, Carlos Affonso; MAGRANI, Eduardo; SILVA, Priscilla (Coord.). *Caderno Especial: Lei Geral de Proteção de Dados (LGPD).* São Paulo: Revista dos Tribunais, 2019. p. 15-33.

DONEDA, Danilo. A LGPD como elemento estruturante do modelo brasileiro de proteção de dados. *In:* CUEVA, Ricardo Villas Bôas; DONEDA, Danilo; MENDES, Laura Schertel. *Lei Geral de Proteção de Dados (Lei nº 13.709/2018).* São Paulo: Revista dos Tribunais, 2020. *E-book.*

DONEDA, Danilo; MENDES, Laura Schertel. Um perfil da nova Lei Geral de Proteção de Dados brasileira. *In*: BELLI, Luca; CAVALLI, Olga (Orgs.). *Governança e Regulações da Internet na América Latina.* Rio de Janeiro: FGV Direito Rio, 2018. p. 309–324.

DONEDA, Danilo. A Autoridade Nacional de Proteção de Dados e o Conselho Nacional de Proteção de Dados. *In*: DONEDA, Danilo et. al. (Coord.). *Tratado de proteção de dados pessoais.* Rio de Janeiro: Forense, 2021. p. 459-472.

D'ORAZIO, Roberto. Il principio di necessità nel trattamento dei dati personali. In: CUFFARO, Vincenzo; D'ORAZIO, Roberto; RICCIUTO, Vincenzo (Org.). *Il Codice del trattamento dei dati personali.* Torino: Giappichelli, 2007. p. 19-27.

DOSHI-VELEZ, Finale; KORTZ, Mason. Accountability of AI under the law: The role of explanation. *Berkman Klein Center Working Group on Explanation and the Law.* [s.l: s.n.]. Disponível em: http://nrs.harvard.edu/urn-3:HUL.InstRepos:34372584%0AThis. Acesso em: 01 nov. 2021.

DOTTI, René Ariel. *Proteção da vida privada e liberdade de informação:* possibilidades e limites. São Paulo: Revista dos Tribunais, 1980.

DUHIGG, Charles. How Companies Learn Your Secrets. *The New York Times Magazine,* 16 fev. 2012. Disponível em: https://www.nytimes.com/2012/02/19/magazine/shopping-habits.html?pagewanted=1&_r=1&hp. Acesso em: 15 dez. 2020.

DURANTE, Massimo. Law, Normativity, and the Writing. Oracle Night and Human Indeterminacy. *In:* HILDEBRANDT, Mireille; GAAKEER, Jeanne (Coords.). *Human Law and Computer Law:* Comparative Perspectives. Dordrecht: Springer, 2013. p. 159-179.

DWORKIN, Ronald. *O império do direito.* Trad. Jefferson Luiz Camargo. São Paulo: Martins Fontes, 1999.

EICHENHOFER, Johannes; GUSY, Christoph. Courts, privacy and data protection in Germany: Informational self-determination in the digital environment. *In*: BRKAN, Maja; PSYCHOGIOPOULOU, E vangelia (Orgs.). *Courts, Privacy and Data Protection in the Digital Environment.* Cheltenham: Edward Elgar, 2017. p. 101–119.

EMAM, Khaled El; MOSQUERA, Lucy; HOPTROFF, Richard. *Practical Synthetic Data Generation*: Balancing Privacy and the Broad Availability of Data. Sebastopol: O'Reilly, 2020.

ESTADOS UNIDOS DA AMÉRICA. House of Representatives. *The computer and invasion of privacy*: hearings before a subcommittee of the Committee on government operations. Washington: U.S. Government Printing Office, 1966. Disponível em: https://archive.org/details/U.S.House1966TheComputerAndInvasionOfPrivacy/mode/2up. Acesso em: 16 ago. 2021.

EUROPA. Tribunal Europeu de Direitos Humanos. *Case of Leander v. Sweden.* Estrasburgo, 26/03/1987. Disponível em: http://hudoc.echr.coe.int/eng?i=001-57519. Acesso em: 13 set. 2021.

EUROPA. Tribunal Europeu de Direitos Humanos. *Case of S. and Marper v. the United Kingdom.* Estrasburgo, 04/12/2008. Disponível em: http://hudoc.echr.coe.int/eng?i=001-90051. Acesso em: 13 set. 2021.

EUROPA. Tribunal Europeu de Direitos Humanos. *Case of Z. v. Finland.* Estrasburgo, 25/02/1997. Disponível em: http://hudoc.echr.coe.int/eng?i=001-58033. Acesso em: 14 set. 2021.

EUROPA. Tribunal Europeu de Direitos Humanos. *Case of I. v. Finland.* Estrasburgo, 17/07/2008. Disponível em: https://hudoc.echr.coe.int/eng?i=001-87510. Acesso em: 29 ago. 2022.

EUROPEAN COMMISSION. *The rise of Virtual Personal Assistants.* Disponível em: https://ec.europa.eu/growth/tools-databases/dem/monitor/sites/default/files/Virtual%20personal%20assistants_v1.pdf. Acesso em: 10 dez. 2020.

EUROPEAN DATA PROTECTION SUPERVISOR. *Accountability on the ground Part II: Data Protection Impact Assessments & Prior Consultation.* [s.l.]: EDPS, 2019. Disponível em: https://edps.europa.eu/sites/edp/files/publication/

19-07-17_accountability_on_the_ground_part_ii_en.pdf. Acesso em: 10 fev. 2022.

EUROPEAN DATA PROTECTION BOARD; EUROPEAN DATA PROTECTION SUPERVISOR. *Joint Opinion 5/2021on the proposal for a Regulation of the European Parliament and of the Council laying down harmonised rules on artificial intelligence (Artificial Intelligence Act).* Bruxelas: EDPB, 2021. Disponível em: https://edpb.europa.eu/system/files/2021-06/edpb-edps_joint_opinion_ai_regulation_en.pdf. Acesso em: 15 abr. 2023.

EUROPEAN PARLIAMENT. *Texts adopted*, Estrasburgo, 20/01/2022. Disponível em: https://www.europarl.europa.eu/doceo/document/TA-9-2022-01-20_EN.html#sdocta14. Acesso em: 25 jan. 2022.

FACHIN, Luiz E.; RUZYK, Carlos Eduardo P. Direitos fundamentais, dignidade da pessoa humana e o novo Códi- go Civil: uma análise crítica. *In*: SARLET, Ingo Wolfgang (Org.). *Constituição, direitos fundamentais e direito privado*. 1. ed. Porto Alegre: Livraria do Advogado, 2003.

FAYYAD, Usama; PIATETSKY-SHAPIRO, Gregory; SMYTH, Padhraic. Knowledge Discovery and Data Mining: Towards a Unifying Framework. *KDD-96 Proceedings*, p. 82-88, 1997.

FEDERAL TRADE COMMISSION. *Data brokers:* a call for transparency and accountability. [S.l]: Federal Trade Commission, 2014. Disponível em: https://www.ftc.gov/system/files/documents/reports/data-brokers-call-transparency-accountability-report-federal-trade-commission-may-2014/140527databrokerreport.pdf. Acesso em: 15 jan. 2022.

FEKETE, Elisabeth Kasznar. Segredo de empresa. *In*: CAMPILONGO, Celso F.; GONZAGA, Alvaro de A.; FREIRE, André L. (Coords.). *Enciclopédia jurídica da PUC-SP.* Tomo: Direito Comercial. 1. ed. São Paulo: Pontifícia Universidade Católica de São Paulo, 2017. Disponível em: https://enciclopediajuridica.pucsp.br/verbete/248/edicao-1/segredo-de-empresa. Acesso em: 27 dez. 2021.

FERNANDES, Sara Margarida de Matos R.. Identidade narrativa e identidade pessoal: uma abordagem da filosofia de Paul Ricoeur. *Philosophica*, Lisboa, n. 33, p. 75-94, 2008.

FERRARI, Isabela; BECKER, Daniel. Direito à explicação e decisões automatizadas: reflexões sobre o princípio do contraditório. *In*: NUNES, Dierle; LUCON, Paulo H. S.; WOLKART, Erik N. (Orgs.). *Inteligência artficial e direito processual:* os impactos da virada tecnológica no direito processual. 2. ed. Salvador: JusPodivm, 2021. p. 277–297.

FERRAZ JÚNIOR, Tércio Sampaio. Sigilo de dados: o direito à privacidade e os limites à função fiscalizadora do Estado. *Revista da Faculdade de Direito da Universidade de São Paulo*, v. 88, n. 0, p. 439-459, 1993.

FIDIS. *Descriptive analysis and inventory of profiling practices*. Disponível em: http://www.fidis.net/resources/fidis-deliverables/profiling/int-d72000/doc/4/. Acesso em: 16 jul. 2020.

FINCK, Michèle; PALLAS, Frank. They Who Must Not Be Identified – Distinguishing Personal from Non-Personal Data Under the GDPR. *International Data Privacy Law*, v. 10, n. 1, p. 11–36, 2020.

FLAHERTY, David H. Cumulative data are not always anonymous. *Privacy Journal*, Washington, p. 3, 6, jul. 1985.

FLORIDI, Luciano. The ontological interpretation of informational privacy. *Ethics and Information Technology*, v. 7, n. 4, p. 185–200, 2005.

FLORIDI, Luciano. A look into the future impact of ICT on our lives. *Information Society*, v. 23, n. 1, p. 59–64, 2007.

FLORIDI, Luciano. The informational nature of personal identity. *Minds and Machines*, v. 21, n. 4, p. 549–566, 2011.

FLORIDI, Luciano. On Human Dignity as a Foundation for the Right to Privacy. *Philosophy and Technology*, v. 29, n. 4, p. 307–312, 2016.

FLORIDI, Luciano. (Coord.). *The Onlife Manifesto:* Being Human in a Hyperconnected Era. London: Springer, 2015.

FLORIDI, Luciano. Group Privacy: A Defence and an Interpretation. *In*: TAYLOR, Lynnet; FLORIDI, Luciano; SLOOT, Bart Van Der (Orgs.). *Group Privacy*: New Challenges of Data Technologies. Dordrecht: Springer, 2017. p. 83–100.

FLORIDI, Luciano. Open Data, Data Protection, and Group Privacy. *Philosophy and Technology*, v. 27, n. 1, p. 1–3, 2014.

FORGÓ, Nikolaus; HÄNOLD, Stefanie; SCHÜTZE, Benjamin. The principle of purpose limitation and big data. In: COMPAGNUCCI, Marcelo C.; FENWICK, Mark; FORGÓ, Nikolaus (Orgs.). *New Technology, Big Data and the Law*. Singapore: Springer Singapore, 2017. p. 17–42.

FRANÇA. *Loi nº 78-17 du 6 janvier 1978 relative à l'informatique, aux fichiers et aux libertés*. Disponível em: https://www.legifrance.gouv.fr/loda/id/LEGIARTI000006528060/1978-07-23/#LEGIARTI000006528060. Acesso em: 07 jan. 2022.

FRAZÃO, Ana; CARVALHO, Angelo Prata de; MILANEZ, Giovanna. *Curso de proteção de dados pessoais*: fundamentos da LGPD. 1. ed. Rio de Janeiro: Forense, 2022.

FRIED, Charles. Privacy [a moral analysis]. *In*: SCHOEMAN, Ferdinand D. (Org.). *Philosophical Dimensions of Privacy:* An Anthology. Cambridge: Cambridge University Press, 1984. p. 203-222.

FRIEDMAN, Lawrence M. *American law in the 20th century*. New Haven-London: Yale University Press, 2002.

FUSTER, Glória González; GUTWIRTH, Serge. Opening up personal data protection: A conceptual controversy. *Computer Law and Security Review*, v. 29, n. 5, p. 531–539, 2013.

FUSTER, Gloria González. *The Emergence of Personal Data Protection as a Fundamental Right of the EU*. Londres: Springer, 2014.

GARDBAUM, Stephen. The "horizontal effect" of constitutional rights. *Michigan Law Review*, v. 102, n. 3, p. 387–459, 2003.

GAVISON, Ruth. Privacy and the limits of law. In: SCHOEMAN, Ferdinand D. (Ed.). *Philosophical Dimensions of Privacy:* An Anthology. Cambridge: Cambridge University Press, 1984. p. 346-402.

GEBRU, Timnit et al. Datasheets for datasets. *Communications of the ACM*, v. 64, n. 12, p. 86–92, 2021.

GELLERT, Raphaël; GUTWIRTH, Serge. The legal construction of privacy and data protection. *Computer Law and Security Review*, v. 29, n. 5, p. 522–530, 2013.

GELLERT, Raphaël. We Have Always Managed Risks in Data Protection Law: *European Data Protection Law Review*, v. 2, n. 4, p. 481–492, 2017.

GERONIMO, Linda et al. UI Dark Patterns and Where to Find Them: A Study on Mobile Applications and User Perception. *Proceedings of the 2020 ACM Conference on Human Factors in Computing Systems*, 2020.

GHISI, Silvano; PEZZELA, Maria Christina Cereser. A manipulação de dados pessoais nas relações de consumo e o sistema *"crediscore"*. *Civilistica.com*, Rio de Janeiro, a. 4, n. 1, jan./jun. 2015. Disponível em: http://civilistica.com/a-manipulacao-de-dados-pessoais/. Acesso em: 15 jan. 2022.

GITELMAN, Lisa; JACKSON, Virginia. Introduction. *In:* GITELMAN, Lisa (Org.). *'Raw data' is an oxymoron*. Cambridge; London: The MIT Press, 2013. p. 1-14.

GOMES, Maria Cecília Oliveira. Entre o método e a complexidade: compreendendo a noção de risco na LGPD. *In:* PALHARES, Felipe (Coord.). *Temas atuais de proteção de dados*. São Paulo: Revista dos Tribunais, 2020. *E-book*.

GOMES DE ANDRADE, Norberto N. Oblivion: The Right to Be Different ... from Oneself. Reproposing the Right to Be Forgotten. *In*: GHEZZI, A.; PEREIRA, Â. G.; VESNIĆ-ALUJEVIĆ, L. (Coords.). *The Ethics of Memory in a Digital Age:*

Interrogating the Right to Be Forgotten. London: Palgrave Macmillan, 2014. p. 65–81.

GUSTIN, Miracy B. S.; DIAS, Maria Tereza Fonseca; NICÁCIO, Camila Silva. *(Re)pensando a pesquisa jurídica:* teoria e prática. 5. ed. rev., amp. e atual. São Paulo: Almedina, 2020.

GRABER, Christoph B. Artificial Intelligence, Affordances and Fundamental Rights. *In*: O'HARA, Kieron; HILDEBRANDT, Mireille (Orgs.). *Life and the Law in the Era of Data-Driven Agency.* Cheltenham-Northampton: Edward Elgar, 2020. p. 194–213.

GRATTON, Éloïse. *Understanding Personal Information:* Managing Privacy Risks. Markham: LexisNexis, 2013.

GRAY, Stacey. A Closer Look at Location Data: Privacy and Pandemics. *Future of Privacy Forum*, 2020. Disponível em: https://fpf.org/2020/03/25/a-closer-look-at-location-data-privacy-and-pandemics/. Acesso em: 03 ago. 2021.

GRENIER, Edward J. Computers and privacy: A proposal for self-regulation. *Proceedings of the first ACM symposium on Problems in the optimization of data communications systems.* Nova Iorque: Association for Computing Machinery, 1969. p. 231–269.

GRINOVER, Ada Pellegrini et al. *Código Brasileiro de Defesa do Consumidor comentado pelos autores do Anteprojeto.* 10. ed. rev., atual. e reform. Rio de Janeiro: Forense, 2011. v. I.

GUTWIRTH, Serge; FUSTER, Gloria González. L'éternel retour de la propriété des données: de l'insistance d'un mot d'ordre. *In*: DUSSOLIER, S. et al. (Eds.). *Law, norms and freedoms in cyberspace. Droit, normes et libertés dans le cybermonde. Liber amicorum Yves Poullet.* Brussels: Larcier, 2018. p. 117–140.

GUTWIRTH, Serge; DE HERT, Paul. Data Protection in the Case Law of Strasbourg and Luxemburg: Constitutionalisation in Action. *In:* GUTWIRTH, Serge et al. (Orgs.). *Reinventing Data Protection?* Amsterdam: Springer, 2009. p. 3-44.

HAGGERTY, Kevin D. What's Wrong with Privacy Protections? Provocations from a Fifth Columnist. *In:* SARAT, Austin (Org.). *A world without privacy*: what law can and should do? New York: Cambridge University Press, 2015. p. 190-233.

HALLINAN, Dara; DE HERT, Paul. Genetic Classes and Genetic Categories: Protecting Genetic Groups Through Data Protection Law. *In*: TAYLOR, Linnet; FLORIDI, Luciano; SLOOT, Bart van der (Orgs.). *Group Privacy:* New Challenges of Data Technologies. Dordrecht: Springer, 2017. p. 175–196.

HALLINAN, Dara; ZUIDERVEEN BORGESIUS, Frederik. Opinions can be incorrect (in our opinion)! On data protection law's accuracy principle. *International Data Privacy Law*, v. 10, n. 1, p. 1–10, 2020.

HÄNOLD, Stefanie. Profiling and automated decision-making: Legal implications and shortcomings. *In:* CORRALES, Marcelo; FENWICK, Mark; FORGÓ, Nikolaus. *Robotics, AI and the Future of Law*. Singapore: Springer, 2018. p. 123-153.

HAO, Karen. AI can't predict how a child's life will turn out even with a ton of data. *MIT Technology Review*, 02 abr. 2020. Disponível em: https://www.technologyreview.com/2020/04/02/998478/ai-machine-learning-social-outcome-prediction-study/#Echobox=1585941290. Acesso em: 30 jul. 2020.

HARDY, Quentin. Just the Facts. Yes, All of Them. *The New York Times*, 25 mar. 2012. Disponível em: https://archive.nytimes.com/query.nytimes.com/gst/fullpage-9A0CE7DD153CF936A15750C0A9649D8B63.html. Acesso em: 11 jan. 2022.

HARRIS, Mark. AI-powered body scanners could soon be inspecting you in public places. *The Guardian*, 27 out. 2016. Disponível em: https://www.theguardian.com/technology/2016/oct/25/airport-body-scanner-artificial-intelligence. Acesso em: 08 out. 2021.

HARTZOG, Woodrow. Opinions – The Case Against Idealising Control. *European Data Protection Law Review*, v. 4, n. 4, p. 423–432, 2018.

HE, Karen Y.; GE, Dongliang; HE, Max M. Big data analytics for genomic medicine. *International Journal of Molecular Sciences*, v. 18, n. 2, p. 1–18, 2017.

HELM, Paula. Group Privacy in Times of Big Data. A Literature Review. *Digital Culture & Society*, v. 2, n. 2, p. 137–152, 2016.

HENIN, Clément; LE MÉTAYER, Daniel. Beyond explainability: justifiability and contestability of algorithmic decision systems. *AI and Society*, v. 37, p. 1397–1410, 2022.

HESSE, Konrad. *Escritos de Derecho Constitucional*. Madrid: Centro de Estudios Constitucionales, 1983.

HESSE, Konrad. *A força normativa da Constituição*. Trad. Gilmar Ferreira Mendes. Porto Alegre: SAFE, 2004.

HILDEBRANDT, Mireille. Legal and Technological Normativity. *Techné: Research in Philosophy and Technology*, v. 12, n. 3, p. 169–183, 2008.

HILDEBRANDT, Mireille. Defining Profiling: A New Type of Knowledge? *In:* GUTWIRTH, Serge; HILDEBRANDT, Mireille (Coords.). *Profiling the European Citizen:* Cross-Disciplinary Perspectives. New York: Springer, 2008. p. 17-45.

HILDEBRANDT, Mireille. Profiling and Identity of the European Citizen. *In*: HILDEBRANDT, Mireille; GUTWIRTH, Serge (Coords.). *Profiling the European Citizen*: Cross-Disciplinary Perspectives. New York: Springer, 2008. p. 303-343.

HILDEBRANDT, Mireille. Legal Protection by Design: Objections and Refutations. *Legisprudence,* v. 5, n. 2, p. 223–248, 2011.

HILDEBRANDT, Mireille. The dawn of a critical transparency right for the profiling era. *In*: BUS, Jacques et al. (Coords.). *Digital Enlightenment Yearbook 2012*. Amsterdam: IOS Press, 2012. p. 41–56.

HILDEBRANDT, Mireille; TIELEMANS, Laura. Data protection by design and technology neutral law. *Computer Law and Security Review,* v. 29, n. 5, p. 509–521, 2013.

HILDEBRANDT, Mireille. *Smart Technologies and The End(s) of Law.* Cheltenham-Northampton: Edward Elgar, 2015.

HILDEBRANDT, Mireille. Privacy and Identity. *In*: CLAES, E.; DUFF, A.; GUTWIRTH, S. (Coords.). *Privacy and the Criminal Law.* Antwerpen-Oxford: Intersentia, 2006. p. 43–57.

HILDEBRANDT, Mireille. Law As an Affordance: The Devil Is in the Vanishing Point(s). *Critical Analysis of Law,* v. 4, n. 1, p. 116–128, 2017.

HILDEBRANDT, Mireille. Privacy as protection of the incomputable self: From agnostic to agonistic machine learning. *Theoretical Inquiries in Law,* v. 20, n. 1, p. 83-121, 2019.

HILDEBRANDT, Mireille. Preregistration of Machine Learning Research Design: Against P-Hacking. *In*: BAYAMLIOĞLU, Emre et al. (Orgs.). *Being profiled: cogitas ergo sum 10 years of "Profiling the european citizen".* Amsterdam: Amsterdam University Press, 2019. p. 102–105.

HILDEBRANDT, Mireille. Legal Protection by Design. *In:* COHUBICOL. *Text-driven Normativity.* Disponível em: https://publications.cohubicol.com/working-papers/text-driven-normativity/chapter-2/legal-protection-by-design/. Acesso em: 02 dez. 2021.

HINSKE, Steve; LANGHEINRICH, Marc; LAMPE, Matthias. Towards guidelines for designing augmented toy environments. *Proceedings of the Conference on Designing Interactive Systems: Processes, Practices, Methods, and Techniques, DIS,* p. 78–87, 2008.

HOFFMAN, Robert R.; KLEIN, Gary; MUELLER, Shane T. Explaining explanation for "explainable AI". *Proceedings of the Human Factors and Ergonomics Society,* v. 1, p. 197–201, out. 2018.

HOFFMANN-RIEM, Wolfgang. *Teoria geral do direito digital:* transformação digital – desafios para o direito. Trad. Italo Fuhrmann. Rio de Janeiro: Forense, 2021.

HOLANDA. Rechtbank Den Haag. *Processo C-09-550982-HA ZA 18-388.* Disponível em: https://uitspraken.rechtspraak.nl/inziendocument?id=ECLI:NL:RBDHA:2020:1878. Acesso em: 22 ago. 2020.

HOOFNAGLE, Chris J.; VAN DER SLOOT, Bart; BORGESIUS, Frederik Z. The European Union general data protection regulation: what it is and what it means. *Information & Communications Technology Law*, v. 28, n. 1, p. 65–98, 2019.

HOWE, Neil. A Special Price Just For You. *Forbes*. Disponível em: https://www.forbes.com/sites/neilhowe/2017/11/17/a-special-price-just-for-you/#11e3c39290b3. Acesso em: 10 dez. 2020.

HOOFNAGLE, Chris J.; URBAN, Jennifer. Alan Westin's Privacy *Homo Economicus. Wake Forest Law Review*, v. 49, n. 2, p. 261–318, 2014.

HUQ, Aziz Z. Constitutional Rights in the Machine Learning State. *Cornell Law Review*, v. 105, p. 1875–1954, 2020.

HUQ, Aziz Z. A right to a human decision. *Virginia Law Review*, v. 106, n. 3, p. 611–688, 2020.

HURLEY, Mikella; ADEBAYO, Julius. Credit scoring in the era of big data. *Yale Journal of Law & Technology*, v. 18, p. 148-216, 2016.

HUSTINX, Peter. EU Data Protection Law: The Review of Directive 95/46/EC and the General Data Protection Regulation. *In*: CREMONA, Marise (Coord.). *New Technologies and EU Law*. Oxford: Oxford Univesity Press, 2017. p. 123–173.

IHDE, Don. *Technology and the lifeworld:* from garden to earth. Bloomington-Indianapolis: Indiana University Press, 1990.

ILLMER, Andreas. Singapore reveals Covid privacy data available to police. *BBC News*, 05 jan. 2021. Disponível em: https://www.bbc.com/news/world-asia-55541001. Acesso em: 02 fev. 2022.

INSTITUTO DE TECNOLOGIA & SOCIEDADE DO RIO. *Big Data no projeto Sul Global*: relatório sobre estudo de casos. Rio de Janeiro: ITS, 2016. Disponível em: https://itsrio.org/wp-content/uploads/2016/03/ITS_Relatorio_Big-Data_PT-BR_v2.pdf. Acesso em: 13 nov. 2020.

INSTITUTO DE TECNOLOGIA & SOCIEDADE DO RIO. *Transparência e Governança nos algoritmos: um estudo de caso sobre o setor de birôs de crédito.* [s.l: s.n.]. p. 38. Disponível em: https://itsrio.org/wp-content/uploads/2017/05/algorithm-transparency-and-governance-pt-br.pdf. Acesso em: 15 jan. 2022.

INTERNATIONAL COMMITTEE OF THE RED CROSS. *Handbook on Data Protection in Humanitarian Action*. 2. ed. Geneva: ICRC, 2020.

JORDAN, M. I.; MITCHELL, T. M. Machine learning: trends, perspectives, and prospects. *Science*, v. 349, n. 6245, p. 255–260, jul. 2015.

JUNGK, Isabel. Uma chave para a mediação. *Transobjeto*, 2014. Disponível em: https://transobjeto.wordpress.com/2014/05/31/uma-chave-para-a-mediacao/. Acesso em: 10 jun. 2020.

JUNQUEIRA, Thiago. *Tratamento de dados pessoais e discriminação algorítmica nos seguros*. São Paulo: Revista dos Tribunais, 2020.

KAFKA, Franz. *O Processo*. Trad. e posfácio de Modesto Carone. 1. ed. São Paulo: Companhia das Letras, 2005.

KALVEN JR, Harry. Privacy in Tort Law—Were Warren and Brandeis Wrong? *Law and Contemporary Problems*, v. 31, p. 326-341, 1966.

KAMARINOU, Dimitra; MILLARD, Christopher; SINGH, Jatinder. Machine Learning with Personal Data. *In:* LEENES, Ronald et. al. *Data Protection and Privacy:* The Age of the Intelligent Machines. Oxford: Hart Publishing, 2017. p. 89-114.

KAMINSKI, Margot E.; MALGIERI, Giancarlo. Multi-layered explanations from algorithmic impact assessments in the GDPR. FAT*'2020 – Proceedings of the 2020 Conference on Fairness, Accountability, and Transparency, p. 68-79, 2020.

KAMINSKI, Margot E.; URBAN, Jennifer. M. The right to contest AI. *Columbia Law Review*, New York, v. 121, n. 7, p. 1957–2048, 2021.

KAMMOURIEH, Lanah et al. Group privacy in the age of big data. *In*: TAYLOR, Linnet; FLORIDI, Luciano; SLOOT, Bart van der (Eds.). *Group Privacy:* New Challenges of Data Technologies. Dordrecht: Springer, 2017. p. 37, 43-66.

KASIRZADEH, Atoosa; CLIFFORD, Damian. Fairness and Data Protection Impact Assessments. *In*: AAAI/ACM Conference on AI, Ethics, and Society, 2021, [s.l.]. *Proceedings...* New York: Association for Computing Machinery, 2021, p. 146-153.

KERR, Ian. Foreword. *In*: GRATTON, Éloïse. *Understanding Personal Information: Managing Privacy Risks*. Markham: LexisNexis, 2013.

KLOZA, Dariusz et al. Towards a method for data protection impact assessment: Making sense of GDPR requirements. *d.pia.lab*, Policy Brief n. 1, 2019đ. Disponível em: https://cris.vub.be/files/48091346/dpialab_pb2019_1_final.pdf. Acesso em: 21 set. 2021.

KLOZA, Dariusz et al. The concept of impact assessment. *In:* KLOZA, Dariusz; BUGRESS, J. Peter (Orgs.). *Border control and new technologies:* addressing integrated impact assessment. Brussel: ASP, 2021. p. 31-48.

KLÖSGEN, Willi. Anonymization Techniques for Knowledge Discovery in Databases. *KDD-95 Proceedings*, [s. l.], p. 186-191, 1995. Disponível em: http://dblp.uni-trier.de/db/conf/kdd/kdd95.html#Klosgen95. Acesso em: 10 nov. 2021.

KOGA, Bruno Yudi S. *Precificação personalizada*. 1. ed. São Paulo: Almedina, 2021.

KONDER, Carlos Nelson. Privacidade e corpo: convergências possíveis. *Pensar*, Fortaleza, v. 18, n. 2, p. 354–400, mai./ago. 2013, p. 371-372.

KOOPS, Bert Jaap. The trouble with European data protection law. *International Data Privacy Law*, v. 4, n. 4, p. 250–261, 2014.

KRAUS, Rebecca S. *Statistical* Déjà Vu: The National Data Center Proposal of 1965 and Its Descendants. Disponível em: https://www.census.gov/history/pdf/kraus-natdatacenter.pdf. Acesso em: 16 ago. 2021.

KUNER, Christopher; BYGRAVE, Lee A.; DOCKSEY, Christopher. *The EU General Data Protection Regulation:* A Commentary. 1. ed. Oxford: Oxford University Press, 2020.

LARENZ, Karl. *Metodologia da Ciência do Direito*. 3. ed. Trad. José Lamego. Lisboa: Fundação Calouste Gulbenkian, 1997.

LATOUR, Bruno. The Berlin key or how to do words with things. *In:* GRAVES--BROWN, Paul (Ed.) *Matter, Materiality and Modern Culture*. London: Routledge, 2000. p. 10–21.

LAUDON, Kenneth C. Market and Privacy. *Communications of the ACM*, v. 39, n. 9, p. 92-104, set. 1996.

LAZARO, Chistophe; MÉTAYER, Daniel Le. Control over Personal Data: True Remedy or Fairy Tale? *SCRIPT-ed*, v. 12, n. 1, p. 3-34, 2015.

LEENES, Ronald. Framing Techno-Regulation: An Exploration of State and Non-State Regulation by Technology. *Legisprudence*, v. 5, n. 2, p. 143–169, 2011.

LEMOS, Ronaldo; BRANCO, Sérgio. *Privacy by design:* conceito, fundamentos e aplicabilidade na LGPD. *In:* DONEDA, Danilo et. al. (Coord.). *Tratado de proteção de dados pessoais*. Rio de Janeiro: Forense, 2021. p. 447-457.

LESSIG, Lawrence. Privacy as Property. *Social Research*, v. 69, n. 1, p. 247–269, 2002.

LIANG, Fan et al. Constructing a Data-Driven Society: China's Social Credit System as a State Surveillance Infrastructure. *Policy and Internet*, v. 10, n. 4, p. 415–453, 2018.

LIEVENS, Eva et al. The child right to protection against economic exploitation in the digital world. *The International Journal of Children's Rights*, v. 28, n. 4, p. 833-859, 2020.

LIMA, Taisa Maria Macena de; SÁ, Maria de Fátima Freire de. Inteligência artificial e Lei Geral de Proteção de Dados Pessoais: o direito à explicação nas decisões automatizadas. *Revista Brasileira de Direito Civil*, Belo Horizonte, v. 26, p. 227-246, out./dez. 2020.

LIVINGSTONE, Sonia; POTHONG, Pothong, Kruakae. *Playful by Design: A Vision of Free Play in a Digital World*. London: 5Rights Foundation, 2021. Disponível em: https://digitalfuturescommission.org.uk/wp-content/uploads/2021/11/A-Vision-of-Free-Play-in-a-Digital-World.pdf. Acesso em: 16 mai. 2022.

LÔBO, Paulo. Direito à privacidade e sua autolimitação. *In:* JÚNIOR, Marcos Ehrhardt; LOBO, Fabíola Albuquerque (Coord.). *Privacidade e sua compreensão no direito brasileiro*. Belo Horizonte: Fórum, 2019. p. 15-32.

LOCH, Fernanda de Azambuja. Testes genéticos preditivos: uma reflexão bioético jurídica. *Revista de Bioética y Derecho*, n. 30, p. 92–108, 2014.

LOI, Michele; CHRISTEN, Markus. Two Concepts of Group Privacy. *Philosophy and Technology*, v. 33, p. 207–224, 2020.

LUGURI, Jamie; STRAHILEVITZ, Lior J. Shining a light on dark patterns. *Journal of Legal Analysis*, v. 13, n. 1, p. 43–109, 2021.

LYNSKEY, Orla. Deconstructing data protection: The "added-value" of a right to data protection in the eu legal order. *International and Comparative Law Quarterly*, v. 63, n. 3, p. 569–597, 2014.

LYNSKEY, Orla. *The Foundations of EU Data Protection Law*. Oxford: Oxford Univesity Press, 2015.

LITMAN, Jessica. Information Privacy/Information Property. *Stanford Law Review*, v. 52, p. 1283–1313, 2000.

MACHADO, Diego Carvalho. *Capacidade de agir e pessoa humana*. Curitiba: Juruá, 2013.

MACHADO, Diego Carvalho; MENDES, Laura Schertel. Tecnologias de perfilamento e dados agregados de geolocalização no combate à COVID-19 no Brasil: uma análise dos riscos individuais e coletivos à luz da LGPD. *Direitos Fundamentais & Justiça*, Belo Horizonte, ano 14, p. 105-148, nov. 2020. Número especial.

MACHADO, Diego; DONEDA, Danilo. Direito ao anonimato na internet: fundamentos e contornos dogmáticos de sua proteção no direito brasileiro. *Revista de Direito Civil Contemporâneo*, São Paulo, v. 23, ano 7, p. 95-140, abr./jun. 2020.

MACHADO, Diego C.; SOUZA, Carlos Affonso P. Tutela da privacidade, guarda de registros e portas lógicas no direito brasileiro. *In*: FERRARI, Isabela; BECKER, Daniel (Org.). *Regulação 4.0* – Novas tecnologias sob a perspectiva regulatória. São Paulo: Revista dos Tribunais, 2019, p. 247-277.

MAFFINI, Rafael. Princípio da proteção da confiança legítima. *In:* CAMPILONGO, Celso F.s; GONZAGA, Alvaro de Azevedo; FREIRE, André Luiz (Coords.). *Enciclopédia jurídica da PUC-SP.* Tomo: Direito Administrativo e Constitucional. 1. ed. São Paulo: Pontifícia Universidade Católica de São Paulo, 2017. Disponível em: https://enciclopediajuridica.pucsp.br/verbete/120/edicao-1/principio-da-protecao-da-confianca-legitima. Acesso em: 02 jan. 2022.

MAIA, Roberta Mauro M. A natureza jurídica da titularidade dos dados pessoais. *In:* MULHOLLAND, Caitlin (Org.). *A LGPD e o novo marco normativo no Brasil.* Porto Alegre: Arquipélago, 2020. p. 179-193.

MALGIERI, Gianclaudio; COMANDÉ, Giovanni. Why a right to legibility of automated decision-making exists in the general data protection regulation. *International Data Privacy Law*, v. 7, n. 4, p. 243–265, 2017.

MANN, Monique; MATZNER, Tobias. Challenging algorithmic profiling: The limits of data protection and anti-discrimination in responding to emergent discrimination. *Big Data and Society*, v. 6, n. 2, p. 1-11, jul./dez. 2019.

MANOLEA, Bogdan. E-commerce and profiling in Romania: what is going on and who cares about privacy? *In*: CREEMERS, Niklas et. al. *Profiling Technologies in Practice:* Applications and Impact on Fundamental Rights and Values. Oisterwijk: Wolf Legal Publishers, 2017. p. 47-88.

MANTELERO, Alessandro. The future of consumer data protection in the E.U. Re-thinking the "notice and consent" paradigm in the new era of predictive analytics. *Computer Law and Security Review*, v. 30, n. 6, p. 643–660, 2014.

MANTELERO, Alessandro. Privacy. *Contratto e Impresa – Dialoghi con la giurisprudenza civile e commerciale*, Milão, v. XXIV, n. 3, p. 757–779, 2008.

MANTELERO, Alessandro. Personal data for decisional purposes in the age of analytics: From an individual to a collective dimension of data protection. *Computer Law and Security Review*, v. 32, n. 2, p. 238–255, 2016.

MANTELERO, Alessandro. From Group Privacy to Collective Privacy: Towards a New Dimension of Privacy and Data Protection in the Big Data Era. *In*: TAYLOR, Linnet; FLORIDI, Luciano; SLOOT, Bart van der (Orgs.). *Group Privacy:* New Challenges of Data Technologies. Dordrecht: Springer, 2017. p. 139-158.

MANTELERO, Alessandro. Responsabilità e rischio nel Reg. UE 2016/679. *Le Nuove Leggi Civili Commentate*, v. XL, n. 1, p. 144–164, 2017.

MARANHÃO, Juliano; CAMPOS, Ricardo R. Proteção de Dados de Crédito na Lei Geral de Proteção de Dados. *Revista Direito Público*, Porto Alegre, v. 16, n. 90, p. 132–154, nov./dez. 2019.

MARTINS, Guilherme Magalhães. O *geopricing* e o *geoblocking* e seus efeitos nas relações de consumo. *In:* FRAZÃO, Ana; MULHOLLAND, Caitlin (Coords.). *Inteligência artificial e Direito:* ética, regulação e responsabilidade. 1. ed. São Paulo: Revista dos Tribunais, 2019. p. 633-650.

MARTINS, Pedro; BIONI, Bruno. Devido Processo informacional: um salto teórico-dogmático necessário? *Jota*, 15/07/2020. Disponível em: https://www.jota.info/opiniao-e-analise/artigos/devido-processo-informacional-um-salto-teorico-dogmatico-necessario-15072020. Acesso em: 01 nov. 2021.

MARTINS-COSTA, Judith. A re-significação do princípio da segurança jurídica na relação entre o Estado e os cidadãos. *Revista CEJ*, Brasília, v. 8, n. 27, p. 110–120, out./dez., 2004.

MATHUR, A.; KSHIRSAGAR, M.; MAYER, J. What Makes a Dark Pattern... Dark?: Design Attributes, Normative Considerations, and Measurement Methods. *In*: CHI Conference on Human Factors in Computing Systems, 2021, Yokohama. *Proceedings...* New York: Association for Computing Machinery, 2021, p. 1-18.

MARX, Gary T.; REICHMAN, Nancy. Routinizing the Discovery of Secrets: Computers as Informants. *The American Behavioral Scientist*, v. 27, n. 4, p. 423–452, 1984.

MASCHERONI, Giovanna; HOLLOWAY, Donell. Introducing the Internet of Toys. *In*: _____ (Coords.). *The Internet of Toys:* Practices, Affordances and the Political Economy of Children's Smart Play. Cham: Palgrave Macmillan, 2019. p. 1-22.

MAVRIKI, Paola; KARYDA, Maria. Automated data-driven profiling: threats for group privacy. *Information and Computer Security*, v. 28, n. 2, p. 183–197, 2020.

MAYER-SCHÖNBERGER, Viktor. Generational Development of Data Protection in Europe. *In*: AGRE, Philip E.; ROTENBERG, Marc (Orgs.). *Technology and Privacy*: The New Landscape. London-Cambridge: The MIT Press, 1997. p. 219-242.

MAZZILLI, Hugo Nigro. *A defesa dos interesses difusos em juízo:* meio ambiente, consumidor, patrimônio cultural, patrimônio público e outros interesses. 28. ed. rev., ampl. e atual. São Paulo: Saraiva, 2015.

MAZUR, Joanna. Right to Access Information as a Collective-Based Approach to the GDPR's Right to Explanation in European Law. *Erasmus Law Review*, v. 11, n. 3, p. 178–189, dez. 2018.

MEIRELLES, Jussara. O ser e o ter na codificação civil brasileira: do sujeito virtual à clausura patrimonial. *In*: FACHIN, Luiz Edson (Coord.). *Repensando os fundamentos do direito civil brasileiro contemporâneo.* Rio de Janeiro: Renovar, 1999.

MELO, Lígia Maria Silva de. Segurança jurídica: fundamento do Estado de Direito. *A & C Revista de Direito Administrativo e Constitucional*, Belo Horizonte, ano 6, n. 25, p. 133-144, jul./set. 2006.

MENDES, Gilmar Ferreira; COELHO, Inocêncio Mártires; BRANCO, Paulo Gustavo G. *Curso de direito constitucional*. 3. ed. São Paulo: Saraiva, 2008.

MENDES, Gilmar F.; FERNANDES, Victor O. Constitucionalismo digital e jurisdição constitucional: uma agenda de pesquisa para o caso brasileiro. *Revista de Direito Brasileiro*, Passo Fundo, v. 16, n. 1, p. 1–33, jan./abr. 2020.

MENDES, Laura Schertel. *Privacidade, proteção de dados e defesa do consumidor*: linhas gerais de um novo direito fundamental. São Paulo: Saraiva, 2014.

MENDES, Laura Schertel. Habeas data e autodeterminação informativa: os dois lados da mesma moeda. *Direitos Fundamentais & Justiça*, Belo Horizonte, v. 12, n. 39, p. 185–216, jul./dez. 2018.

MENDES, Laura Schertel. A Lei Geral de Proteção de Dados: um modelo de aplicação em três níveis. *Caderno Especial – Lei Geral de Proteção de Dados*, São Paulo, v. 1, n. 81, p. 35–56, nov. 2019.

MENDES, Laura Schertel; MATTIUZZO, Marcela. Discriminação algorítmica: conceito, fundamento legal e tipologia. *Revista de Direito Público*, Porto Alegre, v. 16, n. 90, p. 39–64, 2019.

MENDES, Laura Schertel; MATTIUZZO, Marcela; FUJIMOTO, Mônica Tiemy. Discriminação algorítmica à luz da Lei Geral de Proteção de Dados. *In*: DONEDA, Danilo et. al. (Coord.). *Tratado de proteção de dados pessoais*. Rio de Janeiro: Forense, 2021. p. 421-446.

MENDES, Laura Schertel; RODRIGUES JÚNIOR, Otavio Luiz; FONSECA, Gabriel Campo S. O Supremo Tribunal Federal e a proteção constitucional dos dados pessoais: rumo a um direito fundamental autônomo. *In*: DONEDA, Danilo et. al. (Coord.). *Tratado de proteção de dados pessoais*. Rio de Janeiro: Forense, 2021. p. 61-72.

MESSINETTI, Davide. Recenti orientamenti sulla tutela della persona: la moltiplicazioni dei diritti e dei danni. *In*: BARCELLONA, M. et. al. *Lezioni di diritto civile*. Nápoles: Edizioni Scientifiche Italiane, 1990. p. 57-85.

MILLER, Arthur R. *The Assault on Privacy*: Computers, Data Banks, and Dossiers. Ann Arbor: The University of Michigan Press, 1971.

MILLER, Arthur R. Personal Privacy in the Computer Age: The Challenge of a New Technology in an Information-Oriented Society. *Michigan Law Review*, v. 67, n. 6, p. 1089–1246, 1969.

MINISTÉRIO DA JUSTIÇA E SEGURANÇA PÚBLICA. *Decolar.com é multada por prática de geopricing e geoblocking*, 18 jun. 2018. Disponível em: https://www.justica.gov.br/news/collective-nitf-content-51. Acesso em: 01 nov. 2021.

MIRAGEM, Bruno. *Direito civil:* responsabilidade civil. São Paulo: Saraiva, 2015.

MIRAGEM, Bruno. *Curso de direito do consumidor.* 6. ed. rev., atual. e amp. São Paulo: Revista dos Tribunais, 2016.

MIRAGEM, Bruno. A Lei Geral de Proteção de Dados (Lei 13.709/2018) e o direito do consumidor. *In:* MARTINS, Guilherme Magalhães; ROSENVALD, Nelson (Coords.). *Responsabilidade civil e novas tecnologias.* Indaiatuba: Editora Foco, 2020. p. 53-92.

MIRANDA, Pontes de. *Fundamentos actuaes de Direito Constitucional.* Freitas Bastos: Rio de Janeiro, 1932.

MIRANDA, Pontes de. *Tratado de direito privado.* São Paulo: Revista dos Tribunais, 2012. t. XVI.

MIRONENKO, Olga. Body scanners versus privacy and data protection. *Computer Law and Security Review*, v. 27, n. 3, p. 232–244, 2011.

MITCHELL, Margaret et al. Model cards for model reporting. *FAT* 2019 - Proceedings of the 2019 Conference on Fairness, Accountability, and Transparency*, p. 220–229, 2019.

MITTELSTADT, Bret D. et al. The ethics of algorithms: Mapping the debate. *Big Data & Society*, v. 3, n. 2, p. 1–21, 2016.

MITTELSTADT, Brent. From Individual to Group Privacy in Big Data Analytics. *Philosophy and Technology*, v. 30, n. 4, p. 475–494, 2017.

MONTEIRO, Renato Leite; CRUZ, Sinuhe. Direitos dos titulares: fundamentos, limites e aspectos práticos. *In:* FRANCOSKI, Denise de Souza L.; TASSO, Fernando Antonio (Coord.). *A Lei Geral de Proteção de Dados Pessoais LGPD:* aspectos práticos e teóricos relevantes no setor público e privado. São Paulo: Revista dos Tribunais, 2021. p. 259-300.

MONTEIRO, Renato Leite; CRUZ, Sinuhe Nascimento e. Desafios à transparência e direito à informação no desenvolvimento de algoritmos de *credit scoring*: uma análise sob a ótica do devido processo informacional. *In:* OMS, Juliana (Org.). *O consumidor na era da pontuação de crédito.* Belo Horizonte: Casa do Direito, 2022. p. 163-192.

MORAES, Maria Celina Bodin de. A caminho de um direito civil-constitucional. *Revista de Direito Civil*, São Paulo, n. 65, p. 21-32, jul./set. 1993.

MORAES, Maria Celina Bodin de. Stefano Rodotà: passado, presente e futuro. *Civilistica.com*, v. 4, n. 2, p. 1–4, 2015.

MORAES, Maria Celina Bodin de. Recusa à realização do exame de DNA e direitos da personalidade. *In:* ______. *Na medida da pessoa humana:* estudos de direito civil-constitucional. Rio de Janeiro: Renovar, 2010. p. 169-182.

MORAES, Maria Celina Bodin de. A constitucionalização do direito civil e seus efeitos sobre a responsabilidade civil. *Revista Direito, Estado e Sociedade*, n. 29, p. 233–258, 2014.

MOROZOV, Evgeny. *To Save Everything, Click Here:* The Folly of Technological Solutionism. New York: PublicAffairs, 2013.

MULHOLLAND, Caitlin Sampaio. Dados pessoais sensíveis e a tutela de direitos fundamentais: uma análise à luz da lei geral de proteção de dados (Lei 13.709/18). *Revista de Direitos e Garantias Fundamentais*, Vitória, v. 19, n. 3, p. 159–180, 2018.

MULHOLLAND, Caitlin; FRAJHOF, Isabella Z. Inteligência artificial e Lei Geral de Proteção de Dados Pessoais: breves anotações sobre o direito à explicação perante a tomada de decisões por meio de *machine learning*. *In:* FRAZÃO, Ana; MULHOLLAND, Caitlin (Coords.). *Inteligência artificial e Direito:* ética, regulação e responsabilidade. 1. ed. São Paulo: Revista dos Tribunais, 2019. p. 265-292.

MULLIGAN, D. K.; REGAN, P. M.; KING, J. The Fertile Dark Matter of Privacy takes on the Dark Patterns of Surveillance. *Journal of Consumer Psychology*, v. 30, n. 4, p. 767–773, 2020.

MURPHY, Richard S. Property Rights in Personal Information: An Economic Defense of Privacy. *Georgetown Law Journal*, v. 84, n. 7, p. 2381-2417, 1996.

MURRAY, Jessica. Student who wrote story about biased algorithm has results downgraded. *The Guardian*, [s.l.], 18 ago. 2020. Disponível em: https://www.theguardian.com/education/2020/aug/18/ashton-a-level-student-predicted-results-fiasco-in-prize-winning-story-jessica-johnson-ashton. Acesso em: 06 nov. 2020.

NAZMIYE CEREN, Abay et al. Privacy Preserving Synthetic DataRelease Using Deep Learning. In: BERLINGERIO, Michele et al. (Orgs.). *Machine Learning and Knowledge Discovery in Databases*. Cham: Springer, 2019. p. 510–526.

NARAYANAN, Arvind et al. Dark patterns at scale: Findings from a crawl of 11K shopping websites. *Proceedings of the ACM on Human-Computer Interaction*, v. 3, n. CSCW, 2019.

NARAYANAN, Arvind.; SHMATIKOV, Vitaly. Myths and fallacies of personally identifiable information. *Communications of the ACM*, v. 53, n. 6, p. 24–26, 2010.

NARAYANAN, Arvind; SHMATIKOV, Vitaly. *How to break anonymity of the Netflix Prize dataset*. 2007. Disponível em: http://citeseerx.ist.psu.edu/viewdoc/download?doi=10.1.1.100.3581&rep=rep1&type=pdf. Acesso em: 18 dez. 2021.

NEGREIROS, Teresa. *Teoria do contrato*: novos paradigmas. 2. ed. Rio de Janeiro: Renovar, 2006.

NEMITZ, Paul. Profiling the European citizen – Why today's democracy needs to look harder at the negative potential of new technology than at its positive potential. In: BAYAMLIOGLU, Emre et al. (Orgs.). *Being profiled: cogitas ergo sum* 10 years of "Profiling the european citizen". Amsterdam: Amsterdam University Press, 2018. p. 8–11.

NIKLAS, Jędrzej; SZTANDAR-SZTANDERSKA, Karolina; SZYMIELEWICZ, Katarzyna. *Profiling the Unemployed in Poland:* Social and Political Implications of Algorithmic Decision Making. Warsaw: Fundacja Panoptikon, 2015.

NISSENBAUM, Helen. *Privacy in Context:* Technology, Policy, and the Integrity of Social Life. Stanford: Stanford University Press, 2010.

NORONHA, Fernando. *Direito das obrigações*. 2. ed. rev. e atual. São Paulo: Saraiva, 2007. v. I.

NOUGRÈRES, Ana Brian. Data Protection and Enforcement in Latin America and in Uruguay. *In*: Wright David; DE HERT, Paul (Orgs.). *Enforcing Privacy*: Regulatory, Legal and Technological Approaches. Cham: Springer, 2016. p. 145-180.

NYE, Benjamin. D.; SILVERMAN, Barry G. Affordances in AI. *In*: SEEL, N. M. (Org.). *Encyclopedia of the Sciences of Learning*. New York: Springer, 2012.

NYU School of Medicine. Experimental AI tool predicts which COVID-19 patients develop respiratory disease. *Science Daily*, 30 mar. 2020. Disponível em: www.sciencedaily.com/releases/2020/03/200330152135.htm. Acesso em: 16 nov. 2020.

OFFICE OF THE PRIVACY COMMISSIONER OF CANADA. *A Regulatory Framework for AI: Recommendations for PIPEDA Reform*. Disponível em: https://www.priv.gc.ca/en/about-the-opc/what-we-do/consultations/completed-consultations/consultation-ai/reg-fw_202011/. Acesso em: 31 jan. 2022.

OFQUAL. *Executive Summary – Awarding GCSE, AS, A level, advanced extension awards and extended project qualifications in summer 2020:* interim report. Londres: [s. n.], 13 ago. 2020. Disponível em: https://assets.publishing.service.gov.uk/government/uploads/system/uploads/attachment_data/file/909035/6656-2_-_Executive_summary.pdf. Acesso em: 10 nov. 2020.

ORGANIZATION FOR ECONOMIC CO-OPERATION AND DEVELOPMENT. *OECD Guidelines on the Protection of Privacy and Transborder Flows of*

Personal Data. Disponível em: https://www.oecd.org/sti/ieconomy/oecdguidelinesontheprotectionofprivacyandtransborderflowsofpersonaldata.htm. Acesso em: 30 ago. 2021.

ORGANISATION FOR ECONOMIC CO-OPERATION AND DEVELOPMENT. *Protecting Privacy in a Data-driven Economy: Taking Stock of Current Thinking* – Summary of the OECD Privacy Expert Roundtable, 2014. Disponível em: https://www.oecd.org/officialdocuments/publicdisplaydocumentpdf/?cote=dsti/iccp/reg(2014)3&doclanguage=en. Acesso em: 22 jan. 2021.

ORGANISATION FOR ECONOMIC CO-OPERATION AND DEVELOPMENT. *Recommendation of the Council on Artificial Intelligence*. Disponível em: https://legalinstruments.oecd.org/en/instruments/OECD-LEGAL-0449#mainText. Acesso em: 30 jan. 2022.

ORGANIZATION FOR ECONOMIC CO-OPERATION AND DEVELOPMENT. *Dark commercial patterns* – OECD Digital Economy Papers. Paris: OECD Publishing, 2022.

OHM, Paul. Broken promises of privacy: responding to the surprising failure of anonymization. *UCLA Law Review* , n. 57, p. 1701-1777, 2010.

OHM, Paul. The Many Revolutions of Carpenter. *Harvard Journal of Law & Technology*, v. 32, n. 2, p. 357–416, 2019.

OLEJNIK, Lukasz; ACAR, Gunes; CASTELLUCCIA, Claude; DIAZ, Claudia. *The leaking battery A privacy analysis of the HTML5 Battery Status API*. Disponível em: https://eprint.iacr.org/2015/616.pdf. Acesso em: 15 jan. 2020.

OLIVER, Nuria et al. Mobile phone data for informing public health actions across the COVID-19 pandemic life cycle. *Science Advances*, v. 6, n. 23, p. 1–7, 2020.

PASQUALE, Frank. *The Black Box Society*: The Secret Algorithms That Control Money and Information. Cambridge; London: Harvard University Press, 2015.

PEARCE, Henry. Big data and the reform of the European data protection framework: an overview of potential concerns associated with proposals for risk management-based approaches to the concept of personal data. *Information and Communications Technology Law*, v. 26, n. 3, p. 312–335, 2017.

PENNEY, Jonathon W. Chilling effects: online surveillance and Wikipedia use. *Berkeley Technology Law Journal*, v. 31, n. 1, p. 117-182, 2016.

PENTLAND, Alex. The data-driven society. *Scientific American*, v. 309, n. 4, p. 78–83, 2013.

PEREIRA, Fabio Queiroz; ANDRADE, Daniel de Pádua; COLOMBI, Henry. Direito comparado e direito privado: a tradição brasileira no contexto latino-americano. *In*: ANDRADE, Daniel de Pádua; PEREIRA, Fabio Queiroz; ROBERTO, Giordano Bruno S. (Orgs.). *Estudos de direito civil comparado*: Brasil e Argentina. Belo Horizonte: Arraes Editores, 2019. p. 1–20.

PERLINGIERI, Pietro. *Il diritto civile nella legalità costituzionale*. 2. ed. rev. ed integrata. Nápoles: Edizioni Scientifiche Italiane, 1991.

PERLINGIERI, Pietro. *Manuale di diritto civile*. Nápoles: Edizioni Scientifiche Italiane, 1997.

PERLINGIERI, Pietro. *Perfis do direito civil:* introdução ao direito civil constitucional. 2. ed. Trad. Maria Cristina De Cicco. Rio de Janeiro: Renovar, 2002.

PINHEIRO, Alexandre Sousa et. al. *Comentário ao Regulamento Geral de Proteção de Dados*. Coimbra: Almedina, 2018.

PIOVESAN, Flávia. Ações afirmativas no Brasil: desafios e perspectivas. *Revista Estudos Feministas*, Florianópolis, v. 16, n. 3, p. 887-896, set./dez. 2008.

PLOUG, Thomas; HOLM, Søren. The four dimensions of contestable AI diagnostics – A patient-centric approach to explainable AI. *Artificial Intelligence in Medicine*, v. 107, artigo n. 101901, jan. 2020.

PLOUG, Thomas; HOLM, Søren. The Right to Contest AI Profiling Based on Social Media Data. *American Journal of Bioethics*, v. 21, n. 7, p. 21–23, 2021

POOM, Age et al. COVID-19 is spatial: Ensuring that mobile Big Data is used for social good. *Big Data and Society*, v. 7, n. 2, p. 1–7, jul./dez. 2020.

POSNER, Richard A. Privacy, Secrecy, and Reputation. *Buffalo Law Review*, v. 28, p. 1–54, 1979.

POSNER, Richard A. *The Economics of Justice*. Cambridge: Harvard University Press, 1981.

POSNER, Richard A. *Overcoming Law*. Cambridge: Harvard University Press, 1995.

POST, Robert C. Three Concepts of Privacy. *Georgetown Law Journal*, v. 89, n. 6, p. 2087-2098, 2001.

POULLET, Yves. Data Protection between Property and Liberties: A Civil Law Approach. *In*: KASPERSEN, H. (Coord.). *Amongst friends in computers and law. A collection of essays in remembrance of Guy Vandenberghe*. Deventer: Kluwer, 1989. p. 161–181.

PUCCINELLI, Oscar R. Evolución histórica y análisis de las diversas especies, subespecies, tipos y subtipos de habeas data en América Latina: Un intento clasificador con fines didácticos. *Vniversitas*, [S. l.], v. 53, n. 107, p. 471-501, 2004. Disponível em: https://revistas.javeriana.edu.co/index.php/vnijuri/article/view/14792. Acesso em: 21 sep. 2021.

PRINS, Corien. Property and Privacy: European Perspectives and the Commodification of our Identity. In: GUIBAULT, L.; HUGENHOLTZ, P. B. (Eds.). *The Future of the Public Domain: Identifying the Commons in Information Law*. Zuidpoolsingel: Kluwer Law International, 2006. p. 223–257.

PROSSER, William L. Privacy. *California Law Review*, v. 48, n. 3, p. 383-423, ago. 1960.

PROSSER, William L. Privacy [a legal analysis]. *In:* SCHOEMAN, Ferdinand D. (Org.). *Philosophical Dimensions of Privacy:* An Anthology. Cambridge: Cambridge University Press, 1984. p. 104-155.

PURTOVA, Nadezhda. Property rights in personal data: Learning from the American discourse. *Computer Law and Security Review*, v. 25, n. 6, p. 507–521, 2009.

PURTOVA, Nadezhda. Property in Personal Data: a European Perspective on the Instrumentalist Theory of Propertisation. *European Journal of Legal Studies*, v. 2, n. 3, 2010. Disponívelem: http://hdl.handle.net/1814/15124. Acesso em: 28 mai. 2021.

PURTOVA, Nadezhda. *Property Rights in Personal Data:* a European Perspective. Alphen aan den Rijn: Kluwer Law International, 2012.

PURTOVA, Nadezhda. The illusion of personal data as no one's property. *Law, Innovation and Technology*, v. 7, n. 1, p. 83–111, 2015.

PYRGELIS, A.; DE CRISTOFARO, E.; ROSS, G. J. Privacy-friendly mobility analytics using aggregate location data. *GIS: Proceedings of the ACM International Symposium on Advances in Geographic Information Systems*, n. 1, 2016. Disponível em: https://arxiv.org/pdf/1609.06582.pdf. Acesso em: 27 jul. 2020.

PYRGELIS, Apostolos; TRONCOSO, Carmela; DE CRISTOFARO, Emiliano. Measuring Membership Privacy on Aggregate Location Time-Series. *Proceedings of the ACM on Measurement and Analysis of Computing Systems*, v. 2, n. 4, 2020.

PURTOVA, Nadezhda. The law of everything. Broad concept of personal data and future of EU data protection law. *Law, Innovation and Technology*, v. 10, n. 1, p. 40–81, 2018.

QUEIROZ, Rafael Mafei Rabelo. Privacidade, criptografia e dever de cumprimento de ordens judiciais por aplicativos de troca de mensagens. *In:* DONEDA, Danilo; MACHADO, Diego (Coords.). *A criptografia no direito brasileiro*. São Paulo: Revista dos Tribunais, 2019. p. 35-48.

QUELLE, Carla. Privacy, Proceduralism and Self-Regulation in Data Protection Law. *Teoria Critica Della Regolazione Sociale*, v. 1, n. 14, p. 89–106, 2017.

RAHMAN, Zara. Dangerous Data: The Role of Data Collection in Genocides. *The Engine Room*, 2016. Disponível em: https://www.theengineroom.org/dangerous-data-the-role-of-data-collection-in-genocides/. Acesso em: 22 jul. 2020.

RAJKUMAR, Ragunathan. A cyber-physical future. *Proceedings of the IEEE*, v. 100, p. 1309–1312, mai. 2012.

RANCHORDAS, Sofia. Experimental Regulations for AI: Sandboxes for Morals and Mores. *Morals & Machines*, v. 1, n. 1, p. 88–102, 2021.

REALE, Miguel. *Lições preliminares de direito.* 27. ed. São Paulo: Saraiva, 2002.

REGAN, Priscilla M. *Legislating Privacy:* Technology, Social Values, and Public Policy. Chapel Hill: University of North Carolina Press, 1995.

REINO UNIDO. *Privacy (Younger Report).* Disponível em: https://api.parliament.uk/historic-hansard/commons/1973/jul/13/privacy-younger-report. Acesso em: 17 ago. 2021.

REIS, Carolina et al. *Relatório sobre o uso de tecnologias de reconhecimento facial e câmeras de vigilância pela administração pública no Brasil.* Brasília: Laboratório de Políticas Públicas e Internet, 2021.

RICHARDSON, Janice. *Law and the Philosophy of Privacy.* New York: Routledge, 2016.

RICOEUR, Paul. *O si-mesmo como outro.* São Paulo: Martins Fontes, 2014.

RIGAUX, François. La liberté de la vie privée. *Revue internationale de droit comparé*, v. 43, n. 3, p. 539-563, jul./set.e 1991.

RÍOS, Fernando de los. Prólogo del traductor. *In*: JELLINEK, Georg. *Teoría general del Estado.* Trad. Fernando de los Ríos. México: FCE, 2000.

RODOTÀ, Stefano. *Elaboratori eletronici e controlo sociale.* Bologna: Il Mulino, 1973.

RODOTÀ, Stefano. *Tecnologie e diritti.* Bologna: Il Mulino, 1995.

RODOTÀ, Stefano. *Repertorio di fine secolo.* 2. ed. Roma-Bari: Laterza, 1999.

RODOTÀ, Stefano. *La vita e le regole:* tra diritto e non diritto. Milão: Feltrinelli, 2006.

RODOTÀ, Stefano. *Il diritto di avere diritti.* Roma-Bari: Laterza, 2012.

RODOTÀ, Stefano. *Il mondo nella rete:* quali i diritti, quali i vincoli. Roma-Bari: Laterza, 2014.

RODOTÀ, Stefano. Tra diritto e società. Informazioni genetiche e tecniche di tutela. *Rivista Critica del Diritto Privato,* Nápoles, ano XVIII, n. 4, p. 571-604, dez. 2000.

RODOTÀ, Stefano. Privacy, libertà, dignità. *Garante per la Protezione dei Dati Personali,* 13 set. 2004. Disponível em: https://www.garanteprivacy.it/home/docweb/-/docweb-display/docweb/1049293. Acesso em: 01 jun. 2021.

RODOTÀ, Stefano. Data Protection as a Fundamental Right. *In:* GUTWIRTH, Serge et. al. (Coords.). *Reinventing Data Protection?* Dordrecht: Springer, 2009. p. 91-108.

RODOTÀ, Stefano. *A vida na sociedade da vigilância:* a privacidade hoje. Org. Maria Celina Bodin de Moraes. Trad. Danilo Doneda e Luciana Cabral Doneda. Rio de Janeiro: 2008.

RODOTÀ, Stefano. Entrevista à RTDC. *Revista Trimestral de Direito Civil*, Rio de Janeiro, v. 3, n. 11, p. 225-308, jul./set. 2002.

RODOTÀ, Stefano. Of machines and men: The road to identity. Scenes for a discussion. *In*: HILDEBRANDT, Mireille; ROUVROY, Antoinette (Orgs.). *Law, human agency and autonomic computing.* Nova Iorque: Routledge, 2011. p. 179-198.

ROTENBERG, Marc. Fair Information Practices and the Architecture of Privacy (What Larry Doesn't Get). *Stanford Technology Law Review*, v. 1, p. 1–34, 2001.

ROTT, Peter; STRYCHARZ, Joanna; ALLEWELDT, Frank. *Personalised pricing.* Luxemburgo: European Parliament, 2022. Disponível em: https://www.europarl.europa.eu/RegData/etudes/STUD/2022/734008/IPOL_STU(2022)734008_EN.pdf. Acesso em: 20 mai. 2023.

ROVROY, Antoinette; POULLET, Yves. The Right to Informational Self-Determination and the Value of Self-Development: Reassessing the Importance of Privacy for Democracy. *In:* GUTWIRTH, Serge et al. (Orgs.). *Reinventing Data Protection?* Dordrecht: Springer, 2009. p. 45-76.

SAMPAIO, José Adércio Leite. *Direitos fundamentais:* retórica e historicidade. 2. ed. Belo Horizonte: Del Rey, 2010.

SAMUELSON, Pamela. Privacy As Intellectual Property? *Stanford Law Review,* v. 52, p. 1125-1173, 2000.

SANDVIK, Kristin; RAYMOND, Nathaniel. Beyond the Protective Effect: Towards a Theory of Harm for Information Communication Technologies in Mass Atrocity Response. *Genocide Studies and Prevention*, v. 11, n. 1, p. 9–24, 2017.

SÃO PAULO (Estado). Tribunal de Justiça do Estado de São Paulo. Sentença. Processo n. 1090663-42.2018.8.26.0100. 37ª Vara Cível do Foro Central da Comarca de São Paulo. Juíza de Direito Patrícia Martins Conceição. Julg. em 07/05/2021.

SÃO PAULO (Estado). Tribunal de Justiça do Estado de São Paulo. Decisão interlocutória. Processo n. 1010667-97.2022.8.26.0053. 6ª Vara de Fazenda Pública do Foro Central da Comarca de São Paulo. Juíza de Direito Cynthia Thomé. Julg. em 22/03/2022.

SÃO PAULO (Estado). Tribunal de Justiça do Estado de São Paulo. Quinta Câmara de Direito Público. *Agravo de Instrumento n. 2079077-58.2022.8.26.0000.* Recorrente: Companhia do Metropolitano de São Paulo. Recorrido: Defensoria Pública do Estado de São Paulo. Relatora: Min. Maria Laura Tavares, 10 de outubro de 2022.

SÃO PAULO (Estado). Tribunal de Justiça do Estado de São Paulo. Oitava Câmara de Direito Público. *Apelação Cível n. 1090663-42.2018.8.26.0100.* Apelantes: Ministério Público do Estado de São Paulo; Defensoria Pública do Estado de São Paulo. Apelantes/Apelados: IDEC Instituto Brasileiro de Defesa do Consumidor; Concessionária da Linha 4 Metrô de São Paulo. Relator: Min. Antônio Celso Faria, 10 de maio de 2023.

SARLET, Ingo W.; SAAVEDRA, Giovani A. Fundamentos Jusfilosóficos e Âmbito de Proteção do Direito Fundamental à Proteção de Dados Pessoais. *Revista de Direito Público,* Brasília, v. 17, n. 93, p. 33–57, mai./jun. 2020.

SARLET, Ingo Wolfgang. Fundamentos constitucionais*:* o direito fundamental à proteção de dados. *In*: DONEDA, Danilo et. al. (Coords.). *Tratado de proteção de dados pessoais.* Rio de Janeiro: Forense, 2021. p. 21-60.

SARLET, Ingo Wolfgang. *A eficácia dos direitos fundamentais:* uma teoria geral dos direitos fundamentais na perspectiva constitucional. 10. ed. rev., atual. e amp. Porto Alegre: Livraria do Advogado, 2009.

SARLET, Ingo Wolfgang; ROSA, Taís Hemann da. Breves notas sobre a dogmática do mínimo existencial no direito brasileiro. *Revista de Direitos e Garantias Fundamentais,* Vitória, v. 16, n. 1, p. 217-248, jan./jun. 2015.

SARMENTO, Daniel. *Dignidade da pessoa humana:* conteúdo, trajetórias e metodologia. Belo Horizonte: Fórum, 2016.

SARMENTO, Daniel. *Direitos fundamentais e relações privadas.* 2. ed. Rio de Janeiro: Lumen Juris, 2006.

SARRA, Claudio. Put Dialectics into the Machine: Protection against Automatic-decision-making through a Deeper Understanding of Contestability by Design. *Global Jurist,* v. 20, n. 3, p. 1–14, 2020.

SCASSA, Teresa. A Human Rights-Based Approach to Data Protection in Canada. In: DUBOIS, Elizabeth; MARTIN-BARITEAU, Florian (Coords.). *Citizenship in a Connected Canada A Research and Policy Agenda.* Ottawa: University of Ottawa Press, 2020. p. 173-188.

SCHAUER, Frederick F. *Profiles, Probabilities and Stereotypes.* Cambridge: Harvard University Press, 2006.

SCHELLMANN, Hilke. We tested AI interview tools. Here's what we found. *MIT Technology Review,* 07 jul. 2021. Disponível em: https://www.technologyreview.

com/2021/07/07/1027916/we-tested-ai-interview-tools/. Acesso em 20 jul. 2021.

SCHERMER, Bart W.; CUSTERS, Bart; VAN DER HOF, Simone. The crisis of consent: How stronger legal protection may lead to weaker consent in data protection. *Ethics and Information Technology*, v. 16, n. 2, p. 171–182, 2014.

SCHOEMAN, Ferdinand D. Privacy: philosophical dimensions of the literature. *In*: SCHOEMAN, Ferdinand D. (Ed.). *Philosophical Dimensions of Privacy*: An Anthology. Cambridge: Cambridge University Press, 1984. p. 1-33.

SCHREIBER, Anderson. *A proibição de comportamento contraditório:* tutela da confiança e *venire contra factum proprium*. 2. ed. rev. e atual. Rio de Janeiro: Renovar, 2007.

SCHREIBER, Anderson. *Novos paradigmas da responsabilidade civil:* da erosão os filtros da reparação à diluição dos danos. 2. ed. São Paulo: Atlas, 2009.

SCHREIBER, Anderson. *Equilíbrio contratual e dever de renegociar.* 1. ed. 2. tir. São Paulo: Saraiva, 2018.

SCHREURS, Wim et. al. *Cogitas Ergo Sum:* The Role of Data Protection Law and Non-discrimination Law in Group Profiling in the Private Sector. *In*: GUTWIRTH, Serge; HILDEBRANDT, Mireille (Orgs.). *Profiling the European Citizen:* Cross-Disciplinary Perspectives. New York: Springer, 2008. p. 241-270.

Schürholz, Daniel; Kubler, Sylvain; Zaslavsky, Arkady. Artificial intelligence-enabled context-aware air quality prediction for smart cities. *Journal of Cleaner Production*, v. 271, 2020, p. 10-13.

SCHWABE, Jürgen. *Cinquenta anos de jurisprudência do Tribunal Constitucional Federal Alemão.* Trad. Leonardo Martins et al. Montevideo: Fundación Konrad-Adenauer, 2005.

SCHWARTZ, Paul M. Privacy and Democracy in Cyberspace. *Vanderbilt Law Review*, v. 52, p. 1609–1701, 1999.

SCHWARTZ, Paul M.; SOLOVE, Daniel J. The PII Problem: Privacy and a New Concept of Personally Identifiable Information. *New York University Law Review*, v. 86, p. 1814–189, dec. 2011.

SENADO FEDERAL. *Proposta de Emenda à Constituição n° 17, de 2019 (fase 2)*. Disponível em: https://www25.senado.leg.br/web/atividade/materias/-/materia/149723. Acesso em: 15 jan. 2022.

SIEGHART, Paul. Computers, Information, Privacy and the Law. *Journal of the Royal Society of Arts*, v. 125, n. 5252, p. 456–472, 1977.

SILVA, José Afonso da. *Curso de Direito Constitucional Positivo.* 37. ed. rev. e atual. São Paulo: Malheiros, 2013.

SILVA, Ricardo B. Ferreira da et al. *Accountability* e responsabilização sobre proteção de dados. *In:* BRANCHER, Paulo Marcos R.; BEPPU, Ana Claudia (Coords.). *Proteção de dados pessoais no Brasil:* uma nova visão a partir da Lei nº 13.709/2018. Belo Horizonte: Fórum, 2019. p. 273-293.

SIMITIS, Spiros. Privacy – An endless debate? *California Law Review*, v. 98, n. 6, p. 1989–2006, 2010.

SIMITIS, Spiros. Reviewing privacy in an information society. *University of Pennsylvania Law Review*, v. 135, p. 707–746, 1987.

SLOOT, Bart van der. Do data protection rules protect the individual and should they? An assessment of the proposed General Data Protection Regulation. *International Data Privacy Law*, v. 4, n. 4, p. 307–325, 2014.

SLOOT, Bart van der. The individual in the big data era: moving towards an agent-based privacy paradigm. *In:* SLOOT, Bart van der; BROEDERS, Dennis; SCHRIJVERS, Erik (Coords.). *Exploring the Boundaries of Big Data*. Amsterdam: Amsterdam University Press, 2016. p. 177-203.

SOLOVE, Daniel J. *The digital person:* technology and privacy in the information age. 1. ed. Nova Iorque: New York University Press, 2004.

SOLOVE, Daniel J. *Understanding Privacy*. Cambridge: Harvard University Press, 2008.

SOLOVE, Daniel J. Introduction: Privacy Self-Management and the Consent Dilemma. *Harvard Law Review*, v. 126, n. 7, p. 1880–1903, 2013.

SOLOVE, Daniel J. A Brief History of Information Privacy Law. *GWU Law School Public Law Research Paper*, n. 215, 2016. Disponível em: https://ssrn.com/abstract=914271. Acesso em: 01 ago. 2021.

SOLOVE, Daniel J.; SCHWARTZ, Paul. *Information Privacy Law*. 7. ed. [S.l.]: Wolters Kluwer, 2020. E-book.

SOMBRA, Thiago Luís Santos. *Fundamentos da regulação da privacidade e proteção de dados pessoais*: pluralismo jurídico e transparência em perspectiva. São Paulo: Revista dos Tribunais, 2019.

SONNEMAKER, Tyler. 'Apple is eating our lunch': Google employees admit in lawsuit that the company made it nearly impossible for users to keep their location private. *Insider*, 28 mai. 2021. Disponível em: https://www.businessinsider.com/unredacted-google-lawsuit-docs-detail-efforts-to-collect-user-location-2021-5. Acesso em: 03 ago. 2021.

SOUZA, Allan R.; SCHIRRU, Luca; ALVARENGA, Miguel B. Direitos autorais e mineração de dados e textos no combate à Covid-19 no Brasil. *Liinc em Revista*, Rio de Janeiro, v. 16, n. 2, e5536, dez. 2020.

SOUZA, Carlos Affonso P. de; VIOLA, Mario; PADRÃO, Vinícius. Considerações Iniciais sobre os Interesses Legítimos do Controlador na Lei Geral de Proteção de Dados Pessoais. *Revista Direito Público*, Porto Alegre, v. 16, n. 90, p. 109–131, nov./dez. 2019.

SOUZA, Carlos Affonso; PERRONE, Christian; MAGRANI, Eduardo. O direito à explicação entre a experiência europeia e a sua positivação na LGPD. *In*: DONEDA, Danilo et al. (Coords.). *Tratado de proteção de dados pessoais*. Rio de Janeiro: Forense, 2021. p. 243-270.

SOUZA, Carlos Affonso; LEMOS, Ronaldo; BOTTINO, Celina. *Marco Civil da Internet:* jurisprudência comentada. São Paulo: Revista dos Tribunais, 2017.

SOUZA, Eduardo Nunes de; SILVA, Rodrigo da Guia. Tutela da pessoa humana na lei geral de proteção de dados pessoais: entre a atribuição de direitos e a enunciação de remédios. *Pensar*, Fortaleza, v. 24, n. 3, p. 1-22, jul./set. 2019.

SPENCER, Shaun B. Privacy and Predictive Analytics in E-Commerce. *New England Law Review*, v. 49, n. January 2015, p. 629-647, jan. 2015.

SPINDLER, Gerald; SCHMECHEL, Philipp. Personal Data and Encryption in the European General Data Protection Regulation. *Journal of Intellectual Property, Information Technology and Electronic Commerce Law*, v. 7, p. 163-177, 2016.

STEIL, Julian et al. Privacy-aware eye tracking using differential privacy. *In*: ACM Symposium on Eye Tracking Research and Application, XI, 2019, Denver. *Proceedings...* New York: Association for Computing Machinery, 2019, p. 1–9.

STIGLITZ, Joseph E. The Contributions of the Economics of Information to Twentieth Century Economics. *Quarterly Journal of Economics*, v. 115, n. 4, p. 1441-1478, nov. 2000.

SUH, Jennifer J. et al. Distinguishing Group Privacy From Personal Privacy. *Proceedings of the ACM on Human-Computer Interaction*, v. 2, n. CSCW, p. 1–22, nov. 2018.

SUÍÇA. *Legge federale sulla protezione dei dati (LPD), del 19 giugno 1992.* Disponível em: https://fedlex.data.admin.ch/eli/cc/1993/1945_1945_1945. Acesso em: 18 dez. 2021.

SUNYAEV, Ali. Critical Infrastructure Information. *In*: _____. *Internet Computing*: Principles of Distributed Systems and Emerging Internet-Based Technologies. Cham: Springer, 2020. p. 291–318.

SUSSER, Daniel; ROESSLER, Beate; NISSENBAUM, Helen F. Online Manipulation: Hidden Influences in a Digital World. *Georgetown Law Technology Review*, v. 4, n. 1, p. 1–45, 2019.

SWEENEY, Latanya. Simple Demographics Often Identify People Uniquely. *Carnegie Mellon University*, Data Privacy Working Paper 3, Pittsburgh, 2000.

SWEENEY, Latanya. Discrimination in online Ad delivery. *Communications of the ACM*, v. 56, n. 5, p. 44–54, 2013.

TAYLOR, Charles. The Politics of Recognition. *In:* TAYLOR, Charles et al. *Multiculturalism*: Examining the Politics of Recognition. New Jersey: Princeton University Press, 1994, p. 25-73.

TAYLOR, Charles. *As fontes do self:* a construção da identidade moderna. Trad. A. U. Sobral e D. A. Azevedo. São Paulo: Edições Loyola, 1997.

TAYLOR, Linnet. Safety in Numbers? Group Privacy and Big Data Analytics in the Developing World. *In*: TAYLOR, Linnet; FLORIDI, Luciano; SLOOT, Bart van der (Orgs.). *Group Privacy:* New Challenges of Data Technologies. Dordrecht: Springer, 2017. p. 13-36.

TEIXEIRA JR., Sério. Testes de DNA se popularizam, mas vale a pena fazer um? *Infomoney*, 06 set. 2020. Disponível em: https://www.infomoney.com.br/negocios/testes-de-dna-se-popularizam-mas-vale-a-pena-fazer-um/. Acesso em: 12 out. 2021.

TEKIEH, Mohammad Hossein; RAAHEMI, Bijan. Importance of data mining in healthcare: A survey. *Proceedings of the 2015 IEEE/ACM International Conference on Advances in Social Networks Analysis and Mining, ASONAM 2015*, p. 1057–1062, 2015.

TEPEDINO, Gustavo. Premissas metodológicas para a constitucionalização do direito civil. *In:* _____. *Temas de direito civil.* 3. ed. rev. e atual. Rio de Janeiro: Renovar, 2004. p. 1-22.

TEPEDINO, Gustavo. Normas constitucionais e direito civil na construção unitária do ordenamento. *In*: SOUZA NETO, Cláudio Pereira de; SARMENTO, Daniel (Coords.). *A constitucionalização do Direito*: fundamentos teóricos e aplicações específicas. Rio de Janeiro: Lumen Juris, 2007. p. 309-320.

TEPEDINO, Gustavo. O papel atual da doutrina do Direito Civil entre o sujeito e a pessoa. *In:* TEPEDINO, Gustavo; TEIXEIRA, Ana Carolina B.; ALMEIDA, Vitor (Coords.). *O Direito Civil entre o sujeito e a pessoa:* estudos em homenagem ao professor Stefano Rodotà. Belo Horizonte: Fórum, 2016. p. 17-35.

TEPEDINO, Gustavo; GUIA DA SILVA, Rodrigo. Desafios da inteligência artificial em matéria de responsabilidade civil. *Revista Brasileira de Direito Civil*, Belo Horizonte, v. 21, n. 02, p. 61–86, jul./set. 2019.

TEPEDINO, Gustavo; OLIVA, Milena Donato. *Fundamentos do direito civil:* teoria geral do direito civil. 3. ed. Rio de Janeiro: Forense, 2022. v. 1.

TEUBNER, Gunther. Horizontal Effects of Constitutional Rights in the Internet: A Legal Case on the Digital Constitution. *The Italian Law Journal*, v. 3, n. 1, p. 193–205, 2015.

THE AMERICAN LAW INSTITUTE. *Restatement of the Law, Second, Torts, § 652.* Disponível em: https://cyber.harvard.edu/privacy/Privacy_R2d_Torts_Sections.htm. Acesso em: 24 ago. 2021.

THE Cambridge Analytica Files. *The Guardian*. Disponível em: https://www.theguardian.com/news/series/cambridge-analytica-files. Acesso em: 13 dez. 2020.

THE NETHERLANDS AUTHORITY FOR CONSUMERS AND MARKETS. *Guidelines on the protection of the online consumer*: Boundaries of online persuasion. The Hague: ACM, 2020. Disponível em: https://www.acm.nl/sites/default/files/documents/2020-02/acm-guidelines-on-the-protection-of-the--online-consumer.pdf. Acesso em: 25 mai. 2023.

THE Orwell Youth Prize. A Band Apart – Jessica Johnson. Disponível em: https://www.orwellfoundation.com/the-orwell-youth-prize/2018-youth-prize/previous-winners-youth/2019-winners/a-band-apart-jessica-johnson/?fbclid=IwAR3S4bkiN-dRLSqGHE5qXU1IzO_S4VjxPn8cJyEZDeGIpfac4awt2nnRaqQ. Acesso em: 06 nov. 2020.

THE NEW YORK TIMES. The Dobbs v. Jackson Decision, Annotated. *The New York Times*, 2022. Disponível em: https://www.nytimes.com/interactive/2022/06/24/us/politics/supreme-court-dobbs-jackson-analysis-roe--wade.html. Acesso em: 19 jul. 2022.

THEILEN, Jens T. et al. Feminist data protection: an introduction. *Internet Policy Review*, v. 10, n. 4, 2021.

THOMPSON, Stuart A.; WARZEL, Charlie. The Privacy Project – Twelve Million Phones, One Dataset, Zero Privacy. *The New York Times*, 19 dez. 2019. Disponível em: https://www.nytimes.com/interactive/2019/12/19/opinion/location--tracking-cell-phone.html. Acesso em: 14 jan. 2020.

TORRES, Ricardo Lobo. *O direito ao mínimo existencial.* Rio de Janeiro: Renovar, 2009.

TRAKMAN, Leon; WALTERS, Robert; ZELLER, Bruno. Is Privacy and Personal Data Set to Become the New Intellectual Property? *IIC International Review of Intellectual Property and Competition Law*, v. 50, n. 8, p. 937–970, 2019.

TRUCCO, Lara. *Introduzione allo studio dell'identità individuale nell'ordinamento costituzionale italiano.* Torino: Giappichelli, 2004.

TURKINGTON, Richard. Legacy of the Warren and Brandeis Article: The Emerging Unencumbered Constitutional Right to Informational Privacy. *Northern Illinois University Law Review*, v. 10, p. 479–520, 1990.

TZANOU, Maria. *The Fundamental Right to Data Protection:* Normative Value in the Context of Counter-Terrorism Surveillance. Oxford: Hart Publishing, 2017.

TZANOU, Maria. Data protection as a fundamental right next to privacy? "Reconstructing" a not so new right. *International Data Privacy Law*, v. 3, n. 2, p. 88–99, 2013.

UNESCO. *International Declaration on Human Genetic Data*. Disponível em: http://portal.unesco.org/en/ev.php-URL_ID=17720&URL_DO=DO_TOPIC&URL_SECTION=201.html. Acesso em: 12 out. 2021.

UNESCO. *Recommendation on the Ethics of Artificial Intelligence*. Paris: UNESCO, 2022.

UNIÃO EUROPEIA. Vice-Presidente da Comissão Europeia (2010-2014: Viviane Reding). *The EU Data Protection Reform 2012: Making Europe the Standard Setter for Modern Data Protection Rules in the Digital Age*. Munique, 22 jan. 2012. 6 f. Disponível em: https://ec.europa.eu/commission/presscorner/detail/en/SPEECH_12_26. Acesso em: 12 mar. 2021.

UNIÃO EUROPEIA. Regulamento (UE) nº 2016/679 do Parlamento Europeu e do Conselho, de 23 de abril de 2016, relativo à proteção das pessoas singulares no que diz respeito ao tratamento de dados pessoais e à livre circulação desses dados e que revoga a Diretiva 95/46/CE (Regulamento Geral sobre a Proteção de Dados). *Jornal Oficial da União Europeia*, Estrasburgo, 04/05/2016. Disponível em: https://eur-lex.europa.eu/legal-content/PT/TXT/PDF/?uri=CELEX:32016R0679&from=DA. Acesso em: 16 ago. 2022.

UNIÃO EUROPEIA. Diretiva (UE) nº 2016/680 do Parlamento Europeu e do Conselho, de 27 de abril de 2016, relativa à proteção das pessoas singulares no que diz respeito ao tratamento de dados pessoais pelas autoridades competentes para efeitos de prevenção, investigação, deteção ou repressão de infrações penais ou execução de sanções penais, e à livre circulação desses dados, e que revoga a Decisão-Quadro 2008/977/JAI do Conselho. *Jornal Oficial da União Europeia*, Estrasburgo, 04/05/2016. Disponível em: https://eur-lex.europa.eu/legal-content/PT/TXT/PDF/?uri=CELEX:32016L0680&from=PT. Acesso em: 16 nov. 2021.

UNIÃO EUROPEIA. Regulation (EU) 2022/2065 of the European Parliament and of the Council of 19 October 2022 on a Single Market For Digital Services and amending Directive 2000/31/EC (Digital Services Act). *Official Journal of the European Union*, Estrasburgo, 27/10/2022. Disponível em: https://eur--lex.europa.eu/legal-content/EN/TXT/?uri=CELEX%3A32022R2065&-qid=1685360423930. Acesso em: 25 mai. 2023.

UNIÃO EUROPEIA. Tribunal de Justiça da União Europeia. Grande Secção. *Processos apensos C92/09 e C93/09, Volker und Markus Schecke GbR (C92/09), Hartmut Eifert* (C93/09) c. *Land Hessen*. Luxemburgo, 09 nov. 2010. Disponível em: https://curia.europa.eu/juris/document/document.jsf?text=&docid=79001&pageIndex=0&doclang=PT&mode=lst&dir=&occ=first&part=1&cid=6158459. Acesso em: 03 ago. 2021.

UNIÃO EUROPEIA. Tribunal de Justiça da União Europeia. Grande Secção. *Processo C-582/14, Patrick Breyer v. Bundesrepublik Deutschland*. Luxemburgo, 19 out. 2016. Disponível em: https://curia.europa.eu/juris/document/document.jsf?docid=184668&doclang=PT. Acesso em: 03 ago. 2021.

UNIÃO EUROPEIA. Tribunal de Justiça da União Europeia. Segunda Seção. *Case C-434/16, Peter Novak v. Data Protection Commissioner*. Luxemburgo, 20 dez. 2017. Disponível em: https://eur-lex.europa.eu/legal-content/PT/TXT/?uri=CELEX:62016CJ0434. Acesso em: 03 ago. 2021.

UNIÃO EUROPEIA. Tribunal de Justiça da União Europeia. Grande Secção. *Processo C311/18, Data Protection Commissioner* c. *Facebook Ireland Ltd, Maximillian Schrems*. Luxemburgo, 16 jul. 2020. Disponível em: https://curia.europa.eu/juris/document/document.jsf?docid=228677&mode=req&pageIndex=1&-dir=&occ=first&part=1&text=&doclang=PT&cid=6158459. Acesso em: 03 ago. 2021.

UNIÃO EUROPEIA. Tribunal de Justiça da União Europeia. Primeira Seção. *Case C620/19, Land Nordrhein-Westfalen v. D.-H. T., acting as insolvency administrator of J & S Service UG*. Luxemburgo, 10 dez. 2020. Disponível em: https://curia.europa.eu/juris/document/document.jsf?text=&docid=235346&pageIndex=0&doclang=EN&mode=lst&dir=&occ=first&part=1&cid=455548. Acesso em: 19 set. 2022.

UNIÃO EUROPEIA. Tribunal de Justiça da União Europeia. Grande Seção. *Case C-184/20, OT v Vyriausioji tarnybinės etikos komisija*. Luxemburgo, 01 ago. 2022. Disponível em: https://curia.europa.eu/juris/document/document.jsf?text=&docid=263721&pageIndex=0&doclang=EN&mode=lst&dir=&occ=first&part=1&cid=345786. Acesso em: 20 jan. 2023.

UNIÃO EUROPEIA. *Conclusões do Advogado Geral Priit Pikamäe*. Processo C-634/21, OQ v. Land Hessen, sendo interveniente: SCHUFA Holding AG. Luxemburgo, 16 mar. 2023. Disponível em: https://curia.europa.eu/juris/

document/document.jsf?text=&docid=271343&pageIndex=0&doclang=PT&mode=req&dir=&occ=first&part=1&cid=23396919. Acesso em: 10 jun. 2023.

U.S. DEPARTMENT OF HEALTH EDUCATION & WELFARE. *Records, Computers and the Rights of Citizens*. Washington: U.S. Government Printing Office, 1973.

VALE, Sebastião B.; ZANFIR-FORTUNA, Gabriela. *Automated Decision-Making Under the GDPR*: Practical Cases from Courts and Data Protection Authorities. Washington: Future of Privacy Forum, 2022.

Valentino-DeVries, Jennifer; Singer-Vine, Jeremy . *The Wall Street Journal*, New York, 07 dez. 2012. Disponível em: https://www.wsj.com/articles/SB10001424127887324784404578143144132736214. Acesso em: 10 nov. 2021.

VALENTINO-DEVRIES, Jennifer; SINGER-VINE, Jeremy Singer-Vine; SOLTANI, Ashkan. Websites Vary Prices, Deals Based on Users' Information. *The Wall Street Journal*, New York, 24 dez. 2012. Disponível em: https://www.wsj.com/articles/SB10001424127887323777204578189391813881534. Acesso em: 10 dez. 2020. , New York, 07 dez. 2012.

VAN DER LEI, J. Use and Abuse of Computer-Stored Medical Records. *Methods of Information in Medicine,* v. 30, p. 79-80, 1991.

VAN OTTERLO, Martijn van. A Machine Learning View on Profiling. *In:* HILDEBRANDT, Mireille; DE VRIES, Katja (Orgs.). *Privacy, Due Process and the Computational Turn*. New York: Routledge, 2013. p. 41-64.

VEDDER, Anton. KDD: The challenge to individualism. *Ethics and Information Technology*, v. 1, n. 4, p. 275–281, 1999.

VEDDER, Anton. Medical Data, New Information Technologies, and the Need for Normative Principles Other than Privacy Rules. *In*: FREEMAN, Michael; LEWIS, Andrew (Orgs.). *Law and Medicine:* Current Legal Issues Volume 3. Oxford: Oxford Univesity Press, 2000. p. 441-459.

VEDDER, Anton. Why data protection and transparency are not enough when facing social problems of machine learning in a big data context. *In*: BAYAMLIOGLU, Emre et al. (Orgs.). *Being profiled: Cogitas, ergo sum*. Amsterdam: Amsterdam University Press, 2018. p. 42–45.

VERBEEK, Peter-Paul. Don Ihde: The Technological Lifeworld. *In*: ACHTERHUIS, H. J. (Ed.). *American Philosophy of Technology:* The Empirical Turn. Bloomington: Indiana University Press, 2001. p. 119–146.

VERBEEK, Peter-Paul. Subject to technology: on autonomic computing and human autonomy. *In*: HILDEBRANDT, Mireille; ROUVROY , Antoinette

(Orgs.). *Law, human agency and autonomic computing.* Nova Iorque: Routledge, 2011. p. 27-45.

VICTOR, Jacob M. The EU general data protection regulation: Toward a property regime for protecting data privacy. *Yale Law Journal*, v. 123, n. 2, p. 513–528, 2013.

VIEIRA DE ANDRADE, José Carlos. *Os direitos fundamentais na Constituição Portuguesa de 1976.* Coimbra: Livraria Almedina, 1998.

VILARINO, Ramon; VICENTE, Renato. An experiment on the mechanisms of racial bias in ML-based credit scoring in Brazil. *arXiv*, 2020. Disponível em: https://arxiv.org/pdf/2011.09865.pdf. Acesso em: 07 ago. 2022.

VILJOEN, Salomé. Data as property? *Phenomenal World*, 16 out. 2020. Disponível em: https://phenomenalworld.org/analysis/data-as-property#fn:smartcity. Acesso em: 04 mai. 2021.

VIMERCATI, Sabrina de C., FORESTI, Sara. Quasi-Identifier. *In*: VAN TILBORG, Henk C. A.; JAJODIA, Sushil (Orgs.). *Encyclopedia of Cryptography and Security.* Springer: Boston, 2011.

WACHTER, Sandra; MITTELSTADT, Brent; RUSSELL, Chris. Counterfactual Explanations Without Opening the Black Box: Automated Decisions and the GDPR. *Harvard Journal of Law & Technology*, v. 31, n. 2, 2018.

WACHTER, Sandra; MITTELSTADT, Brent D. A Right to Reasonable Inferences: Re-thinking Data Protection Law in the Age of Big Data and AI. *Columbia Business Law Review*, v. 2019, n. 2, p. 494-620, 2019.

WACHTER, Sandra. Affinity Profiling and Discrimination by Association in Online Behavioural Advertising. *Berkeley Technology Law Journal*, v. 35, n. 2, p. 367-430, 2020.

WACHTER, Sandra. The Theory of Artificial Immutability: Protecting Algorithmic groups under Anti-Discrimination Law. *Tulane Law Journal*, v., 97, n. 2, 2022.

WACKS, Raymond. *Personal Information:* Privacy and the Law. Oxford: Oxford University Press, 1989.

WAKKA, Wagner. Linha 4 do Metrô de SP terá portas com reconhecimento facial e de reações. *Canaltech*, 13 abr. 2018. Disponível em: https://canaltech.com.br/inovacao/linha-4-do-metro-de-sp-tera-portas-com-reconhecimento-facial-e-de-reacoes-111872/. Acesso em: 10 fev. 2022.

WARREN, Samuel; BRANDEIS, Louis. The right to privacy. *Harvard Law Review*, v. 4, n. 5, p. 193-220, 1890.

WARREN, Adam; DEARNLEY, James. Data protection legislation in the United Kingdom: From development to statute 1969-84. *Information Communication and Society*, v. 8, n. 2, p. 238–263, 2005.

WEISER, Mark. Ubiquitous computing. *Computer*, [s.l.], v. 26, n. 10, p. 71-72, out. 1993.

WESTIN, Alan F. *Privacy and Freedom*. New York: Atheneum, 1967.

WESTIN, Alan F. Social and Political Dimensions of Privacy. *Journal of Social Issues*, v. 59, n. 2, p. 431–453.

WIMMER, Miriam. Limites e possibilidades para o uso secundário de dados pessoais no poder público: lições da pandemia. *Revista Brasileira de Políticas Públicas*, Brasília, v. 11, n. 1, p. 123–143, 2021.

WIMMER, Miriam. A LGPD e o balé dos princípios: tensões e convergências na aplicação dos princípios de proteção de dados pessoais ao setor público. *In:* FRANCOSKI, Denise de Souza L.; TASSO, Fernando Antonio (Coord.). *A Lei Geral de Proteção de Dados Pessoais LGPD:* aspectos práticos e teóricos relevantes no setor público e privado. São Paulo: Revista dos Tribunais, 2021. p. 163-186.

WHITMAN, James Q. The Two Western Cultures of Privacy: Dignity Versus Liberty. *Yale Law Journal*, v. 113, p. 1151–1221, 2004.

WIEAKCER, Franz. *História do direito privado moderno*. 2. ed. Tradução de A. M. Botelho Hespanha. Lisboa, Fundação Calouste Gulbenkian, 2004.

WIKIPEDIA. *Virtual Assistant*. Disponível em: https://en.wikipedia.org/wiki/Virtual_assistant. Acesso em: 10 dez. 2020.

WIKIPEDIA. *Berlin Key*. Disponível em: https://en.wikipedia.org/wiki/Berlin_key. Acesso em: 10 jun. 2020

WITTGENSTEIN, Ludwig. *Investigações filosóficas* — Edição bilíngue alemão/português. Trad. João José R. L. de Almeida. Campinas: Unicamp, 2017.

WOLTERS, Pieter T. J. The control by and rights of the data subject under the GDPR. *Journal of Internet Law*, v. 22, n. 1, p. 6–18, 2018.

WORLD HEALTH ORGANIZATION. *Q & A: How is COVID-19 transmitted?* Disponível em: https://www.who.int/news-room/q-a-detail/q-a-how-is-covid-19-transmitted. Acesso em: 25 jul. 2020.

WONDRACEK, Gilbert et al. A practical attack to de-anonymize social network users. *Proceedings – IEEE Symposium on Security and Privacy*, p. 223–238, 2010.

WORLD ECONOMIC FORUM. *Rethinking personal data*: Trust and Context in User-Centred Data Ecosystems. Genebra: World Economic Forum, 2014. Disponível em: http://www3.weforum.org/docs/WEF_RethinkingPersonalData_TrustandContext_Report_2014.pdf. Acesso em: 21 jan. 2021.

WORLD HEALTH ORGANIZATION. Ethics and governance of artificial intelligence for health: WHO guidance. Geneva: World Health Organization, 2021.

YADAV, Pranjul et al. Mining Electronic Health Records (EHRs): A Survey. *ACM Computing Surveys*, v. 50, n. 6, jan. 2018.

YAMPOLSKIY, Roman V. *Journal of Artificial Intelligence and Consciousness*, v. 7, n. 1, p. 109-118, 2020.

ZANATTA, Rafael A. F. Perfilização, Discriminação e Direitos: do Código de Defesa do Consumidor à Lei Geral de Proteção de Dados Pessoais. *ResearchGate,* 2019. Disponível em: https://www.researchgate.net/publication/331287708. Acesso em: 02 set. 2021.

ZANATTA, Rafael A. F.; SOUZA, Michel R. O. A tutela coletiva em proteção de dados pessoais: tendências e desafios. *ResearchGate,* out. 2019. Disponível em: https://www.researchgate.net/publication/344495215_A_Tutela_Coletiva_em_Protecao_de_Dados_Pessoais_tendencias_e_desafios. Acesso em: 15 set. 2021.

ZANATTA, Rafael A. F. A proteção de dados pessoais entre leis, códigos e programação: os limites do Marco Civil da Internet. *In:* DE LUCCA, Newton; SIMÃO FILHO, Adalberto; LIMA, Cíntia Rosa Pereira de (Coord.). *Direito & Internet III* – Tomo I: Marco Civil da Internet (Lei n. 12.965/2014). São Paulo: Quartier Latin, 2015. p.447-470.

ZANATTA, Rafael A. F. Tutela coletiva e coletivização da proteção de dados pessoais. *In:* PALHARES, Felipe (Coord.). *Temas atuais de proteção de dados.* São Paulo: Revista dos Tribunais, 2020. *E-book.*

ZANFIR, Gabriela. Forgetting About Consent. Why The Focus Should Be On "Suitable Safeguards" in Data Protection Law. *In:* GUTWIRTH, Serge; LEENES, Ronald; DE HERT, Paul (Coords.). *Reloading Data Protection Law:* Multidisciplinary Insights and Contemporary Challenges. London: Springer, 2008. p. 237-257.

ZANFIR-FORTUNA, Gabriela. 10 Reasons Why the GDPR is the Opposite of a 'Notice-and-Consent' Type of Law. *Future of Privacy Forum,* 13 set. 2019. Disponível em: https://fpf.org/blog/10-reasons-why-the-gdpr-is-the-opposite-of-a-notice-and-consent-type-of-law/. Acesso em: 21 set. 2021.

ZARSKY, Tal Z. Transparent predictions. *University of Illinois Law Review,* v. 2013, n. 4, p. 1503–1569, 2013.

ZARSKY, Tal Z. Incompatible: The GDPR in the Age of Big Data. *Seton Hall Law Review,* v. 47, p. 995–1020, 2017.

ZENO-ZENCOVICH, Vincenzo. Informazione (profili civilistici). *In*: *Digesto* – Sezione Civile. Torino: UTET, 1993. v. IX.